U0518316

张帆⊙编著

中国专利法注释

Commentary on the Patent Law of China

知识产权出版社
全国百佳图书出版单位

图书在版编目（CIP）数据

中国专利法注释/张帆编著. —北京：知识产权出版社，2014.7
ISBN 978-7-5130-2838-7

Ⅰ.①中… Ⅱ.①张… Ⅲ.①专利权法-法律解释-中国 Ⅳ.①D923.425

中国版本图书馆CIP数据核字（2014）第154418号

内容提要

本书主要以《中华人民共和国专利法》和《中华人民共和国专利法实施细则》相互对照的方式为架构，依据《专利审查指南》《专利侵权判定指南》和中华人民共和国最高人民法院做出的解释和通知并结合各地人民法院的典型判例、专利复审委员会的复审决定和无效宣告决定以及《专利合作条约》《保护工业产权巴黎公约》《与贸易有关的知识产权协议》《中华人民共和国合同法》《中华人民共和国民法通则》《中华人民共和国行政诉讼法》《中华人民共和国民事诉讼法》等国内外法律、法规，对专利法条文进行了逐条、详细的注释。

责任编辑：张筱茶　　　　**责任出版**：谷　洋

中国专利法注释

ZHONGGUO ZHUANLIFA ZHUSHI

张　帆　编著

出版发行：知识产权出版社有限责任公司　　**网　　址**：http://www.ipph.cn
社　　址：北京市海淀区马甸南村1号　　**邮　　编**：100088
责编电话：010-82000860转8180　　**责编邮箱**：baina319@163.com
发行电话：010-82000860转8101/8102　　**发行传真**：010-82000893/82005070/82000270
印　　刷：北京中献拓方科技发展有限公司　　**经　　销**：各大网上书店、新华书店及相关专业书店
开　　本：787mm×1092mm　1/16　　**印　　张**：39
版　　次：2014年9月第1版　　**印　　次**：2014年9月第1次印刷
字　　数：835千字　　**定　　价**：98.00元
ISBN 978-7-5130-2838-7

目 录

自序 …… 1

使用说明 …… 2

示例 …… 3

缩写（Abbreviation） …… 7

新、旧《专利法》的适用 …… 8

专利法实施细则目录 …… 9

第一章 总 则 …… 1

§1 立法宗旨 …… 1

§2 发明创造 …… 2

§3 管理部门 …… 10

§4 保密处理 …… 12

§5 不授予专利权的情形 …… 17

§6 职务发明的权属 …… 20

§7 不得压制非职务发明 …… 26

§8 合作发明和委托发明 …… 27

§9 禁止重复授权和先申请原则 …… 30

§10 权利转让 …… 42

§11 专利权的效力 …… 54

§12 专利实施许可合同 …… 64

§13 临时保护 …… 69

§14 推广应用 …… 73

§15 共有权利的行使 …… 74

§16 发明人奖励和报酬 …… 76

§17 署名权和标记权 …… 79

§18 外国人申请专利 …… 83

§19 专利代理 …… 86

§20 境内涉外专利申请 …… 93

§21 专利审查部门及其职责 …… 98

第二章　授予专利权的条件 …… 99
§22 发明和实用新型专利授予条件 …… 99
§23 外观设计专利授予条件 …… 168
§24 不丧失新颖性的公开 …… 186
§25 不能授予专利权的内容 …… 191
第三章　专利的申请 …… 201
§26 发明和实用新型专利申请文件 …… 201
§27 外观设计专利申请文件 …… 248
§28 申请日 …… 254
§29 外国优先权和本国优先权 …… 260
§30 要求优先权的手续 …… 275
§31 专利申请的单一性 …… 282
§32 撤回专利申请 …… 302
§33 申请文件的修改 …… 304
第四章　专利申请的审查和批准 …… 338
§34 发明专利申请的公布 …… 338
§35 实质审查 …… 355
§36 提交实质审查材料 …… 362
§37 实质审查不合格 …… 364
§38 驳回发明专利申请 …… 377
§39 授予发明专利权 …… 380
§40 授予实用新型和外观设计专利权 …… 387
§41 复审 …… 393
第五章　专利权的期限、终止和无效 …… 410
§42 专利权的期限 …… 410
§43 年费 …… 412
§44 专利权提前终止 …… 415
§45 专利权的无效宣告请求 …… 417
§46 无效宣告请求的审查和决定 …… 443
§47 无效宣告决定的法律效力 …… 459
第六章　专利实施的强制许可 …… 463
§48 强制许可的情形 …… 463
§49 强制许可的非常情形 …… 468
§50 保障公共健康的强制许可 …… 470
§51 从属专利的强制许可 …… 474

§52 半导体技术的强制许可 …… 476
§53 供应国内市场的强制许可 …… 477
§54 申请强制许可的证据提交 …… 478
§55 强制许可通知、登记、公告及终止 …… 479
§56 实施强制许可不享有独占权 …… 480
§57 强制许可使用费 …… 481
§58 起诉强制许可 …… 482
第七章　专利权的保护 …… 483
§59 保护范围 …… 483
§60 侵权纠纷 …… 508
§61 专利侵权证据提交 …… 523
§62 不构成专利侵权 …… 536
§63 假冒专利的处罚 …… 539
§64 查处假冒专利 …… 544
§65 侵犯专利权赔偿数额 …… 546
§66 诉前停止侵权 …… 552
§67 诉前证据保全 …… 557
§68 诉讼时效 …… 560
§69 不视为侵权的行为 …… 562
§70 免除赔偿责任 …… 569
§71 对违反§20规定的处罚 …… 571
§72 对侵夺发明人或设计人权益的行政处分 …… 572
§73 管理专利部门不得从事经营活动 …… 573
§74 对渎职人员的处理 …… 574
第八章　附则 …… 575
§75 费用 …… 575
§76 本法生效日期 …… 585
附录
关于施行修改后专利法有关事项的通知 …… 602
施行修改后的专利法的过渡办法 …… 603
关于施行修改后专利法实施细则有关事项的通知 …… 604
施行修改后的专利法实施细则的过渡办法 …… 606

自　序

笔者在国际著名企业里从事知识产权工作已逾十年，期间获得了中国和欧洲的专利代理人资格，深知其中的甘苦。在长年的学习、工作中，笔者积累了许多信息和经验，非常愿意与广大读者分享，希望本书能够对广大知识产权培训人员和从业者以及相关专业人士有所裨益。

欧美有着非常成熟的知识产权体系，深植人心的知识产权保护意识。中国也正在迎头赶上，在政府大力推动下，中国在知识产权各方面取得了巨大进步，专业人员的数量越来越多、专业素质也越来越高，中国专利的申请数量已经高居世界首位。但是，正如中国的知识产权质量尚不尽如人意一样，相对于欧美种类繁多的各类知识产权书籍，目前国内市场上的此类书籍良莠不齐，数量也十分欠缺，跟不上中国经济迅猛发展的脚步，与经济转型的迫切需要相矛盾，亦不符合国家科教兴国的战略目标。当下，涉及专利法类的书籍有很多是应试类的试题精解，少数关于法律条文注释类的书籍的内容也多是介绍法律发展的历史和历次法律修订的背景，或是比较新、旧法律条文。这样的书籍对初学者帮助不大，对广大专业人士的实际工作也没有太多的实际意义。笔者在平时的学习和工作中，深深感到手头缺少一本关于中国专利法的内容翔实且可以帮助深化理解和便于查找的实用性强的工具书。由此而发，笔者努力经年，翻阅了大量的资料，结合自己的理解和经验，并借鉴国外同类书籍的形式，终成此《中国专利法注释》一书。

知识产权出版社的编辑张筱茶女士负责本书的出版工作，她非常细致认真地提出了许多宝贵意见，对提高本书的质量起到了重要作用。没有她们认真负责的工作态度和从始至终的协助，本书不可能顺利地出版。北京柳沈律师事务所的前辈吴观乐老师和资深律师侯宇先生，也给予了本书指导性的建议。在此，作者谨向他们表示衷心的感谢。另外，我的家人，尤其是我的母亲和妻子，给予了我巨大的支持，对此，我同样深表谢意。

专利保护的涉及面广泛，信息量浩大，情况复杂，材料繁多，书中不能尽述，只能挂一漏万。本书作为一种新的尝试，虽然填补了国内知识产权类专业书籍的一项空白，但囿于作者水平有限，也无同类书籍的经验可以借鉴，本书一定还有不足之处，疏漏在所难免。在此恳请读者批评指正，不胜感激。意见和建议请发送到作者的电子邮箱：zfto@ hotmail. com。

张　帆

于德国·布伦瑞克

2014 年 7 月

使用说明

本书以2008年最新修改的《中华人民共和国专利法》和2010年最新修改的《中华人民共和国专利法实施细则》为基本结构，适当兼顾修改前的专利法及其实施细则。

为了尽量缩减篇幅、简化结构，更好地跟国际接轨，书中使用了很多简称和国际上约定俗成的英文缩写，详见书中的缩写列表。此外，书中使用的表述方式见下：

《中华人民共和国专利法》法律条文以“§”标注，并用灰色背景突出。

《中华人民共和国专利法实施细则》法律条文以“R”标注，并用花式边框突出。

其他法律条文以“A”标注，其他法实施细则条文以“R”标注。

《专利审查指南》以“GL”加上章节编号标注，并用黑体字标示，如：GL-B-II 3.2.1 表示《专利审查指南》第二部分第二章第3.2.1节。

专利复审委员会第XXX号复审请求审查决定以“复审请求第XXX号”作为标题，并用黑体字标示。

专利复审委员会第XXX号无效宣告请求审查决定以“无效宣告请求第XXX号”作为标题，并用黑体字标示。

法院判例（仅列入终审或正式生效的判决，不包括已经废止或改判的判决）以法院判决书编号作为标题，并用黑体字标示，如：最高人民法院（2011）行提字第13号。

此外，按照内容和逻辑的关联性，书中对各类信息进行了归纳整理，分别以不同级别的标题进行标注。其中：

“●”后接重要内容部分的标题；

“◎”后接“●”的下一级标题或者这个知识点的标题。

示　例

《专利法》
法律条文

§26 发明和实用新型专利申请文件

申请发明或者实用新型专利的，应当提交请求书、说明书及其摘要和权利要求书等文件。

请求书应当写明发明或者实用新型的名称，发明人的姓名，申请人姓名或者名称、地址，以及其他事项。

说明书应当对发明或者实用新型作出清楚、完整的说明，以所属技术领域的技术人员能够实现为准；必要的时候，应当有附图。摘要应当简要说明发明或者实用新型的技术要点。

权利要求书应当以说明书为依据，清楚、简要地限定要求专利保护的范围。

依赖遗传资源完成的发明创造，申请人应当在专利申请文件中说明该遗传资源的直接来源和原始来源；申请人无法说明原始来源的，应当陈述理由。

引述的其他法律条文

A29 TRIPS

成员应要求专利申请人以足够清楚与完整的方式披露其发明，以使同一技术领域的技术人员能够实施该发明。

作者解读文字

“清楚”指的是说明书中所述的技术方案（及相应权利要求中的技术方案），因此，§26.3和§26.4的关键在于说明书和权利要求书是否充分公开了实现所述技术方案的技术内容。

对于请求保护的发明，说明书中应当详细公开至少一种实现发明的方式，完整地公开理解和实现发明的所有必不可少的技术内容，使得所属技术领域的技术人员能够实现该发明。

《专利审查指南》中的出处和标题

《专利审查指南》摘录部分

GL－B－Ⅱ 2.2.3 背景技术

发明或者实用新型说明书的背景技术部分应当写明对发明或者实用新型的理解、检索、审查有用的背景技术，并且尽可能引证反映这些背景技术的文件。尤其要引证包含发明或者实用新型权利要求书中的独立权利要求前序部分技术特征的现有技术文件，即引证与发明或者实用新型专利申请最接近的现有技术文件。说明书中引证的文件可以是专利文件，也可以是非专利文件，例如期刊、杂志、手册和书籍等。引证专利文件的，至少要写明专利文件的国别、公开号，最好包括公开日期；引证非专利文件的，要写明这些文件的标题和详细出处。

对引用信息的注释

〈*如果在背景技术中引证了确切的现有技术文件，那么对立权利要求就应该分成前序和特征部分。*〉

此外，在说明书背景技术部分中，还要客观地指出背景技术中存在的问题和缺点，但是，仅限于涉及由发明或者实用新型的技术方案所解决的问题和缺点。在可能的情况下，说明存在这种问题和缺点的原因以及解决这些问题时曾经遇到的困难。

引证文件还应当满足以下要求：

（1）引证文件应当是公开出版物，包括电子出版物等形式。

（2）所引证的非专利文件和外国专利文件的公开日应当在本申请的申请日之前（即不含当日）；所引证的中国专利文件的公开日不能晚于本申请的公开日（含当日）。

（3）引证外国专利或非专利文件的，应当以所引证文件公布或发表时的原文所使用的文字写明引证文件的出处以及相关信息，必要时给出中文译文。

如果引证文件满足上述要求，则认为本申请说明书中记载了所引证文件中的内容。

对引用信息的注释

〈*除了引证的是中国专利文件以外，某专利（申请）的背景技术部分所引证的其他文件内容都构成现有技术；由于所引证的中国专利文件只需满足公开日在此专利（申请）的公开日之前，因此如果引证的中国专利文件的公开日在此专利（申请）的公开日之后，则不能用于评价创造性，是否构成抵触申请，还需根据申请日是否在本专利申请日之前来确定。*〉

法院判决书编号

法院判决书内容标题

法院判决书内容

最高人民法院（2011）行提字第13号：改正权利要求中的明显错误

如果权利要求与说明书存在不一致的情形，应以判断隐含公开时本领域技术人员具有的普通技术知识的标准来界定是否属于明显错误。确定权利要求有明显错误后，判断改正后的权利要求所保护的技术方案，是否能够从说明书充分公开的内容得到或者概括得出，是否没有超出说明书公开的范围。一旦得出肯定的结论，则应当认定权利要求能得到说明书的支持，符合§26.4的规定。

复审委员会对复审请求的审查决定及其编号

复审请求第5232号：花费创造性劳动才能再现的技术方案

如果所属技术领域的技术人员按照说明书记载的内容，尚需花费创造性劳动，才能够再现一项发明要求保护的技术方案，解决其技术问题，并且产生预期的技术效果，则该说明书公开不充分。

《专利法实施细则》法律条文

R121 申请文件的书写形式要求

各类申请文件应当打字或者印刷，字迹呈黑色，整齐清晰，并不得涂改。附图应当用制图工具和黑色墨水绘制，线条应当均匀清晰，并不得涂改。

请求书、说明书、权利要求书、附图和摘要应当分别用阿拉伯数字顺序编号。

申请文件的文字部分应当横向书写。纸张限于单面使用。

法院判决书编号

京（2009）高行终字第135号：从属权利要求包含了非产品的形状、构造特征

法院判决书内容

虽然实用新型专利的从属权利要求的附加技术特征所限定的特征包含非产品的形状、构造特征，但从属权利要求引用了独立权利要求，即包括独立权利要求的所有产品结构特征，因此，从属专利权利要求的技术方案整体上仍然是对产品的形状、构造或者其结合进行限定的技术方案，符合R22.2的有关规定。

复审委员会对无效宣告请求的审查决定及其编号

无效宣告请求第5932号：非专业术语

如果专利说明书中使用的术语为非专业术语，但该术语也已被广泛使用，且含义与专业术语相同，则该非专业术语的使用应该是清楚的，不会导致本领域技术人员无法实施所述技术方案。

重点部分的标题

●功能限定的技术特征

如果在一项产品权利要求中不是采用结构或者组合的技术特征来限定该产品，而是

采用产品的零部件或者方法的步骤在技术方案中所起的作用、功能或者产生的效果来限定，则称为“功能性限定特征”。

只要一个产品权利要求的某一个特征至少是部分地采用它所要实现的功能，而不是根据其具体结构或组成等来予以限定，就可以认定属于“功能性特征”，而该权利要求亦可以被称为“功能性限定权利要求”。

下一级标题或知识点

最高人民法院的解释

◎判断功能性限定是否得到说明书的支持：

《最高人民法院关于审理侵犯专利权纠纷案件应用法律若干问题的解释》

第4条：对于权利要求中以功能或者效果表述的技术特征，人民法院应当结合说明书和附图描述的该功能或者效果的具体实施方式及其等同的实施方式，确定该技术特征的内容。

GL－E－I 2 办理专利申请的形式

专利申请手续应当以书面形式（纸件形式）或者电子文件形式办理。

缩写（Abbreviation）

§	《专利法》法条
	㊞ §26.3：《专利法》第26条第3款
A	其他法律的法条
	㊞ A4－4 PC：《巴黎公约》第4条之四
CN－PCT	进入中国国家阶段的国际申请
EO	选定局（Elected Office）
EPC	欧洲专利公约（European Patent Convention）
DO	指定局（Designated Office）
GL	专利审查指南（Guidelines for Patent Examination 2010）
IB	国际局（International Bureau）
IPEA	国际初审单位（International Preliminary Examination Authority）
IPER	国际初步审查报告（International Preliminary Examination Report（Chapter II））
IPRP	专利性国际初审报告（International Preliminary Report on Patentability, Chapter II）
	IPRP－II = IPER
ISA	国际检索单位
ISR	国际检索报告
PC	巴黎公约（Paris Convention for the Protection of Industrial Property）
PCT	专利合作条约（Patent Cooperation Treaty）
R	《专利法实施细则》法条、《专利合作条约实施细则》法条
	㊞ R4.2：《专利法实施细则》第4条第二款
	㊞ R49.5（a－2）PCT：《专利合作条约实施细则》第49条第5款a项之二
RiLi	欧洲专利局审查指南（2012）
RO	受理局（Receiving Office）
SIPO	国务院专利行政部门（中国国家知识产权局）
TRIPS	与贸易有关的知识产权协议（Agreement on Trade－related Aspects of Intellectual Property Right）
WTO	世界贸易组织（World Trade Organization）

新、旧《专利法》的适用

	旧案	过渡案	新案
申请案件的定义	申请日在2009年10月1日前（不含该日）的专利申请及专利	申请日在2009年10月1日（含该日）至2010年2月1日（不含该日）间的专利申请及专利	申请日在2010年2月1日后（含该日）的专利申请及专利
适用的法律	旧《专利法》、旧《专利法实施细则》	新《专利法》、旧《专利法实施细则》	新《专利法》、新《专利法实施细则》
新颖性	相对新颖性，旧§22.2	绝对新颖性，新§22.2	
抵触申请	仅限于申请人是他人，旧§22.2	适用于自2009年10月1日起，提交的申请。申请人是任何人，新§22.2	
重复授权	同样的发明创造只能被授予一项专利，旧R13.1	同样的发明创造只能授予一项专利权。但是，同一申请人同日对同样的发明创造既申请实用新型专利又申请发明专利，先获得的实用新型专利权尚未终止，且申请人声明放弃该实用新型专利权的，可以授予发明专利权，新§9.1	
进入中国国家阶段的专利国际申请	《施行修改后的专利法实施细则的过渡办法》第5条：专利国际申请的申请人在2010年2月1日以后办理进入中国国家阶段手续的，该国际申请适用修改后的《专利法实施细则》第10章（关于国际申请的特别规定）的规定。因此，对于专利国际申请，当涉及《专利法实施细则》第10章内容的审查时，不再以申请日进行判断所适用的法律，而是以办理进入国家阶段手续的日期进行判断。		
优先权日与申请日	1. 根据《施行修改后的专利法的过渡办法》，对于新《专利法》中含“申请日”文字的条款，除新§28和§42外，有优先权日的，依据优先权日判断适用新《专利法》或旧《专利法》。其中也包括虽然涉及“申请日”概念，但不含“申请日”文字的条款，均依据新§28规定的申请日判断适用新《专利法》或旧《专利法》。 2. 根据《施行修改后的专利法实施细则的过渡办法》，对于新《专利法实施细则》中的条款，依据新§28规定的申请日判断适用新《专利法实施细则》或旧《专利法实施细则》。		

专利法实施细则目录

序号	专利法实施细则要点	专利法相关法条
R1	本细则的根据	§1
R2	办理手续需用的书面和其他形式	§26
R3	文件的语言	§26，§28
R4	文件的递交和送达	§42，§68
R5	期限的计算	§42，§68
R6	权利的恢复和期限的延长	§24，§37，§68
R7	涉及国家安全的申请	§4，§20
R8	申请外国专利需保密审查	§4，§20
R9	保密审查	§4，§20
R10	违反国家法律的发明创造的意义	§5
R11	申请日的意义	§28，§42
R12	职务发明创造	§6
R13	发明人和设计人	§8
R14	专利权因其他事由发生转移；专利许可合同的备案	§10，§12
R15	申请文件；代理机构的委托	§19，§26
R16	请求书	§26
R17	说明书	§26，§18
R18	附图	§26
R19	权利要求书	§26
R20	独立权利要求和从属权利要求	§26
R21	独立权利要求的形式	§26
R22	从属权利要求的形式	§26
R23	摘要	§26
R24	生物材料样品的保藏	§26
R25	生物材料样品的使用要求	§26
R26	遗传资源专利申请	§5，§26
R27	外观设计的图片、照片	§27

序号	专利法实施细则要点	专利法相关法条
R28	外观设计的简要说明	§27
R29	外观设计模型或样品	§27
R30	符合§24的公开	§24
R31	要求优先权	§30
R32	要求一项或多项优先权；要求本国优先权	§29
R33	要求外国优先权所需的证明文件	§30
R34	发明和实用新型的单一性	§31
R35	外观设计申请的单一性	§31
R36	专利申请的撤回	§32
R37	审查人员的回避	§41，§46
R38	申请日和申请号的给予	§28
R39	不予受理的专利申请	§26，§28
R40	附图的补文	§28，§33
R41	同日申请的相同发明创造	§9
R42	分案申请的提出	§31
R43	分案申请的申请日和优先权日	§31
R44	初步审查	§34，§40
R45	其他有关文件的提交	§26
R46	发明专利申请的早日公布	§34
R47	使用外观设计的产品类别	§27
R48	对发明专利申请的意见	§34
R49	检索资料和审查结果资料的补交	§35
R50	国务院专利行政部门的自行审查	§35
R51	修改专利申请的时间	§33
R52	修改专利申请的方式	§33
R53	驳回发明专利申请的理由	§38
R54	专利权登记	§39
R55	授予保密专利	§39
R56	专利权评价报告的请求	§61
R57	出具专利权评价报告	§61
R58	国务院专利行政部门对错误的更正	§21
R59	专利复审委员会	§41
R60	复审请求	§41

序号	专利法实施细则要点	专利法相关法条
R61	复审中对专利申请文件的修改	§41
R62	前置审查	§41
R63	对复审请求审查	§41
R64	复审请求的撤回	§41
R65	无效宣告的请求和无效宣告的理由	§45
R66	不予受理的无效请求；无效宣告请求书的补正	§45
R67	增加理由或补充证据的期限	§45
R68	专利权人陈述意见	§46
R69	无效审查中对专利申请文件的修改	§46
R70	口头审理	§46
R71	不得延长指定期限	§46
R72	撤回无效宣告请求	§46
R73	对未能获得专利权人许可的和保障公共健康的强制许可规定	§48，§50
R74	强制许可的请求；专利权人陈述意见；给予强制许可的决定	§49，§50
R75	使用费的裁决	§57
R76	奖金	§16
R77	发放奖金的期限及额度	§16
R78	从实施所得利润和使用费中提取报酬	§16
R79	管理专利工作的部门	§3
R80	国务院专利行政部门的业务指导	§3
R81	管理专利工作的部门关于专利纠纷的管辖	§60
R82	专利侵权纠纷处理的中止	§60
R83	表明专利标记的方式	§17
R84	假冒专利	§17，§63
R85	管理专利工作的部门调解的专利纠纷	§57，§60
R86	国务院专利行政部门中止有关程序	§60
R87	国务院专利行政部门协助执行临时措施	§60，§67
R88	可以中止的程序	§60
R89	专利登记事项	§10，§39
R90	专利公报内容	§39
R91	免费查阅专利公报	§21，§39
R92	交换专利文件	§3
R93	费用种类	§75

序号	专利法实施细则要点	专利法相关法条
R94	费用的缴纳方法	§75
R95	申请费和优先权要求费等的缴纳期限	§30，§75
R96	实质审查费、复审费等的缴纳期限	§35，§41，§75
R97	办理登记需缴纳的费用	§10，§39，§75
R98	年费的缴纳期限及宽限期	§43
R99	其他费用的缴纳期限	§75
R100	费用的减缴和缓缴	§75
R101	关于国际申请的特别规定	§20
R102	国际申请和国际申请日在中国的效力	§28
R103	国际申请进入中国国家阶段的期限	§34
R104	国际申请进入中国国家阶段的条件	§35
R105	国际申请在中国终止效力的情形	§35
R106	在国际阶段做过修改的申请文件的译文	§33
R107	对进入中国国家阶段的其他要求	§24
R108	请求提前处理和审查国际申请的手续	§26，§34
R109	涉及遗传资源的国际申请的特别手续	§26，§34
R110	要求优先权的国际申请	§30
R111	请求提前处理和审查国际申请的手续	§34
R112	进入中国国家阶段后对国际申请的修改	§33
R113	国家申请的不正确译文	§33
R114	国际申请的国家公布程序	§13，§34
R115	不符合发明单一性的国际申请的处理	§31
R116	国际申请的复查程序	§28
R117	译文不正确对保护范围的影响	§59
R118	案卷及登记簿的查阅、复制和保存	§39
R119	文件的统一格式；著录事项的变更	§19，§26
R120	文件的邮寄	§26
R121	申请文件的书写形式要求	§26，§27
R122	申请指南的制定	§3
R123	本细则实施日	§76

第一章　总　则

§1 立法宗旨

为了保护专利权人的合法权益，鼓励发明创造，推动发明创造的应用，提高创新能力，促进科学技术进步和经济社会发展，制定本法。

A7 TRIPS

知识产权的保护和实施应有利于促进技术革新、技术转让和技术传播，有利于生产者和技术知识使用者的相互利益，保护和实施的方式应有利于社会和经济福利，并有利于权利和义务的平衡。

TRIPS 协定中规定的专利只包括发明，不包括实用新型。

在专利法及其实施细则中，除有特别规定外，“中国”一词是指中国内地（大陆）。

在港、澳、台地区寻求专利保护需要向当地专利主管部门提出专利申请并取得专利权。

R1 本细则的根据

根据《中华人民共和国专利法》制定本细则。

§2 发明创造

本法所称的发明创造是指发明、实用新型和外观设计。

发明，是指对产品、方法或者其改进所提出的新的技术方案。

实用新型，是指对产品的形状、构造或者其结合所提出的适于实用的新的技术方案。

外观设计，是指对产品的形状、图案或者其结合以及色彩与形状、图案的结合所作出的富有美感并适于工业应用的新设计。

A1 PC

(2) 工业产权的保护对象有专利、实用新型、外观设计、商标、服务标记、厂商名称、货源标记或原产地名称和制止不正当竞争。

(3) 对工业产权应作最广义的理解，不仅应适用于工业和商业本身，而且也应同样适用于农业和采掘业，适用于一切制成品或天然产品，例如：酒类、谷物、烟叶、水果、牲畜、矿产品、矿泉水、啤酒、花卉和谷类的粉。

(4) 专利应包括本联盟国家的法律所承认的各种工业专利，如输入专利、改进专利、增补专利和增补证书等。

尽管根据§2“发明创造”包括发明、实用新型和外观设计，但结合专利法实施细则和《国防专利条例》的规定，§2中所指的“发明创造”仅指发明，不包括实用新型和外观设计。

◎发明、实用新型和外观设计专利的主要区别：

	发明	实用新型	外观设计
保护客体	产品+方法	产品形状/构造 不能包含新材料，方法步骤，工艺条件，物质的分子结构、组分结构等。	产品形状/图案/色彩新设计
审查制度	实质审查	形审+明显实质性缺陷审查	形审+明显实质性缺陷审查
创造性	突出的实质性特点和显著的进步	实质性特点和进步	不相近似
保护期限	20年	10年	10年
审查费用	申请费+实审费+年费	申请费+年费	申请费+年费

实用新型

GL－A－Ⅱ 6.1 实用新型专利只保护产品

根据§2.3，实用新型只保护产品。所述产品是经过产业方法制造的，有确定形状、构造且占据一定空间的实体。

一切方法以及未经人工制造的自然存在的物品不属于实用新型保护的客体，包括产品的制造方法、使用方法、通信方法、处理方法、计算机程序以及将产品用于特定用途等。实用新型专利仅保护针对产品形状、构造提出的改进技术方案。应当注意：

（1）权利要求中可以使用已知方法的名称限定产品的形状、构造，但不得包含方法的步骤、工艺条件等。

（2）如果权利要求中既包含形状、构造特征，又包含对方法本身提出的改进，则不属于实用新型保护的客体。

实用新型不能包含新材料，否则就是对材料本身也进行了改进，属于对材料本身提出的技术方案，不属于实用新型保护的客体。但是将已知材料应用于具有形状、构造的产品上，则该产品可以得到实用新型的专利保护。

产品的应用或者用途本身属于方法，不属于实用新型的保护客体。

允许权利要求中含有采用已知方法名称限定的特征。应当注意：

（1）对实用新型专利所保护的产品应作广义理解

产品应当是经过工业方法、手工业方法等产业方法制造的，可以是完整独立的产品，也可以是产品的局部或者部分。

天然的自然存在的物品，未经产业方法制造的过程，不属于实用新型专利的保护客体。

（2）允许采用已知方法的名称限定产品

实用新型权利要求中的方法特征应当是一种已知的方法，且这种已知方法是对产品的形状构造的限定，而不是对于方法本身的限定。

GL－A－Ⅱ 6.2 产品的形状和/或构造

根据§2.3，实用新型应当是针对产品的形状和/或构造所提出的改进。

GL－A－Ⅱ 6.2.1 产品的形状

产品的形状是指产品所具有的、可以从外部观察到的确定的空间形状。

对产品形状所提出的改进可以是对产品的三维形态，也可以是对产品的二维形态所提出的改进。

无确定形状的产品，例如气态、液态、粉末状、颗粒状的物质或材料，其形状不能作为实用新型产品的形状特征。注意：

（1）不能以生物的或者自然形成的形状作为产品的形状特征。

（2）不能以摆放、堆积等方法获得的非确定的形状作为产品的形状特征。

(3) 允许产品中的某个技术特征为无确定形状的物质，如气态、液态、粉末状、颗粒状物质，只要其在该产品中受该产品结构特征的限制。

(4) 产品的形状可以是在某种特定情况下所具有的确定的空间形状。

GL－A－II 6.2.2 产品的构造

产品的构造是指产品的各个组成部分的安排、组织和相互关系。物质的分子结构、组分、金相结构等不属于实用新型专利给予保护的产品的构造。注意：

(1) 权利要求中可以包含已知材料的名称，即可以将已知材料应用于具有形状、构造的产品上，不属于对材料本身提出的改进。

(2) 如果权利要求中既包含形状、构造特征，又包含对材料本身提出的改进，则不属于实用新型专利保护的客体。

层状结构属于产品的构造。产品的涂层、镀层等层状结构也属于产品的构造，层状结构的判断不以层的厚薄、层是否均匀等为标准。但是，产品的印刷层不属于产品的构造，例如通过印刷或者绘制方式在产品表面形成的含有图案、文字、符号等内容的信息层不属于产品的构造；至于其是否属于实用新型专利的保护客体，还要判断其是否是一种技术方案。

产品表面的刻度是一种构造。物质的组分、配方等不属于产品的构造。权利要求中不得包含有关组分或配方含量的限定。

涉及材料本身的技术方案不属于实用新型专利的保护客体，但是将已知材料应用在具有形状、构造的产品上，不属于对材料本身提出的技术方案。

线路构造属于产品的构造。线路构造是指构成产品的各个组成部分之间确定的连接关系，包括电路、气路、液压线路、光路等。电路各个组成部分之间确定的连接关系可以是有线连接，也可以是无线连接。

如果对产品的形状、构造的限定更加清楚简洁，可以使用参数特征。

GL－A－II 6.3 技术方案

§2.3 所述的技术方案，是指对要解决的技术问题所采取的利用了自然规律的技术手段的集合。技术手段通常是由技术特征来体现的。

未采用技术手段解决技术问题，以获得符合自然规律的技术效果的方案，不属于实用新型专利保护的客体。

产品的形状以及表面的图案、色彩或者其结合的新方案，没有解决技术问题的，不属于实用新型专利保护的客体。产品表面的文字、符号、图表或者其结合的新方案，不属于实用新型专利保护的客体。

〈如果技术方案是已知技术的简单组合并且没有产生新的技术效果，或仅仅是要素关系变更并且所产生的技术效果与现有技术相同或相似，专利局可以不检索对比文件，直接以“明显不是新的技术方案”为由，认定为不属于§2.3 规定的保护客体。〉

图案、色彩与产品的形状、构造相结合解决技术问题的，属于实用新型专利的保护客体。

产品表面的文字、符号、图表或者其结合的新方案，不属于实用新型专利保护的客体。

建筑小区、厂区、校园、道路等的布局或者规划，没有解决技术问题的，不属于实用新型的保护客体。

仅以美感为目的对产品形状的改进，不属于实用新型的保护客体。对产品形状的改进，没有解决技术问题的，不属于实用新型专利保护的客体。

仅以美感为目的对产品构造的改进，属于实用新型的保护客体，以美感为目的的产品并未排除在实用新型专利保护的范围之外。对于以装饰或者美学效果为目的对产品构造的改进，通常该效果是通过某种技术手段实现的，虽然该装饰或者美学效果本身不受保护，但该技术手段构成的产品技术方案属于实用新型专利的保护客体。

GL－B－I 2 不符合§2.2规定的客体

技术方案是对要解决的技术问题所采取的利用了自然规律的技术手段的集合。技术手段通常是由技术特征来体现的。

未采用技术手段解决技术问题，以获得符合自然规律的技术效果的方案，不属于§2.2规定的客体。

气味或者诸如声、光、电、磁、波等信号或者能量也不属于§2.2规定的客体。但利用其性质解决技术问题的，则不属此列。

〈在GL中虽然没有明确定义技术的概念，但是明确了技术必须是利用了自然规律，因而“是否是利用自然规律的结果”是专利法意义上的“技术”与“非技术”的区别点。〉

◎“自然规律”与“客观”的区别：

（1）自然规律均是客观的，但客观的未必是自然规律。比如：生产力决定生产关系、经济基础决定上层建筑是客观的规定，属于社会历史规律而不是自然规律。

（2）“自然规律”是针对技术特征的组合（技术手段），而非单个的技术特征或技术特征的处理对象。比如：获取数据，即使获取数据之“数据”是客观而不依人的意志转移，也不能就此说明“获取数据”是技术手段。

◎判断实用新型的保护客体：

（1）是否技术方案；

（2）有无材料改进；

（3）是否已知公用；

（4）材料改进是整体还是部分。

无效宣告请求第94号：实用新型包含功能性特征

按照§2，实用新型是指对产品的形状、构造或者其结合所提出的适于实用的技术方案，因此其权利要求也应由反映产品形状、构造或其结合的技术特征组成，然而这一要求并未排除在权利要求书中写入功能性特征的可能性，其条件是该功能性特征与权利要求中其余的结构性技术特征相结合能够进一步限定产品的形状、构造或其结合，或者能够使权利要求的保护范围变得更加清楚，并且该功能或效果能通过说明书中叙述的实验或操作予以直接和肯定的验证。如果功能性特征对产品的形状产生了进一步的限定，而这一限定作用是本技术领域普通技术人员能够清楚地认识到的，那么有无这一特征的权利要求的保护范围是不相同的，在判断其新颖性时，不能置该特征于不顾。

无效宣告请求第9083号：含有方法特征

权利要求中不仅包含对产品的形状、构造或者其结合提出的技术方案，还包含方法特征，如果该方法特征是现有技术中已知的方法，就属于实用新型的保护客体。

无效宣告请求第884号：实用新型与外观设计不同

实用新型专利和外观设计专利是不同种类的专利，它们所要求的保护方式和内容是不同的。申请人所引用的实用新型专利没有表示出产品的外观设计，因此得不出该实用新型专利与外观设计专利是同样的发明创造的理由。

GL－B－I 4.2 关于智力活动的规则和方法规定，智力活动的规则和方法是指导人们进行思维、表述、判断和记忆的规则和方法。由于其没有采用技术手段或者利用自然规律，也未解决技术问题和产生技术效果，因而不构成技术方案。它既不符合§2.2的规定，又属于§25.1（2）规定的情形。

如果一项发明仅仅涉及智力活动的规则和方法，亦即智力活动的规则和方法本身，则不应当被授予专利权。

如果一项发明就整体而言并不是一种智力活动的规则和方法，但是发明的一部分属于智力活动的规则和方法，则不应当完全排除其获得专利权的可能性，需要具体分析：①如果发明对于现有技术的贡献仅仅在于属于智力活动的规则和方法的部分，不授予其专利权；②如果发明对于现有技术的贡献不在于或不仅仅在于属于智力活动的规则和方法的部分，则不能依据§25.1（2）拒绝授予其专利权。

◎涉及商业方法的发明专利申请：

（1）单纯的商业方法：权利要求的特征部分属于商业方法。单纯的商业方法仅仅是人类智力活动创设的规则和方法，具有主观性，而不是利用自然规律的技术方案，不符合§2.1。

（2）商业方法加上技术：虽然没有明确成文的规定，但迄今为止专利局对涉及商业方法的发明仍然倾向于不给予专利保护。而这种倾向不予保护的涉及商业方法的发明特指那些仅利用现有技术（主要是公知的硬件系统）来实现的商业方法。但是对于那些相对现有技术具有技术性贡献（例如硬件结构的改进）的发明，即使包含了商业方法，必须考虑这部分技术性贡献的内容，不应当将方案排除于授权客体之外。

外观设计

§2.4中的“富有美感”是指工业产品应当包含人类主观意识对该工业产品外观视觉

效果方面的表达。“适于工业应用”是指外观设计应当保障工业产品的基本实用功能，能够工业化生产。

A5quinquies PC 工业品外观设计

外观设计在本联盟所有国家均应受到保护。

A25（1）TRIPS 保护要求

对独立创作的、具有新颖性或原创性的工业品外观设计，全体成员均应提供保护。

A2（7）《伯尔尼公约》

在遵守本公约 A7.4 之规定的前提下，本同盟各成员国得通过国内立法规定其法律在何种程度上适用于实用艺术作品以及工业品平面和立体设计，以及此种作品和平面与立体设计受保护的条件。在起源国仅仅作为平面与立体设计受到保护的作品，在本同盟其他成员国只享受各该国给予平面和立体设计的那种专门保护；但如在该国并不给予这种专门保护，则这些作品将作为艺术作品得到保护。

GL－A－Ⅲ 7.1 外观设计必须以产品为载体

外观设计是产品的外观设计，其载体应当是产品。不能重复生产的手工艺品、农产品、畜产品、自然物不能作为外观设计的载体。

外观设计的载体必须是用工业方法生产出来的产品，即能应用于产业上并可批量生产。

批量生产是指数量应达到国际一般规定的 50 件以上的标准。

标志：无载体不予保护。

标贴：以产品为载体，给予保护。

GL－A－Ⅲ 7.2 产品的形状、图案或者其结合以及色彩与形状、图案的结合

构成外观设计的是产品的外观设计要素或要素的结合，其中包括形状、图案或者其结合以及色彩与形状、图案的结合。产品的色彩不能独立构成外观设计，除非产品色彩变化的本身已形成一种图案。可以构成外观设计的组合有：①产品的形状，指对产品造型的设计，也就是指产品外部的点、线、面的移动、变化、组合而呈现的外表轮廓，即对产品的结构、外形等同时进行设计、制造的结果。②产品的图案，指由任何线条、文字、符号、色块的排列或组合而在产品的表面构成的图形。③产品的形状和图案。④产品的形状和色彩。⑤产品的图案和色彩。⑥产品的形状、图案和色彩。

色彩，是指用于产品上的颜色或者颜色的组合，制造该产品所用材料的本色不是外观设计的色彩。

色彩一般不能单独构成外观设计，所以外观设计包括以下各类：①单纯形状的设计；②单纯图案的设计；③形状和图案结合的设计；④形状和色彩结合的设计；⑤图案和色彩结合的设计；⑥形状、图案和色彩结合的设计。

GL－A－Ⅲ 7.4 不授予外观设计专利权的情形

根据§2.4，以下属于不能给予外观设计专利保护的客体实例：

(1) 取决于特定地理条件、不能重复再现的固定建筑物、桥梁等。

〈从2001 年7 月1 日起，对于不取决于地理条件、可重复再现的固定建筑物给予外观设计专利保护。〉

(2) 无固定形状、图案、色彩的产品，比如因其包含有气体、液体及粉末状等无固定形状的物质而导致其形状、图案、色彩不固定的产品。

(3) 产品的不能分割、不能单独出售或使用的部分。

(4) 对于由多个不同特定形状或图案的构件组成的产品而言，如果构件本身不能成为一种有独立使用价值的产品，则该构件不属于可授予专利权的客体。

(5) 不能作用于视觉或者肉眼难以确定其形状、图案、色彩的物品。

(6) 要求保护的外观设计不是产品本身常规的形态。

(7) 以自然物原有形状、图案、色彩作为主体的设计。

(8) 纯属美术、书法、摄影范畴的作品。

(9) 仅以在其产品所属领域内司空见惯的几何形状和图案构成的外观设计。

(10) 文字和数字的字音、字义不属于外观设计的具体内容。

(11)〈至2014 年4 月30 日〉产品通电后显示的图案。

(12)〈自2014 年5 月1 日起〉游戏界面以及与人机交互无关或者与实现产品功能无关的产品显示装置所显示的图案，例如，电子屏幕壁纸、开关机画面、网站网页的图文排版。

(13) 属于§5 规定的设计。

(14) 属于§25 规定的内容。(GL－A－III 7.4)

布局设计，如图形用户界面的布局，仅仅是属于界面整体设计的一部分，类似于请求部分保护，与外观专利设计的整体保护原则不相符，为没有清楚地表达界面的外观设计。因此，不允许仅就布局设计与产品结合提交外观设计申请。

◎外观设计专利与商标侵权判定的区别：

外观设计专利保护的是富有美感的工业设计，更接近于著作权，而商标保护的一种标识性权利，防止消费者对商品发生混淆，两者在侵权判定基准上有着本质的区别。

虽然外观设计专利和商标都是对设计的保护，但商标保护的是一种产品标识，而外观设计专利保护的是产品本身。

外观设计专利侵权判定的基准是被控产品与外观设计专利之间的整体视觉效果是否相近似，而非是否构成消费者的混淆。如果相近似，则构成侵权。

商标侵权判定的基准是被控标识与商标相比是否有可能造成消费者的混淆，如果造成消费者的混淆，则构成侵权。

外观设计专利与商标侵权判定具有共同的侵权判定原则，即整体观察原则和要部观察原则，但在具体适用时二者是明显不同的。

在商标侵权判定中，要部观察原则是对整体观察原则的一个补充。首先将被控标识与商标进行整体上的对比，在此基础上，找出最能吸引消费者的部分确定为要部，再进行比较。

而对于外观设计专利侵权判定，整体观察和要部观察只能择其一。原则上外观设计专利的侵权判定适用整体观察原则，只有那些在使用状态下相对于其他部位对整体视觉效果影响明显强烈的部位可以适用要部观察原则，比如，以特定方向朝向使用者的产品，其在使用状态下能够看到的部位相对于看不到的部位对整体视觉效果的影响明显强烈。

“造成消费者混淆”所起的作用在外观设计专利、商标侵权判定中是不同的。如果被控标识与商标造成消费者混淆，则一定构成侵权，反之，一定不构成侵权。有的时候即使被控标识与商标相近似，但是如果没有造成消费者的混淆，仍不构成侵权。如果被控产品与外观设计专利造成消费者混淆，则认为二者的差别对整体视觉效果相近似，一定构成侵权，反之，则不一定不构成侵权。也就是说，有时候即使被控产品与外观设计专利不会造成消费者的混淆，但仍有可能构成侵权。

二者在一些具体的判定方法上也存在明显的差异。在商标侵权判定中，会考虑构成商标文字的含义。再有，如果商标是一个图案，被控标识是图案的名字，也会构成商标侵权，但对于外观设计而言，则不构成侵权。如果被控产品与外观设计专利相比，图案相同或近似，只是色彩不同，此时被控产品可能不构成侵犯外观设计专利权；但如果被控标识与注册商标相比，文字、图案相同，只是色彩不同时，仍有可能构成侵犯商标权。

§3 管理部门

国务院专利行政部门负责管理全国的专利工作；统一受理和审查专利申请，依法授予专利权。省、自治区、直辖市人民政府管理专利工作的部门负责本行政区域内的专利管理工作。

国务院专利行政部门：现行的国务院机构设置，是指国家知识产权局（SIPO）。

专利局受理处：受理专利申请及其他相关文件，包括国家申请、PCT申请、接收PCT申请进入中国国家阶段。

GL－E－Ⅲ 1 受理地点

专利局的受理部门包括专利局受理处和专利局各代办处。专利局受理处负责受理专利申请及其他有关文件，代办处按照相关规定受理专利申请及其他有关文件。专利复审委员会可以受理与复审和无效宣告请求有关的文件。

专利局受理处和代办处的地址由专利局以公告形式公布。

寄给专利局其他部门的个人或非受理部门的申请文件和其他有关文件不具有法律效力。实践中，以是否有受理处加盖的递交日为判断根据。

受理的效力：未经受理处登记的文件，不具有法律效力，不得进入审批程序。

缴费不是受理条件，因此无须缴纳申请费及相关费用，但如果未按照规定的数额和期限缴纳申请费用，将导致申请被视为撤回，或者相关要求视为未提出。

地方代办处：仅受理专利申请文件及同时递交的其他相关文件。不受理涉外申请、PCT申请、分案申请、要求本国优先权的专利申请，以及申请受理后递交的其他中间文件。

《SIPO专利代办处管理规定》

二、代办处的工作职责为受理专利申请（不包括受理涉外申请、PCT申请、分案申请、要求国内优先权申请和接收中间文件），审批费用减缓请求，收取专利申请费，收取专利年费（包括登记费和印花税）及年费滞纳金（不包括收取专利申请费和专利年费及年费滞纳金以外的其他专利费用和涉外申请所有专利费用，但申请人在申请时与申请费同时缴纳的除外）。代办处负责完成受理的申请和收取的专利费用的数据采集和一校、二校工作。在保证数据正确无误的情况下按规定的期限向国家知识产权局传输数据，邮寄文件和票据，并按规定及时上缴收取的专利费用。

R79 管理专利工作的部门

专利法和本细则所称管理专利工作的部门，是指由省、自治区、直辖市人民政府以及专利管理工作量大又有实际处理能力的设区的市人民政府设立的管理专利工作的部门。

省级政府“管理专利工作的部门”，可以是本级政府所设的专门管理专利工作的部门，如专利局或知识产权厅（局），也可以是本级政府确定的其他负责管理专利工作的部门，如科委等部门。按照本法，省级政府管理本行政区域内的专利工作的职责，主要是根据当事人的请求，依法处理专利侵权纠纷，依法查处假冒他人专利及冒充专利的行为（§63），以及 SIPO 和本级人民政府赋予的其他职责。

地方知识产权局没有审查和授予专利权的职能。

香港知识产权署：香港特别行政区主管知识产权事务的机构为香港知识产权署，香港知识产权署并不直接受理和审批专利申请。在港、澳、台地区寻求专利保护需要向当地专利主管部门提出专利申请并取得专利权。

R80 国务院专利行政部门的业务指导

国务院专利行政部门应当对管理专利工作的部门处理专利侵权纠纷、查处假冒专利行为、调解专利纠纷进行业务指导。

R92 交换专利文献

国务院专利行政部门负责按照互惠原则与其他国家、地区的专利机关或者区域性专利组织交换专利文献。

R122 申请指南的制定

国务院专利行政部门根据专利法和本细则制定专利审查指南。

§4 保密处理

申请专利的发明创造涉及国家安全或者重大利益需要保密的，按照国家有关规定办理。

A27（g）PCT

本条约和细则的任何规定都不得解释为限制任何缔约国为维护其国家安全而采用其认为必要的措施的自由，或者为保护该国一般经济利益而限制其居民或国民提出国际申请的权利的自由。

A73 TRIPS

不得将本协议中的任何内容解释为要求任何成员提供它认为是一旦披露即会与其基本安全利益相冲突的信息。

发明创造可产生巨大经济效益并不等于该发明涉及国家重大利益。

中国对涉及国家安全或者关系到国家重大利益的发明创造申请保密专利。

◎国际上，对涉及国家安全或者关系到国家重大利益的发明创造主要有以下几种做法：

（1）申请保密专利，经过审查合格的，授予专利权，但不予公布。如美国、意大利、比利时、荷兰、挪威、土耳其等国。

（2）保密，在解密以前不授予专利权，由国家对申请人付给补偿。如英国、法国、加拿大、希腊等国。

R7 涉及国家安全的申请

专利申请涉及国防利益需要保密的，由国防专利机构受理并进行审查；国务院专利行政部门受理的专利申请涉及国防利益需要保密的，应当及时移交国防专利机构进行审查。经国防专利机构审查没有发现驳回理由的，由国务院专利行政部门作出授予国防专利权的决定。

国务院专利行政部门认为其受理的发明或者实用新型专利申请涉及国防利益以外的国家安全或者重大利益需要保密的，应当及时作出按照保密专利申请处理的决定，并通知申请人。保密专利申请的审查、复审以及保密专利权无效宣告的特殊程序，由国务院专利行政部门规定。

◎国防专利机构及其主要职能：

发明专利申请涉及国防利益方面的国家秘密需要保密的，由国防专利机构受理并进行审查。根据《国防专利条例》的规定，中华人民共和国国防科学技术工业委员会（以下简称“国防科工委”）设立国防专利局，统一受理和审理国防专利申请。SIPO 受理的涉及国防方面的国家秘密需要保密的发明专利申请，应当移交国防专利机构审查，经国防专利局审查认为符合《国防专利条例》规定的，由 SIPO 根据国防专利机构的审查意见作出决定。(R7.1)

申请国防专利权的，应当向国防专利局提交请求书、说明书及其摘要、权利要求书等文件。申请人应当按照国防专利局规定的要求和统一格式撰写申请文件，并亲自送交或者经过机要交通系统送交国防专利局，不得按照普通函件邮寄。国防专利局收到国防专利申请文件之日为申请日。

国防专利局定期派人到 SIPO 查看普通专利申请，发现其中有涉及国防利益或者对国防建设有潜在作用需要保密的，在取得 SIPO 同意后抽出转为国防专利申请，并通知申请人。

根据《中华人民共和国保守国家秘密法》A10，国家秘密分为“绝密”、“机密”、“秘密”三种密级，并非所有涉及国防利益的发明创造均可以申请国防专利。根据《国防专利条例》的规定，涉及国防利益并且被确定为绝密级国家秘密的发明不得申请国防专利。

GL－E－V 3.1.1 保密请求的提出

申请人认为其发明或者实用新型专利申请涉及国家安全或者重大利益需要保密的，应当在提出专利申请的同时〈也可以说自优先权日起12 个月内〉，在请求书上作出要求保密的表示，其申请文件应当以纸件形式提交。申请人也可以在发明专利申请进入公布准备之前，或者实用新型专利申请进入授权公告准备之前，提出保密请求。

申请人在提出保密请求之前已确定其申请的内容涉及国家安全或者重大利益需要保密的，应当提交有关部门确定密级的相关文件。

GL－E－V 3.1.2 保密的确定

(1) 专利申请的内容涉及国防利益的，由国防专利局进行保密确定。需要保密的，应当及时移交国防专利局进行审查。

(2) 发明或者实用新型内容涉及国防利益以外的国家安全或者重大利益的，由专利局进行保密确定，必要时可以邀请相关领域的技术专家协助确定。需要保密的，按照保密专利申请处理。

GL－E－V 3.2 专利局自行进行的保密确定

对于已确定为保密专利申请的电子申请，如果涉及国家安全或者重大利益需要保密，审查员应当将该专利申请转为纸件形式继续审查并通知申请人，申请人此后应当以纸件形式向专利局或国防专利局递交各种文件，不得通过电子专利申请系统提交文件。

GL－E－V 4 保密专利申请的审批流程〈国防专利申请〉

(1) 涉及国防利益需要保密的专利申请，由国防专利局进行审查，经审查没有发现驳回理由的，由专利局根据国防专利局的审查意见作出授予国防专利权的决定，并委托国防专利局颁发国防专利证书，同时在专利公报上公告国防专利的专利号、申请日和授权公告日。

国防专利复审委员会作出宣告国防专利权无效决定的，专利局应当在专利公报上公告专利号、授权公告日、无效宣告决定号和无效宣告决定日。

（2）涉及国防利益以外的国家安全或者重大利益需要保密的发明或者实用新型专利申请，由专利局按照以下程序进行审查和管理。〈保密专利申请〉

对于发明专利申请，初步审查和实质审查按照与一般发明专利申请相同的基准进行。初步审查合格的保密专利申请不予公布，实质审查请求符合规定的，直接进入实质审查程序。没有发现驳回理由的，作出授予保密发明专利权的决定，并发出授予发明专利权通知书和办理登记手续通知书。

对于实用新型专利申请，按照普通标准进行初步审查。没有发现驳回理由的，即授予保密实用新型专利权，并发出授予实用新型专利权通知书和办理登记手续通知书。〈SIPO 颁发专利证书〉

保密专利申请的授权公告仅公布专利号、申请日和授权公告日。

GL－E－V 5.1 申请人〈或专利权人〉提出解密请求

保密专利申请的申请人或保密专利的专利权人可以书面提出解密请求。提出保密请求时提交了有关部门确定密级的相关文件的，应当附具原确定密级的部门同意解密的证明文件。

专利局对提出解密请求的保密专利申请（或专利）进行解密确定，并将结果通知申请人。

R8 申请外国专利需保密审查

专利法第二十条所称在中国完成的发明或者实用新型，是指技术方案的实质性内容在中国境内完成的发明或者实用新型。

任何单位或者个人将在中国完成的发明或者实用新型向外国申请专利的，应当按照下列方式之一请求国务院专利行政部门进行保密审查：

（一）直接向外国申请专利或者向有关国外机构提交专利国际申请的，应当事先向国务院专利行政部门提出请求，并详细说明其技术方案；

（二）向国务院专利行政部门申请专利后拟向外国申请专利或者向有关国外机构提交专利国际申请的，应当在向外国申请专利或者向有关国外机构提交专利国际申请前向国务院专利行政部门提出请求。

向国务院专利行政部门提交专利国际申请的，视为同时提出了保密审查请求。〈即方式（一）〉

GL－E－V 6 向外国申请专利的保密审查

§20.1 规定，任何单位或者个人将在中国完成的发明或者实用新型向外国申请专利的，应当事先报经 SIPO 进行保密审查。

R8 中的向外国申请专利是指向外国国家或外国政府间专利合作组织设立的专利主管机构提交专利申请，向有关国外机构提交专利国际申请是指向作为 PCT－RO 的外国国家或外国政府间专利合作组织设立的专利主管机构或 IB 提交 PCT 申请。

GL－E－V 6.1 准备直接向外国申请专利的保密审查

向外国申请专利保密审查请求的文件应当包括向外国申请专利保密审查请求书和技术方案说明书。请求书和技术方案说明书应当使用中文，请求人可以同时提交相应的外文文本供审查员参考。技术方案说明书应当与向外国申请专利的内容一致。

GL－E－V 6.1.2 保密审查

保密审查请求文件形式不符合规定的，审查员应当通知请求人该审查请求视为未提出，请求人可以重新提出保密审查请求。

请求人未在其请求递交日起4个月内收到向外国申请专利保密审查意见通知书的，可以就该技术方案向外国申请专利。

请求人未在其请求递交日起6个月内收到向外国申请专利保密审查决定的，可以就该技术方案向外国申请专利。

R9所称申请人未在其请求递交日起4个月或6个月内收到相应通知或决定，是指SIPO发出相应通知或决定的推定收到日未在规定期限内。

R9 保密审查

国务院专利行政部门收到依照本细则第八条规定递交的请求后，经过审查认为该发明或者实用新型可能涉及国家安全或者重大利益需要保密的，应当及时向申请人发出保密审查通知；申请人未在其请求递交日起4个月内收到保密审查通知的，可以就该发明或者实用新型向外国申请专利或者向有关国外机构提交专利国际申请。

国务院专利行政部门依照前款规定通知进行保密审查的，应当及时作出是否需要保密的决定，并通知申请人。申请人未在其请求递交日起6个月内收到需要保密的决定的，可以就该发明或者实用新型向外国申请专利或者向有关国外机构提交专利国际申请。

保密专利的审查：§20.1，§20.3

违反保密审查：§20.4

《国防专利条例》

A18：国防专利申请经审查认为没有驳回理由或者驳回后经过复审认为不应当驳回的，由国务院专利行政部门作出授予国防专利权的决定，并委托国防专利机构颁发国防专利证书，同时在国务院专利行政部门出版的专利公报上公告该国防专利的申请日、授权日和专利号。国防专利机构应当将该国防专利的有关事项予以登记，并在《国防专利内部通报》上刊登。

GL－E－V 5.2 专利局定期解密

专利局每两年对保密专利申请（或专利）进行一次复查，经复查认为不需要继续保密的，通知申请人予以解密。

GL－E－V 5.3 解密后的处理

发明专利申请解密后，尚未被授予专利权的，按照一般发明专利申请进行审查和管理，符合公布条件的，应当予以公布，并出版发明专利申请单行本；实用新型专利申请解密后，尚未被授予专利权的，按照一般实用新型专利申请进行审查和管理。

发明或者实用新型专利解密后，应当进行解密公告、出版发明或者实用新型专利单行本，并按照一般专利进行管理。

§5 不授予专利权的情形

对违反法律、社会公德或者妨害公共利益的发明创造，不授予专利权。

对违反法律、行政法规的规定获取或者利用遗传资源，并依赖该遗传资源完成的发明创造，不授予专利权。

A4 PC

不得以专利产品的销售或者依专利方法制造的产品的销售受到本国法律的限制或者限定为理由，而拒绝授予专利或者使专利无效。

A27 TRIPS

A2：各成员为了维护公众利益或者社会公德，包括保护人类、动物或植物的生命与健康，或者避免对环境造成严重破坏，有必要排除某些发明在成员地域内进行商业性实施的，可以排除这些发明的专利性，但是以这种排除并非仅仅因为其国内法律禁止实施为限。

A3：成员还可以将下列各项排除于可获专利之外：

（a）人类或动物的疾病诊断方法、治疗方法及外科手术方法；

（b）除微生物之外的动、植物，以及生产动、植物的主要是生物的方法，生产动、植物的非生物方法及微生物方法除外；但成员应以专利制度或有效的专门制度，或以任何组合制度，给植物新品种以保护。对这一规定应在本协议生效之日起的4年之后进行检查。

◎驳回理由：

	发明	实用新型	外观设计
初步审查	R44.1、R44.2	R44.1	R44.1
实质审查	R53.1、R53.2	——	——
无效宣告请求	R65：不符合§2、§20.1、§22、§23、§26.3、§26.4、§27.2、§33、R20.2、R43.1，或属于§5、§25、§9规定的情形		

R10 违反国家法律的发明创造的意义

专利法第五条所称违反法律的发明创造，不包括仅其实施为法律所禁止的发明创造。

GL－A－Ⅲ 6.1.1 违反法律

违反法律，是指外观设计专利申请的内容违反了由全国人民代表大会或者全国人民代表大会常务委员会依照立法程序制定和颁布的法律。

GL－B－Ⅰ 3.1.1 违反法律的发明创造

法律，是指由全国人民代表大会或者全国人民代表大会常务委员会依照立法程序制定和颁布的法律。它不包括行政法规和规章。

发明创造与法律相违背的，不能授予专利权。

发明创造并没有违反法律，但是由于其被滥用而违反法律的，则不属此列。

专利法实施细则第十条规定，专利法第五条所称违反法律的发明创造，不包括仅其实施为法律所禁止的发明创造。其含义是，如果仅仅是发明创造的产品的生产、销售或使用受到法律的限制或约束，则该产品本身及其制造方法并不属于违反法律的发明创造。

GL－A－Ⅲ 6.1.2 违反社会公德

GL－A－Ⅲ 6.1.3 妨害公共利益

妨害公共利益，是指外观设计的实施或使用会给公众或社会造成危害，或者会使国家和社会的正常秩序受到影响。

专利申请中外观设计的文字或者图案涉及国家重大政治事件、经济事件、文化事件，或者涉及宗教信仰，以致妨害公共利益或者伤害人民感情或民族感情的，或者宣扬封建迷信的，或者造成不良政治影响的，该专利申请不能被授予专利权。

如果一项发明创造只是由于利用不当或者被滥用而可能造成社会危害，就不能因此而拒绝授予专利权。对人体有一定副作用的药品、放射性诊断治疗设备等，不能以“妨害公共利益”为理由拒绝授予专利权。

GL－B－Ⅰ 3.1.2 违反社会公德的发明创造

社会公德，是指公众普遍认为是正当的、并被接受的伦理道德观念和行为准则。它的内涵基于一定的文化背景，随着时间的推移和社会的进步不断地发生变化，而且因地域不同而各异。中国专利法中所称的社会公德限于中国境内。

发明创造与社会公德相违背的，不能被授予专利权。

GL－B－Ⅰ 3.1.3 妨害公共利益的发明创造

妨害公共利益，是指发明创造的实施或使用会给公众或社会造成危害，或者会使国家和社会的正常秩序受到影响。

发明创造以致人伤残或损害财物为手段的，发明创造的实施或使用会严重污染环境、严重浪费能源或资源、破坏生态平衡、危害公众健康的，不能被授予专利权；

专利申请的文字或者图案涉及国家重大政治事件或宗教信仰、伤害人民感情或民族感情或者宣传封建迷信的，不能被授予专利权。

但是，如果发明创造因滥用而可能造成妨害公共利益的，或者发明创造在产生积极效果的同时存在某种缺点的，则不能以“妨害公共利益”为理由拒绝授予专利权。

GL－B－Ⅰ 3.1.4 部分违反 §5.1 的申请

一件专利申请中含有违反法律、社会公德或者妨害公共利益的内容，而其他部分是合法的。对于这样的专利申请，应当通知申请人进行修改，删除违反 §5.1 的部分。如果申请人不同意删除违法的部分，就不能被授予专利权。

GL－B－Ⅰ 3.2 根据 §5.2 不授予专利权的发明创造

根据 R26.1，专利法所称遗传资源，是指取自人体、动物、植物或者微生物等含有遗传功能单位并具有实际或者潜在价值的材料；专利法所称依赖遗传资源完成的发明创造，是指利用了遗传资源的遗传功能完成的发明创造。

在上述规定中，遗传功能是指生物体通过繁殖将性状或者特征代代相传或者使整个生物体得以复制的能力。

遗传功能单位是指生物体的基因或者具有遗传功能的 DNA 或者 RNA 片段。

取自人体、动物、植物或者微生物等含有遗传功能单位的材料，是指遗传功能单位的载体，既包括整个生物体，也包括生物体的某些部分。

违反法律、行政法规的规定获取或者利用遗传资源，是指遗传资源的获取或者利用未按照我国有关法律、行政法规的规定事先获得有关行政管理部门的批准或者相关权利人的许可。

R26 遗传资源专利申请

专利法所称遗传资源，是指取自人体、动物、植物或者微生物等含有遗传功能单位并具有实际或者潜在价值的材料；专利法所称依赖遗传资源完成的发明创造，是指利用了遗传资源的遗传功能完成的发明创造。

就依赖遗传资源完成的发明创造申请专利的，申请人应当在请求书中予以说明，并填写国务院专利行政部门制定的表格。

§5.2 中所称的“遗传资源”是指中国的遗传资源，而 §26.5 中的“遗传资源”也包括外国的遗传资源。

◎需要披露来源的情形：

根据 GL－B－I 3.2，需要披露来源的情形如下：

（1）从遗传资源中分离出遗传功能单位并加以分析和利用；

（2）对遗传资源中的遗传功能单位进行基因修饰以改变遗传性状或满足工业生产的目的；

（3）通过有性或无性繁殖产生具有特定性状的新品种、品系或株系；

（4）从自然界中分离出具有特定功能的微生物。

◎不需要披露来源的情形：

（1）基因工程操作中常规使用的宿主细胞等；

（2）现有技术中已公开（无须检索，仅需从说明书公开的信息中判断是否已公开）的基因或者 DNA、RNA 片段；

（3）仅在验证发明效果时使用的遗传资源；

（4）仅作为候选对象被筛选，继而被淘汰的遗传资源；

（5）发明创造的完成虽然利用了遗传资源，但并未利用其遗传功能。

§6 职务发明的权属

执行本单位的任务或者主要是利用本单位的物质技术条件所完成的发明创造为职务发明创造。职务发明创造申请专利的权利属于该单位；申请被批准后，该单位为专利权人。

非职务发明创造，申请专利的权利属于发明人或者设计人；申请被批准后，该发明人或者设计人为专利权人。

利用本单位的物质技术条件所完成的发明创造，单位与发明人或者设计人订有合同，对申请专利的权利和专利权的归属作出约定的，从其约定。

“单位”既包括法人单位，也应包括非法人单位。

◎权利归属的确定：

有合同约定的，从其约定；没有约定的，法律上暂无明确规定。

没有法律依据或规定，职工有责任和义务为其作出的职务发明通知所在单位；单位有义务为申报的职务发明申请专利；当单位对所申报的职务发明不感兴趣时，单位可将职务发明的申请权重新转交职工。

只有“利用本单位的物质技术条件所完成的发明创造”，单位与发明人或者设计人才可以通过合同来约定专利申请权和专利权的归属（§6.3）。如果是“执行本单位任务”完成的发明创造，则其专利申请权和专利权应该归单位所有（§6.1）。

◎根据§6.3，可以约定提出申请权利的条件：

（1）不是本职工作；

（2）不是执行本单位的任务；

（3）不是主要或者仅仅是利用了单位的物质技术条件；

（4）订立了书面合同。

R6.3 允许对利用本单位物质技术条件所完成的发明创造，包括主要利用本单位的物质技术条件所完成的职务发明的归属进行约定。但 R6.1 规定，对于执行本单位的任务或者主要是利用本单位的物质技术条件所完成的职务发明的权利归该单位所有。因此，单位与发明人之间的约定不能适用于这种情况。

沪（2013）高民三（知）终字第129号：职务发明专利权的归属不能约定

在职务发明中，可以对专利申请权和专利权的归属进行约定的情形并不包括执行本单位的任务所完成的发明创造。原告与被告签订的《专利使用协议》对涉案专利不适用。

《合同法》

A326：职务技术成果的使用权、转让权属于法人或者其他组织的，法人或者其他组织可以就该项职务技术成果订立技术合同。法人或者其他组织应当从使用和转让该项职务技术成果所取得的收益中提取一定比例，对完成该项职务技术成果的个人给予奖励或者报酬。法人或者其他组织订立技术合同转让职务技术成果时，职务技术成果的完成人享有以同等条件优先受让的权利。

职务技术成果是执行法人或者其他组织的工作任务，或者主要是利用法人或者其他组织的物质技术条件所完成的技术成果。

◎《合同法》涉及职务发明的有关解释和通知：

《最高人民法院关于审理技术合同纠纷案件适用法律若干问题的解释》	《全国法院知识产权审判工作会议关于审理技术合同纠纷案件若干问题的纪要的通知》
第2条：《合同法》A326.2所称“执行法人或者其他组织的工作任务”，包括： （一）履行法人或者其他组织的岗位职责或者承担其交付的其他技术开发任务； （二）离职后一年内继续从事与其原所在法人或者其他组织的岗位职责或者交付的任务有关的技术开发工作，但法律、行政法规另有规定的除外。 法人或者其他组织与其职工就职工在职期间或者离职以后所完成的技术成果的权益有约定的，人民法院应当依约定确认。	第4条：《合同法》A326.2所称执行法人或者其他组织的工作任务，是指： （1）职工履行本岗位职责或者承担法人或者其他组织交付的其他科学研究和技术开发任务。 （2）离职、退职、退休后一年内继续从事与其原所在法人或者其他组织的岗位职责或者交付的任务有关的科学研究和技术开发，但法律、行政法规另有规定或者当事人另有约定的除外。 前款所称岗位职责，是指根据法人或者其他组织的规定，职工所在岗位的工作任务和责任范围。
第3条：《合同法》A326.2所称“物质技术条件”，包括资金、设备、器材、原材料、未公开的技术信息和资料等。	第5条：《合同法》A326.2所称物质技术条件，是指资金、设备、器材、原材料、未公开的技术信息和资料。 当事人不具备独立实施专利的条件，以普通实施许可的方式许可一个法人或者其他组织实施该专利，或者与一个法人、其他组织或者自然人合作实施该专利或者通过技术入股与之联营实施该专利，可以视为当事人自己实施专利。 《合同法》A326.2所称主要利用法人或者其他组织的物质技术条件，是指职工在完成技术成果的研究开发过程中，全部或者大部分利用了法人或者其他组织的资金、设备、器材或者原材料，或者该技术成果的实质性内容是在该法人或者其他组织尚未公开的技术成果、阶段性技术成果或者关键技术的基础上完成的。但对利用法人或者其他组织提供的物质技术条件，约定返还资金或者交纳使用费的除外。 在研究开发过程中利用法人或者其他组织已对外公开或者已为本领域普通技术人员公知的技

续表

《最高人民法院关于审理技术合同纠纷案件适用法律若干问题的解释》	《全国法院知识产权审判工作会议关于审理技术合同纠纷案件若干问题的纪要的通知》
	术信息，或者在技术成果完成后利用法人或者其他组织的物质条件对技术方案进行验证、测试的，不属于主要利用法人或者其他组织的物质技术条件。
第4条：《合同法》A326．2所称“主要利用法人或者其他组织的物质技术条件”，包括职工在技术成果的研究开发过程中，全部或者大部分利用了法人或者其他组织的资金、设备、器材或者原材料等物质条件，并且这些物质条件对形成该技术成果具有实质性的影响；还包括该技术成果实质性内容是在法人或者其他组织尚未公开的技术成果、阶段性技术成果基础上完成的情形。但下列情况除外： （一）对利用法人或者其他组织提供的物质技术条件，约定返还资金或者交纳使用费的； （二）在技术成果完成后利用法人或者其他组织的物质技术条件对技术方案进行验证、测试的。	第6条：完成技术成果的个人既执行了原所在法人或者其他组织的工作任务，又就同一科学研究或者技术开发课题主要利用了现所在法人或者其他组织的物质技术条件所完成的技术成果的权益，由其原所在法人或者其他组织和现所在法人或者其他组织协议确定，不能达成协议的，由双方合理分享。
第5条：个人完成的技术成果，属于执行原所在法人或者其他组织的工作任务，又主要利用了现所在法人或者其他组织的物质技术条件的，应当按照该自然人原所在和现所在法人或者其他组织达成的协议确认权益。不能达成协议的，根据对完成该项技术成果的贡献大小由双方合理分享。	第7条：职工于本岗位职责或者其所在法人或者其他组织交付的任务之外从事业余兼职活动或者与他人合作完成的技术成果的权益，按照其与聘用人（兼职单位）或者合作人的约定确认。没有约定或者约定不明确，依照《合同法》A61的规定不能达成补充协议的，按照《合同法》A326和A327的规定确认。 依照前款规定处理时不得损害职工所在的法人或者其他组织的技术权益。
第6条：《合同法》A326、A327所称完成技术成果的“个人”，包括对技术成果单独或者共同作出创造性贡献的人，也即技术成果的发明人或者设计人。人民法院在对创造性贡献进行认定时，应当分解所涉及技术成果的实质性技术构成。提出实质性技术构成并由此实现技术方案的人，是作出创造性贡献的人。 提供资金、设备、材料、试验条件，进行组织管理，协助绘制图纸、整理资料、翻译文献等人员，不属于完成技术成果的个人。	第8条：《合同法》A326和A327所称完成技术成果的个人，是指对技术成果单独或者共同作出创造性贡献的人，不包括仅提供资金、设备、材料、试验条件的人员，进行组织管理的人员，协助绘制图纸、整理资料、翻译文献等辅助服务人员。 判断创造性贡献时，应当分解技术成果的实质性技术构成，提出实质性技术构成和由此实现技术方案的人是作出创造性贡献的人。对技术成果作出创造性贡献的人为发明人或者设计人。

GL－A－I 4.1.3.1 申请人是本国人

需要更换申请人的，应当由更换后的申请人办理补正手续，提交补正书及更换前、后申请人签字或者盖章的更换申请人声明。

申请人是中国单位或者个人的，应当填写其名称或者姓名、地址、邮政编码、组织机构代码或者居民身份证件号码。

申请人是个人的，应当使用本人真实姓名，不得使用笔名或者其他非正式的姓名。申请人是单位的，应当使用正式全称，不得使用缩写或者简称。请求书中填写的单位名称应当与所使用的公章上的单位名称一致。不符合规定的，审查员应当发出补正通知书。申请人改正请求书中所填写的姓名或者名称的，应当提交补正书、当事人的声明及相应的证明文件。

〈对于本国发明人虽然并没有像对外国申请人那样的规定：姓名中不应当含有学位、职务等称号等（GL－A－I4.1.3.2），但应该也是不可以的〉

GL－A－I 4.1.3.2 申请人是外国人、外国企业或者外国其他组织

申请人是外国人、外国企业或外国其他组织的，应当填写其姓名或者名称、国籍或者注册的国家或者地区。审查员有疑义时，可根据 R33（1）或（2）的规定，通知申请人提供国籍证明或注册的国家或者地区的证明文件。申请人在请求书中表明在中国有营业所的，审查员应当要求申请人提供当地工商行政管理部门出具的证明文件。申请人在请求书中表明在中国有经常居所的，审查员应当要求申请人提交公安部门出具的可在中国居住 1 年以上的证明文件。

在确认申请人是在中国没有经常居所或者营业所的外国人、外国企业或者外国其他组织后，应当审查请求书中填写的申请人国籍、注册地是否符合下列三个条件之一：

（1）申请人所属国同我国签订有相互给予对方国民以专利保护的协议；

（2）申请人所属国是《巴黎公约》（PC）成员国或者世界贸易组织（WTO）成员；

（3）申请人所属国依互惠原则给外国人以专利保护。

申请人不能提供证明文件的，根据 R44，以不符合 §18 为理由，驳回该专利申请。

申请人是个人的，其中文译名中可以使用外文缩写字母，姓和名之间用圆点分开，圆点置于中间位置。姓名中不应当含有学位、职务等称号。申请人是企业或者其他组织的，其名称应当使用中文正式译文的全称。对于申请人所属国法律规定具有独立法人地位的某些称谓允许使用。

GL－A－I 4.1.3.3 本国申请人与外国申请人共同申请

本国申请人与外国申请人共同申请专利的，本国申请人适用本章 4.1.3.1 的规定，外国申请人适用本章 4.1.3.2 的规定。

◎中止有关程序：

当事人因专利申请权或者专利权的归属发生纠纷，已请求管理专利工作的部门调解或者向人民法院起诉的，可以请求国务院专利行政部门中止有关程序（R86.1、§60）。

如有专利权或申请权归属纠纷的，当事人可以向法院起诉或请求管理专利工作的部门调节，必要时可以再请求 SIPO 中止有关程序。中止程序请求的理由中不包括“发明人资格纠纷”。

实践中，权属纠纷当事人可以凭借生效的地方知识产权管理部门作出的处理决定或者人民法院作出的判决请求撤销中止程序。此外，如果是权属纠纷的当事人主动撤回了起诉或者调解请求时，法院会作出民事裁定书，地方知识产权管理部门会作出撤销案件决定书，并以此来结案。此时，纠纷当事人也可以凭决定书或裁定书请求恢复审查。因此不论何种情况，权属纠纷的当事人在请求撤销中止程序时，都应当同时提交生效的决定书、判决书或裁定。如果仅以中止请求人的身份提出请求书，而没有提交生效的判决书、判决或裁定，则不能结束中止程序。

R12 职务发明创造

专利法第六条所称执行本单位的任务所完成的职务发明创造，是指：

（1）在本职工作中作出的发明创造；（不是单位业务）

（2）履行本单位交付的本职工作之外的任务所作出的发明创造；

（3）退休、调离原单位后或者劳动、人事关系终止后 1 年内作出的，与其在原单位承担的本职工作或者原单位分配的任务有关的发明创造。

专利法第六条所称本单位，包括临时工作单位；专利法第六条所称本单位的物质技术条件，是指本单位的资金、设备、零部件、原材料或者不对外公开的技术资料等。

R12.1（3）中所指的“1 年内作出的发明创造”应该是以申请日为标准，而不是实际作出发明的日期。

从其他公司，如外包公司借调的人员，在执行本公司赋予的工作任务时，所完成的发明创造也属于职务发明，专利申请权和专利权属于本公司，因为根据 R12.2、§6 所称的本单位，包括临时工作单位。应当注意，借调或者委托应当签订合同或协议。否则，就可能会属于 §8 规定的“合作发明”的情况，即专利申请权和专利权归属于完成或者共同完成的单位或者个人。

因此，当新员工是从竞争对手处跳槽过来，或者过去 1 年内其在竞争对手公司工作过，用人单位最好事先与新员工达成相关的协议，并且在工作合同中写明，新员工有义务对可能发生的职务专利权归属纠纷事先作出声明。

职务发明的发明人没有申请专利的权利，因此没有资格就公司是否提出专利申请提出异议。

发明人在业余时间在工作单位外完成了一项虽然与本单位业务有关，但与发明人本职工作无关的发明创造，而且这项任务也不是单位交付的，在这种情况下，该发明为非职务发明。

倘若发明人违反 §6 和 R12 的规定，擅自申请了专利，用人单位可以在得知情况之日起 2 年内，要求其转让专利权。

◎因专利权属产生纠纷，可以根据 §60 选择以下处理方式：

（1）自行协商；

（2）请求管理专利工作的部门调解；

（3）向人民法院起诉。

因为管理专利工作的部门对于损害赔偿只能调解，不能处理，所以专利权人只能通过协商和向人民法院起诉来获得损害赔偿。

最高人民法院（2009）民申字第 1065 号：自主利用在原单位掌握的知识技能

职工在工作中掌握和积累的知识、经验和技能，除属于单位的商业秘密的情形外，在其离职后，有自主利用的自由。在既没有违反竞业限制义务，又没有侵犯商业秘密的情况下，劳动者运用自己在原用人单位学习的知识、经验与技能为其他与原单位存在竞争关系的单位服务的，不宜简单地以《反不正当竞争法》A2 的原则规定认定构成不正当竞争。

§7 不得压制非职务发明

对发明人或者设计人的非职务发明创造专利申请，任何单位或者个人不得压制。

“压制”是指单位对非职务发明创造申请专利的压制，不涉及就职务发明创造是否应当申请专利作出决断的问题。单位作为申请权的所有人，有自由自行决定是否以及怎样申请专利，即对职务发明不存在“压制”。

下列几个可能发生的问题，因为尚没有相应的法律依据或者规定，仅供大家思考。

（1）公司是否可以自行决定申请何种专利?

（2）假如公司不愿意为职务发明申请专利，那么公司是否有权利公开职务发明?

（3）如果公司对某职务发明不感兴趣，那么申请权是否转移给发明人?

（4）公司没有为职务发明申请专利，也没有公开的，但是实施了该项职务发明且从中获得了利润的，是否也应该给予发明人适当的奖金? 按照 R78，从实施所得利润和使用费中提取报酬只适用于已经取得专利权的公司。

◎发明人或设计人的权利：

（1）署名权（公布或不公布其姓名）（§17）；

（2）属于非职务发明创造的，享有申请专利的权利和专利权；

（3）属于职务发明创造的，有获得奖励和报酬的权利（§16）。

§8 合作发明和委托发明

两个以上单位或者个人合作完成的发明创造、一个单位或者个人接受其他单位或者个人委托所完成的发明创造，除另有协议的以外，申请专利的权利属于完成或者共同完成的单位或者个人；申请被批准后，申请的单位或者个人为专利权人。

●合作发明

《合同法》

A340：合作开发的成果归属：

合作开发完成的发明创造，除当事人另有约定的以外，申请专利的权利属于合作开发的当事人共有。当事人一方转让其共有的专利申请权的，其他各方享有以同等条件优先受让的权利。

〈需要要申请专利的，必须经全体发明人同意。但如果有约定的，则按约定处理。〉

合作开发的当事人一方声明放弃其共有的专利申请权的，可以由另一方单独申请或者由其他各方共同申请。申请人取得专利权的，放弃专利申请权的一方可以免费实施该专利。

〈可以免费实施，但无权许可他人实施。专利法实施，见§11〉

合作开发的当事人一方不同意申请专利的，另一方或者其他各方不得申请专利。

〈当事人一方转让其共有的专利申请权的，不需要得到其他共有人的同意〉

◎合作完成的发明创造：

指两个以上单位或者个人共同进行投资、共同参与研究开发工作所完成的发明创造。

合作完成发明创造的单位或个人应当签订书面合作开发合同。合同应当写明下列各项：项目名称；标的技术的内容、形式和要求；研究开发计划；研究开发经费或者项目投资的数额及其支付、结算方式；利用研究开发经费购置的设备、器材、资料的财产权属；履行的期限、地点和方式；技术情报和资料的保密和风险责任的承担等。此外，特别重要的是应当写明申请和获得专利的权利归属。如果合作单位没有就合作完成的发明创造的专利申请权达成协议，那么按照本条的规定，申请专利的权利属于"完成或者共同完成的单位或者个人"。

◎完成或者共同完成的单位：

指完成这种发明创造的发明人或者设计人所在的单位。判断共同发明人的标准应依据 R13 的规定。如果两个或两个以上单位合作，各单位都有工作人员对完成的发明创造作出创造性贡献，在没有协议的情况下，各单位就是共同完成发明创造的单位，应当共有申请专利的权利。如果两个或两个以上单位合作，只有一个单位的发明人对完成的发明创造作出创造性贡献，在没有协议的情况下，就只有发明人所在的那个单位享有申请专利的权利和专利权。但是，合同也可以规定参加合作的其他单位作为该项发明创造的共同专利申请人，或者规定享有申请专利的权利和专利权的单位应当给予参加合作的其他单位以适当的经济补偿。

●委托发明

◎委托完成的发明创造：

指单位或个人提出研究开发任务并提供经费和报酬，由其他单位或个人进行研究开发所完成的发明创造。

◎委托开发的成果归属：

《合同法》

A339：委托开发完成的发明创造，除当事人另有约定的以外，申请专利的权利属于研究开发人。研究开发人取得专利权的，委托人可以免费实施该专利。

研究开发人转让专利申请权的，委托人享有以同等条件优先受让的权利。

《最高人民法院关于审理技术合同纠纷案件适用法律若干问题的解释》

第19.2条：技术开发合同当事人一方仅提供资金、设备、材料等物质条件或者承担辅助协作事项，另一方进行研究开发工作的，属于委托开发合同。

一个单位或个人委托其他单位或个人进行发明创造时，应当签订委托合同。鉴于受委托方主要从事研制开发工作，是对发明创造作出创造性贡献的一方，即完成发明创造的一方，故除合同另有规定外，申请专利的权利应当属于该方所有。对此，委托方应当特别注意，因为按照本条的规定，如果未写明申请专利的权利和专利权的归属，申请专利的权利和专利权应当属于“完成或者共同完成”发明创造的单位。

假如一方委托了另一方，但在完成发明过程中，双方均作出了实质性的贡献。如果委托合同并未就专利申请的权利进行规定，则属于合作发明，双方都享有申请权利，但是必须共同申请。

R13 发明人和设计人

《专利法》所称发明人或者设计人，是指对发明创造的实质性特点作出创造性贡献的人。在完成发明创造过程中，只负责组织工作的人、为物质技术条件的利用提供方便的人或者从事其他辅助工作的人，不是发明人或者设计人。

在完成发明创造的过程中，仅负责提出题目、提出一般性建议、进行一般性指导的人，对课题进行组织管理的人，进行数据处理或实验操作的人，或者仅对发明人提供后勤帮助的人，都不是专利法意义上的发明人和设计人。

◎专利申请权和专利权的归属：

（1）有协议的，依协议办；

（2）无协议的，只有发明人所代表的一方享有申请专利的权利，即申请人为完成或者共同完成发明创造的单位或个人。

◎因专利权属产生纠纷，可以根据§60选择：

（1）自行协商；

（2）请求管理专利工作的部门进行调解；

（3）向人民法院起诉。

因为管理专利工作的部门对于损害赔偿只能调解，不能处理，所以专利权人只能通过协商和向法院起诉来获得损害赔偿。

§9 禁止重复授权和先申请原则

同样的发明创造只能授予一项专利权。但是，同一申请人同日对同样的发明创造既申请实用新型专利又申请发明专利，先获得的实用新型专利权尚未终止，且申请人声明放弃该实用新型专利权的，可以授予发明专利权。

两个以上的申请人分别就同样的发明创造申请专利的，专利权授予最先申请的人。

审查指南公报第 18 号：

允许同一申请人就同样的发明创造既申请实用新型专利又申请发明专利。

《关于施行修改后专利法有关事项的通知》

第 1 条：同一申请人同日对同样的发明创造既申请实用新型专利又申请发明专利的，应当在申请时分别填写 SIPO 制定的《同日申请发明专利和实用新型专利的声明》，说明对同样的发明创造已申请了另一专利。

《同日申请发明专利和实用新型专利的声明》表格规定：2009 年 10 月 1 日以后（含该日），同一申请人同日对同样的发明创造既申请实用新型专利又申请发明专利的，应当按要求填写两份对应的声明表格，即提交发明专利申请请求书时填写一份表格，提交实用新型专利申请请求书时填写另一份表格，分别说明对同样的发明创造已申请了另一专利。当实用新型专利申请获得专利授权后，SIPO 将在专利公报中予以公告，且一并公告上述声明。为保护相关申请人的利益，建议此类申请人在办理专利申请手续时同时提交声明表格。

如果申请文件是邮寄的，则以寄出的邮戳日为申请日（§28、R4）。邮戳日不清晰的，除当事人能够给出证明外，以 SIPO 收到日为递交日（R4）。

在享有外国或者本国优先权的情况下，以优先权日作为申请日。

补交附图的申请，以补交附图之日为申请日。

对于分案申请，以原申请的申请日作为分案申请的申请日。

除了 §9.1 所规定的情形外，不允许申请人通过放弃已有专利权的方式避免重复授权。

§59.1 规定，发明或者实用新型专利权的保护范围以其权利要求的内容为准，说明书及附图可以用于解释权利要求的内容。

虽然 §9 没有指出，发明专利和实用新型申请是否必须都得是中国的国家申请，但应当理解为是。

○关于同样的发明创造、同样的发明或实用新型、相同主题的发明创造、相同的外观设计

术语	法条	用途	对比对象	对比标准
同样的发明创造	§9	防止重复授权	权利要求：权利要求	一项权利要求与对比文件的多项权利要求中的一项的保护范围相同，即是同样的发明创造

续表

术语	法条	用途	对比对象	对比标准
同样的发明或实用新型	§22.2	对比抵触申请，评价新颖性	权利要求：全文	技术领域、所要解决的技术问题、技术方案和技术效果相同或实质相同
相同主题的发明创造	§29	优先权评价		技术领域、所要解决的技术问题、技术方案和技术效果相同
相同的外观设计	§23.1	评价明显区别	形状、图案、色彩	相同种类产品，并且外观设计的全部外观设计要素与对比设计的相应设计要素相同

根据§9的审查，申请时未作出同日申请声明，申请日之后补交同日申请声明的，该声明不予接受。

判断是否属于同样的发明创造要比较两件或两件以上申请中的权利要求的保护范围是否相同，即将两件或两件以上申请的权利要求书的内容进行比较，而不是将权利要求书与专利申请的全部内容进行比较。

如果一件专利申请或专利的一项权利要求与另一件专利申请或专利的某一项权利要求保护范围相同，应当认为它们是同样的发明创造。

两件申请的权利要求仅仅是文字表述不同，其实质内容一致的，也属于同样的发明创造。

GL－B－Ⅲ 6.1〈*对同样的发明创造的*〉**判断原则**

在判断是否为同样的发明创造时，应当将两件发明或者实用新型专利申请或专利的权利要求书的内容进行比较，而不是将权利要求书与专利申请或专利文件的全部内容进行比较。

如果一件专利申请或专利的一项权利要求与另一件专利申请或专利的某一项权利要求保护范围相同，应当认为它们是同样的发明创造。

两件专利申请或专利说明书的内容相同，但其权利要求保护范围不同的，应当认为所要求保护的发明创造不同。例如，权利要求中存在以连续的数值范围限定的技术特征的，其连续的数值范围与另一件发明或者实用新型专利申请或专利权利要求中的数值范围不完全相同的，不属于同样的发明创造。〈但是不满足新颖性的要求，GL－B－Ⅲ 3.2.4〉

◎权利要求不同的形式可以分为两种情况：

（1）两份权利要求书的保护范围不同：两者不属于相同的发明创造。

（2）一项申请中的权利要求的保护范围比另一项申请中相应的权利要求大（或小）：由于独立权利要求确定了最大的保护范围，每一个从属权利要求的保护范围都是其所引用的那项权利要求的保护范围的一个“子集合”。但一项申请中的独立权利要求和从属权利要求所限定的保护范围是不同的技术方案，是不同的发明创造。因此，如果两项申请中的权利要求的保护范围是重叠关系，应认为属于不同的发明创造。

但是，如果发明和实用新型中权利要求的保护关系是重叠关系，那么对于这样的两个申请，申请人仍然需要同日提交，只不过可以不提出声明，也就是在发明的实质审查中，审查员不应该要求申请人放弃先授权的实用新型。

如果一项权利要求请求保护了多个并列技术方案，则应当以各个技术方案为基准分别判断其是否属于同样的发明创造。但如果并列选择概括的权利要求（如马库什权利要求）难以明确划分成多个具体的并列技术方案时，则将其作为一个整体技术方案来判断是否属于同样的发明创造。权利要求涉及连续数值范围的，将该连续数值范围作为一个整体予以考虑。

◎不属于同样的发明创造：

若两项权利要求涉及的数值范围仅部分重叠，不属于同样的发明创造。

（1）两项产品权利要求相比，其中一项产品权利要求增加了方法特征，并且方法特征对产品起到限定作用。

（2）两项方法权利要求相比，其中一项方法权利要求增加了产品特征，并且该产品特征对方法的实施起到限定作用。

（3）一项权利要求为难以划分成多个具体的并列技术方案的马库什权利要求，另一项权利要求为上述马库什权利要求的优选技术方案。

（4）两项权利要求均涉及连续的数值范围，数值范围有重叠；或者一项权利要求涉及连续的数值范围，另一项权利要求涉及其中一个端点值。

◎可能造成重复授权的情况：

如果进入国家阶段的 PCT 申请要求在中国提出的在先申请的优先权，或者要求已进入国家阶段的在先 PCT 申请的优先权，则可能造成重复授权。

无效宣告请求第 4806 号：不同样的发明创造

包含有不同的技术特征的不同的技术方案不属于同样的发明创造。

●同样的外观设计

根据 GL－D－V8 规定，§9 所述的同样的发明创造对于外观设计而言，是指要求保护的产品外观设计相同或者实质相同。对比时应当将所有设计要素进行整体对比。

涉案专利包含多项外观设计的，应当将每项外观设计分别与对比设计进行对比。如果涉案专利中的一项外观设计与另一件专利中的一项外观设计相同或者实质相同，应当认为它们是同样的发明创造。

外观设计相同和实质相同的判断适用 GL－D－V5 的规定。

在衡量外观设计新颖性即与现有设计相同、实质相同时采用“一般消费者”为判断主体。

GL－A－III 11.1 规定了判断原则：

在判断是否构成 §9 所述的同样的发明创造时，应当以表示在两件外观设计专利申请或专利的图片或者照片中的产品的外观设计为准。同样的外观设计是指两项外观设计相同或者实质相同。

GL－D－V 5.1.1 外观设计相同

外观设计相同，是指涉案专利与对比设计是相同种类产品的外观设计，并且涉案专利的全部外观设计要素与对比设计的相应设计要素相同，其中外观设计要素是指形状、图案以及色彩。

如果涉案专利与对比设计仅属于常用材料的替换，或者仅存在产品功能、内部结构、技术性能或者尺寸的不同，而未导致产品外观设计的变化，二者仍属于相同的外观设计。

在确定产品的种类时，可以参考产品的名称、国际外观设计分类以及产品销售时的货架分类位置，但是应当以产品的用途是否相同为准。相同种类产品是指用途完全相同的产品。

〈参考图（如使用状态参考图）通常用于理解对比设计的所属领域、使用方法、使用场所或者用途，也可以用来确定产品类别，但不能用来确定外观设计的专利保护范围。〉

〈材料的替换导致产品外观设计的整体视觉效果发生变化的，外观设计专利与对比设计属于相同的外观设计。〉

同样的外观设计是指外观设计相同或者实质相同，是指两项外观设计相同或相近似，包括产品、设计两方面内容。

产品相同是指其用途和功能完全相同。

产品相近似是指其用途相同，功能不同。

设计是否相同（相近似）的判断是指对相同（相近似）产品的形状、图案、色彩的设计进行综合判断。

◎产品功能、内部结构与技术性能的变化：

涉案专利与对比设计的区别仅在于产品的内部结构、功能和技术性能的不同，而产品的内部结构、功能与技术性能的变化未导致产品外观设计的整体视觉效果发生变化，应当认定涉案专利与对比设计属于相同的外观设计。但是，产品的内部结构、功能与技术性能的变化导致产品的外观设计发生变化的，应当考虑该变化对整体视觉效果的影响。

◎产品尺寸的变化：

涉案专利与对比设计的区别仅在于尺寸的不同，而各个设计特征之间的相互比例配置关系未发生变化，应当认定涉案专利与对比设计属于相同的外观设计。

如果产品的各个设计特征之间相互比例关系发生变化，导致产品外观设计的整体视觉效果发生变化的，不应当认定涉案专利与对比设计属于相同的外观设计。

◎材料的替换：

涉案专利与对比设计的区别仅在于常用材料的替换，而该替换未导致外观设计的整体视觉效果发生变化的，应当认定涉案专利与对比设计属于相同的外观设计。

GL－D－V 5.1.2 中规定对外观设计实质相同的判断仅限于相同或者相近种类的产品外观设计。对于产品种类不相同也不相近的，可认定涉案专利与对比设计不构成实质相同。

相近种类的产品是指用途相近的产品。注意：当产品具有多种用途时，如果其中部分用途相同，而其他用途不同，则二者应属于相近种类的产品。

如果区别仅属于下列情形，则涉案专利与对比设计实质相同，其区别在于：

（1）施以一般注意力不能察觉到的局部的细微差异；

（2）使用时不容易看到或者看不到的部位，但有证据表明在不容易看到部位的特定设计对于一般消费者能够产生引人瞩目的视觉效果的情况除外；

（3）将某一设计要素整体置换为该类产品的惯常设计的相应设计要素；

（4）将对比设计作为设计单元按照该种类产品的常规排列方式做重复排列或者将其排列的数量作增减变化；

（5）互为镜像对称。

GL－D－V 5. 1. 2 规定的"施以一般注意力不能察觉到的局部的细微差异"与 D－V4 所规定的一般消费者"不会注意到产品的形状、图案以及色彩的微小变化"，二者所指设计变化的程度相同。GL－D－V6. 1（4）所规定的"区别点仅在于局部细微变化"是指一般消费者施以一般注意力能够察觉到的设计变化。

如果涉案专利与对比设计的区别在于 GL－D－V5. 1. 2 规定的设计要素整体置换为该类产品的惯常设计的相应设计要素、以常规排列方式做重复排列或将其排列的数量作增减变化或者互为镜像对称，则涉案专利与对比设计实质相同。

GL－D－V5. 1. 2 所列外观设计实质相同的五种情形并非指涉案专利与对比设计仅存在一种区别的情况下才能认定二者属于实质相同的外观设计。如果涉案专利与对比设计存在五种情形中一种以上的区别时，应当依据整体观察、综合判断的原则判断二者是否属于实质相同的外观设计。

一件发明，实用新型专利申请与一件外观设计专利申请不可能涉及 § 9 所述的"同样的发明创造"。发明和实用新型专利权保护的是一种技术方案，而外观设计专利权保护的是基于产品的外观设计方案，两者保护的客体截然不同，所以先申请原则不适用于外观设计专利和发明或实用新型专利之间。

虽然，外观设计、发明或者实用新型专利不可能构成重复授权，但在后申请的申请日前公开的专利申请文件有可能构成评价新颖性、创造性的现有技术，用来评价在后专利申请的相同或相近似性。

最高人民法院（2008）行提字第 4、5、6、7、8 号：保证外观设计的单一性

为防止外观设计专利权之间的相互冲突，无论是相同的外观设计，还是相近似的外观设计，也不论是否为同一申请人，均应按照规定授予一项专利权；

被宣告无效的专利自始即不存在，不应当再将其作为判断是否重复授权的对比文件；

每个单元的外观设计均相同，所不同的只是单元数量的简单增加或者减少，属于相近似的外观设计。

R41 同日申请的相同发明创造

两个以上的申请人同日（指申请日；有优先权的，指优先权日）分别就同样的发明创造申请专利的，应当在收到国务院专利行政部门的通知后自行协商确定申请人。

同一申请人在同日（指申请日）对同样的发明创造既申请实用新型专利又申请发明专利的，应当在申请时分别说明对同样的发明创造已申请了另一专利；未作说明的，依照专利法第九条第一款关于同样的发明创造只能授予一项专利权的规定处理。

国务院专利行政部门公告授予实用新型专利权，应当公告申请人已依照本条第二款的规定同时申请了发明专利的说明。

发明专利申请经审查没有发现驳回理由，国务院专利行政部门应当通知申请人在规定期限内声明放弃实用新型专利权。申请人声明放弃的，国务院专利行政部门应当作出授予发明专利权的决定，并在公告授予发明专利权时一并公告申请人放弃实用新型专利权声明。申请人不同意放弃的，国务院专利行政部门应当驳回该发明专利申请；申请人期满未答复的，视为撤回该发明专利申请。

●对两件专利申请的处理

GL – B – Ⅲ 6. 2. 1. 1 申请人相同

同一申请人同日（指申请日或优先权日）就同样的发明创造提出两件专利申请，并且这两件申请符合授予专利权的其他条件的，应当就这两件申请分别通知申请人进行选择或者修改。申请人期满不答复的，相应的申请被视为撤回。经申请人陈述意见或者进行修改后仍不符合专利法第九条第一款规定的，两件申请均予以驳回。

申请人部分相同的不视为同一申请人。

GL – B – Ⅲ 6. 2. 1. 2 申请人不同

不同的申请人同日（申请日或优先权日）就同样的发明创造分别提出专利申请，并且这两件申请符合授予专利权的其他条件的，应当根据 R41. 1，通知申请人自行协商确定申请人。申请人期满不答复的，其申请被视为撤回；协商不成，或者经申请人陈述意见或进行修改后仍不符合 §9. 1 规定的，两件申请均予以驳回。

不同申请人在同一日分别提出一件实用新型（或一件发明专利申请）和一件发明专利申请，如果在审查发明专利申请时，实用新型（或发明专利申请）已经授权公告，则对发明专利申请也授予专利权。因为：虽然根据 §9，此种情况下，应当由申请人协商解决，协商不成的，两件申请都不能得到授权。但是，对于已经授权公告的专利申请，审查员无法对其处理，不能向已经授权的专利发出取消授权通知书，专利法没有给予审查员这样的权利，也没有设置这样的程序。但是，也不能对正在审查中的申请予以驳回，因为不公平。所以，审查员对审查中的发明专利申请也授予专利权。至于争议可以留待以后的无效宣告程序（§45）中处理。

在 GL – B – Ⅲ 6. 2. 2 中关于对一件专利申请和一项专利权的处理规定，对于同一申请人同日（申请日或优先权日）就同样的发明创造提出的另一件专利申请已经被授予专利权，并且尚未授权的专利申请符合授予专利权的其他条件的，应当通知申请人进行修改。申请人期满不答复的，其申请被视为撤回。经申请人陈述意见或者进行修改后仍不符合§9.1规定的，应当驳回其专利申请。

〈即在申请时，申请人未作出说明的〉

对于同一申请人同日（仅指申请日）对同样的发明创造既申请实用新型又申请发明专利的，在先获得的实用新型专利权尚未终止，并且申请人在申请时分别作出说明的，除通过修改发明专利申请外，还可以通过放弃实用新型专利权避免重复授权。对尚未授权的发明专利申请，发出授权通知书，并将放弃实用新型专利权的书面声明转至有关审查部门，由专利局予以登记和公告，公告上注明上述实用新型专利权自公告授予发明专利权之日起终止。

〈如果发明专利申请为PCT申请，提交的声明无效。〉

〈除了修改发明专利申请外，只能通过放弃实用新型专利权，而不是修改实用新型专利权，来得到发明专利的授权。〉

◎当申请的申请人与专利的专利权人不同时：

（1）申请的申请日早于专利的申请日的，授予该申请专利权，以符合§9.2的规定。因上述授权而造成的重复授权，可通过无效程序解决；

（2）申请与专利的申请日相同的，对申请作授权处理，以符合§21对公正的要求。因上述授权而造成的重复授权，可通过无效程序解决；

（3）申请与专利的申请日相同时，如果有证据表明申请的申请人与专利的专利权人的不同是因变更所致，则对该申请应当适用§9.1，发出审查意见通知书，要求该申请的申请人与专利的专利权人进行协商，协商不成，驳回该申请。

◎重复授权的处理方式：

<table>
<tr><th>种类</th><th>状态</th><th colspan="2">处理办法</th></tr>
<tr><td rowspan="3">同一申请人，相同申请日</td><td>两件申请均未授权</td><td colspan="2">就两件申请分别发出审查意见通知书，要求申请人进行选择或修改。
申请人期满不答复的，相应的申请视为撤回。经申请人陈述意见或进行修改后仍不符合§9.1规定的，两件申请均予以驳回。（GL－B－Ⅲ 6.2.1.1）</td></tr>
<tr><td rowspan="2">一件申请已授权，另一件申请未授权</td><td>申请人在申请时未作出说明的（R41.2）</td><td>针对未授权的申请，告知申请人由于违反§9.1的规定，不能授予专利权，但申请人可以进行修改得到授权。
申请人期满不答复的，未授权的申请视为撤回。经申请人陈述意见或进行修改后仍不符合§9.1规定的，驳回未授权的申请。（GL－B－Ⅲ 6.2.2）</td></tr>
<tr><td>申请人在申请时作出说明的（R41.2）</td><td>除通过修改发明专利申请外，还可以通过放弃已授权的专利权避免重复授权（GL－B－Ⅲ 6.2.2）</td></tr>
</table>

续表

种类	状态	处理办法
不同申请人，相同申请日	两件申请均未授权	审查员应根据 R41.1 的规定，发出审查意见通知书，要求申请人自行协商确定申请人。 申请人期满不答复的，其申请被视为撤回。 经申请人陈述意见或进行修改后仍不符合 §9.1 规定的，两件申请均予以驳回。（GL－B－III 6.2.1.2）
	一件申请已授权，另一件申请未授权	尚未授权的申请符合授予专利权条件的，予以授权。 审查员可以在发出授权通知书时，使用审查业务专用函告知申请人另一涉及重复授权申请的申请号、申请日以及联系方式，通知申请人可以与该专利权人协商确定专利权归属。

●申请同样发明的发明专利和实用新型专利

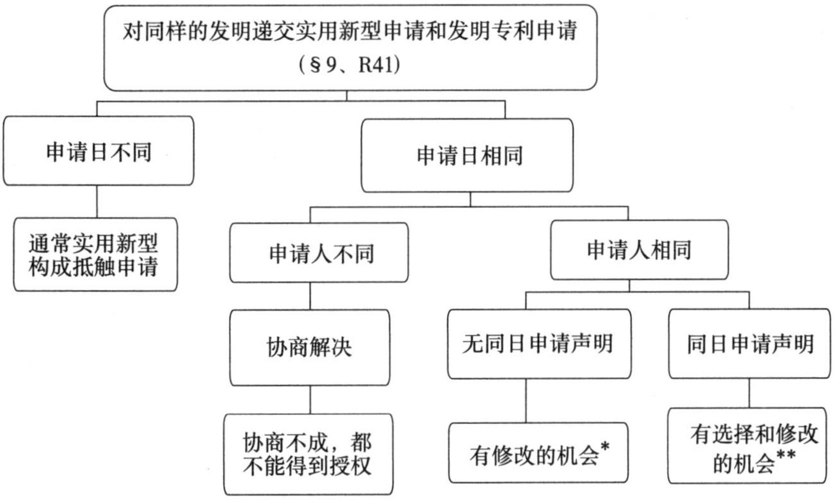

＊如果实用新型已经先登记并公告了，如果属于同样的发明创造，那么专利局会根据 §9.1 的规定驳回发明专利申请。申请人在这种情况下不能够选择，只能通过修改使发明申请得到授权。如果不修改，无法修改或修改不被允许，那么同日递交的发明申请就无法得到授权。即使当发明专利申请授权前，实用新型已经被放弃，发明专利申请同样会被驳回。

＊＊如果通过放弃实用新型专利克服重复授权问题，那么实用新型专利权自发明专利申请授权公告日起终止。

注意： 只能是修改或者放弃发明专利申请，而不是修改实用新型专利权，来得到发明专利的授权。（GL－B－III 6.2.2）

申请人在同日递交发明专利申请和实用新型专利申请，因此，实用新型所保护的技术方案通常也是申请人希望保护的核心内容。在这种情况下，由于申请人除了修改发明申请别无他法，核心技术的保护期限实际上仅有 10 年。

如果同一申请人在同日（指申请日）分别在中国和外国申请发明专利和实用新型专利，应当根据§22.2规定的新颖性要求，可以分别在中国和外国获得专利权，因为绝大多数国家的专利法对新颖性要求都规定，申请日或优先权日当天公开的技术内容不属于现有技术。

同一申请人就同样发明先后提出一件实用新型和一件发明专利申请的，如果审查发明专利申请时，实用新型已经授权公告，审查员将直接驳回发明专利申请，因为实用新型已构成抵触申请（§22.2）。

京（2002）高民终字第33号：不得对公有技术重复授权

一项专利一旦权利终止，从终止日起就进入公有领域，任何人都可以对该公有技术加以利用。将已进入公有领域的技术又赋予了专利权，应属于重复授权。

无效宣告请求第2199号：判断重复授权

判断是否为重复授权时，应当对两份专利的各项权利要求分别进行比较，而不是像判断新颖性那样，与对比文件公开的全文进行比较。

●处理程序

如果申请人未修改在审专利申请的权利要求书，也未提交合格的放弃专利权声明，同时也未提出有说服力的陈述意见，则审查员应当以该申请不符合§9.1的规定为由作出驳回决定。

如果申请人仅在意见陈述书中声明放弃专利权，但未提交放弃专利权声明，审查员应当以通知书或电话告知的方式要求申请人提交放弃专利权声明。

GL－D－Ⅶ 2.1 授权公告日不同

任何单位或者个人认为属于同一专利权人的具有相同申请日（优先权日）的两项专利权不符合§9.1而请求专利复审委员会宣告其中授权在前的专利权无效的，在不存在其他无效宣告理由或者其他理由不成立的情况下，复审委员会应当维持该项专利权有效。

任何单位或者个人认为属于同一专利权人的具有相同申请日（优先权日）的两项专利权不符合§9.1而请求专利复审委员会宣告其中授权在后的专利权无效的，复审委员会经审查后认为构成同样的发明创造的，应当宣告该项专利权无效。

如果上述两项专利权为同一专利权人同日（仅指申请日）申请的一项实用新型专利权和一项发明专利权，专利权人在申请时根据R41.2作出过说明，且发明专利权授予时实用新型专利权尚未终止，在此情形下，专利权人可以通过放弃授权在前的实用新型专利权以保留被请求宣告无效的发明专利权。

GL－D－Ⅶ 2.2 授权公告日相同

任何单位或者个人认为属于同一专利权人的具有相同申请日（优先权日）和相同授权公告日的两项专利权不符合§9.1的，可以请求复审委员会宣告其中一项专利权无效。

无效宣告请求人仅针对其中一项专利权提出无效宣告请求的，专利复审委员会经审查后认为构成同样的发明创造的，应当宣告被请求宣告无效的专利权无效。

两项专利权均被提出无效宣告请求的，经审查认为构成同样的发明创造的，复审委员会应当告知专利权人，并要求其选择仅保留其中一项专利权。专利权人选择仅保留其中一项专利权的，复审委员会应当维持该项专利权有效，宣告另一项专利权无效。专利权人未进行选择的，复审委员会应当宣告两项专利权无效。

GL－D－Ⅶ 3 专利权人不同

任何单位或者个人认为属于不同专利权人的两项具有相同申请日（优先权日）的专利权不符合§9.1的，可以分别请求复审委员会宣告这两项专利权无效。两项专利权均被提出无效宣告请求的，经审查认为构成同样的发明创造的，复审委员会应当告知两专利权人，并要求其协商选择仅保留其中一项专利权。两专利权人经协商共同书面声明仅保留其中一项专利权的，专利复审委员会应当维持该项专利权有效，宣告另一项专利权无效。专利权人协商不成未进行选择的，专利复审委员会应当宣告两项专利权无效。

无效宣告请求人仅针对其中一项专利权提出无效宣告请求，复审委员会经审查认为构成同样的发明创造的，应当告知双方当事人。专利权人可以请求宣告另外一项专利权无效，并与另一专利权人协商选择仅保留其中一项专利权。专利权人请求宣告另外一项专利权无效的，按照本节前述规定处理；专利权人未请求宣告另一项专利权无效的，复审委员会应当宣告被请求宣告无效的专利权无效。

涉及同一发明创造的发明和实用新型申请必须由同一申请人同一天提交专利局。否则，即使请求同一优先权，若实用新型授权，也不再有选择放弃实用新型来保发明申请授权的机会。当然，若这两个申请的权利要求技术方案不重复，会有可能同时保留。

最高人民法院（2007）行提字第4号：禁止重复授权

专利法所称的同样的发明创造是指保护范围相同的专利申请或者专利，在判断方法上应当仅就各自请求保护的内容进行比较即可。专利法上的禁止重复授权是指同样的发明创造不能有两项或者两项以上的处于有效状态的专利权同时存在，而不是指同样的发明创造只能被授予一次专利权。

GL－C－Ⅰ 3.1.2 保护类型

§9.1规定：同样的发明创造只能授予一项专利权。国际申请指定中国的，办理进入国家阶段手续时，应当选择要求获得的是“发明专利”或者“实用新型专利”，两者择其一，不允许同时要求获得“发明专利”和“实用新型专利”。否则，应当发出国际申请不能进入中国国家阶段通知书。

申请日在2009年10月1日（不含该日）前的专利申请及专利，适用旧R13.1：同样的发明创造只能被授予一项专利。

申请日在2009年10月1日（含该日）后的专利申请及专利，适用新§9.1。

例如：

1. 对于同样的发明创造，如果同一申请人在2009年10月1日之前或之后递交了一个实用新型申请，同日还提交了一个 PCT – 申请，如果该 PCT – 申请又于 2009 年 10 月 1 日之后进入中国国家阶段，前面的实用新型专利是否对后面的发明专利申请构成障碍?

（1）如果两个专利申请都于 2009 年 10 月 1 日前递交，适用旧专利法。申请人可以选择放弃之一，另一个授权。或者，在 PCT – 申请进入中国时，申请人主动提出放弃实用新型声明。因此，前面的实用新型对后面的发明申请不构成障碍。

（2）如果两个申请都于 2009 年 10 月 1 日后递交，则适用新专利法。

①如果实用新型申请已被授权，该 PCT – 申请进入中国国家阶段后可能经修改后被授权，或因对于审查员要求修改的审查意见不答复而被视撤，或因申请人修改后的申请文件仍不符合要求而被驳回。新专利法中不允许申请人通过放弃已有专利权的方式避免重复授权。因此，前面的实用新型专利可能对后面的发明申请构成障碍。

②如果实用新型申请尚未授权，审查员将分别通知申请人进行选择或修改。因此，前面的实用新型对后面的发明未构成障碍。

2. 对于同一申请人同样的发明创造，如果实用新型申请与 PCT – 申请不是同日提交，也没有要求其相同的在先申请的优先权，结果会如何?

（1）如果 PCT – 申请的申请日在先，实用新型申请的申请日在后，但未要求在先的 PCT – 申请的优先权时：

两个申请无论在 2009 年 10 月 1 日前还是之后提交，该发明专利申请在申请日在后的实用新型申请已被授权的情况下，仍会被授权。但重复授权问题有待于后续程序解决，如可通过无效程序解决。

（2）如果实用新型专利申请的申请日在先，PCT 国际申请的申请日在后，但未要求在先的实用新型专利申请的优先权时：

①如果两个申请都于 2009 年 10 月 1 日前提交，则适用旧专利法。申请人可以选择放弃之一，另一个授权。

②如果两个申请都于 2009 年 10 月 1 日后提交，则适用新专利法。审查员将依据新颖性的要求进行审查。因此，实用新型申请被授予专利权，而 PCT – 申请进入中国国家阶段后的发明申请被驳回。

例如：

甲公司先申请了发明专利 A，并且随后公布了。乙公司就同样的发明又申请了实用新型 B，从而先于甲公司得到了专利授权。乙公司借此开始大肆做广告宣传，并大规模应用此发明生产产品，将客户吸引到了乙公司，甲公司因此失去了大量客户和市场份额，损失巨大。即使甲公司可以马上利用尚未得到授权的 A 宣告乙公司的实用新型 B 无效，但是甲公司因为没有得到授权，无权禁止乙公司继续侵权，也很难再赢回客户。而且一旦发明的新技术很快过时被赶超，甲公司就更加无法挽回损失，所以申请实用新型同样很重要。

申请中国实用新型的可能性：

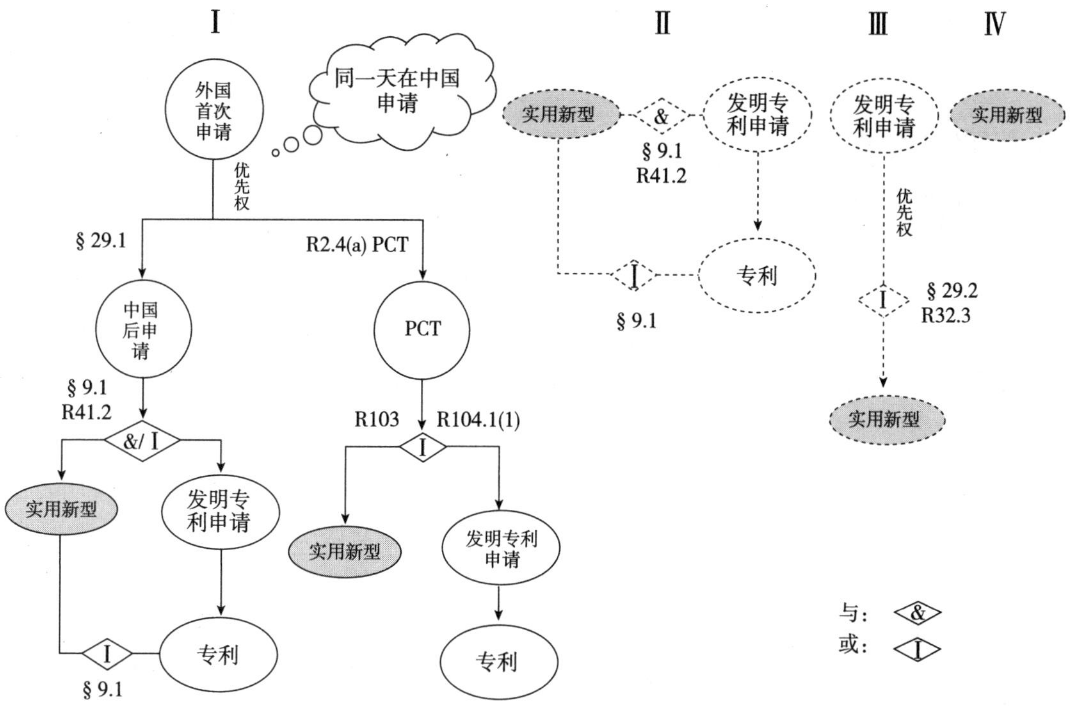

I 在外国首次申请的优先权期限内，递交中国国家申请或者 PCT 申请。

（1）中国国家申请可以以实用新型或发明专利申请的形式提出，或者两者同时提出。但是对于后一种情况，当实用新型和发明专利都符合专利授权条件时，申请人只能在二者中选择其一获得专利权。

（2）PCT 申请在进入中国国家阶段时，只能选择申请实用新型专利或是发明专利，不能二者同时申请。

II 在中国同日递交实用新型和发明专利申请，当二者都符合专利授权条件时，只能保留其一获得专利权。

III 在中国首次申请为发明专利申请，在国内优先权期限内，提出实用新型后申请，则在先发明专利申请自实用新型后申请提出之日起即视为撤回。

IV 首次申请即为中国实用新型专利申请。

申请人要求本国优先权的，其在先申请自后一申请提出之日起即视为撤回。（R32.3）

GL－A－I 6.2.3 优先权的撤回

要求本国优先权的，撤回优先权后，已按照 R32．3 规定被视为撤回的在先申请不得因优先权要求的撤回而请求恢复。

〈所以一旦在要求国内优先权时，转换了专利申请的类型后，以后就没有机会再转换了。〉

§10 权利转让

专利申请权和专利权可以转让。

中国单位或者个人向外国人、外国企业或者外国其他组织转让专利申请权或者专利权的，应当依照有关法律、行政法规的规定办理手续。

转让专利申请权或者专利权的，当事人应当订立书面合同，并向国务院专利行政部门登记，由国务院专利行政部门予以公告。专利申请权或者专利权的转让自登记之日起生效。

中国单位：是指按照我国法律成立，具有中国国籍，能够独立承担民事责任的单位，包括全民所有制单位、集体所有制单位、股份有限公司、有限责任公司、私营企业以及其他混合所有制单位和依照我国法律成立的三资企业（中外合资企业、中外合作经营企业，外商独资企业）。在中国注册的外国独资企业是中国单位，而不是外国企业。外国总公司和在中国设立的独资子公司是两个公司，独资子公司不等于其母公司在中国的营业所。外国企业在华办事处不是中国单位。

§10.2 所述“法律、行政法规”，分别是指《中华人民共和国对外贸易法》和《中华人民共和国技术进出口管理条例》。

对于§10.3 中的“登记”，专利法实施细则和《专利审查指南》均未规定合同签订后多长时间内进行登记。但是，如果签订合同后 3 年再去登记，SIPO 会从合理性角度出发，让合同双方重新确认。否则不能作为权力转让的依据。

在 SIPO 登记之日是指 SIPO 发出变更手续合格通知书之日。（GL－A－I 6.7.4）

如果发明人在申请前就将其发明转让，受让人无须在递交申请材料时，出具权利转让合同。

§10.3 规定，专利申请权或者专利权的转让自登记之日（即手续合格通知书的发文日）起生效。同时，著录项目变更的生效日是著录项目变更手续合格通知书的发文日（GL－A－I 6.7.4）。但是合同法 A44 规定：法律、行政法规规定应当办理批准、登记等手续生效的，依照其规定。

专利法规定的是转让行为生效，而合同法规定的是转让合同生效。转让专利申请权或专利权的合同自合同成立时生效，而转让行为自登记之日起生效。

例如：在专利权人 A 与受让人 B 订立转让合同之后，在向 SIPO 进行登记之前，A 又与另一受让人 C 就同一专利权订立了转让合同，并先行向 SIPO 进行了登记。A、B 订立的转让合同尽管成立在先，但是不产生转让效力。A、C 订立的转让合同成立在后，但是产生了转让效力。在这种情况下，C 作为受让人享有行使被转让专利权的权利，B 则无权成为该专利权的受让人。不过 A、B 间的合同仍然有效，B 可以要求 A 承担违约责任。

《合同法》

A44：依法成立的合同，自成立时生效。

法律、行政法规规定应当办理批准、登记等手续生效的，依照其规定。

A46：当事人对合同的效力可以约定附期限。附生效期限的合同，自期限届至时生效；附终止期限的合同，自期限届满时失效。

〈可以约定合同生效期限。〉

A329：非法垄断技术、妨碍技术进步或者侵害他人技术成果的技术合同无效。

A342：技术转让合同包括专利权转让、专利申请权转让、技术秘密转让、专利实施许可合同。〈参见《民法通则》A56〉

技术转让合同应当采用书面形式〈§10.3〉

《最高人民法院关于审理技术合同纠纷案件适用法律若干问题的解释》

第22条：《合同法》A342规定的“技术转让合同”，是指合法拥有技术的权利人，包括其他有权对外转让技术的人，将现有特定的专利、专利申 请、技术秘密的相关权利让与他人，或者许可他人实施、使用所订立的合同。但就尚待研究开发的技术成果或者不涉及专利、专利申请或者技术秘密的知识、技术、经验和信息所订立的合同除外。

技术转让合同中关于让与人向受让人提供实施技术的专用设备、原材料或者提供有关的技术咨询、技术服务的约定，属于技术转让合同的组成部分。因此发生的纠纷，按照技术转让合同处理。

当事人以技术入股方式订立联营合同，但技术入股人不参与联营体的经营管理，并且以保底条款形式约定联营体或者联营对方支付其技术价款或者使用费的，视为技术转让合同。

第23条：专利申请权转让合同当事人以专利申请被驳回或者被视为撤回为由请求解除合同，该事实发生在依照§10. 3的规定办理专利申请权转让登记之前的，人民法院应当予以支持；发生在转让登记之后的，不予支持，但当事人另有约定的除外。

专利申请因专利申请权转让合同成立时即存在尚未公开的同样发明创造的在先专利申请被驳回，当事人依据《合同法》A54. 1（2）的规定请求予以变更或者撤销合同的，人民法院应当予以支持。

《合同法》

A343：技术转让合同可以约定让与人和受让人实施专利或者使用技术秘密的范围，但不得限制技术竞争和技术发展。

《最高人民法院关于审理技术合同纠纷案件适用法律若干问题的解释》

第28条：《合同法》A343所称“实施专利或者使用技术秘密的范围”，包括实施专利或者使用技术秘密的期限、地域、方式以及接触技术秘密的人员等。

当事人对实施专利或者使用技术秘密的期限没有约定或者约定不明确的，受让人实施专利或者使用技术秘密不受期限限制。

《合同法》A354：当事人可以按照互利的原则，在技术转让合同中约定实施专利、使用技术秘密后续改进的技术成果的分享办法。没有约定或者约定不明确，依照本法A61的规定仍不能确定的，一方后续改进的技术成果，其他各方无权分享。

〈所谓后续改进，是指在技术转让合同有效期内，合同一方或者双方对作为合同标的专利技术或者非专利技术所作的技术革新和改良。技术转让合同的当事人未就后续改进技术成果的分享办法作出约定的，一方后续改进的技术成果，其他各方无权分享。〉

在没有特殊约定的情况下，专利实施许可协议在专利权转让后依然有效。新的专利权人也要受到之前的专利实施许可协议的约束。所以在没有特殊约定的情况下，专利实施许可协议有效期内专利权的转让不受实施许可协议的限制，即专利权人在许可他人实施其专利期间可以将专利权转让给第三人。

技术转让合同的受让人应当按照约定的范围和期限，对让与人提供的技术中尚未公开的秘密部分，承担保密义务。

京高院《专利侵权判定指南》

第 110 条：技术转让合同的受让人按照合同的约定受让技术并予以实施，侵犯他人专利权的，由受让人承担侵权责任。

公司法

A27：股东可以用货币出资，也可以用实物、知识产权、土地使用权等可以用货币估价并可以依法转让的非货币财产作价出资；但是，法律、行政法规规定不得作为出资的财产除外。

A28：股东以货币出资的，应当将货币出资足额存入有限责任公司在银行开设的账户；以非货币财产出资的，应当依法办理其财产权的转移手续。

将专利权入股设立公司的，其专利已成为公司资产，应将专利权转移给公司。因此，以专利权投资的，视为专利权的转让。专利权人应当按照 § 10. 3 的规定办理登记手续。

《国家标准涉及专利的管理规定（暂行）》

第 13 条：对于已经向全国专业标准化技术委员会或者归口单位提交实施许可声明的专利，专利权人或者专利申请人转让或者转移该专利时，应当事先告知受让人该专利实施许可声明的内容，并保证受让人同意受该专利实施许可声明的约束。

R119 向国务院专利行政部门提交申请文件或者办理各种手续，应当由申请人、专利权人、其他利害关系人或者其代表人签字或者盖章；委托专利代理机构的，由专利代理机构盖章。

请求变更发明人姓名、专利申请人和专利权人的姓名或者名称、国籍和地址、专利代理机构的名称、地址和代理人姓名的，应当向国务院专利行政部门办理著录事项变更手续，并附具变更理由的证明材料。

GL－A－I 6.7 著录项目变更

著录项目（即著录事项）包括：申请号、申请日、发明创造名称、分类号、优先权事项（包括在先申请的申请号、申请日和原受理机构的名称）、申请人或者专利权人事项（包括申请人或者专利权人的姓名或者名称、国籍或者注册的国家或地区、地址、邮政编码、组织机构代码或者居民身份证件号码)、发明人姓名、专利代理事项(包括专利代理机构的名称、机构代码、地址、邮政编码、专利代理人姓名、执业证号码、联系电话)、联系人事项(包括姓名、地址、邮政编码、联系电话)以及代表人等。

有关人事的著录项目(指申请人或者专利权人事项、发明人姓名、专利代理事项、联系人事项、代表人)发生变化的,应当由当事人按照规定办理著录项目变更手续;其他著录项目发生变化的,可以由专利局根据情况依职权进行变更。

专利申请权(或专利权)转让或者因其他事由发生转移的,申请人(或专利权人)应当以著录项目变更的形式向SIPO登记。

GL-A-I 6.7.1.1 著录项目变更申报书

办理著录项目变更手续应当提交著录项目变更申报书。一件专利申请的多个著录项目同时发生变更的,只需提交一份著录项目变更申报书;一件专利申请同一著录项目发生连续变更的,应当分别提交著录项目变更申报书;多件专利申请的同一著录项目发生变更的,即使变更的内容完全相同,也应当分别提交著录项目变更申报书。

GL-A-I 6.7.1.4 办理著录项目变更手续的人

未委托专利代理机构的,著录项目变更手续应当由申请人(或专利权人)或者其代表人办理;已委托专利代理机构的,应当由专利代理机构办理。因权利转移引起的变更,也可以由新的权利人或者其委托的专利代理机构办理。

GL-A-I 6.7.2.1 申请人(专利权人)姓名或者名称变更

(1)个人因更改姓名提出变更请求的,应当提交户籍管理部门出具的证明文件。

(2)个人因填写错误提出变更请求的,应当提交本人签字或者盖章的声明及本人的身份证明文件。

(3)企业法人因更名提出变更请求的,应当提交工商行政管理部门出具的证明文件。

(4)事业单位法人、社会团体法人因更名提出变更请求的,应当提交登记管理部门出具的证明文件。

(5)机关法人因更名提出变更请求的,应当提交上级主管部门签发的证明文件。

(6)其他组织因更名提出变更请求的,应当提交登记管理部门出具的证明文件。

(7)外国人、外国企业或者外国其他组织因更名提出变更请求的,应当参照以上各项规定提交相应的证明文件。

(8)外国人、外国企业或者外国其他组织因更改中文译名提出变更请求的,应当提交申请人(或专利权人)的声明。

在SIPO做好公布发明专利申请或公告实用新型专利权的准备工作之前,可以通过主动补正的方式提出。之后,须通过办理著录项目变更提出。

对于已经被授权的专利,不能更换申请人,只能更换专利权人。

GL-A-I 6.7.2.2 专利申请权(专利权)转移

(1)申请人(专利权人)因权属纠纷发生权利转移提出变更请求的,如果纠纷是通过协商解决的，应当提交全体当事人签字或者盖章的权利转移协议书；如果纠纷是由地方知识产权管理部门调解解决的，应当提交该部门出具的调解书；如果纠纷是由法院调解或者判决确定的，应当提交生效的法院调解书或者判决书；提起上诉的，当事人应当提交上级法院出具的证明文件，原法院判决书不发生法律效力；如果纠纷是由仲裁机构调解或者裁决确定的，应当提交仲裁调解书或者仲裁裁决书。

（2）申请人（专利权人）因权利的转让或者赠予发生权利转移提出变更请求的，应当提交转让或赠予合同。该合同是由单位订立的，应当加盖单位公章或合同专用章。公民订立合同的，由本人签字或盖章。有多个申请人（专利权人）的，应当提交全体权利人同意转让或者赠予的证明材料。

（3）专利申请权（或专利权）转让（或赠予）涉及外国人、外国企业或者外国其他组织的，应当符合下列规定：

①转让方、受让方均是外国人、外国企业或者外国其他组织的，应当提交双方签字或者盖章的转让合同。

②对于发明或实用新型专利申请（或专利），转让方是中国内地的个人或者单位，受让方是外国人、外国企业或者外国其他组织的，应当出具国务院商务主管部门颁发的《技术出口许可证》或《自由出口技术合同登记证书》，或者地方商务主管部门颁发的《自由出口技术合同登记证书》，以及双方签字或者盖章的转让合同。

〈也可以是经公证的复印件。(GL－E－I 6)〉

〈因为专利权转让相当于技术出口，所以要求许可和登记。〉

（3）转让方是外国人、外国企业或者外国其他组织，受让方是中国内地个人或者单位的，应当提交双方签字或者盖章的转让合同。

〈也可以是经公证的复印件。(GL－E－I 6)〉

中国内地的个人或单位与外国人、外国企业或外国其他组织，或者与港、澳、台地区的个人、企业或其他组织作为共同转让方，受让方是外国人、外国企业或者外国其他组织的，适用（2）的规定处理。

转让方是中国内地的个人或单位，受让方是港、澳、台地区的个人、企业或者其他组织的，参照（2）的规定处理。

中国内地的个人或者单位与外国人、外国企业或者外国其他组织，或者与港、澳、台地区的个人、企业或者其他组织作为共同受让方，转让方是外国人、外国企业或者外国其他组织的，适用（3）的规定处理。

（4）申请人（或专利权人）是单位，因其合并、分立、注销或者改变组织形式提出变更请求的，应当提交登记管理部门出具的证明文件。

（5）申请人（或专利权人）因继承提出变更请求的，应当提交经公证的当事人是唯一合法继承人或者当事人已包括全部法定继承人的证明文件。

（6）专利申请权（或专利权）因拍卖提出变更请求的，应当提交有法律效力的证明文件。

（7）专利权质押期间的专利权转移，除应当提交变更所需的证明文件外，还应当提交质押双方当事人同意变更的证明文件。

◎申请人或专利权人变更所需证明文件：

<table>
<tr><th>项目</th><th colspan="2">变更原因</th><th>证明文件</th></tr>
<tr><td rowspan="4">申请人或专利权人因权属纠纷发生权利转移</td><td colspan="2">协商解决</td><td>全体当事人签章的权利转移协议书</td></tr>
<tr><td colspan="2">地方知识产权管理部门调解解决</td><td>该部门出具的调解书</td></tr>
<tr><td colspan="2">法院调解或者判决</td><td>生效的法院调解书或者判决书</td></tr>
<tr><td colspan="2">仲裁机构调解或者裁决确定的</td><td>仲裁调解书或者仲裁裁决书</td></tr>
<tr><td rowspan="5">申请人或专利权人因权利的转让或赠与发生权利转移</td><td colspan="2">内转内</td><td>全体权利人同意转让或赠予的证明材料</td></tr>
<tr><td colspan="2">外转外</td><td rowspan="2">双方签字或者盖章的转让合同</td></tr>
<tr><td colspan="2">外转内</td></tr>
<tr><td rowspan="2">内转外</td><td>发明、实用新型</td><td>《技术出口许可证》或者《自由出口技术合同登记证书》以及双方签字或者盖章的转让合同</td></tr>
<tr><td>外观设计</td><td>双方签字或者盖章的转让合同</td></tr>
<tr><td rowspan="4">申请人或专利权人因其他事由发生权利转移</td><td colspan="2">单位因合并、分立、注销或改变组织形式而变更</td><td>登记管理部门出具的证明文件</td></tr>
<tr><td colspan="2">因继承而变更</td><td>经公证的当事人是唯一或包括全部法定继承人的证明文件</td></tr>
<tr><td colspan="2">因拍卖而变更</td><td>经公证的当事人是唯一或者包括全部法定继承人的证明文件</td></tr>
<tr><td colspan="2">专利权质押期间的转移</td><td>除变更所需的证明文件外，还应当提交质押双方当事人同意变更的证明文件</td></tr>
</table>

GL－E－XI 5.4 专利申请权（或专利权）转移引起的变更

专利申请权（或专利权）转移引起的申请人（或专利权人）姓名或者名称的变更，变更后的权利人未委托专利代理机构的，该权利人应当是电子申请用户。变更后的权利人委托专利代理机构的，该专利代理机构应当是电子申请用户。

著录项目变更手续应当以电子文件形式办理。以纸件形式提出著录项目变更请求的，审查员向当事人发出视为未提出通知书。

著录项目变更应当使用SIPO统一制作的著录项目变更申报书提出。如果申报书以非标准表格提交，审查员可以发出补正通知书或者针对该手续发出视为未提出通知书。但申请人在答复补正通知书时，提交的补正书为非标准格式的，只要写明申请号，表明是对申请文件的补正，并且签字或者盖章符合规定的，可视为文件格式符合要求。（GL－E－I 4）

◎电子申请解除、辞去、更换手续：

（1）著录项目变更手续应当以电子形式办理；

（2）重新委托的，重新委托的代理机构应当是电子申请用户；

（3）不再委托的，至少有一名申请人是电子申请注册用户。

GL－A－I 6.7.2.3 发明人变更

（1）因发明人更改姓名提出变更请求的，应当提交户籍管理部门出具的证明文件。

（2）因漏填或者错填发明人提出变更请求的，应当提交由全体申请人（或专利权人）和变更前全体发明人签字或者盖章的证明文件。

（3）因发明人资格纠纷提出变更请求的，参照本章6.7.2.2（1）的规定。

（4）因更改中文译名提出变更请求的，应当提交发明人声明。

GL－A－I 6.7.2.4 专利代理机构及代理人变更

（1）专利代理机构更名、迁址的，应当首先在SIPO办理备案的注册变更手续，注册变更手续生效后，由专利局统一对其代理的全部有效专利申请及专利进行变更处理。专利代理人的变更应当由专利代理机构办理个案变更手续。

〈专利代理机构地址变更但代理人没有发生变化的，虽然不需要办理个案著录项目变更手续，但仍需要向SIPO办理代理机构备案的注册变更手续，由SIPO统一进行著录项目变更。〉

（2）办理解除委托或者辞去委托手续的，应当事先通知对方当事人。

（3）申请人（或专利权人）更换专利代理机构的，应当提交由全体申请人（或专利权人）签字或者盖章的对原专利代理机构的解除委托声明以及对新的专利代理机构的委托书。

（4）专利申请权（或专利权）转移的，变更后的申请人（或专利权人）委托新专利代理机构的，应当提交变更后的全体申请人（或专利权人）签字或者盖章的委托书；变更后的申请人（或专利权人）委托原专利代理机构的，只需提交新增申请人（或专利权人）签字或者盖章的委托书。

〈参见《总委托书》表格（注意事项6）〉

GL－A－I 6.7.2.5 申请人（专利权人）国籍变更

申请人（或专利权人）变更国籍的，应当提交身份证明文件。

GL－A－I 6.7.2.6 证明文件的形式要求

（2）一份证明文件仅对应一次著录项目变更请求，同一著录项目发生连续变更的，应当分别提交证明文件。

（3）各种证明文件应当是原件。证明文件是复印件的，应当经过公证或者由出具证明文件的主管部门加盖公章（原件在专利局备案确认的除外）；在外国形成的证明文件是复印件的，应当经过公证。

GL－A－I 6.7.3 著录项目变更手续的审批

同一次提出的申请人（或专利权人）涉及多次变更的，手续合格通知书应当发给变更前的申请人（或专利权人）和变更最后的申请人（或专利权人）。

著录项目变更申报手续不符合规定的，应当向办理变更手续的当事人发出视为未提出通知书；著录项目变更申报手续符合规定的，应当向有关当事人发出手续合格通知书，通知著录项目变更前后的情况，应当予以公告的，还应当同时通知准备公告的卷期号。

〈著录项目变更手续没有补正程序，手续不合格的，直接发出视为未提出通知书。〉

涉及专利代理机构更换的，手续合格通知书应当发给变更前和变更后的专利代理机构。

GL－A－I 6.7.4 著录项目变更的生效

（1）著录项目变更手续自专利局发出变更手续合格通知书之日起生效。专利申请权（或专利权）的转移自登记日起，即手续合格通知书的发文日生效。

〈生效日为手续合格通知书的发文日。〉

〈著录项目变更手续生效前，专利局发出的通知书以及已进入专利公报编辑的有关事项，仍以变更前为准。〉

GL－E－IX 1.3.2 专利登记簿的效力

授予专利权时，专利登记簿与专利证书上记载的内容是一致的，在法律上具有同等效力；专利权授予之后，专利的法律状态的变更仅在专利登记簿上记载，专利登记簿与专利证书上记载的内容不一致的，以专利登记簿上记载的法律状态为准。

GL－E－IX 1.2.3 专利证书的更换

专利权权属纠纷经地方知识产权管理部门调解或者人民法院调解或者判决后，专利权归还请求人的，在该调解或者判决发生法律效力后，当事人可以在办理变更专利权人手续合格后，请求专利局更换专利证书。专利证书损坏的，专利权人可以请求更换专利证书。专利权终止后，专利局不再更换专利证书。因专利权的转移、专利权人更名发生专利权人姓名或者名称变更的，均不予更换专利证书。

请求更换专利证书应当交回原专利证书，并缴纳手续费。

R14 专利权因其他事由发生转移；专利许可合同的备案

除依照专利法第十条规定转让专利权外，专利权因其他事由发生转移的，当事人应当凭有关证明文件或者法律文书向国务院专利行政部门办理专利权转移手续。

专利权人与他人订立的专利实施许可合同，应当自合同生效之日起3个月内向国务院专利行政部门备案。

以专利权出质的，由出质人和质权人共同向国务院专利行政部门办理出质登记。

“其他事由”包括赠予、继承和司法判决等。

“出质登记”手续参见《专利权质押登记办法》。

《办理向外国人转让专利申请权或者专利权的审批和登记事宜》国家知识产权局公告第94号：

《中华人民共和国专利法实施细则》第十四条规定，中国单位或者个人向外国人转让专利申请权或者专利权的，由国务院对外经济贸易主管部门会同国务院科学技术行政部门批准。就如何执行该规定的问题，经与商务部会商，现将按照R14的规定办理向外国人转让专利申请权或者专利权的审批和登记事宜公告如下：

一、若待转让的专利申请权或者专利权涉及禁止类技术，根据《技术进出口管理条例》

的规定予以禁止，不得转让；

二、若待转让的专利申请权或者专利权涉及限制类技术，当事人应当按照《技术进出口管理条例》的规定办理技术出口审批手续；获得批准的，当事人凭《技术出口许可证》到我局办理转让登记手续；

三、若待转让的专利申请权或者专利权涉及自由类技术，当事人应当按照《技术出口管理条例》和《技术进出口合同登记管理办法》的规定，办理技术出口登记手续；经登记的，当事人凭国务院商务主管部门或者地方商务主管部门出具的《技术出口合同登记证书》到我局办理转让登记手续。

《技术进出口管理条例》

第 2 条：本条例所称技术进出口，是指从中华人民共和国境外向中华人民共和国境内，或者从中华人民共和国境内向中华人民共和国境外，通过贸易、投资或者经济技术合作的方式转移技术的行为。

前款规定的行为包括专利权转让、专利申请权转让、专利实施许可、技术秘密转让、技术服务和其他方式的技术转移。

第 17 条：对属于自由进口的技术，实行合同登记管理。

进口属于自由进口的技术，合同自依法成立时生效，不以登记为合同生效的条件。

第 18 条：进口属于自由进口的技术，应当向国务院外经贸主管部门办理登记，并提交下列文件：

（一）技术进口合同登记申请书；

（二）技术进口合同副本；

（三）签约双方法律地位的证明文件。

［国务院外经贸主管部门是中国工商部。］

第 19 条：国务院外经贸主管部门应当自收到本条例第 18 条规定的文件之日起 3 个工作日内，对技术进口合同进行登记，颁发技术进口合同登记证。

第 20 条：申请人凭技术进口许可证或者技术进口合同登记证，办理外汇、银行、税务、海关等相关手续。

第 21 条：依照本条例的规定，经许可或者登记的技术进口合同，合同的主要内容发生变更的，应当重新办理许可或者登记手续。

经许可或者登记的技术进口合同终止的，应当及时向国务院外经贸主管部门备案。

第 29 条 技术进口合同中，不得含有下列限制性条款：

（二）要求受让人为专利权有效期限届满或者专利权被宣布无效的技术支付使用费或者承担相关义务；

向外转让属于限制出口范围的专利申请权专利权的，应当依照《禁止出口限制出口技术管理办法》的规定办理有关手续。

◎专利权转让的几种情况：

（1）受中国法律、法规的规制：

①中国主体将其在中国享有的专利权转让给外国主体；

②外国主体将其在中国享有的专利权转让给中国主体；

③外国主体将其在中国享有的专利权转让给外国主体。

（2）不受中国法律、法规的规制：

①中国主体将其在外国享有的专利权转让给外国主体；

②中国主体将其在外国享有的专利权转让给中国主体；

③外国主体将其在外国享有的专利权转让给中国主体。

《专利实施许可合同备案管理办法》

第4条：申请备案的专利实施许可合同应当以书面形式订立。

中国内地申请人欲将一件外观设计专利权转让给外国公司，如果该公司在中国没有营业所，则在办理著录项目变更手续时应当委托专利代理机构。

◎在法院作出权属纠纷判决并生效后，当事人办理专利权变更应履行：

（1）提交法院生效的判决书原件；（GL－A－I 6.7.2.2〈1〉）

（2）提交著录项目变更申报书；（GL－A－I 6.7.1.1）

（3）缴纳变更手续费。（R93）

◎中国单位或个人向外国单位或个人转让在中国的专利申请权或专利权应当出具：

（1）国务院商务主管部门或地方商务主管部门颁发的许可证或登记证书；

（2）转让方和受让方双方签章订立的转让合同文本原件或经公证的文本复印件。（GL－E－I 6）

如果相反转让的，则只需出具（1）的材料。

专利权质押

专利权作为无形资产可以质押而不能抵押。

◎专利权质押的法律效力：

（1）专利权人不能转让专利权，不能许可他人实施；

（2）质押权人不能使用该专利技术；

（3）当债权不能实现时，质权人可以实现专利的交换价值以实现债权。

《担保法》

A75：下列权利可以质押：

（三）依法可以转让的商标专用权，专利权、著作权中的财产权；

A79：以依法可以转让的商标专用权，专利权、著作权中的财产权出质的，出质人与质权人应当订立书面合同，并向其管理部门办理出质登记。质押合同自登记之日起生效。

A80：本法A79规定的权利出质后，出质人不得转让或者许可他人使用，但经出质人与质权人协商同意的可以转让或者许可他人使用。出质人所得的转让费、许可费应当向质权人提前清偿所担保的债权或者向与质权人约定的第三人提存。

《物权法》

A227：以注册商标专用权、专利权、著作权等知识产权中的财产权出质的，当事人应当订立书面合同。质权自有关主管部门办理出质登记时设立。

知识产权中的财产权出质后，出质人不得转让或者许可他人使用，但经出质人与质权人协商同意的除外。出质人转让或者许可他人使用出质的知识产权中的财产权所得的价款，应当向质权人提前清偿债务或者提存。

《专利权质押登记办法》

第3条：以专利权出质的，出质人与质权人应当订立书面质押合同。

质押合同可以是单独订立的合同，也可以是主合同中的担保条款。

第4条：以共有的专利权出质的，除全体共有人另有约定的以外，应当取得其他共有人的同意。

R89 专利登记事项

国务院专利行政部门设置专利登记簿，登记下列与专利申请和专利权有关的事项：

（一）专利权的授予；

（二）专利申请权、专利权的转移；〈§10〉

（三）专利权的质押、保全及其解除；〈R14.3〉

（四）专利实施许可合同的备案；〈R14.2〉

（五）专利权的无效宣告；

（六）专利权的终止；

（七）专利权的恢复；

（八）专利实施的强制许可；〈§55〉

（九）专利权人的姓名或者名称、国籍和地址的变更。

请求变更发明人姓名、专利申请人和专利权人的姓名或者名称、国籍和地址、专利代理机构的名称、地址和代理人姓名的，应当向SIPO办理著录事项变更手续，并附具变更理由的证明材料。（R119.2）

GL－A－I 6.7.3 著录项目变更手续的审批

涉及专利代理机构更换的，手续合格通知书应当发给变更前和变更后的专利代理机构。

R97 办理登记需缴纳的费用

申请人办理登记手续时，应当缴纳专利登记费、公告印刷费和授予专利权当年的年费；期满未缴纳或者未缴足的，视为未办理登记手续。

GL－A－I 6.7.1.2 著录项目变更手续费

针对一项专利申请（或专利），申请人在一次著录项目变更申报手续中对同一著录项目提出连续变更，视为一次变更。申请人请求变更发明人和/或申请人（或专利权人）的，应当缴纳著录项目变更手续费（即著录事项变更费）200元，请求变更专利代理机构和/或专利代理人的，应当缴纳著录项目变更手续费50元。

例如，在一次著录项目变更申报手续中申请人请求将一件专利申请的申请人从甲变更为乙，再从乙变更为丙，视为一次申请人变更。若同时变更发明人姓名，申请人也只需缴纳一项著录项目变更手续费。又如，在一次著录项口变更申报手续中申请人请求将一件专利申请的申请人从甲变更为乙，同时变更专利代理机构和代理人，申请人应当缴纳著录项目变更手续费和代理机构、代理人变更手续费。

实用新型无须缴纳公布印刷费。

GL－E－IX 1.1.3 登记手续

申请人在办理登记手续时，应当按照办理登记手续通知书中写明的费用金额缴纳专利登记费、授权当年（办理登记手续通知书中指明的年度）的年费、公告印刷费，同时，还应当缴纳专利证书印花税。

§11 专利权的效力

发明和实用新型专利权被授予后，除本法另有规定的以外，任何单位或者个人未经专利权人许可，都不得实施其专利，即不得为生产经营目的制造、使用、许诺销售、销售、进口其专利产品，或者使用其专利方法以及使用、许诺销售、销售、进口依照该专利方法直接获得的产品。

外观设计专利权被授予后，任何单位或者个人未经专利权人许可，都不得实施其专利，即不得为生产经营目的制造、许诺销售、销售、进口其外观设计专利产品。

A4-2 PC 在不同国家就同一发明取得的专利是相互独立的

（1）本联盟国家的国民向本联盟各国申请的专利，与在其他国家，不论是否本联盟的成员国，就同一发明所取得的专利是相互独立的。

（2）上述规定，应从不受限制的意义来理解，特别是指在优先权期间内申请的各项专利，就其无效和丧失权利的理由以及其正常的期间而言，是相互独立的。

当被控侵权产品与外观设计专利产品相同或相似时，对于不直接生产侵犯外观设计专利权的产品，而只是将该产品作为另一产品的部件来使用的行为，也构成侵犯外观设计专利权的行为。

根据§11.1，发明和实用新型专利权被授予后，任何单位或者个人未经专利权人许可，都不得实施其专利，否则构成专利侵权。实施从属专利也构成侵权。但有些实施专利的行为虽然未经专利权人的许可，也不一定是侵权行为。例如，§48、§49、§50、§51规定的实施发明专利或实用新型专利的强制许可。在这种情况下，即使未经专利权人的许可，也不构成侵权行为。

另外，根据合同法A339.1，“委托开发完成的发明创造，除当事人另有约定的以外，申请专利的权利属于研究开发人。研究开发人取得专利权的，委托人可以免费实施该专利。”此处，专利法和合同法的规定相互矛盾。但是因为专利法作为特别法，其效力高于作为普通法的合同法，所以发生纠纷时，应当按照专利法来处理。

即使专利权被授予后，专利权人也不是在任何情况下都能随意自行实施其专利。例如，在别人已有专利基础上改进而获得的从属专利权，其实施依赖于前一专利。所以应取得前一专利的实施许可或者申请强制许可后才能够实施。此外，专利权在实施时也会受到国家法律、法规或者独占实施许可协议的限制。比如：国家法律禁止或限制制造、销售、使用或进口；受到其他专利的限制；受到专利实施许可合同的限制，如独占实施许可。

最高人民法院（2008）民三他字第4号： 标准中的专利

鉴于我国标准制定机关目前尚未建立起有关标准中专利的信息公开和使用的制度，

专利权人参与了标准的制定或者经其同意，将专利纳入国家、行业或者地方标准的，视为专利权人许可他人在实施标准的同时实施该专利，他人的有关实施行为不属于§11、§60所规定的侵犯专利权的行为；专利权人可以要求实施人支付一定的使用费，但支付的数额应明显低于正常的许可使用费；专利权人承诺放弃专利使用费的，依其承诺处理。

京高院《专利侵权判定指南》

第89条：制造发明或者实用新型专利产品，是指权利要求中所记载的产品技术方案被实现，产品的数量、质量不影响对制造行为的认定。

以下行为应当认定为制造发明或者实用新型专利产品行为：

（1）以不同制造方法制造产品的行为，但以方法限定的产品权利要求除外；

（2）委托他人制造或者在产品上标明“监制”等类似参与行为；

（3）将部件组装成专利产品的行为。

第92条：将侵犯发明或者实用新型专利权的产品作为零部件或中间产品，制造另一产品的，应当认定属于对专利产品的使用行为。

A28 TRIPS 所授予的权利

1. 专利应赋予其所有人下列专有权：

（a）如果该专利所保护的是产品，则有权制止第三方未经许可的下列行为：制造、使用、提供销售、销售，或为上述目的而进口该产品；这项权利，如同依照本协议享有的有关商品使用、销售、进口或其他发行权利一样，均适用A6 TRIPS。

◎“制造”专利产品是指该产品技术方案被实现，可以包括：

（1）产品的数量、质量及制造方法不影响对制造行为的认定；

（2）委托他人制造或者在产品上标明“监制”的视为参与制造；

（3）将部件组装成专利产品；

（4）对专利产品的部件进行更换性维修，或者对已过使用寿命的专利产品进行维修。

“使用”专利产品是指该产品的技术方案的技术功能得到了应用。

京高院《专利侵权判定指南》

第95条：将侵犯他人专利权的产品用于出租的，应当认定属于对专利产品的使用。

●平行进口

同一专利权人就同一项发明创造在两个国家获得了专利权，专利权人或者专利权被许可人在其中一个国家制造的专利产品售出后，购买者将其购买的专利产品进口到另一个国家。如果专利权人在其中一个国家自己销售或者许可他人销售其专利产品，并且没有附加任何限制条件，就意味着购买者将其合法购买的专利产品进口到另一个国家的行为也获得了专利权人的许可，即“平行进口”行为不违背本条的规定。

§11禁止未经许可的进口行为，但根据§69（1），允许平行进口行为。

平行进口的前提条件是，进口的产品必须是专利权人自己或者被其许可制造并销售的。如果进口的专利产品是未经专利权人许可制造并售出的，那么该行为就不属于平行进口问题。不仅进口行为本身构成侵权行为，而且对进口的产品随后进行的销售、许诺销售和使用行为都将构成侵犯专利权的行为，这与该制造销售行为在行为发生地所在国家是否构成侵犯专利权人在该国的专利权无关。

A5 -4 PC

一种产品输入到对该产品的制造方法有专利保护的本联盟国家时，专利权人对该输入产品应享有输入国法律，根据方法专利对在该国制造的产品所授予的一切权利。

侵权责任法

A2：侵害民事权益，应当依照本法承担侵权责任。

本法所称民事权益，包括生命权、健康权、姓名权、名誉权、荣誉权、肖像权、隐私权、婚姻自主权、监护权、所有权、用益物权、担保物权、著作权、专利权、专用权、商权专用权、发现权、股权、继承权等人身、财产权益。

《最高人民法院关于审理侵犯专利权纠纷案件应用法律若干问题的解释》

第12条：将侵犯发明或者实用新型专利权的产品作为零部件，制造另一产品的，人民法院应当认定属于§11规定的使用行为；销售该另一产品的，人民法院应当认定属于§11规定的销售行为。

将侵犯外观设计专利权的产品作为零部件，制造另一产品并销售的，人民法院应当认定属于§11规定的销售行为，但侵犯外观设计专利权的产品在该另一产品中仅具有技术功能的除外。

对于前两款规定的情形，被诉侵权人之间存在分工合作的，人民法院应当认定为共同侵权。

〈如果有证据表明专利产品的制造者、另一产品的制造者、另一产品的销售者是合谋的，就可以排除另一产品的销售者适用§70的规定。〉

〈采用外观设计产品作为零部件来制造另一产品的，该制造行为本身不构成侵犯专利权的行为。〉

京高院《专利侵权判定指南》

第97条：仅具有技术功能，是指该零部件构成最终产品的内部结构，在最终产品的正常使用中不产生视觉效果，只具有技术功能作用。

第96条：销售专利产品，是指将落入专利权保护范围的被诉侵权产品的所有权，或者依照专利方法直接制得的产品的所有权，或者将含有外观设计专利的产品的所有权从卖方有偿转移到买方。

搭售或以其他方式转让上述产品所有权，变相获取商业利益的，也属于销售该产品。

为销售提供条件，如仓储的行为视为销售。

●产品专利权

专利权人可以禁止他人为生产经营目的制造、使用、许诺销售、销售、进口其专利产品。

产品是否属于专利产品，需要根据专利权的保护范围来进行判断。专利权保护范围依据§59来确定，即“以其权利要求的内容为准，说明书和附图可以用于解释权利要求”。

专利产品的制造是指制作出或者形成具有权利要求保护的全部技术特征的产品，而产品的使用一般是指利用专利产品，使其技术功能得到了应用。

最高人民法院（2009）民提字第84号：保护范围只延及专利方法直接获得的产品

依照专利方法直接获得的产品是指使用专利方法获得的原始产品，不包括对该原始产品做进一步处理后获得的后续产品。方法专利权的保护范围只能延及依照该专利方法直接获得的产品，而不能延及后续产品。

京（2009）高民终字第4011号：缺少的必要技术特征为通用部件

被诉侵权技术方案与涉案专利要求相比，虽然缺少某一必要技术特征，但该技术特征系通用部件的，则被告构成侵权。

《最高人民法院关于审理专利纠纷案件适用法律问题的若干规定》

第24条：§11、§69、§70所称的许诺销售，是指以做广告、在商店橱窗中陈列或者在展销会上展出等方式作出销售商品的意思表示。

〈许诺销售既可以面向特定对象，也可以面向不特定的公众。〉

〈是一种意思表示，不一定发生实际销售行为；既可以是一种要约，也可以是一种要约邀请。〉

〈因为本条没有规定专利产品的出口构成侵犯专利权的行为，所以如果在专利期限届满前，有他人明确表示在专利权届满之后才将在国外销售、提供该产品的，不属于§11、§69和§70规定的许诺销售。〉

京高院《专利侵权判定指南》

第98条：在销售侵犯他人专利权的产品行为实际发生前，被诉侵权人作出销售侵犯他人专利权产品意思表示的，构成许诺销售。

●方法专利权

方法专利权的专利权人只能禁止他人实施其专利方法，即使用、许诺销售、销售、进口依照该专利方法直接获得的产品，但是无权禁止他人为生产目的制造与依照其专利方法能直接获得的产品相同的产品，因为相同的产品可能不是依照其专利方法制造的。

《最高人民法院关于审理侵犯专利权纠纷案件应用法律若干问题的解释》

第13条：对于使用专利方法获得的原始产品，人民法院应当认定为§11规定的依照专利方法直接获得的产品。

对于将上述原始产品进一步加工、处理而获得后续产品的行为，人民法院应当认定属于§11规定的使用依照该专利方法直接获得的产品。

京高院《专利侵权判定指南》

第100条：方法专利延及产品，指一项方法发明专利权被授予后，任何单位或个人未经专利权人许可，除了不得为生产经营目的而使用该专利方法外，还不得为生产经营目的而使用、许诺销售、销售、进口依照该专利方法所直接获得的产品。

第101条：依照专利方法直接获得的产品，是指将原材料、物品按照方法专利权利要求记载的全部步骤特征进行处理加工，使得原材料、物品在结构上或物理化学特性上产生明显变化后所获得的原始产品。

将上述原始产品进一步加工、处理而获得的后续产品，即以该原始产品作为中间部件或原材料，加工、处理成为其他的后续产品，应当认定属于使用依照该专利方法直接获得的产品。对该后续产品的进一步加工、处理，不属于使用依照该专利方法所直接获得的产品的行为。

通常，只有“制造方法”专利权才享受延伸保护。受延伸保护的产品只能是实施制造方法专利所获得的最初产品，或者是完成方法专利的权利要求限定的最后一个方法步骤之后所获得的那个产品。延伸保护与该产品是否是已知产品无关，并不要求产品本身具有新颖性和创造性。

A28.1（b）TRIPS：专利应赋予其所有人下列专有权：

如果该专利保护的是方法，则有权制止第三方未经许可使用该方法的行为以及下列行为：使用、提供销售、销售或为上述目的进口至少是依照该方法而直接获得的产品。

◎方法专利指方法发明专利，构成实施方法专利的行为包括：

（1）为生产经营目的而使用该方法；

（2）为生产经营目的而许诺销售依照该方法直接获得的产品；

（3）为生产经营目的而销售依照该方法直接获得的产品；

（4）为生产经营目的而使用依照该方法直接获得的产品；

（5）为生产经营目的而进口依照该方法直接获得的产品。

京高院《专利侵权判定指南》

第93条：使用专利方法，是指权利要求记载的专利方法技术方案的每一个步骤均被实现，使用该方法的结果不影响对是否构成侵犯专利权的认定。

与产品专利的实施行为相同，构成方法专利的实施行为也必须是为生产经营目的。如果为非生产经营目的而进行使用、进口行为，则不构成实施方法专利的行为。与专利法对专利产品的制造和进口行为的“绝对保护”相比，专利法对专利产品的销售和使用行为所提供的是“相对保护”。所谓相对保护，是指除制造者、进口者之外的其他人未经专利权人许可而进行销售或使用专利产品的行为时，若要其承担侵权的全部民事责任，必须满足如下两个条件：

（1）销售或使用的专利产品是未经专利权人许可而制造售出的。（§69〈1〉）

（2）销售者或使用者必须是故意侵权。（§69〈2〉）。为生产经营目的使用或销售不知道是未经专利权人许可而制造并售出的专利产品或者依照专利方法直接获得的产品，能证明其产品合法来源的，不承担赔偿责任。仅仅确认销售或使用的专利产品是未经专利权人许可而制造并售出的，仍不足以要求销售者或者使用者承担赔偿损失的侵权责任。

通常，由不知道到知道的转化是由专利权人发出通知或警告来实现的，在收到上述通知或警告后仍然继续销售或使用专利产品的，就构成了故意进行的行为。

◎实用新型专利侵权认定需满足的条件：

（1）客观上存在针对有效实用新型专利的以生产经营为目的的实施行为。“为生产经营目的”（§70）不能被理解为“以盈利为目的”，后者范围要窄。

（2）针对有效实用新型专利的以生产经营为目的的实施行为未经专利权人许可且无法定阻却事由，例如符合强制许可要件的实施行为等。

（3）他人未经专利权人许可且无法定阻却事由的以生产经营为目的实施实用新型专利的行为已经给专利权人造成了或者将要造成实际损害。

（4）行为人主观上不需要有过错。

（5）认定是否成立专利侵权或只要求侵权人停止有关侵权活动时采用“无过错责任”原则（§61）；而在确认成立专利侵权后的损害赔偿问题上采用“过错责任”原则（§70）。

外观设计专利权

A26 TRIPS：

1. 受保护的工业品外观设计所有人，应有权制止第三方未经许可而为商业目的制造、销售或进口带有或体现有受保护设计的复制品或实质性复制品之物品。

2. 成员可对工业品外观设计的保护规定有限的例外，只要在顾及第三方合法利益的前提下，该例外并未与受保护设计的正常利用不合理地冲突，也未不合理地损害受保护设计所有人的合法利益。

3. 可享有的保护期应不少于10年。

如果某种产品使用了获得专利的外观设计，但该产品与该外观设计专利在被授权时指定的产品不同而且不相类似，该产品就不属于外观设计专利产品。同样，如果某种产品与外观设计专利指定的产品相同或者相类似，但该产品的外观设计与获得专利的外观设计不同而且不相类似，该产品也不属于外观设计专利产品。确定使用外观设计的产品的类别，其主要依据是SIPO公布的外观设计产品分类表，但又不限于该分类表。即使某两种产品根据该分类表不属于同一小类，但如果一般消费者认为两种产品类似，就属于类似产品。

京高院《专利侵权判定指南》

第94条：外观设计专利权人的禁止权不包括禁止他人使用其外观设计专利产品的权利。

第96条：销售专利产品，是指将落入专利权保护范围的被诉侵权产品的所有权，或者依照专利方法直接制得的产品的所有权，或者将含有外观设计专利的产品的所有权从卖方有偿转移到买方。

搭售或以其他方式转让上述产品所有权，变相获取商业利益的，也属于销售该产品。

外观设计专利权人只能制止他人为生产经营目的制造、许诺销售、销售、进口其专利产品，但不包括使用。

例如：

A公司获得了一项外观设计专利权，B公司未经A公司许可，制造了与该外观设计专利相同的产品，C公司在不知道B公司的产品是擅自制造的情况下，购买了B公司生产的200件产品，其中100件销售给了D公司，其余尚未售出。D公司使用了这些产品，那么

（1）B公司的行为构成侵权（§11.2）；

（2）C公司虽然侵犯了甲的专利权，但在证明其销售产品的合法来源的情况下，不承担赔偿责任，应当停止继续销售尚未售出的产品（§70）；

（3）D公司的行为不构成侵权，因为外观设计不能禁止他人使用（§11.2）。

京（2004）高民初字第1472号：销售侵犯外观设计专利权产品

公司委托外人定制被控外观设计专利侵权产品并专门用于组装涉案汽车，属于制造被控侵权产品的行为。将安装有被控侵权产品的涉案汽车以整车形式进行销售，以构成对被控侵权产品的销售。

“为生产经营目的”的使用、许诺销售或者销售不知道是未经专利权人许可而制造并售出的专利侵权产品，能证明该产品合法来源的，不承担赔偿责任。

由于§11.2对于外观设计专利的禁止权的范围进行了明确的限定，而该范围并不包括“使用”侵犯外观设计专利权的产品的行为，因此，对于该种行为，不适用§70的规定，即使用侵犯外观设计专利权的产品的行为不构成侵权。

鄂（2013）民三终字第145号：自用目的制作外观设计专利产品是否属于“为生产经营目的”实施专利？

“为生产经营目的”是指为工、农业生产或者商业经营等目的，并不限于以营利为目的，但不包括个人使用或消费。即便被控侵权人日常的经营行为并非制造专利产品，不论行为人制造该专利产品是否有获利的意图，只要实施了制造行为，便构成了专利侵权。除非该行为人是个人，并且其制造专利产品的目的是仅供个人使用或消费。

A30 TRIPS

各成员可以对专利授予的排他权规定有限的例外，但是这些例外不得与专利的正常利用相冲突，而且在顾及第三方的合法利益的同时，也不得不合理地损害专利权人的合法利益。

《最高人民法院关于审理侵犯专利权纠纷案件应用法律若干问题的解释》

第12条：将侵犯发明或者实用新型专利权的产品作为零部件，制造另一产品的，人民法院应当认定属于§11规定的使用行为；销售该另一产品的，人民法院应当认定属于§11规定的销售行为。

将侵犯外观设计专利权的产品作为零部件，制造另一产品并销售的，人民法院应当认定属于§11规定的销售行为，但侵犯外观设计专利权的产品在该另一产品中仅具有技术功能的除外。

对于前两款规定的情形，被诉侵权人之间存在分工合作的，人民法院应当认定为共同

侵权。

〈采用外观设计产品作为零部件来制造另一产品的，该制造行为本身不构成侵犯专利权的行为。〉

●共同侵权行为（间接侵权）

专利间接侵权是指行为人在未经专利权人许可的情况下，不是以直接实施专利或假冒专利构成直接侵权的方式，而是以诱导、怂恿、教唆别人直接实施他人专利或假冒他人专利，或者是以生产、销售、提供专门或主要是用于实施他人专利的设备、材料、零部件，帮助别人实施他人专利的方式，间接侵害他人专利权的行为。对于间接侵权行为，被控侵权产品通常并未全面覆盖专利技术特征。

专利法对专利间接侵权没有明文规定。在司法实践中，主要是依据最高人民法院的相关规定来处理，专利间接侵权作为共同侵权来对待。

最高人民法院《关于贯彻执行〈民法通则〉若干问题的意见》

第148条：教唆、帮助他人实施侵权行为的人为共同侵权人，应当承担侵权责任。

《民法通则》

A130：二人以上共同侵权造成他人损害的，应当承担连带责任。

A132：当事人对造成损害都没有过错的，可以根据实际情况，由当事人分担民事责任。

例如：

A拥有一项灯具的专利，这种灯具由灯口和灯罩组成，发明点主要涉及灯口部分的设计。B未经A的许可，销售与A专利产品相同的灯口，购买了该灯口的顾客可以自行去商店配置灯罩等附属设施。那么以全面覆盖原则，认为B销售的产品虽然未覆盖其全部技术特征，但涉及专利产品的一部分技术特征因而构成侵权的理由成立。

京高院《专利侵权判定指南》

第105条：两人以上共同实施§11规定的行为，或者两人以上相互分工协作，共同实施§11规定的行为的，构成共同侵权。

第106条：教唆、帮助他人实施§11规定的行为的，与实施人为共同侵权人。

第107条：将侵犯专利权的产品作为零部件，制造另一产品并出售的，如果被诉侵权人存在分工合作，构成共同侵权。

第108条：提供、出售或者进口专门用于实施他人产品专利的材料、专用设备或者零部件的，或者提供、出售或者进口专门用于实施他人方法专利的材料、器件或者专用设备的，上述行为人与实施人构成共同侵权。

第109条：为他人实施§11规定的行为提供场所、仓储、运输等便利条件的，与实施人构成共同侵权。

《京高院关于执行〈专利侵权判定若干问题的意见（试行）〉的通知》

第73条：间接侵权，是指行为人实施的行为并不构成直接侵犯他人专利权，但却故意诱导、怂恿、教唆别人实施他人专利，发生直接的侵权行为，行为人在主观上有诱导或唆使别人侵犯他人专利权的故意，客观上为别人直接侵权行为的发生提供了必要的条件。

第 74 条：间接侵权的对象仅限于专用品，而非共用品。这里的专用品是指仅可用于实施他人产品的关键部件，或者方法专利的中间产品，构成实施他人专利技术（产品或方法）的一部分，并无其他用途。

第 75 条：对于一项产品专利而言，间接侵权是提供、出售或者进口用于制造该专利产品的原料或者零部件；对一项方法专利而言，间接侵权是提供、出售或者进口用于该专利方法的材料、器件或者专用设备。

第 76 条：间接侵权人在主观上应当有诱导、怂恿、教唆他人直接侵犯他人专利权的故意。

第 77 条：行为人明知别人准备实施侵犯专利权的行为，仍为其提供侵权条件的，构成间接侵权。

第 79 条：发生下列依法对直接侵权行为不予追究或者不视为侵犯专利权的情况，也可以直接追究间接侵权行为人的侵权责任：

（1）该行为属于 § 69 所述的不视为侵犯专利权的行为；

（2）该行为属于个人非营利目的的制造、使用专利产品或者使用专利方法的行为。

第 80 条：依照我国法律认定的直接侵权行为发生或者可能发生在境外的，可以直接追究间接侵权行为人的侵权责任。

◎间接专利侵权的认定：

专利间接侵权的认定通常适用过错责任原则，主要有以下两个构成要件：

（1）有间接侵害他人专利权的行为发生；

（2）间接侵害他人专利权的行为人主观上存在过错。

这里包括以下几层含义：

（1）直接侵权行为是由间接侵权行为引发产生的，间接侵权是因，直接侵权是果；

（2）没有间接侵权，就不能产生直接侵权，间接侵权是造成直接侵权的必要条件；

（3）间接侵权在先，直接侵权在后。

◎认定标准：

（1）客观上侵权人为别人直接侵权行为的发生提供了必要的条件，存在专利间接侵权行为。

（2）行为人在主观上有诱导或唆使别人侵犯他人专利权的故意。

（3）“间接侵权行为”与“直接侵权行为”之间有因果关系。

（4）与前述认定的要件相反，间接侵权一般应以直接侵权的发生为前提条件，没有直接侵权行为发生的情况下，不存在间接侵权。如果他人并没有实际“制造、使用”该专利产品的零部件，仅仅是用于“消费”，那么便不能认定为专利间接侵权。

（5）间接侵权的对象仅限于专用品，而非共用品。

（6）“专用品”是指仅可用于实施他人产品的关键部件，或者方法专利的中间产品，构成实施他人专利技术（产品或方法）的一部分，并无其他用途。对于一项产品专利而言，间接侵权是提供、出售或者进口用于制造该专利产品的原料或者零部件。对一项方法专利而言，间接侵权是提供、出售或者进口用于该专利方法的材料、器件或者专用设备。

§12 专利实施许可合同

任何单位或者个人实施他人专利的，应当与专利权人订立实施许可合同，向专利权人支付专利使用费。被许可人无权允许合同规定以外的任何单位或者个人实施该专利。

根据§12，任何单位或者个人实施他人专利，必须与专利权人订立书面实施许可合同，向专利权人支付专利使用费。被许可人无权允许合同规定以外的任何单位或个人实施该专利。这里规定的“许可”不是一般的口头同意，而是要签订专利许可合同。如果行为人已经得到专利权人同意，只是还未签订书面许可合同，或者还未向专利权人支付使用费，不构成犯罪。行为人的上述行为必须达到情节严重的程度，才构成犯罪。

《最高人民法院关于审理技术合同纠纷案件适用法律若干问题的解释》

第25条：专利实施许可包括以下方式：

（一）独占实施许可，是指让与人在约定许可实施专利的范围内，将该专利仅许可一个受让人实施，让与人依约定不得实施该专利；

（二）排他实施许可，是指让与人在约定许可实施专利的范围内，将该专利仅许可一个受让人实施，但让与人依约定可以自行实施该专利；

（三）普通实施许可，是指让与人在约定许可实施专利的范围内许可他人实施该专利，并且可以自行实施该专利。

当事人对专利实施许可方式没有约定或者约定不明确的，认定为普通实施许可。专利实施许可合同约定受让人可以再许可他人实施专利的，认定该再许可为普通实施许可，但当事人另有约定的除外。

技术秘密的许可使用方式，参照本条第一、二款的规定确定。

第27条：排他实施许可合同让与人不具备独立实施其专利的条件，以一个普通许可的方式许可他人实施专利的，人民法院可以认定为让与人自己实施专利，但当事人另有约定的除外。

（1）独占许可，是指在一定时间内，在专利权的有效地域范围内，在许可规定的范围内，专利权人只许可一个被许可人实施其专利，而且专利权人自己也不得实施该专利。

（2）排他许可/独家许可，是指在一定时间内，在专利权的有效地域范围内，专利权人只许可一个被许可人实施其专利，但专利权人自己有权实施该专利。排他许可中的专利权人自己享有实施该专利的权利，而独占许可中的专利权人自己也不能实施该专利。

（3）简称普通许可，是指在一定时间内，专利权人许可他人实施其专利，同时保留许可第三人实施该专利的权利，权利人自己也有权实施。

（4）交叉许可，也称作互换实施许可，是指两个专利权人互相许可对方实施自己的专利。这种许可，两个专利的价值大体是相等的，所以一般是免交使用费的，但如果二者的技术效果或者经济效益差距较大，也可以约定由一方给予另一方以适当的补偿。

（5）分许可，是针对基本许可而言的，即被许可人依照与专利权人的协议，再许可第三人实施同一专利，被许可人与第三人之间的实施许可就是分许可。被许可人签订这种分许可合同必须得到专利权人的同意。

只有专利权人或者利害关系人才可以提起侵权诉讼（§60）。被许可人实施的专利受到侵犯时，一般不能以自己的名义单独提起侵权诉讼，除非法律另有规定。这里所说的利害关系人，主要是指独占实施许可和排他实施许可的被许可人。

在专利实施许可合同的有效期间内，如果专利权终止（包括被宣告无效），专利实施许可合同也应同时终止，被许可人即可停止支付专利权失效后的专利使用费。至于已经支付的使用费，原则上被许可人不能要求返还，专利权人有权要求被许可人补交专利权失效以前拖欠的使用费。但是，如果专利权是被宣告无效，而且专利权人有恶意或者不返还使用费明显违反公平原则的，专利权人应当予以赔偿或者返还（§47）。

在共有专利的情况下，如果其中一个专利人要许可他人实施共有专利技术，有约定的，从其约定。没有约定的，共有人可以单独许可他人实施该专利的普通许可。但是订立独占实施许可合同，应当征得其他共有专利人的同意。由此获得的利益应由所有共有专利权人等额分享（§15）。如果未有约定，而共有人之一与他人签订独占实施许可合同，或者有约定任何共有人不得单独订立实施许可合同，而共有人之一与他人签订任何专利实施许可合同的，这样的合同统统不具有法律效力。

A7 TRIPS

知识产权的保护和执法应当有助于技术创新以及技术转让和传播，有助于技术知识的创作者与使用者相互收益并且是以增进社会和经济福利的方式，以及有助于权利和义务的平衡。

A8 TRIPS

为了防止权利所有人滥用知识产权，或者采用不合理地限制贸易或对技术的国际转让有不利影响的做法，可以采取适当的措施，但以这些措施符合本协定的规定为限。

A28.2 TRIPS

专利所有人还应有权转让或通过继承转移其专利，应有权缔结许可证合同。

A40.2 TRIPS

本协议的规定，不应阻止成员在其国内立法中具体说明在特定场合可能构成对知识产权的滥用，从而在有关市场对竞争有消极影响的许可证贸易活动或条件。如上文所规定，成员可在与本协议的其他规定一致的前提下，顾及该成员的有关法律及条例，采取适当措施防止或控制这类活动。这类活动包括诸如独占性返授条件、禁止对有关知识产权的有效性提出异议的条件，或强迫性的一揽子许可证。

《合同法》

A36：法律、行政法规规定或者当事人约定采用书面形式订立合同，当事人未采用书面形式但一方已经履行主要义务，对方接受的，该合同成立。

〈实施许可合同可以是书面合同，也可以是非书面合同。〉

A44：依法成立的合同，自成立时生效。

法律、行政法规规定应当办理批准、登记等手续生效的，依照其规定。

A344：专利实施许可合同只在该专利权的存续期间内有效。专利权有效期限届满或者专利权被宣布无效的，专利权人不得就该专利与他人订立专利实施许可合同。

〈出质人以其专利权出质后，未经质权人同意，许可他人实施该专利，应当认定为无效，出质人承担民事责任。〉

A346：专利实施许可合同的受让人应当按照约定实施专利，不得许可约定以外的第三人实施该专利；并按照约定支付使用费。

《最高人民法院关于审理技术合同纠纷案件适用法律若干问题的解释》

第24条：订立专利权转让合同或者专利申请权转让合同前，让与人自己已经实施发明创造，在合同生效后，受让人要求让与人停止实施的，人民法院应当予以支持，但当事人另有约定的除外。

让与人与受让人订立的专利权、专利申请权转让合同，不影响在合同成立前让与人与他人订立的相关专利实施许可合同或者技术秘密转让合同的效力。

《最高人民法院关于适用〈中华人民共和国担保法〉若干问题的解释》

第105条：以依法可以转让的商标专用权、专利权、著作权中的财产权出质的，出质人未经质权人同意而转让或者许可他人使用已出质权利的，应当认定为无效。因此给质权人或者第三人造成损失的，由出质人承担民事责任。

《国家标准涉及专利的管理规定（暂行）》

第9条：国家标准在制、修订过程中涉及专利的，全国专业标准化技术委员会或者归口单位应当及时要求专利权人或者专利申请人作出专利实施许可声明。该声明应当由专利权人或者专利申请人在以下三项内容中选择一项：

（一）专利权人或者专利申请人同意在公平、合理、无歧视基础上，免费许可任何组织或者个人在实施该国家标准时实施其专利；

（二）专利权人或者专利申请人同意在公平、合理、无歧视基础上，收费许可任何组织或者个人在实施该国家标准时实施其专利；

（三）专利权人或者专利申请人不同意按照以上两种方式进行专利实施许可。

第10条：除强制性国家标准外，未获得专利权人或者专利申请人根据第9.1条或者第9.2条规定作出的专利实施许可声明的，国家标准不得包括基于该专利的条款。

第12条：国家标准发布后，发现标准涉及专利但没有专利实施许可声明的，国家标准化管理委员会应当责成全国专业标准化技术委员会或者归口单位在规定时间内获得专利权人或者专利申请人作出的专利实施许可声明，并提交国家标准化管理委员会。除强制性国家标准外，未能在规定时间内获得专利权人或者专利申请人根据第9.1条或者第9.2条规定作出的专利实施许可声明的，国家标准化管理委员会可以视情况暂停实施该国家标准，并责成相应的全国专业标准化技术委员会或者归口单位修订该标准。

第17条：国家标准中所涉及专利的实施许可及许可使用费问题，由标准使用人与专利权人或者专利申请人依据专利权人或者专利申请人作出的专利实施许可声明协商处理。

粤（2013）高法民三终字第306号：根据FRAND原则确定专利许可费

FRAND（Fair，reasonable，and non－discriminatory terms）义务原则是由电信标准化协会（ETSI）制定的，即“公平、合理、无歧视”的义务原则。对于愿意支付合理使用费的善意的标准使用者，标准必要专利权人不得径直拒绝许可。

虽然ETSI的所在地是法国，但涉案专利权是根据中国《专利法》确立的，而使用方的公司住所地、涉案专利实施地、谈判协商地都在中国，所以应当依照中国的法律履行FRAND义务。

确定专利许可费主要考虑的六大因素是，专利对产品的贡献、专利对标准的贡献、同样专利对他人收取的许可费、使用人就类似专利缴纳给他人的许可费、市场经济环境和科技发展的趋势和状况，以及双方在前期磋商中所表示的意愿。

R14 专利权因其他事由发生转移；专利许可合同的备案

除依照专利法第十条规定转让专利权外，专利权因其他事由发生转移的，当事人应当凭有关证明文件或者法律文书向国务院专利行政部门办理专利权转移手续。

专利权人与他人订立的专利实施许可合同，应当自合同生效之日起3个月内向国务院专利行政部门备案。

〈不备案，不影响合同生效〉

以专利权出质的，由出质人和质权人共同向国务院专利行政部门办理出质登记。

“其他事由”包括赠予、继承和司法判决等。

《专利实施许可合同备案管理办法》

第3条：专利实施许可的许可人应当是合法的专利权人或者其他权利人。

以共有的专利权订立专利实施许可合同的，除全体共有人另有约定或者专利法另有规定的外，应当取得其他共有人的同意。

第4条：申请备案的专利实施许可合同应当以书面形式订立。

第5条：当事人应当自专利实施许可合同生效之日起3个月内办理备案手续。

〈（R14.2）SIPO在专利登记簿中登记该备案。〉

〈未根据R14.2进行备案，不影响合同生效。〉

第12条：备案申请有下列情形之一的，不予备案，并向当事人发送《专利实施许可合同不予备案通知书》：

（一）专利权已经终止或者被宣告无效的；

（二）许可人不是专利登记簿记载的专利权人或者有权授予许可的其他权利人的；

（三）专利实施许可合同不符合本办法第九条规定的；

（四）实施许可的期限超过专利权有效期的；

（五）共有专利权人违反法律规定或者约定订立专利实施许可合同的；

（六）专利权处于年费缴纳滞纳期的；

（七）因专利权的归属发生纠纷或者人民法院裁定对专利权采取保全措施，专利权的有关程序被中止的；

（八）同一专利实施许可合同重复申请备案的；

（九）专利权被质押的，但经质权人同意的除外；

（十）与已经备案的专利实施许可合同冲突的；

（十一）其他不应当予以备案的情形。

第 16 条：当事人延长实施许可的期限的，应当在原实施许可的期限届满前 2 个月内，持变更协议、备案证明和其他有关文件向 SIPO 办理备案变更手续。

变更专利实施许可合同其他内容的，参照前款规定办理。

第 17 条：实施许可的期限届满或者提前解除专利实施许可合同的，当事人应当在期限届满或者订立解除协议后30 日内持备案证明、解除协议和其他有关文件向 SIPO 办理备案注销手续。

第 18 条：经备案的专利实施许可合同涉及的专利权被宣告无效或者在期限届满前终止的，当事人应当及时办理备案注销手续。

第 20 条：当事人以专利申请实施许可合同申请备案的，参照本办法执行。

申请备案时，专利申请被驳回、撤回或者视为撤回的，不予备案。

第 21 条：当事人以专利申请实施许可合同申请备案的，专利申请被批准授予专利权后，当事人应当及时将专利申请实施许可合同名称及有关条款做相应变更；专利申请被驳回、撤回或者视为撤回的，当事人应当及时办理备案注销手续。

§13 临时保护

发明专利申请公布后，申请人可以要求实施其发明的单位或者个人支付适当的费用。

“公布”指国家公布和中文国际公布，以中文国际公布的 PCT 申请，临时保护自国际公布日开始。

如果该发明专利申请被驳回，或者授权后又被宣告无效，则申请人请求支付使用费的权利同时丧失。

只有获得专利权后的发明专利方能就临时保护提出诉讼（§68）。

在专利申请日与公开日之间，他人实施相关发明、制造与专利申请相同的产品不属于专利法禁止的行为。专利申请人不具有专利权人的属性，所以无权禁止他人生产与其专利申请相同的产品，也无权对他人的行为提出侵权诉讼。在该专利申请公开（公告）之前，他人生产了相同的产品不负有任何侵权责任。在专利授权后，销售者或使用者继续销售或使用在专利申请日至公开日期间内生产的专利产品，亦不属于侵犯专利权的行为，销售者或使用者不承担停止侵权和赔偿损失的责任。但是在专利授权后，则不可以再制造、实施该产品了。

《最高人民法院关于审理专利纠纷案件适用法律问题的若干规定》

第 23 条：侵犯专利权的诉讼时效为二年，自专利权人或者利害关系人知道或者应当知道侵权行为之日起计算。权利人超过二年起诉的，如果侵权行为在起诉时仍在继续，在该项专利权有效期内，人民法院应当判决被告停止侵权行为，侵权损害赔偿数额应当自权利人向人民法院起诉之日起向前推算二年计算。

根据北京市高级人民法院知识产权审判庭的意见，发明专利申请公布后至专利权授予前使用该发明未支付适当使用费的，专利申请人要求支付使用费的诉讼时效为 2 年，自专利申请人得知或者应当得知他人使用其发明之日起计算，但是，专利权人于专利权授予之日前即已得知或者应当得知的，自专利权授予之日起计算。此处，把《最高人民法院关于审理专利纠纷案件适用法律问题的若干规定》第 23 条中的“专利权人”理解成了专利申请人，缺少法律依据。

最高人民法院（2011）民提字第 6 号：专利临时保护期内被诉侵权产品的后续使用、许诺销售、销售

对于在专利临时保护期内实施相关发明的，不属于专利法禁止的行为。

在专利临时保护期内制造、销售、进口被诉专利侵权产品不为专利法禁止的情况下，后续的使用、许诺销售、销售该产品的行为，专利权人无权禁止；在销售者、使用者提供了合法来源的情况下，销售者、使用者不应承担支付适当费用的责任。

这里的“合法来源”是指相关产品是通过正当、合法的商业渠道获得的，并不必然要求考虑销售者或者供应者在提供相关产品时是否符合相关行政管理规定。

最高人民法院（2011）民提字第259号：后续的使用、许诺销售、销售也不视为侵害专利权

§13虽然规定了申请人可以要求在发明专利申请公布后至专利权授予之前（即专利临时保护期内）实施其发明的单位或者个人支付适当的费用，即享有请求给付发明专利临时保护期使用费的权利，但对于专利临时保护期内实施其发明的行为并不享有请求停止实施的权利。因此，在发明专利临时保护期内实施相关发明的，不属于专利法禁止的行为。在专利临时保护期内制造、销售、进口被诉专利侵权产品不为专利法禁止的情况下，其后续的使用、许诺销售、销售该产品的行为，即使未经专利权人许可，也应当得到允许。也就是说，专利权人无权禁止他人对专利临时保护期内制造、销售、进口的被诉专利侵权产品的后续使用、许诺销售、销售。当然，这并不否定专利权人根据§13规定行使要求实施其发明者支付适当费用的权利。对于在专利临时保护期内制造、销售、进口的被诉专利侵权产品，在销售者、使用者提供了合法来源的情况下，销售者、使用者不应承担支付适当费用的责任。

专利法规定了先用权，虽然仅规定了先用权人在原有范围内继续制造相同产品、使用相同方法不视为侵权，没有规定制造的相同产品或者使用相同方法制造的产品的后续实施行为是否构成侵权，但是不能因为专利法没有明确规定就认定上述后续实施行为构成侵权。

在发明专利申请公布后至专利权授予前的临时保护期内制造、销售、进口的被诉专利侵权产品不为专利法禁止的情况下，其后续的使用、许诺销售、销售，即使未经专利权人许可，也不视为侵害专利权，但专利权人可以依法要求临时保护期内实施其发明的单位或者个人支付适当的费用。因此，A公司销售被诉专利侵权产品是在涉案发明专利临时保护期内，该行为不为专利法所禁止。在此情况下，后续的B公司使用所购买的被诉专利侵权产品的行为也应当得到允许。因此，B公司后续的使用行为不侵犯涉案发明专利权。同理，A公司在涉案发明专利授权后为B公司使用被诉专利侵权产品提供售后服务也不侵犯涉案发明专利权。

最高人民法院（2008）民申字第81号：临时保护期使用费纠纷的管辖确定

发明专利临时保护期使用费纠纷虽然不属于一般意义上的侵犯专利权纠纷，但在本质上是一类与专利有关的侵权纠纷，应当依据《民事诉讼法》A29有关侵权诉讼的管辖确定原则来确定发明专利临时保护期使用费纠纷的管辖。发明专利临时保护期使用费纠纷在案件性质上与侵犯专利权纠纷最为类似，可以参照侵犯专利权纠纷的管辖规定确定管辖。对于被控侵权的实施行为跨越发明专利授权公告日前后的，其行为具有前后的连续性、一致性，从方便当事人诉讼出发，应当允许权利人一并就临时保护期使用费和侵犯专利权行为同时提出权利主张。

如果使用者拒绝支付使用费，申请人只能在其专利申请被授权后才能主张其权利，或依据 R85 请求管理专利工作的部门进行调解，或直接向法院提起民事诉讼，诉讼时效为自专利权授权之日起 2 年（§68.2）。在专利被授权之前向法院起诉的，法院不予受理。

由于实用新型专利授权之前内容不会被公布，因此不能享有临时保护。所以实用新型申请人在其专利申请被授权之前，如果发现某公司仿造并销售其要求保护的产品，可以向这家公司声明其已经申请专利，告知该公司，如果在专利授权后仍然进行生产，将对其行为进行起诉。

临时保护始于发明专利申请公布之日，终于中国国家公告之日。如果申请被驳回、撤回、视为撤回或者被放弃的，原来的临时保护视为自始不存在。

R114 国际申请的国家公布程序

对要求获得发明专利权的国际申请，国务院专利行政部门经初步审查认为符合专利法和本细则有关规定的，应当在专利公报上予以公布；国际申请以中文以外的文字提出的，应当公布申请文件的中文译文。

要求获得发明专利权的国际申请，由国际局以中文进行国际公布的，自国际公布日起适用专利法第十三条的规定；由国际局以中文以外的文字进行国际公布的，自国务院专利行政部门公布之日起适用专利法第十三条的规定。

对国际申请，专利法第二十一条和第二十二条中所称的公布是指本条第一款所规定的公布。

●国家公布的效力

A29 PCT

（1）就申请人在指定国的任何权利的保护而言，国际申请的国际公布在该国的效力，除（2）至（4）另有规定外，应与指定国本国法对未经审查的本国申请所规定的强制国家公布的效力相同。

（2）如果国际公布所使用的语言和在指定国按本国法公布所使用的语言不同，该本国法可以规定（1）规定的效力仅从下列时间起才能产生：

①使用后一种语言的译本已经按本国法的规定予以公布；或者

②使用后一种语言的译本已经按本国法的规定通过公开展示而向公众提供；或者

③使用后一种语言的译本已经由申请人送达实际的或未来的未经授权而使用国际申请中请求保护的发明的人；或者

④上列①和③所述的行为，或②和③所述的行为已经发生。

（3）如果根据申请人的要求，在自优先权日起的 18 个月期限届满以前国际申请已经予以国际公布，任何指定国的本国法可以规定，本条（1）规定的效力只有自优先权日起 18 个月期限届满后才能产生。

(4) 任何指定国的本国法可以规定,(1) 规定的效力,只有自按 A21 PCT 公布的国际申请的副本已为该国的或代表该国的国家局收到之日起才能产生。该局应将收到副本的日期尽快在其公报中予以公布。

《关于中国实施专利合作条约的规定》

第 18 条:指定中国并要求获得发明专利保护的国际申请,由 IB 按照 A21 PCT 规定以中文进行国际公布的,自国际公布日起,申请人享有 § 13 规定的权利;由 IB 以中文以外的文字进行国际公布的,自专利局收到申请人提交的该国际申请中文译文并在中国专利公报上公布该译文之日起,申请人享有 § 13 规定的权利。

§14 推广应用

国有企业事业单位的发明专利，对国家利益或者公共利益具有重大意义的，国务院有关主管部门和省、自治区、直辖市人民政府报经国务院批准，可以决定在批准的范围内推广应用，允许指定的单位实施，由实施单位按照国家规定向专利权人支付使用费。

§14 的推广应用仅限于发明专利，不包括实用新型和外观设计专利，而 §48、§49、§50 和 §51 中的实施强制许可是指发明和实用新型专利。

批准发明专利推广应用的是“国务院”（§14），而负责给予实施发明专利或者实用新型专利的强制许可的是“国务院专利行政部门”，即 SIPO（§48）。

专利推广应用的对象仅限于国有企事业单位（包括国有控股单位）的专利，不包括中国集体所有制单位、个人、三资企业、中国私营企业、其他混合所有制单位以及个人的专利。

集体所有制单位和个人的资本不是来自国家投资，专利自主权应得到尊重，但是可以通过强制许可制度解决。

在授予专利权后就可以立即依法决定，不需要等待一段时间才能批准。被授权实施单位有权在多长时间采取何种措施，多大规模由国务院在推广应用时决定。

◎推广应用的实施主体：

实施主体：由相关政府机关指定的单位，不包括个人。因为根据民法原理，个人在未成立个人独资企业或者成为个体工商户的情况下，没有生产经营的资格。因此，个人不能直接作为本条规定的实施专利的主体。

无论外资企业还是内资企业，也无论私有制还是公有制，只要在中国具有生产经营资格并具有实施相关专利技术的能力，都可以按照一定的标准被指定为实施主体。

本条规定的对发明专利的推广应用是由国务院批准决定的，是终局决定，因此专利权人不能获得行政救济和司法救济。根据行政诉讼法的有关规定，法院不受理对国家行为提起的行政诉讼。

§15 共有权利的行使

专利申请权或者专利权的共有人对权利的行使有约定的，从其约定。没有约定的，共有人可以单独实施或者以普通许可方式许可他人实施该专利；许可他人实施该专利的，收取的使用费应当在共有人之间分配。

除前款规定的情形外，行使共有的专利申请权或者专利权应当取得全体共有人的同意。

◎各共有人可以按份共有，也可以共同共有：

（1）共同共有是指两个以上共有人对共有的专利权或专利申请不分份额、平等地共同享有所有权。在共有关系存续期间，各共有人之间并不确定财产份额，只有在共有关系解除时，才在分割共有的专利权或专利申请时确定各共有人应得的份额。

（2）按份共有一般依据合同产生，是指两个以上的共有人按照他们在作出发明创造中的贡献或者按照预先确定的比例，对共有的专利权或专利申请享受权利、承担义务。

专利权共有所依据的合同是技术合同，而不是经济合同或其他非技术合同。技术合同应是技术开发合同，而不是技术转让合同或者技术入股联营合同。技术开发合同可分为委托开发合同、合作开发合同、计划开发合同。

无论共同共有或按份共有，共有人对共有的专利权共同享有占有、使用、收益和处分的权利，体现出共有人的意志。凡办理涉及共有权利的手续，如提出专利申请、委托专利申请、委托专利代理、转让专利申请权或专利权、撤回专利申请和放弃专利权等，均应当由全体共有人在文件上签字和盖章，并由全体共有人的代表或者共同委托的专利代理机构办理。

共有人之一要转让自己持有的专利权份额，必须要得到其他共有人的同意。如不争得其他共有人的同意，不能将自己所持份额转让给第三人，但这种限制不适用于专利权的法定继承。

如共有人之一放弃自己所持专利权份额，则其他共有人所持专利权份额自行扩大。就整个专利权的放弃，必须是共有人全体放弃才有效。

在专利权受到侵害时，共有人之一可以单独提起诉讼。但是，法院应当正式通知其他共有人作为共同原告，一同参加诉讼。如果其中有的共有人不愿参加诉讼，应作为放弃诉讼权利处理，其应得到的侵权损害赔偿也应属于其他权利共有人。

凡办理涉及共有权利的手续，如提出专利申请、委托专利代理、转让专利申请权或专利权、撤回专利申请和放弃专利权等，均应当由全体共有人在文件上签字和盖章，并由全体共有人的代表或者共同委托的专利代理机构办理。（SIPO〈1990〉第28号公告）

对共有的专利权或专利申请的使用和管理，如果事先有协议的，按协议办理；没有协议的，应当按照协商一致的原则解决；协商不成的，可以诉请法院解决。按份共有人可以将自己的份额分出或转让。为了防止某一共有人转让其份额对其他共有人造成损害，我国《民法通则》A78 规定，共有人出售其份额，其他共有人在同等条件下，有优先购买的权利。按份共有关系可以因分割或协议而终止。

没有约定的，或者约定不明的，专利法实行的是共同共有原则。因此共有人单独实施的或者以普通许可方式许可他人实施共有专利的，无需其他共有人同意，但是仅限于普通许可方式，不能是独占许可。而且共有人之一单独许可他人实施共有专利获得的使用费应当在共有人之间分配，而共有人之一单独实施共有专利获得的收益不需要在共有人之间分配。

专利权共有的注意事项：

（1）专利权不可分割，但可以共同共有或按份共有；

（2）共有人之一未经其他共有人同意，不得转让专利权或者申请权；

（3）共有人出售自己份额的，其他共有人有优先购置权（物权优先原则）；

（4）共有人之一放弃专利权的，其份额应当由其他共有人承受；

（5）共有人之一死亡的，没有人继承时，由其他共有人承受；

（6）共有人之一有权实施专利许可，但获得的专利许可费应合理在共有人之间分配。

§16 发明人奖励和报酬

被授予专利权的单位应当对职务发明创造的发明人或者设计人给予奖励；发明创造专利实施后，根据其推广应用的范围和取得的经济效益，对发明人或者设计人给予合理的报酬。

◎职务发明的奖励和报酬的不同：

只要员工完成了一项职务发明或者设计（注意：应是《专利法》意义上的发明或设计），单位就应该给予发明人或设计人奖励。但是，只有在职务发明或设计被实施、利用了以后，单位才应该支付职务发明的报酬。

单位在发明人或设计人离职前，应当向其支付的奖励和报酬而实际上未支付的，该发明人或设计人有权追讨，诉讼期限为自离职之日起2年内。

劳动人事关系的终止不影响奖励报酬的支付。发明人或设计人与单位终止劳动人事关系后，如果原单位继续通过实施或者许可他人实施该专利而获得收益的，应当按照规定或者依法将新获得收益的一部分支付给发明人或设计人。

除§60的规定外，管理专利工作的部门应当事人请求，可以对职务发明创造的发明人、设计人的奖励和报酬纠纷（R85.1〈3〉）进行调解。

《继承法》A3

遗产是公民死亡时遗留的个人合法财产，包括公民的著作权、专利权中的财产权利以及公民的其他合法财产。

〈奖励报酬可以继承。〉

R76 奖金

被授予专利权的单位可以与发明人、设计人约定或者在其依法制定的规章制度中规定专利法第十六条规定的奖励、报酬的方式和数额。

企业、事业单位给予发明人或者设计人的奖励、报酬，按照国家有关财务、会计制度的规定进行处理。

R77 发放奖金的期限及额度

被授予专利权的单位未与发明人、设计人约定也未在其依法制定的规章制度中规定专利法第十六条规定的奖励的方式和数额的，应当自专利权公告之日起3个月内发给发明人或者设计人奖金。一项发明专利的奖金最低不少于3000元；一项实用新型专利或者外观设计专利的奖金最低不少于1000元。

由于发明人或者设计人的建议被其所属单位采纳而完成的发明创造，被授予专利权的单位应当从优发给奖金。

R78 从实施所得利润和使用费中提取报酬

被授予专利权的单位未与发明人、设计人约定也未在其依法制定的规章制度中规定专利法第十六条规定的报酬的方式和数额的，在专利权有效期限内，实施发明创造专利后，每年应当从实施该项发明或者实用新型专利的营业利润中提取不低于2%或者从实施该项外观设计专利的营业利润中提取不低于0.2%，作为报酬给予发明人或者设计人，或者参照上述比例，给予发明人或者设计人一次性报酬；被授予专利权的单位许可其他单位或者个人实施其专利的，应当从收取的使用费中提取不低于10%，作为报酬给予发明人或者设计人。

此处“实施”为广义上的实施，不仅包括专利权人自己实施专利的行为，如制造、销售、许诺销售、使用等，还包括许可他人实施专利的行为，但是不包括质押和起诉他人侵权获得赔偿的情况。对于专利权质押的情况，只有当专利权人到期不能偿还债务以专利权折价抵偿时，可按照转让的方式给予发明人一定的报酬。虽然 R78 并没有明文规定专利权转让也应当给予发明人报酬，但实践中，转让视作等同于许可。

根据约定优先原则，允许单位与职务发明人在发明创造完成之前或之后约定奖酬的方式和数额。

约定优先原则就是承认单位与发明人或者设计人的约定或者其依法制定的规章制度优先于 R77、R78 的规定，而且约定可以低于 R77、R78 的法定标准。只要约定或者规定符合“合理”这一原则要求，符合《中华人民共和国劳动合同法》等有关法律的相关要求，就应当承认该约定的效力。没有约定或规定的，依照 R77、R78 规定的法定标准执行。

工资不能代替或者包含作为发明人的奖励报酬。

在单位和发明人或设计人没有约定的情况下，只有单位从职务发明专利或者设计的实施中获得了经济效益，才有义务向发明人或设计人发放报酬。根据 R78，单位获得的经济效益主要表现在营业利润。如果有约定，则根据约定优先原则，单位应该根据具体约定的“经济效益”的定义来发放报酬，不论其是否在实施职务发明或设计的过程中实际获得了经济效益。

◎奖金和报酬的额度以及支付时间：

	发明	实用新型	外观设计	支付时间
奖金（R77.1）	≥3000 元	≥1000 元		专利权公告之日起 3 个月内

续表

<table>
<tr><th></th><th>发明</th><th>实用新型</th><th>外观设计</th><th>支付时间</th></tr>
<tr><td>实施报酬（R78）</td><td colspan="2">≥2%的实施专利营业利润</td><td>≥0.2%的营业利润</td><td rowspan="2">每年</td></tr>
<tr><td>许可报酬（R78）</td><td colspan="3">≥10%的收取的税后使用费</td></tr>
</table>

* 上表适用于所有单位、约定优先；
* R78 中规定的2%和0.2%是指税后利润。

例子：

发明人所在公司A已将专利权转让给新的公司B。如果没有任何约定和协议，B作为新的专利权人并不承担支付发明人奖励的义务，而是由公司A继续支付。一旦产生纠纷，则发明人应该找自己的单位A，要求支付奖励，不可以要求B。A可以再要求B来支付，但B无义务承担。

●发明人或设计人奖励和报酬纠纷

对于奖酬纠纷，可以请求管理专利工作的部门进行调解（R85. 1〈3〉），或者向法院起诉。原告只能是发明人或设计人本人。

当事人请求处理专利侵权纠纷或者调解专利纠纷的，由被请求人所在地或者侵权行为地的管理专利工作的部门管辖（R81.3）。

《最高人民法院关于审理专利纠纷案件适用法律问题的若干规定》

第1.7条：人民法院受理下列专利纠纷案件：

职务发明创造发明人、设计人奖励、报酬纠纷案件；

据此规定，处理奖酬纠纷问题，可以不必通过行政部门（包括主管机关和专利管理机关），直接向法院起诉。

但是，奖酬纠纷案件不能由基层人民法院管辖，而只能由具有专利案件管辖权的中级人民法院管辖。如果被告住所地的中级人民法院不具有专利案件的管辖权，原告只能向被告所在地的中级人民法院起诉。

沪（2008）高民三（知）终字第23号：提高R78规定的报酬比例

专利权持有单位在收到无效宣告请求审查决定后3个月内采取消极措施未积极挽救专利权从而导致涉案专利失效，直接导致发明人根据涉案专利在专利失效之前被应用所产生的经济效益而主张的报酬权利不能行使，法院将R78规定的报酬比例提高到30%。

粤（2007）高法民三终字第229号：推定实施专利的税后利润

发生职务发明报酬纠纷，雇主有更多的证明责任。雇主不能证明是否已经给予了报酬和报酬的额度，则公司年度税后盈利总额被推定为其实施专利的税后利润，以确定需要补偿的发明人的报酬。

§17 署名权和标记权

发明人或者设计人有权在专利文件中写明自己是发明人或者设计人。

专利权人有权在其专利产品或者该产品的包装上标明专利标识。〈专利申请人无权〉

A4－3 PC

在专利证书上记载发明人

发明人有权要求在专利文件中记载其姓名。

《民法通则》

A102：公民、法人享有荣誉权，禁止非法剥夺公民、法人的荣誉称号。

《合同法》

A328：完成技术成果的个人有在有关技术成果文件上写明自己是技术成果完成者的权利和取得荣誉证书、奖励的权利。

在专利文件上署名是发明人或者设计人的权利。

对于非创造，申请专利的权利属于发明人或者设计人，申请人可以在专利文件上写明自己是发明人或者设计人。职务发明申请专利的权利属于发明人所在单位，专利文件上注明的申请人是发明人所在单位，而另设一个著录事项，用于写明发明人或者设计人的姓名。

至于申请人应当在什么时候写明发明人或者设计人姓名，本条没有规定。如果申请提出时没有填报发明人或者设计人的姓名、住址，申请人应当在接到 SIPO 的通知后在指定的期限内补正。如果发明人或者设计人发现申请中记载的发明人或者设计人的姓名或者人数不正确，可以要求申请人向 SIPO 申请改正。如果申请人将不是发明人、设计人的人列为发明人、设计人，或者将真正的发明人、设计人漏列了，发明人或者设计人可以要求申请人向 SIPO 申请更改。如果不能达成协议，真正的发明人或者设计人可以请求管理专利工作的部门处理或者向法院起诉。

如果发明人或者设计人自愿放弃署名权利，应当予以允许。这种自愿放弃应当由发明人或者设计人以书面声明。此外，发明人、设计人与研究、设计的委托人或者所在单位签订的合同中有违反本条规定的，或者发明人、设计人的放弃署名权是由于对方的欺诈、胁迫所致，这些约定或合同应当认为是无效的。

对职务发明申请专利的，应当由发明人将其发明转让给所在单位。发明人的姓名会在专利文件上出现。

发明人或设计人的署名权是一种人身权，不能转让。

GL－A－I 4.1.2 发明人

专利局对请求书中填写的发明人是否符合该规定不作审查。

提出专利申请时请求不公布发明人姓名的，应当在请求书“发明人”一栏所填写的相应发明人后面注明“（不公布姓名）”。不公布姓名的请求提出之后，经审查认为符合规定的，专利局在专利公报、专利申请单行本、专利单行本以及专利证书中均不公布其姓名，并在相应位置注明“请求不公布姓名”字样，发明人也不得再请求重新公布其姓名。

提出专利申请后，请求不公布发明人姓名的，应当提交由发明人签字或者盖章的书面声明，但是专利申请进入公布准备后才提出该请求的，视为未提出请求，并发出视为未提出通知书。

〈虽然对于发明人并没有像对外国申请人那样的规定：姓名中不应当含有学位、职务等称号等（GL－A－I 4.1.3.2），但应该也是不可以的。〉

京（2012）高民终字第3975号：判断专利抄袭应当以接触可能性和不具有实质性特点为要件

发明人署名权与专利权或专利申请权系两个不同性质的独立权利：前者属于人身权，后者属于财产权，相互之间并无从属关系或者依附关系。

专利署名权并非来源于专利权人的认可，而是来源于发明人对发明创造的实质性特点作出创造性贡献。

判断是否构成专利抄袭，应当考虑被控侵权人是否有可能接触被抄袭的技术方案，以及双方技术方案对比是否具备实质性特点。在被控侵权人接触被抄袭的技术方案的前提下，如果被控抄袭专利与原告技术方案对比不具有实质性特点，则应当认定被控侵权人未对被控抄袭专利作出创造性贡献，构成了专利抄袭；反之，如果被控抄袭专利与原告技术方案对比具备实质性特点，则应当认定被控侵权人对于体现实质性特点的技术特征作出了创造性贡献，但是两者相同的部分仍然有可能构成对原告的抄袭；当然，相同的部分属于现有技术的除外。共同侵犯发明人署名权存在以下情形：

（1）共同抄袭。例如接触了原告在先技术方案，略加改动后申请专利，即构成共同抄袭。

（2）明知专利系抄袭的技术方案，未作出实质性贡献仍在专利文件中挂名为发明人的，与抄袭者存在共同故意，也属于共同抄袭。

（3）不知晓专利为抄袭的技术方案，未作出实质性贡献仍在专利文件中挂名为发明人的，主观上存在过错，与抄袭者构成无意思联络的共同侵权。

GL－C－I 3.1.4.1 发明人信息的确定

除在国际阶段由IB记录过变更的情况外，进入声明中填写的发明人应当是国际申请请求书中写明的发明人。PCT规定，国际申请有多个发明人的，可以针对不同的指定国有不同的发明人。在这种情况下，进入声明中要求填写的是针对中国的发明人。

在国际阶段曾经由IB传送过“记录变更通知书”（PCT/IB/306表），通报发明人或者发明人姓名变更的，应当认为已经向专利局申报，在进入声明中直接填写变更以后的信息。不符合规定的，审查员应发出补正通知书，通知申请人补正。期满未补正的，视为撤回。

针对中国的发明人经IB登记已经死亡的，在进入国家阶段时，仍应作为发明人填写在进入声明中。

GL－C－I 3.1.4.2 国际申请没有发明人事项

在国际公布文本中没有记载发明人姓名的国际申请，在进入国家阶段时应当在进入声明中补充写明发明人。不符合规定的，审查员应当发出补正通知书，通知申请人补正。期满未补正的，视为撤回。

审查员对发明人的资格不必审查。

发明人经IB登记已经死亡的，在进入国家阶段时，仍应作为发明人填写在进入声明中。

R83 表明专利标记的方式

专利权人依照专利法第十七条的规定，在其专利产品或者该产品的包装上标明专利标识的，应当按照国务院专利行政部门规定的方式予以标明。

专利标识不符合前款规定的，由管理专利工作的部门责令改正。

《专利标记和专利号标注方式的规定》

第3条　在授予专利权之后的专利权有效期内，专利权人或者经专利权人同意享有专利号、专利标记标注权的专利实施许可合同的被许可人可以在其专利产品、依照专利方法直接获得的产品或者该产品的包装上标注专利标记和专利号。

第4条　标注专利标记和专利号的，应当标明下述内容：

（一）采用中文标注专利权的类别，例如中国发明专利、中国实用新型专利、中国外观设计专利；

（二）SIPO授予专利权的专利号，其中“ZL”表示“专利”，第一、二位数字表示提交专利申请的年代，第三位数字表示专利类别，第四位以后为流水号和计算机校验位。

除上述内容之外，标注者可以附加其他文字、图形标记，但附加的文字、图形标记及其标注方式不得误导公众。

第7条　专利标记或者专利号的标注不符合本规定的，管理专利工作的部门可以要求其限期改正。

专利标记或者专利号标注不当，构成冒充专利行为的，由管理专利工作的部门依照§63的规定进行处罚。

●专利权人的标记权

专利权人享有标记权，即在其专利产品或者其包装上标明专利标记和专利号的权利。需要注意：标明专利标记和专利号是专利权人的一项权利，而不是一项义务。

专利标记是指标明有关产品享有专利保护的字样，例如“中国专利”、“中国发明专利”等。

制造方法的专利权人也有权在依照专利方法直接获得的产品或者其包装上标明专利标记和专利号，但专利权人应当标明该产品是采用专利方法所制造，并标明专利号，而不应当简单地将方法专利的专利号标注在该产品上。

在专利申请授权以前，申请人不得将该申请号作为专利号标注在其产品或包装上。

被许可人也可以在其制造或者销售的专利产品或者该产品的包装上标明相应的专利标记和专利号，尤其是在专利实施许可合同中有明确约定的情况下。

R84 假冒专利

下列行为属于专利法第六十三条规定的假冒专利的行为：

（一）在未被授予专利权的产品或者其包装上标注专利标识，专利权被宣告无效后或者终止后继续在产品或者其包装上标注专利标识，或者未经许可在产品或者产品包装上标注他人的专利号；

（二）销售第（一）项所述产品；

（三）在产品说明书等材料中将未被授予专利权的技术或者设计称为专利技术或者专利设计，将专利申请称为专利，或者未经许可使用他人的专利号，使公众将所涉及的技术或者设计误认为是专利技术或者专利设计；

（四）伪造或者变造专利证书、专利文件或者专利申请文件；

（五）其他使公众混淆，将未被授予专利权的技术或者设计误认为是专利技术或者专利设计的行为。

专利权终止前依法在专利产品、依照专利方法直接获得的产品或者其包装上标注专利标识，在专利权终止后许诺销售、销售该产品的，不属于假冒专利行为。

销售不知道是假冒专利的产品，并且能够证明该产品合法来源的，由管理专利工作的部门责令停止销售，但免除罚款的处罚。

假冒专利（包括冒充专利）的行为，管理专利的部门可以依照§63 的规定予以处罚。依照§63 的规定，不仅要依法承担民事责任，而且要受到行政处罚，严重的要承担刑事责任。

如果要求对冒充专利进行处罚遭到行政机关拒绝的，申请人可以申请行政复议。但是，行政机关主持下达成调解反悔的，不能复议，而应该向法院起诉（行政复议 A8）。

§18 外国人申请专利

在中国没有经常居所或者营业所的外国人、外国企业或者外国其他组织在中国申请专利的，依照其所属国同中国签订的协议或者共同参加的国际条约，或者依照互惠原则，根据本法办理。

“所属国”是指国籍或者经常居所所在的国家。

“外国人”是指外国的自然人，无国籍人视同外国人。SIPO 对申请人国籍存在疑问的，可以要求其提供国籍证明。

在中国有经常居所或营业所的外国人，视为中国公民。

在我国有经常居所的外国人即使不具有中国国籍而是具有外国国籍，以及在我国有营业所的外国企业或外国其他组织，依照 §18，他们不仅可以在我国获得专利保护，而且对《专利法》的一些特殊要求还可以享受与我国公民同等的待遇，例如申请专利或者办理其他专利事务可以委托但不是必须委托依法设立的专利代理机构。

“外国企业”、“外国其他组织”是指外国法人。在中国注册的外国独资企业是中国单位，而不是外国企业。

“营业所”是指真实的、起工商作用的营业处。仅仅办理有关事务的办事处、联络处不能算是营业所。

A2 PC

（1）本联盟任何国家的国民，在保护工业产权方面，在本联盟所有其他国家内应享有各该国法律现在授予或今后可能授予国民的各种利益；一切都不应损害本公约特别规定的权利。因此，他们应和国民享有同样的保护，对侵犯他们的权利享有同样的法律上的救济手段，但是他们遵守对国民规定的条件和手续为限。

（2）但是，对于本联盟国家的国民不得规定在其要求保护的国家须有住所或营业所才能享有工业产权。

（3）本联盟每一国家法律中关于司法和行政程序管辖权以及指定送达地址或委派代理人的规定，工业产权法律中可能有要求的，均明确地予以保留。

〈*工业产权不仅适用于工商业本身，而且也应同样适用于农业和采掘工业以及一切制成品或天然产品。*〉

A3 PC

本联盟以外各国的国民，在本联盟一个国家的领土内设有住所或有真实和有效的工商业营业所的，应享有与本联盟国家国民同样的待遇。

◎《巴黎公约》规定的“国民待遇”的原则：

（1）各成员国必须在法律上给予其他成员国的国民以本国国民能够享有的同样待遇；

（2）对于非公约成员国的国民，只要他在某一成员国内有居所或者真实有效的工商营业所，也应当享有同该成员国国民相同的待遇。

◎享有国民待遇的条件：

（1）国民或者居民。非本同盟成员国的国民，在本同盟一个成员国的领土内有住所或有真实、有效的工商企业的，都应享有与本同盟成员国国民同样的待遇；

（2）遵守成员对国民规定的条件和手续；

（3）并不要求本同盟成员国国民在请求保护其产权的国家中没有住所或营业所才能享有工业产权的权利；

（4）成员国的司法和行政程序、管辖权、指定送达地址和委托代理人的规定例外。

GL－A－I 4.1.3.2 申请人是外国人、外国企业或者外国其他组织

申请人是外国人、外国企业或外国其他组织的，应当填写其姓名或者名称、国籍或者注册的国家或者地区。审查员有疑义时，可根据 R33（1）或（2）的规定，通知申请人提供国籍证明或注册的国家或者地区的证明文件。申请人在请求书中表明在中国有营业所的，应当要求申请人提供当地工商行政管理部门出具的证明文件。申请人在请求书中表明在中国有经常居所的，审查员应当要求申请人提交公安部门出具的可在中国居住 1 年以上的证明文件。

在确认申请人是在中国没有经常居所或者营业所的外国人、外国企业或者外国其他组织后，应当审查请求书中填写的申请人国籍、注册地是否符合下列三个条件之一：

（1）申请人所属国同我国签订有相互给予对方国民以专利保护的协议；

（2）申请人所属国是《巴黎公约》成员国或者世界贸易组织成员；

（3）申请人所属国依互惠原则给外国人以专利保护。

审查员应当从申请人所属国（申请人是个人的，以国籍或经常居所来确定；申请人是企业或者其他组织的，以注册地来确定）是否是《巴黎公约》成员国或者 WTO 成员开始审查。只有当申请人所属国不是《巴黎公约》成员国或 WTO 成员时，才需审查该国法律中是否订有依互惠原则给外国人以专利保护的条款。申请人不能提供证明文件的，根据 R44，以不符合 §18 为理由，驳回该专利申请。

申请人是个人的，其中文译名中可以使用外文缩写字母，姓和名之间用圆点分开，圆点置于中间位置。姓名中不应当含有学位、职务等称号。申请人是企业或者其他组织的，其名称应当使用中文正式译文的全称。对于申请人所属国法律规定具有独立法人地位的某些称谓允许使用。

虽然对于本国申请人并没有像对外国申请人那样的规定：姓名中不应当含有学位、职务等称号（GL－A－I 4.1.3.2），但应该也是不可以的。

审查员对请求书中指明的申请人的国籍、营业所或者总部所在地有疑义时，可以根据 R34.1 或者 R34.2 通知申请人提供国籍证明或者营业所总部所在地的证明文件。申请人在请求书中表明在中国有营业所的，审查员应当要求申请人提供当地工商行政部门出具的真实有效的营业所证明。申请人在请求书中表明在中国有经常居所的，审查员应当要求申请人提交公安部门出具的可在中国居住1年以上的证明文件。

GL－A－I 4.1.3.3 本国申请人与外国申请人共同申请

本国申请人与外国申请人共同申请专利的，本国申请人适用本章4.1.3.1的规定，外国申请人适用本章4.1.3.2的规定。

§19 专利代理

在中国没有经常居所或者营业所的外国人、外国企业或者外国其他组织在中国申请专利和办理其他专利事务的，应当委托依法设立的专利代理机构办理。

中国单位或者个人在国内申请专利和办理其他专利事务的，可以委托依法设立的专利代理机构办理。

专利代理机构应当遵守法律、行政法规，按照被代理人的委托办理专利申请或者其他专利事务；对被代理人发明创造的内容，除专利申请已经公布或者公告的以外，负有保密责任。专利代理机构的具体管理办法由国务院规定。

经常居所：是指有居留权。

营业所：经登记能够开展经营性业务，不是“联络处”。

所属国：包括“国籍国”和“居住国”。

依法设立的专利代理机构：是指依照国务院制定的《专利代理条例》由 SIPO 批准设立的专利代理机构，而不是其他仅仅经过工商注册手续而设立的其他公司或者合伙制事务所。

中国单位：是指按照我国法律成立，具有中国国籍，能够独立承担民事责任的单位，包括全民所有制单位、集体所有制单位、股份有限公司、有限责任公司、私营企业以及其他混合所有制单位，和依照我国法律成立的三资企业（中外合资企业、中外合作经营企业，外商独资企业）。在中国注册的外国独资企业是中国单位，而不是外国企业。

外国企业在华办事处不是中国单位。外国总公司和在中国设立的独资子公司是两个公司，独资子公司不等于其母公司“在中国的营业所”。

《民法通则》

A63：公民、法人可以通过代理人实施民事法律行为。

代理人在代理权限内，以被代理人的名义实施民事法律行为。被代理人对代理人的代理行为，承担民事责任。

依照法律规定或者按照双方当事人约定，应当由本人实施的民事法律行为，不得代理。

《专利代理条例》

第 2 条：本条例所称专利代理是指专利代理机构以委托人的名义，在代理权限范围内，办理专利申请或者办理其他专利事务。

第 8 条：专利代理机构承办下列事务：

（一）提供专利事务方面的咨询；

（二）代写专利申请文件，办理专利申请；请求实质审查或者复审的有关事务；

（三）提出异议，请求宣告专利权无效的有关事务；

（四）办理专利申请权、专利权的转让以及专利许可的有关事务；

（五）接受聘请，指派专利代理人担任专利顾问；

（六）办理其他有关事务。

第10条：专利代理机构接受委托后，不得就同一内容的专利事务接受有利害关系的其他委托人的委托。

第17条：专利代理人必须承办专利代理机构委派的专利代理工作，不得自行接受委托。

◎代理与代表的区别：

代理人的行为仅其效果归于被代理人，而代表人的行为则直接视为被代表人的行为。

GL－A－I 4.1.5 代表人

申请人有两人以上且未委托专利代理机构的，以第一署名申请人为代表人。请求书中另有声明的，所声明的代表人应当是申请人之一。除直接涉及共有权利的手续外，代表人可以代表全体申请人办理在专利局的其他手续。直接涉及共有权利的手续包括：提出专利申请，委托专利代理，转让专利申请权、优先权或者专利权，撤回专利申请，撤回优先权要求，放弃专利权等。直接涉及共有权利的手续应当由全体权利人签字或者盖章。

GL－E－XI 2 电子申请用户

电子申请用户是指已经与SIPO签订电子专利申请系统用户注册协议，办理了有关注册手续，获得用户代码和密码的申请人和专利代理机构。

GL－E－XI 2.1 电子申请代表人

申请人有两人以上且未委托专利代理机构的，以提交电子申请的电子申请用户为代表人。

GL－E－V 3.2 专利局自行进行的保密确定

对于已确定为保密专利申请的电子申请，如果涉及国家安全或者重大利益需要保密，审查员应当将该专利申请转为纸件形式继续审查并通知申请人，申请人此后应当以纸件形式向SIPO或国防专利局递交各种文件，不得通过电子专利申请系统提交文件。

GL－A－I 4.1.6 专利代理机构、专利代理人

专利代理人，是指获得专利代理人资格证书、在合法的专利代理机构执业，并且在SIPO办理了专利代理人执业证的人员。

〈获得《专利代理人资格证书》，持有《专利代理工作证》的人。〉

一件专利申请的专利代理人不得超过两人。

R15 申请文件；代理机构的委托

以书面形式申请专利的，应当向国务院专利行政部门提交申请文件一式两份。以国务院专利行政部门规定的其他形式申请专利的，应当符合规定的要求。申请人委托专利代理机构向国务院专利行政部门申请专利和办理其他专利事务的，应当同时提交委托书，写明委托权限。申请人有2人以上且未委托专利代理机构的，除请求书中另有声明的外，以请求书中指明的第一申请人为代表人。

◎申请专利的专利代理：

指专利代理机构受申请人的委托，在委托人授权范围内，代替委托人办理专利申请或者其他专利事务的法律行为。专利代理机构在受委托的权限内进行的代理行为，对委托人发生效力，即该行为所取得的权利和产生的义务由委托人享有或者承担。

代理人代理权限的范围由被代理人即申请人决定。申请人既可以授予全部的代理权，也可以授予部分代理权。申请人也可以仅授予代理机构对一项专利申请事务的代理权，例如代理提交申请。专利申请的代理既可以只涉及一个申请，也可以涉及几个申请。申请人也可以委托一个专利代理机构办理其所有的申请。

◎专利代理机构：

中国的专利代理机构分为两种：

（1）办理涉外专利事务的专利代理机构，简称涉外代理机构，前者既可以受委托办理国外委托人在我国申请专利和其他专利事务，也受委托办理国内委托人向国外申请专利和其他专利事务，还可以受委托办理国内申请人在国内申请专利和其他专利事务；

（2）办理国内专利事务的专利代理机构，简称国内代理机构，只能受委托办理国内委托人在国内申请专利和其他专利事务。

《总委托书》表格（注意事项）：

委托人应当是该专利申请人或者专利权人。申请人或专利权人有两个以上的，委托的双方当事人是全体申请人或专利权人和被委托的专利代理机构。被委托的专利代理机构仅限一家。

在专利代理实务中，专利代理机构是民法意义上的代理人。因专利代理人的责任给委托人造成经济损失的，由专利代理机构首先承担经济赔偿责任，之后可按一定比例向该专利代理人追偿。

GL－A－I 6.1.1 委托

根据§19.1，在中国内地没有经常居所或者营业所的外国人、外国企业或者外国其他组织在中国申请专利和办理其他专利事务，或者作为第一署名申请人与中国内地的申请人共同申请专利和办理其他专利事务的，以及在中国内地没有经常居所或者营业所的港、澳、台地区的申请人向专利局提出专利申请和办理其他专利事务，或者作为第一署名申请人与中国内地的申请人共同申请专利和办理其他专利事务的，应当委托专利代理机构办理。

未委托专利代理机构的，通知申请人在指定期限内答复；在指定期限内未答复的，申请被视为撤回；申请人陈述意见或者补正后，仍然不符合§19.1规定的，驳回专利申请。

中国内地的单位或个人可以委托专利代理机构在国内申请专利和办理其他专利事务。

委托不符合规定的，补正通知书，通知专利代理机构在指定期限内补正；期满未答复或者补正后仍不符合规定的，向申请人和被委托的专利代理机构，发出视为未委托专利代理机构通知书。

申请人有两个以上的，委托的双方当事人是全体申请人和被委托的专利代理机构。被委托的专利代理机构一般仅限一家。被指定的专利代理人不得超过两名。

〈复审程序（GL－D－II2.6）和无效宣告程序（GL－D－III3.6）中同一当事人可以与多个专利代理机构同时存在委托关系。〉

GL－C－I 5.1.1 委托

在中国内地没有经常居所或者营业所的外国申请人，其国际申请在进入国家阶段时，应当委托专利代理机构办理有关事务。如果申请人没有委托专利代理机构，审查员应当参照 GL－A－I 6.1.1 的有关规定处理。

在中国内地有经常居所或者营业所的申请人，其国际申请在进入国家阶段时，可以不委托专利代理机构。

◎未委托的法律后果：

（1）不予受理（R39）；

（2）初审中，发出审查意见书（R44.1）；

（3）逾期未答复的申请视为撤回；经意见陈述或补正后，仍然不符合规定的申请将被驳回（R44.2）。

《民法通则》

A65：民事法律行为的委托代理，可以用书面形式，也可以用口头形式。法律规定用书面形式的，应当用书面形式。

书面委托代理的授权委托书应当载明代理人的姓名或者名称、代理事项、权限和期间，并由委托人签名或者盖章。

委托书授权不明的，被代理人应当向第三人承担民事责任，代理人负连带责任。

GL－A－I 6.1.2 委托书

申请人委托专利代理机构向专利局申请专利和办理其他专利事务的，应当提交委托书。委托书应当使用专利局制定的标准表格，写明委托权限、发明创造名称、专利代理机构名称、专利代理人姓名。在专利申请确定申请号后提交委托书的，还应当注明专利申请号。

申请人是个人的，委托书应当由申请人签字或者盖章；申请人是单位的，应当加盖单位公章，同时也可以附有其法定代表人的签字或者盖章；申请人有两个以上的，应当由全体申请人签字或者盖章。此外，委托书还应当由专利代理机构加盖公章。

申请人委托专利代理机构的，可以向专利局交存总委托书；已交存总委托书的，在提出专利申请时可以不再提交专利代理委托书原件，而提交总委托书复印件，同时写明发明创造名称、专利代理机构名称、专利代理人姓名和专利局给出的总委托书编号，并加盖专利代理机构公章。

委托书不符合规定的，发出补正通知书，通知专利代理机构在指定期限内补正。

第一署名申请人是中国内地单位或者个人的，期满未答复或者补正后仍不符合规定的，向双方当事人发出视为未委托专利代理机构通知书。

第一署名申请人为外国人、外国企业或者外国其他组织的，期满未答复的，发出视为撤回通知书；补正后仍不符合规定的，该专利申请应当被驳回。

第一署名申请人是港、澳或台地区的个人、企业或者其他组织的，期满未答复的，发出视为撤回通知书；补正后仍不符合规定的，该专利申请应当被驳回。

GL－E－Ⅲ 2.2 不受理的情形

（5）外国申请人因国籍或居所原因，明显不具有提出专利申请的资格的。

（6）在中国内地没有经常居所或营业所的外国人、外国企业或者外国其他组织作为第一署名申请人，没有委托专利代理机构的。

（7）在中国内地没有经常居所或营业所的港、澳或台地区的个人、企业或其他组织作为第一署名申请人，没有委托专利代理机构的。

R119 文件的统一格式；著录事项的变更

向国务院专利行政部门提交申请文件或者办理各种手续，应当由申请人、专利权人、其他利害关系人或者其代表人签字或者盖章；委托专利代理机构的，由专利代理机构盖章。

请求变更发明人姓名、专利申请人和专利权人的姓名或者名称、国籍和地址、专利代理机构的名称、地址和代理人姓名的，应当向国务院专利行政部门办理著录事项变更手续，并附具变更理由的证明材料。

GL－A－I 6.7.2.4 专利代理机构及代理人变更

（2）办理解除委托或者辞去委托手续的，应当事先通知对方当事人。

解除委托时，申请人（或专利权人）应当提交著录项目变更申报书，并附具全体申请人（或专利权人）签字或者盖章的解聘书，或者仅提交由全体申请人（或专利权人）签字或者盖章的著录项目变更申报书。

辞去委托时，专利代理机构应当提交著录项目变更申报书，并附具申请人（或专利权人）或者其代表人签字或者盖章的同意辞去委托声明，或者附具由专利代理机构盖章的表明已通知申请人（或专利权人）的声明。

变更手续生效（即发出手续合格通知书）之前，原专利代理委托关系依然有效，且专利代理机构已为申请人（或专利权人）办理的各种事务在变更手续生效之后继续有效。变更手续不符合规定的，视为未提出。

变更手续符合规定的，发出手续合格通知书。

对于第一署名申请人是在中国内地没有经常居所或者营业所的外国申请人的专利申请，在办理解除委托或者辞去委托手续时，申请人（或专利权人）应当同时委托新的专利代理机构，否则不予办理解除委托或者辞去委托手续，并视为未提出。

对于第一署名申请人是在中国内地没有经常居所或者营业所的港、澳、台地区申请人的专利申请，在办理解除委托或者辞去委托手续时，申请人（或专利权人）应当同时委托新的专利代理机构，否则不予办理解除委托或者辞去委托手续，并视为未提出。

（3）申请人（或专利权人）更换专利代理机构的，应当提交由全体申请人（或专利权人）签字或者盖章的对原专利代理机构的解除委托声明以及对新的专利代理机构的委托书。

（4）专利申请权（或专利权）转移的，变更后的申请人（或专利权人）委托新专利代理机构的，应当提交变更后的全体申请人（或专利权人）签字或者盖章的委托书；变更后的申请人（或专利权人）委托原专利代理机构的，只需提交新增申请人（或专利权人）签字或者盖章的委托书。

民法通则

A69：有下列情形之一的，委托代理终止：

（1）代理期间届满或者代理事务完成；

（2）被代理人取消委托或者代理人辞去委托；

（3）代理人死亡；

（4）代理人丧失民事行为能力；

（5）作为被代理人或者代理人的法人终止。

〈当作为代理人的专利机构终止时，委托代理才终止。如果仅是该案代理人个人丧失民事行为能力或死亡的，委托代理并不终止。〉

《合同法》

A410：委托人或者受委托人可以随时解除委托合同。因解除合同给对方造成损失的，除不可归责于该当事人的事由以外，应当赔偿损失。

GL－A－I 6.1.3 解除委托和辞去委托

申请人（或专利权人）委托专利代理机构后，可以解除委托；专利代理机构接受申请人（或专利权人）委托后，可以辞去委托。办理解除委托和辞去委托手续的相关规定参见本章6.7.2.4。

GL－E－XI 5.2 解除委托和辞去委托

电子申请的申请人已委托专利代理机构的，在办理解除委托或者辞去委托手续时，应当至少有一名申请人是电子申请用户。全体申请人均不是电子申请用户的，不予办理解除委托或者辞去委托手续，审查员发出视为未提出通知书，并告知当事人应当办理电子申请用户注册手续。

解除委托手续合格的，以办理解除委托手续的已成为电子申请用户的申请人为该专利申请的代表人。

辞去委托手续合格的，以指定的已成为电子申请用户的申请人为该专利申请的代表人。未指定代表人的，以第一署名并成为电子申请用户的申请人为该专利申请的代表人。

向SIPO申请专利和办理其他手续时，应当缴纳著录事项变更费、专利权评价报告请求费和无效宣告请求费（R93.1〈5〉）。

◎委托代理：

<table>
<tr><th>申请人</th><th>委托条件</th><th>要求</th><th>未委托</th></tr>
<tr><td>中国内地申请人</td><td rowspan="3">可以委托</td><td rowspan="3">1. 可以委托专利代理机构；
2. 请求书中专利代理机构名称应当与签章一致；
3. 提交专利代理委托书。</td><td rowspan="3">委托不符合规定的，审查员通知专利代理机构在指定期限内补正。期满未答复或补正后仍不符合规定的，通知申请人和被委托的专利代理机构，视为未委托。</td></tr>
<tr><td>在中国有经常居所或营业所的外国人、外国企业或者外国其他组织</td></tr>
<tr><td>中国内地申请人作为第一署名申请人与在中国内地没有经常居所或营业所的港、澳、台申请人的共同申请</td></tr>
<tr><td>中国内地没有经常居所或营业所的外国人、外国企业或外国其他组织</td><td rowspan="4">必须委托</td><td rowspan="4">1. 委托专利代理机构；
2. 请求书中专利代理机构名称应当与签章一致；
3. 提交专利代理委托书。</td><td rowspan="4">申请时未委托的，不予受理。
审查中发现未委托专利代理机构的，通知申请人在指定期限内答复。未答复的，其申请被视为撤回；申请人陈述意见或者补正后，仍然不符合规定的，专利申请被驳回。
在办理解除或辞去委托手续时，申请人（或专利权人）应当同时委托新的专利代理机构，否则不予办理解除或辞去委托手续，解除申请视为未提出。</td></tr>
<tr><td>中国内地没有经常居所或营业所的外国人、外国企业或外国其他组织作为第一署名申请人与中国内地的申请人共同申请</td></tr>
<tr><td>在中国内地没有经常居所或营业所的港、澳、台申请人</td></tr>
<tr><td>在中国内地没有经常居所或营业所的港、澳、台申请人作为第一署名申请人与中国内地的申请人的共同申请（外国企业不能通过委托其在中国设立的独资公司办理专利申请事宜）</td></tr>
</table>

§20 境内涉外专利申请

任何单位或者个人将在中国完成的发明或者实用新型向外国申请专利的，应当事先报经国务院专利行政部门进行保密审查。保密审查的程序、期限等按照国务院的规定执行。

中国单位或者个人可以根据中华人民共和国参加的有关国际条约提出专利国际申请。申请人提出专利国际申请的，应当遵守前款规定。

国务院专利行政部门依照中华人民共和国参加的有关国际条约、本法和国务院有关规定处理专利国际申请。

对违反本条第一款规定向外国申请专利的发明或者实用新型，在中国申请专利的，不授予专利权。

对于在我国境内完成的发明或实用新型，如果涉及国家安全或者重大利益，根据§4，应当按照《中华人民共和国保守国家秘密法》及其实施办法的规定予以保密，不得因在中国申请普通专利而公开，也不得因向外国申请专利而公开。只要是在中国完成的发明或者实用新型，无论是由中国人完成，还是由外国人完成，也无论是由中国单位，还是外国单位享有申请专利的权利，就该发明或者实用新型向外国申请专利前，应当向SIPO提出保密审查请求，经过审查认为不涉及国家安全或者重大利益的，才可以向外国提出专利申请。

SIPO根据§4，对其受理的所有发明或者实用新型专利申请都要依职权进行保密审查，无须由申请人予以请求。而依据§20.1的保密审查，必须由申请人提出保密审查请求才能启动。

《关于施行修改后专利法有关事项的通知》

第2条：任何单位或者个人将在中国完成的发明或者实用新型向外国申请专利的，应当事先请求SIPO进行保密审查，填写SIPO制定的《向外国申请专利保密审查请求书》。

向外国申请专利

根据§20.1规定，我国单位或者个人将其在国内完成的发明创造向外国申请专利的，应当符合以下三个要求：

（1）首先应向我国SIPO申请专利；

（2）应当委托涉外代理机构办理；

（3）应当遵守§4的规定。

§20.1是无效宣告请求的理由之一（R65）。

在向SIPO获取向国外申请专利的许可时，申请人递交英文PCT申请并缴纳传输费后，SIPO在向IB传送相关文件之前要对该申请做保密审查，初步审查结果可以从PCT/RO/105表中得知。PCT/RO/105表一般会在PCT国际申请日之后的15天至30天左右发出。

中国单位：是指按照我国法律成立，具有中国国籍，能够独立承担民事责任的单位，包括全民所有制单位、集体所有制单位、股份有限公司、有限责任公司、私营企业以及其他混合所有制单位，以及依照我国法律成立的三资企业（中外合资企业、中外合作经营企业、外商独资企业）。在中国注册的外国独资企业是中国单位，而不是外国企业。

外国企业在华办事处不是中国单位。外国总公司和在中国设立的独资子公司是两个公司，独资子公司不等于其母公司“在中国的营业所”。

如果是中国派出国外进修人员或者其他出国人员在国外完成的发明创造，则可以首先在完成国当地申请专利，然后根据情况在国内和在其他国家申请专利。

违反§20规定，擅自向外国申请专利，泄露国家秘密的，由所在单位或者上级主管机关给予行政处分；构成犯罪的，依法追究刑事责任（§71）。但是必须是构成泄露国家重要机密的，才由所在单位或者上级主管机关给予行政处分；情节严重的，依法追究刑事责任。至于一般机密，或不属于国家机密的情况，未作明确规定。

GL－B－VIII 6.1.2 驳回的种类

（3）专利申请所涉及的发明在中国完成，且向外国申请专利前未报经专利局进行保密审查的。

违反保密审查

◎§20.4所述“不授予专利权”包括：

（1）在初步审查中发现申请人有违反§20.1的情况而驳回其申请；

（2）在实质审查中发现申请人有违反§20.1的情况而驳回该申请；

（3）在无效程序中因发现申请人有违反§20.1的情况而宣告被授予的专利权无效。

R7 涉及国家安全的申请

专利申请涉及国防利益需要保密的，由国防专利机构受理并进行审查；国务院专利行政部门受理的专利申请涉及国防利益需要保密的，应当及时移交国防专利机构进行审查。经国防专利机构审查没有发现驳回理由的，由国务院专利行政部门作出授予国防专利权的决定。

国务院专利行政部门认为其受理的发明或者实用新型专利申请涉及国防利益以外的国家安全或者重大利益需要保密的，应当及时作出按照保密专利申请处理的决定，并通知申请人。保密专利申请的审查、复审以及保密专利权无效宣告的特殊程序，由国务院专利行政部门规定。

SIPO受理的涉及国防方面的国家秘密需要保密的发明专利申请，应当移交国防专利机构。国防专利机构按照《国防专利条例》的规定对上述申请进行审查。

此外，SIPO受理发明专利申请后，应当将需要进行保密审查的申请转送国务院有关主管部门进行审查。有关主管部门应当自收到该审查申请之日起的4个月内，将其审查的结果通知SIPO。需要保密的，由SIPO按照保密专利申请处理，并通知申请人。

◎保密专利申请及专利的特点：

（1）指定审查员进行初审、实审；

（2）审查基准与一般发明专利申请一致；

（3）初审后不公布；

（4）决定授权后的授权公告仅公告一号两日：专利号、专利申请日和授权公告日。

●保密专利的审查

（1）对保密专利申请，经国防专利机构审查认为符合专利法规定的，SIPO应当作出授权决定，发给专利证书。对保密专利申请，授权公告仅公布专利分类号、专利号、专利申请日和颁证日。

（2）保密专利不是无限期的。申请人可以提出解密请求，SIPO也定期对保密专利进行复查。经审查认为失去保密价值的，予以解密。已经授权的保密专利，作出解密决定之后，公告该专利的内容。解密之后的专利在剩余的专利法保护期限内，与普通专利权一样受专利法保护，任何人不得侵犯。

在保密的发明专利申请或者发明专利权的保密期间内，发明人或者其所在单位不得就有关发明向外国申请专利。

关于如何认定某项发明或者实用新型是否是在中国完成的，专利法本身未直接规定，需要参考专利法实施条例关于发明人的定义。

R8 申请外国专利需保密审查

专利法第二十条所称在中国完成的发明或者实用新型，是指技术方案的实质性内容在中国境内完成的发明或者实用新型。

任何单位或者个人将在中国完成的发明或者实用新型向外国申请专利的，应当按照下列方式之一请求国务院专利行政部门进行保密审查：

（一）直接向外国申请专利或者向有关国外机构提交专利国际申请的，应当事先向国务院专利行政部门提出请求，并详细说明其技术方案；

（二）向国务院专利行政部门申请专利后拟向外国申请专利或者向有关国外机构提交专利国际申请的，应当在向外国申请专利或者向有关国外机构提交专利国际申请前向国务院专利行政部门提出请求。

向国务院专利行政部门提交专利国际申请的，视为同时提出了保密审查请求。

GL－E－V 6 向外国申请专利的保密审查

R8 中的向外国申请专利是指向外国国家或外国政府间专利合作组织设立的专利主管机构提交专利申请，向有关国外机构提交专利国际申请是指向作为 PCT－RO 的外国国家或外国政府间专利合作组织设立的专利主管机构或 IB 提交 PCT 申请。

GL－E－V 6.1 准备直接向外国申请专利的保密审查

向外国申请专利保密审查请求的文件应当包括向外国申请专利保密审查请求书和技术方案说明书。请求书和技术方案说明书应当使用中文，请求人可以同时提交相应的外文文本供审查员参考。技术方案说明书应当与向外国申请专利的内容一致。

当申请人在向外国申请提交保密审查请求时，只需要按要求填写《向外国申请专利保密审查请求书》表格即可。

◎保密审查请求可以采用以下三种方式：

（1）申请人直接向外国申请专利或者向有关国外机构提交专利国际申请的，应当事先请求 SIPO 进行保密审查，并详细说明技术方案。向外国提交的申请的说明书记载的技术方案未在向外申请专利的保密审查请求中予以说明的，应当视为该技术方案未经 SIPO 进行保密审查。申请人必须在保密请求中，详细说明技术方案（R8.2〈1〉）。

（2）向 SIPO 申请专利后拟向外国申请专利或者向有关国外机构提交专利国际申请的，应当在向外国申请专利或者向有关国外机构提交专利国际申请前请求 SIPO 进行保密审查（R8.2〈2〉）。申请人只需在保密请求中指明其对国内申请的申请号即可。

（3）申请人直接向 SIPO 提交专利国际申请的，视为提交了向外申请的请求（R8.3）。视为申请人同时向 SIPO 提交了向外国申请的保密审查请求，不必再另行提交保密审查请求。注意：如果 SIPO 不作为 RO，而是 IB 作为 RO，则必须在提出国际申请前，以第（1）种方式，请求 SIPO 进行保密审查。

最高人民法院（2010）民申字第 1114 号：不适用于涉外知识产权

《最高人民法院关于涉外民商事案件诉讼管辖若干问题的规定》不适用于涉外知识产权案件。

R9 保密审查

国务院专利行政部门收到依照本细则第八条规定递交的请求后，经过审查认为该发明或者实用新型可能涉及国家安全或者重大利益需要保密的，应当及时向申请人发出保密审查通知；申请人未在其请求递交日起4个月内收到保密审查通知的，可以就该发明或者实用新型向外国申请专利或者向有关国外机构提交专利国际申请。

国务院专利行政部门依照前款规定通知进行保密审查的，应当及时作出是否需要保密的决定，并通知申请人。申请人未在其请求递交日起6个月内收到需要保密的决定的，可以就该发明或者实用新型向外国申请专利或者向有关国外机构提交专利国际申请。

GL－E－V 6.1.2 保密审查

保密审查请求文件形式不符合规定的，审查员应当通知请求人，该审查请求视为未提出，请求人可以重新提出保密审查请求。

请求人未在其请求递交日起4个月内收到向外国申请专利保密审查意见通知书的，可以就该技术方案向外国申请专利。

请求人未在其请求递交日起6个月内收到向外国申请专利保密审查决定的，可以就该技术方案向外国申请专利。

R9所称申请人未在其请求递交日起4个月或6个月内收到相应通知或决定，是指SIPO发出相应通知或决定的推定收到日未在规定期限内。

不予保密的，按一般专利申请处理（R9.2）。

R101 关于国际申请的特别规定

国务院专利行政部门根据专利法第二十条规定，受理按照专利合作条约提出的专利国际申请。

按照专利合作条约提出并指定中国的专利国际申请（以下简称国际申请）进入国务院专利行政部门处理阶段（以下称进入中国国家阶段）的条件和程序适用本章的规定；本章没有规定的，适用专利法及本细则其他各章的有关规定。

R101的规定与国际申请是否经过国际初步审查无关（A22 PCT）。

中国居民或国民可以向IB递交国际申请（R19.1〈a〉〈iii〉PCT），即IB作为RO。根据R35.3（c），R59.1（b）PCT规定，中国居民或国民向IB递交国际申请的，ISA、IPEA作为SIPO。

我国台湾地区同胞向IB递交国际申请的，应当向专利局提供申请人居所地或者营业所所在地证明文件，并委托国务院授权专利局指定的专利代理机构办理。

居住在港、澳、台以及其他地区的我国同胞向IB递交国际申请并在请求书中指明SIPO＝ISA的，应当向专利局提供国籍证明文件，并委托国务院授权专利局指定的专利代理机构办理。

§21 专利审查部门及其职责

国务院专利行政部门及其专利复审委员会应当按照客观、公正、准确、及时的要求，依法处理有关专利的申请和请求。〈合法原则和公正执法原则〉

国务院专利行政部门应当完整、准确、及时发布专利信息，定期出版专利公报。

在专利申请公布或者公告前，国务院专利行政部门的工作人员及有关人员对其内容负有保密责任。

§21.3 中的“公布”指发明专利申请§34 规定的经初步审查后的公布。“公告”指实用新型和外观设计专利申请依照§40 的规定经初步审查后授予实用新型或外观设计专利权的公告。

国务院专利行政部门（SIPO）的“工作人员”包括全体在编和临时聘用的工作人员。“有关人员”泛指所有能接触到专利申请的有关人员。

第二章　授予专利权的条件

§ 22 发明和实用新型专利授予条件

授予专利权的发明和实用新型，应当具备新颖性、创造性和实用性。

新颖性，是指该发明或者实用新型不属于现有技术；也没有任何单位或者个人就同样的发明或者实用新型在申请日以前向国务院专利行政部门提出过申请，并记载在申请日以后（含申请日）公布的专利申请文件或者公告的专利文件中。

创造性，是指与现有技术相比，该发明具有突出的实质性特点和显著的进步，该实用新型具有实质性特点和进步。

实用性，是指该发明或者实用新型能够制造或者使用，并且能够产生积极效果。

本法所称现有技术，是指申请日以前在国内外为公众所知的技术。

A27.1 TRIPS

在符合本条第2款至第3款的前提下，一切技术领域中的任何发明，无论产品发明或方法发明，只要其新颖、含创造性并可付诸工业应用〈本条所指的“创造性”及“可付诸工业应用”，与某些成员使用的“非显而易见性”、“实用性”系同义语〉，均应有可能获得专利。在符合A65.4、A70.8及A27.3 TRIPS的前提下，获得专利及享有专利权，不得因发明地点不同、技术领域不同及产品之系进口或系本地制造之不同而给予歧视。

GL－A－I 2 审查原则

（2）书面审查原则

审查意见（包括补正通知）和审查结果应以书面形式通知申请人。初步审查程序中，原则上不进行会晤。

（3）听证原则

审查员在作出驳回决定之前，应当将驳回所依据的事实、理由和证据通知申请人，至少给申请人一次陈述意见和/或修改申请文件的机会。审查员作出驳回决定时，驳回决定所依据的事实、理由和证据，应当是已经通知过申请人的，不得包含新的事实、理由和/或证据。

GL－A－I 3.4 通知书的答复

申请人在收到补正通知书或者审查意见通知书后，应当在指定的期限内补正或者陈述意见。

申请人期满未答复的，审查员应当根据情况发出视为撤回通知书或者其他通知书。申请人因正当理由难以在指定的期限内作出答复的，可以提出延长期限请求。

对于因不可抗拒事由或者因其他正当理由耽误期限而导致专利申请被视为撤回的，申请人可以在规定的期限内向专利局提出恢复权利的请求。

◎专利实质性条件：

（1）说明书充分公开（A26.3）；

（2）权力要求清楚、简要，得到支持（A26.4）；

（3）实用性（A22.4）；

（4）新颖性（A22.2）；

（5）创造性（A22.3）。

（3）、（4）、（5）属于专利性条件（A22.1）。

●现有技术

申请日（优先权日）当天公开的技术内容不属于现有技术。如果技术内容包含在在先专利申请中，并且以§24的“国家公布”的形式公开，则在先申请为“抵触申请”。抵触申请不属于专利法中的现有技术。

GL－B－Ⅲ 2.1 现有技术

现有技术包括在申请日（优先权日）以前在国内外出版物上公开发表、在国内外公开使用或者以其他方式为公众所知的技术。

〈不包括抵触申请。〉

〈根据§24，不丧失新颖性宽限期的三种情况不视为影响该专利申请的新颖性和创造性的现有技术。〉

处于保密状态的技术内容不属于现有技术。所谓保密状态，不仅包括受保密规定或协议约束的情形，还包括社会观念或者商业习惯上被认为应当承担保密义务的情形，即默契保密的情形。然而，如果负有保密义务的人违反规定、协议或者默契泄露秘密，导致技术内容公开，使公众能够得知这些技术，这些技术也就构成了现有技术的一部分。

对于2009年10月1日以前提出的专利申请适用第三次修改前的专利法，即“现有技术是指在申请日（优先权日）以前在国内外出版物上公开发表、在国外公开使用或者以其他方式为公众所知的技术”。

“公众”的含义不是数量意义上的人群，而是不受特定条件限制的人群。

复审请求第2号：为公众所知等于为非特定人所知

专利法所说的为公众所知，是指有关的技术已经处于为公众即非特定人能够得知的状态。要认定丧失新颖性，就必须举证说明这种状态在事实上已经存在，而不仅仅是指出一种可能性。

复审请求第126号：合作伙伴不属于公众

专利权人寻找请求人作为合作伙伴，是因为请求人能够为专利权人提供进一步验证其技术和申请专利所需的资金。因此，请求人能够了解本实用新型的技术是建立在双方当事人当时所处的相互合作的特定关系这一基础之上的。请求人在这种情况下获知本实用新型的技术内容尚不能构成§22.5的“为公众所知”。

复审请求第2147号：已有技术必须为公众所知

如果一份在该申请的申请日之前公开的文件中公开了一项技术方案，但其关键性的技术措施在该申请的申请日之前没有公开，导致本领域技术人员在该申请的申请日之前无法获知该对比文件中公开的技术方案的实质性内容，则该对比文件中公开的技术方案不能作为评价该申请的已有技术，也不能用于判断该申请的新颖性和创造性。

●保密状态

处于保密状态的技术内容由于公众不能得知，因此不属于现有技术。

所谓保密状态，不仅包括受明示的保密协议约束的情形，还包括根据其商业关系、可以确认的事实、证据、诚实信用原则或商业习惯上被认为应当承担保密义务的情形，即默示的保密情形。

一般根据商业习惯，研制单位在研制新技术时为了自己最大限度地占据市场份额以获取经济利益，不会将相应的新的技术信息向公众或同业竞争对手开放，因此，应认为该单位的员工在研制、开发过程中对于所研制的技术内容均负有默契的保密义务。

●保密义务

负有保密义务的人不属于“公众”。“为公众所知”不包括为负有保密义务的人所知。

在受到保密义务约束的情况下，只有提出能够证明在申请日前该有保密义务的获知者事实上未履行其应尽的保密义务，而以“其他方式”向公众传播了该技术的时候，才造成该技术的公开。

中国国家科学技术委员会《科学技术成果鉴定办法》

第15.2条：参加鉴定工作的专家应当保守被鉴定科技成果的技术秘密。

京（2009）一中行初字第1990号：鉴定会和验收会的默示保密义务

参加鉴定工作的专家即使没有明确签订关于该鉴定会内容的保密协议，也同样应当负有保密义务，这种保密义务是一种默示的行为，建立在诚实信用原则的基础上。

参加验收会的人员为特定的专家，不构成《专利法》意义上的公众。在特定范围内进行的新产品试制验收的文件，不属于产品销售的说明性资料，而且在参加验收鉴定的人员负有默示的保密义务前提下，验收会上公开的内容属于处于保密状态的技术内容，被鉴定和验收的材料不能被与会专家以外的公众所知，并未处于能够为公众想要获得就能获得的状态，因此为验收撰写的书面材料不属于《专利法》意义上的公开出版物，不能构成现有技术。

复审请求第 2154 号： 鉴定会成员的保密义务

市科委和国家科委社会发展司组织的立项评审会，属于科技成果鉴定会，应当遵照执行国家科委发布的《科技成果鉴定办法》及其说明。参加评审的成员对被评审的技术内容负有保密义务。因此，在不存在鉴定会成员违反保密义务的规定将相应的技术内容向公众泄露的情况下，成果鉴定会所涉及的内容不能被视为公开。

无效宣告请求第 57 号： 鉴定会无保密义务

新产品批量投产需要投产鉴定，但鉴定会前的试销并非一定都是局限于特定范围内的试用，如果强调这种销售是在特定的范围内进行的，则必须提供必要的证据来予以证明，如证明卖方和所有买方在订立销售合同时，要求买方承担保密义务，或卖方向所有买方指明该销售为内部试用，要求买方向卖方提供试用结果以便进行鉴定等。

制造厂家征求用户的意见，或在鉴定会上引用一些用户的意见，并不能证明用户与产品制造商之间存在特定的信任和依赖关系或有默契的保密义务。因此，上述销售活动已使该产品处于公知公用状态。

无效宣告请求第 304 号： 临床试验的参与者承担有保密义务

临床试验的参与者，包括医生、护士和病人等均属于特定人，即这种试验活动附加有技术秘密的拥有者和保密义务的承担者之间的关系，活动的参与者对专利申请人承担有保密义务或默契的保密义务。

无效宣告请求第 462 号： 产品交付使用构成公开

在申请日之前产品已经制成交付用户安装，并已按协议规定在正常投运后最后付款，这是协议销售性质。协议中没有规定任何一方有保密义务，因此，该产品所包含的技术方案已经由于不负保密义务的使用而公开。

无效宣告请求第 550 号： 产品试制、检测不构成公开

由于协议中明确了产品在其制造、检验、考核中所具有的受保密义务限定的试制性质，在该活动中的有关人员应负有默契的保密义务。此外，仅从提供的材料测试报告中，并不能证实检测单位对产品了解的程度。按照一般规律，对产品的材料检测只需取其部分作为试件即可完成。因此，该报告不能说明检测单位的有关人员已经或者有权利了解该产品的全部技术。作为进行产品试制的协作人员负有默契的保密义务。因此，在没有证据表明该人员已将技术扩散到公众想要得知就能得知的状态的前提下，该产品的技术仍未超出特定人范围。

无效宣告请求第 881 号： 普通购买者不负有保密义务

一般而言，产品用户应当被认为是公众的一部分，除非存在法定的、约定的或默示的保密义务使该用户从公众中特定化出来。

由于本专利的这种设备的使用一般都依赖于现场的试运行，在销售者没有明示买方对其购买的设备以及试运行中涉及的技术信息负有保密义务的情况下，就本案例的销售行为来说，作为一个普通的购买者不能推出自己在购买、使用该装置的同时还应当负有

默示的保密义务，即一般而言，产品的用户应当被认为是公众的一部分，除非存在法定的、约定的或默示的保密义务使该用户从公众中特定化出来。

无效宣告请求第 207 号：学术交流会构成技术公开

学术年会的目的在于进行学术交流，属于交流性质的学术会议，而交流的目的在于使自己的观点为学术界同人所认同。这里所说的学术同人显然不应该局限于受参会人数限制的参会的业界人士。

在以交流学术观点为目的的参会者没有受到明示的保密协议约束的情况下，应该认为他们也没有默示的保密义务。因而尽管参会人员的数量有限，但是由于这些会议内容的获知者并没有保密义务，从而使年会上所公开的技术内容于发表之日起即已成为公开的技术。

无效宣告请求第 4153 号：申请日之后的出版物记载构成现有技术

对于在某项专利申请日之后公开的出版物，如果该出版物中所记载的与该专利相关的某一事实发生在该项专利申请日前，且该事实在发生时是处于公开状态而不是保密状态，则该事实可构成该专利的现有技术。

●技术知识的公开方式

GL – B – Ⅲ 2.1.1 时间界限

现有技术的时间界限是申请日，享有优先权的，则指优先权日。申请日以前公开的技术内容都属于现有技术，但申请日当天公开的技术内容不包括在现有技术范围内。

GL – B – Ⅲ 2.1.2 公开方式

现有技术公开方式包括出版物公开、使用公开和以其他方式公开三种，均无地域限制。

（1）出版物公开，包括国内外公开的出版物。

出版物公开是指以“书面方式”披露技术信息。出版物不限于印刷的，也包括打字的，手写的，用光、电、磁、照相等方式复制的；其载体不限于纸张，也包括各种其他类型的信息载体，如缩微胶片、影片、磁带、光盘和照相底片等。

出版物不论是在国内还是在国外出版或公布，也不论采用何种语言，只要是公开发行的，公众能够看到，出版物的内容就算是公开了。

（2）使用公开或者以其他方式公开。

囊括了除出版物之外的所有公开形式，但仅指在国内公开的行为，主要包括使用公开、销售公开、展示和口头公开等。

口头公开行为也可以导致技术内容的公开，包括通过口头交谈、讲课、报告、讨论发言、在广播电台或者电视台播放等方式，使公众了解有关技术内容。口头公开以其发生之日为公开日。

对于申请日在 2009 年 10 月 1 日之前的专利申请，之前在中国境外发出的使用公开不构成现有技术。

对于申请日在 2009 年 10 月 1 日之后（含当日）的专利申请，采用绝对新颖性标准，取消了地域限制，即之前在中国境外的使用公开也构成现有技术。

◎出版物公开

GL－B－Ⅲ 2.1.2.1 出版物公开

出版物是指记载有技术或设计内容的独立存在的传播载体，并且应当表明或者有其他证据证明其公开发表或出版的时间。

出版物不受地理位置、语言或者获得方式的限制，也不受年代的限制。出版物的出版发行量多少、是否有人阅读过、申请人是否知道是无关紧要的。

印有“内部资料”、“内部发行”等字样的出版物，确系在特定范围内发行并要求保密的，不属于公开出版物。

出版物的印刷日视为公开日，有其他证据证明其公开日的除外。印刷日只写明年月或者年份的，以所写月份的最后一日或者所写年份的12月31日为公开日。

〈没有印刷日但载明有出版日的，出版日视为公开日。同版次多印次或者多版次多印次的书刊类出版物，一般应当将该印次的印刷日视为公开日。有证据证明实际公开日的，应当以实际公开日为准。〉

〈审查员认为出版物的公开日期存在疑义的，可以要求该出版物的提交人提出证明。〉

正规出版物通常包括专利文献，带有国际标准书号（ISBN）、国际标准刊号（ISSN）或国内统一刊号的书刊类出版物，由国家、行业或地方主管部门发布的标准和以公众可以浏览的在线数据库方式定期出版公开的在线电子期刊等。

非正规出版物通常包括自行印制并通过非正规出版发行渠道散发的图集、产品目录、产品样本和会议论文等。对于公众在实审程序提交意见中所附具的非正规出版物的证据，审查员不必予以采信，留待后续程序进行处理。

带有版权标识的出版物：

印制有版权标识的印刷品在其真实性可以确认的情况下，一般可以作为专利法意义上的公开出版物，但因保密或者限定发行范围导致其不具备公开性的除外。该类出版物上版权标识后所记载的首次出版年份，一般认定为其公开日，但有相反证据足以推翻该认定的除外。

无效宣告请求第821号：公开出版物

公开出版物应当具备这样两个特点：

一、公众中任何一个人都具有同等的权利和机会通过购买或租赁等方式获得该资料。

二、它具有可检索性，即公众可通过正当的、确定的途径获得该资料。

无效宣告请求第3279号：出版物的实际公开日

出版物的印刷日为其公开日。但有时会出现实际印刷日期或出版日期早于或晚于书籍或期刊上所标识的相应日期，比如印刷厂交货期延迟。在此情形下，只要有相反证据表明其实际印刷日期或出版日期不同于记载的印刷日期或出版日期的，应以该实际发生日作为其公开日。〈*GL－B－Ⅲ 2.1.2.1*〉

无效宣告请求第 3326 号：印有版权标记的出版物的公开日

对于印有版权标记的出版物，如果其真实性可以确认，且没有证据表明该出版物因要求保密或者限定发行范围导致不具备公开性，且属于正式公布的公开出版物，则应当认为公众可以不受限制地获得，该类印刷品为专利法意义上的公开出版物。

如果产品说明书印有"Printed in U. S. A. © Envirex inc. 1989"字样，这说明公司已于1989 年印刷了该说明书并声明该说明书在此之后会具有版权。根据专利法的规定，该产品说明书为正式出版物，其公开日期为印刷日，即 1989 年。因为产品说明书印有著作权声明、著作权人的姓名或者名称、作品出版发行的日期和印刷地点，完全符合《世界版权公约》所规定的版权标记方式，因此，该产品说明书中公开的设备可以作为现有技术。

无效宣告请求第 3355 号：书籍类出版物公开日的证明

由于不同国家和地区的出版习惯不同，即使同是书籍类出版物，其上也不一定明确注明其出版日或印刷日。在这种情况下，确定该出版物的公开日需要其他有证明力的佐证。

对于印刷品类出版物而言，前言、序、绪言、编后语等内容中作者署名后所标注的日期，通常不被视为该出版物的公开日。

无效宣告请求第 3721 号：具有版权标识的出版物公开日的确定

《世界版权公约》第 3、6 条中分别作出了"自初版之日起，在所有各册的版权栏内，标有的 C 符号，注明版权所有者之姓名、初版年份等"；"本公约所用的'出版'一词，系指：对某种作品以一定的方式进行复制，并在公众中发行，以供阅读或观赏"。

《世界版权公约》第 6 条将"出版"定义为对某些作品以一定的方式进行复制，并在公众中发行，以供阅读和欣赏。因此可以认为，对于印刷品类出版物而言，该公约所提及的作品"出版"行为成立之日，也就是专利法意义上的"公开"行为发生之时。

《世界版权公约》第 3 条将版权符号（C 或 Copyright）后所记载的时间明确规定为"首次出版年份"。

京（2007）高行终字第 334 号：产品宣传资料

生产厂家的产品宣传资料，如果既没有公开发表或出版的时间，也没有公开设备的技术内容，不属于专利法意义上的出版物。

京（2009）一中行初字第 1308 号：包装上的生产日期

包装记录中的批号，即记载包装前各生产记录中的批次，显示其他作为证据的照片中的产品的生产日期在本专利申请日之前，但在没有其他证据佐证的情况下，仅凭此证据尚不足以证明照片中的产品的生产日期即为外包装及瓶体标签上的批号指示的时间。另外，生产日期并非等同于公开日期。因此，照片中的产品不能作为评价本专利新颖性和创造性的依据。

音像制品类出版物：

印制有国际标准音像制品编码的音像制品类出版物的真实性一般应当予以认可。国际标准音像制品编码（ISRC）中的录制年码应当视为公开日。

无效宣告请求第 3641 号：音像类出版物公开日的确定

对于音像制品、电子出版物类出版物，其公开日应当参照施行的相应的行业标准进行判定。按照《中华人民共和国国家标准中国标准音像制品编码（GB13396—92）》的相关规定，可以知道请求人提交的证据上标注的国际标准音像制品编码代表该证据的录制出版时间。

无效宣告请求第 7028 号：光盘内容的公开

在有关报纸所刊载文字、图片内容与所涉及 DVD 光盘及其包装图片内容、光盘名称文字相符、内容相印证的情况下，购物发票和小票进一步表明取得该光盘的合法来源，具有可供核实的详细购买地点、时间等信息，由此如无相反证据，应认定该光盘具有真实性，该光盘内容已在本专利申请日之前被公开发表。

◎标准

除药品领域外的国家标准、行业标准和地方标准一般应当被认定为专利法意义上的公开出版物；企业标准是否属于专利法意义上的公开出版物应当结合相关法规、规章及其他证据予以认定。

最高人民法院（2007）行提字第 3 号：企业标准的备案

企业标准的备案并不意味着标准的具体内容要向社会公开发布，备案也不意味着公众可以自由查阅和获得，企业标准并不因备案行为本身而构成专利法意义上的公开。

无效宣告请求第 1296 号：企业标准不属于公开出版物

一般情况下，企业标准是内部标准，没有处于公众想得知就能得知的状态，所以不属于公开出版物。

无效宣告请求第 3311 号：国家标准

通常情况下，国家标准、行业标准和地方标准的发行范围并不限于其所相关的部门和行业，因此，属于专利法意义上的公开出版物。

对于标准中有关信息的理解有三个主题基准：

（1）制定标准的参与者；

（2）具有一般常识的通用领域的技术人员；

（3）本领域技术人员。

由于创造性的判断主体基准是本领域技术人员，因此，在通用领域与本领域对某特定问题的理解出现分歧时，应当采信本领域技术人员的理解。

行业标准是一份反映了申请日前某种技术状况的原始资料。如果由标准制定参与者对行业标准的说明是在出现专利纠纷之后作出的，则本领域技术人员的理解作为证据的分量重于对标准的说明。

汇编成册的部颁药品标准或地方药品标准均属于公开出版物，其公开日推定为编写年的最后一日，有相反证据的除外。

未汇编成册的部颁药品标准或地方药品标准一般不属于公开出版物，除非有证据足以证明该标准已被公开。

属于公开出版物的药品标准可用作现有技术。

药品领域中的《中国药典》、部颁药品标准汇编本和地方药品标准汇编，一般应当认定为专利法意义上的公开出版物；进口药品标准一般不应当认定为专利法意义上的公开出版物；未汇编成册的部颁标准、地方药品标准和企业药品标准是否属于专利法意义上的公开出版物应当结合相关法规、规章及其他证据予以认定。

无效宣告请求第3594号： 告知性公文

告知性公文作为行业规范性文件下达到的生产企业没有特定的范围，因此，文件的下发导致了相关技术内容的传播范围是不确定的，无限制的。

◎内部资料

印有“内部发行”字样的证据形式多样，例如内部期刊、内部经验总结、内部培训资料、讲义、操作规程、企业标准、运行报告、汇报材料和图纸等，统称为“内部资料”。

内部资料通常只在有限的特定范围内为特定人群所了解，并非任何公众想得知就可以得知，并且这些资料往往不能反映出它于何时、何地、以何方式成为公众能够得知的技术信息，因此通常不被认定为公开出版物。

但是，内部资料不应被机械地一概排除在公开出版物之外，应当具体问题具体分析，根据案件中的证据所反映出的具体情况进行认定。如果有证据表明内部资料被放入公共图书馆供公众自由阅览，或者通过公共发行渠道发行，或者由最初的内部刊物扩大发行范围，则自其扩大发行范围、可供公众查阅之日起就属于公开出版物的范围。

无效宣告请求第2659号： 标有“内部发行”等类似文字的证据

由于没有注明公开出版和发行的日期，且证据上标有“内部”字样，因此证据被认定为内部资料，属于不是任何公众都能获得的资料，不能认定其为专利法§22和R30规定的可用以判断本专利新颖性和创造性的现有技术。

京（2003）一中行初字第18号： 技术图纸

技术图纸属于工程语言，对于所属领域技术人员不需要翻译即可理解，因而可以用于评价专利的创造性。

◎论文、研制报告、测试报告

科技论文、研制报告、测试报告的公开性往往依据其传播的范围不同而有所不同。因此，该类证据材料是否属于公开出版物不能一概而论。研究报告、测试报告的传播范围有时候仅局限在参与相关研究课题的单位或技术协作单位的有限范围内，与研究、测试技术内容无关的人员通常无从获知该类材料。类似地，当学术论文仅是为获取学位、晋升职称等特定目的而限于某特定范围内传阅时，它并不处于一般公众想得知即可得知的公开状态。因此，从学术论文、研究报告等证据本身往往不足以确定其公开性。若想确定这类材料的公开性及公开方式，通常还需要提供附加证据。例如证明论文是否登载于公开出版的学术期刊上或经编纂成册出版发行，是否收藏于公共图书馆供自由阅览，是否在学术会议上宣读交流，或者只供有限范围人群阅读及有否保密要求的证据。

无效宣告请求第1097号：研究报告

根据惯例，阶段研究报告不具有在社会上公开征订和销售的公开出版物的属性，它们只是局限在设置、主管和参与相关研究课题的单位或技术协作行业系统内指导工作和交流经验，一般与研究课题的技术内容无关的人员无从获知该技术课题的具体技术内容。因此，根据以上分析，可以得出如下结论：请求人提交的证据或证据在本实用新型申请日前并非处于“公众想获知即能获知”状态的公开出版物，不能视为否定本实用新型新颖性的现有技术。

◎在线电子期刊

对于学位论文，不能以提交日作为公开日，只能以相关网站所显示的出版日为公开日。如果所显示的日期是一个时间段，以最后的日期为实际公开日。

一般地，将在线电子期刊的上传日或出版日视为公开日，都以当地时间为准，不考虑时区的时差。

如果期刊既有纸件又有电子形式的，以最早的公开日作为公开日。

通过检索在线数据库得到的电子形式的专利文献、图书类出版物及标准不属于在线电子期刊。

◎ISR记载的非专利文件

ISR中记载的非专利文件，如果通过文件本身不能确定其公开日，则以ISR中记载的公开日期作为公开日。但如果有证据证明实际公开日的，以实际公开日为准。

《最高人民法院关于行政诉讼证据若干问题的规定》

A57（5）：在中华人民共和国领域以外或者在中华人民共和国香港特别行政区、澳门特别行政区和台湾地区形成的未办理法定证明手续的证据材料不能作为定案依据。

◎使用公开

GL-B-Ⅲ 2.1.2.2 使用公开

使用公开的方式包括能够使公众得知其技术内容的制造、使用、销售、进口、交换、馈赠、演示、展出等方式。只要通过上述方式使有关技术内容处于公众想得知就能够得知的状态，就构成使用公开，而不取决于是否有公众得知。但是，未给出任何有关技术内容的说明，以致所属技术领域的技术人员无法得知其结构和功能或材料成分的产品展示，不属于使用公开。

如果使用公开的是一种产品，即使所使用的产品或者装置需要经过破坏才能够得知其结构和功能，也仍然属于使用公开。此外，使用公开还包括放置在展台上、橱窗内公众可以阅读的信息资料及直观资料等。

使用公开是以公众能够得知该产品或者方法之日为公开日。

京（2008）高行终字第718号：使用公开与公众是否得知无关

使用公开包括由于制造、使用、销售、进口、交换、馈赠、演示、展出等方式而导致技术方案处于公众想得知就能够得知的状态，并不取决于是否有公众得知。

无效宣告请求第4472号：国内公开使用

根据§22.2，在国内公开使用是指通过制造、使用、销售或者进口等行为使得一项或多项技术方案被公开或处于公众可以得知的状态。如果这些行为发生在专利的申请日之前，则所公开的技术方案即构成该专利技术的现有技术，可以用于评价其新颖性、创造性。

判断对某产品的使用是否属于构成现有技术的公开使用，关键是要看使用者对所使用的产品是否负有保密义务。如果产品的使用者负有明示或默示保密义务，且没有证据表明其违反了保密义务，则该负有保密义务的使用者对该产品的使用，不构成使用公开。

判断某物品是否通过使用被公开，其关键在于该物品在国内是否处于公众想要获得即可获得的状态，至于公众对该物品的具体使用方式是否受到相关法律、法规的限制并不重要。

另外，对于公众想要获得即可获得的产品来说，公众从中能够得知哪些技术信息，取决于本领域普通技术人员以现有技术手段从中能够获得哪些技术信息。这既包括通过观察、外部测量等得知的外部技术特征；同时也包括虽不能从肉眼直接看出，但借助于当时已有的仪器设备通过常规测定、分析后所获得的技术内容；还包括对产品进行破坏后才能获知的技术内容。专利法意义上的使用公开与技术内容获知的难度、获知的手段以及使用的方式无关。

某一物体置于公众环境中，被没有保密义务的人或专业人士所看见，如果单纯通过外部审视就能获知物体的所有特征，那么该物体应当被认定为公众所知。然而，如果该物体具有隐蔽性特点，只有通过拆开或者部分破坏该物体才能被获知，则这些隐蔽性特点不能视为已经被公众所知。例如，封装在机壳中未指明其结构和功能的复杂仪器的新展品，不属于公开使用过的技术内容。

无效宣告请求第4035号：公众无法获知的技术内容不构成现有技术

请求人提供的证明材料和生产装置图片不能获知用该装置生产的产品和该产品的生产方法，即公众无法获知其中的技术内容，因而不能破坏争议专利的新颖性。

通常情况下，一种设备被公开使用或销售后，该设备所携带的技术信息随即被公开。该设备所携带的技术信息是指：所属技术领域普通技术人员在申请日前通过对该设备进行观察、测量、分析和化验等常规技术手段或者通过逆向工程、拆卸、破坏等非常规技术手段所能获知的技术信息。但是，该设备的使用方法以及用该设备生产的产品却并不必然从该设备本身得以体现。当然，如果有证据证明该设备的使用过程、使用方法已被公开，则另当别论。

无效宣告请求第 4969 号： 公开使用的现有技术

如果一项权利要求的技术方案被申请日前公开使用的一件产品所公开，那么该权利要求不具有新颖性。

无效宣告请求第 205 号： 商业销售

通常产品销售是一种公开行为，它使得专利产品丧失了新颖性。只有在提供确切的证据证明，与销售同时，买卖双方订有关于保密的约定时，才能认定这种销售未破坏该专利产品的新颖性。

无效宣告请求第 369 号： 销售范围

专利权人认为其销售只是针对一个买方，并未在其他单位广泛使用，并未销售给其他人。但专利法所述的公开销售，并不是以买方的多与少来认定的，即使只有一个买家，或者即使只销售过一次，只要该销售行为是公开的，双方不属于特定关系人，则该销售行为即可导致所销售产品的使用公开。

无效宣告请求第 1661 号： 产品销售合同没有明示保密义务

专利权人与厂商签订的是产品购销合同，而非委托加工或委托设计合同。对于产品销售合同，如果该合同没有明示保密义务，根据合同法以及一般的商业习惯，不能推定签订合同的双方负有默示的保密义务，没有保密义务的双方即是专利法意义上的公众。另一方面，在这种情况下，任何人都可以与面向公众的生产者签订相同的产品购销合同。因此该产品已处于公众想要得知就能够得知的状态，即构成了公开使用。

无效宣告请求第 4989 号： 公开销售

如果与一项专利所保护的产品相同的产品在该专利的申请日前已经在国内公开销售过，则该专利不具备 § 22. 2 规定的新颖性。

◎制造方式的使用公开

制造方式的使用公开是指公开生产制造，能够使公众获知其技术（或设计）内容的制造，即生产制造的有关技术信息处于公众（非特定人）能够接触到的开放状态，公众中的任何人想要了解相关技术即可通过该生产制造过程了解到。然而，一般而言，根据商业习惯，通常企业的生产活动属于企业内部的行为。企业在制造新产品时为了本企业最大限度地占据市场份额以获取经济利益，不会将该新产品的技术信息向公众或同业竞争对手开放，企业外部的人员一般并不能随意了解到企业内部的生产活动情况。所以，仅仅以某企业生产制造了某产品这一事实通常并不能说明所制造的产品已被公众所知，除非有证据证明该生产过程是公开的。

无效宣告请求第 4694 号： 使用公开

由于使用导致一项或多项技术方案在国内的公开，或者导致该技术方案处于国内公众中任何人想得知就可以得知的状态，这种公开方式称为使用公开。这种得知的技术方案的技术特征既包括通过观察、外部测量等得知的外部技术特征，也包括利用当时的技术手段通过破坏可以得知的内部结构特征，特别是专利法意义上的使用公开与否与技术内容获知的难度、获知的手段、使用的方式、公众是否实际上得知无关。

无效宣告请求第1208号：生产制造

在专利申请日前生产制造专利产品或使用专利方法进行生产的企业无论是专利权人本人还是其他企业，只要没有其他证据进一步证明这一活动是公开的，或通过销售等方式为公众所知，则仅仅根据生产制造这一事实不能证明所涉及的技术内容被公开。

无效宣告请求第1005号：产品试用的保密

产品试用是否属于不影响新颖性的行为需要具体分析。如果专利权人存在保密的意愿，那么理应在试用前就明确地告知试用单位，从而使对方采取一定的措施使保密能够得到落实。

公众“可以看到”或“接触到”某一产品，并不等同于该产品的具体技术方案已经处于专利法意义上的公开状态。

无效宣告请求第1399号：产品试用不构成公开

一项发明创造能否实现其发明目的，能否达到所期望的效果，通常需要通过试用来加以检验。如果这样的试用是在特定关系人之间进行的，则不构成专利法意义上的使用公开。

无效宣告请求第2563号：试用保留的产品构成了使用公开

通常，产品试用完成并出具了试用报告之后，被委托人与委托人之间的合作关系即结束。从委托方在试用完成之后并没有收回试用产品，同时也没有要求试用方予以保密这一事实来看，委托方并没有意愿希望试用方在试用完成之后对试用的产品予以保密，所以可以推断在试用完成之后试用方（被委托方）不再有保密义务；而从使用目的来看，在给出试用报告之后对产品的使用也不再具有测试产品性能的性质。所以在此之后没有保密义务的试用方对所保留产品的使用即构成了使用公开。

无效宣告请求第5972号：进口行为公开日的确定

海关在报告单上的签发放行日期可以作为进口产品的使用公开日。

〈进口与国内销售一样均是导致使用公开的一种方式，除非有证据证明所述的进口是在保密状态下进行的，不能被公众所知。对于进口行为，根据我国法律规定，进口货物都要经过海关，海关签印放行后，货物才能到达收货人手中，而货物到达我国港口直至海关签印放行前是处于海关监管下，任何人不能提取货物。应当认为，从放行日起，进口行为完成，进口货物已经处于公众想得知其技术（或设计）内容就能够得知的状态。〉

无效宣告请求第1699号：中介机构承担默契保密义务

通常情况下，通过中介机构的定向出口，即使国内企业与国内的中介机构之间存在产品购销关系，一般也不能认为所出口的产品已经在国内为公众所知。鉴于中介机构的职能约束，其应当被认定为特定人，即中介机构应当被认为对国内的出口企业承担默契的保密义务。

◎委托加工、承揽合同

接受委托承揽加工者同上述的其他活动参与者一样，实际上是开发人员为完成其发明创造而寻求的合作者，即使两者没有订立保密协议，但按照商业习惯，承揽加工者对加工过程中了解到的技术信息应有默示的保密义务，属于特定人。另外，产品加工完成后，被交给委托方，处于委托方的掌控之下，承揽加工者并没有对所加工的产品随意处置的权利。故仅仅根据该承揽加工者因承揽加工对相关技术内容的了解这一事实，并不能代表该技术信息已被公开。只有进一步证明承揽加工的一方没有遵守保密义务已将相关技术内容透露给没有保密义务的公众，或者所加工的产品已经公开销售时，才能认定相关的技术内容被公开。

《合同法》

A60.2：当事人应当遵循诚实信用原则，根据合同的性质、目的和交易习惯履行通知、协助、保密等义务。

A92：合同的权利义务终止后，当事人应当遵循诚实信用原则，根据交易习惯履行通知、协助、保密等义务。

无效宣告请求第 66 号：委托加工

即使本实用新型专利权人当时向请求人提供了设计图纸和样品，由于请求人属于本专利设计人寻找共同生产单位活动中涉及的当事人，所以仍不能认定本实用新型丧失新颖性。请求人得到设计图纸和样品并不说明处于社会公众中的非特定人想得到该图纸和样品就能够得到。设计人要求与请求人共同生产，这就说明两者之间的关系是特定关系，而向另一方提供图纸和样品也是实现共同生产的必经程序，请求人所述的“专利权人将图纸资料及样品拿到该厂时，没有与该厂订立保密协议”，并未改变本实用新型设计人与请求人之间的特定关系。因此请求人是处于社会公众中的特定人。向特定人提供图纸和样品不视为§22 中规定的“为公众所知”，所以不能认定本实用新型丧失新颖性。

无效宣告请求第 1762 号：研制开发过程中的默示的保密义务

通常情况下在产品研制开发过程中承揽加工的单位与委托单位之间存在默示的保密义务，不应视为专利法意义上的公众。

无效宣告请求第 354 号：合作关系中的默契保密义务

在产品形成之前，厂家不仅要研究产品本身的性能、加工工艺，而且要研究其投放市场的可行性，因而需要寻求特定的合作伙伴。由这样一种合作关系产生的行为是面向合作者双方的，而不是面向公众的。处于保密状态的技术内容由于公众不能得知，因此不属于现有技术。

保密状态不仅包括受保密协议约束的情形，还包括社会观念或者商业习惯上被认为应当承担保密义务的情形，即默契的保密情形。因此，处于这样一种合作关系中的任一方应视为特定人。在合作关系中任一方所获知的技术不应视为专利法中所述的“为公众所知”的技术。

◎其他方式

GL－B－Ⅲ 2.1.2.3 以其他方式公开

为公众所知的其他方式，主要是指口头公开等。口头交谈、报告、讨论会发言以其发生之日为公开日。公众可接收的广播、电视或电影的报道，以其播放日为公开日。

无效宣告请求第632号：广告导致的公开

一般的广告均不会公开具体的技术方案，不可能详细描述所出售产品的结构和形状等，除非技术方案非常简单，一目了然。因此，普通的只展示产品外形的广告并不能证实在申请日前出售的产品与专利权利要求所述技术方案是相同的，还需要其他确凿的附加条件或补充旁证来说明该广告所销售的产品就是专利产品。只有这样，才能共同构成使该专利丧失新颖性的必要而且充分的证据。但对于一些外观设计专利或者一些保护外部结构的实用新型和发明专利，有时广告本身即可公开相应的设计或技术内容。

无效宣告请求第1374号：出版物上的广告构成现有技术

广告并不必然仅导致技术以使用方式公开，在某些情况下，也可导致其本身所反映出的技术以出版物方式公开。

无效宣告请求第121号：产品展示等导致的公开

会议的名额有限定并不等于参加会议的人员均是与完成本实用新型有关的特定人员，更不能由此推断该会议是内部会议或具有保密性的会议。

无效宣告请求第2579号：企业内部职工的合理化建议

企业内部职工向企业提出合理化建议是以企业职工与企业之间的信赖关系为基础的，此时的企业领导人并非一般意义上的公众，他们是企业的代表，是与该企业有特定关系的人员。因此，企业职工向企业领导人提交合理化建议行为是将有关技术信息向特定人公开，不属于专利法意义上的在先公开。当然，如果有证据表明在申请日前该有保密义务的听取合理化建议的企业有关人员未履行其应尽的保密义务，而以“其他方式”向公众传播了该建议内容的时候，那么才有可能造成该建议的公开。

无效宣告请求第184号：产品订货会

设计图纸如果没有其他证据的佐证，其本身一般并不具有公开的属性，通常作为内部资料考虑。但是专利权人向订货会的参加人展示图纸，双方的行为目的不存在对所展示的信息默契保密的需要。图纸上所记载的设计信息由于专利权人的公开展示行为而处于“为公众所知”的状态。

无效宣告请求第2274号：产品价目表

一般来说，由于产品价目表不能证明其本身何时为公众所知的，因此它并不具有公开出版物的证据效力，而且产品价目表通常不可能给出所示产品具体结构的详细技术内容，还需要其他确凿的附加旁证来证明在申请日前确实向公众散发了该产品价目表和公开销售了该产品价目表所示的产品。因此，仅以该产品价目表作为否定本实用新型新颖性的证据，显然是不充分的。

产品价目表上标注的日期也不能视为与公开出版物所标注的合法的正规出版发行的时间具有同等的证明效力，即不能作为该价目表公开的日期。

由于产品价目表在印刷和散发方式及途径上具有相当的随意性，因而还需要结合其他旁证进一步证明在申请日前确实向公众散发了该产品价目表和公开销售了该产品价目表所示的产品。

无效宣告请求第1308号：产品使用说明书

产品使用说明书本身不属于公开出版物，它是随产品销售共同进入公知领域的附件，因此，仅根据使用说明书尚不能确定其已经公开销售；另一方面，该使用说明书中只涉及工作原理和与使用相关的事项，没有披露其内部结构，因此，不能作为评价本专利新颖性、创造性的证据。

产品使用说明书大多是随产品销售而发放的技术或者设计资料，通常只对购买该产品的用户发放，不单独对一般公众发放。因此除非有证据表明该产品使用说明书已经以出版物的形式对公众公开，否则即使产品使用说明书已随产品的公开销售进入了市场，已经有人得到了该说明书，也不能认定该产品使用说明书为公开出版物。这是由于产品使用说明书是供购买者使用和维护产品的必备之物，一般情况下产品使用说明书不能单独流通，而是随着产品的销售行为为公众所知的，其公开时间只能是产品的销售时间，因此产品使用说明书不满足专利法意义上公开出版物的法定条件。

◎互联网证据：

判断网络证据是否构成《专利法》意义上的公开，要看公众是否能够自由地从网站上获得该网络证据中的内容。如果网站的网址能够为公众所知或者能够通过搜索引擎搜索到，并且公众能够访问该网站，那么该网站上发布的信息通常就能够为公众所知，从而构成公开，即使该网站需要注册用户或者支付费用才能访问。比如，对于网络论坛、博客和微博上发布的信息，一般都可以认定其公开性，但对于电子邮件、聊天记录等相对私密的信息，则一般不应认定其公开性，除非有证据证明其处于公开的状态。

GL－D－Ⅷ 5.1 互联网证据的公开时间

公众能够浏览互联网信息的最早时间为该互联网信息的公开时间，一般以互联网信息的发布时间为准。

信誉度较高的网站，如政府类网站等，以自己的名义发布的信息，在通过公证、当庭上网演示等方式确认其来源可靠的情形下，一般可以认定其真实性，但有相反证据的除外。

电子邮件、交互式交流工具记载的信息、网络上载和下载的文件，其真实性一般不被认定，但有其他证据予以佐证的除外。

无效宣告请求第 16161 号：网络论坛、电子邮件可否作为证据

BBS 性质的网络论坛的内容是由该论坛的普通用户发布的帖子及其回帖，该论坛具有一定的管理规范，并且该证据是由公证机关取证并以公证书的形式提供的，在没有相反证据的情况下，应当可以确认其真实性。同时，该网页为论坛用户所发的帖子，其他用户均可以看到并可以回复，因而其公开性也可以确认，而且该网页中已经明确注明了发帖时间和修改时间，这些时间通常只有网站的管理方才能够改动，在没有证据证明网站管理方与双方当事人之间存在利害关系，也没有证据证明这些时间被人为改动过的情况下，可以对上述发帖时间及修改时间予以确认。另外，对于专业性较强的论坛网站，在没有证据证明网站的管理方与本案双方当事人之间存在利害关系，也没有证据证明这些时间被改动过的情况下，不应当随意怀疑论坛网站上的发帖时间。所以应该认定该网页证据所记载的内容是在该公开时间公开的。

相反，如果网页内容是从一个私人电子邮箱中下载得到的，该电子邮箱需要输入与其对应的特定用户名和密码才能登录查看，即公众在不知道该邮箱用户名和密码的情况下不能获取该邮箱中的网页内容，则该内容不构成《专利法》意义上的公开，不能作为现有技术证据。

互联网信息的公开性及公开时间的认定

网站、电子公告、新闻组上载和下载的文件及 FTP 上载和下载的文件所发布的信息在可以确认真实性的情况下，一般可以认定其公开性，电子邮件、交互式交流工具所记载的信息一般不具备公开性，但有证据证明的除外。

公众能够浏览互联网信息的最早时间一般应当认定为该互联网信息的公开时间。互联网信息发布或被证明的当地时间作为其公开时间，确定公开日时不考虑时区的影响。

互联网信息中包含的时间信息并不必然表示为该证据的公开时间。例如网页中嵌入的 pdf、word 文件信息中所包含的时间信息，一般仅能表明该文件所涉及的信息被创作或修改的时间。

对互联网信息证据的公开时间产生异议时，一般可以考虑无关第三方、CA 认证机构、网络服务商提供的证据。

无效宣告请求第 13421 号：网络证据的公开时间

网络证据构成《专利法》意义上的公开的起始时间应为网页的发布时间。通常情况下，网页进入服务器的时间代表了网页的发布时间，而在网页未经修改的前提下，网页上记载的时间又代表了网页进入服务器的时间。因此，除非当事人能够提供证据证明网页经过修改，否则网页上记载的时间可以作为网络证据构成专利法意义上的公开的起始时间。

GL－D－VIII 5.2 申请日后记载的使用公开或者口头公开

申请日后（含申请日）形成的记载有使用公开或者口头公开内容的书证，或者其他形式的证据可以用来证明专利在申请日前使用公开或者口头公开。

在判断上述证据的证明力时，形成于专利公开前（含公开日）的证据的证明力一般大于形成于专利公开后的证据的证明力。

●背景技术

GL－B－Ⅱ2.2.3 背景技术

引证文件还应当满足以下要求：

（1）引证文件应当是公开出版物，包括电子出版物等形式。

（2）所引证的非专利文件和外国专利文件的公开日应当在本申请的申请日之前（不含当日）；所引证的中国专利文件的公开日不能晚于本申请的公开日（含当日）。

（3）引证外国专利或非专利文件的，应当以所引证文件公布或发表时的原文所使用的文字写明引证文件的出处以及相关信息，必要时给出中文译文。

如果引证文件满足上述要求，则认为本申请说明书中记载了所引证文件中的内容。

无效宣告请求第5806号：背景技术不一定为现有技术

说明书背景技术部分记载的内容不能当然认定为申请日之前处于任何公众均可以获知的现有技术。

如果专利权人（申请人）认可对比文件中的背景技术部分内容是现有技术，合议组可以认定为现有技术；若专利权人（申请人）不认可为现有技术，应该有证据证明该技术不属于专利法意义上的现有技术。

GL－B－Ⅲ2.3 对比文件

为判断发明或者实用新型是否具备新颖性或创造性等所引用的相关文件，包括专利文件和非专利文件，统称为对比文件。

引用的对比文件可以是一份，也可以是数份；所引用的内容可以是每份对比文件的全部内容，也可以是其中的部分内容。

引用对比文件判断发明或者实用新型的新颖性和创造性等时，应当以对比文件公开的技术内容为准。该技术内容不仅包括明确记载在对比文件中的内容，而且包括对于所属技术领域的技术人员来说，隐含的且可直接地、毫无疑义地确定的技术内容。但是，不得随意将对比文件的内容扩大或缩小。另外，对比文件中包括附图的，也可以引用附图。但是，审查员在引用附图时必须注意，只有能够从附图中直接地、毫无疑义地确定的技术特征才属于公开的内容，由附图中推测的内容，或者无文字说明、仅仅是从附图中测量得出的尺寸及其关系，不应当作为已公开的内容。

〈对比文件的附图属于对比文件的一部分，其公开的内容可用以评价本专利的创造性。说明书附图作为一种工程语言，其公开的内容应以本领域普通技术人员能够从附图中直观地、明显地看出的技术内容为准，不包括从附图中推测的内容，或者无文字说明、从附图中测量得出的尺寸及其关系。〉

无效宣告请求第4886号：从附图中明显看出的技术特征属于公开的内容

只有从附图中明显看出的技术特征才属于公开的内容，由无任何文字说明的附图中推测的内容不能作为已公开的内容。

以一件专利在其申请日前已经公开使用为理由请求宣告该专利的专利权无效，必须要有足够的证据来证明其所声称的公开使用的事实已经发生。如果请求人提供的证据不能构成一个完整的证据链来证明其所声称的公开使用的事实，那么合议组对请求人所称的这种公开使用的事实不予认定。

无效宣告请求第5167号：仅由附图推测或测量得出的内容不能用来评述创造性

在文字部分无说明的情况下，仅仅由附图推测或者测量得出的内容不能认为是该附图公开的内容，该推测或者测量得出的内容不属于现有技术，不能用来评述专利的创造性。

复审请求第3859号：对比文件

作为“一份对比文件”，一是其上记载的内容要与所评价的专利技术相关，二是在形式上应当具有完整性和独立性。例如，专利文献、科技文献中的论文或文章、教科书或专著中的某个或某几个章节。

一份对比文件中可以包含一个技术方案，也可以包含多个技术方案；反之，一个技术方案可以构成一份对比文件，多个技术方案也可以构成一份对比文件。

●隐含的技术内容

引用对比文件判断发明的新颖性时，应当以对比文件公开的技术内容为准。该技术内容不仅包括明确记载在对比文件中的内容，而且还包括对于所属技术领域的技术人员来说，隐含的且可直接地、毫无疑义地确定的技术内容。

对于未明确记载在对比文件中的技术特征，如果对所属领域的技术人员而言，该技术特征是申请日之前已知产品的固有部件或属性，或者方法的固有步骤，则这些部件、属性或步骤都是固有特征，属于对比文件中隐含的且可直接地、毫无疑义地确定的技术内容。

复审请求第8113号：说明书没有记载的技术内容

申请人在申请专利时提交的专利说明书中公开的技术内容，是国务院专利行政部门审查专利的基础；专利申请人未能在专利说明书中公开的技术方案、技术效果等，一般不得作为评价专利权是否符合法定授权确权标准的依据。

〈创造性判定应该依据说明书中公开的技术方案、技术效果等。〉

无效宣告请求第4444号：明显隐含技术方案

虽然一份证据没有明确记载某一技术特征，但是对于所属技术领域的技术人员来说，该特征是构成一完整的技术方案所不可缺少的，则应当认定该技术特征是该证据所明显隐含的。

◎现有技术中的明确引证：

当对比文件中明确记载的某些技术内容引证了另一篇现有技术文件，且该引证文件的公开日早于所说的对比文件的公开日时，该引证文件中的相应内容属于该对比文件中隐含的且可直接地、毫无疑义地确定的技术内容。

●技术术语的解释

技术术语在对比文件中没有作出特别说明的，应将其理解为所属技术领域中的通常含义。这种所属技术领域的通常含义应当作为对比文件中隐含的且可直接地、毫无疑义地确定的技术内容。

一般可以通过作为现有技术的技术词典、技术手册、教科书、国家标准、行业标准等文献记载的相关内容理解该技术术语在所属技术领域中的通常含义。

无效宣告请求第1054号：定义技术术语的含义

在对比文件没有直接公开某特征的情况下，对该特征的推定应当是根据该对比文件所涉及的技术领域中的常识能够唯一地推定出的结果。

由于对比文件所涉及的是一种行业的标准而不是一篇数学论文，因而在考虑其技术术语的含义时，首先应当考虑的不是其数学上的含义而是在该技术领域中该术语的含义。

◎现有技术中并列选择的技术方案：

当对比文件对构成技术方案的一个或多个技术特征给出多种选择时：

（1）一个技术特征存在多种选择

当对比文件记载的技术方案中只有一个技术特征存在多种选择时，应当认为该对比文件公开了每种选择与其他技术特征一起所构成的多个具体的技术方案。

（2）多个技术特征存在多种选择

当对比文件记载的技术方案中有多个技术特征存在多种选择时，应当根据所属技术领域进行具体分析。

对于技术效果可预见水平相对较高的技术领域，例如机械、电学等领域，通常，可以认为对比文件公开了每个技术特征的每种选择与其他技术特征一起所构成的多个具体技术方案。

对于技术效果可预见水平相对较低的技术领域，例如化学、生物等领域，通常，不能认为对比文件公开了每个技术特征的每种选择与其他技术特征一起所构成的多个具体技术方案。

●抵触申请

GL－B－Ⅲ2.2 抵触申请〈*发明、实用新型*〉

根据§22.2，在发明或者实用新型新颖性的判断中，由任何单位或者个人就同样的发明或者实用新型在申请日以前向专利局提出并且在申请日以后（含申请日）公布的专利申请文件或者公告的专利文件损害该申请日提出的专利申请的新颖性。这种损害新颖性的专利申请，称为抵触申请。

抵触申请还包括在申请日以前由任何单位或者个人提出并在申请日之后（含申请日）由专利局作出公布或公告的且为同样的发明或实用新型的 CN－PCT 申请。

抵触申请仅指在申请日以前提出的，不包含在申请日提出的同样的发明或者实用新型专利申请。

〈外观设计作为抵触申请，参见§23、GL－D－V5。〉

◎构成抵触申请的条件：

（1）申请人是任何人。适用于自2009年10月1日起提交的申请。在此之前，仅限于申请人是他人。

（2）向 SIPO 提出的专利申请（中国国家申请和 CN－PCT 申请）。向港、澳、台地区管理专利工作的部门提出的申请不构成抵触申请。

（3）同样的发明或实用新型 GL－B－III 3.1（1）。

（4）于在后申请的申请日（优先权日）之前提出，不含申请日（优先权日）当天。

（5）于在后申请的申请日（优先权日）当天或之后以中文公布或者公告。

（6）所称的公布是指：依照§34 所作的“国家公布”或者依照§39 和§40 所作的“国家公告”。对于 CN－PCT，指的是于在后申请的申请日（优先权日）之前，不含申请日（优先权日）当天提出的，且尚未作出国际公布，并于在后申请的申请日当天或之后由 SIPO 作出公布或公告的已进入中国国家阶段的 PCT 申请。

如果在先申请因被撤回、被视为撤回或被驳回而没有被公布或者公告，就不能用作抵触申请。

◎采用抵触申请判断在后申请的新颖性，应当注意：

（1）在先申请必须于在后申请的申请日（优先权日）之前向 SIPO 提出，不包括于在后申请的申请日当日提出的他人申请。在先申请还必须于在后申请的申请日以后由 SIPO 依照规定予以公布，包括在申请日当日公布的在内。

在先申请为实用新型申请时，只有在该申请被授予专利权后，才会构成抵触申请，因为在公告之前，实用新型申请不会被公布。

（2）在先申请的申请人不能与在后申请的申请人相同（2009年10月1日之后，申请人也可以相同，即是任何人）。

（3）在判断在后申请的新颖性时，可以用于进行比较的在先申请的内容是该申请的全部内容，包括说明书（和附图）和权利要求书，但不包括摘要，也不包括优先权文件。

（4）抵触申请只可以用来作为对比文件判断在后申请的新颖性，但不能用来判断创造性，也不能与其他现有技术结合起来评价创造性。

只要在后申请的权利要求中的技术方案与在先申请的有部分相同，那么在先申请都可以构成在后申请的抵触申请。比如：①两申请的权利要求书相同，但说明书记载内容有区别；②两申请的权利要求书不同，但说明书记载的内容完全相同。

京（2012）高行终字第674号：抵触申请转让给申请人

如果在被审查专利或专利申请的授权过程中，它的抵触申请已经依法转让给被审查专利或专利申请的申请人，则该抵触申请仍可破坏被审查专利或专利申请的新颖性。

无效宣告请求第1803号：台湾专利申请不属于抵触申请

请求人提交的对比文件是由他人在中国台湾专利局提出的专利申请，由于我国目前的法律均没有延及我国港、澳、台地区，因此，依据我国专利法授予的专利权其效力也仅在我国大陆范围内，而没有延及我国港、澳、台地区，所以不能作为破坏本专利新颖性的抵触申请。

无效宣告请求第4394号：抵触申请中的产品已经提前公开销售

虽然对比文件本身是一份在先申请在后公开且由他人提出的抵触申请，只能用来评述专利的新颖性。但是，对比文件中权利要求限定的产品在本专利申请日之前已经公开销售、使用。因此，其权利要求限定的技术方案已构成了本专利的现有技术，其既可以用来评述本专利的新颖性，也可以用来评述创造性。

无效宣告请求第4527号：抵触申请是CN－PCT申请

如果一份对比文件的国际申请日在一项专利的申请日之前、进入中国国家阶段的公开日在该专利的申请日之后，而且其申请人与该专利的申请人不同，则该对比文件仅可以用于评价该专利的新颖性。

新颖性

●审查原则

GL－B－Ⅲ 3.1 审查原则

审查新颖性时，应当根据以下原则进行判断：

（1）同样的发明或者实用新型

发明或者实用新型专利申请与现有技术或者申请日前由任何单位或者个人向专利局提出申请并在申请日后（含申请日）公布或公告的发明或者实用新型的相关内容相比，如果其技术领域、所解决的技术问题、技术方案和预期效果实质上相同，则认为两者为同样的发明或者实用新型。需要注意的是，在进行新颖性判断时，首先应当判断被审查专利申请的技术方案与对比文件的技术方案是否实质上相同，如果专利申请与对比文件公开的内容相比，其权利要求所限定的技术方案与对比文件公开的技术方案实质上相同，所属技术领域的技术人员根据两者的技术方案可以确定两者能够适用于相同的技术领域，解决相同的技术问题，并具有相同的预期效果，则认为两者为同样的发明或者实用新型。

（2）单独对比

判断新颖性时，应当将发明或者实用新型专利申请的各项权利要求分别与每一项现有技术或抵触申请的相关技术内容单独地进行比较，不得将其与几项现有技术或者申请在先公布在后的发明或者实用新型内容的组合，或者与一份对比文件中的多项技术方案的组合进行对比。

●判断是否具有新颖性：

如果一项发明或实用新型申请与一项现有技术相比，属于相同的技术领域，而且现有技术公开了发明或实用新型申请的全部技术特征，并解决了相同的技术问题，达到了相同的技术效果，那么这项发明或者实用新型申请就不具有新颖性。判断“新颖性”有四个标准：

（1）技术领域是否相同；

（2）技术问题是否相同；

（3）技术特征是否相同；

（4）技术效果是否相同。

◎根据上述四个问题，判断新颖性的步骤

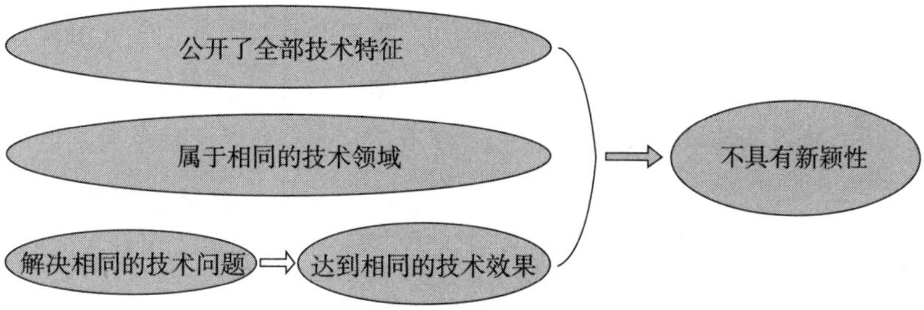

◎技术方案

GL－A－II 6.3 技术方案

§2.3 所述的技术方案，是指对要解决的技术问题所采取的利用了自然规律的技术手段的集合。技术手段通常是由技术特征来体现的。

技术方案由技术手段组成，技术手段由技术特征组成。技术特征是指在权利要求所限定的技术方案中，能够相对独立地执行一定的技术功能并能产生相对独立的技术效果的最小技术单元或者单元组合。

京（2009）高行终字第527号：技术方案与现有技术对比

新颖性的对比是将专利权利要求书中记载的要求保护的技术方案与现有技术进行对比，而不是将说明书中记载的内容与现有技术进行对比。

京（2009）高行终字第335号：判断技术方案是否相同

在进行新颖性判断时，应当将一项权利要求所要求保护的技术方案作为一个整体来看待。

与对比文件所对应的技术特征，要根据说明书所记载的该技术特征的功能、效果、作用进行判断。功能、效果、作用不同，不能视为相同的技术特征。

两项技术方案中，虽然具有相同的部件，但是部件与部件之间的连接关系或者位置关系不同的，两者也不属于相同的技术方案。

无效宣告请求第4399号：同一对比文件中不同的技术方案

同一对比文件不同部分的内容如果分属于不同的技术方案，那么所述分属于不同技术方案的内容的组合不能用来评述一项专利的新颖性。

GL-B-Ⅲ 3.2.1 相同内容的发明或者实用新型

如果要求保护的发明或者实用新型与对比文件所公开的技术内容完全相同，或者仅仅是简单的文字变换，则该发明或者实用新型不具备新颖性。

无效宣告请求第1188号：相同结构特征的产品具有相同的技术方案

在一项产品权利要求中，产品的技术方案通常是用其结构特征加以限制的。在权利要求中，产品的形状可以采用数学公式及参数取值范围来确定。

判断一项权利要求的新颖性、创造性，是以其权利要求的内容为准。在权利要求中，是以某公式来限定产品的形状。因此，该公式中各个变量之间的关系与各个变量所对应的物理含义是该权利要求所包括的内容。而其中某参数是通过何方法获得，例如是通过试验方法、通过经验公式或是通过力学公式来确定则已经超过了对该权利要求解释的范围。

作为一种机械产品，其技术方案是由其结构特征及连接特征确定的。因此，对于具有相同结构特征的产品，无论是通过经验获得的，还是通过力学计算推导得出的，都属于相同的技术方案。权利要求以公式及数值范围限定产品的结构，这只是描述结构特征的一种特殊的表示方法，并未改变该技术方案只是一种产品的结构的本质。因此，在对比文件中已经公开了相应的公式及若干组落入了权利要求的取值范围的已知数据的前提下，权利要求不具备新颖性。

无效宣告请求第4902号：相同的现有技术

如果一项权利要求的技术方案被一篇对比文件公开，并且两者在技术领域、所解决的技术问题、预期的效果和技术方案上相同，那么该权利要求不具有新颖性。

GL-B-Ⅲ 3.2.2 具体（下位）概念与一般（上位）概念

如果要求保护的发明或者实用新型与对比文件相比，其区别仅在于前者采用一般（上位）概念，而后者采用具体（下位）概念限定同类性质的技术特征，则具体（下位）概念的公开使采用一般（上位）概念限定的发明或者实用新型丧失新颖性。

反之，一般（上位）概念的公开并不影响采用具体（下位）概念限定的发明或者实用新型的新颖性。

GL-D-Ⅷ 4.3.3 公知常识

可以通过教科书或者技术词典、技术手册等工具书记载的技术内容来证明某项技术手段是本领域的公知常识。

公知常识包括“惯用技术手段”和“本领域普通技术知识”。

GL－B－Ⅲ 3.2.3 惯用手段的直接置换

如果要求保护的发明或者实用新型与对比文件的区别仅仅是所属技术领域的惯用手段的直接置换，则该发明或者实用新型不具备新颖性。〈“惯用技术手段”属于公知常识。〉

当要求保护的发明与抵触申请的区别仅仅是惯用手段的直接置换时，应当用新颖性标准评价。

当要求保护的发明与现有技术的区别仅仅是惯用手段的直接置换时，应当用创造性标准评价。

不能用“公知常识”结合现有技术评价新颖性，因为新颖性的判断适用单独对比原则，只能用“惯用技术手段的直接置换”来评价新颖性（GL－B－Ⅲ 3.2.3）。

实践中，只有在极特殊的情况下——几乎只有在抵触申请评价发明/实用新型的新颖性时，才采用“惯用手段的直接替换”这一判断标准。对于对比文件是普通现有技术的情况，通常以等效手段的替换来否定创造性，而不以惯用手段直接替换来否定新颖性。

无效宣告请求第1190号：惯用手段的直接置换

权利要求与现有技术的唯一区别是：前者采用的是皮带传动，而后者采用的是链条传动。对于所属技术领域的技术人员，甚至对机械领域的所有技术人员来说，利用皮带传动或链条传动是解决传动问题时所熟知和惯用的技术手段，这两种传动方式可相互替代且替代后可能产生的利弊众所周知，并没有产生意想不到的效果。因此，二者的互相替代属于惯用手段的直接置换，权力要求不具备新颖性。

无效宣告请求第3224号：区别仅限于公知常识

本专利与对比文件相比，其区别仅在于本专利权利要求的技术方案中的塞柱为椭圆柱、棱柱状，对比文件中塞柱为圆柱状。对于所属技术领域的技术人员来说，在制造使用补胎胶钉时需要依据待补外胎破损处窟窿的形状确定补胎胶钉形状，是一种几近生活常识的公知常识。因此，本专利以椭圆柱、棱柱状塞柱代替对比文件中圆柱状塞柱属于惯用技术手段的直接置换，因而不具备新颖性。

无效宣告请求第5684号：未记载的、但属于公开常识的必要技术特征

评价一项专利之独立权利要求新颖性时，如果被评述的权利要求中没有被对比文件明确公开技术特征，可以根据本领域公知常识推知是该对比文件所公开的技术方案中必然要包含的，或其中的区别仅仅是惯用手段的直接置换，则可以认定对比文件实质上已公开了与该权利要求同样的技术解决方案。

GL－B－Ⅱ 3.3 权利要求的撰写规定

通常，“大于”、“小于”、“超过”等理解为不包括本数；“以上”、“以下”、“以内”等

理解为包括本数。

◎选择发明

GL－B－IV 4.3 选择发明

选择发明，是指从现有技术中公开的宽范围中，有目的地选出现有技术中未提到的窄范围或个体的发明。

在进行选择发明创造性的判断时，选择所带来的预料不到的技术效果是考虑的主要因素。

选择发明的基本构成条件：

（1）该技术方案在现有技术公开的技术方案的范围之内；

（2）没有在现有技术中被公开。

满足上述条件的选择发明已经具备了新颖性。

◎数值和数值范围的新颖性

GL－B－III 3.2.4 数值和数值范围

如果发明或者实用新型中存在以数值或者连续变化的数值范围限定的技术特征，其新颖性的判断应当依照以下各项规定：

（1）对比文件公开的数值或者数值范围落在上述限定的技术特征的数值范围内，将破坏要求保护的发明或者实用新型的新颖性。

（2）对比文件公开的数值范围与上述限定的技术特征的数值范围部分重叠或者有一个共同的端点，将破坏要求保护的发明或者实用新型的新颖性。

〈权利要求中存在以连续的数值范围限定的技术特征的，其连续的数值范围与另一件专利申请或专利权利要求中的数值范围不完全相同的，也不属于同样的发明创造（GL－B－III 6.1）。〉

（3）对比文件公开的数值范围的两个端点将破坏上述限定的技术特征为离散数值并且具有该两端点中任一个的发明或者实用新型的新颖性，但不破坏上述限定的技术特征为该两端点之间任一数值的发明或者实用新型的新颖性。

（4）限定的技术特征的数值或者数值范围落在对比文件公开的数值范围内，并且与对比文件公开的数值范围没有共同的端点，则对比文件不破坏要求保护的发明或者实用新型的新颖性。

〈简化的判断基准：

①权利要求限定的技术特征为一离散数值，对比文件直接披露该离散数值或披露了以该离散数值为一端值的连续数值范围，则无新颖性，否则为有新颖性；

②权利要求限定的技术特征为一连续数值范围，对比文件披露了该连续数值范围中的一个离散数值（包括端值）或者一个该数值范围内较窄的数值范围或者一个有共同端值或部分重叠的数值范围，则无新颖性，否则为有新颖性。〉

对 GL－B－III 3.2.4 的规定举例说明：

权利要求中的数值或数值范围	对比文件	新颖性	GL－B－Ⅲ3.2.4
200～500	400～700	无	（2）部分重叠
	100～300	无	（2）部分重叠
	500～700	无	（2）有一共同端点
	450	无	（1）公开数值在限定数集内
	100～700	有	（4）限定数集包括在公开数集内，且无共同端点
	250～450	无	（1）公开数集在限定数集内
350	400～700	有	（4）限定数值在公开数集内，且不是数集端点
100、150、250、300	100～300	150、250有	（3）公开数集的端点属于限定的离散数值

数值或数值范围的新颖性判断：

限定的技术特征为连续的数值范围，对比文件中公开了较其更宽的数值范围，且给出该范围中的一些具体实施例数值，如果这些实施例数值落在要求保护的技术方案中的数值范围内，则该技术方案不具备新颖性。

限定的技术特征为连续的数值范围，对比文件中公开了一个更宽的连续数值范围，并且上述两数值范围有一个共同的端点或者部分重叠的，则以该较窄数值范围为限定技术特征要求保护的技术方案不具备新颖性。

限定的技术特征为离散的数值，对比文件公开的相应技术特征是介于两个端值之间的连续数值范围，则损害上述限定技术特征的数值为该两端值中任一个的技术方案的新颖性，但不损害上述限定的技术特征为该两端值之间的特定值的技术方案的新颖性，除非这些中间的特定值在该对比文件中已被具体公开过。

限定的技术特征为连续的数值范围，该数值范围没有在对比文件中公开过，并且不包括对比文件公开的数值，则该限定的数值范围具备新颖性。

限定的技术特征为连续的数值范围，对比文件中公开了一个较宽的数值范围，并且该两数值范围无共同端点或部分重叠的，则以该较窄数值范围为限定技术特征要求保护的技术方案具备新颖性。

限定的技术特征为连续的数值范围，该数值范围是为了解决对比文件中存在的特殊技术问题或者达到特殊效果而从对比文件公开的数值范围中选择出的，则以该选择出的数值范围为限定技术特征要求保护的技术方案具备新颖性。

限定的技术特征为离散的数值或连续的数值范围，在现有技术中上述离散的数值或连续的数值范围是作为告诫所属技术领域的技术人员不应当选用而被公开的，克服这种偏见的发明或者实用新型专利申请则具备新颖性。

GL－B－Ⅱ2.2.6 具体实施方式

当权利要求相对于背景技术的改进涉及数值范围时，通常应给出两端值附近（最好是两端值）的实施例，当数值范围较宽时，还应当给出至少一个中间值的实施例。

◎包含参数特征的产品的新颖性

GL－B－Ⅲ 3.2.5 包含性能、参数、用途或制备方法等特征的产品权利要求

对于包含性能、参数、用途、制备方法等特征的产品权利要求新颖性的审查，应当按照以下原则：

（1）包含性能、参数特征的产品权利要求：

如果该性能、参数隐含了要求保护的产品具有区别于对比文件产品的结构和/或组成，则该权利要求具备新颖性；相反，如果所属技术领域的技术人员根据该性能、参数无法将要求保护的产品与对比文件产品区分开，则可推定要求保护的产品与对比文件产品相同，因此申请的权利要求不具备新颖性。

（2）包含用途特征的产品权利要求：

权利要求中的用途特征是否隐含了要求保护的产品具有某种特定结构和/或组成。如果该用途由产品本身固有的特性决定，而且用途特征没有隐含产品在结构和/或组成上发生改变，则该用途特征限定的产品权利要求相对于对比文件的产品不具有新颖性。

（3）包含制备方法特征的产品权利要求：

该制备方法是否导致产品具有某种特定的结构和/或组成。如果申请的权利要求所限定的产品与对比文件产品相比，尽管所述方法不同，但产品的结构和组成相同，则该权利要求不具备新颖性。

在下述情况下，通常可以推定请求保护的包含参数特征的产品与对比文件公开的产品相同，不具备新颖性，不符合§22.2的规定：

（1）对比文件公开的产品与请求保护的产品包含相同的结构和/或组成特征虽然对比文件没有提及用于表征请求保护的产品的参数或者提及的是不同的参数，但根据两者的名称和其他性能等可以预计两者具有相同的结构和/或组成特征，或者该参数本身的技术含义隐含了该参数特征表征的产品与对比文件公开的产品具有相同的结构和/或组成特征。具体情形包括：

①对比文件没有公开参数特征，但其产品的结构和/或组成与请求保护的产品部分相同；

②对比文件公开了参数特征，但与请求保护的产品的参数的测量方法和/或条件不同；

③对比文件公开了参数特征，其与请求保护的产品的参数相近。

（2）对比文件公开的产品与请求保护的产品的制备方法相同或相似，虽然对比文件中没有提及申请用于表征产品的参数，或者提及的是不同的参数，但所述产品的制备方法与本申请相同或相似。

复审请求第162号：不符合常规设计又缺乏事实说明

对比文件中提出的与本申请相同的发明目的可能产生影响对比文件的其他附加特征，

并不必然导致发明目的不可实现，其影响程度取决于具体参数的选择。尽管对比文件没有给出具体参数，但是从对比文件提出的目的的明确性以及常规设计选择范围的广泛性看，选择恰好不能实现其目的的参数是最不合理的推测。在这种情况下，应当对这种不合乎常理的推断予以证实。

对于无视常规设计常识，又缺乏事实说明的观点，合议组不予支持。

◎包含方法特征的产品的新颖性

包含方法特征的产品权利要求的保护主题仍然是产品，方法特征的实际限定作用取决于其对请求保护的产品本身带来何种影响。因此，在针对包含方法特征的产品权利要求选择用于评价其新颖性或创造性的对比文件时，需考虑方法特征。

相同的制备方法应得到相同的产品，但制备方法不同并不一定导致所得产品不同。如果所属技术领域的技术人员根据方法特征无法将请求保护的产品与现有技术产品区分开，则可以推定请求保护的产品不具备新颖性。如果申请人能够提出证据证明请求保护的产品确实与现有技术产品不同，则应当认可其新颖性。

如果所属领域技术人员可以断定该方法必然使产品具有不同于对比文件产品的特定结构和/或组成，则该权利要求具有新颖性。反之，如果方法特征没有给产品权利要求带来结构和/或组成的改变，则该权利要求不具备新颖性。

●化学产品

◎组合物

GL－B－X 5.2 组合物的新颖性

（1）仅涉及组分时的新颖性判断

对比文件公开了由组分（A＋B＋C）组成的组合物，如果发明申请的组合物权利要求是：

①封闭式的，如“由A＋B组成”，即使该发明与组合物甲所解决的技术问题相同，该权利要求仍有新颖性；

②开放式的，如“含有A＋B”，且该发明与组合物甲所解决的技术问题相同，则该权利要求无新颖性；

③上述发明组合物的权利要求采取排除法撰写形式，即指明不含C，属于A＋B－C的情况，则该权利要求仍有新颖性。

（2）涉及组分含量时的新颖性判断（适用GL－B－Ⅲ 3.2.4的规定）

◎物理化学参数和制备方法

GL－B－X 5.3 用物理化学参数或者用制备方法表征的化学产品的新颖性

（1）对于用物理化学参数表征的化学产品权利要求，如果无法依据所记载的参数对由该参数表征的产品与对比文件公开的产品进行比较，从而不能确定采用该参数表征的产品与对比文件产品的区别，则推定用该参数表征的产品权利要求不具备§22.2所述的新颖性。

〈申请人应当举证其得到的参数与化学产品组分及含量的关系。〉

(2) 对于用制备方法表征的化学产品权利要求，该产品本身应该具有新颖性，而不只是其制备方法。制备方法不同并不一定导致产品本身不同。如果申请没有公开，可与对比文件公开的产品进行参数比较以证明该产品的不同之处，而仅仅是制备方法不同，也没有表明由于制备方法上的区别为产品带来任何功能、性质上的改变，则推定该方法表征的产品权利要求不具备 §22.2 所述的新颖性。

京（2011）高行终字第460号：仅以较大跨度的物理化学参数作为限定，不具备新颖性

本申请权利要求的参数仅仅是用物理化学参数对化学产品权利要求的描述。虽然对比文件公开了本申请权利要求限定的参数范围以外的两个参数，但由于本申请权利要求限定的参数范围具有较大的跨度，申请人也并未提供证据证明对比文件公开的两个参数未落在本权利要求所限定的范围内，因此无法将本申请记载的物理化学参数所表征的产品与对比文件公开的产品进行比较，从而不能确定二者之间的区别，故该权利要求不具备新颖性。

◎化合物

GL－B－X 5.1 化合物的新颖性

(1) 专利申请要求保护一种化合物的，如果在一篇现有技术文件里已经提到该化合物，所属领域的技术人员由该文件的指导能制造或者能分离出该化合物，则该化合物缺乏新颖性。这里“提到”是指：明确定义或说明了该化合物的。

①化学名称；

②分子式（或结构式）；

③理化参数，和/或

④一种制备方法（包括原料）。

(2) 如果现有技术只公开化合物的上述①～④的部分内容，所属领域的技术人员不能从这篇文件中或公知的常识中理解到如何得到所要求的化合物，则这个现有技术不能用来破坏该化合物的新颖性。

(3) 在化合物的名称和分子式难以辨认的情况下，现有技术所公开的理化参数或鉴定化合物用的其他参数等，可以用来破坏发明化合物的新颖性，但必须是所属领域的技术人员根据这个现有技术能制造或分离出该产品。

(4) 通式不能破坏该通式中一个具体化合物的新颖性。一个具体化合物的公开使包括该具体化合物的通式权利要求丧失新颖性，但不影响该通式所包括的除该具体化合物以外的其他化合物的新颖性。一系列具体的化合物能破坏这系列中相应的化合物的新颖性。

(5) 天然物质的存在本身并不能破坏该发明物质的新颖性，只有现有技术中已公知的与发明物质的结构和形态一致或直接等同的天然物质，才能破坏该发明物质的新颖性。

对于权利要求所要求保护的通式类化合物而言，只要对比文件中明确定义或者说明

了某具体化合物的化学名称、分子式（或结构式）、理化参数或制备方法，并且该具体化合物落入权利要求所要求保护的通式范围内，那么该对比文件就提到了能够破坏该权利要求新颖性的具体化合物。

以下情形可以认为现有技术中“提到”了有关化合物：

（1）如果现有技术公开的通式化合物中只有一个变量，并且该变量的可选项均是具体取代基，则对于从中选择每个具体取代基而得到的具体化合物，均可认为其已被现有技术“提到”；

（2）作为一个特例，如果现有技术公开的化合物虽然用通式表示，但是该通式中只有两个变量，每个变量仅有两个可选项，并且可选项均是具体取代基，则可以认为所述通式包括的四个具体化合物已被该现有技术“提到”。

马库什类型产品：

在化学领域，尤其是有机合成领域，以及药物领域，马库什类型产品权利要求作为常见的权利要求撰写方式，其特点在于此类权利要求所保护的化合物以结构通式形式表征。马库什类型产品权利要求的技术方案中往往包含了成百上千甚至数十万种化合物。其保护范围覆盖了由通式上取代基定义中基团以及其他变量取值不同排列组合产生的多种以致数量可观的化合物。如果现有技术公开的化合物包含在马库什类型权利要求的保护范围内，包含这些已知具体化合物的马库什型权利要求不具备新颖性。

复审请求第40895号：马库什类型产品的新颖性

对于化学通式定义的化合物权利要求而言，如果对比文件中公开的化学通式包含了一个较宽的化合物范围，本领域普通技术人员仅根据该通式以及通式中取代基的选择的内容并不能直接得出落入所述权利要求保护范围的具体化合物，即使对比文件通式中取代基进行的选择与权利要求保护范围内的具体化合物相同，也不能因此认为该权利要求的通式化合物已被该对比文件公开而丧失新颖性。

纯度限定的化合物：

通常，纯度限定并不能对化合物的结构产生任何影响，即赋予化合物任何新的特征，使之区别于现有技术已知的化合物，因此用纯度限定的已知化合物通常不具备新颖性，除非申请人能够提供证据证明在申请日之前所属技术领域的技术人员无法获得该纯度的化合物。

无效宣告请求第4163号：理化参数已知的化合物

专利申请要求保护一种化合物的，如果在一篇现有技术文件里已经公开了该化合物及其相应的理化参数，具备所属领域公知常识的技术人员能制造或者能分离出该化合物，则该化合物缺乏新颖性。

◎药物组合物的新颖性：

应当根据药物组合物的组分及其含量判断该组合物是否具备新颖性。当药物组合物权利要求中包含给药途径、剂量、方案（包括给药时间和频次）、对象、药品性能或用途和药品制备方法等特征时，应当考虑这些特征是否对产品的结构和/或组成产生影响。

（1）给药途径

药物组合物权利要求中包含特定给药途径或方式特征时，这些特征中可能隐含药物组合物结构和/或组成特征，如特定给药途径暗示药物组合物中含有特定的药用辅料，这会对产品的结构和/或组成产生影响。

（2）给药剂量与给药方案

给药剂量与给药方案（包括时间、频次）通常不能对药物组合物的结构和/或组成产生影响，即对药物组合物没有限定作用，所以与现有技术的区别仅在于给药剂量和给药方案的产品不具备新颖性。

（3）治疗用途

治疗用途通常不会对药物组合物的结构和/或组成产生影响，不具有限定作用。

（4）给药对象

与现有技术相比，仅给药对象不同的产品权利要求通常不具备新颖性。

（5）包含功能性药用辅料

对于药物组合物权利要求，主要应当考虑具体辅料组分及其在产品中的含量或所处结构部位是否使制剂产品本身或其性能区别于现有技术。对于通过特定制备方法获得的产品权利要求，还应当考虑具体辅料是否通过该制备方法对所制得的产品本身或其性能产生影响，由此判断产品的新颖性。

（6）药品的使用说明书

药品使用说明书及其本身记载的文字信息不构成药品本身的技术特征，因此与现有技术相比，区别仅在于药品使用说明书及其记载信息的药品权利要求不具备新颖性。

◎包含提取方法特征的中药提取物权利要求：

中药提取物权利要求包含提取方法特征时，如果现有技术中公开了采用不同提取方法获得的该中药提取物，则应当考虑该提取物产品是否能够与现有技术相区别，即其性能、效果或组成和/或含量是否能与已知产品区分开，如果无法区分，则推定该中药提取物不具备新颖性。此时，如果申请人通过对比实验证实，请求保护的中药提取物与现有技术的提取物在性能、效果或组成和/或含量上有区别，则可认可其新颖性。

GL-B-X 5.4 化学产品用途发明的新颖性

一种新产品的用途发明由于该产品是新的而自然具有新颖性。

一种已知产品不能因为提出了某一新的应用而被认为是一种新的产品。

涉及化学产品的医药用途发明：

（1）仅仅表述形式不同而实质上属于相同用途的发明不具备新颖性；

（2）与原作用机理或者药理作用直接等同的用途不具有新颖性；

(3) 已知下位用途可以破坏上位用途的新颖性;

(4) 仅仅体现在用药过程中的区别特征不能使该用途具有新颖性。

〈化学物质的用途发明是基于发现物质新的性能，并利用此性能而作出的发明。这类发明包括新物质的用途发明和已知物质的新用途发明。〉

◎医药用途发明的新颖性

中国采用“制药用途型权利要求”来保护医药用途发明。因此，物质的医药用途发明可以撰写为“物质X在制备治疗Y病的药物中的应用”或类似形式。

所述“药物”中该物质X应该是治疗Y病的活性成分，其可以作为唯一的活性成分，也可以与除物质X外的其他活性成分联用，因此，当现有技术公开了与发明具有相同治疗用途的包含物质X的药物时，该发明不具备新颖性。

如果现有技术中明确或隐含公开了药品A具有特定药理活性或者治疗用途，则无论其是否公开了效果实验，通常都破坏药品A的相同治疗用途发明的新颖性，除非申请人提交的证据表明该现有技术的描述不正确。

(1) 给药剂量与给药方案

给药剂量和给药方案包括药物用量、给药时间、频次、特定给药方法和联合给药方法等，通常与医生对治疗方案的选择密切相关，而与药物及其制剂本身没有必然联系。因此，与现有技术公开的技术方案相比，区别仅在于给药剂量和/或给药方案不同的制药用途权利要求通常不具备新颖性。

(2) 给药对象

通常，给药对象的种属、年龄和性别等方面的区别不会给制药用途权利要求带来新颖性。如果给药对象的不同导致所治疗疾病不同，则制药用途权利要求具备新颖性。

(3) 给药途径与应用部位

如果给药途径与应用部位的区别使得制药用途权利要求能够区别于现有技术，例如两者的药物形式不同，则该权利要求具备新颖性。

最高人民法院（2012）知行字第75号：给药特征

仅体现于用药行为中的特征不是制药用途的技术特征，对权利要求请求保护的制药方法本身不具有限定作用。

涉案专利限定的剂量和重复给药频率仅仅体现在用药过程中，并没有导致制药过程发生变化。因此，给药剂量和给药时间间隔等治疗方案的信息不能使涉案专利的制药用途区别于现有技术的已知用途。

〈仅仅体现在用药过程中的区别特征不能使该用途具有新颖性。〉

◎中药制药用途权利要求:

在中药领域，单味药物的制药用途权利要求通常撰写为“……中药材在制备治疗……疾病的药物中的应用”。其包括两种技术方案：该中药材作为唯一的原料药在制备治疗某疾病的药物中的应用，以及包含该中药材的复方在制备治疗某疾病的药物中的应用。

如果对比文件公开了包含某中药材的中药产品治疗某疾病的用途，那么该对比文件能破坏该中药材在制备治疗同一疾病药物中的应用的权利要求的新颖性，但不能破坏该中药材作为唯一的原料药在制备治疗同一疾病药物中的应用的权利要求的新颖性，除非该对比文件中公开了该中药材本身具有治疗该疾病的功效。

●发明创造性

京高院《专利侵权判定指南》

第10条：所属技术领域的普通技术人员，不是指具体的某一个人或某一类人，不宜用文化程度、职称、级别等具体标准来参照套用。当事人对所属技术领域的普通技术人员是否知晓某项普通技术知识以及运用某种常规实验手段的能力有争议的，应当举证证明。

GL－B－IV 2.4 所属技术领域的技术人员

所属技术领域的技术人员（发明和实用新型专利的判断主体）也称为本领域的技术人员，是一种假设的“人”〈可以是一个人或一个集体〉，假定他知晓申请日（优先权日）之前发明所属技术领域所有的普通技术知识，能够获知该领域中所有的现有技术，并且具有应用该日期之前常规实验手段的能力，但他不具有创造能力。如果所要解决的技术问题能够促使本领域的技术人员在其他技术领域寻找技术手段，他也应具有从该其他技术领域中获知该申请日或优先权日之前的相关现有技术、普通技术知识和常规实验手段的能力。〈具备基本知识、学习能力和组合能力，即知晓所属技术领域的常识；能够获知所属技术领域的现有技术；具有根据启示将现有技术结合在一起的能力；具备常规实验的手段和能力。〉

如果发明所基于的以及由最接近的现有技术所引出的问题促使所属领域技术人员到另一技术领域寻找答案，则该领域技术人员是有资格解决该问题的人员。在这种情况下，对该技术解决方案是否具有创造性的评价就要以该技术人员的知识水平和能力为基准。

◎所属技术领域：

不仅包括相同技术领域，还包括相近技术领域。主要根据发明的应用领域判断，有时也可根据所解决的技术问题来判断所属领域。

无效宣告请求第474号：本领域一般技术人员不是特定的某人确定“本领域一般技术人员的认识”时，所依据的不是某个人的认识。

无效宣告请求第3129号：判断“会不会”而非“能不能”

在判断一项权利要求是否具有创造性时，不仅需要考察该权利要求的所有技术特征是否已被现有技术公开，还要考察现有技术的应用领域，以及现有技术是否给出了将其公开的内容进行结合的技术启示。

判断创造性的关键不是取决于技术手段本身普通技术人员是否有能力采用，而是基于申请日前的现有技术的教导，看普通技术人员会不会有可能会采用这样的手段。

复审请求第2535号： 所属技术领域

在考虑“所属技术领域”时，首先不应当仅仅着眼于产品本身所属的技术领域，还应当考虑其制造过程中相关的技术领域。其次，还应当考虑对比文件之间的内在关联性。

●审查原则

GL－B－Ⅳ 3.1 审查原则

一件发明专利申请是否具备创造性，只有在该发明具备新颖性的条件下才予以考虑。与新颖性“单独对比”的审查原则不同，审查创造性时，可以将一份或者多份对比文件中的不同的技术内容组合在一起进行评定。

〈不具备新颖性的发明或者实用新型，不可能具备创造性。〉

GL－B－Ⅳ 6.4 对要求保护的发明进行审查

发明是否具备创造性是针对要求保护的发明而言的，因此，对发明创造性的评价应当针对权利要求限定的技术方案进行。发明对现有技术作出贡献的技术特征，使发明产生创造性预料不到的技术效果的技术特征，或者体现发明克服技术偏见的技术特征，应当写入权利要求中；否则，即使说明书中有记载，评价发明的创造性时也不予考虑。此外，创造性的判断，应当针对权利要求限定的技术方案整体进行评价，即评价技术方案是否具备创造性，而不是评价某一技术特征是否具备创造性。

京（2012）高行终字第1204号： 不应割裂地分析区别技术特征

对专利创造性的判断，应当以全面地、正确地理解本专利和现有技术的技术方案为前提。如果区别技术特征之间存在协同作用，不应当割裂地分析区别技术特征的作用及其在现有技术中是否存在技术启示，而应当综合地分析现有技术中是否存在技术启示。

最高人民法院（2012）民申字第137号： 权利要求技术特征的划分

本案专利和被诉侵权产品的靶标数量虽然不同，但是由于本案专利的每一个靶标在击打时单独发挥作用，因此不能将五个靶标作为一个技术特征来考虑，而应当将其分解为头部靶标、腹部靶标和腰部靶标来考虑。

◎具有创造性的情形：

（1）本发明相对于最接近对比文件解决了长期以来渴望解决但始终未能获得成功的技术难题（GL－B－Ⅳ 5.2）；

（2）本发明克服了技术偏见（GL－B－Ⅳ 5.2）；

（3）本发明取得了预料不到的技术效果（GL－B－Ⅳ 5.3）；

（4）本发明在商业上获得成功（GL－B－Ⅳ 5.4）。

京（2009）高行终字第445号： 仅有字面上的区别

在评价专利的创造性时，如果权利要求与对比文件公开的内容有字面上的区别，还要基于所属技术领域的技术人员的理解，判断该区别是否属于实质性的区别。除对比文件明确公开的内容外，专利权利要求所记载的内容属于所属技术领域的技术人员有限的选择，则与对比文件相比，同样不具备实质性特点。

复审请求第2429号：仅在于表述不同而实质相同的发明不具有创造性

如果站在所属领域技术人员的角度经分析认定现有技术实质上已经公开了权利要求请求保护的技术方案的核心内容（即发明点），客观分析该权利要求技术方案所解决的技术问题以及产生的技术效果也与现有技术实质相同，尽管二者对于发明目的和技术方案的表述均存在差异，但该权利要求技术方案与现有技术相比仍不具有创造性。

针对一项以方法为主题的权利要求来说，通常此类权利要求可以采用物质特征（如原料和产品）、设备特征以及方法本身的特征（如步骤、条件）来定义，在该技术方案涉及的物质特征已被现有技术公开的情况下，如果该方法技术方案中并未包含其他的技术特征，或者虽包含了其他的技术特征，但该特征并未对创造性作出贡献，则该方法权利要求的技术方案依然不具有创造性。

●发明创造性的判断

GL－B－Ⅳ 3.2.1.1 判断方法

判断创造性通常可按三个步骤进行：

（1）确定最接近的现有技术

接近的现有技术，是指现有技术中与要求保护的发明最密切相关的一个技术方案，它是判断发明是否具有突出的实质性特点的基础。最接近的现有技术，可以是与要求保护的发明技术领域相同，所要解决的技术问题、技术效果或者用途最接近和/或公开了发明的技术特征最多的现有技术，或者虽然与要求保护的发明技术领域不同，但能够实现发明的功能，并且公开发明的技术特征最多的现有技术。应当注意的是，在确定最接近现有技术时，应首先考虑技术领域相同或相近的现有技术。

（2）确定发明的区别特征和其实际解决的技术问题

首先应当分析要求保护的发明与最接近的现有技术相比有哪些区别特征，然后根据该区别特征所能达到的技术效果确定发明实际解决的技术问题。发明实际解决的技术问题，是指为获得更好的技术效果而需对最接近的现有技术进行改进的技术任务。

〈发明的区别特征是发明与最接近的现有技术相比，客观存在的不同的技术特征。发明实际解决的技术问题，主要是依据区别特征所能达到的技术效果来确定。〉

（3）判断要求保护的发明对本领域的技术人员来说是否显而易见

要从最接近的现有技术和发明实际解决的技术问题出发。判断过程中，要确定的是现有技术整体上是否存在某种技术启示，即现有技术中是否给出将上述区别特征应用到该最接近的现有技术以解决其存在的技术问题（即发明实际解决的技术问题）的启示，这种启示会使本领域的技术人员在面对所述技术问题时，有动机改进该最接近的现有技术并获得要求保护的发明。如果现有技术存在这种技术启示，则发明是显而易见的，不具有突出的实质性特点。

确定最接近的现有技术：

通常按照如下顺序考虑并选择最接近的现有技术：

（1）优先考虑技术领域相同或相近的现有技术；技术领域相同或相近时，优先考虑所要解决的技术问题、技术效果或用途最接近的现有技术，其次考虑公开了发明的技术特征最多的现有技术。

（2）无相同或相近技术领域的现有技术时，可以考虑选择与要求保护的发明技术领域不同，但能够实现发明的功能，并且公开发明的技术特征最多的现有技术作为最接近的现有技术。

（3）除考虑独立权利要求外，还可以考虑对比文件中公开的发明从属权利要求技术特征的多少，以便于从属权利要求创造性的评价。

阐明作为最接近现有技术的理由：

（1）产品权利要求：

①相同的技术领域；

②相近的技术领域；

③相同或类似的用途/功能；

④面对同样需要解决的技术问题或任务；

⑤说明书中作为举例说明的例子最为接近；

⑥公开了发明的技术特征最多，因此仅需要最少的结果上或者功能上的改动。

（2）方法权利要求：

方法和过程的结果相同或者最为相似。

◎确定发明实际解决的技术问题

根据发明与最接近现有技术存在的区别性技术特征所能达到的技术效果来确定发明实际解决的技术问题，该技术问题是指改进该最接近现有技术以获得更好技术效果的技术任务。

确定依据：

（1）说明书中明确记载的区别特征在发明中的作用、发明所要解决的问题或发明的技术效果；

（2）说明书中未明确记载，但本领域技术人员根据现有技术可以预期或确认的关于区别特征在发明中客观上具有的作用或使发明在客观上达到的技术效果。

重新确定的“发明实际解决的技术问题”可能与原申请说明书声称的“所要解决的技术问题”不同。

确定步骤：

通常，确定发明实际解决的技术问题的步骤如下：

（1）根据最接近的现有技术确定发明的区别特征；

（2）说明书中记载了区别特征对应的技术问题时，一般该技术问题即为发明实际解决的技术问题；

（3）说明书中未记载区别特征对应的技术问题时，确定区别特征在发明中的作用及使发明达到的技术效果，并由此确定发明实际解决的技术问题。

①如果说明书记载了区别特征使发明达到的技术效果，且该技术效果可以得到确认，则根据区别特征使发明达到的技术效果确定发明实际解决的技术问题；

②如果说明书未记载区别特征使发明达到的技术效果，可以根据本领域技术人员能够预期的技术效果确定发明实际解决的技术问题；

③如果最接近的现有技术与发明的技术效果相同，那么发明实际解决的技术问题就是提供另一种与现有技术具有相同或类似技术效果的其他替代方案。

注意：

①在确定发明实际解决的技术问题时，不应将发明的技术方案作为重新确定后的发明实际解决的技术问题，在实际解决的技术问题中也不应包含解决该问题的技术手段；

②发明实际解决的技术问题要依据区别特征在整个发明中与其他技术特征之间的相互作用来确定，不能局限于区别特征本身固有的功能或效果；

③发明说明书中没有记载、本领域技术人员又不能预期的技术效果，不能作为确定发明实际解决的技术问题的依据；

④不能使用申请日或优先权日之后获得的知识确定发明实际解决的技术问题。

◎技术启示：

用 PEACE 方法判断发明对所属领域的技术人员的技术启示：

（1）问题（Problem）的提出是否显然？

（2）比较所起的作用（Effect）是否相同？

（3）技术领域（Art）是否相同？

（4）技术方案的构成（Configuration）是否一致或相似？

（5）产生的技术效果（Effect）是否相同？

判断创造性的步骤：

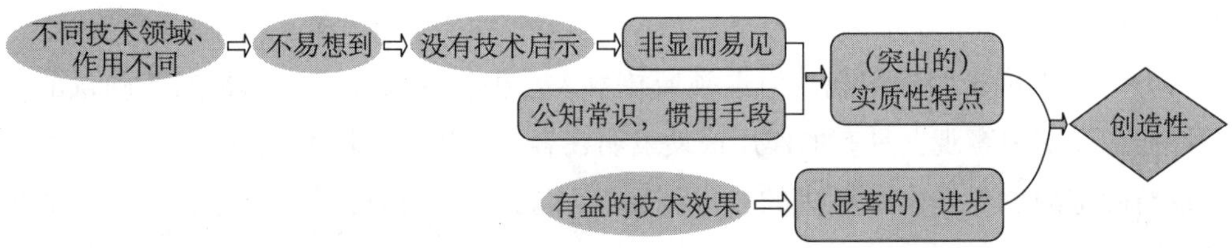

GL－B－IV 3.2.1.1 判断方法

下述情况，通常认为现有技术存在上述技术启示：

（1）所述区别特征为公知常识，教科书或者工具书等中披露的解决该重新确定的技术问题的技术手段。

（2）所述区别特征为与最接近现有技术相关的技术手段，该技术手段在该其他部分所起的作用与该区别特征在要求保护的发明中为解决该重新确定的技术问题所起的作用相同。

(3) 所述区别特征为另一份对比文件中披露的相关技术手段，该技术手段在该对比文件中所起的作用与该区别特征在要求保护的发明中为解决该重新确定的技术问题所起的作用相同。

以下情形可以认为现有技术整体上存在技术启示：

(1) 所述区别特征为公知常识；

(2) 所述区别特征为与最接近的现有技术相关的技术手段；

(3) 所述区别特征为其他对比文件中披露的相关技术手段，该技术手段在该对比文件中所起的作用与该区别特征在要求保护的发明中为解决发明实际解决的技术问题所起的作用相同；

(4) 其他对比文件中披露了不同于发明区别特征的技术手段，其与发明的区别特征具有相同或类似的作用，本领域技术人员能够通过公知的变化或利用公知的原理对该技术手段进行改型，将其应用于最接近的现有技术中获得发明，且可以预期其效果；

(5) 现有技术中虽然没有教导，但出于解决本领域中公认的问题或满足本领域普遍存在的需求的目的，使得本领域技术人员有动机及能够采用已知技术手段对最接近的现有技术进行改进而获得发明，并可以预期其效果。

不存在技术启示的情形：

(1) 所述区别特征公开于作为最接近的现有技术的对比文件的其他部分，根据发明和/或现有技术的教导，这些特征所起的作用与该区别特征在要求保护的发明中为解决发明实际解决的技术问题所起的作用不同；

(2) 其他对比文件公开了发明的区别特征，但这些特征在现有技术中所起的作用与在发明中的作用不同；

(3) 其他对比文件公开了发明的区别特征，并且这些特征在现有技术中所起的作用与在发明中的作用相同，但将这些特征应用于最接近的现有技术时存在技术障碍；

(4) 作为最接近的现有技术的对比文件的其他部分，或者其他对比文件，给出了与发明相反的教导。

最高人民法院（2012）知行字第3号：权利要求的技术特征被对比文件公开的认定标准

引用对比文件判断发明或者实用新型的创造性时，应当以对比文件公开的技术内容为准；该技术内容不仅包括明确记载在对比文件中的内容，而且包括对于所属技术领域的技术人员来说，隐含的且可直接地、毫无疑义地确定的技术内容。认定权利要求中的技术特征被对比文件公开，不仅要求该对比文件中包含相应的技术特征，还要求该相应的技术特征在对比文件中所起的作用和该技术特征在权利要求中所起的作用相同。相应的技术特征在对比文件中所起的作用是指该相应的技术特征在对比文件公开的技术方案中实际所起的作用，而不是该相应的技术特征客观上可具有的作用的全集。

京（2011）高行终字第322号：明确的技术启示

技术启示应当是明确的指引，而不应进行推定。

京（2009）高行终字第1155号：不同的技术问题

如果对比文件中相应技术特征所解决的技术问题与区别技术特征在专利技术方案中解决的技术问题不同，则不能认为对比文件有技术启示。

无效宣告请求第4543号：从技术发展演变的必然联系判断是否存在技术启示

对比文件是否给出技术教导或技术启示，或者通过其公开的技术内容经过逻辑分析、推理或者有限的实验来得出本专利所诉技术方案，可以从该技术发展及演变过程看现有技术与本专利技术方案之间是否存在某种必然的联系。如果不存在某种必然的联系，则不存在这种技术教导或启示，本领域普通技术人员不能从现有技术经过逻辑分析、推理或者有限的实验得出本专利技术方案。

无效宣告请求第9313号：区别技术特征作用相同

如果权利要求相对于最接近的现有技术的区别技术特征被另一份对比文件披露，该技术特征在该对比文件中所起的作用与该区别特征在上述权利要求的所有的作用相同，则认为现有技术中存在将上述区别技术特征应用到最接近的现有技术中以解决其存在的技术问题的技术启示。

复审请求第358号：启示与技术启示

所谓“启示”，包括明示，即从对比文件中可以直接反映出的内容；也包括暗示，即为直接描述但技术人员可以从中感悟到的内容。

一种技术手段的固有特性对普通技术人员是已知的，因而将其用在一个传统的装置上对普通技术人员具有智力上的可能性。这只能确定以这样的方式使用这样的技术手段的可能性，即普通技术人员有能力使用它。但是，如果要认定上述智力上的可能性是普通技术人员可以明显地使用的技术措施，则有必要说明在已有技术中存在着一种可以识别的启示，其启示指导人们将上述已知的技术手段组合到上述传统的装置上以获得所欲达到的技术目的，即普通技术人员有进行这种组合的主观的意愿。

复审请求第1481号：单个技术特征的启示的结合

在判断创造性时，既要考察现有技术中是否存在对单个技术特征的直接启示，同时又要考察将现有技术中这些对单个技术特征的启示进行结合的难易程度以及可能性。

复审请求第5674号：结合相关技术特征

尽管本发明的独立权利要求的全部技术特征已经被对比文件1和2所公开，但是却没有给出将相关技术特征结合起来得到本发明权利要求的技术方案的技术启示，因此本发明具备突出的实质性特点和显著的进步。

〈在确定发明相对于最接近对比文件的区别技术特征时，不能将发明和现有技术中采用的技术手段和解决的技术问题分割开来考虑，仅仅关注区别技术特征本身，而忽视该区别技术特征在发明中所起的作

用。〉

复审请求第11434号：区别特征是公知常识或常用技术手段存在技术启示

判断是否显而易见，是判断现有技术是否给出了将区别特征应用到最接近的现有技术中以解决其存在的技术问题的启示，这种技术启示可以来自对比文件或公知常识的教导。如果该区别特征被另一对比文件公开，并且在该对比文件中所起的作用与该特征在本发明或者实用新型中所起的作用相同，或者该区别特征属于本领域的公知常识或常用技术手段，则认为现有技术中存在技术启示。

复审请求第154063号：现有技术是否给出技术启示

即使区别技术特征存在于对比文件中，也不能将其简单地视为对比文件给出了使用该区别技术特征去解决相对于最接近现有技术需要实际解决的技术问题的启示。在这种情况下，应该考虑该区别技术特征在对比文件中起到了何种作用，带来了何种技术效果，据此本领域技术人员将会获得何种技术启示。

GL－B－Ⅳ 2.2 突出的实质性特点

发明有突出的实质性特点，是指对所属技术领域的技术人员来说，发明相对于现有技术是非显而易见的。如果发明是所属技术领域的技术人员在现有技术的基础上仅仅通过合乎逻辑的分析、推理或者有限的试验可以得到的，则该发明是显而易见的，也就不具备突出的实质性特点。

GL－B－Ⅳ 3.2.1 突出的实质性特点的判断

判断对本领域的技术人员来说，要求保护的发明相对于现有技术是否显而易见。

“非显而易见”是指具有突出的实质性特点，有显著的进步。

判断发明是否具有突出的实质性特点，就是判断要求保护的发明相对于现有技术是否显而易见。如果显而易见，则不具有突出的实质性特点；反之，则具有。通常可以按“三步法”（problem and solution）来判断发明相对于现有技术是否显而易见。

京（2009）高行终字第122号：判断突出的实质性特点的步骤

在判断是否具有突出的实质性特点时，一般要先确定最接近的现有技术，其后确定发明的区别特征，然后根据该区别特征所能达到的技术效果确定发明实际解决的技术问题，最后判断要求保护的发明对本领域的技术人员来说是否显而易见。

无效宣告请求第6287号：具有实质性特点和进步

实用新型专利与现有技术相比不限于相同功能的已知手段的等效替代，也不是为解决同一技术问题，用已知最新研制出的具有相同功能的材料代替公知产品中的相应材料，并且本实用新型的技术方案由此带来了有益的技术效果，因此权利要求与对比文件相比具有实质性特点和进步。

无效宣告请求第4509号：付出了创造性的劳动

若一项权利要求的技术方案与现有技术相比存在区别技术特征，且该区别技术特征的引入付出了创造性的劳动，从而具有实质性特点和进步，则该权利要求具备§22.3所规定的创造性。

复审请求第1402号：通过分析、推理或实验可以得到的技术方案不具备突出的实质性特点

权利要求的技术方案在对比文件中尽管没有明确、具体的教导和启示，但属于本领域技术人员在现有技术的基础上通过逻辑分析、推理或者实验可以得到的技术方案，因此，不具备突出的实质性特点。

◎显而易见/必然性和可能性

判断是否“显而易见”带有一定的主观性，就是判断现有技术是否给出了将区别特征应用到最接近的现有技术中以解决其存在的技术问题的启示。这种技术启示可以来自对比文件或公知常识的教导，具体来说，如果该区别特征被另一篇对比文件公开，并且在该对比文件中所起的作用与该特征在本发明或者实用新型中所起的作用相同，或者该区别特征属于本领域的公知常识或常用技术手段，则认为现有技术中存在技术启示。

出现以下三种情况之一，就可以认为权利要求的技术方案相对于对比文件和本领域的公知常识是非显而易见的。

（1）区别技术特征在所引用的其他技术方案（包括最接近对比文件中除最接近现有技术外的其他技术方案）中均未被披露。

上述情况分成了最接近对比文件中仅公开了最接近的现有技术和除最接近现有技术外还公开其他技术相关技术方案两种情况。

（2）区别技术特征虽在其中某一篇对比文件中披露，但在该对比文件中所起作用与其在本发明中为解决发明实际解决的技术问题所起的作用不同。

（3）区别技术特征虽在其中某一篇对比文件中披露，但最接近的对比文件已给出与本发明技术方案相反的教导。

最高人民法院（2012）行提字第29号：属于相同的技术领域的两者间存在的区别特征为公知常识

如果实用新型与对比文件属于相同的技术领域，但两者间存在区别特征，而该区别特征为公知常识，现有技术中已明确给出将上述区别特征应用到该对比文件以解决其存在的技术问题的启示，这种启示会使本领域的技术人员在面对所述技术问题时，有动机改进该对比文件并获得实用新型的技术方案，则该实用新型的技术方案是显而易见的。

京（2008）高行终字第46号：区别技术特征产生必然效果

权利要求的技术方案虽然省略了一个步骤，但也丧失了此步骤产生的效果。对于本领域技术人员而言，省略该步骤及相应技术效果的技术方案是显而易见的。

无效宣告请求第4565号：是否存在技术启示来判断显而易见

分析一项技术方案对本领域的技术人员来说是否显而易见时，需要确定现有技术整体上是否存在某种技术启示，即现有技术中是否给出了将该技术方案与现有技术的区别

特征应用到最接近现有技术已解决其存在的技术问题（即发明实际解决的技术问题）的启示，这种启示会使本领域的技术人员在面对所述技术问题时，改进该最接近现有技术并获得要求保护的发明。

无效宣告请求第4634号：必然选择

如果区别技术特征是本领域技术人员为解决某一技术问题所作的必然选择，则该权利要求保护的技术方案是显而易见的，本领域技术人员得出该权利要求保护的技术方案无须付出创造性的劳动。反之，如果该区别技术特征仅仅是本领域技术人员可能采取的一种手段，也就是本领域技术人员在现有技术基础上为解决某一技术问题还可能采取其他的技术手段，并且采取该技术手段并非是多种必然选择中的一种，那么在判断创造性时，则不能简单地得出其是否具有或者不具有创造性的结论，而是需要以本领域技术人员的眼光，从权利要求保护的整体技术方案出发，判断该权利要求是否显而易见。

〈如果为解决技术问题所作的选择是必然选择中的一种，无论该技术方案会带来什么技术效果，其仍然不具备创造性。但是如果该可能采取的技术手段并非多种必然选择中的一种，且该技术方案同样能够解决技术问题，那么其可能具备创造性。〉

无效宣告请求第7363号：区别技术特征作用相同

在判断创造性的过程中，要确定现有技术整体上是否存在某种技术启示。如果所述区别特征为另一篇对比文件中披露的相关技术手段，该技术手段在该对比文件中所起的作用与该区别特征在请求保护的专利中所起的作用相同，则应当认为现有技术中存在技术启示。

无效宣告请求第19395号：存在技术启示且没有产生预料不到的技术效果

对于存在区别技术特征的情形，如果存在某种启示或需要，使得本领域技术人员能够根据所述启示或需要而引入该区别技术特征从而获得所要求保护的技术特征，而且没有产生预料不到的技术效果，则应当认为所要求保护的技术方案是显而易见的，不符合创造性的规定。

复审请求第1657号：仅给出采用技术方案的“可能性”

虽然本专利的技术思路可能隐含在对比文件所公开的技术方案中，但对比文件对此并未给出明确的教导，也未给出任何相关的技术启示。这只能说现有技术仅给出了采用该申请技术方案的“可能性”，但并未给出采用该技术方案的“必然性”。因此，权利要求所诉的技术方案相对于对比文件而言是非显而易见的。

◎公知常识/惯用技术手段

公知常识包括惯用技术手段和本领域普通技术知识。但是，公知常识与众所周知的事实是两个内涵和外延均不尽相同的概念。众所周知的事实可以被法庭直接认定，即属于司法认知的免证内容，无须当事人进行举证。而公知常识是有技术领域的限制，它的外延要小于“众所周知的事实”，即某一技术领域内可被视为公知常识的技术知识和技术手段。

京（2011）高行终字第464号：认定现有技术中的区别特征为公知常识

在创造性判断中，如果现有技术中给出将区别特征应用到最接近的现有技术已解决其存在的技术问题的启示，且这种启示会使本领域的技术人员在面对所述技术问题时，有动机改进该最接近的现有技术并获得要求保护的发明，则可以认定该区别技术特征属于公知常识。但认定区别技术特征属于公知常识应当有教科书或者工具书等证据佐证，或者特殊情况下难以提供上述证据时，应当进行充分的说明，不能仅以“断言”的形式说明。

不能以测量过程中恒定地维持测量对象和图像获取装置之间的物距以确保或提高测量精度是公知常识而认为为实现这一技术目的的各种具体实施测量的方法、设备均属于公知常识。

京（2010）一中知行初字第1413号：直接认定公知常识

在既是本领域的“公知常识”也是“众所周知的事实”这种情况下，法官可以在当事人没有举证的情况下直接予以认定。

无效宣告请求第7920号：区别技术特征为公知技术手段

权利要求与对比文件相比，其区别技术特征为本领域技术人员解决相同技术问题时公知的技术手段，因此该权利要求相较于对比文件与该公知手段的结合不具有创造性。

复审请求第3302号：主要技术特征为公知常识或惯用技术手段

对比文件仅公开了少数技术特征，其他技术特征则为本领域技术人员的公知常识或惯用技术手段。为了解决发明创造所要解决的具体问题，本领域技术人员很容易想到将现有技术和公知常识和/或惯用手段相结合而得到该权利要求所述的技术方案，而这种结合所带来的技术效果是采用各相应技术特征所必然带来的，则该权利要求所限定的技术方案不具备突出的实质性特点和显著的进步，即不具备发明专利应当具备的创造性。

复审请求第9034号：技术方案仅仅是现有技术与惯用技术手段的结合

如果一项权利要求所限定的技术方案仅仅是本领域现有技术与本领域技术人员惯用技术手段的结合，且这种结合所带来的技术效果是采用各相应惯用技术特征所必然带来的，即未产生任何意料不到的技术效果，则该权利要求所限定的技术方案不具备突出的实质性特点和显著的进步，不符合§22.3创造性的规定。

◎有益效果/显著进步

GL-B-IV 3.2.2 显著的进步的判断

以下情况，通常应当认为发明具有有益的技术效果，具有显著的进步：

（1）发明与现有技术相比具有更好的技术效果；

（2）发明提供了一种技术构思不同的技术方案，其技术效果能够基本上达到现有技术的水平；

（3）发明代表某种新技术发展趋势；

（4）尽管发明在某些方面有负面效果，但在其他方面具有明显积极的技术效果。

〈只要符合以上任何一种就可以认定为具有显著的进步。〉

不能仅仅以发明不具有"显著的进步"或实用新型不具有"进步"来否定权利要求的创造性。也不能以发明或实用新型没有获得预料不到的技术效果来否定权利要求的创造性。因此，要得出权利要求不具有（显著的）进步的结论，就要说明不属于上述4种情况。

GL－B－II 2.2.4 发明或者实用新型内容

（3）有益效果

有益效果是指由构成发明或者实用新型的技术特征直接带来的，或者是由所述的技术特征必然产生的技术效果。

有益效果是确定发明是否具有"显著的进步"，实用新型是否具有"进步"的重要依据。

技术效果是由技术方案中技术特征以及技术特征之间的关系之总和所产生的，通常，产生了预期的技术效果即证明发明解决了技术问题。

无效宣告请求第3883号：有益技术效果从文件记载中得出

在确定要求保护的发明与最接近的现有技术的区别技术特征后，需要考察该区别技术特征所能达到的技术效果，从而确定出发明实际解决的技术问题。原则上，发明的任何技术效果都可以作为构建技术问题的基础。但是，该技术效果应是本领域技术人员根据专利文件记载的内容能够得知的技术效果。

有益技术效果是指由构成发明的技术特征直接带来的，或者是由所述的技术特征必然产生的技术效果。对于没有记载而仅仅是专利权人、申请人声称的技术效果，需要考察这种技术效果能否可以由本领域技术人员根据说明书记载的内容得知。专利权人提到却没有提供充分证据支持其与最接近现有技术比较而声称的优点，在创造性评价中不予考虑。

●发明的类别

GL－B－IV 4.1 开拓性发明

开拓性发明，是指一种全新的技术方案，在技术史上未曾有过先例。

开拓性发明同现有技术相比，具有突出的实质性特点和显著的进步，具备创造性。

GL－B－IV 4.2 组合发明

组合发明是指将某些技术方案进行组合，构成一项新的技术解决方案，以解决现有技术客观存在的技术问题。

（1）显而易见的组合

如果要求保护的发明仅仅是将某些已知产品或方法组合或连接在一起，各自以其常规的方式工作，而且总的技术效果是各组合部分效果之总和，组合后的各技术特征之间在功能上无相互作用关系，仅仅是一种简单的叠加，则这种组合发明不具备创造性。

如果组合仅仅是公知结构的变型，或者组合处于常规技术继续发展的范围之内，而没有取得预料不到的技术效果，则这样的组合发明不具备创造性。

（2）非显而易见的组合

如果组合的各技术特征在功能上彼此支持，并取得了新的技术效果；或者说组合后的技术效果比每个技术特征效果的总和更优越，则这种组合具有突出的实质性特点和显著的进步，发明具备创造性。其中组合发明的每个单独的技术特征本身是否完全或部分已知并不影响对该发明创造性的评价。

组合物发明是将两种或两种以上已知的物质有机地组合在一起，从而获得新的特定性能和用途。进行组合发明创造性判断中通常的原则是，如果这些被组合的各技术特征、成分在功能上或在化学或物理上彼此发生相互作用和支持，并取得了新的技术效果，或者组合后的技术效果比每个单一成分的简单叠加更优越，这种组合物即具有突出的实质性特点和显著的进步，发明具备创造性。相反，如果几种成分组合起来各自实现原有功能，总体效果只是单个效果的叠加，则没有创造性。

中药复方产品的组合发明：

除非发明产生了预料不到的技术效果，否则，以下组合发明不具备创造性：

（1）请求保护的中药产品是将现有技术公开的某些味药组分简单地叠加在一起，所达到的技术效果也只是各组合部分效果的总和；

（2）请求保护的中药产品是根据现有技术记载的某些配伍启示进行组合而得到的，其所达到的技术效果也是可以预期的。

一般中药专利的终产物的具体组分是不清楚的，依靠现有技术手段不能准确地对其进行定性和定量。

无效宣告请求第4240号：组合发明创造性的判断

权利要求所要求保护的所述多用途组套工具中的每个技术特征均是现有技术中公知且常用的工具，这些技术特征虽然使得该组套工具的功能有所增加，而增加的功能却是这些工具本身所固有的，即上述技术特征在功能上彼此独立，不存在任何关联，在这种情形下，其显然不会产生任何新的技术效果，同时整个技术方案总的技术效果也只是各技术特征所具有的技术效果的总和。因此权利要求所要求保护的多用途组套工具仅仅是一种简单的叠加，不具有实质性特点和进步，不具有创造性。

无效宣告请求第6286号：技术效果是无相互作用关系的两组合部分效果的总和

权利要求所保护产品的总的技术效果是两组合部分效果的总和，二者间无功能上相互作用关系，未产生预料不到的技术效果，因此本专利权利要求不具备实质性特点和进步。

无效宣告请求第7372号：简单的组合、等同替代不具备创造性

如果所属技术领域的技术人员在现有技术的启示和教导下将现有技术所公开的技术内容进行简单的组合并相应地作出具有预计效果的改变和/或等同替代从而得出涉案专利权利要求所限定的技术方案，则该涉案专利的该权利要求不具备创造性。

GL－B－IV 4.3 选择发明

选择发明，是指从现有技术中公开的宽范围中，有目的地选出现有技术中未提到的窄范

围或个体的发明。

在进行选择发明创造性的判断时，选择所带来的预料不到的技术效果是考虑的主要因素。

(1) 如果发明仅是从一些已知的可能性中进行选择，或者发明仅仅是从一些具有相同可能性的技术方案中选出一种，而选出的方案未能取得预料不到的技术效果，则该发明不具备创造性。

(2) 如果发明是在可能的、有限的范围内选择具体的尺寸、温度范围或者其他参数，而这些选择可以由本领域的技术人员通过常规手段得到并且没有产生预料不到的技术效果，则该发明不具备创造性。

(3) 如果发明是可以从现有技术中直接推导出来的选择，则该发明不具备创造性。

(4) 如果选择使得发明取得了预料不到的技术效果，则该发明具有突出的实质性特点和显著的进步，具备创造性。

无效宣告请求第4040号：选择发明的创造性判断

在判断发明所取得的技术效果对于本领域技术人员来讲是否是预料不到时，除了与现有技术的状况进行比较之外，还应当注意判断通过发明所进行的选择是否能取得所述效果，也就是说选择要素与所述效果之间是否具有因果关系。

本案中，请求人未能证明在对比文件的基础上通过选择不同特征黏度、不同分子量分布及参数从而获得所述有益效果。虽然，请求人在答复复审通知书的意见陈述中提供了由一系列参数构成的一组对比数据用以证明选择可以得到所述效果，但是除了所述的几个选择参数之外，这些数据还包括了权利要求未包含的参数，而请求人未对这些参数本身作出任何解释，因此不能排除所述通过选择而得到的效果除了特征黏度、不同分子量分布及参数的影响之外还有其他的影响因素。也就是说，被选择要素与效果之间是否确实存在着因果关系没有得到确认。

此外，权利要求是以不同的参数的数值范围来限定的，而请求人仅给出了上述数值范围中的一个实施例来说明其有益的效果，因此，即使不考虑其他参数的影响，请求人的举证也不能支持其权利要求所概括的数值范围中除对比例以外的情形同样能获得类似的有益效果。

所述组合物的特性黏度和分子量分布可以在一定范围内变化，并能够影响组合物的性能。因此，所属领域技术人员会通过选择具有不同的特性黏度和分子量分布的共聚物组分以获得不同性能的组合物。除非请求人能够证明这种选择带来了意想不到的效果，否则不能认为这对所属领域技术人员是非显而易见的。

无效宣告请求第5672号：仅公开通式化合物

对比文件包含本专利权利要求的化合物在内的通式化合物，但并没有具体公开本专利的化合物，也没有具体公开包含此化合物的组合物，因此，权利要求的技术方案并没有具体在对比文件中公开，即本发明属于选择发明。

GL－B－Ⅳ 4.4 转用发明

转用发明，是指将某一技术领域的现有技术转用到其他技术领域中的发明。

在进行转用发明的创造性判断时通常需要考虑：转用的技术领域的远近、是否存在相应的技术启示、转用的难易程度、是否需要克服技术上的困难、转用所带来的技术效果等。

（1）如果转用是在类似的或者相近的技术领域之间进行的，并且未产生预料不到的技术效果，则这种转用发明不具备创造性。

（2）如果这种转用能够产生预料不到的技术效果，或者克服了原技术领域中未曾遇到的困难，则这种转用发明具有突出的实质性特点和显著的进步，具备创造性。

〈这种预料不到的效果可以是原有效果的显著提高，也可以是产生了新的效果。在考虑产生效果相对于原有效果是否显著提高时，仍然要以本领域技术人员的身份，在申请日以前的技术状况下判断。〉

GL－B－Ⅳ 4.5 已知产品的新用途发明

已知产品的新用途发明，是指将已知产品用于新的目的的发明。

在进行已知产品新用途发明的创造性判断时通常需要考虑：新用途与现有用途技术领域的远近、新用途所带来的技术效果等。

（1）如果新的用途仅仅是使用了已知材料的已知的性质，则该用途发明不具备创造性。

（2）如果新的用途是利用了已知产品新发现的性质，并且产生了预料不到的技术效果，则这种用途发明具有突出的实质性特点和显著的进步，具备创造性。

复审请求第2662号：不同用途、功能的技术方案具有创造性

虽然要求保护的技术方案中的各功能部件分别可以从两篇对比文件中找到，但是在审查其相对于这两篇对比文件是否具有创造性时，还应进一步从这两篇对比文件所公开的技术方案的用途、各部件的作用出发，判断是否存在将其中一篇对比文件中的某部件替换另一篇对比文件中的相应部件的可能性。如果两篇对比文件所述的技术方案的用途、功能不同，对应部件的功能也不同，那么这种替换将完全改变该另一篇对比文件中所述技术方案的用途和作用。本领域普通技术人员没有理由进行这样的替换。即，判断将某一技术领域的现有技术转用到其他领域中是否显而易见，需要考虑转用是否符合该技术领域的一般习惯。如果这种转用不符合该技术领域的一般习惯，技术目的不同，功能也不同，则这种转用就具有独创性，也就是具有非显而易见性。

GL－B－Ⅳ 4.6 要素变更的发明

要素变更的发明，包括要素关系改变的发明、要素替代的发明和要素省略的发明。

在进行要素变更发明的创造性判断时通常需要考虑：要素关系的改变、要素替代和省略是否存在技术启示、其技术效果是否可以预料等。

无效宣告请求第1414号：相同功能的已知手段的等效替换

本专利权利要求与证据之间的主要区别是“金属圈”与“铁皮箍”之别。虽然两者的名称有所不同，但是在纺织行业中“圈”和“箍”都是经常使用的，而且两者在结构上也并不存在明确的界限，就纺纱管而言，“金属圈”和“铁皮箍”所起的作用是一样

的。因此，铁皮箍与金属圈之间的替换应当属于相同功能的已知手段的等效替换，所以权利要求诉述的技术方案不具备创造性。

无效宣告请求第4743号： 等同替换的发明不具有创造性

本专利和对比文件两者解决的技术问题相同，均是提供了一种相同的产品，通过同样的方法，达到相同的效果。由此可见，本专利采用上述这种等效替代是所属技术领域人员为解决同一技术问题，用与现有技术具有相同功能的技术防范替代该现有技术中相应的技术方案，并且没有产生预料不到的技术效果，两者的技术效果实质上是相同的，所以权利要求不具备创造性。

尽管采用不同的实施例，但实现了相同的功能，从而达到同样的技术效果，属于等同手段。如果两种手段基于同样的理念，采用相同的工作原理，取得了相同的技术效果，则两者属于等同手段的替换。如果两种手段采取了不同的实施例，虽然导致同类技术效果，但是产生的技术效果的质量或者程度有所不同，则这种手段并不属于等同手段的替换。技术效果更好并非是必要条件，只要技术效果不同就能够证明具有创造性，即已经满足了充分条件，因为并非是效果本身具有专利性，而是通过该手段取得的技术效果使得其具备创造性。

如果从现有技术中能够直接且毫无疑义地推论出权利要求的主题，则该现有技术会使该权利要求丧失新颖性，前提是该现有技术包含对于本领域技术人员可以明显暗示的技术特征。

复审请求第4680号： 省去一项或多项要素

如果专利权利要求与现有技术相比省去一项或多项要素后，依然保持原有的全部功能的，则具有创造性。

GL－B－IV 4.6.1 要素关系改变的发明

要素关系改变的发明，是指发明与现有技术相比，其形状、尺寸、比例、位置及作用关系等发生了变化。

(1) 如果要素关系的改变没有导致发明效果、功能及用途的变化，或者发明效果、功能及用途的变化是可预料到的，则发明不具备创造性。

(2) 如果要素关系的改变导致发明产生了预料不到的技术效果，则发明具有突出的实质性特点和显著的进步，具备创造性。

GL－B－IV 4.6.2 要素替代的发明

要素替代的发明，是指已知产品或方法的某一要素由其他已知要素替代的发明。

(1) 如果发明是相同功能的已知手段的等效替代，或者是为解决同一技术问题，用已知最新研制出的具有相同功能的材料替代公知产品中的相应材料，或者是用某一公知材料替代公知产品中的某材料，而这种公知材料的类似应用是已知的，且没有产生预料不到的技术效果，则该发明不具备创造性。

(2) 如果要素的替代能使发明产生预料不到的技术效果，则该发明具有突出的实质性特点和显著的进步，具备创造性。

◎原料药替换的发明：

除非发明产生了预料不到的技术效果，以下发明不具备创造性：

（1）请求保护的中药与现有技术中的中药相比，其区别仅在于：采用功效相同的药味进行了部分原料药的替换，而现有技术中存在将二者进行替换以解决某种技术问题的技术启示；

（2）替换和被替换的药味同属某一类功效的中药材，例如同为本领域中常用的药材。

GL－B－IV 4.6.3 要素省略的发明

要素省略的发明，是指省去已知产品或者方法中的某一项或多项要素的发明。

（1）如果发明省去一项或多项要素后其功能也相应地消失，则该发明不具备创造性。

（2）如果发明与现有技术相比，发明省去一项或多项要素（例如，一项产品发明省去了一个或多个零部件或者一项方法发明省去一步或多步工序）后，依然保持原有的全部功能，或者带来预料不到的技术效果，则具有突出的实质性特点和显著的进步，该发明具备创造性。

◎判断发明创造性时需考虑的其他因素：

（1）解决了长期的技术难题；

（2）克服了技术偏见；

（3）取得了预料不到的技术效果；

（4）取得了商业上的成功。

上述情形作为辅助性判断基准只是发明或者实用新型具备创造性的充分条件，而非必要条件。如果发明与最接近的现有技术相比具有预料不到的技术效果，则可以确定该发明具备创造性。如果发明的技术效果达不到预料不到的程度，但该发明与最接近的现有技术相比，其技术方案是非显而易见的，且能产生有益的效果，则该发明同样具有创造性。

◎技术难题和技术偏见

GL－B－IV 5.1 发明解决了人们一直渴望解决但始终未能获得成功的技术难题

如果发明解决了人们一直渴望解决但始终未能获得成功的技术难题，这种发明具有突出的实质性特点和显著的进步，具备创造性。

GL－B－IV 5.2 发明克服了技术偏见

技术偏见，是指在某段时间内、某个技术领域中，技术人员对某个技术问题普遍存在的、偏离客观事实的认识，它引导人们不去考虑其他方面的可能性，阻碍人们对该技术领域的研究和开发。如果发明克服了这种技术偏见，采用了人们由于技术偏见而舍弃的技术手段，从而解决了技术问题，则这种发明具有突出的实质性特点和显著的进步，具备创造性。

〈对于存在技术偏见需要证实两个事实：①这种技术上的认识是普遍存在于相关领域的，仅仅是某个人或某几个人的认识，不能构成技术偏见；②这种认识偏离客观事实，是错误的。如果该技术认识是正

确的，则不能构成技术偏见。〉

“某段时间”是指在申请日前的某一段时间，该段时间长短不论，但是应持续到申请日，如果该偏见在申请日前就已经不存在了，那么也就不是偏见了。

“某个技术领域中”指的是存在偏见的领域必须是在一定的领域内，即在本发明所属的技术领域和相关的技术领域。

“对技术问题偏离客观事实的认识”的标准是客观的，不受时间和空间因素的限制。如果某一认识与客观事实相符，那么就不可能是技术偏见。

“普遍存在”是指，如果在少部分人中不存在而在大部分人中存在的认识也不能理所当然地认为是普遍存在的认识，普遍的程度应该是达到基本上本领域所有的普通技术人员都有的同样的认识程度。必须是没有人将不同的认识公知于众，如果有极少数人，哪怕仅仅是一个人将不同的认识——与是否与本发明相同无关——在申请日前公知于众，即现有技术中有不同的记载和认识，就不是“普遍存在”，哪怕该现有技术除发表者外并没有人实际接触和知晓或者仅仅有极少数人接触和知晓。

一般而言，证明一种认识的普遍性，最直接的方式是证明存在一种对业界具有一定权威性和指导效力的观点，例如教科书、权威杂志上披露的观点。为证明专利克服技术偏见并具有创造性，可以举出教科书、技术手册等本领域技术人员公知的内容来证明相关认识是普遍存在的，也可以通过证明人们长期希望解决某问题并采用了各种措施，而发明采用的是与以往措施思路不同的技术措施。但是，只要举出相关证据证明现有技术中已经存在不同的认识，那么对该技术问题的看法就不是技术偏见了。

无效宣告请求第510号：技术偏见是偏离客观事实的认识

首先，仅仅以人们以往没有采用某种技术方案为由说明采用这种方案克服了技术偏见是不充分的。可称之为偏见的认识至少应当是具有指导意义的认识，例如在教科书中肯定过的认识等；其次，技术偏见是指人们长期形成的某种偏离客观事实的认识，即有关某特征必然会导致某效果的不符合客观事实的认识。

本方案与现有技术的差别仅仅是基于相同的技术认识、针对不同的使用要求而提出的常规设计方案。这样一种技术方案不能认为是克服了技术偏见。

无效宣告请求第691号：普通技术人员受到技术偏见的制约束缚

本领域的普通技术人员要受到已有技术领域中技术偏见的制约和束缚。

无效宣告请求第4306号：技术偏见与申请日的先后无关

技术偏见应当是在现有技术中已经存在的，但不一定只是在申请日或者优先权日之前存在，也可以在申请日或者优先权日之后仍然存在。技术偏见可以记载在申请日后发表的文献中，即可以通过申请日后发表的文献来证明技术偏见的存在。

对于克服技术偏见的发明创造性而言，发明人应当将技术偏见明确记载在专利申请的文件中，并说明该发明创造对克服技术偏见作出的贡献所在。

◎预料不到的技术效果

GL－B－Ⅳ 5.3 发明取得了预料不到的技术效果

发明取得了预料不到的技术效果，是指发明同现有技术相比，其技术效果产生“质”的变化，具有新的性能；或者产生“量”的变化，超出预期的想象。这种“质”或“量”的变化，对所属技术领域的技术人员来说，事先无法预测或者推理出来。当发明产生了预料不到的技术效果时，一方面说明发明具有显著的进步，同时也反映出发明的技术方案是非显而易见的，具有突出的实质性特点，该发明具备创造性。

质变是否超出预期的判断：

质变的效果通常是基于发现物质新的性能而产生的。判断发明的技术效果是否产生质变，应判断该声称的新性能与区别特征的固有属性或者已知性能的相关性。如果所属技术领域的技术人员基于区别特征的固有属性或者已知性能，能够预见引入区别特征必然产生该声称的新性能，则该性能不属于产生了质变的新性能。

量变是否超出预期的判断：

发明所产生的技术效果相对于最接近现有技术的效果的差异在于量变时，对于这种单纯的“量的变化”的效果是否超出人们预期的想象，是比较困难的，争议也最大。此类申请的说明书或补充材料中一般会有证明其技术方案能够产生某种技术效果的实验数据。对于技术方案之间的差异如何才算达到“预料不到”的程度，没有绝对标准，要结合所属技术领域的普通技术知识，根据相关背景技术给出的总体教导来判断。

预料不到的技术效果应满足的条件：

（1）该预料不到的技术效果应当是发明要求保护的技术方案所具有的。即使说明书中记载了某种预料不到的技术效果，但如果导致该效果产生的技术特征未记载在发明要求保护的技术方案中，则不能认为发明具有预料不到的技术效果。

（2）该预料不到的技术效果应当是基于发明的区别特征和该区别特征结合权利要求的其他已知特征而得到的。

（3）该预料不到的技术效果应当是在发明要求保护的整个范围内都可以达到的。如果只有发明要求保护范围的一部分范围能够达到该效果，另一部分范围不能达到该效果，而且该效果是创造性的唯一争辩理由，则认为发明缺乏创造性。

仅以“预料不到的技术效果”作为发明具备创造性的依据时应当注意：

（1）“预料不到的技术效果”是判断发明是否具备创造性的充分条件，具有预料不到的技术效果的发明即具备创造性，但不能仅以“不具有预料不到的技术效果”为由得出发明不具备创造性的结论。

（2）“预料不到的技术效果”可能是发明的技术效果出乎预料地优于现有技术，也可能是发明（如产品）具有预料不到的性质。

(3) 对“预料不到的技术效果”的描述应当是明确并具有依据的。含混表述对证明“预料不到的技术效果”是没有意义的。

(4) 请求保护的发明应当仅限于产生“预料不到的技术效果”的技术方案。

“预料不到的技术效果”与“非显而易见性”的关系：

(1) 预料不到的技术效果通常体现于发明实际解决的技术问题，同时影响技术启示的强弱。因此，如果发明产生了预料不到的技术效果，通常也说明现有技术缺乏解决该难以预期的技术问题的技术启示，该发明是非显而易见的（GL-B-IV 5.3）。

(2) 现有技术对于本领域技术人员的技术启示越强，则发明的技术方案的非显而易见性相对于现有技术越不明显，那么发明产生的技术效果就应该越优越，达到所属领域技术人员预料不到的程度，才有可能使发明具备创造性。

GL-B-IV 6.3 对预料不到的技术效果的考虑

按照本章5.3中所述，如果发明与现有技术相比具有预料不到的技术效果，则不必再怀疑其技术方案是否具有突出的实质性特点，可以确定发明具备创造性。但是，应当注意的是，如果通过本章3.2所述的方法，可以判断出发明的技术方案对本领域的技术人员来说是非显而易见的，且能够产生有益的技术效果，则发明具有突出的实质性特点和显著的进步，具备创造性，此种情况不应强调发明是否具有预料不到的技术效果。〈*即预料不到的技术效果是发明具有创造性的充分条件，而不是必要条件。*〉

京（2011）高行终字第784号：提交具有技术效果的证据

在创造性判断中，如果认为某项技术特征属于本领域的常规技术手段，或者认为该技术特征没有产生意料之外的技术效果，专利复审委员会可以要求无效宣告请求人提供相应的证据。同样，在相关诉讼中，法院在必要时，也可要求专利复审委员会或无效宣告请求人提供相应的证据。

京（2009）高行终字第225号：电学领域专利创造性的判断

在涉及电学领域专利创造性的判断中，不仅应当考虑电路的连接关系，还要考虑电路的工作状态。由于工作状态的不同导致技术思路、技术方案的差别一般会产生不同的技术效果。

复审请求第48444号：区别特征没有预料不到的技术效果

如果发明与现有技术相比存在区别特征，但是现有技术给出了采用该区别特征来解决该发明所解决的技术问题的技术启示，并且该区别特征的引入也没有产生预料不到的技术效果，则该发明不具有创造性。

复审请求第44674号：发明技术方案的可预见程度较高

虽然发明与现有技术之间在效果方面存在较大的差异，但是由于该发明技术方案的可预见程度较高，其产生更优技术效果的预见性也较高，此时仅仅基于该发明在相同性能上量的明显提高，很难认为该效果属于超出预期水平的技术效果，而通常需在产生质变效果的情况下才能达到预料不到的程度。

◎商业成功

GL - B - IV 5.4 发明在商业上获得成功

当发明的产品在商业上获得成功时，如果这种成功是由于发明的技术特征直接导致的，则一方面反映了发明具有有益效果，同时也说明了发明是非显而易见的，因而这类发明具有突出的实质性特点和显著的进步，具备创造性。但是，如果商业上的成功是由于其他原因所致，例如由于销售技术的改进或者广告宣传造成的，则不能作为判断创造性的依据。

〈实际审查过程中，审查员往往是首先通过“三步法”来评价创造性。在通过“三步法”难以确定创造性时，应当事人的请求才会考虑商业成功的因素。所以，商业成功的因素是放在第二位考虑的。〉

如何判断产品是否获得商业上的成功：

（1）发明或者实用新型的技术方案是否真正取得了商业上的成功；

（2）该商业上的成功是否源于发明或者实用新型的技术方案相比现有技术作出改进的技术特征，而非该技术特征以外的其他因素所导致的。

首先“发明在商业上获得成功”不属于授权和确权程序中依职权查证的内容，因此需要当事人提出主张。其次，作为事实认定问题，并非法律适用问题，需要举证证明和提交相关证据材料证明商业上成功以及是由发明技术特征直接导致。与证明创造性的其他证据材料不同，“发明在商业上获得成功”的证据材料不要求必须在专利申请日之前公开。

“商业成功”的认定：

（1）用以证明“商业成功”的证据材料包括：

①销售类证据材料：产品销售的合同、发票、提货单、银行进账单、进出口凭据等；产品的销售区域范围、销售网点分布及销售渠道、方式的相关材料等。

②宣传类证据材料：涉及该产品的广播、电影、电视、报纸、期刊、网络、户外等媒体广告、媒体评论及其他宣传活动资料；该产品参加的展览会、博览会的相关资料等。

③使用与保护类证据材料：该产品的最早使用时间和持续使用情况的相关资料；该产品被侵权的情况等。

④其他证据材料：具有合格资质的评估机构出具的技术价值评估报告；具有公信力的权威机构、行业协会公布或者出具的该产品的销售额、利税额、产值的统计及其排名、广告额统计等；该产品获奖情况等。

（2）由发明技术特征直接导致的认定：

①发明技术特征是取得“商业成功”必要的条件：采用“若无……则不”的判断方式，若无该技术，则必然不会出现该商业上的成功；具有该技术特征，通常会出现该商业上的成功。

②具有该技术特征足以取得“商业成功”的判断：依照一般的商业惯例和本领域技术人员的认知，该发明的技术特征能够引起该种商业上的成功。而在现实中，该发明技

术特征确实引起了该种商业上的成功。

通常，只有在涉案专利系产品整体的机构或者方法整体步骤时，才能认定具有该发明技术特征是足以取得“商业上成功”。如果涉案专利系有关产品中的部分构件的机构，则除了证明具有专利发明技术特征足以取得“商业成功”之外，尚需考虑产品的其他技术特征与商业上成功的无关性。

最高人民法院（2012）行提字第8号：以商业成功判断创造性

对技术方案创造性的评价，一般是从对现有技术作出贡献的角度出发，采取“三步法”判断方式，判断要求保护的技术方案是否对现有技术构成了实质上的贡献，从而决定是否对其授予专利权。只有当采取“三步法”难以判断技术方案的创造性或者得出无创造性的评价时，才将商业上的成功作为创造性判断的考量因素；商业成功是创造性判断的辅助性因素。商业上的成功体现的是一项发明或者实用新型被社会认可的程度。理论上讲，成功与否应当由该发明或者实用新型所代表的技术或产品相比其他类似的技术或产品在同行业所占的市场份额来决定，单纯的产品销售并不能代表已经取得商业上的成功。对于商业上的成功是否确实导致技术方案达到被授予专利权的程度，应当持相对严格的标准。只有技术方案相比现有技术作出改进的技术特征是商业上成功的直接原因的，才可认定其具有创造性。

一项技术方案导致产品在商业上取得成功的，必须是技术方案相比现有技术作出改进的技术特征，而非该技术特征之外的其他因素。如果这种成功是由于其技术特征直接导致的，则一方面反映了该技术方案具有有益的效果，同时也说明了其是非显而易见的，该技术方案即具有创造性。但是，如果商业上的成功是由于其他原因所致，例如销售技术的改进或者广告宣传等，则不能作为判断创造性的依据。因此，商业上的成功是当技术方案本身与现有技术的区别在构成可授予专利权的程度上有所欠缺时，如有证据能够证明该区别技术特征在市场上取得了成功，则从经济激励的层面对其予以肯定。

无效宣告请求第4880号：不能单以商业上的成功评判创造性

商业上获得成功只是判断创造性的条件之一，在技术方案本身相对于对比文件不具有创造性的情况下，仅根据相关产品在商业上的成功并不能认定技术方案具备创造性。

复审请求第9083号：必须证明技术特征和商业成功的关系

在商业上获得成功必须证明是由于专利的技术特征直接导致的。

●包含方法特征的产品的创造性

评价包含方法特征的产品权利要求的创造性时，如果预料到制备方法会对最终产品的结构和/或组成产生影响，则应当考虑该方法对产品的结构和/或组成特征的影响是否显而易见，该方法是否给所得的产品带来了预料不到的性能或效果。

京（2009）高行终字第782号：评判装置的创造性

制造方法发明的技术方案包含的技术特征不仅有制造产品使用的装置，也包括制造工序。故在评价某一装置的作用时，要考虑该装置是在哪一个工序中起到作用的。对比文件中即使有相同的装置，但处于不同的工序中，所起到的作用也是不同的。

复审请求第9083号：用已知方法的名称限定产品

用已知方法的名称限定产品的形状、构造的不属于对方法本身提出的技术方案。

复审请求第16560号：产品有创造性，则其方法也有创造性

方法权利要求可以使用涉及工艺、物质以及设备等特征来进行限定，确定权利要求的保护范围时，权利要求中的所有技术特征均应当予以考虑，方法权利要求中所涉及的物质、设备特征对该权利要求的保护范围同样具有限定作用，在进行创造性判断时，不能忽略方法权利要求中所涉及的物质、设备特征对该权利要求的限定作用，如果方法权利要求中所涉及的产品是一种新产品并具有创造性，则该方法权利要求也就具备新颖性和创造性。

复审请求第33718号：方法权利要求的步骤顺序

对于包含多个步骤的方法权利要求，对步骤顺序的调整可能会对步骤的地位和作用产生影响，步骤顺序本身也可能构成其与现有技术的差别甚至是对现有技术作出的贡献。实施步骤顺序不同，其保护范围也可能不同。如果现有技术和公知常识没有给出该步骤顺序的启示，那么权利要求与之相比的区别技术特征中就应该包括步骤的顺序。假如通过将各步骤设置为该特定的顺序能够解决技术问题实现显著的技术效果，那么即使权利要求与现有技术的区别仅在于顺序，也具有创造性。反之，如果这种步骤的顺序改变仅仅是本领域技术人员根据需要即可作出的调整，也没有带来预料不到的技术效果，那其不能使得权利要求具备创造性。

●化学产品

◎化合物

GL－B－X 6.1 化合物的创造性

(1) 结构上与已知化合物不接近的、有新颖性的化合物，并有一定用途或者效果，可以具有创造性而不必要求其具有预料不到的用途或者效果。

(2) 结构上与已知化合物接近的化合物，必须要有预料不到的用途或者效果。此预料不到的用途或者效果可以是与该已知化合物的已知用途不同的用途；或者是对已知化合物的某一已知效果有实质性的改进或提高；或者是在公知常识中没有明确的或不能由常识推论得到的用途或效果。

(3) 两种化合物结构上是否接近、与所在的领域有关，审查员应当对不同的领域采用不同的判断标准。

(4) 注意，不要简单地仅以结构接近为由否定一种化合物的创造性，还需要进一步说明它的用途或效果是可以预计的，或者说明本领域技术人员在现有技术的基础上通过合乎逻辑的分析、推理或者有限的试验就能制造或使用此化合物。

（5）若一项技术方案的效果是已知的必然趋势所导致的，则该技术方案没有创造性。

结构本身的相似性：

结构接近的化合物必须具有相同的基本核心部分或者基本的环结构。下面一些结构本身通常可以被认为是相似的，但是它们彼此能否作为评价创造性的“结构接近”的化合物，应当视情况具体分析。

（1）同系物；

（2）酸与其酯；

（3）化合物与其盐；

（4）相同取代基在环上取代位置不同的化合物；

（5）环内“异构”的化合物；

（6）外消旋物与其对映异构体；

（7）生物电子等排体。

最高人民法院（2011）知行字第86号：新晶型化合物的创造性

虽然晶体化合物基于不同的分子排列可能在物理化学参数上存在差异，但其仍属化合物范畴，故GL关于化合物创造性的规定可以适用于新晶型化合物的创造性判断。晶体化合物的微观晶体结构变化多样，某一化合物在固体状态下可能基于两种或者两种以上不同的分子排列而产生不同的固体结晶形态，但并非所有的微观晶体结构变化均必然导致突出的实质性特点和显著的进步，故不能单单依据微观晶体结构的不接近而认定其结构上不接近。亦即，GL-B-X6.1所称“结构接近的化合物”，仅特指该化合物必须具有相同的核心部分或者基本的环，而不涉及微观晶体结构本身的比较。在晶体的创造性判断中，微观晶体结构本身必须结合其是否带来预料不到的技术效果进行考虑。

无效宣告请求第11858号：相近的化学产品

当权利要求所保护的化学产品与已知化学产品接近时，该化学产品必须相对于已知化学产品有预料不到的用途或效果，否则应当认为该权利要求不具有创造性。

复审请求第1602号：组合物及其用途的创造性

对于一项涉及组合物及其用途的发明而言，如果与其最相关的现有技术中没有对该组合物中各组分之间的配伍作出过明确的教导或指示，也没有对组成该组合物的各组分之间组合使用将产生的效果作出说明，且实践证明该组合物具有超出其中各组分组合以后预期活性的预料不到的技术效果，则该组合物及其用途具有创造性。

在评价组合物的创造性时，既要考虑组合物的组分及其含量，又要综合考虑组合物所具有的性质和用途及其应用效果。

构效关系的密切程度：

构效关系是指化学结构与生物活性之间的关系。化合物构效关系的密切程度与请求保护的化合物涉及的技术领域有关。

一般来说，在构效关系密切的技术领域或者对于构效关系密切的化合物，即使请求保护的化合物与现有技术化合物具有相同的基本核心部分，也不能简单认定二者就是创造性意义上的“结构接近”。

立体异构体的创造性：

如果现有技术公开了某化合物，而申请请求保护该化合物的立体异构体，则只有当该立体异构体具有预料不到的技术效果时，才认可其创造性。

获得具备创造性的立体异构体的方法也具备创造性。

中间体化合物的创造性：

中间体化合物的创造性，通常根据由其生产后续产品的方法或所得产品进行判断：

（1）中间体化合物的创造性可以体现在它用于制备有创造性的后续产品，并且对该后续产品的结构和性能作出了贡献。如果该中间体经由一个已知化合物来制备一个有创造性的后续产品，则不能认为该中间体对后续产品的结构和性能作出了贡献。

（2）中间体化合物的创造性也可体现在它对由其生产后续产品的有创造性的方法作出了贡献。

化合物衍生物的创造性：

如果化合物具备创造性，则通常认为其常见衍生物具备创造性。

如果化合物不具备创造性，则对其衍生物的创造性判断主要基于其技术效果是否预料不到。

◎药物组合物的创造性：

（1）区别仅在于药物含量时

当药物组合物权利要求与现有技术公开的方案相比，区别仅在于药物含量不同时，如果这种含量不同的技术方案对于所属技术领域技术人员来说是显而易见的，并且未产生意料不到的技术效果，则该组合物不具备创造性。

（2）区别仅在于一般性辅料或助剂时

如果请求保护的组合物与现有技术公开的产品相比，区别仅在于所用一般性辅料或者助剂不同，而这些辅料或助剂的功能是现有技术中已知的，则该组合物不具备创造性。

（3）包含两种或者两种以上活性成分的组合物时

包含两种或两种以上药物活性成分的组合物与现有技术相比，如果产生了意料不到的技术效果，则该组合物具备创造性。如果该组合物与现有技术的区别技术特征所具有的功能是已知的，其技术效果也是本领域技术人员可以预期的，则该组合物是显而易见的，不具备创造性。

常见的缺乏创造性的情形包括：

①活性相同或者相似的两种或多种已知活性成分的联合未产生协同或其他预料不到

的效果；

②两种或者两类活性成分的联合产生了积极有益的效果，如协同或增效作用，但这种协同或增效作用根据现有技术是可以预见的；

③针对某种疾病的各种临床症状分别具有对应疗效的不同已知活性成分的组合。

（4）普通剂型之间的转变

普通制剂通常指常规片剂、胶囊、丸剂、注射剂、糖浆、颗粒剂、口服液和贴剂等，不包括缓（控）释剂型。如果发明申请请求保护的药物组合物制剂与现有技术的技术方案相比，区别仅在于剂型的改变，其优于现有技术的效果是该类剂型本身固有的，且本领域技术人员制备该制剂没有技术困难，则该药物组合物制剂是显而易见的，不具备创造性。

改变后的普通剂型的用途与现有技术实质不同时，该普通剂型本身通常也不具备创造性，这是因为用途的改变并不是由剂型的改变赋予或导致的。

（5）处方优化的制剂

制剂处方的优化是制剂设计的标准程序，优化方法均是本领域中的常规方法，由此得到的制剂对本领域技术人员来说一般是显而易见的，不具备创造性，除非申请人能够证明处方优化的制剂产生了意料不到的技术效果。

最高人民法院（2011）行提字第8号：授予药品专利无需考虑该药品是否符合其他法律规定

对于涉及药品的发明创造而言，在其符合专利法中规定的授权条件的前提下，即可授予专利权，无需另行考虑该药品是否符合其他法律规定中有关药品研制、生产的相关规定。

◎化学产品用途发明

GL－B－X 6.2 化学产品用途发明的创造性

（1）新产品用途发明的创造性

对于新的化学产品，如果该用途不能从结构或者组成相似的已知产品预见到，可认为这种新产品的用途发明有创造性。

（2）已知产品用途发明的创造性

对于已知产品的用途发明，如果该新用途不能从产品本身的结构、组成、分子量、已知的物理化学性质以及该产品的现有用途显而易见地得出或者预见到，而是利用了产品新发现的性质，并且产生了预料不到的技术效果，那么这种已知产品的用途发明有创造性。

化学物质的用途发明是基于发现物质新的性能，并利用此性能而作出的发明。

复审请求第4659号：仅以物理性能的差别为区别特征没有创造性

权利要求所要求保护的技术方案与对比文件所公开的技术内容相比，其区别仅在于一些物理性能的描述（如热收缩应力、热水收缩率），然而却没有反映实现这些性能的技术方案。由于两种产品的结构相同，因而可以认为它们具有相同或相似的性能，仅仅以物理性能的差别作为区别特征不具备突出的实质性特点和显著的进步。

权利要求所要求保护的产品在宏观的层状结构上与现有技术相同，但是不能认定在微观结构上也与现有技术相同。

〈化学产品权利要求并不排除用物理化学参数进行限定，其原则是仅用化学名称或结构式或组成不能清楚表征结构不明的化学产品时允许用物理化学参数进行表征。〉

◎制药用途的创造性：

制药用途权利要求通常撰写为“化合物 X 在制备治疗疾病 Y 的药物 Z 中的应用”或与此类似的形式。制药用途权利要求的保护范围可以从化合物 X、疾病 Y 或药物 Z 三个方面进行限定，这三个方面有一个未被现有技术公开并且也无法由现有技术显而易见地得出，该制药用途权利要求就具备新颖性和创造性；如果化合物 X 或者药物 Z 未被现有技术公开过，除了可以以制药用途权利要求的形式保护，还可以以化合物或药物组合物的形式要求产品保护；对于化合物 X 是已知的，其制成的药物 Z 也是化合物 X 的已知剂型，制药用途权利要求的创造性必须建立在现有技术没有公开过化合物 X 能够治疗疾病 Y，并且有现有技术公开的化合物 X 的已知性质和性能不能显而易见地推出化合物 X 能够治疗疾病 Y。

相似方法（Analogy Process）发明是指用具有相似结构的原料根据已知的方法生产一种具有突出效果的新物质。此类发明通常与由其制备的新化学物质共存于同一申请或专利中。只要相似方法提供了新的并具有创造性的产品，则其具有专利性。

复审请求第 4979 号：已知物质的用途发明

对于已知物质的用途发明，满足创造性要求的条件是发现了该物质具有新的性能，由该性能决定的新用途可以提供良好的效果，并且该新性能不能从物质本身的结构及理化性质等显而易见地预见到。

无效宣告请求第 6293 号：仅可预见变化的可能性

代谢过程的每一步并不是唯一的和必然的，其在体内的影响因素众多，本领域技术人员无法预见上述每一代谢步骤一定成立；即便是本领域技术人员能够预见到这种可能性，但是存在这种可能性的物质众多，本领域技术人员无法有目的地选择这一物质来治疗这一疾病。

◎化学物质制备方法的创造性：

在化学制备方法中，当使用新原料或新工艺，或改变了工艺步骤或工艺条件，使方法有显著的技术效果（方法效果），或提供了具有有用性质的新化合物（物质效果）时，都应认为该方法具备了突出的实质性特点和显著的效果，具有创造性。

一般而言，构成化学物质制备方法技术方案的技术特征有三种，即工艺特征、物质特征（如原料、中间体和目标产物），以及在少数情况下的设备特征。因此，在评价化学物质制备方法权利要求的创造性时，不应将物质特征（特别是目标产物特征）排除在外，所制备的新目标产物具有的意想不到的优异效果同样可说明该制备方法权利要求的创造性。毋庸置疑，只要方法制备出新的目标产物，新的目标产物特征必然会影响方法技术方案中的其他技术特征。

具体来说，对于一项化学物质制备方法发明而言，在该方法使用新原料或新工艺或改变了原有工艺步骤或工艺条件使其方法本身产生了显著的技术效果的情况下，或者该方法制备出具有从已知类似化合物不能预测的优良性质的新化合物的情况下，都应认为该方法具有创造性。

复审请求第1565号：不能单凭化学反应式来判断创造性

化学反应不是简单的数学计算，尽管化学反应式看似是一种简单的加和关系，但与化学反应有关的各种因素，诸如反应物、反应条件等的变化均影响着化学反应的进行，同时可能导致化学反应产物的千变万化，即便是同一化学反应，在反应条件不同的情况下，也可以有不同的反应机理。因此，不能简单基于一项化学反应的反应式来判断该技术方案的创造性。鉴于权利要求的反应体系与对比文件并不相同，且选择了特定的反应条件，同时产生了意想不到的技术效果，所以应当认为本技术方案具备创造性。

复审请求第2881号：化合物制备方法以及利用该方法产生的技术效果不能用于判断创造性

专利申请所采用的化合物制备方法虽与对比文件不同，但均属于已有技术中相似方法或者常规方法在本专利申请中的具体应用，将这些方法引入本申请并不存在困难，而且是可以预料的。

本专利申请请求保护的是一项药物组合物的制备方法，该方法仅以将有关活性化合物与载体混合作为其方法特征，而有关其中的化合物成分的制备方法特征并未在权利要求中出现，可见该权利要求中请求保护的化合物并不仅限于由说明书所采用的方法来制备，说明书中制备该化合物所采用的方法也不对该权利要求的保护范围产生影响，在此情况下，化合物制备方法特征并不能用于该权利要求具备创造性的争辩，即便利用该方法特征产生了某种技术效果，但该效果同样也不能用于证明本申请权利要求具有创造性；如果一项发明对于现有技术作出的贡献在于通过创造性劳动制备出与已有技术机构相似的化合物，而不在于所制备的化合物，并且以该化合物制备的组合物较之已知的结构相似化合物及其组合物具有优异之处，则该发明属于方法革新，更为准确地讲是针对化合物制备方法的革新。

复审请求第4050号：多步骤制备已知化合物制备方法

对多步骤制备已知化合物制备方法，如果这种多步骤的制备方法仅仅是现有技术中制备中间化合物和最终化合物各分步骤的简单顺次连接，通常不具有创造性。然而，如果对工艺加以改变使多个步骤顺次连接为一体后能够产生预料不到的技术效果，则应当认为现有技术中中间化合物制备方法与最终化合物制备方法的组合具有创造性。

本案中的技术方案仅仅是将对比文件1和2的制备方法连接在一起，各自仍以原有的方式工作，这种组合不可能存在功能上的相互支持，只是一种简单的叠加或者拼凑，因此不具有创造性。

◎权利要求的撰写

GL－B－Ⅱ3.3 权利要求的撰写规定

封闭式的权利要求宜采用“由……组成”的表达方式，其一般解释为不含有该权利要求所述以外的结构组成部分或方法步骤。

相关用词的理解：

（1）“任选/任意/可选取代的……”

通式化合物权利要求基团定义中出现的“任选取代”、“任意取代”或者“可选取代”的表述均清楚地表示“取代”或“未取代”两种情形。

（2）“选自……或……”与“选自……和……”

对于通式化合物权利要求基团定义中出现的“R选自A、B、C……或G”或者“R选自A、B、C……和G”的表述，通常应将其理解为等同于“R为A、B、C……或G”，这类表述均能够清楚地表示各个基团的并列选择关系。

（3）“和”与“或”

通常，通式化合物权利要求还同时请求保护通式化合物的各种衍生物，如可药用盐、溶剂化物等，其间以“和”或者“或”连接。不论是用“和”还是“或”连接，其含义都是清楚的，二者请求保护的范围实质上相同。

（4）“可以……”

对于通式化合物权利要求中出现的“可以……”的表述，应当根据具体情况，从所属技术领域技术人员的角度进行理解，其含义一般是清楚的。

组合物权利要求：

GL－B－X4.2.1 开放式、封闭式及它们的使用要求

组合物权利要求应当用组合物的组分或者组分和含量等组成特征来表征。组合物权利要求分开放式和封闭式两种表达方式。开放式表示组合物中并不排除权利要求中未指出的组分；封闭式则表示组合物中仅包括所指出的组分而排除所有其他的组分。开放式和封闭式常用措辞如下：

（1）开放式，例如“含有”、“包括”、“包含”、“基本含有”、“本质上含有”、“主要由……组成”、“主要组成为”、“基本上由……组成”、“基本组成为”等，这些都表示该组合物中还可以含有权利要求中所未指出的某些组分，即使其在含量上占较大的比例。

（2）封闭式，例如“由……组成”、“组成为”、“余量为”等，这些都表示要求保护的组合物由所指出的组分组成，没有别的组分，但可以带有杂质，该杂质只允许以通常的含量存在。

使用开放式或者封闭式表达方式时，必须要得到说明书的支持。权利要求的组合物A＋B＋C，如果说明书中实际上没有描述除此之外的组分，则不能使用开放式权利要求。一项组合物独立权利要求为A+B+C，假如其下面一项权利要求为A+B+C+D，则对于开放式的A+B+C权利要求而言，含D的这项为从属权利要求；对于封闭式的A+B+C权利要求而言，含D的这项为独立权利要求。

最高人民法院（2012）民提字第10号：封闭式权利要求

对于封闭式权利要求，一般应当解释为不含有该权利要求所述以外的结构组成部分或者方法步骤；对于组合物封闭式权利要求，一般应当解释为组合物中仅包括所指出的组分而排除所有其他的组分，但是可以包含通常含量的杂质，辅料并不属于杂质。

无效宣告请求第5860号：目标产物的创造性证据

只要是在权利要求中记载的技术特征，如果该特征构成了发明相对于现有技术之间的区别，则该特征可以用于该权利要求具备创造性的争辩，利用该特征所解决的技术问题以及产生的技术效果可以用于证明该权利要求具有创造性。

复审请求第2805号：制备方法不同的组合物的组分和含量相同

一般情况下，有形状、结构的产品的创造性体现在产品本身的形状和/或结构上，化学产品的创造性体现在产品的组分和/或配比上。化学产品制备方法对产品的影响主要是使得最终产品的组分和/或配比发生了变化。要证明制备方法技术特征对化学产品权利要求创造性的贡献，应当提交实验数据作为证据，这些证据可以是制备方法对最终产品组分和/或配比影响的证据，如果现有技术难以确定最终产品的组分和/或配比，则可以提交证明最终产品应用效果的数据。

对于组合物来说，本领域普通技术人员知道，其配方相同，效果也就相同。一般情况下，效果与组合物的制备方式没有多大关系，除非有相反的证据证明。如果所要保护的组合物与对比文件中公开的组合物相比，组合物的组分和含量相同，区别仅在于制备方法不同，而在权利要求中未对该组合物的配置方法进行限定、该制备方法没有给组合物带来显著的技术效果的情况下，则该组合物权利要求不具备创造性。

复审请求第3817号：预料不到的技术效果需要实验数据证明

预料不到的技术效果需要用实验数据来证明。如果复审请求人未能提出充分可信的实验数据证明该申请技术方案和最接近的现有技术相比能够带来预料不到的技术效果，则不能认定该专利申请的化合物具有创造性。

当请求保护的是通式化合物时，如果请求人提供的数据只能证明权利要求中的部分或个别化合物的活性相对于现有技术有明显的提高，那么只能证明这些化合物具有创造性，该权利要求中除此之外的化合物不能认为具备创造性。

复审请求第3849号：马库什类型产品的创造性

在请求保护的马库什化合物与现有技术化合物结构接近的情况下，应当提交对比活性实验数据的方式来证明其创造性。对比活性数据是指以现有技术中结构接近的化合物作为专利化合物的对造物进行的药物活性实验。进行比较活性实验必须要选择统一的实验方式。

而对于专利申请中发现的活性与现有技术类似结构化合物活性不同的情形，或者发现除具备现有技术类似结构化合物的活性以及所解决的其他技术问题相对于现有技术是否意想不到，而并不要求必须就活性进行量化的比较。

复审请求第 5296 号：均为已知的组分的创造性取决于其含量配比的选择

一项化学领域的组合物权利要求通常应当以组合或者组分及其含量配比特征来表征其保护范围，但在某些情况下，该权利要求中还同时包含用途、性能以及方法特征。其中，由已知组分形成的组合物的发明点在于对组分及其含量配比的选择，对于此类组合物权利要求，由于构成技术方案的组分均为已知的，故其创造性取决于所述组分和/或含量配比的选择是否能够解决现有技术中存在的技术问题，并取得意想不到的技术效果。

判断组合物权利要求的创造性时，如果主张以多个现有技术相结合破坏一项组合物权利要求的创造性，则该主张是否成立并不一定取决于现有技术是否公开了该组合物权利要求中限定的所有组分及其含量配比；尽管现有技术公开了权利要求的所有组分以及含量配比，但如果本领域技术人员没有将该组分加入该组合物的动因，抑或将该组分加入组合物后产生了意想不到的技术效果，则该组合物相对于上述现有技术的组合仍具有创造性。

实用性

GL－B－V 2 实用性的概念〈*§22.4*〉

授予专利权的发明或者实用新型，必须是能够解决技术问题，并且能够应用的发明或者实用新型。

能够产生积极效果，是指发明或实用新型专利申请在提出申请之日，其产生的经济、技术和社会的效果是所属技术领域的技术人员可以预料到的。这些效果应当是积极的和有益的。

〈*发明所产生的积极效果不一定在说明书中记载或和说明书中记载的一样。*〉

GL－B－V 3.2 审查基准

§22.4 中“能够制造或者使用”是指发明或实用新型的技术方案具有在产业中被制造或使用的可能性。因不能制造或使用而不具备实用性是由技术方案本身固有的缺陷引起的，与说明书公开的程度无关。

●不具备实用性的几种主要情形

(1) GL－B－V 3.2.1 无再现性

具有实用性的发明或者实用新型专利申请主题，应当具有再现性。反之，无再现性的发明或实用新型专利申请主题不具备实用性。〈*发明缺乏技术实现手段，因而不能制造或者使用，所以不具备实用性。在这种情况下，既可以按照§22.4，也可以根据§26.3 的规定予以驳回。*〉

再现性，是指所属技术领域的技术人员，根据公开的技术内容，能够重复实施专利申请中为解决技术问题所采用的技术方案。这种重复实施不得依赖任何随机的因素，并且实施结果应该是相同的。

但是，产品的成品率低与不具有再现性是有本质区别的。前者是能够重复实施，只是由于实施过程中未能确保某些技术条件而导致成品率低；后者则是在确保所需全部技术条件下，仍不可能重复实现该技术方案所要求达到的结果。

〈实施结果程度上的差异并不意味着技术方案无再现性。〉

（2）复审请求第12249号：不能实施的专利申请不具备实用性

具有实用性的发明或者实用新型专利申请应当符合自然规律，违背自然规律的发明或者实用新型专利申请是不能实施的，因此不具备实用性。

GL－B－V 3.2.3 利用独一无二的自然条件的产品

具备实用性的发明或实用新型专利申请不得是由自然条件限定的独一无二的产品。利用特定的自然条件建造的自始至终都是不可移动的唯一产品不具备实用性。应当注意，不能因为上述利用独一无二的自然条件的产品不具备实用性，而认为其构件本身也不具备实用性。

（3）GL－B－V 3.2.4 人体或者动物体的非治疗目的的外科手术方法

非治疗目的的外科手术方法，由于是以有生命的人或者动物为实施对象，无法在产业上使用，因此不具备实用性。例如，为美容而实施的外科手术方法，以及为辅助诊断而采用的外科手术方法。

非治疗目的、非外科手术的美容方法，由于其可以在美容院实施，因而认为可以在产业上使用。牲畜、家禽等的屠宰方法不属于非治疗目的的外科手术方法。

（4）GL－B－V 3.2.5 测量人体或者动物体在极限情况下的生理参数的方法

测量人体或动物体在极限情况下的生理参数需要将被测对象置于极限环境中，这类方法无法在产业上使用，不具备实用性。

GL－B－V 3.2.6 无积极效果

具备实用性的发明或实用新型专利申请的技术方案应当能够产生预期的积极效果。明显无益、脱离社会需要的发明或者实用新型专利申请的技术方案不具备实用性。

一项技术方案可能存在某些方面的缺陷，例如请求保护的药物具有毒副作用，但在其他方面有益，则应当认为该技术方案能够产生预期的积极效果。

一项技术方案有害而无益，则认为该技术方案无法产生预期的积极效果。

（6）对于用并列选择方式概括的权利要求，如果其中既包含不具备实用性的技术方案，也包含具备实用性的技术方案，则该权利要求不具备实用性。

（7）对于用上位概念概括的独立权利要求，即使该独立权利要求具备实用性，其从属权利要求也可能不具备实用性。

●实用性要求与充分公开要求的比较

（1）实用性意义上的“不能制造或使用”是由技术方案本身固有的缺陷所致，与说明书公开的程度无关，即使说明书公开得再详细，发明也不具备实用性。

（2）实用性强调能够在产业上制造或使用，即产业上被制造或使用的可能性，满足实用性不能违背自然规律并应具有再现性。

(3) 充分公开意义上的“所属技术领域的技术人员能否实现”则取决于说明书公开的程度，即由于说明书没有对发明作出清楚、完整的说明，从而导致所属技术领域的技术人员不能实现该发明。也就是说，如果补充足够的技术手段，所属技术领域的技术人员就能实现实用新型的技术方案，并解决相应的技术问题。

(4) 如果说明书中没有对一项发明作出清楚、完整的说明，以至于不能够在产业上实现，则不能说该发明不具备实用性，而是公开不充分，不符合§26.3。未充分公开的，仍有可能满足实用性的要求；充分公开的，不一定满足实用性的要求。

(5) 当申请要求保护的主题明显违背自然规律，应当以该申请不具备实用性为理由拒绝；而如果是说明书记载的原理不清楚，审查员怀疑其原理违背自然规律时，审查员既可以以该申请不具备实用性为理由，也可以以该申请公开不充分为理由提出反对意见。

◎无药效数据的情形：

(1) 对于一种治疗某疾病的中药，如果说明书中未提供任何药效数据，则通常需要本领域技术人员根据说明书的记载以及现有技术，由各原料药的功效或性味判断该中药是否具有治疗所述疾病的作用。

(2) 如果说明书或现有技术中已经公开了该中药的各原料药的功效，但是每一原料药的功效并不相同或仅部分原料药的功效相同，则即使其中部分原料药的功效与该中药所治疗的疾病相关，由于中药中各原料药之间存在相生、相须、相畏或相杀等多种相互作用的关系，一般情况下本领域技术人员也无法根据各原料药的功效预测该中药必然具备所述医药用途，因而判定说明书公开不充分。

(3) 如果说明书或现有技术中公开了该中药的各原料药的功效，并且每一原料药的功效相同或类似，且均与治疗该疾病相关，则根据本领域的公知常识，由各原料药的功效可以预测该中药具有治疗该疾病的作用。在这种情况下，即使说明书没有记载药效数据，也认为该申请的技术方案解决了其技术问题，产生了预期的技术效果。

◎有药效数据的情形：

说明书中应该记载药效实验数据，且证实中药效果的药效数据通常为临床实验数据。

如果说明书中对药物疗效的描述仅为结论性的实验结果，例如仅仅给出有效率，而没有描述实验方法如使用的药物及剂量、实验过程、诊断标准和疗效的判断标准等，也就是说，本领域技术人员不知道该结果是如何得到的，以致所属领域技术人员无法确信该药物能够达到预期的技术效果，则说明书公开不充分。

●实用新型专利

GL-D-VI 4 实用新型专利创造性的审查

在实用新型专利创造性的审查中，应当考虑其技术方案中的所有技术特征，包括材料特征和方法特征。

实用新型专利创造性的标准低于发明专利创造性的标准。和发明具有“突出的实质性特点”和“显著的进步”相比，实用新型的创造性，是指与现有技术相比，实用新型具有“实质性特点”和“进步”。

两者在创造性判断标准上的不同，主要体现在现有技术中是否存在“技术启示”。在判断是否存在技术启示时，发明专利与实用新型专利的区别体现在两个方面：

（1）现有技术的领域

对于发明专利，不仅要考虑该发明专利所属的技术领域，还要考虑其相近或者相关的技术领域，以及该发明所要解决的技术问题能够促使本领域的技术人员到其中去寻找技术手段的其他技术领域。

对于实用新型，一般着重于考虑该实用新型专利所属的技术领域。但是现有技术中给出明确的启示，促使本领域的技术人员到相近或相关的技术领域寻找有关技术手段的，可以考虑其相近或相关的技术领域。

（2）现有技术的数量

对于发明专利而言，可以引用一项、两项或者多项现有技术评价其创造性。

对于实用新型，一般情况下可以引用一项或两项现有技术评价其创造性，对于由现有技术通过“简单的叠加”而成的实用新型，可以根据情况引用多项现有技术评价其创造性。

判断实用新型专利对于现有技术是否显而易见，主要是从该实用新型所要解决的技术问题出发，判断现有技术整体上是否存在某种技术启示，即现有技术中是否给出将该实用新型的区别技术特征应用到最接近的现有技术以解决其存在的技术问题的启示，这种启示会使本领域技术人员在面对相应的技术问题时，有动机改进最接近的现有技术并获得该实用新型所保护的解决问题的技术手段。

当上述区别特征为公知常识或为最接近的现有技术相关的技术手段，或者为另一份对比文件披露的相关技术手段，且该技术手段在该对比文件中所起的作用与该区别技术特征在实用新型中要求保护的为解决相关技术问题所起的作用相同，通常可以认定存在相应的技术启示。

实用新型的创造性标准低于发明的创造性标准，具体体现在仅要求“实质性特点”和“进步”，在程度上分别少了“突出”和“显著”的要求。其判断的重点、难点在于“突出的实质性特点”的判断，而判断“突出的实质性特点”的重点、难点又在于对“技术启示”的分析判断，因此实用新型区别于发明创造性审查基准的焦点在于对“技术启示”的理解。

◎主题名称对实用新型创造性判断的影响：

（1）在对实用新型创造性进行判断时，要充分考虑权利要求中主题名称特征的限定作用；

（2）在考虑主题名称的限定作用时，应当结合技术方案中的其他技术特征整体考虑。通常情况下，不能仅仅因为要求保护的技术方案与对比文件公开的技术方案二者主题名称不同而认定其具有实质性的差别，更不能仅据此差别就认定要求保护的技术方案具有创造性。

最高人民法院（2011）知行字第19号：实用新型专利创造性判断中对现有技术领域的确定

评价实用新型专利创造性时，一般应当着重比对该实用新型专利所属技术领域的现有技术；但在现有技术已经给出明确技术启示的情况下，也可以考虑相近或者相关技术领域的现有技术；相近技术领域一般指与实用新型专利产品功能以及具体用途相近的领域，相关技术领域一般指实用新型专利与最接近的现有技术的区别技术特征所应用的功能领域。

发明专利和实用新型专利的创造性标准不同，在技术比对时所考虑的现有技术领域也应当有所不同。技术领域应当是要求保护的发明或者实用新型技术方案所属或者应用的具体技术领域，既不是上位的或者相邻的技术领域，也不是发明或者实用新型本身。技术领域的确定，应当以权利要求所限定的内容为准，一般根据专利的主题名称，结合技术方案所实现的技术功能、用途加以确定。专利在国际专利分类表中的最低位置对其技术领域的确定具有参考作用。相近的技术领域一般指与实用新型专利产品功能以及具体用途相近的领域；相关的技术领域一般指实用新型专利与最接近的现有技术的区别技术特征所应用的功能领域。由于技术领域范围的划分与专利创造性要求的高低密切相关，考虑到实用新型专利创造性标准要求较低，因此在评价其创造性时所考虑的现有技术领域范围应当较窄，一般应当着重比对实用新型专利所属技术领域的现有技术。但是在现有技术已经给出明确的技术启示，促使本领域技术人员到相近或者相关的技术领域寻找有关技术手段的情形下，也可以考虑相近或者相关技术领域的现有技术。所谓明确的技术启示是指明确记载在现有技术中的技术启示或者本领域技术人员能够从现有技术直接、毫无疑义地确定的技术启示。

京（2012）高行终字第410号：利用相近技术领域的现有技术

最接近对比文件涉及的技术领域、技术效果和解决的技术问题与涉案专利相同。当本领域技术人员阅读另一份与涉案专利属于相近技术领域的对比文件时，容易联想到相关设备。因此，涉案专利相对于这两份对比文件的结合，不具备创造性。

〈本案是迄今唯一一件利用相近技术领域的现有技术评价实用新型专利创造性的案件。〉

◎判断实用新型创造性时不予考虑的技术特征：

如果技术方案中的非形状、构造技术特征导致该产品的形状、构造或者其结合产生变化，则只考虑该技术特征所导致的产品形状、构造或者其结合的变化，而不考虑该非形状、构造技术特征本身。技术方案中的那些不导致产品的形状、构造或者其结合产生变化的技术特征视为不存在，例如：材料特征、方法特征等。

将已知材料的名称应用于具有形状、构造的产品上，不属于对材料本身提出的技术方案。但是切记实用新型不能包含新材料，否则就是对材料本身也进行了改进，属于对材料本身提出的技术方案，不属于实用新型保护的客体。

京高院《专利侵权判定指南》

第20条：实用新型专利权利要求中包含非形状、非构造技术特征的，该技术特征用于限定专利权的保护范围，并按照该技术特征的字面含义进行解释。

非形状、非构造技术特征，是指实用新型专利权利要求中记载的不属于产品的形状、构造或者其结合等的技术特征，如用途、制造工艺、使用方法、材料成分（组分、配比）等。

京（2009）高行终字第1441号：技术效果直接导致商业成功

在审查实用新型的创造性时，应当考虑该实用新型的技术效果，从整体技术方案进行考虑，不能机械地将技术特征进行分割。如果该实用新型的技术效果直接导致该实用新型取得商业上的成功，则该实用新型具备创造性。

无效宣告请求第2770号：实质性特点和进步具有创造性

评价一项权利要求相对于一篇对比文件是否具有创造性，对于实用新型专利，就是要看该权利要求相对于该对比文件是否具有实质性特点和进步。

无效宣告请求第7317号：未带来结构变化的材料特征不予考虑

如果材料的不同并未带来产品在形状、构造或者其结合上发生变化的，即使由于材料的不同使得包括材料特征在内的该技术方案的效果优于或不同于最接近的现有技术，该材料特征在实用新型的创造性审查中仍然不予考虑。

无效宣告请求第9465号：同一领域中具有相同作用

实用新型专利的泄压阀是用于排放气体，而现有技术中的泄压阀是用于排放水的，但由于排放气体的泄压阀与排放水的泄压阀均是本领域常规采用的泄压阀，从而本领域技术人员容易想到将排放水的泄压阀替换为排放气体的泄压阀。

复审请求第10846号：组成部分已知的有机组合具有新功能

如果构成一项实用新型产品技术方案的各个组成部分都是已知的，但是如果该技术方案通过将各个部件以现有技术未公开的方式有机组合起来，并实现了新的功能和技术效果，则该项产品权利要求具有创造性。

复审请求第11627号：主题名称在实用新型创造性判断中的作用

并未仅凭实用新型与对比文件在主题名称上的相似而认为其属于相同的技术领域，而是具体考虑了两者使用目的、使用需要、具体应用场合等情况，并得出两者在结构和材料上应当具有实质上差别、且二者不属于相同技术领域的结论。

●实用新型专利的修改

因为对于实用新型申请没有实质审查，所以被授权的实用新型专利的权利要求只能在之后的无效宣告程序中修改，修改方式参见 GL－D－Ⅲ 4.6。

§23 外观设计专利授予条件

授予专利权的外观设计，应当不属于现有设计；也没有任何单位或者个人就同样的外观设计在申请日以前向国务院专利行政部门提出过申请，并记载在申请日以后公告的专利文件中。〈GL－D－V 5 〉

授予专利权的外观设计与现有设计或者现有设计特征的组合相比，应当具有明显区别。〈GL－D－V 6 〉

授予专利权的外观设计不得与他人在申请日以前已经取得的合法权利相冲突。〈GL－D－V 7 〉

本法所称现有设计，是指申请日以前在国内外为公众所知的设计。

A25 TRIPS

1. 对独立创作的、具有新颖性或原创性的工业品外观设计，全体成员均应提供保护。成员可以规定：非新颖或非原创，系指某外观设计与已知设计或已知设计特征之组合相比，无明显区别。成员可以规定：外观设计之保护，不得延及主要由技术因素或功能因素构成的设计。

2. 各成员应保证其对保护纺织品外观设计的要求，特别是对成本、检验或公布的要求，不至于不合理地损害求得保护的机会。成员有选择用工业品外观设计法或用版权法去履行本款义务的自由。

A4. E（1）PC

依靠以实用新型申请为基础的优先权而在一个国家提出工业品外观设计申请的，优先权的期间应与对工业品外观设计规定的优先权期间一样。

《最高人民法院关于审理侵犯专利权纠纷案件应用法律若干问题的解释》

第 10 条：人民法院应当以外观设计专利产品的一般消费者的知识水平和认知能力，判断外观设计是否相同或者近似。

无效宣告请求第 6770 号：相互矛盾和不清楚的对比外观设计

对比外观设计存在相互矛盾和不清楚之处，无法与本专利进行对比，不能证明本专利不符合 §23 的规定。

京高院《专利侵权判定指南》

第 76 条：应当以外观设计专利产品的一般消费者的知识水平和认知能力，判断外观设计是否相同或近似，而不应以该外观设计专利所属技术领域的普通设计人员的观察能力为标准。

第 77 条：一般消费者，是一种假设的“人”，对其应当从知识水平和认知能力两方面进行界定。

一般消费者的知识水平是指，他通常对外观设计专利申请日之前相同种类或者相近种类产品的外观设计及其常用设计手法具有常识性的了解。

一般消费者的认知能力是指，他通常对外观设计产品之间在形状、图案以及色彩上的区别具有一定的分辨力，但不会注意到产品的形状、图案以及色彩的微小变化。

对外观设计产品的一般消费者的知识水平和认知能力作出具体界定时，应当针对具体的外观设计产品，并考虑申请日前该外观设计产品的设计发展过程。

GL－D－V 4 判断主体

不同种类的产品具有不同的消费者群体。作为某种类外观设计产品的一般消费者应当具备下列特点：

（1）对涉案专利申请日之前相同种类或者相近种类产品的外观设计及其常用设计手法具有常识性的了解。

〈因而除能判断外观设计相同和实质相同外，还能判断外观设计相对于现有设计及其特征组合是否有明显区别，即：了解相同种类或相近种类产品的惯常设计；了解和运用相同种类或相近种类产品的常用设计手法是了解相同种类或相近种类产品的外观设计空间；获知相同种类或相近种类产品的现有设计。〉

（2）对外观设计产品之间在形状、图案以及色彩上的区别具有一定的分辨力，但不会注意到产品的形状、图案以及色彩的微小变化。

〈“一般消费者”是法律拟制的人，其并不简单对应于现实生活中由普通人构成的某个特定消费群体，也不仅指某类产品的最终消费者，其知识水平和认知能力的依据并不是其“购买”行为，而是其“使用”行为，即作为“知情使用人”。〉

最高人民法院（2010）行提字第5号：一般消费者和设计空间

作为判断外观设计相同或相近似的主体“一般消费者”是一个具有常识性知识水平和认知能力的抽象概念，而不是具体的从事某种特定工作的人。但是，具体界定一般消费者的知识水平和认知能力时，需要针对具体的外观设计设计产品，考虑该外观设计产品的同类和近似产品的购买者和使用群体，如组装商和维修商。

设计空间是指设计者在创作特定产品外观设计时的自由度。在外观设计相同或者相近似的判断中，应该考虑设计空间或者说设计者的创作自由度，以便准确确定该一般消费者的知识水平和认知能力；设计空间的大小是一个相对的概念，是可以变化的。

考量外观设计产品的设计空间，应以专利申请日时的状态为准。

京（2005）高行终字第337号：界定产品的一般消费者

在界定产品的一般消费者时，应当注重该类产品的使用状态。路灯的最终消费者以及路灯功能的享用者是不特定的过往行人，而不是从事路灯制造、销售、购买、安装、维护的人员。

京（2005）高行终字第442号：具有常识性了解的一般消费者

路灯类产品使用于公共场所，其外观设计除俯视图不易被行人观察到以外，从其他角度是可以直接观察得到的，行人对于路灯的形状具有一定的分辨力，应作为对路灯产品的外观设计状况具有常识性了解的一般消费者。而且，路灯产品的购买、安装以及维护也要考虑到路灯在使用时的状态，此时也是以普通行人的眼光进行观察的。

GL－D－V 5 根据§23.1 的审查

不属于现有设计，是指在现有设计中，既没有与涉案专利相同的外观设计，也没有与涉案专利实质相同的外观设计。在涉案专利申请日以前任何单位或者个人向专利局提出并且在申请日以后（含申请日）公告的同样的外观设计专利申请，称为抵触申请。其中，同样的外观设计是指外观设计相同或者实质相同。

判断对比设计是否构成涉案专利的抵触申请时，应当以对比设计所公告的专利文件全部内容为判断依据。与涉案专利要求保护的产品的外观设计进行比较时，判断对比设计中是否包含有与涉案专利相同或者实质相同的外观设计。〈外观设计只能与外观设计相抵触。〉

例如，涉案专利请求保护色彩，对比设计所公告的为带有色彩的外观设计，即使对比设计未请求保护色彩，也可以将对比设计中包含有该色彩要素的外观设计与涉案专利进行比较。又如，对比设计所公告的专利文件含有使用状态参考图，即使该使用状态参考图中包含有不要求保护的外观设计，也可以将其与涉案专利进行比较，判断是否为相同或者实质相同的外观设计。

京高院《专利侵权判定指南》

第 78 条：判断外观设计是否相同或相近似时，不应以外观设计创作者的主观看法为准，而以一般消费者的视觉效果为准。

第 79 条：判断外观设计是否构成相同或相近似时以整体观察、综合判断为原则，即应当对授权外观设计、被诉侵权设计可视部分的全部设计特征进行观察，对能够影响产品外观设计整体视觉效果的所有因素进行综合考虑后作出判断。

在衡量外观设计新颖性即与现有设计相同、实质相同时采用“一般消费者”为判断主体。

《最高人民法院关于审理侵犯专利权纠纷案件应用法律若干问题的解释》

第 11 条：人民法院认定外观设计是否相同或者近似时，应当根据授权外观设计、被诉侵权设计的设计特征，以外观设计的整体视觉效果进行综合判断；对于主要由技术功能决定的设计特征以及对整体视觉效果不产生影响的产品的材料、内部结构等特征，应当不予考虑。

下列情形，通常对外观设计的整体视觉效果更具有影响：

（一）产品正常使用时容易被直接观察到的部位相对于其他部位；

（二）授权外观设计区别于现有设计的设计特征相对于授权外观设计的其他设计特征。

被诉侵权设计与授权外观设计在整体视觉效果上无差异的，人民法院应当认定两者相同；在整体视觉效果上无实质性差异的，应当认定两者近似。

GL－D－V 5.1.1 外观设计相同

外观设计相同，是指涉案专利与对比设计是相同种类产品的外观设计，并且涉案专利的全部外观设计要素与对比设计的相应设计要素相同，其中外观设计要素是指形状、图案以及色彩。

也指涉案专利与对比设计仅属于常用材料的替换，或者仅存在产品功能、内部结构、技术性能或者尺寸的不同，而未导致产品外观设计的变化。

在确定产品的种类时，可以参考产品的名称、国际外观设计分类以及产品销售时的货架分类位置，但是应当以产品的用途是否相同为准。相同种类产品是指用途完全相同的产品。

〈参考图（如使用状态参考图）通常用于理解对比设计的所属领域、使用方法、使用场所或者用途，也可以用来确定产品类别，但不能用来确定外观设计的专利保护范围。〉

〈材料的替换导致了产品外观设计的整体视觉效果发生变化的，外观设计专利与对比设计属于相同的外观设计。〉

京（2002）一中行初字第114号：相近似判断不考虑实用功能的外形

在判断外观设计专利与在先设计是否相同和相近似时，应当以产品的外观作为判断的对象，而产品的功能不是外观设计的组成部分，不能作为确定外观设计是否为相近似的要部。

◎产品功能、内部结构和技术性能的变化：

涉案专利与对比设计的区别仅在于产品的内部结构、功能和技术性能的不同，而产品的内部结构、功能和技术性能的变化未导致产品外观设计的整体视觉效果发生变化，应当认定涉案专利与对比设计属于相同的外观设计。

但是，产品的内部结构、功能、技术性能的变化导致产品的外观设计发生变化的，应当考虑该变化对整体视觉效果的影响。

◎产品尺寸的变化：

涉案专利与对比设计的区别仅在于尺寸的不同，而各个设计特征之间的相互比例配置关系未发生变化，应当认定涉案专利与对比设计属于相同的外观设计。

如果产品的各个设计特征之间相互比例关系发生变化，导致产品外观设计的整体视觉效果发生变化的，不应当认定涉案专利与对比设计属于相同的外观设计。

◎材料的替换：

涉案专利与对比设计的区别仅在于常用材料的替换，而该替换未导致外观设计的整体视觉效果发生变化的，应当认定涉案专利与对比设计属于相同的外观设计。

GL－D－V 5.1.2 外观设计实质相同

外观设计实质相同的判断仅限于相同或者相近种类的产品外观设计。对于产品种类不相同也不相近的，可认定涉案专利与对比设计不构成实质相同。

相近种类的产品是指用途相近的产品。注意：当产品具有多种用途时，如果其中部分用途相同，而其他用途不同，则二者应属于相近种类的产品。

如果区别仅属于下列情形，则涉案专利与对比设计实质相同，其区别在于：

（6）施以一般注意力不能察觉到的局部的细微差异；

（7）使用时不容易看到或者看不到的部位，但有证据表明在不容易看到部位的特定设计对于一般消费者能够产生引人瞩目的视觉效果的情况除外；

(8) 将某一设计要素整体置换为该类产品的惯常设计的相应设计要素；

(9) 将对比设计作为设计单元按照该种类产品的常规排列方式做重复排列或者将其排列的数量作增减变化；

(10) 互为镜像对称。

GL－D－V5.1.2 规定的"施以一般注意力不能察觉到的局部的细微差异"与 GL－D－V4 所规定的一般消费者"不会注意到产品的形状、图案以及色彩的微小变化"，二者所指设计变化的程度相同。GL－D－V6.1（4）所规定的"区别点仅在于局部细微变化"是指一般消费者施以一般注意力能够察觉到的设计变化。

如果涉案专利与对比设计的区别在于 GL－D－V5.1.2 规定的设计要素整体置换为该类产品的惯常设计的相应设计要素、以常规排列方式做重复排列或排列的数量作增减变化或者互为镜像对称，则涉案专利与对比设计实质相同。

GL－D－V5.1.2 所列外观设计实质相同的五种情形并非指涉案专利与对比设计仅存在一种区别的情况下才能认定二者属于实质相同的外观设计。如果涉案专利与对比设计存在五种情形中的一种以上的区别时，应当依据整体观察、综合判断的原则判断二者是否属于实质相同的外观设计。

GL－D－V 5.2.2 直接观察

在对比时应当通过视觉进行直接观察，不能借助放大镜、显微镜、化学分析等其他工具或者手段进行比较，不能由视觉直接分辨的部分或者要素不能作为判断的依据。

GL－D－V 5.2.3 仅以产品的外观作为判断的对象

在对比时应当仅以产品的外观作为判断的对象，考虑产品的形状、图案、色彩这三个要素产生的视觉效果。

在涉案专利仅以部分要素限定其保护范围的情况下，其余要素在与对比设计比较时不予考虑。

在涉案专利为产品零部件的情况下，仅将对比设计中与涉案专利相对应的零部件部分作为判断对象，其余部分不予考虑。

对于外表使用透明材料的产品而言，通过人的视觉能观察到的其透明部分以内的形状、图案和色彩，应当视为该产品的外观设计的一部分。

外观设计专利权的保护范围以表示在图片或者照片中的该产品的外观设计为准，简要说明可以用于解释图片或者照片所表示的该产品的外观设计（§59.2）。

虽然在 GL－D－V5.2.3 中规定，仅以产品的外观作为判断的对象，考虑产品的形状、图案、色彩这三个要素产生的视觉效果。但是，上述规定的前提是建立在产品种类相同或相近的基础上的。所以根据§59.2，简要说明也可以作为判断的依据。

GL－D－V 5.2.4 整体观察、综合判断

对比时应当采用整体观察、综合判断的方式。所谓整体观察、综合判断是指由涉案专利与对比设计的整体来判断，而不从外观设计的部分或者局部出发得出判断结论。

GL－D－V 5.2.4.1 确定对比设计公开的信息

依据一般消费者的认知能力，根据对比设计图片或者照片已经公开的内容即可推定出产品其他部分或者其他变化状态的外观设计的，则该其他部分或者其他变化状态的外观设计也视为已经公开。

GL－D－V 5.2.5.1 组件产品

组件产品，是指由多个构件相结合构成的一件产品。

对于组装关系唯一的组件产品，以上述组合状态下的整体外观设计为对象，而不是以所有单个构件的外观为对象进行判断。

对于组装关系不唯一的组件产品，以插接组件的所有单个构件的外观为对象，而不是以插接后的整体的外观设计为对象进行判断。

对于各构件之间无组装关系的组件产品，以所有单个构件的外观为对象进行判断。

产品上不能分割或者不能单独出售且不能单独使用的局部设计不是保护客体。

如果一个部件无论怎么组合，都属于组合后产品的一个构件，只要申请是针对整体产品的，那么该部件就不能作为独立的产品获得保护，只能作为构件之一，与其他部件共同作为组件产品获得保护。

GL－D－V 5.2.5.2 变化状态产品

变化状态产品，是指在销售和使用时呈现不同状态的产品。

对于对比设计而言，所述产品在不同状态下的外观设计均可用作与涉案专利进行比较的对象。对于涉案专利而言，应当以其使用状态所示的外观设计作为与对比设计进行比较的对象。

对于使用或销售时存在变化状态的产品，应当将其各种变化状态与一件对比设计相应变化状态进行比较，而不应当仅针对对比设计的其中一种状态进行比较，也不应当仅以变化状态数量的不同而得出涉案专利与对比设计不同、实质不同或者具有明显区别的结论。

京（2009）高行终字第533号：属于相近似的外观设计

判断两项外观设计相同或相近似的基础在于整体外观是否相同或者相近似。当两项外观设计整体造型基本相同，各组成部件的设计、基本形状及其比例基本相同，由此形成的整体视觉效果相近时，二者属于相近似的外观设计。

GL－D－V 6.1 与相同或者相近种类产品现有设计对比

如果一般消费者经过整体观察可以看出，产品外观设计与现有设计的差别对其整体视觉效果不具有显著影响，则与现有设计相比不具有明显区别。显著影响的判断仅限于相同或者相近种类的产品外观设计。

在确定涉案专利与相同或者相近种类产品现有设计相比是否具有明显区别时，一般还应当综合考虑如下因素：

（1）对涉案专利与现有设计进行整体观察时，应当更关注使用时容易看到的部位，使用时容易看到部位的设计变化相对于不容易看到或者看不到部位的设计变化，通常对整体视觉效果更具有显著影响。但有证据表明在不容易看到部位的特定设计对于一般消费者能够产生引人瞩目的视觉效果的除外。

(2) 当产品上某些设计被证明是该类产品的惯常设计时，其余设计的变化通常对整体视觉效果更具有显著的影响。

(3) 由产品的功能唯一限定的特定形状对整体视觉效果通常不具有显著的影响。

(4) 若区别点仅在于局部细微变化，则其对整体视觉效果不足以产生显著影响，二者不具有明显区别。

应当注意的是，外观设计简要说明中设计要点所指设计并不必然对外观设计整体视觉效果具有显著影响，不必然导致涉案专利与现有设计相比具有明显区别。

显著影响的判断方式参照 GL – D – V5.2 的规定。

(5)（自 2014 年 5 月 1 日起）对于包括图形用户界面的产品外观设计，如果涉案专利其余部分的设计为惯常设计，其图形用户界面对整体视觉效果更具有显著的影响。

包含多个变化状态的产品的外观设计，如图形用户界面（GUI：Graphical User Interface），其权利范围是由组成的多个变化状态共同确定，可能导致保护范围狭小。因此，对于多项 GUI 的外观设计，可以按照相似外观设计合案申请。如果不相似，可以分开单独申请。通常，如果申请人希望既保护 GUI 的各界面的设计，又保护动态切换的视觉效果，才需要通过界面变化状态图的方式提交申请。

首次申请是实用新型的，在后申请的类型可以是外观设计，所以实用新型专利文件中是有可能包括外观设计内容的。实用新型专利文件的公开有可能构成在后的外观设计的出版物公开。因此，实用新型可以作为评价外观设计申请是否相同或相近似的现有技术。

◎与一项对比设计比较：

在将涉案专利与一项对比设计对比以判断其是否具有明显区别时，首先应当按照单独对比的原则，找出二者的相同点和区别点，之后作为一般消费者综合考虑以下原则进行判断。

(1) 使用时不容易看到部位的设计。

涉案专利与对比设计相比，产品在使用时，相对于不容易看到或者看不到部位的变化更易于看到部位的外观设计变化，通常对于产品的整体视觉效果更具有显著影响。

(2) 施以一般注意力不易察觉的局部细微变化。

涉案专利与对比设计相比，施以一般注意力不易察觉的局部细微变化对于产品的整体视觉效果通常不具有显著影响。

(3) 现有外观设计状况。

排除上述两项中对产品的整体视觉效果不具有显著影响的设计特征之后，如果涉案外观设计与对比设计的对比结果为同时具有能够对产品的整体视觉效果可能构成显著影响的相同设计特征和不同设计特征，则需要综合判断上述相同设计特征和不同设计特征对产品整体视觉效果影响所占的权重，在此基础上得出是否具有明显区别的结论。

权重应当由一般消费者根据产品的现有外观设计状况来确定。通常，对于某一相同设计特征或区别设计特征而言，如果现有设计中已经存在大量与之相同或实质相同的设计，则该相同设计特征或区别设计特征对一般消费者的视觉吸引力较小，对于产品的整体视觉效果的影响所占权重较小；反之，如果在现有设计中较少出现或从未出现与之相同或实质相同的设计，则该相同设计特征或区别设计特征对一般消费者的视觉吸引力较大，对于产品整体视觉效果的影响所占的权重较大。

◎关于设计空间：

产品所需实现的功能、使用环境和制造产品的技术工艺条件等技术上的改进一般应当通过发明和实用新型来保护，但上述因素也会对产品外观的设计空间产生制约，上述制约应当在外观设计明显区别的判断中予以考虑。

通常，受到制约较大的产品部位，其外观设计空间相对较小，较难形成新的设计。因此，针对该产品部位的外观设计变化应当在是否具有明显区别的判断中予以考虑，但是上述设计变化仅是根据上述制约条件而作出的适应性调整的除外。

当上述可以予以考虑的外观设计变化不属于产品在使用时不易看到的部位或者施以一般注意力能够不易察觉到的局部细微差异时，通常可以判断该设计变化对产品的整体视觉效果具有显著的影响。

京高院《专利侵权判定指南》

第 80 条：被诉侵权设计与授权外观设计在整体视觉效果上无差异的，应当认定两者相同；在整体视觉效果上无实质性差异的，应当认定两者构成相近似。具体而言：

(1) 如果两者的形状、图案、色彩等整体上的视觉效果无差异，则应当认为两者构成相同；

(2) 如果两者的形状、图案、色彩等整体上的视觉效果不完全相同，但是没有明显差异的，则应当认为两者相近似；

(3) 如果两者的形状、图案、色彩等整体上的视觉效果不同，且有明显差异的，则应当认为两者不相同且不相近似。

第 81 条：在判断相同或相近似时，由产品功能、技术效果决定的设计特征不予考虑。

由产品功能、技术效果决定的设计特征，是指实现产品功能、技术效果的有限或者唯一的设计。

第 82 条：对于立体产品的外观设计，通常形状对整体视觉效果更具有影响，在进行相同相近似判断时，应以形状为重点；但如果其形状属于惯常设计，则图案、色彩对整体视觉效果更具有影响。

惯常设计，是指现有设计中一般消费者所熟知的、只要提到产品名称就能想到的相应设计。

第 83 条：对于平面产品的外观设计，通常图案、色彩对整体视觉效果更具有影响，在进行相同、相近似判断时，应以图案、色彩为重点。

第 85 条：将不透明材料替换为透明材料，或者将透明材料替换为不透明材料，且仅属于材料特征的变换，未导致产品外观设计发生明显变化的，在判断外观设计的相同、相近似时，应不予考虑。但是，如果透明材料致该产品外观设计的美感发生了变化，导致一般消费者对该产品的整体视觉发生变化的，则应当予以考虑。

被诉侵权产品系将不透明材料替换为透明材料，通过透明材料可以观察到产品内部结构，则内部结构应当视为该产品的外观设计的一部分。

最高人民法院（2011）行提字第1号：仅涉及局部的设计要素

对外观设计进行相近似判断时，应当基于外观设计专利产品的一般消费者的知识水平和认知能力，对外观设计专利与在先设计的整体视觉效果进行整体观察、综合判断。

在进行相似性判断时，如果外观设计的改进仅仅体现在现有设计的基础上省略局部的设计要素，这种改进通常不能体现出外观设计所应当具有的创造性，亦不应对整体视觉效果带来显著影响。

京（2009）高行终字第1050号：不可见部位

车灯的一般消费者对车灯的可见部分最为关注，而车灯的背面形状在使用状态下处于不可见部位，一般消费者不会予以关注，其对外观设计的整体视觉效果不构成显著的影响。

京（2009）高民终字第931号：不易察觉的局部细微差别

在外观设计相近似判断时，一般消费者施以普通注意力不能察觉的局部细微差别，对整体视觉效果不产生影响。

京（2005）高行终字第331号：明显的部位的特定朝向

在进行外观设计相近似判断时，一般应采用整体观察、综合判断的原则，即由涉案外观设计专利的整体来确定是否与在先设计相近似，而不是从外观设计的局部出发得出与在先设计是否相同或者相近似的结论。只有在特殊情况下，某些产品存在相对于其他部位明显容易引起一般消费者注意的部位，如在使用时存在特定朝向或者部分设计属于常规设计的，才以产品朝向使用者的部分或者除常规性设计以外的部分作为要部与对比文件进行近似性判断。

京（2005）一中行初字第769号：要部判断方式

对以特定方向朝向使用者的产品，其在使用状态下能够被看到的部位相对于看不到的部位对整体视觉效果的影响明显强烈。如果产品在使用状态下，其背面的外观设计不会受到一般消费者的关注，而其主视面相对于其他部位的外观设计对其整体视觉效果具有明显强烈的影响，那么，在判断外观设计是否相同或相近似时，应采用要部判断。即将外观设计的主视面与对比设计的主视面相比较。

另外，在产品外观的相近似的判断过程中，如果二者的区别在整体产品外观中处于比较瞩目的位置，并且处于在产品的使用过程中，需要使用者操作、把持的部位，属于使用时容易看到的部位，则这些部位的设计变化相对于其他部位来说，通常对产品外观的整体视觉效果更具有显著的影响。

无效宣告请求第 12165 号：使用时不易见或者局部细微差异

本专利与在先设计之间的差别属于使用时不易见或者局部细微的设计变化，对外观设计的整体视觉效果均无显著影响。

无效宣告请求第 14484 号：细节部件的设计变化

对于车的外观设计，一般消费者所关注的是车身主要部分的造型设计，后视镜等局部的细节设计通常不会引起一般消费者关注。俯视图所示的设计是车顶部的设计，为使用中不易见的部位。在上述主要部分的造型及整车造型基本相同的情况下，细节部件的设计变化不足以对整体视觉效果产生显著影响。

无效宣告请求第 21625 号：视觉不易关注的部位

设计特征处于视觉不易关注的部位，或者属于常见设计、局部细微变化，不会对产品的整体视觉效果产生显著影响，与现有设计特征的组合相比不具有明显区别。

◎在进行组合判断时，最接近的现有设计的选取原则：

通常可以将与外观设计种类相同、相同设计特征最多的现有设计作为最接近的现有设计，但应当以“与外观设计在整体视觉效果上最为接近”作为选取原则，并结合以下几个因素。

（1）产品种类是否密切相关。

在确定是否密切相关时，通常可以从产品的具体用途或功能出发。

（2）产品构成是否密切相关。

产品构成通常与产品所要实现的功能相关。一般情况下，可以考虑产品构成基本相同，或称为“功能基本覆盖”的现有设计作为最接近的现有设计。需要注意的是，这里所说的“产品构成基本相同”或者“功能基本覆盖”是指外观设计与最接近的现有设计具有数量相等的实现相同功能的主要组成部分，而不是指该主要组成部分的具体形状等设计要素相同。

（3）对整体视觉效果最具影响的主要部分是否密切相关。

整体视觉效果最具影响的主要部分是否密切相关并不仅指产品构成基本相同并具有大体上相同的整体视觉效果的情形，尤其是对于明显存在组装关系的产品而言，通常会存在对整体视觉效果有显著影响的组成部分，在这种情况下，也可以选取与该组成部分的整体视觉效果最为接近的现有设计作为最接近的现有设计。

◎典型产品的显著性影响的判断：

包装类产品：

包装类产品包括包装盒、包装瓶和包装袋等。

（1）包装类产品的形状为该类产品惯常设计的，其图案、色彩设计一般对整体视觉效果更具有显著影响。

（2）包装类产品的形状不属于该类产品惯常设计的，应综合考虑其形状、图案和色彩设计对整体视觉效果的影响。

（3）立体包装产品，根据其具体设计内容的差异可分为在使用状态下一般朝向消费者的正面和不易被消费者所关注的其他面的，其正面设计对整体视觉效果更具显著影响。如果涉案专利采用惯常形状设计，则可仅将涉案专利与对比设计正面进行对比而得出二者是否具有明显区别的结论。

型材类产品：

型材是指横断面形状沿长度方向连续延伸，在长度方向上无其他形状变化的产品。型材横断面形状通常对整体视觉效果更具有显著影响。

在判断涉案专利与对比设计是否具有明显区别时，应当综合考虑横断面周边轮廓及其内的形状设计，周边轮廓在使用状态下可见或易见的部分对整体视觉效果更具有显著影响。型材的横断面周边为惯常设计的，周边轮廓之内的形状变化对整体视觉效果更具有显著影响。

◎外观设计中的功能性设计：

外观设计中的功能性设计是指实现产品功能的有限设计，主要指实现产品功能的唯一设计。如果实现产品功能和技术效果不止一种外观设计，一般不把每一种外观设计视为仅起到功能、技术效果作用的功能性设计。

设计特征都是由功能决定的功能性部件不属于外观设计保护的客体。同时包括功能性设计与装饰性设计的外观设计属于外观设计的保护客体，其中的功能性设计仍然属于外观设计的保护范围。

GL－D－V 6.1（3）与相同或者相近种类产品现有设计对比

由产品的功能唯一限定的特定形状对整体视觉效果通常不具有显著的影响。

最高人民法院（2012）行提字第14号：功能性设计特征

至少存在三种不同类型的设计特征：功能性设计特征、装饰性设计特征以及功能性与装饰性兼具的设计特征。

功能性设计特征是指那些在该外观设计产品的一般消费者看来，由所要实现的特定功能唯一决定而并不考虑美学因素的设计特征；如果某种设计特征是由某种特定功能所决定的唯一设计方式，则该种设计特征不存在考虑美学因素的空间，属于功能性设计。但是，即使某种设计特征仅仅是实现某种特定功能的多种设计方式之一，只要设计特征仅仅由所要实现的特定功能所决定而与美学因素无关，仍然可以认定为功能性设计；如果某种设计特征是实现特定功能的有限设计方式之一，则这一事实是证明该设计特征属于功能性设计的有力证据。

功能性设计特征的判断标准并不在于该设计特征是否因功能或技术条件的限制而不具有可选择性，而在于一般消费者看来该设计特征是否仅仅由特定功能所决定，从而不需要考虑该设计特征是否具有美感；功能性设计特征对于外观设计的整体视觉效果通常不具有显著影响。

任何产品的外观设计通常都需要考虑两个基本要素：功能因素和美学因素。即产品必须首先要实现其功能，其次还要在视觉上具有美感。

一般而言，当某一区别的作用是基于对产品功能、性能、经济性、便利性、安全性等方面的技术性要求而设计，则该区别应该被认定为功能性的；当某一区别的作用是为了使产品达到视觉效果美观、特别、引人注目，则该区别应该被认为是装饰性的。

无效宣告请求第12165号：推断整体形状

在先设计公开了部件1、部件2的形状及二者的插接方式，由此可判断出二者插接组合后的整体形状。

GL-D-V 6.2.2 现有设计的转用

转用，是指将产品的外观设计应用于其他种类的产品。模仿自然物、自然景象以及将无产品载体的单纯形状、图案、色彩或者其结合应用到产品的外观设计中，也属于转用。

以下几种类型的转用属于明显存在转用手法的启示的情形，由此得到的外观设计与现有设计相比不具有明显区别：

（1）单纯采用基本几何形状或者对其仅作细微变化得到的外观设计；

（2）单纯模仿自然物、自然景象的原有形态得到的外观设计；

（3）单纯模仿著名建筑物、著名作品的全部或者部分形状、图案、色彩得到的外观设计；

（4）由其他种类产品的外观设计转用得到的玩具、装饰品、食品类产品的外观设计。

上述情形中产生独特视觉效果的除外。

GL-D-V 6.2.3 现有设计及其特征的组合

组合包括拼合和替换，是指将两项或者两项以上设计或者设计特征拼合成一项外观设计，或者将一项外观设计中的设计特征用其他设计特征替换。以一项设计或者设计特征为单元重复排列而得到的外观设计属于组合设计。组合也包括采用自然物、自然景象以及无产品载体的单纯形状、图案、色彩或者其结合进行的拼合和替换。

以下几种类型的组合属于明显存在组合手法的启示的情形，由此得到的外观设计属于与现有设计或者现有设计特征的组合相比没有明显区别的外观设计：

（1）将相同或者相近种类产品的多项现有设计原样或者作细微变化后进行直接拼合得到的外观设计。

（2）将产品外观设计的设计特征用另一项相同或者相近种类产品的设计特征原样或者作细微变化后替换得到的外观设计。

（3）将产品现有的形状设计与现有的图案、色彩或者其结合通过直接拼合得到该产品的外观设计；或者将现有设计中的图案、色彩或者其结合替换成其他现有设计的图案、色彩或者其结合得到的外观设计。

上述情形中产生独特视觉效果的除外。

GL-D-V 6.2.4 独特视觉效果

独特视觉效果，是指涉案专利相对于现有设计产生了预料不到的视觉效果。在组合后的外观设计中，如果各项现有设计或者设计特征在视觉效果上并未产生呼应关系，而是各自独立存在、简单叠加，通常不会形成独特视觉效果。

外观设计如果具有独特视觉效果，则与现有设计或者现有设计特征的组合相比具有明显区别。

最高人民法院（2011）行提字第1号：设计要素变化所伴随的技术效果的改变对整体视觉效果的影响

一项产品的外观设计要获得外观设计专利权的保护，其必须具备专利法意义上的美感，即在实现产品的特定功能的基础上，对产品的视觉效果作出创新性的改进，使得产品能够体现出功能性和美感的有机结合。仅仅具有功能性而不具有美感的产品设计，可以通过申请发明或者实用新型专利权予以保护，而不应当通过外观设计专利权予以保护。

与本领域普通技术人员总是从技术角度考虑问题有所不同，一般消费者在进行相近似判断时，其主要关注于外观设计的视觉效果的变化，而不是功能或者技术效果的变化。一般消费者也不会基于设计要素变化所伴随的技术效果的改变，而对该设计要素变化施以额外的视觉关注。

京（2011）高行终字第832号：不予考虑相关领域外观设计的基本趋势

是否符合相关领域产品外观设计的基本趋势，不是判断某一产品外观设计是否应当授予专利权的衡量因素。

京（2008）高行终字第9号：使用状态参考图

“使用状态参考图”通常仅用于理解被比设计的使用方法或者用途以确定产品类别，不应当作为判断是否与在先设计相同或相近似的依据。相应地，在沙发床专利申请被授权后，其作为沙发的外观设计也不应当作为判断与在先设计相同或相近似的依据。

京（2008）高行终字第222号：根据经验判断组装状态的外观

在没有相应的“使用状态图”的情况下，审查员和法官可以根据自身的经验判断出主机与各部件之间组装状态的外观。

京（2005）高行终字第442号：局部细微差别对属于同类产品整体视觉效果没有显著的影响

本案专利与对比设计相比，属于同一种类的产品。二者在外观设计整体形状接近的情况下，局部存在一些细微差别，对二者的整体视觉效果不具有显著的影响，一般消费者在施以一般注意力的情况下，不易将二者区分开来。另外，虽然本案专利带有连接件，而对比设计没有显示出连接件的形状，但由于该连接件相对于路灯产品的整体小得多，其对外观设计的整体视觉效果影响很小，一般消费者通过整体观察、综合判断仍然容易将本案专利与对比设计相混淆。因此本案专利属于与现有设计相近似的外观设计，不符合§23的规定。

无效宣告请求第5258号：参考分类号；常规形状、图案和色彩相同或相近似

外观设计的分类号在判断两个外观设计是否属于相近似产品的时候仅起参考作用。

如果一项外观设计与对比文件的分类号不同，但其指定的用途与对比文件相近，仍应认为两者属于相近似种类产品的外观设计。

如果一项外观设计的外轮廓形状为该类产品的常规形状，而其上图案和色彩均与对比文件的相应要素相同或者相近似，则由于产品的常规形状不容易给一般消费者留下深刻的视觉印象，应认为该外观设计与对比文件的外观设计相近似。

GL－D－V 7 根据§23.3 的审查

他人，是指专利权人以外的民事主体，包括自然人、法人或者其他组织。

合法权利，是指依照中国法律享有并且在涉案专利申请日仍然有效的权利或者权益。包括商标权、著作权、企业名称权（包括商号权）、肖像权以及知名商品特有包装或者装潢使用权等。

在申请日以前已经取得（简称在先取得），是指在先合法权利的取得日在涉案专利申请日之前。

相冲突，是指未经权利人许可，外观设计专利使用了在先合法权利的客体，从而导致专利权的实施将会损害在先权利人的相关合法权利或者权益。

在无效宣告程序中请求人应就其主张进行举证，包括证明其是在先权利的权利人或者利害关系人以及在先权利有效。

〈R66.3：以不符合§23.3 的规定为由请求宣告外观设计专利权无效，但是未提交证明权利冲突的证据的，专利复审委员会不予受理。〉

R23.3 中的“合法权利”主要包括商标专用权和著作权。商标专用权的保护客体是商标标记或者服务标记，其保护客体不是产品；著作权的保护客体是作品。

根据§11、§59 的规定，外观设计专利权的保护客体是“外观设计产品”。

最高人民法院（2011）高行终字第1733 号：§23.3 中的“在先取得的合法权利”

§23.3 规定的“在先取得的合法权利”应以“专利申请日”为“在先取得”的时间起算点，而非“授权公告日”。

关于“合法权利”的范围，§23 中的“合法权利”包括依照法律法规享有并且在涉案专利申请日仍然有效的各种权利或者利益。就注册商标申请方面的相关权益而言，在“商标权”之外，还存在“与商标评审有关的权利”。结合《商标法》A29 的规定，注册商标申请方面的相关权益，或者说商标申请权，包含在“与商标评审有关的权利”之中，能够对注册商标申请人的商标申请注册行为产生实质影响并可以由注册商标申请人在法律允许的范围内自行处分，因而应当作为§23 中的“合法权利”给予保护。

《最高人民法院关于审理专利纠纷案件适用法律问题的若干规定》

第15 条：人民法院受理的侵犯专利权纠纷案件，涉及权利冲突的，应当保护在先依法享有权利的当事人的合法权益。

第16 条：§23 所称的在先取得的合法权利包括：商标权、著作权、企业名称权、肖像权、知名商品特有包装或者装潢使用权等。

●权利冲突

外观设计专利实行的是初步审查制，对于外观设计是否“与他人在先取得的合法权利相冲突”等内容不进行检索审查。只要授权不违反《专利法》及有关规定，在先权利人不能就此提出行政诉讼。

但是，在先权利人可以根据相关法律，以其权利受到侵害为由，直接向人民法院提起诉讼；或者向专利复审委员会提出宣告该外观专利权无效的请求，但复审委员会只能审查外观专利权是否符合《专利法》，不能就侵犯其在先权利的行为作出处理。

相冲突的在先权利必须是在外观设计专利申请的申请日之前已经取得，并仍然有效的合法权利。如果权利的取得之日晚于外观设计的申请日或者优先权日，则不影响外观设计专利权的授予。如果在先权利在外观设计专利申请日之前依法已经终止，则授予外观专利权不会构成权利冲突。

京（2010）一中知行初字第1242号：判断权利冲突

原告主张的注册商标专用权的核准日期早于专利授权公告日，因此，原告享有该注册商标专用权的时间早于本专利，该注册商标专用权构成本专利的在先权利，应以外观设计专利的“授权公告日”为标准确定在先专利，§23的目的在于避免“权利冲突”的产生。所谓“权利冲突”是指在同一载体上同时存在两种以上相互冲突的有效民事权利，且其中一项权利的行使会导致对他人另一合法权利的侵犯。因只有“有效”的权利之间才可能产生“权利冲突”，而需要法定程序授权的权利，在授权之前并未形成有效的权利。

判断时应考虑以下要件：

外观设计专利产品中对于涉案标识的使用系商标意义上的使用，即该标识的使用具有区分商品或服务来源的作用；

外观设计专利产品中使用的标识与注册商标相同或相近；

外观设计专利产品所使用的具体商品或服务与注册商标核定使用的商品或服务相同或相类似；

外观设计专利产品中对该标识的使用可能使注册商标核定使用商品或服务的相关公众对于商品或服务的提供者产生混淆误认。

●外观设计专利权与商标权产生冲突

《最高人民法院关于审理商标授权确权行政案件若干问题的意见》

法发〔2010〕12号：

人民法院审查判断诉争商标是否损害他人现有的在先权利，一般以诉争商标申请日为准。如果在先权利在诉争商标核准注册时已不存在的，则不影响诉争商标的注册。

◎通常，外观设计专利权与商标权权利产生冲突应同时满足以下要件：

（1）涉案专利产品与在先商标所注册类别的商品属于相同或者相近种类，驰名商标可以根据商标使用情况适当放宽对产品类别的限制；

（2）涉案专利中包含与在先商标相同或相似的设计。

◎通常，外观设计专利权与知名商品特有名称、包装、装潢使用权权利冲突的认定应当同时满足以下要件

（1）涉及商品是知名商品；

（2）涉及的内容是该商品特有的名称、包装、装潢，主要考虑该名称、包装、装潢能否体现商品来源；

（3）外观设计相关部分与知名商品特有名称、包装、装潢近似，使得相关公众混淆误认。

对于商标权等需要通过注册或者登记而产生的权利，注册或者登记之日为该权利取得之日。由于我国对注册商标实行审定公告制，即在商标获得注册之前，有3个月的异议期，期满无异议或者异议不成立的，才予以注册。因此，如果外观设计专利的申请日尽管其早于该注册商标的权利取得日，但是晚于注册商标的审定公告日，也不被授予专利权。当然，如果该审定公告的商标后来未被核准注册，则可以在符合其他要求的情况下对含有该商标的外观设计授予专利权。

根据《商标法实施条例》A36，依照《商标法》A41撤销的注册商标的专用权视为自始即不存在，显然，如果商标注册已经被撤销，则不构成“与在先权利相冲突”。

但是，如果根据《商标法实施条例》A40，依照《商标法》A44、A45的规定撤销的注册商标的专用权自商标局的撤销决定作出之日起终止，则有两种情况：

（1）在该外观设计申请日前，商标已经被撤销。因为在先权利必须在申请日前是有效的，才能构成与外观设计的冲突。所以此种情况专利权有效。

（2）在该外观设计申请日之后，商标才被撤销。在该商标被撤销前，可以用“与在先权利相冲突”为由宣告外观设计专利权无效。即使该商标注册已经被撤销了，依然可以用来宣告外观设计专利权无效。

GL－D－V 7.1 商标权

未经商标所有人许可，在涉案专利中使用了与在先商标相同或者相似的设计，专利的实施将会误导相关公众或者导致相关公众产生混淆，损害商标所有人的相关合法权利或者权益的，应当判定涉案专利权与在先商标权相冲突。

对于在中国境内为相关公众广为知晓的注册商标，在判定权利冲突时可以适当放宽产品种类。

◎通常，商标不得作为与涉案专利进行比对的对比设计，但在下述情形下，商标公开的设计也可以作为对比设计与涉案专利进行对比：

（1）商标公开了具体产品的外观设计，且其用途或使用环境与涉案专利相同或相近的；

（2）商标为平面设计且有证据表明其可作为标贴使用，其用途或使用环境与涉案专利相同或相近的；

（3）立体商标反映了具体产品的外观设计，且其用途或使用环境与涉案专利相同或相近的。

鄂（2013）民三终字第145号：店面招牌的外观设计专利权

店面招牌属于经营者的营业标识而非属于工业生产的产品，对有关店面招牌的设计不宜授予外观设计专利权。但在招牌设计已经获得专利授权并被宣告无效之前，其他经营者未经许可制作并使用招牌的，仍旧构成专利侵权，应当承担停止制作、销毁侵权招牌并赔偿经济损失的责任。

●外观设计专利权与著作权产生冲突

对于自动产生的著作权，作品创作完成之日为该权利取得之日。

如果外观设计是由申请人独立创作的，不存在抄袭或者剽窃的情况，即使该外观设计与他人在先享有著作权的作品相同或者相似，也不得以“权利冲突”为由不授予专利权。如果外观设计的申请日期较晚，可以要求外观设计专利申请人或者专利权人提供证据，证明其外观设计方案是他自己独立完成的。如果不能证明外观设计方案是独立完成的，可以以“冲突”为由拒绝授予专利权。

商标核准注册日是在外观设计申请日之后，则商标权不属于在先权利。

GL－D－V 7.2 著作权

在接触或者可能接触他人享有著作权的作品的情况下，未经著作权人许可，在涉案专利中使用了与该作品相同或者实质性相似的设计，从而导致涉案专利的实施将会损害在先著作权人的相关合法权利或者权益的，应当判定涉案专利权与在先著作权相冲突。

通常，外观设计专利权与著作权权利冲突的判断，首先应当认定在先著作权的合法性，其次认定是否构成权利冲突。在先著作权的认定，包括客体合法性和主体合法性的判断。在先权利的客体作为著作权法保护的作品应当满足我国著作权法及相关法律、法规的规定。作者和其他根据法律规定能够享有著作权的公民、法人和其他组织是著作权主体。如无相反证明，在作品上署名的公民、法人或者其他组织视为作者。对生效裁判文书中确认的当事人在先享有著作权的事实，在没有相反证据足以推翻的情况下，应当予以认可。

如果使用外观设计的产品在该外观设计专利申请日前就生产销售，那么对于已经生产销售的产品，自它的产品设计完成之日起，也可以享有著作权，并可以以此权利宣告该外观设计专利权无效。

举例：假设甲享有一件美术作品的著作权，乙未经甲许可，将该美术作品用于其设计的产品上，予以制造或销售，乙于是侵犯了甲的著作权。乙将该美术作品首次运用于产品上，与产品的形状、图案相结合，即形成了一种富有美感、对公众有吸引力的新产品。因此，乙的行为也是一种创作，可以产生著作权。《著作权法》没有相关规定，来消除或者不予承认乙的权利。如果乙就其设计的产品申请一项外观设计专利，就可以对其授予外观设计专利权，但授权并不意味着免除乙的侵权责任。反之，甲作为原创作者复制、发行其美术作品的行为本身不会受到乙的外观设计专利权的限制。但是，如果甲未经许可制造、销售乙的产品，则要承担侵犯乙的著作权或者外观设计专利权的侵权责任。所以，甲要想维护自己的合法权益，就需要向法院起诉，指控乙侵犯了其著作权，要求乙承担侵权责任。法院在审理时，只考虑甲的主张是否成立，不考虑乙是否还享有另一项权利的问题。甲亦无必要对乙的外观设计专利权启动无效宣告程序。

◎外观设计获得《著作权法》保护：

当一件外观设计同时也可以被视为美术作品时，那么外观设计就属于《著作权法》保护的对象，因为《著作权法》保护的是思想观念包括美学观念的表达形式。

外观设计可按照纯美术作品和实用艺术作品受到《著作权法》的保护。对于艺术成分和实用成分可分离的外观设计，其艺术部分可以作为纯美术作品得到《著作权法》的保护，而其实用部分则不能得到《著作权法》的保护。

对于艺术成分和实用成分不可分离的外观设计，如果外观设计本身同时具备独创性、可复制性、实用性和艺术性，则其可以作为实用艺术作品获得《著作权法》的保护；“独创性”指作品由作者独立创作；“可复制性”指作品可以以某种有形形式被复制；“实用性”是指作品具有实用性功能；“艺术性”是指作品具有一定的艺术创作程度，至少应使一般公众足以将其看作艺术品。

●外观设计专利权与企业名称权权利产生冲突

通常，外观设计专利权与企业名称权权利冲突的判断应当以企业名称权注册登记为前提。在判断外观设计专利权与在先企业名称权是否相冲突时，原则上要考虑涉案专利产品与企业提供的商品是否属于相同或者相似种类产品，并综合考虑企业名称的独创性、显著性以及知名度等。

●外观设计专利权与肖像权权利产生冲突

通常，外观设计专利权与肖像权权利冲突的判断应当以外观设计专利中是否含有未经权利人许可且与专利权人以外的在世自然人肖像相同或近似的肖像为原则。

§24 不丧失新颖性的公开

申请专利的发明创造在申请日以前六个月内，有下列情形之一的，不丧失新颖性：

（一）在中国政府主办或者承认的国际展览会上首次展出的；

（二）在规定的学术会议或者技术会议上首次发表的；

（三）他人未经申请人同意而泄露其内容的。

A11 PC 在某些国际展览会中的临时保护

（1）本联盟国家应按其本国法律对在本联盟任何国家领土内举办的官方的或经官方承认的国际展览会展出的商品中可以取得专利的发明、实用新型、外观设计和商标，给予临时保护。

（2）该项临时保护不应延展 A4 规定的期间。如以后要求优先权，任何国家的主管机关可以规定其期间应自该商品在展览会展出之日起算。

（3）每一个国家认为必要时可以要求提供证明文件，证实展出的物品及其在展览会展出的日期。

需要注意，有些国家并不给展品以临时保护，而只是承认展品所有人系有关发明或商标的“在先使用人”，以使他们有权利对于展出之后抢先对申请的第三方提出权利争诉。《巴黎公约》没有具体规定临时保护应采取什么方式，也没有具体规定临时保护期应该为多久。

GL－A－I 6.3 不丧失新颖性的公开

§24 中的申请日也指享有优先权的优先权日。

●优先权效力与宽限期效力比较

在 12 个月优先权期限内，他人的使用或者对同样的发明申请了专利，以及申请人本人公开了自己的发明，均不影响申请人的后申请的新颖性。

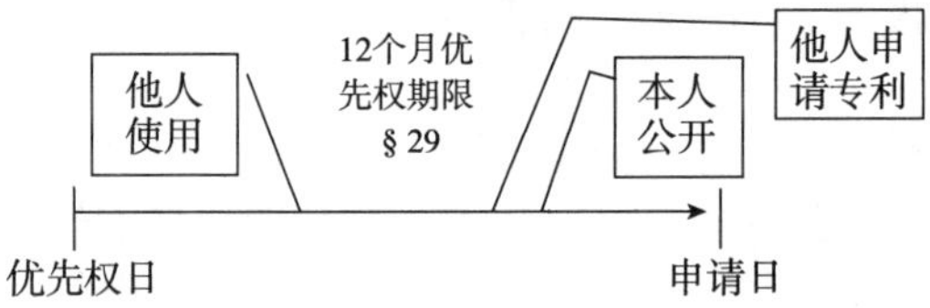

在不丧失新颖性的 6 个月宽限期内，申请人本人的公开不符合 §24 规定的，他人的使用（非恶意泄露）或者对同样的发明申请了专利，均破坏申请的新颖性。

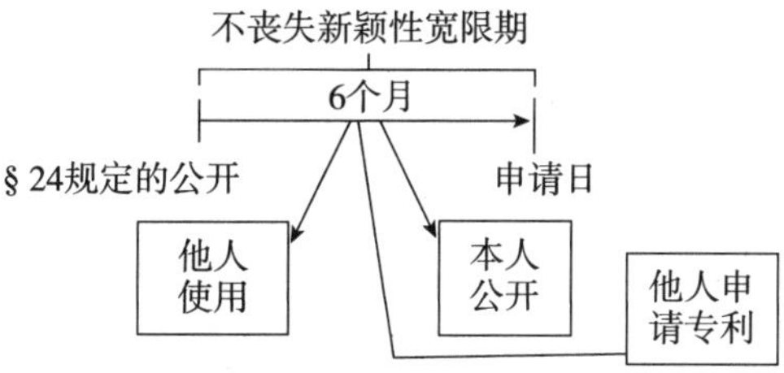

GL－B－Ⅲ5 不丧失新颖性的宽限期

§24 所说的 6 个月期限，称为宽限期，或者称为优惠期。宽限期和优先权的效力是不同的，并不是把发明创造的公开日看作是专利申请的申请日。所以，从公开之日至提出申请的期间，如果第三人独立地作出了同样的发明创造，而且在申请人提出专利申请以前提出了专利申请，那么根据先申请原则，申请人就不能取得专利权。当然，由于申请人（包括发明人）的公开，使该发明创造成为现有技术，故第三人的申请没有新颖性，也不能取得专利权。

发生 §24 规定的任何一种情形之日起 6 个月内，申请人提出申请之前，发明创造再次被公开的，只要该公开不属于上述三种情况，则该申请将由于在此后公开而丧失新颖性。再次公开属于上述三种情况的，该申请不会因此而丧失新颖性，但是，宽限期自发明创造的第一次公开之日起计算。

对 §24 的适用发生争议时，主张该规定效力的一方有责任举证或者作出使人信服的说明。

§24（3）中的“他人”是指除发明人或者设计人之外通过合法的或者非法的手段得知申请内容的人，例如通过谈判技术转让、技术合作或合作开发得知申请内容的人，或者通过欺骗和间谍的手段得知申请内容的人。

●再次公开适用宽限期的条件

在 §24 规定的 6 个月内，发明创造在申请日之前再次被公开的，只要该公开不属于 §24 规定的三种情况，则该专利申请将由此丧失新颖性。但是，他人未经申请人同意而泄露其内容的除外（GL－A－I 6.3.3）。再次公开属于 §24 规定的三种情况的，该申请不因此而丧失新颖性，但 6 个月的宽限期自发明创造的第一次公开之日起计算。

当发明创造以 §24 规定的三种方式之一公开后，在新颖性宽限期内，他人又将此项发明创造在出版物上公开发表或者公开销售采用该发明创造的产品，那么他人的行为会构成现有技术，导致本应享受新颖性宽限期的人随后提出的专利申请失去新颖性。

R6.1 或 R6.2 规定的权利恢复，不适用 §24 所说的新颖性宽限期（R6.5）。

R107 对进入中国国家阶段的其他要求

国际申请涉及的发明创造有专利法第二十四条第（一）项或者第（二）项所列情形之一，在提出国际申请时作过声明的，申请人应当在进入中国国家阶段的书面声明中予以说明，并自进入日起 2 个月内提交本细则第三十条第三款规定的有关证明文件；未予说明或者期满未提交证明文件的，其申请不适用专利法第二十四条的规定。

国际阶段未作出过不丧失新颖性公开声明，但在进入声明中指明的，视为未要求不丧失新颖性宽限期。

GL－C－I 5.4〈国际申请〉不丧失新颖性的宽限期

R107 的进入声明中提及的展览会应当属于 R30.1 规定的情形，所提及的学术会议或技术会议应当属于 R30.2 规定的情形。不符合规定的，视为未要求不丧失新颖性宽限期。

在国际公布文本中有记载而在进入声明中没有指明的，申请人可以在进入日起 2 个月内补正。对于证明材料的要求参照 GL－A－I 6.3 的规定。

R30 符合专利法第二十四条的公开

专利法第二十四条第（一）项所称中国政府承认的国际展览会，是指国际展览会公约规定的在国际展览局注册或者由其认可的国际展览会。

专利法第二十四条第（二）项所称学术会议或者技术会议，是指国务院有关主管部门或者全国性学术团体组织召开的学术会议或者技术会议。

申请专利的发明创造有专利法第二十四条第（一）项或者专利法第二十四条第（二）项所列情形的，申请人应当在提出专利申请时声明，并自申请日起 2 个月内提交有关国际展览会或者学术会议、技术会议的组织单位出具的有关发明创造已经展出或者发表，以及展出或者发表日期的证明文件。

申请专利的发明创造有专利法第二十四条第三项所列情形的，国务院专利行政部门认为必要时，可以要求申请人在指定期限内提交证明文件。

申请人未依照本条第三款的规定提出声明和提交证明文件的，或者未依照本条第 4 款的规定在指定期限内提交证明文件的，其申请不适用专利法第二十四条的规定。

GL－A－I 6.3.1 在中国政府主办或者承认的国际展览会上首次展出

中国政府主办的国际展览会，是指包括国务院、各部委主办或者国务院批准由其他机关或者地方政府举办的国际展览会。

〈只有经国务院批准举办的国际展览会才是"中国政府主办"的国际展览会。〉

中国政府承认的国际展览会，是指《国际展览会公约》规定的由国际展览局注册或者认可的国际展览会。所谓国际展览会，即展出的展品除了举办国的产品以外，还应当有来自外国的展品。

〈在中国注册的外资企业制造的产品，不属于外国制造的产品。〉

申请专利的发明创造在申请日以前 6 个月内在中国政府主办或者承认的国际展览会上首次展出过，申请人要求不丧失新颖性宽限期的，应当在提出申请时在请求书中声明，并在自申请日起 2 个月内提交证明材料。

国际展览会的证明材料，应当由展览会主办单位出具。证明材料中应当注明展览会展出日期、地点、展览会的名称以及该发明创造展出的日期、形式和内容，并加盖公章。

◎要求不丧失新颖性宽限期的手续：

（1）在申请时提出声明（他人泄密的，从得知之日起 2 个月内提出声明）；

（2）2 个月内提交证明文件（他人泄密必要时，可以在指定期限内补交证明）；

（3）不需要缴纳费用。

◎声明和证明符合§24 中“公开”的情况：

	国际展览会上首次展出	学术会议上首次发表	他人未经申请人同意而泄露
声明时间	提出申请时	提出申请时	提出申请时 得知之日起 2 个月内
证明材料的期限	申请日起 2 个月内	申请日起 2 个月内	申请日起 2 个月内 得知之日起 2 个月内或指定期限内
证明材料内容	已经展出、展出时间	已经发表、发表日期	泄露日期、方式及内容，且有证明人签章
证明材料的出具人	展览会的组织单位	国务院主管部门或组织会议的全国性学术团体	申请人

无效宣告第 1449 号请求：民间机构主办的商品交易会

由民间机构主办的全国性的商品交易会，不是中国政府主办的国际展览会。因此其主办单位不符合§24（1）的要求。其次，这种“交易会”即使满足中国政府主办的国际性会议这一条件，也因为其性质是商品交易会而非国际间交流技术的展览会，其目的是以营利为主的商业活动，而不是为了促进科技进步、技术交流。因此会议性质也是不符合有关规定的。

由于该次展览系一次“交易会”，故在展览结束后售出送展样品应当被认为未违背将其送展的初衷，因此，不违反§24（3）的规定。所以即使产品样品的销售是违背专利权人意愿的，涉案专利仍然会因已经面向公众展出而不属于能够享受§24 所规定的不丧失新颖性宽限期的情形。

GL－A－I 6.3.2 在规定的学术会议或者技术会议上首次发表

规定的学术会议或技术会议不包括省以下或者受国务院各部委或者全国性学术团体委托或者以其名义组织召开的学术会议或者技术会议。在这些会议上的公开将导致丧失新颖性，除非这些会议本身有保密约定。

申请专利的发明创造在申请日以前 6 个月内在规定的学术会议或技术会议上首次发表过，申请人要求不丧失新颖性宽限期的，应当在提出申请时在请求书中声明，并在自申请日起 2 个月内提交证明材料。

学术会议和技术会议的证明材料，应当由国务院有关主管部门或者组织会议的全国性学术团体出具。证明材料中应当注明会议召开的日期、地点、会议的名称以及该发明创造发表的日期、形式和内容，并加盖公章。

GL－A－I 6.3.3 他人未经申请人同意而泄露其内容

他人未经申请人同意所造成的公开，包括他人未遵守明示或者默示的保密信约，也包括他人用威胁、欺诈或者间谍活动等手段造成的发明内容公开。

申请专利的发明创造在申请日以前6个月内他人未经申请人同意而泄露了其内容，若申请人在申请日前已获知，应当在提出专利申请时在请求书中声明，并在自申请日起2个月内提交证明材料。若申请人在申请日以后得知的，应当在得知情况后2个月内提出要求不丧失新颖性宽限期的声明，并附具证明材料。〈“得知”应该是事实知道，而不是应当知道。〉

申请人提交的关于他人泄露申请内容的证明材料，应当注明泄露日期、泄露方式、泄露的内容，并由证明人签字或者盖章。

申请人要求享有不丧失新颖性宽限期但不符合上述规定的，视为未要求不丧失新颖性宽限期。

◎不丧失新颖性宽限期的审查：

有§24（1）、（2）所列情形，申请人要求不丧失新颖性宽限期的，应在提出专利申请时在请求书中声明。提出申请时在请求书中没有声明，之后又提出的，视为未要求不丧失新颖性宽限期。

申请人自申请日起2个月内未按照R30的规定提交证明文件的，也视为未要求不丧失新颖性宽限期。

有§24（3）所列情形，申请人未提交证明文件的，审查员应当发出办理手续补正通知书。期满未补正或补正不合格的，视为未要求不丧失新颖性宽限期。

京（2012）高行终字第911号：在无效宣告程序中提出的要求宽限期请求无效

R30.3中的期限应理解为，要求不丧失新颖性宽限期声明的提交时间仅限于当事人提出专利申请的过程中。在无效宣告程序中提出的要求宽限期的请求，不产生相应的法律效力，即不能依据§24（3）享受新颖性宽限期。

无效宣告第319号请求：单位职工的保密义务

一个单位的职工有义务为本单位研制的产品和技术内容保密，这种保密义务视为默示的保密义务。如果该单位未授权该职工将该产品有关技术内容告知他人，那么该职工在此产品上市前将有关专利技术泄露给他人应看作未经专利申请人同意而泄露其内容。

无效宣告第1068号请求：从承担保密义务的人处获知技术内容的，即属于未经同意而泄露

如果第三人通过各种途径得知这一技术内容，并且将其通过广告的形式或者生产销售的形式在本专利申请日前6个月内公开，即使第三人与承担保密义务的他人之间没有任何关系，但只要有证据证明第三人是从承担保密义务的他人处获知要求保密的技术内容的，第三人的这种公开就属于§24（3）的情形。

§25 不能授予专利权的内容

对下列各项，不授予专利权：

（一）科学发现；

（二）智力活动的规则和方法；

（三）疾病的诊断和治疗方法；

（四）动物和植物品种；

（五）用原子核变换方法获得的物质；

（六）对平面印刷品的图案、色彩或者二者的结合作出的主要起标识作用的设计。

对前款第（四）项所列产品的生产方法，可以依照本法规定授予专利权。

GL-B-I 4.1 科学发现

科学发现，是指对自然界中客观存在的物质、现象、变化过程及其特性和规律的揭示。科学理论是对自然界认识的总结，是更为广义的发现。这些被认识的物质、现象、过程、特性和规律不是专利法意义上的发明创造，不能被授予专利权。

〈在化学领域，对于已知物质的新用途的发明本质上看都是一种发现，即发现该已知物质具备某种新的性能，这些新性能是该物质本身所具备的，通过发明人的某种创造性劳动发现了该新性能，从而通过用途权利要求的形式给予专利保护。〉

复审请求第 3635 号：化合物的新用途

权利要求将某种特定化合物用于在制备致癌促进作用的抑制剂方面的用途，而对比文件公开了该特定化合物可用于制备制癌剂，尽管对于本领域普通技术人员而言，“制癌剂”包含了“预防和治疗”两层含义，但对比文件只是一般性地说明了该化合物可以作为制备制癌剂的用途，没有给出具体的制癌剂的实施例，也没有具体说明该化合物对正常细胞转化为癌细胞的促进作用具有抑制作用，因此认为对比文件中涉及该化合物制备“制癌剂”的用途属于一般性的公开，而权利要求限定的“在制备致癌促进作用的抑制剂”是其下位概念，因此，权利要求具备新颖性。

GL-B-I 4.2 智力活动的规则和方法

智力活动，是指人的思维运动，它源于人的思维，经过推理、分析和判断产生出抽象的结果，或者必须经过人的思维运动作为媒介，间接地作用于自然产生结果。智力活动的规则和方法是指导人们进行思维、表述、判断和记忆的规则和方法。由于其没有采用技术手段或者利用自然规律，也未解决技术问题和产生技术效果，因而不构成技术方案。它既不符合§2.2，又不属于§25.1（2）的情形。进行这类活动的规则和方法不能被授予专利权。

〈§25.1（2）既适用于方法权利要求，也适用于产品权利要求。〉

在判断涉及智力活动的规则和方法的专利申请要求保护的主题是否属于可授予专利权的

客体时，应当遵循以下原则：

（1）如果一项权利要求仅仅涉及智力活动的规则和方法，或者如果一项权利要求，除其主题名称以外，对其进行限定的全部内容均为智力活动的规则和方法，则该权利要求实质上仅仅涉及智力活动的规则和方法，都不应当被授予专利权。

（2）如果一项权利要求在对其进行限定的全部内容中既包含智力活动的规则和方法的内容，又包含技术特征，则该权利要求就整体而言并不是一种智力活动的规则和方法，不应当依据§25排除其获得专利权的可能性。

〈对于将标准专利化的专利申请如质量控制方法，由于质量控制的项目和标准都是人为的规定，因此质量控制方法的主题名称和内容都属于智力活动的规则和方法。〉

A27.3 TRIPS

各成员可不对以下发明授予专利权：

（a）人体或动物体的诊断、治疗和外科手术方法；

（b）除微生物外的植物或动物，以及除非生物和微生物工艺之外的产生植物或动物的、基本上属于生物过程的生物工艺。但是，各成员应规定用专利法或一种专门有效的制度或通过这两者的综合运用来保护植物品种。各成员应在《建立世界贸易组织的马拉喀什协议》生效之日4年后对此规定进行审议。

GL-B-I 4.3 疾病的诊断和治疗方法

疾病的诊断和治疗方法，是指以有生命的人体或者动物体为直接实施对象，进行识别、确定或消除病因或病灶的过程。这类方法不能被授予专利权。但用于实施疾病诊断和治疗方法的仪器或装置，以及在疾病诊断和治疗方法中使用的物质或材料属于可被授予专利权的客体。

GL-B-I 4.3.1 诊断方法

诊断方法，是指为识别、研究和确定有生命的人体或动物体病因或病灶状态的过程。

GL-B-I 4.3.1.1 属于诊断方法的发明

一项与疾病诊断有关的方法如果同时满足以下两个条件，则属于疾病的诊断方法，不能被授予专利权：

（1）以有生命的人体或动物体为对象；

（2）以获得疾病诊断结果或健康状况为直接目的。

如果一项发明从表述形式上看是以离体样品为对象的，但该发明是以获得同一主体疾病诊断结果或健康状况为直接目的，则该发明仍然不能被授予专利权。

如果请求专利保护的方法中包括了诊断步骤或者虽未包括诊断步骤但包括检测步骤，而根据现有技术中的医学知识和该专利申请公开的内容，只要知晓所说的诊断或检测信息，就能够直接获得疾病的诊断结果或健康状况，则该方法满足条件（2）。

GL-B-I 4.3.1.2 不属于诊断方法的发明〈可以获得专利〉

（1）在已经死亡的人体或动物体上实施的病理解剖方法；

（2）直接目的不是获得诊断结果或健康状况，而只是从活的人体或动物体获取作为中间结果的信息的方法，或处理该信息（形体参数、生理参数或其他参数）的方法；

（3）直接目的不是获得诊断结果或健康状况，而只是对已经脱离人体或动物体的组织、体液或排泄物进行处理或检测以获取作为中间结果的信息的方法，或处理该信息的方法。

对上述（2）和（3）项需要说明的是，只有当根据现有技术中的医学知识和该专利申请公开的内容从所获得的信息本身不能够直接得出疾病的诊断结果或健康状况时，这些信息才能被认为是中间结果。

〈如果一项发明从表述形式上看是以离体样品为对象的，但该发明是以获得同一主体疾病诊断结果或健康状况为直接目的，则该发明仍然不能被授予专利权。〉

〈如果请求保护的方法中包括诊断步骤或者虽未包括诊断步骤但包括检测步骤，而根据现有技术中的医学知识和该专利申请公开的内容，只要知晓所说的诊断或检测信息，就能直接获得疾病的诊断结果或健康状况，则该方法满足"以获得疾病诊断结果或健康状况为直接目的"的条件。〉

GL－B－I 4.3.2 治疗方法

治疗方法，是指为使有生命的人体或者动物体恢复、获得健康或减少痛苦，进行阻断、缓解或者消除病因或病灶的过程。

治疗方法包括以治疗为目的或者具有治疗性质的各种方法。预防疾病或者免疫的方法视为治疗方法。

对于既可能包含治疗目的，又可能包含非治疗目的的方法，应当明确说明该方法用于非治疗目的，否则不能被授予专利权。

GL－B－I 4.3.2.1 属于治疗方法的发明

以下几类方法是属于或者应当视为治疗方法的例子，不能被授予专利权。

（1）外科手术治疗方法、药物治疗方法、心理疗法。

（2）以治疗为目的的护理方法。

（3）以治疗为目的利用电、磁、声、光、热等种类的辐射刺激或照射人体或者动物体的方法。

（4）以治疗为目的的治疗方法。

（5）为预防疾病而实施的各种免疫方法。

（6）为实施外科手术治疗方法和/或药物治疗方法采用的辅助方法等。

（7）以治疗为目的的受孕、避孕、增加精子数量、体外受精、胚胎转移等方法。

（8）以治疗为目的的整容、肢体拉伸、减肥、增高方法。

（9）处置人体或动物体伤口的方法。

（10）以治疗为目的的其他方法，如人工呼吸、输氧方法。

虽然使用药物治疗疾病的方法是不能被授予专利权的，但是药物本身是可以被授予专利权的。

GL－B－I 4.3.2.2 不属于治疗方法的发明

以下几类方法是不属于治疗方法的例子，不得依据§25.1（3）拒绝授予其专利权。

（1）制造假肢或者假体的方法，以及为制造该假肢或者假体而实施的测量方法。

（2）通过非外科手术方式处置动物体以改变其生长特性的畜牧业生产方法。

（3）动物屠宰方法。

（4）对于已经死亡的人体或动物体采取的处置方法。

（5）单纯的美容方法，即不介入人体或不产生创伤的美容方法，在可视的部位局部实施的、非治疗目的的身体除臭、保护、装饰或者修饰方法。

（6）为使处于非病态的人或者动物感觉舒适、愉快或者在诸如潜水、防毒等特殊情况下输送氧气、负氧离子、水分的方法。

（7）杀灭人体或者动物体外部（皮肤或毛发上，但不包括伤口和感染部位）的细菌、病毒、虱子、跳蚤的方法。

中医的四诊方法，即望、闻、问、切属于疾病的诊断方法。以治疗为目的的针灸、麻醉、推拿、按摩、刮痧、气功、催眠、药浴、保健等方法均属于疾病的治疗方法。因此，它们均属于§25.1（3）所规定的不授予专利权的客体范畴。非治疗目的的针灸、麻醉（为外科手术辅助方法）方法属于外科手术方法，不具备实用性，不能被授予专利权。

离体样本检测方法的直接目的如果是获得同一主体的疾病诊断结果或健康状况，则属于疾病的诊断方法。包括以下几种情况。

（1）如果方法中包括了诊断全过程，即包括对检测结果进行分析、比较，以及得出诊断结果的过程，则该方法的直接目的是获得疾病的诊断结果或健康状况；

（2）如果方法中没有包括具体的诊断结果，但包括与正常值进行对照、比较的步骤，则该方法的直接目的是获得疾病的诊断结果或健康状况；

（3）虽然检测方法没有分析、比较等过程，如果根据该检测值可以直接得到疾病的诊断结果或健康状况，则其直接目的是获得疾病的诊断结果或健康状况；如果根据该检测或测量值不能直接得到疾病的诊断结果或健康状况，则该检测或测量值属于中间结果信息，该方法不属于疾病的诊断方法。

（4）疾病治疗效果预测和评估方法，以及通过使动物患病后用药物治疗的药效预测和评估方法，都属于疾病的诊断方法。

（5）对获取的医学参数进行处理的方法不属于疾病的诊断方法。

无效宣告请求第6451号：不以人体或动物体为直接实施对象

不以有生命的人体或者动物体为直接实施对象，并且其本身的目的不是治疗或者其直接目的不是治疗的方法，不属于§25.1（3）规定的不授予专利权的疾病治疗方法。

GL-B-I 4.3.2.3 外科手术方法

对有生命的人体或者动物体实施的外科手术方法不能被授予专利权。但对于已经死亡的人体或者动物体实施的处置方法，只要该方法不违反§25.1，则属于可被授予专利权的客体。

外科手术方法分为治疗目的和非治疗目的的外科手术方法。

以治疗为目的的外科手术方法，属于治疗方法，根据§25.1（3）不授予其专利权。

GL－B－V 3.2.4 人体或者动物体的非治疗目的的外科手术方法

非治疗目的的外科手术方法，由于是以有生命的人或者动物为实施对象，无法在产业上使用，因此不具备实用性。例如，为美容而实施的外科手术方法，以及为辅助诊断而采用的外科手术方法。

GL－B－X 2.1 天然物质

人们从自然界找到以天然形态存在的物质，仅仅是一种发现，属于§25.1（1）规定的“科学发现”，不能被授予专利权。但是，如果是首次从自然界分离或提取出来的物质，其结构、形态或者其他物理化学参数是现有技术中不曾认识的，并能被确切地表征，且在产业上有利用价值，则该物质本身以及取得该物质的方法均可依法被授予专利权。

GL－B－X 2.2 物质的医药用途

物质的医药用途如果是用于诊断或治疗疾病，则因属于§25.1（3）的情形，不能被授予专利权。但是如果它们用于制造药品，则可依法被授予专利权（参见 B－X 4.5.2）。

◎未经人工处理的天然状态的中药材及其药用部位：

未经人工处理的天然状态的动物、植物或矿物等中药材，以及道地药材和中药材的药用部位都是天然存在的物质，属于科学发现，而非专利法意义上的发明创造。因此，如果申请人请求保护某中药材，则应当将其归于§25. 1（1）所规定的不授予专利权的客体范畴。

如果请求保护的药用部位具有可繁殖性，则还属于§25. 1（4）规定的动植物品种的范畴。

GL－B－X 4.5.2 物质的医药用途权利要求

物质的医药用途如果以“用于治病”、“用于诊断病”、“作为药物的应用”等这样的权利要求申请专利，则属于§25.1（3）“疾病的诊断和治疗方法”，不能被授予专利权；但是由于药品及其制备方法均可依法授予专利权，因此物质的医药用途发明以药品权利要求或者“在制药中的应用”、“在制备治疗某病的药物中的应用”等属于制药方法类型的用途权利要求申请专利，则不属于§25.1（3）规定的情形。

◎药品受《药品行政保护条例》的保护吗？

自1993年1月1日起，药品和用化学方法得到的物质可以获得专利保护。对于1993年1月1日前某些国家的申请人已在所在国取得独占权的药品，根据1992年12月19日实施的《药品行政保护条例》及其实施细则也可以在中国取得行政保护。上述行政保护适用于同中国缔结有关药品行政保护双边条约或者协定的国家、地区的企业和其他组织以及个人的产品。至今，中国已同美国、日本、欧共体和瑞典签定了此类双边协议。因此，这些国家的企业或个人可以申请行政保护。申请行政保护的药品应当具备以下条件：

（1）1993年1月1日前依照中国专利法的规定其独占权不受保护的；

（2）1986年1月1日至1993年1月1日期间，获得禁止他人在申请人所在国制造、使用或者销售的独占权的；

(3) 提出行政保护申请日前尚未在中国销售的。

药品行政保护期为7年零6个月，自药品行政保护证书颁发之日起计算，每年需缴纳年费。

最高人民法院（2011）行提字第8号：药品研制、生产的相关规定对药品专利授权条件的影响

对于涉及药品的发明创造而言，在其符合专利法中规定的授权条件的前提下，即可授予专利权，无需另行考虑该药品是否符合其他法律法规中有关药品研制、生产的相关规定。

京（2008）高行终字第378号：化合物X的医药用途

"化合物X作为制备治疗Y病药物的应用"的医药用途权利要求真正保护的是化合物X的医药用途。如果化合物X的医药用途在药品的制备上，则可以视为药品的制备方法，效果与"治疗Y病的药物的制备方法，其特征在于应用化合物X"等同。

医药用途发明本质上是药物的使用方法发明，如何使用药物的技术特征，比如使用剂型和剂量等给药特征，应当作为化合物使用方法的技术特征纳入其权利要求中。

药品的制备并非活性成分或原料药的制备，应包括药品出厂包装前的所有工序，包括剂型和剂量等给药特征。

治疗行为仅仅涉及如何使用药物的技术特征，不涉及药品的制备特征，且医生的治疗行为并非以经营为目的，不会侵犯专利权。将使用剂型和剂量等技术特征纳入医药用途发明专利权利要求不会限制医生治疗行为自由。

A73.2 TRIPS：

不得将本协议中任何内容解释为制止任何成员为保护其基本安全利益而针对下列问题采取它认为是必要的行动：

(1) 涉及可裂变物质或从可裂变物质衍生的物质。

GL－B－I 4.5.1 原子核变换方法

原子核变换方法，是指使一个或几个原子核经分裂或者聚合，形成一个或几个新原子核的过程。这些变换方法是不能被授予专利权的。但是，为实现原子核变换而增加粒子能量的粒子加速方法不属于原子核变换方法，而属于可被授予发明专利权的客体。

为实现核变换方法的各种设备、仪器及其零部件等，均属于可被授予专利权的客体。

GL－B－I 4.5.2 用原子核变换方法所获得的物质

用原子核变换方法所获得的物质，主要是指用加速器、反应堆以及其他核反应装置生产、制造的各种放射性同位素，这些同位素不能被授予发明专利权。

但是这些同位素的用途以及使用的仪器、设备属于可被授予专利权的客体。

GL－B－I 4.4 动物和植物品种

根据§25.1（4），动物和植物品种不能被授予专利权。专利法所称的动物不包括人。动

物和植物品种可以通过专利法以外的其他法律法规保护，如《植物新品种保护条例》。

根据§25.2，对动物和植物品种的生产方法，可以授予专利权。但这里所说的生产方法是指非生物学的方法，不包括生产动物和植物主要是生物学的方法。

是否属于“主要是生物学的方法”，取决于在该方法中人的技术介入程度。如果人的技术介入对该方法所要达到的目的或者效果起了主要的控制作用或者决定性作用，则此方法不属于“主要是生物学的方法”。

所谓微生物发明是指利用各种细菌、真菌、病毒等微生物去生产一种化学物质（如抗生素）或者分解一种物质等的发明。微生物和微生物方法可以获得专利保护。

植物新品种：中国是《保护植物新品种国际公约》（1999年4月23日生效）的成员国，虽然植物新品种在《专利法》下无法得到专利保护，但可以根据《中国植物新品种保护条例》（1997年10月1日生效）得到保护。申请植物新品种保护的植物新品种应当具备以下条件：

（1）申请品种权的植物新品种应当属于国家植物品种保护名录中列举的植物的属或者种。植物品种保护名录由审批机关确定和公布。

（2）授予品种权的植物新品种应当具备新颖性。新颖性，是指申请品种权的植物新品种在申请日前该品种繁殖材料未被销售，或者经育种者许可，在中国境内销售该品种繁殖材料未超过1年；在中国境外销售藤本植物、林木、果树和观赏树木品种繁殖材料未超过6年，销售其他植物品种繁殖材料未超过4年。

（3）授予品种权的植物新品种应当具备特异性。特异性，是指申请品种权的植物新品种应当明显区别于在递交申请以前已知的植物品种。

（4）授予品种权的植物新品种应当具备一致性。一致性，是指申请品种权的植物新品种经过繁殖，除可以预见的变异外，其相关的特征或者特性一致。

（5）授予品种权的植物新品种应当具备稳定性。稳定性，是指申请品种权的植物新品种经过反复繁殖后或者在特定繁殖周期结束时，其相关的特征或者特性保持不变。

（6）授予品种权的植物新品种应当具备适当的名称，并与相同或者相近的植物属或者种中已知品种的名称相区别。

植物新品种品种权的保护期限，自授权之日起，藤本植物、林木、果树和观赏树木为20年，其他植物为15年，每年应缴纳年费。

●涉及计算机程序的发明专利申请

A10 TRIPS：

计算机程序，应根据《伯尔尼公约》作为文字作品来保护。

数据汇编或其他资料汇编，应作为智力创造加以保护。不延及数据或资料本身，并不应损害数据或资料本身的版权。

GL–B–I 2 不符合§2.2规定的客体

技术手段通常是由技术特征来体现的。未采用技术手段解决技术问题，以获得符合自然规律的技术效果的方案，不属于§2. 2规定的客体。

GL–B–IX 1 引言

计算机程序是指为了能够得到某种结果而可以由计算机等具有信息处理能力的装置执行的代码化指令序列，或者可被自动转换成代码化指令序列的符号化指令序列或者符号化语句序列。计算机程序本身包括源程序和目标程序。

涉及计算机程序的发明是指为解决发明提出的问题，全部或部分以计算机程序处理流程为基础，通过计算机执行按上述流程编制的计算机程序，对计算机外部对象或者内部对象进行控制或处理的解决方案。所说的对外部对象的控制或处理包括对某种外部运行过程或外部运行装置进行控制，对外部数据进行处理或者交换等；所说的对内部对象的控制或处理包括对计算机系统内部性能的改进，对计算机系统内部资源的管理，对数据传输的改进等。涉及计算机程序的解决方案并不必须包含对计算机硬件的改变。

《计算机软件保护条例》

第3.1条：计算机程序，是指为了得到某种结果而可以由计算机等具有信息处理能力的装置执行的代码化指令序列，或者可以被自动转换成代码化指令序列的符号化指令序列或者符号化语句序列。同一计算机程序的源程序和目标程序为同一作品。

计算机软件本身不能申请专利，但是可以得到版权的保护。计算机软件的文档可单独作为文字作品进行保护。计算机软件作为著作权法保护的对象既包括计算机程序，也包括与程序有关的文档，例如程序设计说明图、流程图和用户手册等。

《计算机软件保护条例》将软件作为保护对象，其中的文档部分可不单列为文字作品予以保护，但是如果侵权仅涉及软件中的文档部分，未涉及程序，软件著作权人可单独就文档部分以文字作品著作权受到侵害为由提起诉讼。

《著作权法》

A59：计算机软件的保护办法由国务院另行规定。

GL–B–IX 2 涉及计算机程序的发明专利申请的审查基准

（3）如果一项权利要求仅仅涉及一种算法或数学计算规则，或者计算机程序本身或仅仅记录在载体上的计算机程序，或者游戏的规则和方法等，则该权利要求属于智力活动的规则和方法，不属于专利保护的客体。

（4）除了（1）所述的情形之外，如果一项权利要求在对其进行限定的全部内容中既包含智力活动的规则和方法的内容，又包含技术特征，则该权利要求就整体而言并不是一种智力活动的规则和方法，不应当依据§25排除其获得专利权的可能性。

根据§2.2，发明是指对产品、方法或者其改进所提出的新的技术方案。涉及计算机程序的发明专利申请只有构成技术方案才是专利保护的客体。

如果涉及计算机程序的发明专利申请的解决方案执行计算机程序的目的是解决技术问题，

在计算机上运行计算机程序从而对外部或内部对象进行控制或处理所反映的是遵循自然规律的技术手段，并且由此获得符合自然规律的技术效果，则这种解决方案属于§2.2所说的技术方案，属于专利保护的客体。

如果涉及计算机程序的发明专利申请的解决方案执行计算机程序的目的不是解决技术问题，或者在计算机上运行计算机程序从而对外部或内部对象进行控制或处理所反映的不是利用自然规律的技术手段，或者获得的不是受自然规律约束的效果，则这种解决方案不属于§2.2所说的技术方案，不属于专利保护的客体。

GL－B－IX 3 涉及计算机程序的发明专利申请的审查示例

（4）属于§25.1（2）的涉及计算机程序的发明专利申请，不属于专利保护的客体。

（5）为了解决技术问题而利用技术手段，并获得技术效果的涉及计算机程序的发明专利申请属于§2.2的技术方案，属于专利保护的客体。

（6）未解决技术问题，或者未利用技术手段，或者未获得技术效果的涉及计算机程序的发明专利申请，不属于§2.2的技术方案，不属于专利保护的客体。

最高人民法院（2010）民三终字第6号：计算机字库中的字体

计算机字库中的字体文件的功能是支持相关字体字形的显示和输出，其内容是字形轮廓构建指令及相关数据与字形轮廓动态调整数据指令代码的结合，其经特定软件调用后产生运行结构，属于计算机系统软件的一种，应当认定其是为了得到可在计算机及相关电子设备的输出装置中显示相关字体字形而制作的由计算机执行的代码化指令序列，属于《计算机软件保护条例》第3.1条规定的计算机程序，不能简单以字库的字形均采用统一的风格及笔形规范进行处理为由，来认定字库中的每个字形的制作体现出作者的独创性而成为著作权法意义上的作品，从而将制作计算机字库过程中的印刷字库与最终完成计算机字库及该字库运行后产生的字体混为一体。

"平面印刷品"主要指用于包装售出的产品或者附着于售出的产品上，不单独向消费者出售的二维印刷品。

"主要起标识作用"是指设计的图案、色彩或者二者的结合主要用于使消费者识别包装或者附着的产品的来源或生产者，而不是主要用于使产品本身的外观产生"美感"来吸引消费者。此时，作为该标识载体的平面印刷品本身的形状如何，无关紧要。

§25的审查对象是权利要求书。

GL－A－I 7.4 根据§25的审查

对§25.1（4）所列产品的生产方法，可以授予专利权。

GL－A－III 6.2 根据§25.1（6）的审查

如果一件外观设计专利申请同时满足下列三个条件，则认为所述申请属于§25.1（6）的不授予专利权的情形：

（1）使用外观设计的产品属于平面印刷品；

（2）该外观设计是针对图案、色彩或者二者的结合而作出的；

（3）该外观设计主要起标识作用。

无效宣告请求第22326号：标贴设计

涉案外观设计（标贴）是针对图案、色彩或二者的结合，且该外观设计的内容主要由产品名称、品牌、厂家名称、地址、广告语和含量标注等图案和文字信息构成，仅含有少量的装饰性图案。标贴上的图形单元和排布方式主要起到让公众了解产品来源和使用注意事项等标识性作用，因而主要起到标识作用。所以，本案的标贴设计属于§25.1（6）规定的平面印刷品，属于专利权不予保护的客体。

第三章　专利的申请

§26 发明和实用新型专利申请文件

申请发明或者实用新型专利的，应当提交请求书、说明书及其摘要和权利要求书等文件。

请求书应当写明发明或者实用新型的名称，发明人的姓名，申请人姓名或者名称、地址，以及其他事项。

说明书应当对发明或者实用新型作出清楚、完整的说明，以所属技术领域的技术人员能够实现为准；必要的时候，应当有附图。摘要应当简要说明发明或者实用新型的技术要点。

权利要求书应当以说明书为依据，清楚、简要地限定要求专利保护的范围。

依赖遗传资源完成的发明创造，申请人应当在专利申请文件中说明该遗传资源的直接来源和原始来源；申请人无法说明原始来源的，应当陈述理由。

A29 TRIPS

成员应要求专利申请人以足够清楚与完整的方式披露其发明，以使同一技术领域的技术人员能够实施该发明。

GL－B－II 2.1 说明书应当满足的要求

§26.3 规定，说明书应当对发明或者实用新型作出清楚、完整的说明，以所属技术领域的技术人员能够实现为准。

说明书对发明或者实用新型作出的清楚、完整的说明，应当达到所属技术领域的技术人员能够实现的程度。也就是说，说明书应当满足充分公开发明或者实用新型的要求。

“清楚”指的是说明书中所述的技术方案（及相应权利要求中的技术方案），因此，§26.3 和§26.4 的关键在于说明书和权利要求书是否充分公开了实现所述技术方案的技术内容。

对于请求保护的发明，说明书中应当详细公开至少一种实现发明的方式，完整地公开理解和实现发明的所有必不可少的技术内容，使得所属技术领域的技术人员能够实现该发明。应当注意：

（1）如果权利要求保护的是一个技术方案，该方案中某些实施方式没有“充分公开”以致不能实现，通常属于权利要求概括不合理，应当适用§26.4。

（2）如果权利要求中包括多个并列技术方案，其中某个技术方案没有被说明书充分公开，则适用§26.3，同时也应当指出该权利要求不符合§26.4的规定。

公开不充分的缺陷是不能够通过向申请文件中补加实施例和/或补充技术特征而克服的，因为这种修改方式不符合§33的规定。

"完整"是指凡是所属技术领域的技术人员不能从现有技术中直接、唯一地得出的有关内容，均应当在说明书中描述。

"能够实现"是指所属技术领域的技术人员按照说明书记载的内容，无需再付出创造性劳动，就能够实现该发明或者实用新型的技术方案，解决其技术问题，并且产生预期的技术效果。

当说明书中记载了某个请求保护的技术方案要解决多个技术问题时，只要该技术方案能够解决其中至少一个技术问题，就可以认为满足了"解决其技术问题"的要求。

无效宣告请求第7363号：可借助于能够从现有技术中直接唯一地得出的内容

对于说明书中没有描述的内容，如果所属技术领域的技术人员能够从现有技术中直接地、唯一地得出，则说明书满足充分公开的要求。

无效宣告请求第8808号：对§26.3的审查

§26.3是对权利要求中请求保护的技术方案提出的要求，是指请求保护的技术方案必须在说明书中满足"充分公开"的要求。

§26.3的审查应考虑说明书的全部内容，并在此基础上判断说明书是否清楚、完整地对请求保护的发明或者实用新型技术方案作出说明，以及考察这种说明是否达到所属领域技术人员能够实施的程度。

复审请求第9238号：结合公知常识

如果本领域技术人员根据说明书的记载，并依据本领域公知常识能够实现说明书中所述的技术方案，解决其技术问题，同时有证据表明通过实际实施该技术方案，能够达到预期效果，则应当认为说明书公开充分，符合§26.3的规定。

GL－B－II 2.1.3 能够实现〈*并不要求必须是最佳方案*〉

以下各种情况由于缺乏解决技术问题的技术手段而被认为无法实现：

（1）说明书中只给出任务和/或设想，或者只表明一种愿望和/或结果，而未给出任何使所属技术领域的技术人员能够实施的技术手段；

（2）说明书中给出了技术手段，但对所属技术领域的技术人员来说，该手段是含糊不清的，根据说明书记载的内容无法具体实施；

（3）说明书中给出了技术手段，但所属技术领域的技术人员采用该手段并不能解决发明或实用新型所要解决的技术问题；

（4）申请的主题为由多个技术手段构成的技术方案，对于其中一个技术手段，所属技术领域的技术人员按照说明书记载的内容并不能实现；

（5）说明书中给出了具体的技术方案，但未给出实验证据，而该方案又必须依赖实验结果加以证实才能成立。

〈其中（1）（2）（4）三种情形属于不能实现的情形；（3）属于能够实施但不能够解决技术问题；（5）属于能够实施但无效果数据（同样属于不能够解决技术问题）。〉

复审请求第5232号：花费创造性劳动才能再现的技术方案

如果所属技术领域的技术人员按照说明书记载的内容，尚需花费创造性劳动，才能够再现一项发明要求保护的技术方案，解决其技术问题，并且产生预期的技术效果，则该说明书公开不充分。

◎申请人提交的新证据：

申请人在答复有关新颖性、创造性的审查意见时所提交的新证据、实施例、实验数据等，不能补入说明书和权利要求书中，只能供审查员继续审查时参考。

对于申请人提交的用于证明说明书充分公开的实验数据或补充的实施例，审查员一般不予考虑。

◎不符合§26.3的后果：

（1）一般情况下，专利申请将被驳回或者专利权被宣告无效。§26.3既是R53（2）规定的驳回条款，也是R65.2所规定的无效宣告请求的理由。

（2）当审查员指出不满足§26.3的问题时，如果申请人能够举证澄清，即申请人完成举证责任；如果不存在其他实质性缺陷，实质审查阶段专利申请将被授予专利权，在专利权无效宣告审查阶段，专利权将被维持有效。

（3）如果与说明书中未充分公开的技术方案相对应的权利要求被删除，则在实质审查阶段该专利申请在其他符合《专利法》及其实施细则授权条件的基础上授予专利权，在专利权无效宣告审查阶段，将在经过修改的符合授权条件的权利要求书基础上维持专利权有效。

GL－B－X 3.1 化学产品发明的充分公开

化学产品包括化合物、组合物以及用结构和/或组成不能够清楚描述的化学产品。要求保护的发明为化学产品本身的，说明书中应当记载化学产品的确认、化学产品的制备以及化学产品的用途。

（1）化学产品的确认

对于化合物发明，说明书中应当说明该化合物的化学名称及结构式或者分子式；并应当记载与发明要解决的技术问题相关的化学、物理性能参数，使要求保护的化合物能被清楚地确认。此外，对于高分子化合物，还应当对其分子量及分子量分布、重复单元排列状态等要素作适当的说明；如果这些结构要素未能完全确认该高分子化合物，则还应当记载其结晶度、密度、二次转变点等性能参数。

对于组合物发明，说明书中除了应当记载组合物的组分外，还应当记载各组分的化学和/或物理状态、各组分可选择的范围、各组分的含量范围及其对组合物性能的影响等。

对于仅用结构和/或组成不能够清楚描述的化学产品，说明书中应当进一步使用适当的化学、物理参数和/或制备方法对其进行说明。

(2) 化学产品的制备

对于化学产品发明，说明书中应当记载至少一种制备方法，说明实施所述方法所用的原料物质、工艺步骤和条件、专用设备等，使本领域的技术人员能够实施。对于化合物发明，通常需要有制备实施例。

(3) 化学产品的用途和/或使用效果

对于化学产品发明，应当完整地公开该产品的用途和/或使用效果，即使是结构首创的化合物，也应当至少记载一种用途。

如果所属技术领域的技术人员无法根据现有技术预测发明实现所述用途和/或使用效果，则说明书中还应当记载足以证明发明的技术方案可以实现所述用途和/或达到预期效果的定性或者定量实验数据。

对于新的药物化合物或者药物组合物，应当记载其具体医药用途或者药理作用，同时还应当记载其有效量及使用方法。

如果本领域技术人员无法根据现有技术预测发明实现所述医药用途、药理作用，则应当记载足以证明发明的技术方案可以解决预期要解决的技术问题或者达到预期的技术效果的实验室试验或者临床试验的定性或者定量数据。说明书对有效量和使用方法或者制剂方法等应当记载至所属技术领域的技术人员能够实施的程度。

对于表示发明效果的性能数据，如果现有技术中存在导致不同结果的多种测定方法，则应当说明测定它的方法；若为特殊方法，应当详细加以说明，使所属技术领域的技术人员能实施该方法。

复审请求第15518号：药物组合物发明的充分公开

判断一份专利申请文件是否公开充分、是否满足§26.3规定的“能够实现”，是与该发明要解决的技术问题和以及预期的技术效果密不可分的。

对于药物组合物权利要求，申请说明书中应当记载对于本领域技术人员而言，足以证明本申请药物组合物可以达到预期的技术效果的实验室试验或者临床试验的定性或者定量数据，否则就是对该药物组合物的公开不充分。如果说明书中未提供该组合物使用效果的实验数据，但是本领域技术人员通过理论分析或者根据现有技术，以说明书的记载为基础可以预测该药物组合物必然具有相应的使用效果，则可以认为其使用效果已经充分公开。而对于现有技术没有公开的、新的药物组合物，如果说明书中没有记载该组合物使用效果的实验数据，本领域技术人员又无法预测其药理作用或使用效果，则其效果应该是公开不充分的。

GL-B-X 3.1 化学方法发明的充分公开

(1) 对于化学方法发明，无论是物质的制备方法还是其他方法，均应当记载方法所用的原料物质、工艺步骤和工艺条件，必要时还应当记载方法对目的物质性能的影响，使所属技术领域的技术人员按照说明书中记载的方法去实施时能够解决该发明要解决的技术问题。

（2）对于方法所用的原料物质，应当说明其成分、性能、制备方法或者来源，使得本领域技术人员能够得到。

GL－B－X 3.3 化学产品用途发明的充分公开

对于化学产品用途发明，在说明书中应当记载所使用的化学产品、使用方法及所取得的效果，使得本领域技术人员能够实施该用途发明。如果所使用的产品是新的化学产品，则说明书对于该产品的记载应当满足本章3.1节的相关要求。如果本领域的技术人员无法根据现有技术预测该用途，则应当记载足以证明该物质可以用于所述用途并能解决所要解决的技术问题或者达到所述效果的实验数据。

GL－B－X 3.4 关于实施例

（1）说明书中实施例的数目，取决于权利要求的技术特征的概括程度，根据发明的性质不同，具体技术领域不同，对实施例数目的要求也不完全相同。一般的原则是，应当能足以理解发明如何实施，并足以判断在权利要求所限定的范围内都可以实施并取得所述的效果。

〈对于化合物发明，通常需要有制备实施例（GL－B－X3.1〈2〉）〉

（2）判断说明书是否充分公开，以原说明书和权利要求书记载的内容为准，申请日之后补交的实施例和实验数据不予考虑。

◎说明书中关于化合物的制备：

说明书中应当至少记载一种制备请求保护的化合物的方法，并说明该方法所用的原料物质、工艺步骤和条件、专用设备等，使本领域技术人员能够实施。

说明书中应当说明原料物质的制备方法或者来源，使得本领域技术人员能够得到。对于常规化工原料，因为是本领域技术人员能够获得或者知晓如何获得的，所以不必在说明书中记载其制备方法或者来源。

如果请求保护的是通式化合物，则说明书中除应当记载该通式化合物的合成路线外，一般还应当记载一个或多个制备实施例。如果说明书中未记载通式化合物中具体化合物的制备实施例，也未公开通式化合物的合成路线，或者仅提到“化合物可以用通用的有机合成方法制备”，则一般不认为公开了该通式化合物的制备方法，除非根据说明书和权利要求记载的内容以及公知常识，所属技术领域的技术人员能够制备该通式化合物范围内的所有化合物。

如果请求保护的是具体化合物，则说明书中应当记载该化合物的制备实施例。

◎说明书中关于具体化合物：

对于具体化合物，如果本领域技术人员不能根据现有技术预测其用途和/或使用效果，则说明书中除应当记载该化合物的确认和制备外，一般还应当记载其用途和/或效果的定性或定量的实验数据，除非所属技术领域的技术人员根据说明书记载的内容，能够确定所请求保护的具体化合物与说明书中已经充分公开的其他具体化合物具有相同用途和/或使用效果，否则可以认为该具体化合物没有充分公开。

◎关于中间体化合物：

中间体化合物是否符合§26.3的规定，关键在于其是否可分离获得，而不在于其存在时间的长短或者其是否能够稳定存在。

如果中间体化合物不能被分离，或者其仅仅在作为反应机理中的假设阶段存在，则认为该中间体不符合§26.3的规定。

对于并未进行分离而直接进行下一步反应的中间体化合物，应当区分请求保护的中间体化合物是不能分离获得，还是能够分离获得但实际操作中没有进行分离。

如果中间体化合物由于不稳定而不能被分离，但该中间体化合物能以溶液形式稳定存在且所述溶液能够被分离，则包含该中间体化合物的溶液满足“可分离获得”的条件。

无效宣告请求第8115号：说明书中明显的表述缺陷

当发明请求保护的是一种除草剂组合物时，若说明书中对某一组分给出的化学结构式明显错误，但是根据说明书公开的全部技术内容及现有技术的教导，能够认定该组分为所述除草剂中的一种助剂成分，并且是在申请日前可商购的一种农药助剂，则这种表述上的缺陷，不会导致本领域技术人员无法理解发明所述的技术方案，也就是说，不影响本领域技术人员按说明书记载的内容、不需要创造性劳动，就能够再现该发明的技术方案。

◎可以预测与不可以预测所述用途和/或使用效果：

当请求保护的化合物与现有技术化合物结构不相近似，或者请求保护的化合物的用途不同于现有技术中结构接近的化合物时，本领域技术人员无法预测所述用途和/或使用效果。此时，说明书中应当记载足以证明请求保护的化合物具有所述用途和/或可以达到预期效果的定性或定量实验数据。

如果说明书中未提供用途和/或使用效果的定性或定量实验数据，但是通过理论分析或者根据现有技术，以说明书的记载为基础可以预测请求保护的化合物必然具有所述用途和/或使用效果，则可以认为化合物的用途和/或使用效果已经充分公开。

◎化合物制备方法的充分公开：

对于化合物的制备方法发明，产物是方法权利要求的技术特征之一，对产物的充分公开是方法充分公开的必要前提。

（1）产物为新化合物时，无论在申请中是否同时请求保护该化合物，说明书中对作为产物的化合物的公开也应当进行充分公开。

（2）产物是已知化合物时，如果本领域技术人员根据说明书记载的内容或者根据理论推导难于确定该方法制备的产物就是目标化合物，则说明书中应当记载产物（即目标化合物）的必要确认数据。

GL－B－X 3.4 关于实施例

说明书中通常应当包括实施例。

（2）判断说明书是否充分公开，以原说明书和权利要求书记载的内容为准，申请日之后补交的实施例和实验数据不予考虑。

复审请求第 25177 号：补交的详细的实验方法和结果

虽然复审请求人在意见陈述中提供了详细的实验方法和结果来证明得到的产物，但是这些实验结果都是在本申请的申请日以后提交的，无法证明本申请在申请日前已经完成，不能作为本申请能够实现的证据。

§26.4 权利要求应当得到说明书支持，清楚、简要地限定要求专利保护的范围。需要注意的是：

（1）权利要求中不应当出现对产品的工作原理、工作过程等的描述；

（2）当权利要求中存在要素选择的特征时，要素应当为等效的并列技术特征；

（3）权利要求中不应当出现使用绘制的图形表达的形状特征，但是允许申请人使用计算机可以识别的字符，如“?”、“#”表示产品的形状特征。

GL－B－II 3.2.1 以说明书为依据〈§26.4〉

权利要求书应当以说明书为依据，是指权利要求应当得到说明书的支持。权利要求书中的每一项权利要求所要求保护的技术方案应当是所属技术领域的技术人员能够从说明书充分公开的内容中得到或概括得出的技术方案，并且不得超出说明书公开的范围。

权利要求的概括应当不超出说明书公开的范围。如果所属技术领域的技术人员可以合理预测说明书给出的实施方式的所有等同替代方式或明显变型方式都具备相同的性能或用途，则允许将权利要求的保护范围概括至覆盖其所有的等同替代或明显变型的方式。对于权利要求概括得是否恰当，开拓性发明可以比改进性发明有更宽的概括范围。

如果权利要求的概括包含申请人推测的内容，而其效果又难以预先确定和评价，应当认为这种概括超出了说明书公开的范围。如果权利要求的概括使所属技术领域的技术人员有理由怀疑该上位概括或并列概括所包含的一种或多种下位概念或选择方式不能解决发明或者实用新型所要解决的技术问题，并达到相同的技术效果，则应当认为该权利要求没有得到说明书的支持。不符合§26.4。

只有当所属技术领域的技术人员能够从说明书充分公开的内容中得到或概括得出该项权利要求所要求保护的技术方案时，记载该技术方案的权利要求才被认为得到了说明书的支持。

“权利要求书应当以说明书为依据”包括权利要求所要求保护的技术方案能够从说明书公开的内容中“得到”或者“概括得出”两层含义。

“得到”是指如果一项权利要求请求保护的技术方案是说明书中充分公开的一个或多个实现发明的方式，则该权利要求的技术方案可以从说明书充分公开的内容中得到。

“概括得出”是指如果一项权利要求请求保护的技术方案是申请人根据说明书充分公开的一个或多个实现发明的方式概括而成，则在判断是否得到了说明书的支持时，应该判断这种概括是否合理。如果概括是合理的，则认为该权利要求的技术方案能够从说明书充分公开的内容中概括得出。否则，就不能。

权利要求通常由说明书记载的一个或者多个实施方式或实施例概括描述。如果所属领域技术人员可以合理预测说明书给出的实施方式的所有等同替代方式或明显变型都具备相同的性能或用途，且这些方式都能解决相同的技术问题，并具有相同或相近的技术效果，则允许权利要求的保护范围概括至覆盖其所有等同替代或明显变型的方式。否则，要是将说明书记载的充分公开的内容扩展到权利要求所概括（上位概念概括或并列选择方式概括）的范围时，如果所属领域技术人员根据说明书所给出的全部信息即使结合所属领域的普通知识，都难于预先确定和评价权利要求概括的方案所能达到的技术效果，那么这种概括就超出了说明书公开的范围，得不到说明书的实质支持。另外，如果权利要求的概括是所属领域技术人员有理由怀疑上位概括或并列概括所包含的一种或多种下位概念或选择方式不能解决发明所要解决的技术问题，并达到相同或相近的技术效果，则权利要求没有得到说明书的支持。

最高人民法院（2009）知行字第3号：技术方案应得到说明书的支持且不得超出说明书公开的范围

权利要求所要求保护的技术方案应当是所属技术领域的技术人员能够从说明书充分公开的内容中得到或概括得出的技术方案，并且不得超出说明书公开的范围；如果权利要求的概括使所属技术领域的技术人员有理由怀疑该上位概括或并列概括所包含的一种或多种下位概念或选择方式不能解决发明所要解决的技术问题，并达到相同的技术效果，则应当认为该权利要求没有得到说明书的支持。

复审请求第4479号：权利要求的技术方案须以说明书为依据

§26.4 规定的“权利要求书应当以说明书为依据”，是指权利要求应当得到说明书支持，而支持是指权利要求所要求保护的技术方案在说明书中描述过，或者能由所属技术领域的技术人员从说明书中公开的内容概括得出。

京高院《专利侵权判定指南》

第14条：专利权利要求与专利说明书出现不一致或者相互矛盾的，比如，当专利权利要求的用语与说明书的记载不一致时，可能是权利要求存在不清楚或者得不到说明书支持的问题，则不符合§26.4的规定，当事人应当通过专利无效宣告程序解决。当事人不愿通过专利无效程序解决，或者未在合理期限内提起专利权无效宣告请求的，应当按照专利权有效原则和专利权利要求优先原则，以专利权利要求限定的保护范围为准。但是所属领域的技术人员通过阅读权利要求书和说明书及附图，能够对实现要求保护的技术方案得出具体、确定、唯一的解释的，应当根据该解释来澄清或者修正权利要求中的错误表述。

第24条：说明书对技术术语的解释与该技术术语通用含义不同的，以说明书的解释为准。

第25条：同一技术术语在权利要求书和说明书中所表达的含义应当一致，不一致时应以专利权利要求书为准。

无效宣告请求第5932号：非专业术语

如果专利说明书中使用的术语为非专业术语，但该术语也已被广泛使用，且含义与专业术语相同，则该非专业术语的使用应该是清楚的，不会导致本领域技术人员无法实施所述技术方案。

《北京市高级人民法院关于执行〈专利侵权判定若干问题的意见（试行）〉的通知》

第12条：专利独立权利要求与专利说明书出现不一致或者相互矛盾的，该专利不符合§26.4的规定，当事人应当通过专利无效程序解决。

当事人不愿通过无效程序解决，法院应当以专利权有效和专利权利要求为优先原则，以专利权利要求限定的保护范围为准，而不能以说明书或者附图公开的内容，"纠正"专利权利要求记载的技术内容。

京（2008）高行终字第451号："能够实现"的判断标准

评价权利要求是否得到说明书支持应当以"权利要求书中的每一项权利要求所要求保护的技术方案应当是所述技术领域的技术人员能够从说明书充分公开的内容得到或概括得出的技术方案，并且不得超出说明书公开的范围"作为标准。

不能认为"如果所属技术领域的技术人员根据说明书的教导并考虑本领域普通技术知识，仍然需要进行大量的反复实验或者过度劳动才能确定权利要求概括的除实施例以外的技术方案能否实现，那么权利要求的概括就超出了说明书公开的范围"，也不能以此作为评判标准，得出权利要求书不能得到说明书支持。这样评判的出发点不符合§26.4的规定。

无效宣告请求第9083号：含有方法特征

只要权利要求的类型、保护范围，作为一个整体是清楚的，即使包含不确定的词语，只要该词语对权利要求的保护范围没有影响，该权利要求也是清楚的。

无效宣告请求第10369号：说明书中的字词缺陷

在判断说明书是否已经对发明或者实用新型作出清楚、完整的说明，达到所属技术领域的技术人员能够实现的程度时，应当将申请文件作为一个整体考虑，而不能局限于说明书中某一部分的字词缺陷，如果说明书中的字词缺陷对发明或者实用新型的整体技术方案不会产生实质影响，并且所属领域技术人员能结合申请文件中的其他部分清楚理解其中所公开的技术方案并且能够实现该技术方案，则应该认为说明书的公开是充分的。

无效宣告请求第11565号：说明书、权利要求书采用不同的术语

专利说明书存在一些瑕疵，但本领域普通技术人员能够识别出它们的明显错误，不会导致不能实现本专利所要求保护的技术方案。

说明书、权利要求书中对同一零部件采用了不同的技术用语，但结合整个说明书和权利要求书的内容，本领域技术人员可以确定它们之间具有同一性，不会导致权利要求的保护范围不清楚或者权利要求得不到说明书的支持。

无效宣告请求第12720号：不一致之处并不导致不能实施正确的技术方案

若说明书对技术方案的描述存在的不一致之处不足以导致所属技术领域的技术人员

不能实施正确的技术方案以解决所要解决的技术问题，则该说明书是公开充分的。

◎“得到”与“概括得出”：

如果一项权利要求请求保护的技术方案是说明书中充分公开的一个或多个实现发明的方式，则该权利要求得到了说明书的支持。

如果一项权利要求请求保护的技术方案是根据说明书充分公开的一个或多个实现发明的方式概括而成的，则在判断是否得到了说明书的支持时，应当判断这种概括是否合理。

（1）如果一项权利要求请求保护的技术方案中涵盖了说明书充分公开的实施方式的所有等同替代方式或明显变型方式，且这些方式都能够解决相同的技术问题，并具有相同或相近的技术效果，则该权利要求的概括是合理的。

（2）如果权利要求请求保护的技术方案中涵盖了如下内容，则该权利要求的概括不合理，其范围超出了说明书公开的范围。

①所属技术领域的技术人员在说明书充分公开的实施方式的基础上，结合说明书记载的所有内容，通过常规的实验或者分析方法不能实施的技术方案；

②不能解决本发明所要解决技术问题的技术方案；

③产生不了预期技术效果或其效果难于确定的技术方案。

“说明书公开的内容”是指“说明书记载的内容”及“根据记载的内容能够概括得出的内容”；“说明书记载的内容”是指“说明书文字记载的内容”及“根据文字记载的内容和说明书附图能够直接地、毫无疑义地确定的内容”。

◎上位概括中的注意事项：

（1）下位概念是否满足单一性条件?

单一性是上位概括的基本条件，下位概念的技术方案必须在技术上相互关联，包含一个或者多个相同或者相应的特定技术特征，其中特定技术特征是指每一项发明或者实用新型作为整体，对现有技术作出贡献的技术特征。

“特定技术特征”是指，在被要求保护的各个发明作为一个整体考虑时，其中每一个发明对现有技术作出贡献的技术特征（R13. 2PCT）。

（2）概括的上位概念是否已被现有下位概念的技术所公开而失去新颖性或与其他技术相结合而失去创造性?

现有下位概念的技术方案可使得上位概念的申请丧失新颖性；而现有下位概念的技术方案与其他技术结合则可使得上位概念的申请缺少创造性。因此在概括中需要防止将现有技术也包含在上位概念的保护范围内。

（3）如果上位概念属于功能性限定，则要注意判断其是否满足功能性限定的基本要求：

①说明书实施例中记载了下位概念的实施方式；

②所属技术领域的技术人员不必在付出创造性劳动的条件下明了此功能，还可以采用说明书中未提到的其他替代方式；

③所属技术领域的技术人员没有理由怀疑该功能性限定所包含的一种或几种方式不能解决所要解决的技术问题并达到相同技术效果。

（4）具体实施方式中是否有下位概念技术方案的记录，并在对应的从属权利要求中进行了保护？

只有这样才能确保下位概念中的技术方案得到保护，同时该权利要求也得到说明书的支持。

（5）下位概念概括为上位概念时是否注意到边界约束条件？

边界约束条件通常包括装置部件与其他装置部件之间的连接关系、技术方案的适用条件和参数，以及可实现的功能和产生的效果等。

（6）上位概念、并列选择方式是否得到说明书支持？

①如果权利要求的概括包含申请人推测的内容，而其效果又难以预先确定和评价，应当认为这种概括超出了说明书公开的范围。

②如果权利要求的概括使所属技术领域的技术人员有理由怀疑该上位概括或并列概括所包含的一种或多种下位概念或选择方式不能解决发明或者实用新型所要解决的技术问题，并达到相同的技术效果，则应当认为该权利要求没有得到说明书的支持。因此，只需要判断权利要求保护范围中超出说明书实施例的部分是否和本申请解决相同技术问题，并达到相同技术效果即可。

最高人民法院（2009）知行字第3号：权利要求的技术方案应能够从说明书中得到或概括得出

权利要求所要求保护的技术方案应当是所属技术领域的技术人员能够从说明书充分公开的内容中得到或概括得出的技术方案，并且不得超出说明书公开的范围；如果权利要求的概括使所属技术领域的技术人员有理由怀疑该上位概括或并列概括所包含的一种或多种下位概念或选择方式不能解决发明所要解决的技术问题，并达到相同的技术效果，则应当认为该权利要求没有得到说明书的支持。

京（2011）高行终字第607号：权利要求的阈值部分超出了说明书中的阈值

说明书虽然给出了含量为67.6%和80.3%两个端点值，亦给出了中间值70.1%，但本专利权利要求中的65%~90%的含量中超出的81%~90%的部分却没有得到说明书的支持，这种概括明显超出了说明书公开的范围，不符合§26.4的规定。

无效宣告请求第9435号：权利要求由实施方式或实施例概括而成

权利要求通常由说明书记载的一个或者多个实施方式或实施例概括而成，权利要求的概括应当不超出说明书公开的范围。如果在将说明书记载的内容扩展到权利要求所概括的范围时，本领域技术人员根据说明书所给出的信息并结合本领域的一般知识，难以预先确定和评价权利要求概括的技术方案所能达到的技术效果，则该权利要求的概括超出了说明书公开的范围，该权利要求得不到说明书的支持。

复审请求第 8661 号：判断权利要求的概括是否恰当

判断权利要求的概括是否恰当，一方面，应当立足于说明书所公开的全部内容，而不应局限于具体实施例；另一方面，还应当利用本领域技术人员的普通技术知识进行判断，如果本领域普通技术人员在申请给出的信息基础上，利用本领域普通技术知识能够把说明书记载的特定内容扩展到权利要求限定的整个范围，应当认为该权利要求得到了说明书的支持。

如果所属领域技术人员可以合理预测说明书给出的实施方式的所有等同替代方式或明显变型都具备相同的性能或用途，则允许权利要求的保护范围概括至覆盖其所有等同替代或明显变型的方式。

●功能限定的技术特征

如果在一项产品权利要求中不是采用结构或者组合的技术特征来限定该产品，而是采用产品的零部件或者方法的步骤在技术方案中所起的作用、功能或者产生的效果来限定，则称为“功能性限定特征”。

只要一个产品权利要求的某一个特征至少是部分地采用它所要实现的功能，而不是根据其具体结构或组成等来予以限定，就可以认定属于“功能性特征”，而该权利要求亦可以被称为“功能性限定权利要求”。

◎判断功能性限定是否得到说明书的支持：

《最高人民法院关于审理侵犯专利权纠纷案件应用法律若干问题的解释》

第 4 条：对于权利要求中以功能或者效果表述的技术特征，人民法院应当结合说明书和附图描述的该功能或者效果的具体实施方式及其等同的实施方式，确定该技术特征的内容。

GL – B – II 3.2.1 以说明书为依据

对于权利要求中所包含的功能性限定的技术特征，应当理解为覆盖了所有能够实现所述功能的实施方式。

〈与《最高人民法院关于审理侵犯专利权纠纷案件应用法律若干问题的解释》第 4 条不符！〉

在判断权利要求是否得到说明书的支持时，应当考虑说明书的全部内容，而不是仅限于具体实施方式部分的内容。如果说明书的其他部分也记载了有关具体实施方式或实施例的内容，从说明书的全部内容来看，能说明权利要求的概括是适当的，则应当认为权利要求得到了说明书的支持。

只有当所属技术领域的技术人员能够从说明书充分公开的内容中得到或概括得出该项权利要求所要求保护的技术方案时，记载该技术方案的权利要求才被认为得到了说明书的支持。

对于某一功能限定的技术特征，如果所属技术领域的技术人员明了实现该功能的已知方式，并且该功能限定的技术特征所覆盖的除说明书中记载的实施方式以外的其他实施方式也能解决发明的技术问题，并达到相同的技术效果，那么这种限定是允许的。反之，则不允许。

如果权利要求中仅仅记载了发明要达到的目的或获得的效果，但没有记载为达到这种目的或获得所述效果而采用的任何技术手段，则该权利要求得不到说明书的支持。

按照§59.1，应当根据说明书和附图所公开的内容解读“功能性限定”，用所公开的相应的结构、材料及其等同物或动作对“功能性限定”进行解释，而并非以其文字含义为准。

最高人民法院（2009）民监字第567号：行政审查和侵权案件审查采用的标准不同

GL－B－II 3.2.1 中关于功能性特征的规定与《最高人民法院关于审理侵犯专利权纠纷案件应用法律若干问题的解释》第4条规定的是一致的，均体现了对专利申请人和专利权人使用功能性特征的限制，因此，在专利行政审查程序中采用实现功能所有方式的标准，而在专利侵权案件的司法审查中采用结合实施例方式的标准是适当的。

对于某一功能特征，如果本领域技术人员清楚明了实现该功能的已知方式，并且该功能特征所覆盖的除说明书以外的其他实施方式也能解决发明的技术问题，达到相同的技术效果，那么认为这样的功能性限定能够得到说明书的支持。

如果权利要求中限定的功能是以说明书实施例中记载的特定方式完成的，并且所属技术领域的技术人员不能明了此功能还可以采用说明书中未提到的其他替代方式来完成，则权利要求中不得采用覆盖了上述其他替代方式的功能性限定。

对于产品权利要求，使用功能或者效果特征来限定，也应该最终体现在对产品结构的影响，如果该限定使得所属技术领域的技术人员无法清楚知晓除说明书实施例以外的其他结构，则权利要求是不清楚的，也无法满足权利要求得到说明书支持的要求（§26.4）。

如果权利要求中限定的功能是以说明书实施例中记载的特定方式完成的，并且所属技术领域的技术人员不能明了此功能还可以采用说明书中未提到的其他替代方式来完成，或者所属技术领域的技术人员有理由怀疑该功能限定所包含的一种或几种方式不能解决发明或实用新型所要解决的技术问题，达到相同的技术效果，则权利要求中不得采用覆盖了其他替代方式或者不能解决发明或实用新型技术问题的方式的功能性限定。

◎判断权利要求中生物序列是否得到说明书的支持：

（1）没有功能性限定的情形

用同源性、同一性、取代、缺失或添加，或者杂交方式限定的生物序列产品权利要求中，如果没有功能性限定，则该权利要求得不到说明书的支持。

（2）功能性限定的情形

如果用同源性、同一性、取代、缺失或添加，或者杂交方式限定的生物序列产品权利要求中，虽包含功能性限定，但说明书中并未列举相应的生物序列，则该权利要求得不到说明书支持。如果说明中列举了相应的生物序列，则需要判断根据该实例能否合理预测出权利要求中请求保护的范围。

（3）说明书中未进行列举

序列结构的差异，会导致功能的改变或缺失。因此，对于一种基因或蛋白质来说，要确定除了其本身之外，是否还存在衍生序列能够具有相同的功能，需要相应证据支持。如果说明书中没有列举相应的衍生序列，则请求保护的基因或蛋白质的权利要求得不到说明书的支持。

对于用同源性、同一性、取代、缺失或添加，或者杂交方式限定短序列（如长度小于10aa的短肽）的权利要求，短序列上所有位点的氨基酸很可能都是保守性的，任何一个氨基酸的变化都会导致多肽生物学功能的改变或缺失。因此，该权利要求得不到说明书支持。

（4）说明书中进行了列举

对于用同源性、同一性、取代、缺失或添加，或者杂交方式限定的生物序列产品权利要求，如果本领域技术人员根据说明书中给出的实例，并不能合理预测出该权利要求请求保护的范围，则该权利要求得不到说明书的支持。

R2 办理手续需用的书面和其他形式

专利法和本细则规定的各种手续，应当以书面形式或者国务院专利行政部门规定的其他形式办理。

《关于专利电子申请的规定》

第2条：提出专利电子申请的，应当事先与SIPO签订《专利电子申请系统用户注册协议》。

开办专利电子申请代理业务的专利代理机构，应当以该专利代理机构名义与SIPO签订用户协议。

申请人委托已与SIPO签订用户协议的专利代理机构办理专利电子申请业务的，无须另行与SIPO签订用户协议。

GL-E-XI 2 电子申请用户

电子申请用户是指已经与SIPO签订电子专利申请系统用户注册协议，办理了有关注册手续，获得用户代码和密码的申请人和专利代理机构。

用户是指签订用户协议、办理注册手续、获得用户代码和密码的申请人、专利代理机构。

注册方式有当面注册、邮寄注册和网上注册。

材料包括请求书、用户注册协议一式两份和证明文件。

GL-E-XI 2.1 电子申请代表人

申请人有两人以上且未委托专利代理机构的，以提交电子申请的电子申请用户为代表人。

GL－E－XI 1 引言

电子申请是指以互联网为传输媒介将专利申请文件以符合规定的电子文件形式向专利局提出的专利申请。除针对以纸件形式提交的专利申请和其他文件的规定之外，均适用于电子申请。

电子文件格式要求由专利局另行规定。

GL－E－XI 4 电子申请的接收和受理

电子申请受理范围包括：

（1）发明、实用新型和外观设计申请。

（2）进入国家阶段的国际申请。

（3）复审和无效宣告请求。

GL－E－XI 4.1 电子申请的接收

任何单位和个人认为其专利申请需要按照保密专利申请处理的，不得通过电子专利申请系统提交。

符合规定的发出文件接收情况的电子申请回执；不符合规定的，不予接收。

保密专利不得通过电子专利申请系统提交。依照 R8.2（1）直接向外国申请专利或者向有关国外机构提交专利国际申请的，申请人向 SIPO 提出的保密审查请求和技术方案应当以纸件形式提出。

GL－E－I 2.2 电子文件形式

申请人以电子文件形式提出专利申请并被受理的，在审批程序中应当通过电子专利申请系统以电子文件形式提交相关文件，另有规定的除外。不符合规定的，该文件视为未提交。

◎对于电子申请，哪些文件可以以纸件形式进行提交：

可以纸件形式提交的文件包括：实用新型检索报告请求、专利权评价报告请求、退款请求（缴款人为非电子申请提交人）、恢复权利请求、中止请求、法院保全、无效请求、行政复议请求和由第三方或社会公众提出的意见陈述。

GL－E－V 3.2 专利局自行进行的保密确定

对于已确定为保密专利申请的电子申请，如果涉及国家安全或者重大利益需要保密，该专利申请将转为纸件形式继续审查并通知申请人，申请人此后应当以纸件形式向 SIPO 或国防专利局递交各种文件，不得通过电子专利申请系统提交文件。

GL－E－XI 6 电子发文

专利局以电子文件形式通过电子专利申请系统向电子申请用户发送各种通知书和决定。电子申请用户未及时接收的，不作公告送达。

自发文日起 15 日内申请人未接收电子文件形式的通知书和决定的，专利局可以发出纸件形式的该通知书和决定的副本。

GL－E－XI 5.6 纸件申请和电子申请的转换

申请人或专利代理机构可以请求将纸件申请转换为电子申请，涉及国家安全或者重大利益需要保密的专利申请除外。

提出请求的申请人或专利代理机构应当是电子申请用户，并且应当通过电子文件形式提出请求。经审查符合要求的，该专利申请后续手续均应当以电子文件形式提交。使用纸件形式提出请求的，视为未提出。

《关于专利电子申请的规定》

第6条：提交专利电子申请和相关文件的，应当遵守规定的文件格式、数据标准、操作规范和传输方式。专利电子申请和相关文件未能被SIPO专利电子申请系统正常接收的，视为未提交。

第5条：申请专利的发明创造涉及国家安全或者重大利益需要保密的，应当以纸件形式提出专利申请。

申请人以电子文件形式提出专利申请后，SIPO认为该专利申请需要保密的，应当将该专利申请转为纸件形式继续审查并通知申请人。申请人在后续程序中应当以纸件形式递交各种文件。

《关于施行修改后专利法有关事项的通知》

第6条：对于涉及上述第1条、第2条、第3条内容的新申请以及申请日之后提交的专利权评价报告请求书、向外国申请专利保密审查请求书和遗传资源来源披露登记表，申请人应当直接向SIPO受理处以纸件形式递交或寄交，各专利代办处和SIPO电子申请系统暂不受理和接收上述专利申请和专利文件。

对含有《同日申请发明专利和实用新型专利的声明》、《向外国申请专利保密审查请求书》、《遗传资源来源披露登记表》这三种表格的专利申请，以及对《专利权评价报告请求书》等专利文件，申请人应当直接向SIPO受理处以纸件形式递交或寄交，各专利代办处和SIPO电子申请系统暂不受理和接收。专利代办处可以直接向SIPO转交这类文件，而不作相应的处理。

GL－A－I 4.2 说明书

涉及核苷酸或者氨基酸序列的申请，申请人应当在申请的同时提交与该序列表相一致的计算机可读形式的副本，如提交记载有该序列表的符合规定的光盘或者软盘。

R121 申请文件的书写形式要求

各类申请文件应当打字或者印刷，字迹呈黑色，整齐清晰，并不得涂改。附图应当用制图工具和黑色墨水绘制，线条应当均匀清晰，并不得涂改。

请求书、说明书、权利要求书、附图和摘要应当分别用阿拉伯数字顺序编号。

申请文件的文字部分应当横向书写。纸张限于单面使用。

GL－E－I 2 办理专利申请的形式

专利申请手续应当以书面形式（纸件形式）或者电子文件形式办理。

GL－E－I 2.1 书面形式

申请人以书面形式提出专利申请并被受理的，在审批程序中应当以纸件形式提交相关文件。除另有规定外，申请人以电子文件形式提交的相关文件视为未提交。

以口头、电话、实物等非书面形式办理各种手续的，或者以电报、电传、传真、电子邮件等通信手段办理各种手续的，均视为未提出，不产生法律效力。

GL－E－I 4 标准表格

办理专利申请（或专利）手续时应当使用 SIPO 制定的标准表格。标准表格由 SIPO 按照一定的格式和样式统一制定、修订和公布。

办理专利申请（或专利）手续时以非标准表格提交的文件，审查员可以发出补正通知书或者针对该手续发出视为未提出通知书。

但是，申请人在答复补正通知书或者审查意见通知书时，提交的补正书或者意见陈述书为非标准格式的，只要写明申请号，表明是对申请文件的补正，并且签字或者盖章符合规定的，可视为文件格式符合要求。

GL－E－I 5.1 打字或印刷

请求书、权利要求书、说明书、说明书摘要、说明书附图和摘要附图中文字部分以及简要说明应当打字或者印刷。上述文件中的数学式和化学式可以按照制图方式手工书写。

其他文件除另有规定外，可以手工书写，但不得涂改。

专利申请文件不符合 R121.1 规定的，SIPO 不予受理，并通知申请人（R39〈3〉）。

R119 文件的统一格式；著录事项的变更

向国务院专利行政部门提交申请文件或者办理各种手续，应当由申请人、专利权人、其他利害关系人或者其代表人签字或者盖章；委托专利代理机构的，由专利代理机构盖章。

请求变更发明人姓名、专利申请人和专利权人的姓名或者名称、国籍和地址、专利代理机构的名称、地址和代理人姓名的，应当向国务院专利行政部门办理著录事项变更手续，并附具变更理由的证明材料。

◎一些特殊审查规定：

（1）代理委托书：应当以电子文件形式提交，已交存总委托书并写明总委托编号的，不需提交电子形式的总委托书和总委托书复印件。

（2）解除委托和辞去委托：电子申请人已委托代理机构的，在办理解除委托或辞去委托手续时，应当至少有一名申请人是电子申请用户。

（3）撤销代理机构引起的变更：代理机构被撤销而重新委托其他代理机构的，该专利代理机构应当是电子申请用户。

（4）专利权利变更：变更后的权利人未委托代理机构的，该权利人应当是电子申请用户；已委托代理机构的，该代理机构应当是电子申请用户。

（5）需要提交纸质原件的文件：费用减缓证明、代理委托书、著录项目变更证明和复审及无效程序中的证据等。

（6）纸件申请和电子申请的转换：可将纸件申请转换为电子申请，涉及国家安全或重大利益需要保密的专利申请除外（R8.2〈1〉）；请求人应当是电子申请用户，并应当通过电子文件形式提出请求。

（7）电子发文：专利局以电子文件形式通过电子专利申请系统向电子申请用户发送各种通知书和决定；自发文日起15日申请人未接收电子文件形式的通知书和决定的，专利局可以发出纸件形式的该通知书和决定的副本。

GL－A－I 6.7.2.6 证明文件的形式要求

（1）提交的各种证明文件中，应当写明申请号（或专利号）、发明创造名称和申请人（或专利权人）姓名或者名称。

（2）一份证明文件仅对应一次著录项目变更请求，同一著录项目发生连续变更的，应当分别提交证明文件。

（3）各种证明文件应当是原件。证明文件是复印件的，应当经过公证或者由出具证明文件的主管部门加盖公章（原件在专利局备案确认的除外）；在外国形成的证明文件是复印件的，应当经过公证。

GL－E－XI 2.2 电子签名

R119.1所述的签字或者盖章，在电子申请文件中是指电子签名，电子申请文件采用的电子签名与纸件文件的签字或者盖章具有相同的法律效力。

京（2009）高民终字第931号：公证的事实和文书证据

经公证的民事法律行为、有法律意义的事实和文书，应当作为认定事实的根据，但有相反证据足以推翻该项公证的除外。

R4 文件的递交和送达

向国务院专利行政部门邮寄的各种文件，以寄出的邮戳日为递交日；邮戳日不清晰的，除当事人能够提出证明外，以国务院专利行政部门收到日为递交日。

国务院专利行政部门的各种文件，可以通过邮寄、直接送交或者其他方式送达当事人。当事人委托专利代理机构的，文件送交专利代理机构；未委托专利代理机构的，文件送交请求书中指明的联系人。

国务院专利行政部门邮寄的各种文件，自文件发出之日起满15日，推定为当事人收到文件之日。

根据国务院专利行政部门规定应当直接送交的文件，以交付日为送达日。

文件送交地址不清，无法邮寄的，可以通过公告的方式送达当事人。自公告之日起满1个月，该文件视为已经送达。

GL－E－VI 2.1.1 邮寄

SIPO 通过邮局把通知和决定送交当事人。除另有规定外，邮寄的文件应当挂号。

GL－E－VI 2.1.2 直接送交

经专利局同意，专利代理机构可以在专利局指定的时间和地点，按时接收通知和决定。特殊情况下经专利局同意，当事人也可以在专利局指定的时间和地点接收通知和决定。

除受理窗口当面交付受理通知书和文件回执外，当面交付其他文件时应当办理登记签收手续。特殊情况下，应当由当事人在申请案卷上签字或者盖章，并记录当事人身份证件的名称、号码和签发单位。

GL－E－VI 2.1.3 电子方式送达

对于以电子文件形式提交的专利申请，专利局以电子文件形式向申请人发出各种通知书、决定和其他文件的，申请人应当按照电子专利申请系统用户注册协议规定的方式接收。

GL－E－VI 2.1.4 公告送达

专利局发出的通知和决定被退回的，如果确定文件因送交地址不清或者存在其他原因无法再次邮寄的，应当在专利公报上通过公告方式通知当事人。自公告之日起满 1 个月，该文件视为已经送达。

〈*当事人见到公告后可以向专利局提供详细地址，要求重新邮寄有关文件，但仍以自公告之日起满 1 个月为送达日。*〉

GL－E－VI 2.3.2 公告送达

通知和决定是通过在专利公报上公告方式通知当事人的，以公告之日起满 1 个月推定为送达日。当事人见到公告后可以向 SIPO 提供详细地址，要求重新邮寄有关文件，但仍以自公告之日起满 1 个月为送达日。

邮寄发文：发文日 +15 天；

直接送交：交付日为送达日；

通过公告：公告日 +1 个月视为送达。

GL－E－VI 3.2 文件的查询

查询结果表明未送达的责任在 SIPO 或者邮局的，应当按照新的发文日重新发出有关通知和决定；查询结果表明未送达的责任在收件人所在单位收发部门或者收件人本人及其有关人员的，SIPO 可以根据当事人的请求重新发出有关通知和决定的复印件，但不得变更发文日。

邮路查询时效为 10 个月，自发文日起计算。

GL－E－VI 2.2.1 当事人未委托专利代理机构

当事人未委托专利代理机构的，通知和决定的收件人为请求书中填写的联系人。若请求书中未填写联系人，收件人为当事人；当事人有两个以上时，请求书中另有声明指定非第一署名当事人为代表人的，收件人为该代表人；除此之外，收件人为请求书中第一署名当事人。

GL－E－VI 2.2.2 当事人已委托专利代理机构

当事人委托了专利代理机构的，通知和决定的收件人〈*即联系人*〉为该专利代理机构指定的专利代理人。专利代理人有两个的，收件人为该两名专利代理人。

GL－E－VI 2.2.3 其他情况

当事人无民事行为能力的，在SIPO已被告知的情况下，通知和决定的收件人是法定监护人或者法定代理人。

R120 文件的邮寄

向国务院专利行政部门邮寄有关申请或者专利权的文件，应当使用挂号信函，不得使用包裹。

除首次提交专利申请文件外，向国务院专利行政部门提交各种文件、办理各种手续的，应当标明申请号或者专利号、发明创造名称和申请人或者专利权人姓名或者名称。

一件信函中应当只包含同一申请的文件。

GL－E－VI 2.3.1 邮寄、直接送交和电子方式送达

通过邮寄、直接送交和电子方式送达的通知和决定，自发文日起满15日推定为当事人收到通知和决定之日。对于通过邮寄的通知和决定，当事人提供证据，证明实际收到日在推定收到日之后的，以实际收到日为送达日。

《民法通则》

第12条：不满十周岁的未成年人是无民事行为能力人，由他的法定代理人代理民事活动。

第13条：不能辨认自己行为的精神病人是无民事行为能力人，由他的法定代理人代理民事活动。

第14条：无民事行为能力人、限制民事行为能力人的监护人是他的法定代理人。

R45 其他有关文件的提交

除专利申请文件外，申请人向国务院专利行政部门提交的与专利申请有关的其他文件有下列情形之一的，视为未提交：

（1）未使用规定的格式或者填写不符合规定的；

（2）未按照规定提交证明材料的。

国务院专利行政部门应当将视为未提交的审查意见通知申请人。

含有三类表格的新专利申请（即《同日申请发明专利和实用新型专利的声明》、《向外国申请专利保密审查请求书》、《遗传资源来源披露登记表》），以及专利权评价报告请求书等专利文件，申请人应当直接向SIPO受理处以纸件形式递交或寄交，各专利代办处和SIPO电子申请系统暂不受理和接收。同时，为避免给申请人造成麻烦，在一定的条件下，专利代办处可直接向SIPO转交这类文件，而不作相应的处理。

R3 文件的语言

依照专利法和本细则规定提交的各种文件应当使用中文；国家有统一规定的科技术语的，应当采用规范词；外国人名、地名和科技术语没有统一中文译文的，应当注明原文。

依照专利法和本细则规定提交的各种证件和证明文件是外文的，国务院专利行政部门认为必要时，可以要求当事人在指定期限内附送中文译文；期满未附送的，视为未提交该证件和证明文件。

GL－E－I 3.1 中文

专利申请文件以及其他文件，除由外国政府部门出具的或者在外国形成的证明或者证据材料外，应当使用中文。

〈其他文件可以使用外文。〉

审查员以申请人提交的中文专利申请文本为审查的依据。申请人在提出专利申请的同时提交的外文申请文本，不具有法律效力。

专利申请文件未使用中文的，SIPO 不予受理，并通知申请人（R39〈2〉）。

GL－E－I 3.3 外文的翻译

专利申请文件是外文的，应当翻译成中文。

当事人在提交外文证明文件、证据材料时，应当同时附具中文题录译文，审查员认为必要时，可以要求当事人在规定的期限内提交全文中文译文或者摘要中文译文；期满未提交译文的，视为未提交该文件。

R16 请求书

发明、实用新型或者外观设计专利申请的请求书应当写明下列事项：

（1）发明、实用新型或者外观设计的名称。

（2）申请人是中国单位或者个人的，其名称或者姓名、地址、邮政编码、组织机构代码或者居民身份证件号码；申请人是外国人、外国企业或者外国其他组织的，其姓名或者名称、国籍或者注册的国家或者地区。

（3）发明人或者设计人的姓名。

（4）申请人委托专利代理机构的，受托机构的名称、机构代码以及该机构指定的专利代理人的姓名、执业证号码、联系电话。

（5）要求优先权的，申请人第一次提出专利申请（以下简称“在先申请”）的申请日、申请号以及原受理机构的名称。

（6）申请人或者专利代理机构的签字或者盖章。

（7）申请文件清单。

（8）附加文件清单。

（9）其他需要写明的有关事项。

GL－A－Ⅰ4.1.1 发明名称

请求书中的发明名称和说明书中的发明名称应当一致。发明名称应当简短、准确地表明发明专利申请要求保护的主题和类型。

发明名称一般不得超过25个字，特殊情况下，例如，化学领域的某些发明，可以允许最多到40个字。

GL－B－Ⅱ2.2.1 名称

（3）清楚、简要、全面地反映要求保护的发明或者实用新型的主题和类型（产品或者方法），以利于专利申请的分类。

GL－A－Ⅲ4.1.1 使用外观设计的产品名称

产品名称一般应当符合国际外观设计分类表中小类列举的名称。产品名称一般不得超过20个字。

GL－E－Ⅰ1 引言

向专利局提交的§26规定的请求书、说明书、权利要求书、说明书附图和摘要或者§27规定的请求书、图片或者照片、简要说明等文件，称为专利申请文件。

在提出专利申请的同时或者提出专利申请之后，申请人（或专利权人）、其他相关当事人在办理与该专利申请（或专利）有关的各种手续时，提交的除专利申请文件以外的各种请求、申报、意见陈述、补正以及各种证明、证据材料，称为其他文件。

GL－E－Ⅰ8 签字或者盖章

向SIPO提交的专利申请文件或者其他文件，应当按照规定签字或盖章。其中未委托专利代理机构的申请，应当由申请人（或专利权人）、其他利害关系人或者其代表人签字或盖章，办理直接涉及共有权利的手续，应当由全体权利人签字或盖章；委托了专利代理机构的，应当由专利代理机构盖章，必要时还应当由申请人（或专利权人）、其他利害关系人或其代表人签字或者盖章。

GL－E－Ⅰ7 文件份数

申请人提交的专利申请文件应当一式两份，原本和副本各一份，并应当注明其中的原本。申请人未注明原本的，专利局指定一份作为原本。两份文件的内容不同时，以原本为准。

除专利法实施细则和GL另有规定以及申请文件的替换页外，向专利局提交的其他文件（如专利代理委托书、实质审查请求书、著录项目变更申报书、转让合同等）为一份。文件需要转送其他有关方的，专利局可以根据需要在通知书中规定文件的份数。

〈如果提交的专利申请文件只有一份，SIPO也受理，并将之作为正本。在初步审查程序中要求申请人补交一份同样的申请文件。〉

R15 申请文件；代理机构的委托

以书面形式申请专利的，应当向国务院专利行政部门提交申请文件一式两份。

以国务院专利行政部门规定的其他形式申请专利的，应当符合规定的要求。

申请人委托专利代理机构向国务院专利行政部门申请专利和办理其他专利事务的，应当同时提交委托书，写明委托权限。

申请人有两人以上且未委托专利代理机构的，除请求书中另有声明的外，以请求书中指明的第一申请人为代表人。

GL－A－I 4.1.4 联系人

申请人是单位且未委托专利代理机构的，应当填写联系人，联系人是接收专利局所发信函的收件人。联系人应当是本单位的工作人员，必要时审查员可以要求申请人出具证明。申请人为个人且需由他人代收专利局所发信函的，也可以填写联系人。联系人只能填写一人。

申请人是单位且委托专利代理机构的，可以不指定联系人；专利代理机构被视为未委托、解除委托或者辞去委托，且未指定联系人的，审查员应当发出补正通知书，要求申请人添加联系人信息，申请人可以补正方式答复。

GL－A－I 4.1.5 代表人

申请人有两人以上且未委托专利代理机构的，以第一署名申请人为代表人。请求书中另有声明的，所声明的代表人应当是申请人之一。除直接涉及共有权利的手续外，代表人可以代表全体申请人办理在专利局的其他手续。直接涉及共有权利的手续包括：提出专利申请，委托专利代理，转让专利申请权、优先权或者专利权，撤回专利申请，撤回优先权要求，放弃专利权等。直接涉及共有权利的手续应当由全体权利人签字或者盖章。

未委托专利代理机构的，指定的代表人不得为非中国内地地址的申请人，否则视第一署名申请人为代表人。

◎代表人与联系人的关系：

代表人是指代表全体申请人在专利局办理手续的人。必须是申请人之一，可能是自然人，也可能是单位。

联系人是指代表全体申请人接收专利局信函的人。不必是申请人之一，但必须是自然人。而申请人是单位的，其代表人有可能不是自然人。

《关于专利电子申请的规定》

第3条：申请人有两人以上且未委托专利代理机构的，以提交电子申请的申请人为代表人。

R39 不予受理的专利申请

专利申请文件有下列情形之一的，国务院专利行政部门不予受理，并通知申请人：

（一）发明或者实用新型专利申请缺少请求书、说明书（实用新型无附图）或者权利要求书的，或者外观设计专利申请缺少请求书、图片或者照片、简要说明的；

（二）未使用中文的；

（三）不符合本细则第一百二十一条第一款规定的；

（四）请求书中缺少申请人姓名或者名称，或者缺少地址的；

（五）明显不符合专利法第十八条或者第十九条第一款的规定的；

（六）专利申请类别（发明、实用新型或者外观设计）不明确或者难以确定的。

●专利申请的受理与不受理

GL－E－Ⅲ 2.1 受理条件

专利申请符合下列条件的，专利局应当受理：

（1）申请文件中有请求书。该请求书中申请专利的类别明确；写明了申请人姓名或者名称及其地址。

（2）发明专利申请文件中有说明书和权利要求书；实用新型专利申请文件中有说明书、说明书附图和权利要求书；外观设计专利申请文件中有图片或者照片和简要说明。

（3）申请文件是使用中文打字或者印刷的。全部申请文件的字迹和线条清晰可辨，没有涂改，能够分辨其内容。发明或者实用新型专利申请的说明书附图和外观设计专利申请的图片是用不易擦去的笔迹绘制，并且没有涂改。

（4）申请人是外国人、外国企业或者外国其他组织的，符合§19.1的有关规定，其所属国符合§18的有关规定。

（5）申请人是香港、澳门或者台湾地区的个人、企业或者其他组织的，符合GL－A－I 6.1.1的有关规定。

GL－E－Ⅲ 2.2 不受理的情形

专利申请有下列情形之一的，专利局不予受理：

（1）发明专利申请缺少请求书、说明书或者权利要求书的；实用新型专利申请缺少请求书、说明书、说明书附图或者权利要求书的。外观设计专利申请缺少请求书、图片或照片或者简要说明的。

（2）未使用中文的。

（3）不符合本章2.1（3）中规定的受理条件的。

（4）请求书中缺少申请人姓名或名称，或者缺少地址的。

（5）外国申请人因国籍或居所原因，明显不具有提出专利申请的资格的。

（6）在中国内地没有经常居所或营业所的外国人、外国企业或者外国其他组织作为第一署名申请人，没有委托专利代理机构的。

（7）在中国内地没有经常居所或者营业所的香港、澳门或者台湾地区的个人、企业或者其他组织作为第一署名申请人，没有委托专利代理机构的。

（8）直接从外国向专利局邮寄的。

（9）直接从港、澳或台地区向专利局邮寄的。

〈旅居外国的华侨也不可以直接通过邮寄申请，但可以通过符合规定的电子文件形式申请专利。〉

（10）专利申请类别（发明、实用新型或者外观设计）不明确或者难以确定的。

（11）分案申请改变申请类别的。

GL－E－Ⅲ 2.3.3 不受理程序

专利申请不符合受理条件的，不受理程序如下。

（1）确定收到日：根据文件收到日期，在文件上注明受理部门收到日，以记载受理部门收到该申请文件的日期。

(2) 采集数据并发出文件不受理通知书：采集数据，作出文件不受理通知书，送交当事人。文件不受理通知书至少应当记载当事人姓名或者名称、详细地址、不受理原因及不受理文档编号，加盖专利局受理处或者代办处印章，并有审查员署名及发文日期。

(3) 不符合受理条件的申请文件存档备查，原则上不退回当事人。

在专利局受理处或者代办处窗口直接递交的专利申请，不符合受理条件的，应当直接向当事人说明原因，不予接收。

◎不受理的法律救济：

(1) 申请人可以重新提出专利申请；

(2) 申请人可以依法寻求法律救济，如权力恢复、行政复议、行政诉讼。

R17 说明书

发明或者实用新型专利申请的说明书应当写明发明或者实用新型的名称，该名称应当与请求书中的名称一致。说明书应当包括下列内容：

(一) 技术领域：写明要求保护的技术方案所属的技术领域；

(二) 背景技术：写明对发明或者实用新型的理解、检索、审查有用的背景技术；有可能的，并引证反映这些背景技术的文件；

(三) 发明内容：写明发明或者实用新型所要解决的技术问题以及解决其技术问题采用的技术方案，并对照现有技术写明发明或者实用新型的有益效果；

(四) 附图说明：说明书有附图的，对各幅附图作简略说明；

(五) 具体实施方式：详细写明申请人认为实现发明或者实用新型的优选方式；必要时，举例说明；有附图的，对照附图。

发明或者实用新型专利申请人应当按照前款规定的方和顺序撰写说明书，并在说明书每一部分前面写明标题，除非其发明或者实用新型的性质用其他方式或者顺序撰写能节约说明书的篇幅并使他人能够准确理解其发明或者实用新型。

发明或者实用新型说明书应当用词规范、语句清楚，并不得使用“如权利要求……所述的……”一类的引用语，也不得使用商业性宣传用语。

发明专利申请包含一个或者多个核苷酸或者氨基酸序列的，说明书应当包括符合国务院专利行政部门规定的序列表。申请人应当将该序列表作为说明书的一个单独部分提交，并按照国务院专利行政部门的规定提交该序列表的计算机可读形式的副本。

实用新型专利申请说明书应当有表示要求保护的产品的形状、构造或者其结合的附图。

一般来说，要求保护的产品与现有技术共有的技术特征，属于本领域技术人员能够从现有技术中直接、唯一地得出的内容，不属于§26.3规定的必不可少的技术内容，可以在说明书中不作详细描述，但对于发明区别于现有技术的技术特征则要充分公开。

GL－A－I 4.2 说明书

说明书文字部分可以有化学式、数学式或者表格，但不得有插图。

●实用新型的名称（R17.1）

实用新型名称应当简短、准确地表明实用新型专利申请要求保护的主题和类型。

◎主题：

实用新型专利仅保护产品，不保护方法和用途，因此实用新型名称中不得出现方法和用途的主题。应当注意，在实用新型名称中使用公知方法限定产品结构通常是允许的。

◎非技术词语：

实用新型名称中不得含有非技术词语，包括人名、单位名称、商标、型号、代号等，但针对现有型号产品的改进而提交的申请，其现有产品的型号允许写入实用新型名称。

实用新型名称中不得出现明显夸张或宣传性用语。

◎字数和标点符号：

实用新型名称不得超过40个字，名称中的字母、数字和标点符号均计算在字数内，每个字母、数字或标点符号算半个字。

实用新型名称中不允许含有句号。另外，顿号、逗号、括号、引号、书名号、斜杠、反斜杠、破折号和省略号等标点符号在使语意不明确的情况下也是不允许的。

GL－B－II 2.1.3 能够实现

对于已知化合物的新用途发明，通常情况下，需要在说明书中给出实验证据来证实其所述的用途以及效果，否则将无法达到能够实现的要求。

〈技术手段不能解决所要解决的技术问题，或者说明书中对技术手段描述错误的，可能导致该申请明显不符合§26.3的规定。〉

A5PC

说明书应对发明作出清楚和完整的说明，足以使本技术领域的技术人员能实施该项发明。

复审请求第3863号：不得只断言发明具有有益的效果

一份完整的说明书应当包含确定发明或者实用新型具有新颖性、创造性和实用性所需的内容以及再现发明或者实用新型所需的内容。前者包括发明或者实用新型所要解决的技术问题，解决其技术问题采用的技术方案和发明或者实用新型的有益效果；后者包括为解决发明或者实用新型的技术问题而采用的技术方案的具体实施方式，必要时，举例说明。

如果说明书中给出了具体的技术方案，但未提供实验证据，而该方案又必须依赖实验结果加以证实才能成立，那么该技术方案将被认为无法实现。不得只断言发明或者实用新型具有有益的效果。

复审请求第4679号： 有益技术效果的说明

对于有益技术效果的说明，既可以通过对发明技术方案的理论分析加以阐明，也可以通过列出实验数据的方式予以说明，但不得只断言发明具有某种有益技术效果。

GL－B－II 2.2.2 技术领域

发明或者实用新型的技术领域应当是要求保护的发明或者实用新型技术方案所属或者直接应用的具体技术领域，而不是上位的或者相邻的技术领域，也不是发明或者实用新型本身。该具体的技术领域往往与发明或者实用新型在国际专利分类表中可能分入的最低位置有关。

GL－B－II 2.2.3 背景技术

发明或者实用新型说明书的背景技术部分应当写明对发明或者实用新型的理解、检索、审查有用的背景技术，并且尽可能引证反映这些背景技术的文件。尤其要引证包含发明或者实用新型权利要求书中的独立权利要求前序部分技术特征的现有技术文件，即引证与发明或者实用新型专利申请最接近的现有技术文件。说明书中引证的文件可以是专利文件，也可以是非专利文件，例如期刊、杂志、手册和书籍等。引证专利文件的，至少要写明专利文件的国别、公开号，最好包括公开日期；引证非专利文件的，要写明这些文件的标题和详细出处。

〈如果在背景技术中引证了确切的现有技术文件，那么对立权利要求就应该分成前序和特征部分。〉

此外，在说明书背景技术部分中，还要客观地指出背景技术中存在的问题和缺点，但是，仅限于涉及由发明或者实用新型的技术方案所解决的问题和缺点。在可能的情况下，说明存在这种问题和缺点的原因以及解决这些问题时曾经遇到的困难。

引证文件还应当满足以下要求：

（1）引证文件应当是公开出版物，包括电子出版物等形式。

（2）所引证的非专利文件和外国专利文件的公开日应当在本申请的申请日之前（即不含当日）；所引证的中国专利文件的公开日不能晚于本申请的公开日（含当日）。

（3）引证外国专利或非专利文件的，应当以所引证文件公布或发表时的原文所使用的文字写明引证文件的出处以及相关信息，必要时给出中文译文。

如果引证文件满足上述要求，则认为本申请说明书中记载了所引证文件中的内容。

〈除了引证的是中国专利文件以外，某专利（申请）的背景技术部分所引证的其他文件内容都构成现有技术；由于所引证的中国专利文件只需满足公开日在此专利（申请）的公开日之前，因此如果引证的中国专利文件的公开日在此专利（申请）的公开日之后，则不能用于评价创造性，是否构成抵触申请，还需根据申请日是否在本专利申请日之前来确定。〉

◎视为未引证的情形：

（1）如果说明书中没有对所引证文件给出明确的指引以致不能获得该文件，或者虽有引证文件，但其中实际记载的内容与发明不相关或者与引证的内容不相符的，应当视为说明书没有引证该文件。

（2）如果引证文件是非专利文件或外国专利文件，并且该文件的公开日在申请的申请日（含申请日）之后，则视为说明书没有引证该文件。即便所引证的外国专利文件有中国同族专利文件，且该中国同族专利文件的公开日不晚于本申请的公开日，也视为说明书中没有引证该外国专利文件，因为其中国同族专利文件的申请号或者公开号并未在原始说明书中被提及。此外，申请人用中国同族专利文件替换外国专利文件作为引证文件的修改方式不能被接受。

（3）如果引证文件是中国专利文件，并且该文件的公开日晚于申请的公开日或者没有公开，则视为说明书没有引证该文件。

R17.1（2）并未规定背景技术应记载的必须是申请日以前公开的现有技术。故在背景技术没有给出引证文件的情况下，不一定能确认背景技术部分记载的技术方案已经进入能够为公众获得的状态，也不能仅仅因为专利权人将该技术记载在说明书背景技术部分即认定该技术为现有技术。

说明书中在描述背景技术和面临解决的技术问题时，要注意产品责任（Productliability）的问题，尽量减少指出不必要的背景技术的缺点，特别是安全问题，除非确信通过使用这项发明能够完全克服这个缺点。否则可能存在很大的产品责任风险（尤其是在美国）。

《侵权责任法》

A47：惩罚性赔偿责任。明知产品存在缺陷仍然生产、销售，造成他人死亡或者健康严重损害的，被侵权人有权请求相应的惩罚性赔偿。

GL－B－Ⅱ 2.2.6 具体实施方式

对于那些就满足§26.3的要求而言必不可少的内容，不能采用引证其他文件的方式撰写，而应当将其具体内容写入说明书。

〈如果引证文件是§26.3指的必不可少的内容，但是未写入说明书中，那么就不能认为引证文件属于申请说明书的内容，而且可能公开不充分。〉

GL－B－Ⅱ 2.2.4 发明或者实用新型内容

（1）要解决的技术问题

发明或者实用新型所要解决的技术问题，是指发明或者实用新型要解决的现有技术中存在的技术问题。

当一件申请包含多项发明或者实用新型时，说明书中列出的多个要解决的技术问题应当都与一个总的发明构思相关。

（2）技术方案

R17.1（3）所说的写明发明或实用新型解决其技术问题所采用的技术方案是指清楚、完整地描述发明或者实用新型解决其技术问题所采取的技术方案的技术特征。技术方案至少应反映包含全部必要技术特征的独立权利要求的技术方案，还可以给出包含其他附加技术特征的进一步改进的技术方案。

说明书中记载的这些技术方案应当与权利要求所限定的相应技术方案的表述相一致。

〈仅适用于说明书与权利要求记载的技术方案文字表述不一致而实质含义一致的情形，此时适用R17.1。对于权利要求的技术方案在说明书中没有记载或与说明书中记载的内容含义不一致的情形，适用

§26.4。〉

说明书的“发明内容”部分应当写明每项独立权利要求的技术方案，而不必写明每项附属权利要求的技术方案。

◎参数应当满足的要求：

所属技术领域的技术人员根据说明书中的记载和现有技术应该能清楚地确定表征产品的参数特征。

（1）参数名称和/或技术含义

参数应当具有明确的名称和/或技术含义，凡是所属技术领域的技术人员根据现有技术不能理解的参数名称和/或技术含义，说明书中均应当进行记载和说明。

（2）参数的测量方法

参数的测量方法对于说明书充分公开请求保护的发明是必要的。

若参数的测量方法为标准测量方法或者所属技术领域通用的测量方法，则说明书中通常可以不记载其测量方法。

若参数测量方法不是标准或通用测量方法，则说明书中应当记载其测量方法，必要时还应当记载参数的测量条件和/或装置，以使所属技术领域的技术人员能够理解并准确地测定该参数值。

当说明书中记载了参数测量方法的标准代码时，实际上就已经隐含公开了参数的含义及其测量方法和测量条件。

◎参数特征表征的产品的制备：

对于参数特征表征的产品发明，说明书中应当记载至少一种制备方法，并说明实施所述方法所用的原料物质、工艺步骤、条件和专用设备等，以使所属技术领域的技术人员能够实施并获得所述产品。

R19 权利要求书

权利要求书应当记载发明或者实用新型的技术特征。

权利要求书有几项权利要求的，应当用阿拉伯数字顺序编号。

权利要求书中使用的科技术语应当与说明书中使用的科技术语一致，可以有化学式或者数学式，但是不得有插图。除绝对必要的外，不得使用“如说明书……部分所述”或者“如图……所示”的用语。〈一般不允许使用表格。〉

权利要求中的技术特征可以引用说明书附图中相应的标记，该标记应当放在相应的技术特征后并置于括号内，便于理解权利要求。附图标记不得解释为对权利要求的限制。

A6PCT

权利要求应确定要求保护的内容。权利要求应清楚和简明，并应以说明书作为充分依据。

京高院《专利侵权判定指南》

第5条：技术特征是指在权利要求所限定的技术方案中，能够相对独立地执行一定的技术功能，并能产生相对独立的技术效果的最小技术单元或者单元组合。

第26条：当权利要求中引用了附图标记时，不应以附图中附图标记所反映出的具体结构来限定权利要求中的技术特征。

GL－A－I 7.8 根据R19的审查

权利要求书中不得使用与技术方案的内容无关的词句，也不得使用贬低他人或者他人产品的词句。

GL－A－II 7.4 权利要求书

（7）权利要求中不得包含不产生技术效果的特征。

（8）说明书文字部分可以有化学式、数学式或者表格，但不得有插图，包括流程图、方框图、曲线图、相图等，它们只可以作为说明书的附图。

〈权利要求中一般也不得有表格、图表，除非使用表格更清楚、简要。权利要求中结尾使用表格的，表格结尾不需要使用句号。〉

（11）权利要求中不得使用与技术方案的内容无关的词句，也不得使用商业性宣传用语及贬低他人或者他人产品的词句。

〈但是当这种表达方式不可避免，或商标、商品名等类似表达方式在所属技术领域具有确切含义并且表示唯一的产品或结构的情况下，是允许的。〉

一般不允许在权利要求中使用商标或商品名称，除非所用商标或商品名称在申请日前已具有已知的确切含义。

实用新型专利申请的权利要求所保护的应为产品形状、构造的技术方案，权利要求中不得包含对于方法和材料本身的改进。但是允许采用已知方法的名称限定产品实用新型权利要求中的方法特征应当是一种已知的方法，且这种已知方法是对产品的形状构造的限定，而不是对于方法本身的限定。

GL－B－II 3.1.1 权利要求的类型

当产品权利要求中的一个或多个技术特征无法用结构特征并且不能用参数特征予以清楚地表征时，可以借助于方法特征表征。但是，方法特征表征的产品权利要求的保护主题依然是“产品”，其实际的限定作用取决于对所要求保护的产品本身带来何种影响。方法特征表征的产品权利要求的保护主题仍然是产品，其实际的限定作用取决于对所要求的产品本身带来何种影响。

如果“用于……”的限定对所要求保护的产品或设备本身没有带来影响，只是对产品或设备的用途或使用方式的描述，则其对产品或设备是否具有新颖性、创造性的判断不起作用。

GL－B－II 3.2.1 以说明书为依据

通常，产品权利要求应当尽量避免使用功能或者效果特征来限定发明。只有在某一技术特征无法用结构特征来限定，或者技术特征用结构特征限定不如用功能或效果特征来限定更为恰当，而且该功能或者效果能通过说明书中规定的实验或者操作或者所属技术领域的惯用手段直接和肯定地验证的情况下，使用功能或者效果特征来限定发明才可能是允许的。对于权利要求中所包含的功能性限定的技术特征，应当理解为覆盖了所有能够实现所述功能的实施方式。

如果权利要求中限定的功能是以说明书实施例中记载的特定方式完成的，并且所属技术领域的技术人员不能明了此功能还可以采用说明书中未提到的其他替代方式来完成，或者所属技术领域的技术人员有理由怀疑该功能性限定所包含的一种或几种方式不能解决发明或者实用新型所要解决的技术问题，并达到相同的技术效果，则权利要求中不得采用覆盖了上述其他替代方式或者不能解决发明或实用新型技术问题的方式的功能性限定。

如果说明书中仅以含糊的方式描述了其他替代方式也可能适用，但对所属技术领域的技术人员来说，并不清楚这些替代方式是什么或者怎样应用这些替代方式，则权利要求中的功能性限定也是不允许的。另外，纯功能性的权利要求得不到说明书的支持，因而也是不允许的。

〈“纯功能性的权利要求”就是仅仅声称了发明要达到的目的或产生的效果，却完全没有记载要达到这个目的或这种效果需采用的技术方案的权利要求。〉

无效宣告请求第3531号：说明书的解释不能替换权利要求的技术特征

说明书往往包含实施例，实施例是专利权人所认为的实施其发明的最佳实施方式。说明书的实施例所记载的技术方案是具体的，一个实施例是实现发明技术方案的一个具体方式，其作用在于帮助技术人员理解和再现发明的技术方案。而权利要求书所表现的是一个在说明书公开的实施例基础上概括而成的技术方案，其用词可能比说明书中的用词抽象、概念上位，保护范围也相应地使一个包含了多个实施例的集合。除非说明书中有特别的说明，说明书对权利要求书的解释作用不能认为是用说明书的具体实施例内容替换权利要求书中相应的技术特征。

GL-B-II 3.2.2 清楚

当产品权利要求中的一个或多个技术特征无法用结构特征予以清楚地表征时，允许借助物理或化学参数表征；当无法用结构特征并且也不能用参数特征予以清楚地表征时，允许借助于方法特征表征。使用参数表征时，所使用的参数必须是所属技术领域的技术人员根据说明书的教导或通过所属技术领域的惯用手段可以清楚而可靠地加以确定的。

权利要求中不得出现“例如”、“最好是”、“尤其是”、“必要时”等类似用语。因为这类用语会在一项权利要求中限定出不同的保护范围，导致保护范围不清楚。当权利要求中出现某一上位概念后面跟一个由上述用语引出的下位概念时，应当要求申请人修改权利要求，允许其在该权利要求中保留其中之一，或将两者分别在两项权利要求中予以限定。

〈用语与其后的技术特征在一项权利要求中限定出两个或两个以上不同的保护范围时，一般会导致该

权利要求不清楚；否则不会由此导致权利要求不清楚。〉

权利要求中一般不得使用"约"、"接近"、"等"、"或类似物"等类似的用语，因为这类用语通常会使权利要求的范围不清楚。应针对具体情况判断使用该用语是否会导致权利要求不清楚，如果不会，则允许。

〈如果这类词语表示在某一容许偏差内可以得到某一效果或某一结果，并且所属技术领域的技术人员知道如何确定该容许偏差，应当允许。〉

除附图标记或者化学式及数学式中使用的括号之外，权利要求中应尽量避免使用括号，以免造成权利要求不清楚。然而，具有通常可接受含义的括号是允许的。

〈除了通常可接受含义的括号（如计量单位），对于权利要求中的其他情形的非附图标记的括号，可以通过判断括号内外的技术特征是否会导致该权利要求的保护范围不同来确定是否允许。如果括号内外的内容导致该权利要求的保护范围不同，则该括号是不允许的；反之，应当允许。〉

GL－B－Ⅱ3.3 权利要求的撰写规定

权利要求中通常不允许使用表格，除非使用表格能够更清楚地说明发明或者实用新型要求保护的主题。

通常，开放式的权利要求宜采用"包含"、"包括"、"主要由……组成"的表达方式，其解释为还可以含有该权利要求中没有述及的结构组成部分或方法步骤。封闭式的权利要求宜采用"由……组成"的表达方式，其一般解释为不含有该权利要求所述以外的结构组成部分或方法步骤。

通常，"大于"、"小于"、"超过"等理解为不包括本数；"以上"、"以下"、"以内"等理解为包括本数。

◎用"具有"或"含有"表述方式来限定生物序列的情形：

用"具有"或"含有"来限定生物序列时，属于开放式的限定。

当用"具有"或"含有"方式限定多肽或者基因的序列（氨基酸或核苷酸序列）时，意味着在所述序列的两端还可以添加任意数量和任意种类的氨基酸或核苷酸残基。

最高人民法院（2012）行提字第20号：开放式权利要求的区别技术特征

"含有"、"包括"本身具有并未排除未指出的内容的含义，因而是开放式权利要求的重要标志。如果对比文件的某个技术特征在该开放式权利要求未明确提及，一般不将该缺少的技术特征作为开放式权利要求相对于对比文件的区别技术特征。

非中文表述：对于权利要求中出现的非中文表述，需要所属领域的技术人员来判断该非中文表述是否含有确切含义。若为本技术领域内的通用技术用语并且含义明确，或者说明书中对于该非中文表述作出了翻译、解释或说明，则不会导致权利要求不清楚，否则将是不允许的。

顿号和逗号：权利要求中经常使用顿号或者逗号表示并列选择的各要素之间的关系。如果没有明确表示各要素是"和"还是"或"的关系，就需要从所属技术领域有技术意义的角度来判断。假如能确定各要素间的关系，即"和"或者"或"或者两者兼有，那么这些并列选择要素之间的关系是清楚的，权利要求的保护范围也是清楚的。

符号“/”：GL 中对“/”是否会导致权利要求不清楚没有明确规定。因为“/”在特定领域中通常具有特定的含义，如果所属技术人员能够确定“/”所表达的含义，就不会造成权利要求不清楚，那么是允许的。

R20 独立权利要求和从属权利要求

权利要求书应当有独立权利要求，也可以有从属权利要求。

独立权利要求应当从整体上反映发明或者实用新型的技术方案，记载解决技术问题的必要技术特征。

从属权利要求应当用附加的技术特征，对引用的权利要求作进一步限定。

◎A26.4 和 R20.2 的区别：

（1）A26.4 是“有没有”的问题，R20.2 是“能不能”的问题，即判断所概括的技术方案能不能解决发明所要求解决的技术问题。

◎ §26.4 与 R20.2 的适用：

§26.4 款适用于独立权利要求和从属权利要求，而 R20. 2 仅适用于独立权利要求。

对于独立权利要求，权利要求中缺少解决发明所要解决的技术问题的必要技术特征，适用 R20.2；权利要求不缺少必要技术特征，但技术特征概括得不合理，以致所属技术领域的技术人员有理由怀疑该范围中存在不能解决发明所要解决的技术问题，并且不能达到相同的技术效果的部分，则适用 §26.4。

对于从属权利要求，权利要求中缺少解决该发明进一步要解决的技术问题并达到进一步的技术效果的技术特征，或者权利要求中的技术特征概括得不合理，应当适用 §26.4。

GL－B－II 3.1.2 独立权利要求和从属权利要求

独立权利要求自身应当构成一个完整的技术方案，包括解决其技术问题的全部必要技术特征。

必要技术特征是指，发明或者实用新型为解决其技术问题所不可缺少的技术特征，其总和足以构成发明或者实用新型的技术方案，使之区别于背景技术中所述的其他技术方案。

判断某一技术特征是否为必要技术特征，应当从所要解决的技术问题出发并考虑说明书描述的整体内容，不应简单地将实施例中的技术特征直接认定为必要技术特征。

〈在实际撰写时，主要根据发明或实用新型所要解决的技术问题来确定哪些技术特征是必要技术特征，即具体分析在独立权利要求中不写入某技术特征后，是否导致技术方案不能解决发明或实用新型所要解决的问题。〉

如果一项权利要求包含了另一项同类型权利要求中的所有技术特征，且对该另一项权利要求的技术方案作了进一步的限定，则该权利要求为从属权利要求。由于从属权利要求用附加的技术特征对所引用的权利要求作了进一步的限定，所以其保护范围落在其所引用的权利要求的保护范围之内。

当有两项或者两项以上独立权利要求时，写在最前面的独立权利要求被称为第一独立权利要求，其他独立权利要求称为并列独立权利要求。

京（2011）高行终字第1722号：是否缺少必要技术特征

判断独立权利要求是否缺少必要技术特征，应当综合考虑专利技术方案、专利技术所要解决的技术问题及其所能取得的技术效果。

R21 独立权利要求的形式

发明或者实用新型的独立权利要求应当包括前序部分和特征部分，按照下列规定撰写。

（一）前序部分：写明要求保护的发明或者实用新型技术方案的主题名称和发明或者实用新型主题与最接近的现有技术共有的必要技术特征。

（二）特征部分：使用“其特征是……”或者类似的用语，写明发明或者实用新型区别于最接近的现有技术的技术特征。这些特征和前序部分写明的特征合在一起，限定发明或者实用新型要求保护的范围。

发明或者实用新型的性质不适于用前款方式表达的，独立权利要求可以用其他方式撰写。

一项发明或者实用新型应当只有一个独立权利要求，并写在同一发明或者实用新型的从属权利要求之前。

独立权利要求的主题应当与请求书中实用新型名称的主题一致，但不需要一字不差。

在一个独立权利要求中，“其特征是……”或类似用语应当只有一个，而不应当出现多个。

权利要求不应出现多个并列的且明显不同的技术方案。

权利要求也可以不采用两部分的撰写格式，比如：

（1）如果是方法权利要求，比较难以分清楚与现有技术的明确界限；

（2）如果在背景技术中没有引用明确的现有技术文件。

R5（vi）PCT：如果从发明的说明或者性质不能明显看出该发明能在工业上利用的方法及其制造和使用方法，应明确指出这种方法；如果该发明只能被使用，则应明确指出该使用的方法。

GL－B－II 3.3.1 独立权利要求的撰写规定

根据R21.2，发明或者实用新型的性质不适于用上述方式撰写的，独立权利要求也可以不分前序部分和特征部分。例如：

（1）开拓性发明；

（2）由几个状态等同的已知技术整体组合而成的发明，其发明实质在组合本身；

（3）已知方法的改进发明，其改进之处在于省去某种物质或者材料，或者是用一种物质或材料代替另一种物质或材料，或者是省去某个步骤；

（4）已知发明的改进在于系统中部件的更换或者其相互关系上的变化。

◎中药制药用途权利要求：

在中药领域，单味药物的制药用途权利要求通常撰写为“……中药材在制备治疗……疾病的药物中的应用”。其包括两个技术方案：该中药材作为唯一的原料药在制备治疗某疾病的药物中的应用，以及包含该中药材的复方在制备治疗某疾病的药物中的应用。

◎以机理表征的制药用途权利要求：

用机理表征的制药用途权利要求中，请求保护的治疗用途或者药物活性是用致病机理、作用机理或药理活性等体现的。常见的撰写形式包括：

“化合物 A 在制备治疗与 NK_ 1 受体拮抗剂有关疾病的药物中的用途”；

“药物 E 在制备治疗或预防环加氧酶_ 2 抑制剂介导的疾病的药物中的应用”；

“组合物 C 用于制备通过拮抗 G 离子通道能够改善的疾病的药物中的用途”；

“化合物 A 在制备蛋白酶 B 抑制剂中的用途”；

“物质 A 在制备 5_ HT2 受体拮抗活性药物中的应用”。

用机理表征的制药用途权利要求中，机理与疾病之间应当具有对应关系已知的机理或药理活性一般与一些疾病的治疗具有对应关系。在此情况下，说明书中只要有效果试验证明该药物通过该机理发挥作用，就满足了充分公开的要求。

与现有技术机理不同但所治疗疾病相同的制药用途发明不具备新颖性治病机理仅仅是对所治疗疾病的原因的发现，治病机理不同但所治疗疾病相同的制药用途发明不具备新颖性。

复审请求第 4659 号：区别仅在于物理性能的差别

权利要求所要求保护的技术方案与对比文件所公开的技术内容相比，其区别仅在于一些物理性能的描述（如热收缩应力、热水收缩率），然而却没有反映实现这些性能的技术方案。由于两种产品的结构相同，因而可以认为它们具有相同或相似的性能，仅仅以物理性能的差别作为区别特征不具备突出的实质性特点和显著的进步。

〈*化学产品权利要求并不排除用物理化学参数进行限定，其原则是仅用化学名称或结构式或组成不能清楚表征的结构不明的化学产品允许用物理化学参数进行表征。*〉

用方法限定的产品独立权利要求的撰写方式：

“一种制造方法，其特征在于……”

“用权利要求 1 所述方法制造的产品……”

R22 从属权利要求的形式

发明或者实用新型的从属权利要求应当包括引用部分和限定部分，按照下列规定撰写。

（一）引用部分：写明引用的权利要求的编号及其主题名称。

（二）限定部分：写明发明或者实用新型附加的技术特征。

从属权利要求只能引用在前的权利要求。引用两项以上权利要求的多项从属权利要求，只能以择一方式引用在前的权利要求，并不得作为另一项多项从属权利要求的基础。

R22.2 不是无效宣告的理由（R65.2）。但是，有可能以不符合 §26.4 的规定作为无效宣告理由，即保护范围不清楚。

如果一项权利要求包含了另一项主题名称相同的同类型的权利要求中的所有技术特征，且对该另一项权利要求的技术方案作了进一步限定，则该权利要求为从属权利要求。也就是说，“如权利要求 X 所述的……”的表达方式的含义是指该权利要求包括了它所引用的权利要求的全部技术特征。

从属权利要求应当用附加技术特征对所引用的权利要求作出进一步限定。附加技术特征与所解决的技术问题有关，可以对所引用的技术特征作进一步限定，也可以增加的技术特征。

当从属权利要求的附加技术特征属于进一步限定的情况时，其要进一步限定的特征应当存在于所引用的权利要求中，作为从属权利要求的引用基础。

GL－B－II 3.3.2 从属权利要求的撰写规定

R22.2，即在后的多项从属权利要求不得引用在前的多项从属权利要求。

〈认定此类权利要求是否具有新颖性和创造性时，并不依据其方法特征，而是依据经由方法得到的产品特征。〉

实用新型专利只保护产品，不保护方法。所述的产品应当是经过产业方法制造的，有确定形状、构造且占据一定空间的实体，产品可以是完整独立的产品，也可以是产品的局部或者部分。产品的应用或者用途本身属于方法，不属于实用新型的保护客体。

实用新型的从属权利要求和独立权利要求对保护客体有着同样的标准。当独立权利要求属于实用新型专利保护客体，而从属权利要求不属于实用新型专利保护客体时，也不能授予实用新型专利权。

京（2009）高行终字第 135 号：从属权利要求包含了非产品的形状、构造特征

虽然实用新型专利的从属权利要求的附加技术特征所限定的特征包含非产品的形状、构造特征，但从属权利要求引用了独立权利要求，即包括独立权利要求的所有产品结构特征，因此，从属专利权利要求的技术方案整体上仍然是对产品的形状、构造或者其结合进行限定的技术方案，符合 R22.2 的有关规定。

GL-B-IV 6.4 对要求保护的发明进行审查

发明是否具备创造性是针对要求保护的发明而言的，因此，对发明创造性的评价应当针对权利要求限定的技术方案进行。发明对现有技术作出贡献的技术特征，使发明产生创造性预料不到的技术效果的技术特征，或者体现发明克服技术偏见的技术特征，应当写入权利要求中；否则，即使说明书中有记载，评价发明的创造性时也不予考虑。此外，创造性的判断，应当针对权利要求限定的技术方案整体进行评价，即评价技术方案是否具备创造性，而不是评价某一技术特征是否具备创造性。

GL-D-X 4.4 化学方法权利要求

化学领域中的方法发明，无论是制备物质的方法还是其他方法（如物质的使用方法、加工方法、处理方法等），其权利要求可以用涉及工艺、物质以及设备的方法特征来进行限定。

涉及工艺的方法特征包括工艺步骤（也可以是反应步骤）和工艺条件；涉及物质的方法特征包括该方法中所采用的原料和产品的化学成分、化学结构式、理化特性参数等；涉及设备的方法特征包括该方法所专用的设备类型及其与方法发明相关的特性或者功能等。

GL-B-X 4.5.1 用途权利要求

无论是新产品还是已知产品，用途发明是一种方法发明，其权利要求属于方法类型。

GL-B-X 4.5.2 物质的医药用途权利要求

物质的医药用途如果以“用于治病”、“用于诊断病”、“作为药物的应用”等权利要求申请专利，则属于§25.1（3）“疾病的诊断和治疗方法”，因此不能被授予专利权；但是由于药品及其制备方法均可依法授予专利权，因此物质的医药用途发明以药品权利要求或者例如“在制药中的应用”、“在制备治疗某病的药物中的应用”等属于制药方法类型的用途权利要求申请专利，则不属于§25.1（3）规定的情形。

上述的属于制药方法类型的用途权利要求可撰写成例如“化合物X作为制备治疗Y病药物的应用”或与此类似的形式。

为诊断治疗疾病而使用的药品和其他化学物质，可以获得专利权。

“瑞士型”医药用途权利要求（Swiss-type claim）：

“使用化合物X来制备治疗Y病的药物”。

自2011年1月29日起，欧洲专利局（EPO）已经不再允许瑞士型权利要求的申请，OJ 2010，514。

对于医药用途发明，允许使用“瑞士型”权利要求的形式。此时，权利要求属于制药方法类型的用途权利要求，不属于§25.1（3）禁止的疾病的诊断和治疗方法的范畴。

第一医药用途发明：

一种化合物/组合物是已知的，但之前其从未用于任何疾病的诊断治疗方法。如：“使用化合物/组合物X来制备治疗Y病的药物”。

第二医药用途发明：

一种化合物/组合物已知可以用于治疗疾病Y，现在被发现其可以被用来治疗疾病Z，

“化合物/组合物X在制备治疗疾病Z的药物中的应用（或用途）”，

判断第二医药用途发明是否具备新颖性，应当看发明的技术特征是否对最终所制备的药品的组成或结构带来实质性影响或者是对其制备过程产生限定作用。能够带来实质性影响或限定作用的，可以认定其具备可专利性，认为其不属于§25.1（3）规定的不能授予专利权的情形。

京（2008）高行终字第378号：医药用途发明

医药用途发明本质上是药物的使用方法发明，如何使用药物的特征，使用的剂型和剂量作为“给药特征”应当属于化合物使用方法的技术特征而纳入其权利要求中。药品的制备并非活性成分或原料的制备，应当包括药品出厂前的所有工序，也包括使用剂型和剂量等“给药特征”。

GL-C-II 5.1 IPRP的使用

国际申请的国际初步审查是根据A33（1）PCT对请求保护的发明看起来是否有新颖性、是否有创造性（非显而易见性）和是否有工业实用性提出初步的无约束力的意见。A22（2）~（4）PCT对于新颖性、创造性和工业实用性的判断标准提出了具体要求，A33（2）~（4）PCT所述标准只供国际初步审查使用。

◎权利要求保护范围：

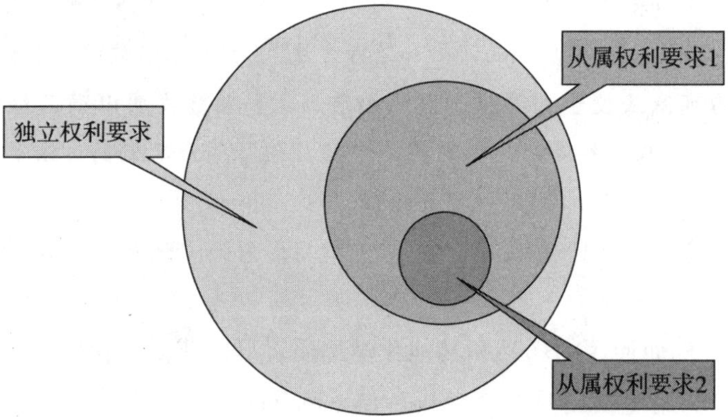

权利要求举例：

A是特定技术特征，B、C、D是互不影响的附加技术特征，E是D的进一步优化。

（1）一种×××，包括×××，其特征是A。

（保护：A）

（2）一种如权利要求1所述的×××，其特征是B。

（保护：A+B）

（3）一种如权利要求1或2所述的×××，其特征是C。

（保护：A+C或A+B+C）

（4）一种如权利要求1或2所述的×××，其特征是D。

（保护：A+D或A+B+D）

（5）一种如权利要求3所述的×××，其特征是D。

（保护：A+C+D或A+B+C+D）

（6）一种如权利要求4所述的×××，其特征是E。

（保护：A+D+E或A+B+D+E）

（7）一种如权利要求5所述的×××，其特征是E。

（保护：A+C+D+E或A+B+C+D+E）

R18 附图

发明或者实用新型的几幅附图应当按照“图1，图2，……”顺序编号排列。

发明或者实用新型说明书文字部分中未提及的附图标记不得在附图中出现，附图中未出现的附图标记不得在说明书文字部分中提及。申请文件中表示同一组成部分的附图标记应当一致。

附图中除必需的词语外，不应当含有其他注释。

GL-B-II 2.3 说明书附图

发明专利申请可以没有附图。

实用新型专利申请的说明书必须有附图（R39〈1〉）。

GL-A-I 4.2 说明书

说明书文字部分写有附图说明但说明书无附图或者缺少相应附图的，应当通知申请人取消说明书文字部分的附图说明，或者在指定的期限内补交相应附图。申请人补交附图的，以向专利局提交或者邮寄补交附图之日为申请日，审查员应当发出重新确定申请日通知书。申请人取消相应附图说明的，保留原申请日。

GL-A-I 4.3 说明书附图

说明书附图应当使用包括计算机在内的制图工具和黑色墨水绘制，不得着色和涂改，不得使用工程蓝图。

几幅附图可以绘制在一张图纸上。

流程图、框图应当作为附图，并应当在其框内给出必要的文字和符号。除特殊情况外，一般不得使用照片作为附图。

GL-B-II 2.2.5 附图说明

在零部件较多的情况下，允许用列表的方式对附图中具体零部件名称列表说明。

◎附图公开的内容：

如果附图中的相关部分在对比文件中没有作出特别说明，那么就应当按照所属技术领域通常的图示含义来理解。

一般可以根据技术词典、技术手册、教科书、国家标准、行业标准等文献记载的相关图示含义，理解附图中相应部分在所属技术领域的通常图示含义。

例如：如果不存在怀疑附图没有采用相同比例绘制的理由，则应当认定一幅附图是采用相同比例绘制的。对于这样的附图，如果所属技术领域的技术人员能够确定附图所示部件之间的相对位置、相对大小等定性关系，则这些定性关系属于能够从附图中直接地、毫无疑义地确定的技术特征，属于附图公开的内容。而仅通过测量附图得出的具体尺寸参数等定量关系特征不属于能够从附图中直接地、毫无疑义地确定的技术特征。

最高人民法院（2012）行提字第25号：对比文件的产品结构图形

对比文件中仅公开产品的结构图形但没有文字描述的，可以结合其结构特点和本领域技术人员的公知常识确定其含义。

最高人民法院（2011）民申字第1318号：不能通过测量附图限定权利要求的保护范围

发明或者实用新型专利权的保护范围以其权利要求书的内容为准，说明书是权利要求书的依据，而权利要求是在说明书的基础上，用构成发明或者实用新型技术方案的技术特征来表明要求专利保护的范围。只有记载在权利要求书中的技术特征才会对该权利要求的保护范围产生限定作用，在说明书中予以描述而没有在权利要求书中予以记载的技术特征，一般不能用来限定权利要求的保护范围。

复审请求第2662号：附图的信息属于说明书公开的信息

本领域普通技术人员通过阅读说明书附图而获得的信息也属于说明书所公开的信息。

R23 摘要

说明书摘要应当写明发明或者实用新型专利申请所公开内容的概要，即写明发明或者实用新型的名称和所属技术领域，并清楚地反映所要解决的技术问题、解决该问题的技术方案的要点以及主要用途。

说明书摘要可以包含最能说明发明的化学式；有附图的专利申请，还应当提供一幅最能说明该发明或者实用新型技术特征的附图。附图的大小及清晰度应当保证在该图缩小到4cm×6cm时，仍能清晰地分辨出图中的各个细节。摘要文字部分不得超过300个字。摘要中不得使用商业性宣传用语。

摘要不应分段撰写。摘要附图只能有一幅。

实用新型专利申请的摘要由文字部分和附图部分组成。

◎摘要附图注意事项：

（1）摘要附图不是说明书附图中的一幅时，如果申请日提交的说明书对该摘要附图进行了说明，申请人可以将该摘要附图作为说明附图重新提交，但要以重新提交说明书附图之日为申请日。变更申请日的处理，审查员应当发出重新确定申请日通知书。申请人取消相应附图说明的，保留原申请日。

（2）摘要附图中可以无原说明书附图中的附图标记。

（3）摘要附图中可以保留原说明书附图的附图编号。

（4）摘要附图有两幅或两幅以上时，应当修改为一幅附图。

GL－B－Ⅱ2.4 说明书摘要

摘要是说明书记载内容的概述，它仅是一种技术信息，不具有法律效力。

摘要的内容不属于发明或者实用新型原始记载的内容，不能作为以后修改说明书或者权利要求书的根据，也不能用来解释专利权的保护范围。

GL－A－Ⅰ4.5.1 摘要文字部分

摘要文字部分（含标点符号）不得超过300个字。摘要超过300字的，可以通知申请人删节或者由审查员删节；审查员删节的，应当通知申请人。〈对于技术方案较复杂的申请，文字部分不得超过350字。〉

GL－A－Ⅰ4.5.2 摘要附图

申请人未提交摘要附图的，提交的摘要附图明显不能说明发明技术方案主要技术特征的，或者提交的摘要附图不是说明书附图之一的，审查员可以通知申请人补正，或者依职权指定一幅，并通知申请人。

摘要中可以包含最能说明发明的化学式，该化学式可被视为摘要附图。

摘要附图应当是从说明书附图中选出的一幅附图，且不得为现有技术的附图。应当注意：

（1）摘要附图不是说明书附图中的一幅时，如果申请日提交的说明书对该摘要附图进行了说明，申请人可以将该摘要附图作为说明附图重新提交，但要以重新提交说明书附图之日为申请日。

（2）摘要附图中可以无原说明书附图中的附图标记。

（3）摘要附图中可以保留原说明书附图的附图编号。

（4）摘要附图有两幅或两幅以上时，应当修改为一幅附图。

◎PCT和专利法关于说明书摘要和发明名称字数的规定：

		PCT	专利法
摘要	字数	尽可能简洁：50～150个英语单词	少于300字
	附图标记	放在括号内	无规定
	附图	可以一幅以上	最多一幅
	表格	可以采用	无规定
发明名称字数		应简短明确，英语或译成英语时，最好是2～7个词	不超过25个字或40个字（某些化学领域）

R24 生物材料样品的保藏

申请专利的发明涉及新的生物材料，该生物材料公众不能得到，并且对该生物材料的说明不足以使所属领域的技术人员实施其发明的，除应当符合专利法和本细则的有关规定外，申请人还应当办理下列手续：

（一）在申请日前或者最迟在申请日（有优先权的，指优先权日），将该生物材料的样品提交国务院专利行政部门认可的保藏单位保藏，并在申请时或者最迟自申请日起4个月内提交保藏单位出具的保藏证明和存活证明；期满未提交证明的，该样品视为未提交保藏；

（二）在申请文件中，提供有关该生物材料特征的资料；

（三）涉及生物材料样品保藏的专利申请应当在请求书和说明书中写明该生物材料的分类命名（注明拉丁文名称）、保藏该生物材料样品的单位名称、地址、保藏日期和保藏编号；申请时未写明的，应当自申请日起4个月内补正；期满未补正的，视为未提交保藏。

保藏日介于申请日与优先权日之间的，申请人可以对是否要求优先权进行选择。

《用于专利程序的微生物保藏办法》国家知识产权局公告（第8号）：

第6条：除按照本办法规定提供有关保藏微生物的情报和样品以外，在保藏期间，保藏中心负有保密的责任，不得向任何第三者提供该微生物的情报和样品。

判断生物材料是否需要保藏的标准：

凡是在发明的技术方案中必须使用，而公众在申请日前又不能得到的生物材料，都需要保藏。

◎常见的需要保藏的生物材料：

（1）从自然界筛选的特定生物材料；

（2）通过人工诱变方法获得的特定生物材料；

（3）具有特殊性状的杂交瘤；

（4）减毒的病毒株。

GL－B－X 9.2.1 生物材料的保藏

（2）R24中所说的“公众不能得到的生物材料”包括：个人或单位拥有的、由非专利程序的保藏机构保藏并对公众不公开发放的生物材料；或者虽然在说明书中描述了制备该生物材料的方法，但是本领域技术人员不能重复该方法而获得所述的生物材料。这样的生物材料均要求按照规定进行保藏。

以下情况被认为是公众可以得到而不要求进行保藏：

（i）公众能从国内外商业渠道买到的生物材料，应当在说明书中注明购买的渠道，必要时，应提供申请日（有优先权的，指优先权日）前公众可以购买得到该生物材料的证据；

（ii）在各国专利局或国际专利组织承认的用于专利程序的保藏机构保藏的，并且在向我国提交的专利申请的申请日（有优先权的，指优先权日）前已在专利公报中公布或已授权的生物材料；

（iii）专利申请中必须使用的生物材料在申请日（有优先权的，指优先权日）前已在非专利文献中公开的，应当在说明书中注明文献的出处，说明公众获得该生物材料的途径，并由专利申请人提供保证从申请日起20年内向公众发放生物材料的证明。

（4）SIPO认可的保藏单位是布达佩斯条约承认的生物材料样品国际保藏单位，其中包括位于北京的中国微生物菌种保藏管理委员会普通微生物中心（CGMCC）和位于武汉的中国典型培养物保藏中心（CCTCC）。

外国申请人将生物材料先进行国内保藏，以后再转至国际保藏单位进行国际保藏的，SIPO只认可《布达佩斯条约》承认的国际保藏单位所作的国际保藏。

◎不需要保藏的生物材料：

（1）一般来说，在可以获得起始生物材料的前提下，通过遗传工程操作，制备重组产品的过程是可以重复的，此时无需对上述重组生物或其他重组产品进行保藏；

（2）如果在权利要求请求保护的技术方案中没有使用特定生物材料，并且是否使用这种特定生物材料不影响发明的效果，则无需对该生物材料进行保藏。

复审请求第15047号：生物材料未保藏是否满足§26.3规定的充分公开的要求

一般来说，必要生物材料未保藏往往会导致说明书未充分公开。虽然本专利申请中必要的生物材料视为未保藏，但申请说明书公开了该生物材料的制备方法。根据说明书中公开的信息，本领域技术人员能够获得该生物材料，不属于R24中的“公众不能得到”的生物材料，也就是说，本申请中未对其进行保藏的事实不会致使所属技术领域的技术人员不能实施本申请的技术方案，因此本申请说明书对该生物材料的公开是充分的，符合§26.3的规定。

〈如果实现技术方案必要的生物材料是本领域技术人员根据说明书的描述能够得到的，则应当认为说明书对该生物材料的公开是充分的，而不必对该生物材料进行保藏。〉

◎生物材料样品保藏事项：

根据R24，对于要求优先权的申请，其办理保藏手续的日期应当在优先权日前或者最迟在优先权日当日，否则将视为未保藏。

对于涉及生物材料保藏的申请，如果使用经保藏的生物材料的技术方案要求了优先权，则按如下方式审查：

（1）如果保藏日为申请日（或之前），但在优先权日之后，则视为未保藏；

（2）如果在优先权日（或之前）未在SIPO认可的保藏单位进行保藏，而在优先权日之后，于申请日（或之前）将其转移到SIPO认可的保藏单位进行保藏，则视为未保藏。

对于上述两种情况，申请人也可以放弃优先权，并提交撤回优先权要求声明。

对于部分优先权的情况，如果使用经保藏的生物材料的技术方案未要求优先权，则申请日（或之前）的保藏日期即为有效保藏日期。

◎保藏证明和存活证明：

（1）期限：自进入日起4个月内主动提交；

（2）进入声明及保藏说明中的保藏事项应当与保藏证明和存活证明中的一致；

（3）附具中文题录或译文，且忠实于原文；

（4）保藏单位：专利局认可的国际保藏单位；

（5）保藏日：最早优先权日之前。

如果有微生物保藏说明，可以在说明书相应的位置详细说明保藏情况，避免使用单独页的形式制作微生物保藏说明，这样可能会减免些申请费用。

◎保藏说明的补充和改正：

（1）遗漏保藏事项的，可根据国际公布文本中包含的保藏证明加以补充；

（2）与保藏证明中的记载不一致的，可根据保藏证明加以改正。

◎重新保藏：

（1）条件：申请人能够提供证据证明造成生物材料样品死亡并非申请人责任；

（2）时间：可以在自申请日起4个月内重新提供；

（3）样品：与原样品相同的新样品；

（4）效力：以原提交保藏日为保藏日；

（5）未保藏的后果：不影响初审合格，但实质审查时，审查员可能会认为申请不符合§26.5的规定。

视为未保藏后的补救措施为权利恢复（R6）。

◎根据R6.2进行权利恢复时，属于生物材料样品未提交保藏或未存活方面的正当理由还包括：

（1）保藏单位未能在自申请日起4个月内作出保藏证明或者存活证明，并出具了证明文件；

（2）提交生物材料样品过程中发生生物材料样品死亡，申请人能够提供证据证明生物材料样品死亡并非申请人的责任。

R25 生物材料样品的使用请求

发明专利申请人依照本细则第二十四条的规定保藏生物材料样品的，在发明专利申请公布后，任何单位或者个人需要将该专利申请所涉及的生物材料作为实验目的使用的，应当向国务院专利行政部门提出请求，并写明下列事项：

（一）请求人的姓名或者名称和地址；

（二）不向其他任何人提供该生物材料的保证；

（三）在授予专利权前，只作为实验目的使用的保证。

R108 涉及生物材料样品保藏的国际申请的特别手续

申请人按照专利合作条约的规定，对生物材料样品的保藏已作出说明的，视为已经满足了本细则第二十四条第（三）项的要求。申请人应当在进入中国国家阶段声明中指明记载生物材料样品保藏事项的文件以及在该文件中的具体记载位置。

申请人在原始提交的国际申请的说明书中已记载生物材料样品保藏事项，但是没有在进入中国国家阶段声明中指明的，应当自进入日起4个月内补正。期满未补正的，该生物材料视为未提交保藏。

申请人自进入日起4个月内向国务院专利行政部门提交生物材料样品保藏证明和存活证明的，视为在本细则第二十四条第（一）项规定的期限内提交。

国际阶段未作出过保藏说明，但在进入声明中指明的，视为未保藏。

R26 遗传资源专利申请

专利法所称遗传资源，是指取自人体、动物、植物或者微生物等含有遗传功能单位并具有实际或者潜在价值的材料；专利法所称依赖遗传资源完成的发明创造，是指利用了遗传资源的遗传功能完成的发明创造。

就依赖遗传资源完成的发明创造申请专利的，申请人应当在请求书中予以说明，并填写国务院专利行政部门制定的表格。

§26.5 中的“遗传资源”是指中国和外国的遗传资源，而§5.2 中所称的“遗传资源”仅指中国的遗传资源。

◎遗传资源来源披露手续（§26.5，R26.2）：

（1）请求书中予以说明；

（2）填写《遗传资源来源披露登记表》，写明该遗传资源的直接来源和原始来源。申请人无法说明原始来源的，应当陈述理由。

《关于施行修改后专利法有关事项的通知》

第3条：申请人就依赖遗传资源完成的发明创造申请专利的，应当填写SIPO制定的《遗传资源来源披露登记表》，说明该遗传资源的直接来源和原始来源，无法说明原始来源的，应当陈述理由。

该表格是申请文件的附加文件，办理专利申请手续时，无论提交与否，都不影响专利申请日或申请号的确定。对于在专利申请时未提交该表格的，可按规定补交。

GL－A－I 5.3 涉及遗传资源的申请

就依赖遗传资源完成的发明创造申请专利，申请人应当在请求书中对于遗传资源的来源予以说明，并填写遗传资源来源披露登记表，写明该遗传资源的直接来源和原始来源。申请人无法说明原始来源的，应当陈述理由。对于不符合规定的，审查员发出补正通知书，通知申请人补正。期满未补正的，审查员应当发出视为撤回通知书。补正后仍不符合规定的，该专利申请应当被驳回。

◎“依赖遗传资源完成的发明创造”包括两种：

（1）发明创造本身的完成依赖于遗传资源，而发明创造一旦完成，实施该发明创造则不再需要利用该遗传资源。

（2）不仅发明创造的完成依赖于遗传资源，而且每一次实施发明创造都需要利用该遗传资源。对于此种发明创造，申请人既要履行 R26.2 的规定，还要将所利用的遗传资源的来源信息写入说明书中，否则就不符合 §26.3。

GL－B－X 9.2.2.1 涉及遗传工程的产品发明

对于涉及基因、载体、重组载体、转化体、多肽或蛋白质、融合细胞、单克隆抗体本身的发明，说明书应当包括下列内容：产品的确认、产品的制备、产品的用途和/或效果。

GL－B－X 9.5.1 术语的解释

遗传资源的直接来源，是指获取遗传资源的直接渠道。申请人说明遗传资源的直接来源，应当提供获取该遗传资源的时间、地点、方式、提供者等信息。

遗传资源的原始来源，是指遗传资源所属的生物体在原生环境中的采集地。遗传资源所属的生物体为自然生长的生物体的，原生环境是指该生物体的自然生长环境；遗传资源所属的生物体为培植或者驯化的生物体的，原生环境是指该生物体形成其特定性状或者特征的环境。申请人说明遗传资源的原始来源，应当提供采集该遗传资源所属的生物体的时间、地点、采集者等信息。

GL－B－X 9.5.2 对披露内容的具体要求

就依赖遗传资源完成的发明创造申请专利，申请人应当在请求书中予以说明，并且在专利局制定的遗传资源来源披露登记表中填写有关遗传资源直接来源和原始来源的具体信息。

R109 涉及遗传资源的国际申请的特别手续

国际申请涉及的发明创造依赖遗传资源完成的，申请人应当在国际申请进入中国国家阶段的书面声明中予以说明，并填写国务院专利行政部门制定的表格。

生物材料样品保藏说明是以 PCT/RO/134 表形式或以其他单独纸页形式提出的，进入国家阶段时应译成中文。

◎译文的内容和形式要求：

R49.5（a-2）PCT：如果序列表部分符合R12.1（d）PCT的规定，而且说明书符合本R5.2（b）PCT的规定，任何指定局不应要求申请人向其提供包含说明书序列表部分任何文字的译文。

◎发明和实用新型申请文件的组成：

<table>
<tr><td rowspan="20">申请文件</td><td colspan="4">组成</td><td>基本要求</td></tr>
<tr><td colspan="4">请求书（R16）</td><td>按统一表格填写内容</td></tr>
<tr><td rowspan="9">说明书（R17）</td><td colspan="3">名称（GL-A-I 4.1.1）</td><td rowspan="9">§26.3；
清楚（GL-B-II 2.1.1）
完整（GL-B-II 2.1.2）
使所属技术领域的技术人员能够实现（GL-B-II 2.1.3）</td></tr>
<tr><td rowspan="7">正文</td><td colspan="2">技术领域（R17.1、GL-B-II 2.2.2）</td></tr>
<tr><td colspan="2">背景技术（R17.1、GL-B-II 2.2.3）</td></tr>
<tr><td rowspan="3">发明内容（R17.1、GL-B-II 2.2.2）</td><td>需要解决的技术问题</td></tr>
<tr><td>技术方案</td></tr>
<tr><td>有益效果</td></tr>
<tr><td colspan="2">附图说明（GL-B-II 2.2.5）</td></tr>
<tr><td colspan="2">具体实施方式</td></tr>
<tr><td colspan="3">附图（R18）</td></tr>
<tr><td rowspan="2">说明书摘要R23</td><td colspan="3">摘要文字（GL-A-I 4.5.1）</td><td>写明说明书公开内容的概要，不得超过300字</td></tr>
<tr><td colspan="3">摘要附图（GL-A-I 4.5.2）</td><td>摘要附图只能有一幅</td></tr>
<tr><td rowspan="6">权利要求书R19</td><td rowspan="4">按撰写形式划分</td><td rowspan="2">独立权利要求（R21、GL-B-II 3.3.1）</td><td>前序部分</td><td rowspan="6">以说明书为依据（GL-B-II 3.2.1）</td></tr>
<tr><td>特征部分</td></tr>
<tr><td rowspan="2">从属权利要求（R22、GL-B-II 3.3.2）</td><td>引用部分</td></tr>
<tr><td>限定部分</td></tr>
<tr><td rowspan="2">按性质划分</td><td colspan="2">产品权利要求</td></tr>
<tr><td colspan="2">方法权利要求</td></tr>
<tr><td colspan="4">其他附件</td><td>按申请的实际情况提交</td></tr>
</table>

§ 27 外观设计专利申请文件

申请外观设计专利的，应当提交请求书、该外观设计的图片或者照片以及对该外观设计的简要说明等文件。

申请人提交的有关图片或者照片应当清楚地显示要求专利保护的产品的外观设计。

《关于施行修改后专利法有关事项的通知》

第 4 条：申请外观设计专利的，应当提交对该外观设计的简要说明，不提交外观设计简要说明的不予受理；外观设计简要说明的撰写，参照 2009 年 10 月版《外观设计简要说明》的注意事项。

GL – E – Ⅲ 2.2 不受理的情形

（1） 外观设计专利申请缺少请求书、图片或照片或者简要说明的。

R27 外观设计的图片、照片

申请人请求保护色彩的，应当提交彩色图片或者照片。

申请人应当就每件外观设计产品所需要保护的内容提交有关图片或者照片。

“有关图片”：

（1） 立体外观设计：一般是指正投影六面视图和立体图（或者照片），六面视图包括主视图、后视图、左视图、右视图、俯视图和仰视图。

（2） 平面外观设计：一般是指两面视图。

GL – A – Ⅲ 4.2 外观设计图片或者照片

立体产品设计要点涉及六个面的，应当提交六面正投影视图；产品设计要点仅涉及一个或几个面的，应当至少提交所涉及面的正投影视图和立体图，并应当在简要说明中写明省略视图的原因。

平面产品设计要点涉及一个面的，可以仅提交该面正投影视图；产品设计要点涉及两个面的，应当提交两面正投影视图。

必要时，申请人还应当提交该外观设计产品的展开图、剖视图、剖面图、放大图以及变化状态图。

（自 2014 年 5 月 1 日起）就包括图形用户界面的产品外观设计而言，应当提交整体产品外观设计视图。图形用户界面为动态图案的，申请人应当至少提交一个状态的上述整体产品外观设计视图，对其余状态可仅提交关键帧的视图，所提交的视图应当能唯一确定动态图案中动画的变化趋势（国家知识产权局令第 68 号）。

此外，申请人可以提交参考图，参考图通常用于表明使用外观设计的产品的用途、使用方法或者使用场所等。

GL－A－Ⅲ 4.2.2 图片的绘制

图片不得以阴影线、指示线、虚线、中心线、尺寸线、点划线等线条表达外观设计的形状。

图片可以使用包括计算机在内的制图工具绘制，但不得使用铅笔、蜡笔、圆珠笔绘制，也不得使用蓝图、草图、油印件。对于使用计算机绘制的外观设计图片，图片分辨率应当满足清晰的要求。

在中国申请外观设计专利，必须对使用了实线与虚线相结合的方式表示的外观设计的图片进行适应性修改，否则SIPO会以不符合§27.2的规定发出补正通知书，期满未补正的，发出视为撤回通知书。补正后仍不符合规定的，驳回该专利申请。

◎必须全部删除的虚线：

（1）表达了要求保护客体以外的其他设计的虚线；

（2）表达界面设计的虚线。

◎必须改为实现的虚线：

（1）实线表示的是产品不可分割的局部；

（2）清楚表达产品结构必要的轮廓线；

（3）删除后改变了原设计的虚线。

◎可以选择删除或改为实线的虚线：

对于包含某些可分离部件的产品，视图中经常会用虚线来表达可分离的或者看不见的部分。如果某个部件被删除后，剩余部分仍然是一个完整的产品，该修改也没有导致增加设计内容，就可以删除虚线。

◎关于§27.2的审查：

外观设计专利视图存在错误，各视图之间不对应或出现矛盾，导致外观设计的保护对象不确定，不符合§27.2的规定。

视图错误仅为明显笔误、局部细小瑕疵或者明显可以通过其他视图予以弥补，并不足以影响产品外观设计保护范围的确定的，应当认定为符合§27.2的规定。

如果其中一个或者多个视图不涉及外观设计的设计方案或者关联很小，也可以省略。省略视图的，应当在简要说明中予以说明。

图片或者照片不得小于3cm×8cm，也不得大于15cm×22cm，而且图形应当清楚。

申请人同时请求保护其外观设计产品的色彩的，应当提交彩色图片或者照片一式两份。

◎参考图：

参考图通常用于理解对比设计的所属领域、使用方法、使用场所或者用途，以便于确定产品类别。

◎使用状态参考图：

使用状态参考图是参考图的一种，参考图并非是确定对比设计的依据，即使用状态参考图不能用来确定外观设计的专利保护范围。

使用状态参考视图主要是用于理解对比设计的所属领域、使用方法、使用场所或者用途，以便于确定产品类别。例如，在请求保护一个连接件的外观设计时，除了连接件自身的六面视图和立体图之外，有时还会向专利局提交示出连接件连接到其他物体上的使用状态参考图，以便于连接件的外观设计分类。

◎使用状态图和使用状态参考图之间的区别：

（1）使用状态图示出的图案可以用来判断外观设计的保护范围，而使用状态参考图则用于确定外观设计所使用产品的外观设计类别，不能用来认定外观设计的保护范围；

（2）专利无效宣告程序中，是以授权外观设计的使用状态图所示内容确定被比设计的，而不能用使用状态参考图来确定授权外观设计的保护内容。

在申请外观设计专利时，如果产品在使用时或者销售时具有不同的状态，在命名使用状态的视图时，千万不能将其称为使用状态参考图，否则就会导致使用状态的视图不能用来限定外观设计保护内容这样的严重后果。

◎立体图与使用状态参考图的异同：

（1）相同点：

①显示产品的立体状态；

②多视角、多图案显示产品立体状态；

③根据产品选择适用。

（2）不同点：

①立体状态变化不同；

②立体状态限制不同；

③功能、用途不同。

对于组装关系唯一的组件产品：以该组件产品的整体外观设计确定保护范围。所以，应当提交组合状态的视图。

对于组装关系不唯一的组件产品：以所有单个构件的外观设计分别确定其保护范围。所以，应当提交必要的单个构件的视图，并将其作为基本视图。如果希望展示其组合时的形态，可以提交其他视图。

对于无组装关系的组件产品：以所有单个构件的外观设计分别确定其保护范围。所以，应当提交必要的单个构件的视图。

对于组件产品，如果申请人希望单个构件也获得独立的权利，可以对该构件提出单独的外观设计申请。

对于难以确定是“组件产品”还是“成套产品”的，可以在视图名称中以“件”的方式进行标注，而不必标注“组件”或者“套件”。为避免后续程序认定结果与申请人先前的确定不一致，申请人可以将希望保护的各个构件分别提交申请，这样完整的组件产品和单个构件都可以获得保护。但要注意：

（1）单独构件必须是外观设计专利保护客体（GL－A－III7.4）；

（2）单独构件的申请日应不晚于组件产品的申请日。

原申请为整体产品外观设计的，不允许将其中的一部分作为分案申请提出。但是，在整体产品外观设计申请中，如果除整体产品的视图外，申请人还提交了其中某零部件的视图，如果该零部件属于保护客体，则可以提出该零部件的分案申请。提出零部件的分案申请后，可以保留原申请中的该零部件视图，但并不意味着原申请同时保护了整体产品和该零部件两项外观设计。

R28 外观设计的简要说明

外观设计的简要说明应当写明外观设计产品的名称、用途，外观设计的设计要点，并指定一幅最能表明设计要点的图片或者照片。省略视图或者请求保护色彩的，应当在简要说明中写明。

对同一产品的多项相似外观设计提出一件外观设计专利申请的，应当在简要说明中指定其中一项作为基本设计。

简要说明不得使用商业性宣传用语，也不能用来说明产品的性能。

简要说明应当是在请求书之外单独提交的文件。

外观专利设计申请产品名称可以包含产品的形状、色彩和使用材料。（参见 GL－A－III 4.1.1）

《外观设计简要说明》（注意事项）：

外观设计简要说明的内容包括：外观设计产品的名称、用途，外观设计的设计要点，并指定一幅最能表明设计要点的图片或者照片。省略视图或者请求保护色彩的，应当在简要说明中写明。对同一产品的多项相似外观设计提出一件外观设计专利申请的，应当在简要说明中指定其中一项作为基本设计。简要说明不得使用商业性宣传用语，也不能用来说明产品的性能。

GL－A－III 4.3 简要说明

（2）外观设计产品的用途。简要说明中应当写明有助于确定产品类别的用途。对于具有多种用途的产品，简要说明应当写明所述产品的多种用途。

（3）外观设计的设计要点。设计要点是指与现有设计相区别的产品的形状、图案及其结合，或者色彩与形状、图案的结合，或者部位。对设计要点的描述应当简明扼要。

简要说明不得使用商业性宣传用语，也不能说明产品的性能和用途，主要用来说明下述情况：

（1）使用外观设计的产品的设计要点；

（2）请求保护色彩的情况；

（3）在使用外观设计的产品的前和后、左和右、上和下对称的情况下，注明省略的视图；

（4）使用外观设计的产品的状态是变化的情况，如折叠家具等；

（5）使用外观设计的产品的透明部分；

（6）使用外观设计的细长物品省略的长度；

（7）用特殊材料制成的产品；

（8）新开发的产品的使用方法、功能。

外观设计产品的用途可以在简要说明中写明，外观设计产品名称中一般不能包含专用于说明产品用途的文字。

注意：

外观设计名称中，也可能会包含一些能够表明产品用途的名词，如“汽车轮胎”中的汽车也能间接表明轮胎的用途，但由于其组合在一起代表一个完整的产品名称，因此是允许的。但是“专用于汽车上使用的……”则不允许。

外观设计专利的请求书应当写明使用该外观设计的产品。

R29 外观设计模型或样品

国务院专利行政部门认为必要时，可以要求外观设计专利申请人提交使用外观设计的产品样品或者模型。样品或者模型的体积不得超过30cm×30cm×30cm，重量不得超过15kg。易腐、易损或者危险品不得作为样品或者模型提交。

R47 使用外观设计的产品类别

申请人写明使用外观设计的产品及其所属类别的，应当使用国务院专利行政部门公布的外观设计产品分类表。未写明使用外观设计的产品所属类别或者所写的类别不确切的，国务院专利行政部门可以予以补充或者修改。

GL－D－V 5.1.1 外观设计相同

在确定产品的种类时，可以参考产品的名称、国际外观设计分类以及产品销售时的货架分类位置，但是应当以产品的用途是否相同为准。相同种类产品是指用途完全相同的产品。例如机械表和电子表尽管内部结构不同，但是它们的用途是相同的，所以属于相同种类的产品。

〈可见，使用状态参考图并不是唯一地用来“确定产品类别”的，“确定产品类别”还涉及“产品的名称、国际外观设计分类表以及产品货架分类”，以及“产品的用途”。〉

最高人民法院（2012）民申字第41号、第54号：外观设计专利保护中产品类别的确定

确定外观设计专利产品类别，应以具有独立存在形态、可以单独销售的产品的用途为依据；外观设计专利的保护范围限于相同或者相近种类产品的外观设计。

外观设计应当以产品为依托，不能脱离产品独立存在。因为外观设计专利必须附着

在产品载体上，所以外观设计专利需要和产品一起保护。确定被诉侵权产品与外观设计专利产品是否属于相同或者相近的种类是判断被诉侵权设计是否落入外观设计专利权保护范围的前提。《最高人民法院关于审理侵犯专利权纠纷案件应用法律若干问题的解释》第9条规定："人民法院应当根据外观设计产品的用途，认定产品种类是否相同或者相近。确定产品的用途，可以参考外观设计的简要说明、国际外观设计分类表、产品的功能以及产品销售、实际使用的情况等因素。"被诉侵权产品均是杯子，其用途是存放饮料或食物等，虽然被诉侵权产品上印刷有与涉案外观设计相同或者相近似的图案，但该图案为油墨印刷而成，不能脱离杯子单独存在，不具有独立的产品形态，亦不能作为产品单独销售。被诉侵权产品和涉案专利产品用途不同，既不属于相同种类产品又不属于相近种类产品。因此，被诉侵权设计未落入涉案外观设计专利权保护范围。

§28 申请日

国务院专利行政部门收到专利申请文件之日为申请日。如果申请文件是邮寄的，以寄出的邮戳日为申请日。

在专利法中的申请日除了§28和§42所说的申请日是指递交申请的日子外，其他“申请日”都可以是“优先权日”。

R11 申请日的意义

除专利法第二十八条和第四十二条规定的情形外，专利法所称申请日，有优先权的，指优先权日。

本细则所称申请日，除另有规定的外，是指专利法第二十八条规定的申请日。

GL－E－Ⅲ4 申请日的更正

专利申请受理通知书记载的申请日与邮寄该申请文件日期不一致的，可以：

（1）在递交专利申请文件之日起2个月内或者申请人收到受理通知书1个月内请求专利局更正申请日；

（2）附有收寄专利申请文件的邮局出具的寄出日期的有效证明，该证明中注明的寄出挂号号码与请求书中记录的挂号号码一致。

准予更正申请日的，应当作出重新确定申请日通知书，送交申请人，并修改有关数据；不予更正申请日的，应当对此更正申请日的请求发出视为未提出通知书，并说明理由。

GL－A－I 4.2 说明书

说明书文字部分写有附图说明但说明书无附图或者缺少相应附图的，应当通知申请人取消说明书文字部分的附图说明，或者在指定的期限内补交相应附图。申请人补交附图的，以向专利局提交或者邮寄补交附图之日为申请日，审查员应当发出重新确定申请日通知书。申请人取消相应附图说明的，保留原申请日。

R4 文件的递交和送达

向国务院专利行政部门邮寄的各种文件，以寄出的邮戳日为递交日；邮戳日不清晰的，除当事人能够提出证明外，以国务院专利行政部门收到日为递交日。

国务院专利行政部门的各种文件，可以通过邮寄、直接送交或者其他方式送达当事人。当事人委托专利代理机构的，文件送交专利代理机构；未委托专利代理机构的，文件送交请求书中指明的联系人。

国务院专利行政部门邮寄的各种文件，自文件发出之日起满15日，推定为当事人收到文件之日。

> 根据国务院专利行政部门规定应当直接送交的文件，以交付日为送达日。
>
> 文件送交地址不清，无法邮寄的，可以通过公告的方式送达当事人。自公告之日起满1个月，该文件视为已经送达。

GL－E－Ⅲ 2.3.1 受理程序

（3）向SIPO受理处或者代办处窗口直接递交的专利申请，以收到日为申请日；通过邮局邮寄递交到SIPO受理处或者代办处的专利申请，以信封上的寄出邮戳日为申请日；寄出的邮戳日不清晰无法辨认的，以SIPO受理处或者代办处收到日为申请日。通过速递公司递交到SIPO受理处或者代办处的专利申请，以收到日为申请日。

邮寄或者递交到SIOP非受理部门或者个人的专利申请，其邮寄日或者递交日不具有确定申请日的效力，如果该专利申请被转送到SIPO受理处或者代办处，以受理处或者代办处实际收到日为申请日。

分案申请以原申请的申请日为申请日，并在请求书上记载分案申请递交日。

GL－E－Ⅲ 2.3.2.1 国家申请的分案申请的受理程序

分案申请请求书中原申请的申请号正确，但未填写原申请的申请日的，以原申请号所对应的申请日为申请日。分案申请请求书中未填写原申请的申请号或者填写的原申请的申请号有误的，按照一般专利申请受理。

GL－E－Ⅲ 2.3.3 不受理程序

（3）不符合受理条件的申请文件存档备查，原则上不退回当事人。在SIPO受理处或者代办处窗口直接递交的专利申请，不符合受理条件的，不予接收。

GL－E－XI 4.2 电子申请的受理

专利局电子专利申请系统收到电子文件的日期为递交日。

专利局电子专利申请系统收到符合专利法及其实施细则规定的专利申请文件之日为申请日。

送达日/收到日：专利局受理处和各专利代办处收到专利申请文件的日期（R4.4）。

寄出日	邮寄申请文件且邮戳清晰
	邮寄申请文件，邮戳不清晰但能够证明寄出日
收到日	面交SIPO或代办处
	邮戳不清晰且不能证明寄出日
	通过速递公司递交的申请
	邮寄或递交到非受理部门的申请
	专利局电子专利申请系统收到电子文件的日期为递交日
保留申请日	分案申请
视为申请日	按照PCT已确定国际申请日并指定中国的国际申请

R38 申请日和申请号的给予

国务院专利行政部门收到发明或者实用新型专利申请的请求书、说明书（实用新型必须包括附图）和权利要求书，或者外观设计专利申请的请求书、外观设计的图片或者照片和简要说明后，应当明确申请日、给予申请号，并通知申请人。

◎为确定发明专利申请的申请日，申请人应当至少提交：

（1）请求书；

（2）权利要求书；

（3）说明书。

R39 不予受理的专利申请

专利申请文件有下列情形之一的，国务院专利行政部门不予受理，并通知申请人：

（一）发明或者实用新型专利申请缺少请求书、说明书（实用新型无附图）或者权利要求书的，或者外观设计专利申请缺少请求书、图片或者照片、简要说明的；

（二）未使用中文的；

（三）不符合本细则第一百二十一条第一款规定的；

（四）请求书中缺少申请人姓名或者名称，或者缺少地址的；

（五）明显不符合专利法第十八条或者专利法第十九条第一款的规定的；

（六）专利申请类别（发明、实用新型或者外观设计）不明确或者难以确定的。

GL-E-Ⅲ 2.2 不受理的情形

（1）发明专利申请缺少请求书、说明书或者权利要求书的；实用新型专利申请缺少请求书、说明书、说明书附图或者权利要求书的；外观设计专利申请缺少请求书、图片或照片或者简要说明的。

（2）未使用中文的。

（3）不符合本章2.1（3）规定的受理条件的。

（4）请求书中缺少申请人姓名或名称，或者缺少地址的。

（5）外国申请人因国籍或者居所原因，明显不具有提出专利申请的资格的。

（6）在中国内地没有经常居所或营业所的外国人、外国企业或者外国其他组织作为第一署名申请人，没有委托专利代理机构的。

（7）在中国内地没有经常居所或者营业所的港、澳、台地区的个人、企业或者其他组织作为第一署名申请人，没有委托专利代理机构的。

（8）直接从外国向专利局邮寄的。

（9）直接从港、澳、台地区向专利局邮寄的。

（10）专利申请类别不明确或者难以确定的。

（11）分案申请改变申请类别的。

GL－B－Ⅱ2.3 说明书附图

实用新型专利申请的说明书必须有附图。

如果申请人在申请日后补交摘要附图，只要摘要附图存在于说明书中，那么并不影响申请日。如果摘要附图在申请时没有包含在说明书里，那么申请人可以将摘要附图补入说明书的附图中，但是需要重新确定申请日。申请人也可以声明取消摘要附图，或者用一张说明书中的附图替换，从而保留原申请日。此处摘要附图不属于R40中的附图。

R40 附图的补交

说明书中写有对附图的说明但无附图或者缺少部分附图的，申请人应当在国务院专利行政部门指定的期限内补交附图或者声明取消对附图的说明。申请人补交附图的，以向国务院专利行政部门提交或者邮寄附图之日为申请日；取消对附图的说明的，保留原申请日。

《关于中国实施专利合作条约的规定》

第6条：国际申请中写有对附图的说明但申请中又未包括该附图的，专利局应当通知申请人在不完整的文件提交之日起30天内补交附图。

申请人在规定期限内补交附图的，以专利局收到该附图之日为国际申请日；否则，对附图的说明被认为不存在。

R102 国际申请和国际申请日在中国的效力

按照专利合作条约已确定国际申请日并指定中国的国际申请，视为向国务院专利行政部门提出的专利申请，该国际申请日视为专利法第二十八条所称的申请日。

A11.1PCT 国际申请的申请日和效力

（1）主管受理局应以收到国际申请之日作为国际申请日，但以该局在收到申请时认定该申请符合下列要求为限：

（i）申请人并不因为居所或国籍的原因而明显缺乏向该主管受理局提出国际申请的权利；

（ii）国际申请是用规定的语言撰写；

（iii）国际申请至少包括下列项目：

（a）说明是作为国际申请提出的；

（b）至少指定一个缔约国；

（c）按规定方式写明的申请人的姓名或者名称；

（d）有一部分表面上看像是说明书；

（e）有一部分表面上看像是一项或几项权利要求。

国际申请的语言：主管受理局接受的语言、国际检索单位接受的语言、国际公布允许的语言（阿拉伯语、中文、英文、法文、德文、日文、韩文、葡萄牙语、俄文、西班牙语）。

如果主管受理局是SIPO，则接受的语言是中文和英文。

国际申请指定中国的，办理进入国家阶段手续时，应当选择要求获得的是“发明专利”还是“实用新型专利”，不允许同时要求获得两者。

《关于中国实施专利合作条约的规定》

第6条专利局收到符合A11.1PCT规定的国际申请之日为国际申请日。

§28第二句不适用于国际申请日的确定。

国际申请不符合A11.1PCT规定的，专利局应当通知申请人在专利局依照R20.6PCT指定的期限内进行改正。申请人按照要求进行改正的，以专利局收到改正之日为国际申请日；申请人期满未答复的，或者改正后，专利局认为仍然不符合A11.1PCT规定的，专利局应当迅速通知申请人，其申请将不作为国际申请处理。

◎对不能确定国际申请日的专利申请的处理：

（1）如果不是主管受理局接受的语言，则转送IB（R19.4PCT）。

（2）如果主管受理局不是SIPO，则转送IB（R19.4PCT）。

（3）通知申请人改正缺陷：

①以收到改正文件之日为申请日（R20.3PCT）；

②通过援引加入方式不改变申请日。

R116 国际申请的复查程序

国际申请在国际阶段被有关国际单位拒绝给予国际申请日或者宣布视为撤回的，申请人在收到通知之日起2个月内，可以请求国际局将国际申请档案中任何文件的副本转交国务院专利行政部门，并在该期限内向国务院专利行政部门办理本细则第一百零三条规定的手续，国务院专利行政部门应当在接到国际局传送的文件后，对国际单位作出的决定是否正确进行复查。

提出复查请求的同时，应当办理进入国家阶段手续，并在进入声明中标明已提出复查请求。

R88.1：国家知识产权局根据本细则第八十六条和八十七条规定中止有关程序，是指暂停专利申请的初步审查、实质审查、复审程序，授予专利权程序和专利权无效宣告程序；暂停办理放弃、变更、转移专利权或者专利申请权手续，专利权质押手续以及专利权期限届满前的终止手续等。

A25（2）PCT DO的复查

（a）除（b）另有规定外，如果在规定的期限内国家费用已经缴纳（如需缴费），并且适当的译文（按规定）已经提交，每个DO应按本条约和细则的规定，决定（1）所述的拒绝、宣布或认定是否正当；如果DO认为拒绝或宣布是由于RO的错误或疏忽所造成，或者认定是由于IB的错误或疏忽所造成，就国际申请在DO所在国的效力而言，该局应和未发生这种错误或疏忽一样对待该国际申请。

(b) 如果由于申请人的错误或疏忽，登记本到达 IB 是在 A12 (3) PCT 规定的期限届满之后，本款 (a) 的规定只有 A48 (2) PCT 所述的情况下才应适用。

GL－C－I 5.11.1 提出复查请求

根据 PCT 的规定，允许申请人向作为 DO/EO 的专利局提出复查请求的情况是：

(1) RO 拒绝给予国际申请日，或者宣布国际申请已被认为撤回。

(2) IB 由于在规定期限内没有收到国际申请的登记本而宣布该申请被视为撤回。

复查请求应当自收到上述处理决定的通知之日起 2 个月内向专利局提出，请求中应当陈述要求复查的理由，同时附具要求进行复查处理决定的副本。

指定局 (EO)：申请人在国际申请中指明的、要求对其发明给予保护的 PCT 缔约国或政府间组织被称为指定国，被指定国家的国家局被称为指定局。

选定局 (DO)：申请人按照 PCT－II 选择了国际初步审查程序，在国际初步审查要求书中指明的、预定使用国际初步审查结果的 PCT 缔约国或政府间组织被称为选定国，选定国的国家局为选定局。选定局限于指定局。

GL－C－I 5.11.3 复查及复查后的处理

对于 RO 尚未确定国际申请日的申请，审查员应当通知申请人，该申请被认为是在应当确定为国际申请日的那一日向专利局提出的。

§29 外国优先权和本国优先权

申请人自发明或者实用新型在外国第一次提出专利申请之日起12个月内，或者自外观设计在外国第一次提出专利申请之日起6个月内，又在中国就相同主题提出专利申请的，依照该外国同中国签订的协议或者共同参加的国际条约，或者依照相互承认优先权的原则，可以享有优先权。

申请人自发明或者实用新型在中国第一次提出专利申请之日起12个月内，又向国务院专利行政部门就相同主题提出专利申请的，可以享有优先权。

对于发明和实用新型，在要求本国或外国优先权时，申请类型可以相互转换。

A4. B PC

在优先权期限内在本联盟的任何其他国家后来提出的任何申请，不应由于在这期间完成的任何行为，特别是另外一项申请的提出、发明的公布或利用、外观设计复制品的出售或商标的使用而成为无效，而且这些行为不能产生任何第三人的权利或个人占有的任何权利。第三人在作为优先权基础的第一次申请的日期以前所取得的权利，依照本联盟每一国家的国内法予以保留。

A4. E PC

（1）依靠以实用新型申请为基础的优先权而在一个国家提出工业品外观设计申请的，优先权的期间应与对工业品外观设计规定的优先权期间一样。

（2）依靠以专利申请为基础的优先权而在一个国家提出实用新型的申请是许可的，反之亦然。

A4. H PC

不得以要求优先权的发明中的某些要素没有包含在原属国申请列举的权利要求中为理由，而拒绝给予优先权，但以申请文件从全体看来已经明确地写明这些要素为限。

◎享受优先权的条件：

（1）相同主题的发明创造；

（2）申请人相同或是在先申请的优先权受让人；

（3）后一申请自在先申请的申请日起12个月内提出，外观设计专利为6个月（只适用于外国优先权）；

（4）在先申请是首次申请；

（5）在先申请在与我国签有协议的国家或共同参加的国际条约的成员国或者相互承认优先权原则的国家提出；

（6）后一申请与在先申请主题相同；

（7）提出后一申请时作出要求优先权的声明，并提交在先申请文件副本；

（8）自提出后一申请的2个月内或者自收到后一申请受理通知书之日起15日内缴纳优先权要求费。

GL-A-I 6.2 要求〈外国〉优先权

外国优先权〈§29.1〉：申请人就相同主题的发明或者实用新型在外国第一次提出专利申请之日起12个月内，或者就相同主题的外观设计在外国第一次提出专利申请之日起6个月内，又在中国提出申请的。

R6.1和R6.2的规定期限延长和权利恢复不适用于§29规定的优先权期限（R65）。

GL-B-III 4.1.1 享有外国优先权的条件

（1）申请人就相同主题的发明创造在外国第一次提出专利申请后又在中国提出专利申请。

（2）就发明和实用新型而言，中国在后申请之日不得迟于外国首次申请之日起12个月。〈外观设计专利为6个月。〉

（3）申请人提出首次申请的国家或政府间组织应当是同中国签有协议或者共同参加国际条约，或者相互承认优先权原则的国家或政府间组织。

享有外国优先权的发明创造与外国首次申请审批的最终结果无关，只要该首次申请在有关国家或政府间组织中获得了确定的申请日，就可作为要求外国优先权的基础。

享有外国优先权的，在先申请不视为撤回。

在后申请的申请人一致或者有转让协议。如果申请人不一致，应当有在先申请的申请人将优先权转让给在后申请的申请人的优先权转让证明（在提出在后申请之日起3个月内提交〈GL-A-I 6.2.2.4〉）。在后申请的申请人还可以是在先申请的申请人之一，仅仅在申请人完全不一致时，才需要提交优先权转让证明。

在先申请为外国外观设计申请时，在后申请只能是外观设计申请。

提出在后申请的同时在请求书中声明，写明作为优先权基础的在先申请的申请日、申请号和原受理机构名称，并在3个月内提交在先申请文件的副本。

GL-B-III 4.1.4 外国多项优先权和外国部分优先权

如果中国在后申请记载的一项技术方案是由两件或者两件以上外国首次申请中分别记载的不同技术特征组合成的，则不能享有优先权。

要求外国优先权的申请中，除包括作为外国优先权基础的申请中记载的技术方案外，还可以包括一个或多个新的技术方案。中国在后申请中所要求的与外国首次申请中相同主题的发明创造享有优先权，其余的则以中国在后申请之日为申请日，故称为外国部分优先权。

GL-A-I 6.2 要求〈本国〉优先权

本国优先权〈§29.2，R32.2〉：申请人就相同主题的发明或者实用新型在中国第一次提出专利申请之日起12个月内，又以该申请为基础向专利局提出发明专利申请或者实用新型专利申请。

GL－B－Ⅲ4.2.1 享有本国优先权的条件

（1）只适用于发明或者实用新型专利申请；

〈外观设计申请不能享受优先权。不论是在先申请，还是在后申请，都不能是外观设计申请。〉

（2）申请人就相同主题的发明或者实用新型在中国第一次提出专利申请后又向专利局提出专利申请；

（3）中国在后申请之日不得迟于中国首次申请之日起12个月。

中国在先申请的主题有下列情形之一的，不得作为要求本国优先权的基础：

（1）已经要求外国优先权或者本国优先权的，但要求过外国优先权或者本国优先权而未享有优先权的除外；

（2）已经被授予专利权的；

（3）属于按照R42提出的分案申请。

在请求书中写明了在先申请的申请日和申请号，即视为提交了在先申请文件副本（即不需要提交副本）。

申请人要求本国优先权的，其在先申请自后一申请提出之日起即视为撤回，申请人不可要求恢复在先申请（R32.3）。

如果在先申请已被驳回、撤回或视为撤回，只要在先申请具有有效的申请日，则在后申请可以享有该在先申请的优先权。

GL－B－Ⅲ4.2.4 本国多项优先权和本国部分优先权

关于本国多项优先权和本国部分优先权的规定：

（1）要求多项优先权的专利申请，应当符合§31及R34关于单一性的规定。

（2）一件中国在后申请中记载了多个技术方案。

（3）中国在后申请记载了技术方案A和实施例a_1、a_2、a_3，但只有a_1在中国首次申请中记载过，则该中国在后申请中a_1可以享有本国优先权，其余则不能。

（4）中国在后申请中记载了技术方案A和实施例a_1、a_2。其中技术方案A和实施例a_1记载在中国首次申请中，则在后申请中技术方案A和实施例a_1可以享有本国优先权，实施例a_2则不能。此处，A要求保护的范围仅靠实施例a_1支持是不够的时候，申请人为了使A得到支持，可以补充实施例a_2。但是，如果a_2在中国在后申请提出时已经是现有技术，则应当删除a_2，并将A限制在由a_1支持的范围内。

（5）继中国首次申请和在后申请之后，申请人又提出第二件在后申请。

◎港、澳优先权（中央政府与港、澳特区政府签订的双边协议）：

在先申请来源地：香港、澳门。

在先申请日：自1999年12月1日以后。

对于在先申请的要求：首次、正规、主题一致；具有正规港、澳专利申请的效力；属于香港标准专利、短期专利申请或注册外观设计或者属于澳门专利申请、注册外观设计与在后申请的申请人一致或者有转让协议。

在先申请为专利申请时，在后申请可以是：

（1）普通国家发明专利申请；

（2）普通国家实用新型申请；

（3）CN－PCT 申请。

在先申请为外观设计时，在后申请可以是外观设计申请；在先申请为外国外观设计时，在后申请只能是外观设计申请。

◎台湾地区优先权：

在先申请：中国台湾（首次、正规、主题一致）。

在先申请日：自 2010 年 9 月 12 日起，即《两岸知识产权合作协议》生效后。

在后申请日：自 2010 年 11 月 22 日起。

在先与在后申请人：

（1）台湾人；

（2）一致或在后申请人是在先申请的部分申请人。

GL－A－I 6.2.2.1 在先申请和要求优先权的在后申请

在先申请和在后申请应当符合下列规定：

（1）在先申请应当是发明或实用新型专利申请，不应当是外观设计专利申请，也不应当是分案申请。

（2）在先申请的主题没有要求过外国优先权或者本国优先权，或者虽然要求过外国优先权或者本国优先权，但未享有优先权。

〈或者只是提出过要求优先权声明，但未享有优先权。在后申请提出时，在先申请的优先权要求已撤回或者被视为未要求且未恢复的，均视为在先申请未享有优先权。〉

（3）该在先申请的主题，尚未授予专利权。此处，以要求优先权的在后申请的申请日为时间判断基准。

（4）要求优先权的在后申请是在其在先申请的申请日起 12 个月内提出的。对于要求多项优先权的，以最早的在先申请的申请日为时间判断基准，即在后申请的申请日是在最早的在先申请的申请日起 12 个月内提出的。

审查优先权时，如果发现专利局已经对在先申请发出授予专利权通知书和办理登记手续通知书，并且申请人已经办理了登记手续的，针对在后申请视为未要求优先权。

●在先申请

◎类别和主题：

如果在先申请享有的优先权是部分优先权，且该在先申请中作为本申请优先权基础的主题没有要求过优先权，则优先权成立。

◎在先申请授权情况的审查：

在先申请的主题，应当尚未授予专利权。在后申请提出时，如果专利局已经针对在先申请发出授予专利权通知书和办理登记手续通知书，且申请人已缴纳相关费用的，视为在先申请已经被授权，因此视为未要求优先权。

在后申请提出时，如果专利局已经针对在先申请发出授予专利权通知书和办理登记手续通知书，申请人尚未缴纳相关费用的，视为在先申请尚未被授权，优先权要求成立。

●在后申请

在后申请是在先申请的申请日起12个月后提出的，视为未要求优先权。

在后申请的主题应当与在先申请主题一致。主题明显不一致的，视为未要求优先权。

在后申请的申请人与在先申请的申请人应当一致；不一致的，在后申请的申请人应当在提出在后申请之日起3个月内提交由在先申请的全体申请人签字或者盖章的优先权转让证明文件，转让证明不合格或逾期未提交的，视为未要求优先权。

在先申请具有多个申请人，且在后申请具有多个与之不同的申请人的，可以提交由在先申请的所有申请人共同签章的转让给在后申请所有申请人的优先权转让证明文件；也可以提交由在先申请的申请人分别签章的转让给在后申请所有申请人的优先权转让证明文件。

无效宣告请求第94号：要求优先权的在后申请的内容

在进行优先权核实时，不能因为要求获得优先权的专利申请权利要求的某些技术特征没有记载在原始申请的权利要求书中就拒绝其优先权要求，只要该原始申请文件作为一个整体（包括说明书、附图、图表等等）明确地披露了上述技术特征，就可以享受优先权。

对于要求享有优先权的申请而言，需要比较的“主题”不是说明书所记载的整体内容，而是其中的每一个权利要求所要求保护的技术方案。作为在后要求享有优先权的申请，发明专利申请中包含了其原始申请所不曾记载的技术内容，然而该技术内容并没有写入发明专利申请的权利要求书，因此应不影响其优先权要求。

GL－C－I 5.2.6〈*PCT 申请的*〉在先申请是在中国提出

在先申请是在中国提出的，在后申请的申请人是在先申请的申请人，或者由在先申请的全体申请人将优先权转让给在后申请的申请人。〈*优先权成立时，在先申请不视为撤回。*〉

在先申请是在中国提出的，要求优先权的国际申请进入国家阶段，应当看作要求本国优先权。对于在提出国际申请时，其要求优先权的在先申请的主题有R32.2（1）、（2）和（3）所列情形之一的，视为未要求优先权。但是不按R32.3对被要求优先权的在先申请作出处理；同样，对于在国际申请提出之后在先申请被授予专利权的情况，审查员也不处理其有可能造成在先与在后申请重复授权的问题；上述问题均留待后续程序中处理。

◎PCT申请审查中的特殊情况：

在先申请是在中国提出的，要求优先权的国际申请进入中国国家阶段，应当看作本国优先权。

在PCT申请提出时或提出之前在先申请已经授权的，视为未要求优先权。

在PCT申请进入国家阶段时在先申请尚未授权，优先权符合规定的，由于国际申请的特殊性，对在先申请不作出视为撤回的处理。

在PCT申请提出后，进入国家阶段之前在先申请已经授权，优先权符合规定的，由此可能造成在先与在后申请重复授权的情况，按照§9进行审查。应当注意：

（1）在后申请提出时，如果专利局已向在先申请发出授予专利权通知书和办理登记手续的通知书，且申请人已缴纳了相关费用并办理登记手续，则视为在先申请已经授权；如果专利局已向在先申请发出授予专利权通知书和办理登记手续的通知书，但申请人尚未缴纳相关费用并办理登记手续，则视为在先申请尚未授予专利权。

（2）如果出现视为未要求优先权的情况，在先申请有可能成为破坏该PCT申请新颖性的现有技术或者抵触申请。

R32 要求一项或多项优先权；要求本国优先权

申请人在一件专利申请中，可以要求一项或者多项优先权；要求多项优先权的，该申请的优先权期限从最早的优先权日起计算。

申请人要求本国优先权，在先申请是发明专利申请的，可以就相同主题提出发明或者实用新型专利申请；在先申请是实用新型专利申请的，可以就相同主题提出实用新型或者发明专利申请。但是，提出后一申请时，在先申请的主题有下列情形之一的，不得作为要求本国优先权的基础：

（1）已经要求外国优先权或者本国优先权的；

（2）已经被授予专利权的；

（3）属于按照规定提出的分案申请的。

申请人要求本国优先权的，其在先申请自后一申请提出之日起即视为撤回。

在先申请的主题不得作为本国优先权基础的情况：

（1）该主题已经要求外国优先权或者本国优先权的，但要求过外国优先权或者本国优先权而未享有优先权的除外；（应当理解为：该主题已经要求过另一个更早的在先外国申请或本国申请的优先权的，但要求过优先权因该主题并未记载在更早的在先申请内而未享有优先权的除外。）

（2）该在先申请的主题已经被授予专利权；

（3）该主题属于按照规定（R42）提出的分案申请中记载的内容。

GL-A-I 6.2.2.1 在先申请和要求优先权的在后申请

初步审查中，只审查在后申请与在先申请的主题是否明显不相关，不审查在后申请与在先申请的实质内容是否一致。当其申请的主题明显不相关时，应当发出视为未要求优先权通知书。

〈初审时不对优先权作全面审查。实审时，仅仅在找到申请日和优先权日之间影响申请新颖性和创造性的对比文件时，才核实后一申请与在先申请的主题是否相同。〉

GL－B－Ⅲ 4.1.2 相同主题的发明创造的定义

§29 所述的相同主题的发明或实用新型，是技术领域、所解决的技术问题、技术方案和预期效果实质上相同，并不意味着在文字记载或者叙述方式上完全一致。

A4. F PC

本联盟的任何国家不得由于申请人要求多项优先权（即使这些优先权产生于不同的国家），或者由于要求一项或几项优先权的申请中有一个或几个要素没有包括在作为优先权基础的申请中，而拒绝给予优先权或拒绝专利申请，但以在上述两种情况都有该国法律所规定的发明单一性为限。

◎相同主题发明创造的判断：

如果在后申请与在先申请的技术方案在表达上的不同仅仅是简单的文字变换，或者在后申请的技术方案是能够从在先申请中直接和毫无疑义地确定的技术内容，则两者也属于相同主题的发明创造。

（1）上位概念与下位概念

在后申请与在先申请中的某个（些）特征属于上、下位的关系，则在后申请不能享受在先申请的优先权。

（2）惯用手段的直接置换

如果在后申请要求享受在先申请的优先权，但在后申请中的某个（些）技术特征是在先申请中某个（些）技术特征的惯用手段的直接置换，则在后申请不能享受在先申请的优先权。

（3）数值范围部分重叠

如果在后申请请求保护的技术方案中包含数值范围，而该数值范围与在先申请记载的数值范围不完全相同，而是部分重叠，则该在后申请不能享受在先申请的优先权。

（4）在后申请的技术方案增加了技术特征

◎数值范围部分重叠的判断示例：

在先申请 A（a），其中 a 的含量为	在后申请 A（a），其中 a 的含量为	分析
20%～50%	30%～60%	在后申请的氧气含量范围 30%～60% 与在先申请氧气含量范围 20%～50% 仅仅是部分重叠，在先申请并没有记载氧气含量范围为 50%～60%，也没有明确记载氧气含量为 30%，因而不能由在先申请直接和毫无疑义地确定氧气含量范围为 30%～60% 的技术方案，在后申请不能享受在先申请的优先权

续表

在先申请A（a），其中a的含量为	在后申请A（a），其中a的含量为	分析
20%～50%、30%	30%～50%	在先申请虽然没有明确记载氧气含量范围为30%～50%，但由于在先申请记载了氧气含量范围为20%～50%，并且还记载了氧气含量可以是30%，由在先申请可以直接和毫无疑义地确定氧气含量范围可以是30%～50%，因此在后申请可以享受在先申请的优先权
20%～50%	30%～50%	在先申请没有记载30%这个点值，不能由在先申请直接和毫无疑义地确定氧气含量可以为30%～50%，因此在后申请不能享受在先申请的优先权
20%～50%、30%、35%	30%、35%、50%	在先申请已记载了30%、35%两个点值和50%这个端点，因此在后申请可以享受在先申请的优先权
20%～50%、30%	30%、35%、50%	在先申请中记载了氧气含量为30%和50%的技术方案，因此，在后申请中氧气含量为30%和50%的技术方案可以享受在先申请的优先权；在先申请中没有记载氧气含量为35%的技术方案，并且这一技术方案也不能从在先申请中直接和毫无疑义地确定，因此在后申请中氧气含量为35%的技术方案不能享受在先申请的优先权
20%、50%	20%～50%	在先申请没有记载氧气含量为20%～50%之间的范围内的技术方案，并且不能从在先申请中直接和毫无疑义地确定这一技术方案，因此在后申请不能享受在先申请的优先权

GL－D－VIII 4.6.2 优先权核实的一般原则

（1）作为要求优先权的基础的在先申请是否涉及与要求优先权的在后申请相同的主题。

判断在后申请中各项权利要求所述的技术方案是否清楚地记载在上述在先申请的文件（说明书和权利要求书，不包括摘要）中。为此，应当把在先申请作为一个整体〈包括说明书、附图、图表等〉进行分析研究，只要在先申请文件清楚地记载了在后申请权利要求所述的技术方案，就应当认定该在先申请与在后申请涉及相同的主题。不得以在先申请的权利要求书中没有包含该技术方案为理由，而拒绝给予优先权。所谓清楚地记载，并不要求在叙述方式上完全一致，只要阐明了申请的权利要求所述的技术方案即可。但是，如果在先申请对上述技术方案中某一或者某些技术特征只作了笼统或者含糊的阐述，甚至只有暗示，而要求优先权的申请增加了对这一或者这些技术特征的详细叙述，以至于所属技术领域的技术人员认为该技术方案不能从在先申请中直接和毫无疑义地得出，则该在先申请不能作为在后申请要求优先权的基础。

（2）该在先申请是否是记载了同一主题的首次申请。

(3) 在后申请的申请日是否在在先申请的申请日起12个月内。

●首次申请

A4. CPC

(1) 上述优先权的期间，对于专利和实用新型应为12个月，对于外观设计和商标应为6个月。

(2) 这些期间应自第一次申请的申请日开始；申请日不应计入期间之内。

(3) 如果期间的最后一日在请求保护地国家是法定假日或者是主管局不接受申请的日子，期间应延至其后的第一个工作日。

(4) 在本联盟同一国家内就第（2）项所称的以前第一次申请同样的主题所提出的后一申请，如果在提出该申请时前一申请已被撤回、放弃或拒绝，没有提供公众阅览，也没有遗留任何权利，而且如果前一申请还没有成为要求优先权的基础，应认为是第一次申请，其申请日应为优先权期间的开始日。在这以后，前一申请不得作为要求优先权的基础。

◎同一主题的首次申请：

申请A以申请人的另一件在先申请B为基础要求优先权，而该申请人的又一件专利申请文件或专利文件C，在申请A的申请日和优先权日之间公开了申请A的主题，且文件C的申请日早于申请A的优先权日，即早于申请B的申请日，所以在先申请B不是该申请人提出的与申请A相同主题的首次申请，因此申请A不能要求以在先申请B的申请日为优先权日。

注意：

在要求国内优先权时，如果在先、在后申请中要保护的技术方案不相同，两者虽然不属于相同的主题，但是并不是明显不相关，因此，该在后申请不符合国内优先权的规定，在后申请中的技术方案不能要求在先申请的优先权日。但是，这些不能通过初步审查来确定，所以在后申请的优先权会暂时有效。因为，在先申请自后一申请提出之日起即视为撤回，而且不得因优先权要求的撤回或无效而得到恢复（GL－A－I 6.2.3），所以其在先的技术方案也因此失去了获得保护机会。例如：

中国在先申请A的独立权利要求为［A］，中国在后申请B的独立权利要求为［A］＋［A’］，并要求A的国内优先权。

那么，申请A在申请B的申请之日起视为撤回。但是申请B不能要求A的优先权，因为［A］＋［A’］≠［A］，而且被视为撤回的申请A也不能恢复。结果，B只能享有申请日，而且因为上、下位概念的关系，［A］＋［A’］可能会使［A］丧失新颖性，从而即使申请人重新申请［A］，也不能得到授权。

无效宣告请求第6831号：同一主题的首次申请

发明专利申请的要求作为优先权基础的外国在先申请的申请日晚于该申请人的另一专利申请的申请日，而且另一申请已经被公开。因此，本申请不能要求该在先申请的申请日为优先权日。

GL－D－Ⅷ 4.6.2.1 部分优先权的核实

由于对在先申请中的发明作进一步的改进或者完善，申请人在其在后申请中，可能会增加在先申请中没有的技术方案。在这种情况下，审查员在核实优先权时，不能以在后申请增加内容为理由断定优先权要求不成立，而应当对在后申请中被在先申请清楚记载过的相同主题给予优先权，即给予部分优先权。

GL－D－Ⅷ 4.6.2.2 多项优先权的核实

在后申请的多项优先权成立——其记载上述各种技术方案的各项权利要求可以具有不同的优先权日——须满足以下两个条件：

（1）申请的权利要求书中所反映的各种技术方案，分别在作为优先权基础的多件外国或者本国的专利申请中已有清楚的记载。

（2）所有的在先申请的申请日在在后申请的优先权期限之内。

如果某些权利要求不满足上述条件，但其他权利要求满足上述条件，则不满足上述条件的那些权利要求的优先权不能成立，而满足上述条件的其他权利要求的优先权成立。

如果作为优先权基础的多件外国或者本国的专利申请，分别记载了不同的技术特征，而在后申请的权利要求是这些特征的组合，则多项优先权不能成立。

GL－C－Ⅰ 5.2.1〈国际申请〉要求优先权声明

根据 R110.1，申请人在国际阶段要求了一项或者多项优先权，而且在进入国家阶段时该优先权要求继续有效的，视为已经依照 §30 提出了书面声明。

因中国对 PCT 的有关规定作出保留，专利局对国际申请在国际阶段恢复的优先权（例如，国际申请日在该优先权日起 12 个月之后、14 个月之内，R26－2.3PCT）不予认可，相应的优先权要求在中国不发生效力，审查员应当针对该项优先权要求发出视为未要求优先权通知书。

在国际阶段提出的优先权书面声明中某一事项有书写错误，可以在办理进入国家阶段手续的同时或者自进入日起 2 个月内予以改正。

进入国家阶段不允许提出新的优先权要求。

●恢复优先权要求

GL－A－Ⅰ 6.2.5 优先权要求的恢复

视为未要求优先权并属于下列情形之一的，申请人可以根据 R6 请求恢复要求优先权的权利：

（1）由于未在指定期限内答复办理手续补正通知书导致视为未要求优先权。

（2）要求优先权声明中至少一项内容填写正确，但未在规定的期限内提交在先申请文件副本或者优先权转让证明。

（3）要求优先权声明中至少一项内容填写正确，但未在规定期限内缴纳或者缴足优先权要求费。

(4) 分案申请的原申请要求了优先权。〈符合上述理由的，申请人可自收到《未要求优先权通知书》之日起2 个月内提交恢复优先权申请 (R6)。〉

本国优先权中因“主题不一致”、“在先申请是分案申请”、“在先申请已享有优先权”、“在后申请是在先申请日起12 个月后提出的”导致优先权视为未要求的情形，不予恢复。

GL－C－I 5.2.5〈国际申请〉优先权要求的恢复

国际申请在国际阶段发生过 R26－2.2PCT 的情形，由 IB/RO 宣布过优先权要求视为未提出的，申请人在办理进入国家阶段手续的同时可以提出恢复优先权要求的请求，并且缴纳恢复费，对于申请人未向 IB 提交过在先申请文件副本的，同时还应当附具在先申请文件副本作为恢复的依据。其条件是被视为未提出的优先权要求的有关信息连同国际申请一起公布过。进入国家阶段之后提出的恢复请求不予考虑。

对于 CN－PCT，由于下述情形之一导致视为未要求优先权的，可以根据 R6 请求恢复要求优先权：

(1) 申请人在国际阶段没有提供在先申请的申请号，进入声明中仍未写明在先申请的申请号。

(2) 要求优先权声明填写符合规定，申请人未在规定期限内提交在先申请文件副本或者优先权转让证明。

(3) 要求优先权声明中在先申请的申请日、申请号和原受理机构名称中的一项或者两项内容与在先申请文件副本中记载的不一致。

(4) 要求优先权声明填写符合规定，但未在规定期限内缴纳或者缴足优先权要求费。

恢复权利请求的处理，适用 E－VII 6 有关规定。

除以上情形外，其他原因而被视为未要求优先权的，不予恢复。

〈符合上述理由的，申请人可自收到《未要求优先权通知书》之日起2 个月内提交恢复优先权申请，R6。〉

PCT 申请进入中国国家阶段的声明（PCT/CN/501 表）的第 8 栏规定，申请人在进入中国国家阶段时，应当在进入声明中明确指明哪项是在国际阶段中恢复的优先权。对于该项优先权，SIPO 将不予承认。如国际阶段申请人是按照 R26－2.3PCT 恢复的优先权，该申请在办理进入中国国家阶段手续后，由 SIPO 发出《优先权视为未要求通知书》。

SIPO 对 PCT 阶段优先权恢复的保留：

《关于对专利合作条约实施细则有关条款不予适用的公告》（第 125 号）：

国家知识产权局作为专利合作条约意义下的指定局，对 2007 年 4 月 1 日起生效的专利合作条约实施细则的以下条款不予适用：

1. 第 20 条第 3 款（a）（ii）、第 20 条第 3 款（b）（ii）、第 20 条第 5 款（a）（ii）、第 20 条第 5 款（d）以及 第 20 条第 6 款；

2. 第 49 条之三第 1 款（a）至（d）以及第 49 条之三第 2 款（a）至（g）。

国家知识产权局作为专利合作条约意义下的受理局，在适用 2007 年 4 月 1 日起生效的专利合作条约实施细则第 26 条之二第 3 款（a）的规定时，理由（i）和（ii）均予接受。

虽然 SIPO 作为受理局接受了 R49－3.1（a）－（d）PCT 以及 R49－3.2（a）－（g）PCT 的规定，没有对此保留，允许申请人在符合 R49－3.2 PCT 规定的两种情况下恢复优先权，即

（i）尽管根据情况已采取了适当的注意，但仍未能在优先权期限内提交国际申请；或者

（ii）不是故意地未在优先权期限内提交国际申请。

这两种理由来恢复优先权。作为受理局，应当及时通知国际局收到优先权恢复请求书，根据该请求做出是否恢复的决定，然后将决定和决定所依据的恢复标准通知申请人和国际局（R26－2 PCT）。

但是，SIPO 作为指定局对上述 PCT 条款予以保留，即在 PCT 申请进入中国国家阶段时，对于其在国际阶段恢复的优先权，SIPO 原则上不予认可。即使是 SIPO 作为受理局所做出的优先权恢复的决定也不在中国发生效力。

GL－A－I 6.2.3 优先权的撤回

要求本国优先权的，撤回优先权后，已按照 R32.3 规定被视为撤回的在先申请不得因优先权要求的撤回而请求恢复。

所以，一旦在要求国内优先权时转换了专利申请的类型后，以后就没有机会再转换了。

GL－A－I 6.2.4 优先权要求费

要求优先权的，应当在缴纳申请费的同时缴纳优先权要求费；期满未缴纳或者未缴足的，视为未要求优先权。

视为未要求优先权或者撤回优先权要求的，已缴纳的优先权要求费不予退回。

GL－C－I 5.2.4 优先权要求费

自进入日起 2 个月内缴纳优先权要求费；期满未缴纳或者未缴足的，视为未要求优先权。

无效宣告请求第 1090 号：无效程序中对优先权进行审查

如果无效程序中请求人提交的宣告该专利无效的对比文件公开日在该优先权日和专利申请日之间，并且对该专利享有的优先权提出异议，专利复审委员会应当对该专利是否享有优先权进行审查。

当优先权文本没有记载一项权利要求全部的必要技术特征，而且技术人员也不能通过阅读该优先权文本后得出未记载的必要技术特征是构成优先权文本记载的技术方案唯一手段的结论时，该权利要求不能享有优先权。

●外观设计优先权

GL－D－V 9.1 需要核实优先权的情况

外观设计专利仅可享有外国优先权。

有如下几种情况之一时，应当对优先权进行核实：

（1）涉案专利与对比设计相同或实质相同，或者涉案专利与对比设计或其特征的组合相比不具有明显区别，且对比设计的公开日在涉案专利所要求的优先权日之后（含优先权日）、申请日之前。

（2）任何单位或者个人在专利局申请的外观设计与涉案专利相同或者实质相同，且前者的申请日在后者的申请日之前（含申请日）、所要求的优先权日之后（含优先权日），而前者的授权公告日在后者的申请日之后（含申请日）。

（3）任何单位或者个人在专利局申请的外观设计与涉案专利相同或者实质相同，且前者所要求的优先权日在后者的申请日之前（含申请日）、所要求的优先权日之后（含优先权日），而前者的授权公告日在后者的申请日之后（含申请日）。

GL－D－V 9.2 外观设计相同主题的认定

属于相同主题的外观设计应当同时满足以下两个条件：

（1）属于相同产品的外观设计；

（2）中国在后申请要求保护的外观设计清楚地表示在其外国首次申请中。

如果中国在后申请要求保护的外观设计与其在外国首次申请中的图片或照片不完全一致，或者在后申请文本中有简要说明而在先申请文本中无相关简要说明，但根据两者的申请文件，所述在后申请要求保护的外观设计已经清楚地表示在所述外国首次申请中，则可认定中国在后申请要求保护的外观设计与其在外国首次申请的外观设计主题相同，可享有优先权。

GL－D－V 9.3〈外观设计〉享有优先权的条件

参照 GL－B－Ⅲ 4.1.1。但是，中国在后外观设计申请之日不得迟于外国首次申请之日起6个月。

GL－D－V 9.5 多项优先权

根据 R32.1 在一件外观设计专利中，可以要求一项或者多项优先权；要求多项优先权的，该专利的优先权期限从最早的优先权日起计算。

对于包含有若干项具有独立使用价值的产品的外观设计，如果其中一项或者多项产品外观设计与相应的一个或者多个外国首次申请中表示的外观设计的主题相同，则该外观设计专利可以享有一项或者多项优先权。

享有多项优先权的申请仅限于“包含有若干项具有独立使用价值的产品的外观设计申请”，即成套产品的合案申请和同一产品的多项相似外观设计合案申请。

中国外观设计申请没有本国优先权。如果国外在先申请为各构件的申请，则要求保护完整组件产品的中国在后申请不能享有多项优先权。所以：

（1）对于符合保护客体要求的构件，建议在中国提交单独构件申请，以期可能享有相应的国外单独构件申请的优先权；

（2）对于不符合保护客体要求的构件，建议在国外同时提交关于完整组件产品的申请，以保证提交的完整组件产品的中国在后申请能够享有优先权。

◎外国优先权和本国优先权的区别：

<table>
<tr><th colspan="2"></th><th>外国优先权（§29.1）</th><th>本国优先权（§29.2）</th></tr>
<tr><td colspan="2">享有优先权的专利类型</td><td>发明、实用新型、外观设计</td><td>发明、实用新型</td></tr>
<tr><td colspan="2">在先申请来源</td><td>1. 巴黎公约成员国
2. WTO 成员方
3. 与中国签有双边协议的国家</td><td>中国大陆（不包括港、澳、台地区）</td></tr>
<tr><td colspan="2" rowspan="2">优先权期限</td><td>发明、实用新型自在先申请之日起 12 个月</td><td rowspan="2">自在先申请之日起 12 个月</td></tr>
<tr><td>外观设计自在先申请之日起 6 个月</td></tr>
<tr><td colspan="2">在先申请主题</td><td>一致，首次申请（初审不审查）</td><td>一致，首次申请，不能已经授权、分案、要求过优先权</td></tr>
<tr><td rowspan="2">要求优先权声明</td><td>提出时间</td><td colspan="2">提出在先申请的同时要有书面声明</td></tr>
<tr><td>声明内容</td><td colspan="2">在先申请的申请日、申请号和原受理机构名称</td></tr>
<tr><td rowspan="2">在先申请文件副本</td><td>提交时间</td><td colspan="2">自申请日起 3 个月</td></tr>
<tr><td>副本要求</td><td>在先申请受理机构出具、申请人提交；电子交换；或副本中中文题录译文（除电子申请）</td><td>由 SIPO 制作、证明；或者可以不提交（写明在先申请日、申请号）</td></tr>
<tr><td colspan="2">申请人</td><td>可以部分一致或有转让协议</td><td>完全一致或有转让协议</td></tr>
<tr><td rowspan="2">在后申请的申请人与在先申请的申请人</td><td>一致</td><td>要求优先权的在后申请的申请人与在先申请文件副本中记载的申请人应当一致，或者是其中之一</td><td>要求优先权的在后申请的申请人与在先申请中记载的申请人应当一致</td></tr>
<tr><td>不一致</td><td>申请人完全不一致，且在先申请的申请人将优先权转让给在后申请的申请人的，应当在提出在后申请之日起 3 个月内提交由在先申请的全体申请人签字或盖章的优先权转让证明文件。
在先申请具有多个申请人，且在后申请具有多个与之不同的申请人的，可以提交由在先申请的所有申请人共同签字或盖章的转让给在后申请的所有申请人的优先权转让证明文件；也可以提交由在先申请的所有申请人分别签字或者盖章的转让给在后申请的申请人的优先权转让证明文件</td><td>不一致的，在后申请的申请人应当在提出在后申请之日起 3 个月内提交由在先申请的全体申请人签字或盖章的优先权转让证明</td></tr>
<tr><td colspan="2">在先申请状态</td><td>不影响在先申请状态</td><td>在后申请之日起视为撤回</td></tr>
</table>

◎优先权与分案申请的区别：

	优先权	分案申请
申请人	本国：一致； 外国：可以是其中一部分	一致
发明人	无要求	一致或是部分成员
时间	12个月；6个月	办登期限届满前
在先申请（原申请）	本国：不得授权、分案、享有优先权，或是外观设计申请	不得撤回、视为撤回或驳回已生效
类型	发明和新型可转换	不得改变类别
主题	相同主题，可为部分优先权、多项优先权	不得超出原记载的范围

§30 要求优先权的手续

申请人要求优先权的，应当在申请的时候提出书面声明，并且在3个月内提交第一次提出的专利申请文件的副本；未提出书面声明或者逾期未提交专利申请文件副本的，视为未要求优先权。

A4. D PC

（1）任何人希望利用以前提出的一项申请的优先权的，需要作出声明，说明提出该申请的日期和受理该申请的国家。每一国家应确定必须作出该项声明的最后日期。

（2）这些事项应在主管机关的出版物中，特别是应在专利和有关专利的说明书中予以载明。

（3）本联盟国家可以要求作出优先权声明的任何人提交以前提出的申请（说明书、附图等）的副本。该副本应经原受理申请的机关证实无误，不需要任何认证，并且在任何情况下，都可以在提出后一申请后三个月内随时提交，不需缴纳费用。本联盟国家可以要求该副本附有上述机关出具的载明申请日的证明书和译文。

（4）对提出申请时要求优先权的声明不得规定其他的手续。本联盟每一国家应确定不遵守本条约规定的手续的后果，但这种后果绝不能超过优先权的丧失。

（5）以后，可以要求提供进一步的证明。

任何人利用以前提出的一项申请的优先权的，必须写明该申请的号码；该号码应依照上述第（2）项的规定予以公布。

GL－A－I 6.2.1.2 要求〈外国〉优先权声明

声明中应写明在先申请日（或某个在先申请的申请日）、申请号和原受理机构名称。未写明或者错写其中的一项或两项内容，而申请人已在规定的期限内提交了在先申请文件副本的，办理手续补正通知书。期满未答复或者补正后仍不符合规定的，视为未要求优先权。

〈我国台湾地区优先权可以附具有关说明。〉

GL－A－I 6.2.1.4 在后申请的申请人

在后申请的申请人与在先申请文件副本中记载的申请人应当一致，或者是在先申请文件副本中记载的申请人之一。

申请人完全不一致，且在先申请的申请人将优先权转让给在后申请的申请人的，应于在后申请日起3个月内提交由在先申请的全体申请人签字或者盖章的优先权转让证明文件。在先申请具有多个申请人，且在后申请具有多个与之不同的申请人的，可以提交由在先申请的所有申请人共同——也可以分别——签字或者盖章的转让给在后申请的所有申请人的优先权转让证明文件。

期满未提交优先权转让证明文件或者提交的优先权转让证明文件不符合规定的，视为未要求优先权。

GL－A－I 6.2.2.2 要求〈本国〉优先权声明

要求优先权声明中应当写明在先申请的申请日、申请号和原受理机构名称（即中国）。未写明或者错写上述各项中的一项或者两项内容的，审查员应当发出办理手续补正通知书，期满未答复或补正后仍不符合规定的，视为未要求优先权。

要求多项优先权而在声明中未写明或者错写某个在先申请的申请日、申请号和原受理机构名称中的一项或者两项内容的，应当发出办理手续补正通知书，期满未答复或补正后仍不符合规定的，视为未要求该项优先权，视为未要求优先权通知书。

GL－A－I 6.2.2.4 在后申请的申请人

要求优先权的在后申请的申请人与在先申请中记载的申请人应当一致；不一致的，在后申请的申请人应当在提出在后申请之日起3个月内提交由在先申请的全体申请人签字或者盖章的优先权转让证明文件。期满未提交优先权转让证明文件，或者提交的优先权转让证明文件不符合规定的，视为未要求优先权。

〈虽然审查指南并未明确规定，国内优先权是否也可以分别转让，但是从代理实践来看，国内优先权也可以采取分别转让的方式。〉

〈在后申请人期满未提交优先权转让证明文件，或者提交的文件不符合规定的，审查员会不经过补正而直接发出《视为未要求优先权通知书》。〉

GL－A－I 6.2.2.5 视为撤回在先申请的程序

申请人要求本国优先权的，其在先申请自在后申请提出之日起即视为撤回。

被视为撤回的在先申请不得请求恢复。

GL－A－I 6.2.3 优先权要求的撤回

申请人可以撤回全部优先权要求，也可以撤回其中某一项或者几项优先权要求。

申请人要求撤回优先权要求的，应当提交全体申请人签字或者盖章的撤回优先权声明。符合规定的，手续合格通知书。不符合规定的，要求视为未提出。

优先权要求撤回后，导致该专利申请的最早优先权日变更时，自该优先权日起算的各种期限尚未届满的，该期限应当自变更后的最早优先权日或者申请日起算，撤回优先权的请求是在原最早优先权日起15个月之后到达专利局的，则在后专利申请的公布期限仍按照原最早优先权日起算。

要求本国优先权的，撤回优先权后，已按照R32.3被视为撤回的在先申请不得因优先权要求的撤回而请求恢复。

〈申请人要求撤回优先权请求的，可以在授权前书面提出。〉

R32.3：申请人要求本国优先权的，其在先申请自后一申请提出之日起即视为撤回。

R51.1：发明专利申请人在提出实质审查请求时以及在收到SIPO发出的发明专利申请进入实质审查阶段通知书之日起的3个月内，可以对发明专利申请主动提出修改。

●优先权转让

要求本国优先权时，其在先申请自后一申请提出之日起即视为撤回，所以本国优先权只能连同专利申请权一并转让；但要求外国优先权时，国外专利优先权与专利申请权是相互独立的两种权利，其转让也具有独立性，所以国外在先申请不会受到任何影响，其优先权可以单独转让。

例如《巴黎公约》缔约国的甲国人A在甲国第一次提出专利申请并取得优先权。A将在甲国的国外专利优先权转让给同样为《巴黎公约》缔约国的乙国人B，自己继续保留在甲国的专利申请权。在这种情况下，A只要转让实现优先权所需材料，如优先权申请文件、优先权有效证明等。同时，A仍有权在甲国申请专利，如果B未行使优先权，A甚至可能在乙国获得专利授权。

◎优先权转让证明：

包含于在先申请文件副本中的符合规定的转让证明视为合格的优先权转让证明。

申请人同时要求了两项优先权，一项是临时专利申请，一项是随后的该临时申请的正式专利申请。如果申请人在法定期限内只提交了正式申请的转让证明，但该转让证明中未提及是否转让该临时申请的，视为对该项临时申请未要求优先权。*〈临时申请制度主要在美国和一些欧洲国家，如德国。在美国，专利申请人在时间仓促的情况下，为了取得临时专利申请所确认的较早优先权，可以先提交一件临时专利申请。在临时申请提交日起12个月的未决期内（不可延期），申请人须提交正式专利申请。根据《美国专利法》A119（e），正式专利申请的内容应包含临时专利申请的内容。在以特定参考资料为依据的前提下，也可以改写临时专利申请的内容。〉*

在先申请的申请人签署的雇佣合同，表明其工作期间的发明产生的所有利益属于在后申请的申请人的，视为合格的优先权转让证明。

在后申请的申请人与在先申请的申请人不一致的，在后申请的申请人应当在提出在后申请之日起3个月内提交由在先申请的全体申请人签字或者盖章的优先权转让证明文件，转让证明不合格或逾期未提交的，视为未要求优先权。

在先申请具有多个申请人，且在后申请具有多个与之不同的申请人的，可以提交由在先申请的所有申请人共同签章的转让给在后申请所有申请人的优先权转让证明文件；也可以提交由在先申请人分别签章的转让给在后申请人的优先权转让证明文件。

比如：在先申请人是A和B，在后申请人是C和D，证明文件可以是一份具有A和B共同签章的转让给C和D的优先权转让证明文件（A+B→C+D）；可以是一份具有A签章的转让给C的优先权转让证明文件和一份具有B签章的转让给D的优先权转让证明文件（A→C和B→D）；可以是两份具有A和B共同签章的分别转让给C和D的优先权转让证明文件（A+B→C和A+B→D）；也可以是两份分别具有A和B签章的转让给C和D的优先权转让证明文件（A→C+D和B→C+D）。

已向专利局提交过的优先权转让证明文件，需要再次提交的，可以仅提交该转让证明的中文题录译文，但应当注明优先权转让证明的原件所在案卷的申请号。转让证明的中文题录译文至少应当表明转让人、受让人、在先申请号。

◎CN－PCT 申请不需要提交优先权转让证明的情形：

（1）在后申请的申请人与在先申请的申请人一致；

（2）在后申请的申请人是在先申请的申请人之一；

（3）在国际阶段已经作出符合要求的享有优先权的声明（R4.17 <iii>）PCT）。

R31 要求优先权

申请人依照专利法第三十条的规定要求外国优先权的，申请人提交的在先申请文件副本应当经原受理机构证明。依照国务院专利行政部门与该受理机构签订的协议，国务院专利行政部门通过电子交换等途径获得在先申请文件副本的，视为申请人提交了经该受理机构证明的在先申请文件副本。要求本国优先权，申请人在请求书中写明在先申请的申请日和申请号的，视为提交了在先申请文件副本。

要求优先权，但请求书中漏写或者错写在先申请的申请日、申请号和原受理机构名称中的一项或者两项内容的，国务院专利行政部门应当通知申请人在指定期限内补正；期满未补正的，视为未要求优先权。

要求优先权的申请人的姓名或者名称与在先申请文件副本中记载的申请人姓名或者名称不一致的，应当提交优先权转让证明材料；未提交该证明材料的，视为未要求优先权。

外观设计专利申请的申请人要求外国优先权，其在先申请未包括对外观设计的简要说明，申请人按照本细则第二十八条规定提交的简要说明未超出在先申请文件的图片或者照片表示的范围的，不影响其享有优先权。

●在先申请文件副本

GL－A－I 6.2.1.3〈外国优先权〉在先申请文件副本

作为优先权基础的在先申请文件的副本应当由该在先申请的原受理机构出具。不符合规定的发出办理手续补正通知书，期满未答复或者补正后仍不符合规定视为未要求优先权。

要求多项优先权的，应当提交全部在先申请文件副本。某一项不符合规定的，发出办理手续补正通知书，期满未答复或者补正后仍不符合规定的，视为未要求该项优先权。

在先申请文件副本应当在提出在后申请之日起 3 个月内提交；期满未提交的，视为未要求优先权通知书。

专利局通过电子交换等途径从该受理机构获得在先申请文件副本的，视为申请人提交了经该受理机构证明的在先申请文件副本。

已向专利局提交过的在先申请文件副本，需要再次提交的，可以仅提交该副本的中文题录译文，但应当注明在先申请文件副本的原件所在案卷的申请号。

GL－A－I 6.2.2.3〈本国优先权〉在先申请文件副本

在先申请文件的副本，由专利局根据规定制作。申请人要求本国优先权并且在请求书中写明了在先申请的申请日和申请号的，视为提交了在先申请文件副本。

要求本国优先权和 PCT（主管部门为 SIPO）优先权的，由 SIPO 代为制作在先申请文件副本。

◎出具在先申请文件副本的单位：

	出具单位
外国优先权	受理该在先申请的国家主管部门
本国优先权	写明了在先申请的申请日和申请号的，视为提交了在先申请文件副本
台湾地区优先权	台湾地区专利主管机构出具
香港地区优先权	经香港特别行政区知识产权署证明

自 2012 年 3 月 1 日起，SIPO 开通专利申请优先权文件的数字接入服务。

优先权文件数字接入服务（DAS：Digital Access Service）是由 WIPO 建立和管理，通过专利局间的合作，以电子交换方式获取优先权文件的电子服务。

在 SIPO 提出首次申请，又将向参与本服务的其他专利局提出专利申请并要求优先权的，申请人可以请求 SIPO 制作优先权文件并存入专门数字图书馆供其他专利局获取，从而无须再自行向其他专利局提交在先申请文件副本。

在参与本服务的其他专利局提出首次申请，又在 SIPO 提出在后专利申请并声明要求优先权的，申请人可以请求 SIPO 通过本服务自专门数字图书馆获取优先权文件。SIPO 通过本服务获得优先权文件的，视为申请人按照§30 的规定提交了在先申请文件副本。

申请人可自愿选择利用本服务，也可以选择按传统方式自行提交在先申请文件副本。

对于经过保密审查获准向外国申请专利的发明专利申请和实用新型申请，申请人可以请求 SIPO 通过本服务制作优先权文件并存入专门数字图书馆。

此项服务不适用于通过 PCT 途径提交的专利申请。

申请优先权文件数字接入服务具体手续分三个步骤。例如，中国的在后申请请求美国优先权：

（1）向 USPTO 办理 DAS 交存请求；

（2）在 WIPO 网站 https：//webaccess. wipo. int/priority_ documents/en/中授权 SIPO 使用该数据；

（3）向 SIPO 办理 DAS 查询请求。

以上三个步骤需要在中国申请日起 3 个月内完成，若错过期限又未提交优先权副本，则优先权将被视为未提出。

R33 要求外国优先权所需的证明文件

在中国没有经常居所或者营业所的申请人，申请专利或者要求外国优先权的，国务院专利行政部门认为必要时，可以要求其提供下列文件：

（一）申请人是个人的，其国籍证明；

（二）申请人是企业或者其他组织的，其注册的国家或者地区的证明文件；

（三）申请人的所属国，承认中国单位和个人可以按照该国国民的同等条件，在该国享有专利权、优先权和其他与专利有关的权利的证明文件。

GL－E－I 3.3 外文的翻译

当事人在提交外文证明文件、证据材料时（例如优先权证明文本、转让证明等），应当同时附具中文题录译文，审查员认为必要时，可以要求当事人在规定的期限内提交全文中文译文或者摘要中文译文；期满未提交译文的，视为未提交该文件。

R95 申请费和优先权要求费等的缴纳期限

申请人应当自申请日起2个月内或者在收到受理通知书之日起15日内缴纳申请费、公布印刷费和必要的申请附加费；期满未缴纳或者未缴足的，其申请视为撤回。

申请人要求优先权的，应当在缴纳申请费的同时缴纳优先权要求费；期满未缴纳或者未缴足的，视为未要求优先权。

GL－A－I 6.2.4 优先权要求费

要求优先权的，应当在缴纳申请费的同时缴纳优先权要求费；期满未缴纳或者未缴足的，审查员应当发出视为未要求优先权通知书〈R95.2〉。

〈*即自提出在后申请之日起2个月内，或者在收到受理通知书之日起15日内缴纳优先权要求费。*〉

视为未要求优先权或者撤回优先权要求的，已缴纳的优先权要求费不予退回。

R110 要求优先权的国际申请

申请人在国际阶段已要求一项或者多项优先权，在进入中国国家阶段时该优先权要求继续有效的，视为已经依照专利法第三十条的规定提出了书面声明。

申请人应当自进入日起2个月内缴纳优先权要求费；期满未缴纳或者未缴足的，视为未要求该优先权。

申请人在国际阶段已依照专利合作条约的规定，提交过在先申请文件副本的，办理进入中国国家阶段手续时不需要向国务院专利行政部门提交在先申请文件副本。申请人在国际阶段未提交在先申请文件副本的，国务院专利行政部门认为必要时，可以通知申请人在指定期限内补交；申请人期满未补交的，其优先权要求视为未提出。

GL－C－I 2 国际申请进入国家阶段手续的审查

申请人在办理进入国家阶段手续时提出撤回优先权要求的，办理该手续的期限仍按照原最早优先权日起算。

因中国对 PCT 及其实施细则的有关规定作出保留，而使国际申请的优先权在国家阶段不成立的，办理进入国家阶段手续的期限仍按照原最早优先权日起算。

●优先权声明（§30）

（1）应与 IB 的记录一致；

（2）在国际阶段未提供在先申请号的，应当在进入声明中写明；

（3）在后申请应当自在先申请的申请日起 12 个月内提出；

（4）不得提出新的优先权要求。

优先权声明中有错误的，进入时或自进入日起 2 个月内可以提出改正请求。必要时，提交在先申请文件副本。

GL－C－I 5.2.2〈*CN－PCT*〉在先申请文件副本的提供

根据 R17PCT，如果申请人已向 RO 提交了在先申请文件副本或者向 RO 提出制作在先申请文件副本的要求，专利局不得要求申请人本人提供在先申请文件副本，该在先申请文件副本由专利局请求 IB 提供。

IB 通知专利局，申请人在国际阶段没有按照规定提交在先申请副本的，审查员应当通知申请人在指定期限内补交；期满仍未提交的，视为未要求优先权。

CN－PCT 申请要求优先权的在先申请文件副本在国际阶段未提交过的，应在指定期限内提交副本及证明文件。期满未提交的，视为未提出优先权要求。国际阶段已提交过的，进入时不需要再次提交。

申请人可以请求 RO 或 IB 从电子图书馆提供优先权文件副本，而不由申请人自己提供这些文件（R17.1〈b－2〉PCT）。

§31 专利申请的单一性

一件发明或者实用新型专利申请应当限于一项发明或者实用新型。属于一个总的发明构思的两项以上的发明或者实用新型，可以作为一件申请提出。

一件外观设计专利申请应当限于一项外观设计。同一产品两项以上的相似外观设计，或者用于同一类别并且成套出售或者使用的产品的两项以上外观设计，可以作为一件申请提出。

◎发明单一性的要求：

R13.1 PCT

一件国际申请应只涉及一项发明或者由一个总的发明构思联系在一起的一组发明。

◎发明单一性的要求被认为满足的情况：

R13.2 PCT

在同一个国际申请中要求保护一组发明的，只有在这些发明之间存在着技术关联，含有一个或者多个相同或者相应的特定技术特征时，R13.1 所述的发明单一性的要求才应被认为满足。“特定技术特征”一词应指，在被要求保护的各个发明作为一个整体考虑时，其中每一个发明对现有技术作出贡献的技术特征。

发明单一性的确定不因撰写权利要求的方式而受影响。

R13.3 PCT

在确定一组发明是否联系得能形成一个总的发明构思时，不应考虑这些发明是在一些独立的权利要求中被要求保护的，还是在一个单个的权利要求中作为选择项被要求保护的。

GL-B-VII 9.2.1 对明显缺乏单一性的申请的检索

（1）待申请人修改申请并消除缺乏单一性的缺陷后再进行检索；

（2）如果缺乏单一性的两项或多项独立权利要求的技术方案都属于该审查员负责审查的技术领域，且它们涉及的检索领域非常接近或在很大程度上重叠，则审查员可以在不增加太多工作量的情况下，同时完成对它们检索。

GL-B-VII 10 不必检索的情况

（1）属于§5 或者§25 规定的不授予专利权的情形；

（2）不符合§2.2 的规定；

（3）不具备实用性（§22.4）；

（4）说明书和权利要求书未对该申请的主题作出清楚、完整的说明，以至于所属技术领域的技术人员不能实现（§26.3）。

GL－B－Ⅶ 11 补充检索

在实质审查过程中，有下列情形之一的，审查员应当对申请进行补充检索：

(1) 申请人修改了权利要求，原先的检索没有覆盖修改后权利要求请求保护的范围；

(2) 申请人澄清了某些内容，使得原先的检索不完整、不准确；

(3) 第一次审查意见通知书以前的检索不完整或不准确；

(4) 审查意见的改变使得已经作出的检索不完整或者不准确而需要增加或者改变其检索领域的。

在复审后的继续审查过程中，如果出现上述情形，也应当进行补充检索。

此外，对于本章第 4.2 节 (2) 中所述的可能构成抵触申请的指定中国的国际专利申请文件，在对申请发出授予专利权的通知之前，应当通过补充检索查看其是否进入了中国国家阶段并作出了中文公布。

GL－B－Ⅷ 4.4 对缺乏单一性申请的处理

(1) 先通知申请人修改；

(2) 检索后再通知申请人修改。

无论申请属于 (1)、(2) 中的哪一种情形，申请人都应当在指定的期限内，对其申请进行修改。申请人期满不答复的，该申请被视为撤回。

R34 发明和实用新型的单一性

依照专利法第三十一条第一款规定，可以作为一件专利申请提出的属于一个总的发明构思的两项以上的发明或者实用新型，应当在技术上相互关联，包含一个或者多个相同或者相应的特定技术特征，其中特定技术特征是指每一项发明或者实用新型作为整体，对现有技术作出贡献的技术特征。

包含相同的特定技术特征是指，在不同的独立权利要求中包含相同的特定技术特征。

包含相应的特定技术特征是指，在不同的独立权利要求中包含相互关联或者相互配合以解决技术问题的特定技术特征。

GL－B－Ⅵ 2.1.1 单一性要求

单一性，是指一件发明或者实用新型专利申请应当限于一项发明或者实用新型，属于一个总的发明构思的两项以上发明或者实用新型，可以作为一件申请提出。

●实用新型单一性

实用新型的单一性是指一件实用新型专利申请应当限于一项实用新型。属于一个总的发明构思的两项以上的实用新型，可以作为一件申请提出。

可以作为一件实用新型专利申请提出的两项以上的实用新型，是指不能包括在一项权利要求内的两项以上属于一个总的发明构思的产品独立权利要求。

可以作为一件专利申请提出的属于一个总的发明构思的两项以上的实用新型，应当在技术上相互关联，包含一个或者多个相同或者相应的特定技术特征。其中特定技术特征是指每一项实用新型作为整体，对实用新型专利申请文件所描述的背景技术作出贡献的技术特征（R13.2 PCT）。

GL－B－Ⅵ 2.1.2 总的发明构思

属于一个总的发明构思的两项以上的发明在技术上必须相互关联。

§31.1 所称的"属于一个总的发明构思"是指具有相同或相应的特定技术特征。特定技术特征是指每一项发明或实用新型作为整体，对现有技术作出贡献的技术特征，也就是使发明相对于现有技术具有新颖性和创造性的技术特征。

〈但不是独立权利要求的所有的必要技术都是评价单一性所指的"特定技术特征"。〉

GL－B－Ⅵ 2.2.1 审查原则

（1）根据§31.1 及 R34，判断单一性，要看权利要求中记载的技术方案的实质性内容是否属于一个总的发明构思，即判断这些权利要求中是否包含使它们在技术上相互关联的一个或者多个相同或者相应的特定技术特征。这一判断是根据权利要求的内容来进行的，必要时可以参照说明书和附图的内容。

〈判断发明是否属于一个总的发明构思，无须区分这些发明是分别在各自的独立权利要求中，还是在同一项权利要求中作为并列选择的技术方案，均应当按照相同的标准判断其单一性。后一种情况经常出现在化学领域的马库什权利要求中。权利要求的排序不影响发明单一性的判断。〉

（2）属于一个总的发明构思的两项以上发明的权利要求可以按照以下方式之一撰写：

（i）不能包括在一项权利要求内的两项以上产品或者方法的同类独立权利要求。

但只要有一个或者多个相同或者相应的特定技术特征使多项产品类独立权利要求之间或者多项方法类独立权利要求之间在技术上相关联，则允许在一件专利申请中包含多项同类独立权利要求。

（ii）产品和专用于制造该产品的方法的独立权利要求；"专用"并不意味着该产品不能用其他方法制造。

（iii）产品和该产品的用途的独立权利要求。

（iv）该用途必须是由该产品的特定性能决定的，它们在技术上相关联。

（v）产品、专用于制造该产品的方法和该产品的用途的独立权利要求。

（vi）产品、专用于制造该产品的方法和为实施该方法而专门设计的设备的独立权利要求。

（vii）方法和为实施该方法而专门设计的设备的独立权利要求。

除了该"专门设计"的设备能够实施该方法外，该设备对现有技术作出的贡献还必须与该方法对现有技术作出的贡献相对应。"专门设计"的含义并不是指该设备不能用来实施其他方法，或者该方法不能用其他设备来实施。

（3）一般情况下，只需要考虑独立权利要求之间的单一性，从属权利要求与其所从属的独立权利要求之间不存在缺乏单一性的问题。

如果一项独立权利要求由于缺乏新颖性、创造性等理由而不能被授予专利权，则需要考虑其从属权利要求之间是否符合单一性的规定。

◎单一性判断方法：

实践中，往往以两项以上的发明或者实用新型中是否包含一个或者多个相同或者相应的特定技术特征为基准。“特定技术特征”本身必须至少具有新颖性。不具有相同或相应的特定技术特征的技术方案之间不具有单一性。

（1）将第一项发明的主题与相关的现有技术进行比较，以确定从发明的整体上看对现有技术作出贡献的特定技术特征。

（2）判断第二项发明中是否存在一个或者多个与第一项发明相同或者相应的特定技术特征，从而确定这两项发明是否在技术上相关联。

（3）如果在发明之间存在一个或者多个相同或者相应的特定技术特征，即存在技术上的关联，则可以得出它们属于一个总的发明构思的结论。

（4）如果独立权利要求之间没有相同的特定技术特征，则需要进一步判断它们之间是否具有相应的特定技术特征。通常可以这样考虑：

判断其他申请主题的独立权利要求中是否存在与本独立权利要求特定技术特征相关联的特定技术特征。如果其他独立权利要求中的这一特定技术特征与本独立权利要求中的某一特定技术特征有依赖关系，即在其他独立权利要求中的这一特定技术特征是随着独立权利要求中某一特定技术特征而作出的相应改变，就可以认为这两个特定技术特征之间是相应的特定技术特征，从而认定这两个独立权利要求属于一个总的发明构思，并具有单一性。

如果各项发明之间不存在技术上的关联，没有包含相同或相应的技术特征；或者虽然包含相同或相应的技术特征，但是这些技术特征属于本领域惯用的技术手段，没有对现有技术作出贡献，则可以作出它们不属于一个总的发明构思的结论，进而确定它们不具有单一性。

GL－B－VI 2.2.2.3 从属权利要求的单一性

根据本章 2.2.1（5）所述的原则，凡符合规定的从属权利要求，与其所引用的独立权利要求之间不存在缺乏单一性的问题，即使该从属权利要求还包含着另外的发明。

GL－B－X 8.1.1〈马库什权利要求的单一性〉基本原则

如果一项申请在一个权利要求中限定多个并列的可选择要素，则构成“马库什”权利要求。马库什权利要求同样应当符合§33.1 及 R34 关于单一性的规定。如果一项马库什权利要求中的可选择要素具有相类似的性质，则应当认为这些可选择要素在技术上相互关联，具有相同或相应的特定技术特征，该权利要求可被认为符合单一性的要求。这种可选择要素称为马库什要素。

当马库什要素是化合物时，如果满足下列标准，应当认为它们具有类似的性质，该马库什权利要求具有单一性：

（1）所有可选择化合物具有共同的性能或作用；和

（2）所有可选择化合物具有共同的结构，该共同结构能够构成它与现有技术的区别特征，并对通式化合物的共同性能或作用是必不可少的；或者在不能有共同结构的情况下，所有的可选择要素应属于该发明所属领域中公认的同一化合物类别。

“公认的同一化合物类别”是指根据本领域的知识可以预期到该类的成员对于要求保护的发明来说其表现是相同的一类化合物。也就是说，每个成员都可以互相替代，而且可以预期所要达到的效果是相同的。

复审请求第18930号：多肽化合物单一性的判断

在判断马库什权利要求单一性的过程中，即使所有可选择化合物之间具有能够与现有技术相区别的共同结构特征和共同的性能，也不能够由此直接得出这些化合物之间具备单一性的结论。需要明确该区别技术特征与性能之间的关系，即所述共同结构对化合物共同的性能或作用是否必不可少的。

GL－B－X 8.1.1 中所述的“公认的同一化合物类别”是指根据本领域的技术知识，不考虑申请记载的内容即可以预期到该类别中各化合物对于请求保护的发明来说表现相同。也就是说，该类别中各个化合物都可以互相替代，而且可以预期其所达到的效果均相同。

◎中间体与最终产物的单一性：

GL－B－X 8.2.1 基本原则

（1）中间体与最终产物之间同时满足以下两个条件，则有单一性。

（i）中间体与最终产物有相同的基本结构单元，或者它们的化学结构在技术上密切相关，中间体的基本结构单元进入最终产物。

（ii）最终产物是直接由中间体制备的，或者直接从中间体分离出来的。

（2）由不同中间体制备同一最终产物的几种方法，而且这些不同的中间体具有相同的基本结构单元。

（3）用于同一最终产物的不同结构部分的不同中间体，不具有单一性。

◎化合物晶体发明的权利要求的单一性：

当一件申请中请求保护同一化合物的多种聚集态和/或多种晶体时，根据以下原则审查其单一性：

（1）如果化合物本身具备新颖性和创造性，则请求保护的不同形式的聚集态和/或多种晶体之间具有单一性；

（2）如果化合物本身是已知的，例如，现有技术已经公开了“非晶状”（如油状或无定型固体状）的该化合物或公开了该化合物的一种或多种晶体，或者如果化合物本身是新的但不具备创造性，那么，通常认为请求保护的不同形式的聚集态和/或多种晶体之间不具有单一性。

◎医药用途发明专利单一性：

如果是新化合物的用途，由于化合物是具有新颖性的，那么该新化合物就是产品权利要求和用途权利要求之间的特定技术特征，产品权利要求和用途权利要求之间具备单一性。

如果某已知化合物同时发现多个新的治疗疾病的用途，则多个治疗疾病的用途权利要求之间的特定技术特征就应该是“存在相互关联的发病机制”，否则请求保护的权利要求之间不具备单一性。例如：

（1）化合物 A 在制备治疗疾病 B 的药物中的应用。

（2）化合物 A 在制备治疗疾病 C 的药物中的应用。

（3）化合物 A 在制备治疗疾病 D 的药物中的应用。

如果疾病 B 和 C 存在相互关联的发病机制，但是疾病 B 和 D 不存在相互关联的发病机制，则权利要求 1 和 2 之间存在单一性，权利要求 3 和 1 或 2 之间缺乏单一性。

◎中药复方产品的单一性：

判断中药复方产品是否具有单一性时，不能简单地根据多个产品治疗的疾病相同或相类似而认定它们之间具有单一性，还需分析这些产品中是否存在相同或相应的特定技术特征。

在中药复方产品的单一性判断过程中，首先要考察两项权利要求的技术方案或一项权利要求中的并列技术方案是否都包含一个基础方，再判断该基础方是否构成对现有技术作出贡献的技术特征。当该基础方使得发明具备新颖性和创造性时，在基础方的基础上增加其他药味形成多个产品，只要增加药味后整个组方的功效没有发生实质性变化，则基础方就成为它们之间相同的特定技术特征，技术方案之间具有单一性。与此相反，当基础方不同，或者基础方相同但不能使得发明具备新颖性或创造性时，通过增加其他药味形成的多个中药复方产品之间就不具有单一性。

最高人民法院（2011）民申字第 1309 号：母案申请对解释分案申请授权专利权利要求的作用

母案申请构成分案申请的特殊的专利审查档案，在确定分案申请授权专利的权利要求保护范围时，超出母案申请公开范围的内容不能作为解释分案申请授权专利的权利要求的依据。

复审请求第 12227 号：具有“相应的特定技术特征”的发明创造具有单一性

两个权利要求之间具备共同技术特征实际上不是一个完整的技术特征，而是特定技术特征。由于两特定技术特征所述的颗粒不同，因此二者并非相同的特定技术特征，因为两特定技术特征所述的主体不同。

但是，如果两个权利要求包含的特定技术特征属于性质相似，解决现有技术中存在的相同的技术问题，并达到相同的技术效果的技术特征，则应当认为“相应的特定技术特征”。

单一性举例：

权利要求：

（1）[A]，其特征在于包括 L、M 和 N；

（2）根据权利要求（1）所述的［A］，其特征在于L由材料K制成；

（3）根据权利要求（2）所述的［A］，其特征在于M为X形；

（4）根据权利要求（2）所述的［A］，其特征在于M由材料Y制成；

（5）根据权利要求（1）所述的［A］，其特征在于还包括Z；

（6）用于权利要求2所述［A］的材料K。

现有技术中，已知包括L、M和N的［A］，所以权利要求（1）不具备新颖性，L、M和N都不是特定技术特征。而K、X、Y、Z均为特定技术特征且互不相关。那么：

具有单一性：

权利要求（2）与（3）；权利要求（3）与（4）；权利要求（2）与（6）；权利要求（2）、（3）、（4）、（6），因为（3）、（4）为从属于（2）的附属权利要求，也含有K。

不具有单一性：

权利要求（2）与（5）；权利要求（3）与（5）。

◎发明专利合案申请的几种情况：

（1）不能包括在一项权利要求内的两项以上产品或者方法的同类独立权利要求。（产品+产品）（方法+方法）

（2）产品和专用于制造该产品的方法的独立权利要求。（产品+方法）

（3）产品和该产品用途的独立权利要求。（产品+用途）

（4）产品、专用于制造该产品的方法和该产品用途的独立权利要求。（产品+方法+用途）

（5）产品、专用于制造该产品的方法和实施该方法的专用设备。（产品+方法+设备）

（6）方法和实施该方法的专用设备。（方法+设备）

◎实用新型的合案申请只有一种情况：

不能包括在一项权利要求内的两项以上产品的同类独立权利要求。（产品+产品）

◎不符合单一性的处理：

（1）申请日提交的权利要求不符合单一性

应当要求申请人将该权利要求限制至其中一项实用新型或者属于一个总的发明构思的两项以上的实用新型；对于其余的实用新型，申请人可以提交分案申请。

（2）修改后的权利要求不符合单一性

申请人可保留原权利要求，删除后增加的独立权利要求；也可保留后增加的独立权利要求，删除原权利要求。申请人可以对删除的独立权利要求提交分案申请。

期限届满申请人未答复的，视为撤回该专利申请。申请人的答复中无充分理由而又拒绝修改的，作出驳回决定。

R35 外观设计申请的单一性

依照专利法第三十一条第二款规定，将同一产品的多项相似外观设计作为一件申请提出的，对该产品的其他设计应当与简要说明中指定的基本设计相似。一件外观设计专利申请中的相似外观设计不得超过10项。

专利法第三十一条第二款所称同一类别并且成套出售或者使用的产品的两项以上外观设计，是指各产品属于分类表中同一大类，习惯上同时出售或者同时使用，而且各产品的外观设计具有相同的设计构思。

将两项以上外观设计作为一件申请提出的，应当将各项外观设计的顺序编号标注在每件外观设计产品各幅图片或者照片的名称之前。

◎外观设计合案申请的条件：

（1）同一类别

可以合案申请的外观设计产品属于同一类别，即属于国际外观设计分类表中同一小类。分类表中同一小类。

（2）成套出售或者使用

成套出售或者使用，是指习惯上是同时出售、同时使用。同时使用的概念不是指同一时刻使用，而指观念上同时使用。

（3）设计构思相同

设计风格是统一的，即对各产品的形状、图案或者色彩作出的设计是统一和谐的。

形状的统一：同一种造型特征；

图案的统一：题材、构图、表现形式统一；

色彩的统一：与形状、图案的统一综合考虑。

（4）分别具备授权条件

其中一件产品不具备授权条件，则整套产品就不具备授权条件。

外观设计申请只能选择一种合案申请形式，不能同时使用两种合案申请形式。如果出现成套产品外观设计包含相似外观设计的情况，申请人通常需要更改合案申请形式。由于在无效程序和侵权诉讼中，无论是成套产品外观设计还是相似外观设计合案申请，申请人就其中的每一项外观设计都能单独主张权利，因此，对于同时符合成套产品外观设计和相似外观设计合案申请要求的外观设计，无论选择哪一种形式，都不会对授权后的权利保护造成影响。

除对色彩要求的差异之外，相似外观设计的设计特征要求基本都在成套产品外观设计要求的“各产品设计构思相同”的范围内。

GL－A－III 9.1 同一产品的两项以上的相似外观设计

一件外观设计专利申请中的相似外观设计超过10项的，审查员应发出审查意见通知书，申请人修改后未克服缺陷的，驳回该专利申请。

GL－A－Ⅲ 9.1.1 同一产品

同属于国际外观设计分类表中的同一大类产品，但并不一定属于同一产品。

GL－A－Ⅲ 9.1.2 相似外观设计

相似外观设计合案申请要求其他外观设计和基本外观设计经整体观察具有相同或者相似的设计特征，并且二者之间的区别在于局部细微变化、该类产品的惯常设计、设计单元重复排列或者仅色彩要素的变化等情形。

判断相似外观设计时，应当将其他外观设计与基本外观设计单独进行对比。

初步审查时，对涉及相似外观设计的申请，应当审查其是否明显不符合§31.2 的规定。一般经整体观察，如果其他外观设计和基本外观设计具有相同或者相似的设计特征，并且二者之间的区别点在于局部细微变化、该类产品的惯常设计、设计单元重复排列或者仅色彩要素的变化等情形，则通常认为二者属于相似的外观设计。

京高院《专利侵权判定指南》

第 76 条：应当以外观设计专利产品的一般消费者的知识水平和认知能力，判断外观设计是否相近似，而不应以该外观设计专利所属技术领域的普通设计人员的观察能力为标准。

第 77 条：一般消费者，是一种假设的“人”，对其应当从知识水平和认知能力两方面进行界定。

一般消费者的知识水平是指，他通常对外观设计专利申请日之前相同种类或者相近种类产品的外观设计及其常用设计手法具有常识性的了解。

一般消费者的认知能力是指，他通常对外观设计产品之间在形状、图案以及色彩上的区别具有一定的分辨力，但不会注意到产品的形状、图案以及色彩的微小变化。

对外观设计产品的一般消费者的知识水平和认知能力作出具体界定时，应当针对具体的外观设计产品，并考虑申请日前该外观设计产品的设计发展过程。

第 78 条：判断外观设计是否相近似时，不应以外观设计创作者的主观看法为准，而应以一般消费者的视觉效果为准。

第 79 条：判断外观设计是否构成相近似时以整体观察、综合判断为原则，即应当对授权外观设计、被诉侵权设计可视部分的全部设计特征进行观察、对能够影响产品外观设计整体视觉效果的所有因素进行综合考虑后作出判断。

第 80 条：被诉侵权设计与授权外观设计在整体视觉效果上无差异的，应当认定两者相同；在整体视觉效果上无实质性差异的，应当认定两者构成相近似。具体而言：

（1）如果两者的形状、图案、色彩等整体上的视觉效果无差异，则应当认为两者构成相同；

（2）如果两者的形状、图案、色彩等整体上的视觉效果不完全相同，但是没有明显差异，则应当认为两者相近似；

（3）如果两者的形状、图案、色彩等整体上的视觉效果不同，且有明显差异的，则应当认为两者不相同且不相近似。

第81条：在判断相近似时，由产品功能、技术效果决定的设计特征不予考虑。

由产品功能、技术效果决定的设计特征，是指实现产品功能、技术效果的有限或者唯一的设计。

第82条：对于立体产品的外观设计，通常形状对整体视觉效果更具有影响，在进行相近似判断时，应以形状为重点；但如果其形状属于惯常设计，则图案、色彩对整体视觉效果更具有影响。

惯常设计，是指现有设计中一般消费者所熟知的、只要提到产品名称就能想到的相应设计。

第83条：对于平面产品的外观设计，通常图案、色彩对整体视觉效果更具有影响，在进行相近似判断时，应以图案、色彩为重点。

第85条：将不透明材料替换为透明材料，或者将透明材料替换为不透明材料，且仅属于材料特征的变换，未导致产品外观设计发生明显变化的，在判断外观设计的相近似时，应不予考虑。但是，如果透明材料致该产品外观设计的美感发生了变化，导致一般消费者对该产品的整体视觉发生变化的，则应当予以考虑。

被诉侵权产品系将不透明材料替换为透明材料，通过透明材料可以观察到产品内部结构，则内部结构应当视为该产品的外观设计的一部分。

GL-A-Ⅲ 9.2 成套产品的外观设计

成套产品是指由两件以上（含两件）属于同一大类、各自独立的产品组成，各产品的设计构思相同，其中每一件产品具有独立的使用价值，而各件产品组合在一起又能体现出其组合使用价值的产品。

京高院《专利侵权判定指南》

第69条：成套产品的整体外观设计与组成该成套产品的每一件外观设计均已显示在该外观设计专利文件的图片或者照片中的，其权利保护范围由组成该成套产品的每一件产品的外观设计或者该成套产品的整体外观设计确定。

成套产品设计，是指用于同一类别并且成套出售或使用的产品的两项以上外观设计，作为一件外观设计申请提出并获得授权的外观设计专利。

GL-A-Ⅲ 9.2.1 同一类别

同一类别，指国际外观设计分类表中的同一大类。

产品属于同一大类并非是合案申请的充分条件，还应当满足§31.2有关成套出售或者使用以及属于相同设计构思的要求。

GL-A-Ⅲ 9.2.2 成套出售或者使用

R35.2所述的成套出售或者使用，指习惯上同时出售或者同时使用并具有组合使用价值。

（1）同时出售，是指外观设计产品习惯上同时出售。为促销而随意搭配出售的产品，不应认为是习惯上同时出售，不能作为成套产品提出申请。

（2）同时使用，是指产品习惯上同时使用，也就是说，使用其中一件产品时，会产生使用联想，从而想到另一件或另几件产品的存在，而不是指在同一时刻同时使用这几件产品。

GL－A－Ⅲ 9.2.3 各产品的设计构思相同

设计构思相同，是指各产品的设计风格是统一的，即对各产品的形状、图案或者其结合以及色彩与形状、图案的结合所作出的设计是统一的。

形状的统一，是指各个构成产品都以同一种特定的造型为特征，或者各构成产品之间以特定的造型构成组合关系，即认为符合形状统一。

图案的统一，是指各产品上图案设计的题材、构图、表现形式等方面应当统一。若其中有一方面不同，则认为图案不统一。

色彩的统一，不能单独考虑，应当与各产品的形状、图案综合考虑。当各产品的形状、图案符合统一协调的原则时，在简要说明中没有写明请求保护色彩的情况下，设计构思相同；在简要说明中写明请求保护色彩的情况下，如果产品的色彩风格一致则设计构思相同；如果各产品的色彩变换较大，破坏了整体的和谐，则不能作为成套产品合案申请。

成套产品外观设计合案申请要求各产品设计构思相同，各个产品的形状、图形和色彩必须在设计特征上统一。

◎成套产品和相似外观设计的比较：

（1）产品种类

成套产品外观设计合案申请要求其产品必须属于同一类别，即国际外观设计分类表中的同一大类。

相似外观设计合案申请要求各项外观设计产品必须是同一产品。同一产品原则上是相同种类的产品，而相同种类产品又在同一大类的类别内。

（2）产品组合关系

成套产品外观设计合案申请要求各产品必须成套出售或者使用，除了各自具备独立使用价值外，还要求组合在一起能体现其组合的使用价值。

相似外观设计合案申请只要求有具备独立使用价值的两项以上相似外观设计。

（3）其他条件

成套产品外观设计合案申请不限制外观设计产品数量。

相似外观设计合案申请要求外观设计产品数量不得超过10项。

GL－A－Ⅲ 9.2.4 成套产品中不应包含相似外观设计

成套产品外观设计专利申请中不应包含某一件或者几件产品的相似外观设计。

当选择对成套产品中的多件产品的外观设计合案提出申请时，就不能在对其中某一件产品又提出多项相似的设计方案。

GL－A－Ⅲ 9.3 合案申请的外观设计应当分别具备授权条件

无论是涉及同一产品的两项以上的相似外观设计，还是成套产品的外观设计专利申请，其中的每一项外观设计或者每件产品的外观设计除了应当满足上述合案申请的相关规定外，还应当分别具备其他授权条件；如果其中的一项外观设计或者一件产品的外观设计不具备授权条件，则应当删除该项外观设计或者该件产品的外观设计，否则该专利申请不能被授予专利权。

◎成套产品和组件产品的比较：

GL－D－V 5.2.5.1 组件产品

组件产品，是指由多个构件相结合构成的一件产品。

对于组装关系唯一的组件产品，应当以组合状态下的整体外观设计为对象，而不是以所有单个构件的外观为对象进行判断。

对于组装关系不唯一的组件产品，应当以组件的所有单个构件的外观为对象，而不是以组装后的整体的外观设计为对象进行判断。

对于各构件之间无组装关系的组件产品，应当以所有单个构件的外观为对象进行判断。

〈组件产品的各个构件均服务于该产品的最终用途。〉

对于合案申请的成套产品，虽然共用一个专利号，但其中每一个套件或者每一项相似外观设计都能够单独主张权利。换句话说，成套产品要获得授权，其中每一件产品都必须具备授权条件。

对于组件产品而言，即使是其中的单个构件可以作为保护客体单独提交专利申请，但只要是以整体组件产品的形式提交申请，无论其使用时与其他构件是结合还是分离，也无论是否同时提交了单个构件的视图，该构件都只能作为该组件产品的组成部分，不能单独主张权利。即如果只有一个构件被模仿，并不一定被判定为侵犯其专利权，是否侵权要结合整个组件产品的所有构件进行判断。

组件产品获得的专利是包含所有构件在内的一项不可拆分的权利，其中的单个构件不能像成套产品的单个套件或者一项相似外观设计那样单独得到保护。

成套产品要获得授权，其中每一件产品都必须具备授权条件。只要有其中一个套件的设计或者一项相似外观设计被模仿，就可以被判定为侵犯其专利权。

如果产品被认定为组件产品，那么专利权被无效宣告的可能性会降低，因为只有一个构件不符合授权条件并不必然导致专利权整体无效，不能仅仅宣告某个构件的权利无效，而只能在“维持专利权有效”和“宣告专利权全部无效”中择其一。但是，如果被诉侵权产品仅模仿了其中一个构件，也同样不能必然导致侵权结论的成立。

如果产品被认定为成套产品，那么专利权被无效宣告的可能性增高。成套产品合案申请获得的专利权可以被部分无效宣告，因为其中一个套件不符合授权条件会被宣告专利权部分无效。假如被诉侵权产品仅模仿了其中一个套件，则会导致侵权。

如果一个产品的某个部件属于现有设计或者与现有设计无明显区别，将整体产品按组件产品的形式提交申请更好，因为专利权被无效宣告的可能性降低了。

如果一个产品的各个部件不属于现有设计或者与现有设计有明显区别，并且符合其他授权条件，则将整体产品按成套产品的形式提交申请更好，因为这样每个部件都同时能得到独立的保护，还能节省申请费用。

京（2003）一中民初字第10522号：组装关系唯一的组件产品的整体外观设计确定保护范围

将原告的外观设计与被告的产品进行比对，其区别仅在于被告的产品缺少一个附件，被告的产品与专利保护的产品的任意两种组合使用状态中的一种相近似，就可以认定被告的产品与原告的外观设计相近似。

R42 分案申请的提出

一件专利申请包括两项以上发明、实用新型或者外观设计的，申请人可以在本细则第五十四条第一款规定的期限届满前，向国务院专利行政部门提出分案申请；但是，专利申请已经被驳回、撤回或者视为撤回的，不能提出分案申请。

国务院专利行政部门认为一件专利申请不符合专利法第三十一条和本细则第三十四条或者第三十五条规定的，应当通知申请人在指定期限内对其申请进行修改；申请人期满未答复的，该申请视为撤回。

分案的申请不得改变原申请的类别。

◎首次分案：

（1）主动提出；

（2）按照专利局审查意见提出分案。

◎分案再分案：

仍按原申请核实时间，除非按照专利局的指明了单一性的审查意见或者分案通知书的意见提出再次分案，否则不得分案。

SIPO发出授予专利权的通知后，申请人应当自收到通知之日起2个月内办理登记手续。申请人按期办理登记手续的，SIPO应当授予专利权，颁发专利证书，并予以公告（R54.1）。

对于分案申请递交日不符合上述规定的，申请视为未提出。

◎首次提出分案时机：

R42	具体说明
申请人最迟应在收到对原申请作出授予专利权通知书之日起2个月届满之前提出分案申请	自申请日起至办理登记手续通知书中规定的期限届满日之前，可以提出分案申请

续表

R42	具体说明
原申请被驳回	自申请人收到驳回决定之日起 3 个月内，不论申请人是否提出复审请求，均可以提出分案申请； 在提出复审请求以后以及对复审决定不服提起行政诉讼期间，申请人可以提出分案申请； 复审决定维持驳回决定的，自申请人收到复审决定之日起 3 个月内，不论申请人是否上诉，均可以提出分案申请； 法院维持复审决定的，申请人在收到一审行政判决书之日起 15 日内，不论申请人是否上诉，均可以提出分案申请； 法院维持复审决定的二审判决为终审判决，自申请人收到二审行政判决书之日前，均可以提出分案申请
原申请撤回或者视为撤回	申请人对原申请已提交了撤回专利申请声明的，撤回专利申请声明生效（即已发出手续合格通知书）之前，可以提出分案申请； 对于原申请被视为撤回，在恢复期限内的，可以提出分案申请
原申请撤回或者视为撤回	申请人对原申请已提交了撤回专利申请声明的，撤回专利申请声明生效（即已发出手续合格通知书）之前，可以提出分案申请； 对于原申请被视为撤回，在恢复期限内的，可以提出分案申请

GL－A－I 5.1.1 分案申请的核实

分案申请的类别应当与原申请的类别一致。

〈分案申请改变类别的，分案申请视为未提出。〉

分案申请应当在请求书中填写原申请的申请号和申请日；对于已提出过分案申请，申请人需要针对该分案申请再次提出分案申请的，还应当在原申请的申请号后的括号内填写该分案申请的申请号。

对于分案申请，除按规定审查申请文件和其他文件外，还应当根据原申请核实下列各项内容：

（1）请求书中填写的原申请的申请日

请求书中应当正确填写原申请的申请日，申请日填写有误的，发出补正通知书。期满未补正的，发出视为撤回通知书；补正符合规定的，发出重新确定申请日通知书。

（2）请求书中填写的原申请的申请号

请求书中应正确填写原申请的申请号。原申请是国际申请的，还应当在所填写的原申请的申请号后的括号内注明国际申请号〈电子申请除外〉。不符合规定的，发出补正通知书。期满未补正的，发出视为撤回通知书。

(3) 分案申请的递交时间

申请人最迟应当在收到专利局对原申请作出授予专利权通知书之日起2个月期限（即办理登记手续的期限）届满之前提出分案申请。上述期限届满后，或者原申请已被驳回，或者原申请已撤回，或者原申请被视为撤回且未被恢复权利的，一般不得再提出分案申请。

对于审查员已发出驳回决定的原申请，自申请人收到驳回决定之日起3个月内，不论申请人是否提出复审请求，均可以提出分案申请；在提出复审请求以后以及对复审决定不服提起行政诉讼期间，申请人也可以提出分案申请。

〈驳回已经生效时，不可以提出分案申请。〉

初步审查中，对于分案申请递交日不符合上述规定的，视为未提出通知书，并作结案处理。

对于已提出过分案申请，申请人需要针对该分案申请再次提出分案申请的，再次提出的分案申请的递交时间仍应当根据原申请审核。再次分案的递交日不符合上述规定的，不得分案。

但是，因分案申请存在单一性的缺陷，申请人按照审查意见再次提出分案申请的情况除外。对于此种情况，申请人再次提出分案申请的同时，应当提交审查员发出的指明了单一性缺陷的审查意见通知书或者分案通知书的复印件。未提交符合规定的审查意见通知书或者分案通知书的复印件的，不能按照除外情况处理。对于不符合规定的，审查员应当发出补正通知书，通知申请人补正。期满未补正的，分案申请视为撤回。申请人补正后仍不符合规定的，发出分案申请视为未提出通知书，并作结案处理。

GL－A－I 5.1.1 分案申请的核实

(4) 分案申请的申请人和发明人

分案申请的申请人应当与原申请的［所有］申请人相同；不相同的，应当提交有关申请人变更的证明材料。分案申请的发明人应当是原申请的发明人或者是其中的部分成员。对于不符合规定的，发出补正通知书。期满未补正的，发出视为撤回通知书。

◎分案申请的申请人和发明人变更：

分案申请提交时，原申请的申请人变更已生效（包括已发出手续合格通知书或审查员已作出变更处理）的，分案申请的申请人应当与原申请中变更后的申请人相同。原申请的申请人变更手续尚未生效（包括尚未发出手续合格通知书或审查员未作出变更处理）的，分案申请的申请人应当与原申请中变更前的申请人相同。不符合规定的，审查员应当发出补正通知书。

分案申请提交时，原申请的发明人变更已生效（包括已发出手续合格通知书或审查员已作出变更处理）的，分案申请的发明人应当是原申请中变更后的发明人或者是其中的部分成员；原申请发明人变更尚未生效（包括尚未发出手续合格通知书或审查员未作出变更处理）的，分案申请的发明人应当是原申请中变更前的发明人或者是其中的部分成员。不符合规定的，审查员应当发出补正通知书。

GL－A－I 5.1.1 分案申请的核实

（5）分案申请提交的文件

分案申请除应当提交申请文件外，还应当提交原申请的申请文件副本以及原申请中与本分案申请有关的其他文件副本（如优先权文件副本）。原申请中已提交的各种证明材料，可以使用复印件。原申请的国际公布使用外文的，除提交原申请的中文副本外，还应当同时提交原申请国际公布文本的副本。对于不符合规定的，发出补正通知书。期满未补正的，发出视为撤回通知书。

GL－A－I 5.1.2 分案申请的期限和费用

分案申请应当被视为一件新的申请收取各种费用。

分案申请适用的各种法定期限，应当从原申请日起算。对于已经届满或者自分案申请递交日起至期限届满日不足2个月的各种期限，申请人可以自分案申请递交日起2个月内或者自收到受理通知书之日起15日内补办各种手续或者补缴费用；期满未补办的，视为撤回。

GL－A－III 9.4.2 分案申请的其他要求

（1）原申请中包含两项以上外观设计的，分案申请应当是原申请中的一项或几项外观设计，并且不得超出原申请表示的范围。不符合规定的，发出审查意见通知书，通知申请人修改；期满未答复的，视为撤回；申请人无充足理由而又坚持不作修改的，驳回分案申请。

（2）原申请为产品整体外观设计的，不允许将其中的一部分作为分案申请提出。例如一件专利申请请求保护的是摩托车的外观设计，摩托车的零部件不能作为分案申请提出。

不符合规定的，发出审查意见通知书；期满未答复的，视为撤回；申请人无充足理由而又坚持作为分案申请提出的，驳回分案申请。

GL－E－III 2.2 不受理的情形

（11）分案申请改变申请类别的。

〈对于未缴纳单一性恢复费而删除的发明，不得提出分案申请。〉

GL－B－VI 3.1 分案的几种情况

（1）原权利要求书中包含不符合单一性规定的两项以上发明。

（2）在修改的申请文件中所增加或替换的独立权利要求与原权利要求书中的发明之间不具有单一性。

（3）独立权利要求之一缺乏新颖性或创造性，其余的权利要求之间缺乏单一性。

〈针对一件申请可以提出一件或一件以上的分类申请，针对一件分案申请，还可以以原申请为依据再提出一件或一件以上的分案申请。〉

原申请为整体产品外观设计的，不允许将其中的一部分作为分案申请提出。但是，在整体产品外观设计申请中，如果除整体产品的视图外，申请人还提交了其中某零部件的视图，如果该零部件属于保护客体，则可以提出该零部件的分案申请。提出零部件的分案申请后，可以保留原申请中的该零部件视图，但并不意味着原申请同时保护了整体产品和该零部件两项外观设计。

GL - B - VI 3.2 分案申请应当满足的要求

（1）分案申请的文本

分案申请应当在其说明书的起始部分，即发明所属技术领域之前，说明本申请是哪一件申请的分案申请，并写明原申请的申请日、申请号和发明创造名称。应当提交原申请文件的副本；要求优先权的，还应当提交原申请的优先权文件副本。

（2）分案申请的内容

分案申请的内容不得超出原申请记载的范围。否则以不符合§43.1或者§33为理由驳回该分案申请。

〈不符合这一要求的，SIPO将要求申请人修改。拒不修改的，驳回该申请。〉

（3）分案申请的说明书和权利要求书

分案后的原申请与分案申请的权利要求书应当分别要求保护不同的发明，而它们的说明书可以允许相同。

〈分案申请不得含有根据原案申请中请求审查的权利要求。〉

分案申请的技术方案应当在原申请中有完整的、确定的记载，其可以是原申请的一个或者一组权利要求，也可以是原申请实用新型内容当中的某个技术方案，也可以是原申请的某个具体实施方式，但不应是从原申请中重新概括、归纳或者组合而成的新的方案。

◎是否明显超出原申请记载范围的审查：

实用新型分案申请不得明显超出原说明书、说明书附图和权利要求书记载的范围。如果实用新型的分案申请的内容明显超出申请日提交的申请文件的记载范围，即不符合R43.1。

如果在分案申请的审查过程中，申请人修改的内容明显超出申请日提交的申请文件的记载范围的，则不符合§33。

◎分案申请与原申请的权利要求书完全相同：

如果原申请没有单一性缺陷，且分案申请与原申请的两份权利要求书内容完全相同，根据R42.1，分案申请视为未提出。如果分案申请与原申请的两份权利要求书的内容不完全相同，但保护范围相同的权利要求，则不符合§9的规定进行审查。

R43 分案申请的申请日和优先权日

依照本细则第四十二条规定提出的分案申请，可以保留原申请日，享有优先权的，可以保留优先权日，但是不得超出原申请记载的范围。

分案申请应当依照专利法及本细则的规定办理有关手续。

分案申请的请求书中应当写明原申请的申请号和申请日。提交分案申请时，申请人应当提交原申请文件副本；原申请享有优先权的，并应当提交原申请的优先权文件副本。

◎分案申请同时要求优先权：

如果分案申请还同时要求优先权，应当首先审查其是否满足分案申请的规定，然后再审查其优先权的要求。

如果分案申请的原申请享有（原申请提交时记载有）优先权，则该分案申请可以享有其原申请的优先权。其他情形，该分案申请均不能享有优先权。

根据 GL－A－I 6.2.5（4）的规定，分案申请未要求优先权，但其原申请要求了优先权的，该分案申请的优先权要求可以恢复。

申请人可以自分案申请递交日起 2 个月或者自收到受理通知书之日起 15 日内主动要求恢复该项优先权。

如果分案申请要求以其原申请作为优先权基础，即在先申请号与原申请号相同，不符合 R43.1，视为未要求优先权。

◎本国优先权与分案申请的区别：

	本国优先权	分案申请
作用	转换类型、改进发明、合案申请	克服单一性缺陷或为了权力行使等目的
申请人	一致	一致
发明人	无要求	一致或是部分成员
时间	12 个月（发明或新型）	办理登记手续期限届满前
在先申请（原申请）	不得授权/分案/享有优先权；不得是外观设计申请	不得撤回、视为撤回或驳回已生效
类型	发明和实用新型可转换	不得改变类别
主题	相同主题，可为部分优先权、多项优先权	不得超出原范围

GL－B－VI 3.3 分案的审查

（1）根据R43.1，分案申请的内容不得超出原申请记载的范围。否则，应当要求申请人进行修改。如果申请人不修改或者进一步修改的内容超出原申请说明书和权利要求书记载的范围，则可以根据R53（3），以分案申请不符合R43.1或修改不符合§33为理由驳回该分案申请。

（2）根据R42.2，一件申请不符合§31.1和R34的，应当通知申请人在指定期限内对其申请进行修改，即在该期限内将原申请改为一项发明或者属于一个总的发明构思的几项发明。无正当理由期满未答复的，则该申请被视为撤回；无充分理由不将原申请改为具有单一性的申请的，可以以申请不符合§31.1的规定为理由驳回该申请。同样，对于原申请的分案申请不符合单一性规定的，也应当按照上述方式处理。

（3）除了依据R42和R43进行审查之外，其他的审查与对一般申请的审查相同。

GL－E－III 2.3.2.1 国家申请的分案申请的受理程序

分案申请请求书中原申请的申请号填写正确，但未填写原申请的申请日的，以原申请号所对应的申请日为申请日。分案申请请求书中未填写原申请的申请号或者填写的原申请的申请号有误的，按照一般专利申请受理。

GL－E－III 2.3.2.2 进入国家阶段的国际申请的分案申请的受理程序

国际申请进入国家阶段之后提出的分案申请，该原申请的申请日应当是其国际申请日。

R115 不符合发明单一性的国际申请的处理

国际申请包含两项以上发明或者实用新型的，申请人可以自进入日起，依照本细则第四十二条第一款的规定提出分案申请。

在国际阶段，国际检索单位或者国际初步审查单位认为国际申请不符合PCT规定的单一性要求时，申请人未按照规定缴纳附加费，导致国际申请某些部分未经国际检索或者未经国际初步审查，在进入中国国家阶段时，申请人要求将所述部分作为审查基础，国务院专利行政部门认为国际检索单位或者国际初步审查单位对发明单一性的判断正确的，应当通知申请人在指定期限内缴纳单一性恢复费。期满未缴纳或者未足额缴纳的，国际申请中未经检索或者未经国际初步审查的部分视为撤回。

GL－A－II 15.2.2〈*CN－PCT*〉单一性的审查

审查员如果认定国际检索单位所作出的结论是正确的，则发出缴纳单一性恢复费通知书，通知申请人在2个月内缴纳单一性恢复费。如果申请人在规定期限内未缴纳或未缴足单一性恢复费，并且也没有删除缺乏单一性的实用新型的，审查员应当发出审查意见通知书，通知申请人国际申请中上述未经国际检索的部分将被视为撤回，并要求申请人提交删除这部分内容的修改文本。审查员将以删除了该部分内容的文本继续审查。

对于申请人因未缴纳单一性恢复费而删除的实用新型，根据R115.2、R42.1，申请人不得提出分案申请。除此情形外，国际申请包含两项以上实用新型的，申请人可以依照R115.1

的规定提出分案申请。

在国际阶段的检索和审查中，国际单位未提出单一性问题，而实际上申请存在单一性缺陷的，参照本章第9节的规定进行处理。

如果ISA确定该国际申请缺乏发明单一性，审查员会将情况通知申请人，并详细说明该国际申请不符合发明单一性要求的理由，同时指明应当缴纳附加检索费的数目及应当缴纳的费用金额。

申请人应当自通知之日起1个月内（此期限不能延长）缴纳附加检索费。对于已缴纳附加检索费的国际申请，ISA将对国际申请进行全面检索并完成一份书面意见。对未缴纳检索附加费的国际申请，附加的发明主题将不会被检索，审查员仅对一个主题进行检索。

申请人可以在收到缴纳附加检索费的通知1个月内对缺乏发明单一性的主张或者对所要求缴纳的附加费数目过高提出异议，但必须首先缴纳异议费和全部附加检索费，同时随附加费一起递交一份说明申请人认为该国际申请符合发明单一性要求的陈述。如果未缴纳异议费，该异议被视为未提出。

根据申请人提出的异议请求，ISA将再次确定该国际申请是否符合发明的单一性要求。如果异议成立，即该国际申请符合发明的单一性要求，则申请人缴纳的异议费和检索附加费将全部退还给申请人。如果异议部分成立，即该国际申请中部分发明内容符合发明单一性要求，则退还部分检索附加费。如果异议不成立，即该国际申请缺乏发明单一性，则不退还申请人缴纳的异议费和全部附加费。

在国际初步审查阶段，审查员发现该国际申请不符合发明单一性的要求，将通知申请人进行以下选择：限制权利要求或缴纳附加初步审查费。同样，申请人可以在缴纳附加初步审查费时可以提出异议。

需要指出的是，ISA和/或IPEA没有对所有权利要求进行检索的事实本身不会影响这件国际申请的有效性，包括指定国（或选定国）仍然可以考虑所有权利要求。请注意，根据A17（3）（b）PCT，任何国家和地区的本国法可以规定，申请人需向该国的国家局缴纳特别费用，否则国际申请中的这些未检索和/或未审查的部分即被视为撤回。

A17（3）（b）PCT

指定国的本国法可以规定，如果该国的DO认为（a）所述的ISA的要求是正当的，而申请人并未付清所有应缴纳的附加费，国际申请中因此而未经检索的部分，就其在该国的效力而言，除非申请人向DO缴纳特别费用，即被视为撤回。

§32 撤回专利申请

申请人可以在被授予专利权之前随时撤回其专利申请。

要求撤回专利申请的不需要说明撤回理由。

专利授权后，可以放弃专利权或不缴纳年费使专利权提前终止（§44）。

◎撤回发明专利申请的三种情况：

（1）公布准备工作尚未启动

申请文件不予公布，在专利公报上公告撤回声明；该申请不作为在先申请。

（2）公布准备工作已经启动

申请文件予以公布，在专利公报上公告撤回声明（R36.2）

（3）申请文件已经公布

在专利公报上公告撤回声明；该申请可以用作其他在后申请的抵触申请。

在下列情况下，申请人在SIPO中止有关程序期间无权撤回其专利申请：

（1）根据R86，当事人因专利申请权的归属发生纠纷，已请求管理专利工作的部门调解或者向人民法院起诉的，可以请求SIPO中止有关程序。

（2）根据R87，人民法院在审理民事案件中裁定对专利申请权采取保全措施的，SIPO应当自收到写明申请号的裁定书和协助执行通知书之日起，中止被保全的专利申请权的有关程序。

R36 专利申请的撤回

申请人撤回专利申请的，应当向国务院专利行政部门提出声明，写明发明创造的名称、申请号和申请日。

撤回专利申请的声明在国务院专利行政部门作好公布专利申请文件的印刷准备工作后提出的，申请文件仍予公布；但是，撤回专利申请的声明应当在以后出版的专利公报上予以公告。

GL－A－I 6.6 撤回专利申请声明

授予专利权之前，申请人随时可以主动要求撤回其专利申请。〈不需要陈述理由。〉

申请人撤回专利申请的，应当提交撤回专利申请声明，并附具全体申请人签字或者盖章同意撤回专利申请的证明材料，或者仅提交由全体申请人签字或者盖章的撤回专利申请声明。

委托专利代理机构的，撤回专利申请的手续应当由专利代理机构办理，并附具全体申请人签字或者盖章同意撤回专利申请的证明材料，或者仅提交由专利代理机构和全体申请人签字或者盖章的撤回专利申请声明。

撤回专利申请不得附有任何条件。

撤回专利申请声明不符合规定的，视为未提出。

〈申请人没有补正的机会。〉

撤回专利申请声明符合规定的，手续合格通知书

撤回专利申请的生效日为手续合格通知书的发文日。对于已经公布的发明专利申请，还应当在专利公报上予以公告。

申请人无正当理由不得要求撤销、撤回专利申请的声明；但在非真正拥有人恶意撤回专利申请后，申请权真正拥有人可要求撤销、撤回专利申请的声明。撤回专利申请的声明是在专利申请进人公布准备后提出的，申请文件照常公布或者公告，但审查程序终止。

◎专利申请的撤回（GL－A－I 6.6）：

时间	在被授予专利权之前，随时可以提出（§32）
文件	应当向SIPO提出声明，写明发明创造的名称、申请号和申请日（R36.2）
	提交撤回专利申请声明，并附有全体申请人签字或盖章的同意撤回专利申请的证明材料；或者仅提交由全体申请人签字或盖章的撤回专利申请声明。委托专利代理机构的，撤回专利申请的手续应当由专利代理机构办理
条件	不得附有任何条件
撤销	申请人无正当理由不得要求撤销撤回专利申请的声明；但在申请权非真正拥有人恶意撤回专利申请后，申请人真正拥有人可要求撤销撤回专利申请的声明
生效	撤回专利申请的生效日为手续合格通知书的发文日
公布公告	对于已经公布的发明专利申请，还应当在专利公报上予以公告。 撤回专利申请的声明在SIPO作好公布专利申请文件的印刷准备工作后提出的，申请文件仍予公布，但审查程序终止；撤回专利申请的声明应当在以后出版的专利公报上予以公告（R36.2）
效力	专利申请程序终止； 申请人可重新申请； 被撤回的专利申请可以作为在先申请

§33 申请文件的修改

申请人可以对其专利申请文件进行修改，但是，对发明和实用新型专利申请文件的修改不得超出原说明书和权利要求书记载的范围，对外观设计专利申请文件的修改不得超出原图片或者照片表示的范围。

§26.4：权利要求书应当以说明书为依据，清楚、简要地限定要求专利保护的范围。

§59.1：发明或者实用新型专利权的保护范围以其权利要求的内容为准，说明书及附图可以用于解释权利要求的内容。

◎ §33 与 §26.4 的区别：

§33 条用以定义申请人在申请时，已经意识到并且明确向社会表达的技术信息的集合，即原说明书和权利要求书记载的范围。而 §26.4 是在此记载范围的基础上，允许本领域技术人员在付出合乎逻辑的推理和有限实验的非创造性的劳动范围内，将该记载的范围扩展至说明书公开的范围并予以保护。

《最高人民法院关于审理侵犯专利权纠纷案件应用法律若干问题的解释》

第 2 条：人民法院应当根据权利要求的记载，结合本领域普通技术人员阅读说明书及附图后对权利要求的理解，确定 §59.1 规定的权利要求的内容。

第 6 条（禁止反悔原则）：专利申请人、专利权人在专利授权或者无效宣告程序中，通过对权利要求、说明书的修改或者意见陈述而放弃的技术方案，权利人在侵犯专利权纠纷案件中又将其纳入专利权保护范围的，人民法院不予支持。

最高人民法院（2010）知行字第 53 号：专利申请文件的修改限制与禁止反悔原则的关系

禁止反悔原则在专利授权确权程序中应予适用，但是其要受到自身适用条件的限制以及与之相关的其他原则和法律规定的限制；在专利授权程序中，相关法律已经赋予了申请人修改专利申请文件的权利，只要这种修改不超出原说明书和权利要求书记载的范围，禁止反悔原则在该修改范围内应无适用余地。

最高人民法院（2009）民提字第 20 号：为使权利要求得到说明书支持的修改不适用禁止反悔

只有为了使专利授权机关认定其申请专利具有新颖性或创造性而进行的修改或意见陈述，才产生禁止反悔的效果，并非专利申请过程中关于权利要求的所有修改或意见陈述都会导致禁止反悔原则的适用。本案专利权人在专利申请过程中根据审查员的意见对权利要求书进行了修改，并非是为了使其专利申请因此修改而具有新颖性或创造性，而是为了使其权利要求得到说明书的支持，故此修改不产生禁止反悔的效果。

专利权人在专利授权程序中通过对权利要求、说明书的修改或者意见陈述而放弃的技术方案，无论该修改或者意见陈述是否与专利的新颖性或者创造性有关，在侵犯专利权纠纷案件中均不能通过等同侵权将其纳入专利权的保护范围。

为克服权利要求不能得到说明书的支持的缺陷，即使是应审查员的要求而修改权利要求也可以导致禁止反悔原则的适用。

GL－A－I 7.6 根据§33的审查〈发明〉

初步审查中，只有当审查意见通知书要求申请人修改申请档时，才需对申请人就此作出的修改是否明显超出原说明书和权利要求书记载范围进行审查。

如果申请人对申请档进行修改时，加入了所属技术领域的技术人员不能从原说明书和权利要求书中直接地、毫无疑义地确定的内容，这样的修改被认为超出了原说明书和权利要求书记载的范围。

GL－A－II 8 根据§33的审查〈实用新型〉

修改超出原说明书和权利要求书记载的范围：

申请人对申请文件进行修改时，加入了所属技术领域的技术人员不能从原说明书和权利要求书中直接地、毫无疑义地确定的内容。

申请人从申请中删除某个或者某些特征。

说明书中补入原权利要求书中记载而原说明书中没有描述过的技术特征，并作了扩大其内容的描述。

说明书中补人原说明书和权利要求书中没有记载的技术特征并且借助原说明书附图表示的内容不能毫无疑义地确定。注意：

（1）对明显错误的更正，不能被认为超出了原说明书和权利要求书记载的范围。

（2）对于附图中明显可见并有唯一解释的结构，允许补人说明书并写人权利要求书中。

根据R51，申请人可以自申请日起2个月内对实用新型申请文件主动提出修改。

GL－A－III 10 根据§33的审查〈外观设计〉

修改超出原图片或者照片表示的范围，是指修改后的外观设计与原始申请文件中表示的相应的外观设计相比，属于不相同的设计。

如果修改后的内容在原图片或者照片中已有表示，或者可以直接地、毫无疑义地确定，则认为所述修改符合§33的规定。

GL－B－VIII 5.2.1.1 修改的内容与范围

不论申请人对申请文件的修改属于主动修改还是针对通知书指出的缺陷进行的修改，都不得超出原说明书和权利要求书记载的范围。原说明书和权利要求书记载的范围包括原说明书和权利要求书文字记载的内容和根据原说明书和权利要求书文字记载的内容以及说明书附图能直接地、毫无疑义地确定的内容。申请人在申请日提交的原说明书和权利要求书记载的范围，是审查上述修改是否符合§33的依据，申请人向专利局提交的申请文件的外文文本和优先权文件的内容，不能作为判断申请文件的修改是否符合§33的依据。但进入国家阶段的国际申请的原始提交的外文文本除外，参见 C－II3.3。如果修改的内容与范围不符合 §33 的规定，则这样的修改不能被允许。

〈“原说明书和权利要求书”是指申请人向 SIPO 提交的专利申请的原始说明书和权利要求书，而不是作为优先权基础的在先申请的说明书和权利要求书。〉

◎“直接地、毫无疑义地确定的内容”的含义：

“直接地、毫无疑义地确定的内容”是指：虽然在申请文件中没有明确的文字记载，但所属技术领域的技术人员根据原权利要求书和说明书文字记载的内容以及说明书附图，可以唯一确定的内容。“唯一”是指修改后的方式是否具有排他性，即排除其他合理方案存在的可能性。如果修改后的方案根据原始记载是唯一确定的方案，则修改不超出范围。

注意以下两种情形不属于“直接地、毫无疑义地确定的内容”：

（1）虽然根据原权利要求书和说明书记载的内容可以推断出增加的内容属于公知常识中多个并列选项的一部分，但存在多种可选项；

（2）对于物质固有的但在发明申请日前尚未公开的特征。

最高人民法院（2011）知行字第 54 号：基于本领域技术人员的知识水平进行判断

在审查专利申请人对专利申请文件的修改是否超出原说明书和权利要求书记载的范围时，应当充分考虑专利申请所属技术领域的特点，不能脱离本领域技术人员的知识水平。

在判断申请人在申请日的真实意思表示时需要利用本领域普通技术知识以达到客观、准确的要求。

技术问题是本领域技术人员确定申请人真实意思表示的重要依据。通常认为原始申请文件中未明确记载且不能解决其要解决的技术问题的技术方案是本领域技术人员依据原始申请文件的记载无法直接地、毫无疑义地确定的，其不属于申请人在原始申请文件中直接地、毫无疑义地表达的技术信息。

最高人民法院（2013）行提字第 21 号：修改是否超范围的判断

§33 中的“原说明书和权利要求书记载的范围”应当理解为原说明书和权利要求书所呈现的发明创造的全部信息。审查专利申请文件的修改是否超出原说明书和权利要求书记载的范围，应当考虑所属技术领域的技术特点和惯常表达、所属领域普通技术人员的知识水平和认知能力、技术方案本身在技术上的内在要求等因素。

最高人民法院（2010）知行字第 53 号：申请文件的修改限制与保护范围的关系

原说明书和权利要求书记载的范围应该包括原说明书及其附图和权利要求书以文字或者图形等明确表达的内容以及所属领域普通技术人员通过综合原说明书及其附图和权利要求书可以直接、明确推导出的内容；只要所推导出的内容对于所属领域普通技术人员是显而易见的，就可认定该内容属于原说明书和权利要求书记载的范围；与上述内容相比，如果修改后的专利申请文件未引入新的技术内容，则可认定对该专利申请文件的修改未超出原说明书和权利要求书记载的范围。

发明专利申请人在提出实质审查请求时以及在收到 SIPO 发出的发明专利申请进入实

质审查阶段通知书之日起3个月内进行主动修改时，只要不超出原说明书和权利要求书记载的范围，在修改原权利要求书时既可以扩大也可以缩小其请求保护的范围。

最高人民法院（2012）民提字第3号：修改权利要求用语的明确含义

权利要求内容的确定，应当根据权利要求的记载，结合本领域普通技术人员阅读说明书及附图后对权利要求的理解进行。但是，当本领域普通技术人员对权利要求相关表述的含义可以清楚确定，且说明书又未对权利要求的术语含义作特别界定时，应当以本领域普通技术人员对权利要求自身内容的理解为准，而不应当以说明书记载的内容否定权利要求的记载，从而达到实质修改权利要求的结果，并使得专利侵权诉讼程序对权利要求的解释成为专利权人额外获得的修改权利要求的机会。如果本领域普通技术人员阅读说明书及附图后可以立即获知，权利要求特定用语的表述存在明显错误，并能够根据说明书和附图的相应记载明确、直接、毫无疑义地修正权利要求的该特定用语的含义的，可以根据说明书或附图修正权利要求用语的明显错误。

最高人民法院（2010）民提字第20号：放弃的技术方案不再纳入专利权的保护范围

被诉侵权产品的相应技术特征是专利权人在专利授权程序中放弃的技术方案，不应当认为其与权利要求中的技术特征等同而将其纳入专利权的保护范围。

京（2009）高行终字第327号：仅仅在意见陈述中作出的说明

根据专利法和专利法实施细则，确定修改是否超范围的标准在于该修改是否“超出原说明书和权利要求书记载的范围”以及是否“超出原申请公开的范围”，即本领域普通技术人员在阅读了原说明书和权利要求书后，是否能够从该文件记载的内容中毫无疑义地确定所修改的内容。

在判断修改是否超范围时，还要关注修改后的技术方案是否构成新的技术方案。

此外，申请人在专利授权过程中的意见陈述可以作为其修改是否超范围的参考，但不能作为修改是否超范围的唯一的判断依据。

京（2010）一中知行初字第1364号：从技术问题推断申请人的真实意思

由于各成分的相对用量是决定性的，且申请人在原始申请文件中表明了用相对用量进行限定的意图，本领域技术人员基于说明书中的组方表示方法以及多个实施例明确记载的技术信息，可以直接地、毫无疑义地确定各成分的比例关系，因此允许依据实施例中的具体用量换算成相对用量。

〈如果所要解决的技术问题依赖于组分的相对用量，而非绝对用量，且申请人在原始申请文件中表明了通过具体用量来说明相对用量的意思表示，通常允许申请人依据具体用量修改为相对用量。〉

如果原始申请文件中已经明确提到了某些特征之间只能以某种特定方式组合才能解决其技术问题，实现其技术效果，那么就需要将这些相互关联的特征及其特定的组合方式作为一个整体来看待。但是，如果技术特征之间的关联性松散，且原始申请文件给出了可以组合的意思表示，则通常允许进行修改。

复审请求第 31579 号：成分含量与剂型关系松散的组合物

药物组合物的发明点在于活性成分的种类和含量，原始申请文件记载的实施例中既有多个活性成分含量不同、剂型相同的组合物，也有多个活性成分含量相同但剂型不同的组合物，该药物组合物中两种活性成分的含量与药物剂型之间的关系是松散的，这表明申请人意图采用相同含量制备不同剂型产品并在原始申请文件中进行了明确的表达，因此，允许将实施例中的剂型与另一方案中的活性成分用量进行组合形成新的技术方案。

即使本领域技术人员知晓原始申请文件描述之外的其他技术方案也能实现其发明目的，但整个申请文件自始至终都没有提及，表明申请人在其申请日的真实意思表示没有包含这些方案。如果将这样的技术方案纳入原始申请文件记载的范围，将会违背其在申请日的真实意思表示。所以，这样的技术方案不能被纳入原始申请文件记载的范围。

无效宣告请求第 4764 号：未提及的技术方案不能被纳入原始申请文件记载的范围

能否从“以卷曲棕丝为原料生产弹性材料”联想到“以非卷曲棕丝为原料生产弹性材料”应当以本领域普通技术人员为判断主体。

虽然权利要求中没有“卷曲棕丝”这一技术特征，而在原公开说明书中记载的加工方法均包括对棕丝进行卷曲的工艺步骤，但是由于“以非卷曲棕丝为原料生产弹性材料”是所属技术领域的技术人员能够明了的，故应该认为对权利要求的修改不违反 §33，权利要求也能够得到说明书的支持，因此符合 §26. 4。

●判断方法

◎判断修改是否超范围的基本原则：

修改后的方案与原始记载的方案相比，不应具有新颖性。也就是说，一是原说明书和权利要求书有无文字记载；二是根据原说明书和权利要求书文字记载的内容以及说明书附图能否直接地、毫无疑义地确定。

◎直接新颖性判断法：

所谓增加特征或信息主要包括，在说明书中增加特征或信息，增加说明书附图或者增加附图中的某一部分，在权利要求书中增加权利要求或者在权利要求中增加部分技术特征。此方法主要适用于增加特征或信息的修改。

将原申请说明书和权利要求书作为“对比文件”与修改后的申请文件进行比较，找出所有增加的内容，然后参照 GL – B – III 3. 2 关于新颖性的审查基准来判断修改增加的内容是否具备新颖性。判断时，不仅要考虑原说明书和权利要求书明确记载的内容，还要考虑其中对于本领域技术人员来说隐含的且可直接地、毫无疑义地确定的技术内容，但不考虑 GL – B – III 3. 2. 3 规定的“惯用手段的直接置换”。

如果增加的内容相对于原说明书和权利要求书具备新颖性，则说明修改超出了原说明书和权利要求书记载的范围，是不允许的，反之，是允许的。

直接新颖性判断法不适用于判断删除技术特征和用上位概念代替下位概念的修改是否超出了原申请说明书和权利要求书明确记载的范围。这些修改方式可以用间接新颖性判断法进行判断。

◎间接新颖性判断法：

该方法主要用于判断以上位概念替换下位概念或者删除技术方案中部分技术特征的修改是否超出原申请说明书和权利要求书记载的范围。

（1）上位概念替换下位概念的修改

具体判断方法是从该上位概念涵盖的范围中排除该下位概念的内容，然后运用上述直接新颖性判断法判断排除后所剩余的内容相对于原说明书和权利要求书是否具备新颖性。如果具备新颖性，则说明这种修改超出了原申请说明书和权利要求书记载的范围，是不允许的，反之，则是允许的。

（2）上位概念概括下位概念

在原始申请文件中记载了多个下位概念或实施例的基础上，修改增加上位概念时，需要区分修改超范围与权利要求得到说明书支持判断标准的不同。§33 修改超范围的判断，是考查申请文件中是否通过多个下位概念或者实施例的记载，直接地、毫无疑义地传达了采用该上位概念的意思表示。而权利要求是否根据§26.4 得到说明书支持的判断，则需要考察本领域技术人员通过合乎逻辑的推理、分析和有限实验，是否能够预见该上位概括所涵盖的所有下位概念均能解决发明所要解决的技术问题，并达到相同的技术效果。

（3）“重新概括（二次概括）”

是指专利申请日之后，权利人根据原始申请中的一个或多个下位概念或者实施例概括出一个上位概念。

如果结合本领域技术人员的普通认知能力，原始申请文件已经实质记载了二次概括的内容，即“重新概括”只不过使已经存在于申请文件中的内容更加明确而已，属于形式上的概括，并不牵扯到下位概念到上位概念的概括，所以不是实质意义上的概括。

但如果修改不是形式上的重新概括，而是进行了实质上的概括，概括出的上位概念在原申请中没有直接出现过，或者含有例外情况，不能直接概括得出，那么这样的重新概括就超出了原始申请披露的范围，不符合§33 的要求，是不允许的修改。

（4）删除部分技术特征

如果删除的特征与其他特征之间具有协同作用、相互联系或相互支持，那么删除该特征将产生原说明书和权利要求书中没有记载的各技术特征之间新的组合，因此该修改超出了原说明书和权利要求书记载的范围，是不允许的。

京（2006）一中行初字第 477 号：归纳概括多个实施例

原说明书中记载了三个实施例，分别采用三种不同的具体弹性机构以在两个部件之间提供可调间隙。对本领域技术人员而言，这三种实施方式代表了本领域在两个部件之间提供可调间隙的典型方式，可以视为申请人不限方式提供可调间隙的意思表示。显然，两个部件之间存在可调间隙是原公开文本的权利要求书和说明书中能够直接地、毫无疑异地导出的内容，并未超出原说明书和权利要求书记载的范围。

最高人民法院（2011）行提字第13号：改正权利要求的明显错误

当权利要求与说明书存在不一致的情形，首先应以判断隐含公开时本领域技术人员具有的普通技术知识的标准来界定是否属于明显错误。确定权利要求有明显错误后，判断改正后的权利要求所保护的技术方案，是否能够从说明书充分公开的内容得到或者概括得出，是否没有超出说明书公开的范围。一旦得出肯定的结论，则应当认定权利要求能得到说明书的支持，符合§26.4的规定。

复审请求第18951号：原说明书的内容

对§33中所述的“原说明书”的理解，重要的是“原说明书”是指记载了有关发明创造相关内容的文件和其原始性，而不是其记载载体，如纸件或电子件。因此，“原说明书”不应仅理解为以纸件形式记载的内容，还应包括以计算机可读形式记载的相关内容。

R40 附图的补交

说明书中写有对附图的说明但无附图或者缺少部分附图的，申请人应当在国务院专利行政部门指定的期限内补交附图或者声明取消对附图的说明。申请人补交附图的，以向国务院专利行政部门提交或者邮寄附图之日为申请日；取消对附图的说明的，保留原申请日。

◎有附图说明但缺少附图的处理：

申请日提交的说明书文字部分写有附图说明但无附图或者缺少相应附图的，应当通知申请人取消说明书文字部分的附图说明，或者在指定的期限内补交相应附图。

申请人根据审查员意见补交附图的，以向专利局提交或者邮寄补交附图之日为申请日，审查员应当发出重新确定申请日通知书。

申请人取消相应附图说明的，保留原申请日。

◎附图说明：

（1）对于申请人主动补交了新的附图，且申请日提交的说明书中有相应附图说明的情况，则视为申请人根据审查员意见补交了附图，以向专利局提交或者邮寄主动补交附图之日为申请日。

（2）“写有附图说明”并不局限于原申请文件说明书文字内容的附图说明部分，如果说明书文字内容的其他部分提及某一附图，并对其图名等内容进行说明，但缺少附图说明部分，或附图说明部分没有提及该幅附图，也可视为“写有附图说明”，允许补交该幅附图，并重新确定申请日。

（3）有证据证明两件或两件以上的专利申请附图交叉错交的，允许申请人补交附图，并重新确定申请日。

（4）对说明书附图的修改不适用重新确定申请日的规定，此时不允许通过重新确定申请日的方式补入附图，而应当根据§33的规定进行审查。

R51 修改专利申请的时间

发明专利申请人在提出实质审查请求时以及在收到国务院专利行政部门发出的发明专利申请进入实质审查阶段通知书之日起的3个月内，可以对发明专利申请主动提出修改。

实用新型或者外观设计专利申请人自申请日起2个月内，可以对实用新型或者外观设计专利申请主动提出修改。

申请人在收到国务院专利行政部门发出的审查意见通知书后对专利申请文件进行修改的，应当针对通知书指出的缺陷进行修改。

国务院专利行政部门可以自行修改专利申请文件中文字和符号的明显错误。国务院专利行政部门自行修改的，应当通知申请人。

主动修改的时机（R51.1、R51.2）同样适用于CN－PCT的发明专利申请（R112.2），但不适用于CN－PCT的实用新型申请（R112.1）。

未在规定时间提出主动修改进行处理的，视为未提出，亦可接受并予以考虑。

§33只规定了专利申请人对专利申请文件可以修改，没有规定专利权人对已授权专利是否可以进行修改。但是R69.1允许专利权人在专利无效程序中，对授权专利进行修改（详见GL－D－Ⅲ4.6）。

GL－B－Ⅷ4.1 审查的文本

审查员首次审查所针对的文本通常是申请人按照专利法及其实施细则规定提交的原始申请文件或者应专利局初步审查部门要求补正后的文件。

申请人在提出实质审查请求时，或者在收到专利局发出的发明专利申请进入实质审查阶段通知书之日起的3个月内，对发明专利申请进行了主动修改的，无论修改的内容是否超出原说明书和权利要求书记载的范围，均应当以申请人提交的经过该主动修改的申请文件作为审查文本。

申请人在上述规定期间内多次对申请文件进行了主动修改的，应当以最后一次提交的申请文件为审查文本。申请人在上述规定以外的时间对申请文件进行的主动修改，一般不予接受，其提交的经修改的申请文件，不应作为审查文本。

如果申请人进行的修改不符合R51.1的规定，但审查员在阅读该经修改的文件后认为其消除了原申请文件存在的应当消除的缺陷，又符合§33的规定，且在该修改文本的基础上进行审查将有利于节约审查程序，则可以接受该经修改的申请文件作为审查文本。

◎符合 R51.3 的修改：

申请人在 R51.1 规定的修改时机内先后多次提交主动修改文件的，如果多次修改所针对的是申请文件中的相同文件单元，则应当以最后一次提交的修改文件作为审查文本；如果多次修改针对的是申请文件中不同的文件单元，则应当以针对每个被修改的文件单元而言最后一次提交的修改文件的总和作为审查文本。

如果审查员在收到符合 R51.3 的修改文件之后，未作出后续审查意见或结论之前再次收到申请人提交的符合 R51.3 的修改文件，则应当在后一次提交的修改文件基础上确定继续审查的文本。在后续审查意见或结论已经发出之后收到的答复，审查员不予考虑。应当注意，"审查意见或结论已经发出"是指通知书或决定已经发送至发文打印中心并且无法撤回，而非审查员完成通知书或决定的撰写。

◎不符合 R51.1 的主动修改：

（1）申请人在提交原始申请文件之后，于申请日当天又主动提交的修改文件；

（2）申请人在初审阶段主动提交且被审查员认为可供实审参考的修改文件；

（3）申请人在初审阶段应补正通知书要求以补正形式提交的，但其全部或一部分修改不是按照补正通知书的要求作出的且初审审查员认为可供实审参考的修改文件；

（4）初审合格之后到进入实审阶段之前（非提出实审请求之日），以及申请人收到发明专利申请进入实质审查阶段通知书 3 个月之后到申请进行首次审查之前申请人主动提交的修改文件。

原则上，上述主动修改文件由于不符合 R51.1 而不应被接受，不应作为审查的文本。而此前能够接受的文本可以作为审查的文本，审查员应当在审查意见通知书中告知申请人其修改文件不予接受的理由。"此前的能够接受的文本"指的是申请人依据符合专利法和专利法实施细则规定的时机提交的请求审查的文本。

◎补正书：

如果申请人采用的补正书为非标准格式或其他类型的文件，只要写明申请号，表明是对申请文件的补正，并且签字或者盖章符合规定，就可视为文件格式符合要求。

申请人在法定的 2 个月内（R51，发明专利为 3 个月）主动补正期内提交的补正书，无合格签章的，此补正书不予采纳，并发出补正或审查意见通知书。

◎法定期限外提交的主动修改文件：

对于申请日起 2 个月之后（R51，发明专利为 3 个月），审查员发出第一次通知书之前提交的主动修改文件，如果其内容消除了原申请文件存在的缺陷，并且具有授权前景，则该文件可以接受。对于不接受的主动修改文件，应当发出视为未提出通知书。

GL－B－VIII 5.2 修改〈实质审查〉

根据 § 33 申请人可以对其专利申请文件进行修改，但是修改不得超出原说明书和权利要求书记载的范围。国际申请的申请人根据PCT规定所提交的修改文件，同样应当符合§33规定。

根据R51.1发明专利申请人在提出实质审查请求时以及在收到专利局发出的发明专利申请进入实质审查阶段通知书之日起的3个月内，可以对发明专利申请主动提出修改。

根据R51.3申请人在收到专利局发出的审查意见通知书后修改专利申请文件，应当针对通知书指出的缺陷进行修改。

京高院《专利侵权判定指南》

第58条：专利申请人或专利权人限制或者部分放弃的保护范围，应当是基于克服缺乏新颖性或创造性、缺少必要技术特征和权利要求得不到说明书的支持以及说明书未充分公开等不能获得授权的实质性缺陷的需要。

专利申请人或专利权人不能说明其修改专利文件原因的，可以推定其修改是为克服获得授权的实质性缺陷。

GL-A-I 8 依职权修改

根据R51.4，对于发明专利申请文件中文字和符号的明显错误，审查员可以在初步审查合格之前依职权进行修改，并通知申请人。

对于明显错误的修改，不能因为存在其他修改的可能就得出修改超范围的结论，而应当站在本领域技术人员的视角，基于原始申请文件整体表达的技术信息探寻申请人的真实意思表示。

复审请求第20275号：有双重解释的明显错误

现有技术中并不存在“无水已醇”，尽管其既可能是“无水乙醇”的笔误，也可能是“无水己醇”的笔误，但基于本领域的普通技术知识，“无水己醇”因其疏水性导致难以实现发明目的，且具有毒性；而“无水乙醇”具有亲水亲油性，能够实现发明目的，因此允许将“无水已醇”修改为“无水乙醇”。

一般说来，只有当意见专利申请具有授予专利权的前景，并已接近审查的最后阶段，才有必要进行这样的修改；对没有授权前景的申请文件，SIPO不必自行进行修改。

这样的修改应当限于文字和符号的明显错误，如果修改会对专利权的保护范围产生实质性影响，则SIPO不能代替申请人进行修改。

SIPO应当将其依职权作出的修改及时通知申请人。

京高院《专利侵权判定指南》

第29条：当专利文件中的印刷错误影响到专利权保护范围的确定时，可以依据专利审查档案进行修正。

GL-B-VIII 5.2.1.2 主动修改的时机

申请人仅在下述两种情形下可对其发明专利申请文件进行主动修改：

(1) 在提出实质审查请求时；

(2) 在收到专利局发出的发明专利申请进入实质审查阶段通知书之日起的3个月内。

在答复专利局发出的审查意见通知书时，不得再进行主动修改。

〈在（1）和（2）之间的时间段，即在提出实质审查请求之后到收到申请进入实质审查阶段的通知书之间，也不可以进行主动修改。〉

GL－A－Ⅱ 8.1 申请人主动修改〈实用新型〉

对于自申请日起，已超过 2 个月的申请人的主动修改，如果修改的文件消除了原申请文件存在的缺陷，并且具有被授权的前景，则该修改文件可以接受。对于不予接受的修改文件，视为未提出。

对于在 2 个月内提出的主动修改，如果修改超出原说明书和权利要求书记载的范围的，审查员通知申请人修改不符合 § 33。申请人陈述意见或补正后仍然不符合规定的，可以根据 § 33 和 R44 作出驳回决定。

GL－A－Ⅲ 10 根据 § 33 的审查〈外观设计〉

申请人可以自申请日起 2 个月内对外观设计专利申请文件主动提出修改。此外，申请人在收到审查意见通知书或者补正通知书后，应当针对通知书指出的缺陷对专利申请文件进行修改。

〈如同实用新型，申请人超过 2 个月的期限提出主动修改的，如果修改的文件消除了原申请文件存在的缺陷，并且具有被授权的前景，则该修改文件可以接受。对于不接受的修改文件，应当发出视为未提出通知书。〉

无效宣告请求第 9465 号：撤回口头审理中对权利要求书的修改

专利权人在口头审理之前主动提交了权利要求书的修改替换页，合议组经审查认为上述修改的修改时机及修改方式均符合专利法、专利法实施细则以及审查指南的相关规定，予以接受，并在口头审理中以该修改后的权利要求书为基础进行，如果专利权人在口头审理结束后以请求人提交的证据没有原件为由提出撤回对权利要求书的修改的请求，则为了保障无效程序公正、平等地进行，防止审查程序成本的不必要增加，合议组对专利权人提出的上述请求不予接受。

GL－A－Ⅱ 8.2 针对通知书指出的缺陷进行修改〈R51.3〉

对于申请人答复通知书时提交的包含有并非针对通知书所指出的缺陷进行修改的修改文件，如果其修改符合 § 33 的规定，并消除了原申请文件存在的缺陷，且具有授权的前景，则该修改可以被视为是针对通知书指出的缺陷进行的修改，经此修改的申请文件应当予以接受。对于不符合 R51.3 规定的修改文本，审查员可以发出通知书，通知申请人该修改文本不予接受，并说明理由，要求申请人在指定期限内提交符合 R51.3 的修改文本。如果修改文本仍然不符合 R51.3，审查员将针对修改前的文本继续审查。

如果申请人提交的修改文件超出了原说明书和权利要求书记载的范围，审查员通知申请人该修改不符合 § 33 的规定。申请人陈述意见或补正后仍然不符合规定的，审查员可以根据 § 33 和 R44 驳回。

GL－B－Ⅱ 3.2.1 以说明书为依据

当要求保护的技术方案的部分或全部内容在原始申请的权利要求书中已经记载而在说明

书中没有记载时，允许申请人将其补入说明书。

扩大保护范围和修改超范围是两个不同的概念，两者的比较基准不一样。判断是否扩大保护范围的比较基准是修改前的权利要求。判断修改超范围的比较基准是原专利申请文件（§33）。在无效程序中，审查对象是授权后的权利要求，所以应以授权的权利要求书作为比较基准。

◎不符合 R51.3 的修改：

申请人应当在指定答复期限内提交符合 R51.3 的修改文件。如果逾期不答复，则该申请将被视为撤回；如果虽然按期答复但未提交修改文件，或重新提交的修改文件仍然不符合 R51.3，则将针对修改前的文本继续审查，如作出授权或驳回决定。

申请人在通知书指定期限内、审查员作出后续审查意见或结论之前针对相同的文件单元多次提交了修改文件且其中至少有一次提交的修改文件不符合 R51.3 的规定时，审查员视以下情况确定继续审查的文本。

（1）如果审查员在收到符合 R51.3 的修改文件之后、作出后续审查意见或结论之前再次收到申请人提交的不符合 R51.3 的修改文件，则后一次提交的修改文件一般不予接受，以前一次提交的修改文件作为继续审查的文本。但是如果后一次提交的修改文件符合 §33 的规定，能够消除申请文件中存在的缺陷并且具有被授权的前景，则审查员也可接受该后一次提交的修改文件并在此基础上确定继续审查的文本。

（2）如果审查员在收到不符合 R51.3 的修改文件之后、作出后续审查意见或结论之前再次收到申请人提交的符合 R51.3 的修改文件，则前一次提交的修改文件不予考虑并应当在后一次提交的修改文件基础上确定继续审查的文本。

如果审查员在作出后续审查意见或结论之前收到的多次提交的修改文件均不符合 R51.3 的规定，则只考虑最后一次提交的修改文件，对最后一次提交的修改文件的处理参照本节对全部或部分修改不符合 R51.3 的情形所作的相关规定进行。

修改的方式不符合 R51.3 的规定，这样的修改文本 SIPO 一般不予接受。然而，对于虽然修改的方式不符合 R51.3，但其内容与范围满足 §33 要求的修改，只要经修改的文件消除了原申请文件存在的缺陷，并且具有被授权的前景，这种修改则可以被视为针对通知书指出的缺陷进行的修改，因而经此修改的申请文件可以被 SIPO 接受。但是，出现下述五种情况时，即使修改的内容没有超出原说明书和权利要求书记载的范围，也不能被视为针对通知书指出的缺陷进行的修改，这样的修改不能被接受。

（1）主动删除独立权利要求中的技术特征，扩大了该权利要求请求保护的范围。

（2）主动改变独立权利要求中的技术特征，导致扩大了请求保护的范围。

（3）主动将仅在说明书中记载的与原来要求保护的主题缺乏单一性的技术内容作为修改后权利要求的主题。

（4）主动增加了新的独立权利要求，该独立权利要求限定的技术方案在原权利要求书中未出现过。

但是，如果增加的新的独立权利要求是由一个含有可选择的并列的技术方案的独立权利要求，或者是由一个包含了两种技术方案的独立权利要求分解来的，比如：产品和生产该产品的方法的权利要求，则这样新增加的权利要求不属于应当予以限制的修改。

将说明书中的特征加入到原权利要求中，这不属于“主动”增加新的权利要求的情况，这样修改实际上是针对审查意见通知书中指出的缺陷进行的修改，符合 R51.3 的规定。

（5）主动增加了新的从属权利要求，该从属权利要求限定的技术方案在原权利要求书中未出现过。

如果增加的新的从属权利要求是针对新修改的独立权利要求中新增加的技术特征作进一步限定的技术方案，则也不属于此种应当予以限制的情况。

◎继续审查的文本：

审查员应当在申请人针对审查意见通知书作出的答复的基础上确定继续审查的文本。

对于经过复审程序之后返回实审的申请，继续审查的文本为复审决定所确定的文本。

答复是指申请人在通知书指定期限内或视撤恢复后提交的意见陈述书，或者意见陈述书和修改文件，或者补正书和修改文件。

◎申请人答复时未提交修改文件：

申请人仅提交了意见陈述书而未提交修改文件时，审查的文本为前次审查所针对的文本，但是下列（1）～（3）所述情况除外：

（1）申请人虽未提交正式的修改文件，但是在意见陈述书中明确表示删除在先提交过的某个或某些文件单元；

（2）申请人在意见陈述书中请求用之前已经正式提交过的文件单元代替某个或某些文件单元；

（3）申请人在意见陈述书中提出放弃最近一次提交的修改文件。

◎会晤和电话讨论：

申请人通过电话讨论或者在会晤时提出的口头声明不具有法律效力，审查员应当要求申请人提交书面意见陈述和/或修改文本。

GL－B－VIII 5.2.2.1 对权利要求书的修改

允许的对权利要求书的修改：

（1）在独立权利要求中增加技术特征，对独立权利要求作进一步的限定，以克服原独立权利要求无新颖性或创造性、缺少解决技术问题的必要技术特征、未以说明书为依据或者未清楚地限定要求专利保护的范围等缺陷。只要增加的技术方案未超出原说明书和权利要求书记载的范围。

（2）变更独立权利要求中的技术特征，以克服原独立权利要求未以说明书为依据、未清楚地限定要求专利保护的范围或者无新颖性或创造性等缺陷。只要变更后的独立权利要求所述的技术方案未超出原说明书和权利要求书记载的范围。

对于含有数值范围技术特征的权利要求中数值范围的修改，只要在修改后数值范围的两个端值在原说明书和/或权利要求书中已确实记载且修改后的数值范围在原数值范围之内。

(3) 变更独立权利要求的类型、主题名称及相应的技术特征，以克服原独立权利要求类型错误或者缺乏新颖性或创造性等缺陷。只要变更后的独立权利要求所述的技术方案未超出原说明书和权利要求书记载的范围。

(4) 删除一项或多项权利要求，以克服原第一独立权利要求和并列的独立权利要求之间缺乏单一性，或者两项权利要求具有相同的保护范围而使权利要求书不简要，或者权利要求未以说明书为依据等缺陷。

(5) 将独立权利要求相对于最接近现有技术正确划界。

(6) 修改从属权利要求的引用部分，改正引用关系上的错误，使其准确地反映原说明书中所记载的实施方式或实施例。

(7) 修改从属权利要求的限定部分，清楚地限定该从属权利要求的保护范围，使其准确地反映原说明书中所记载的实施方式或实施例。

这些修改符合§33的规定，因而是允许的。但经过上述修改后的权利要求书是否符合专利法及其实施细则的其他所有规定，还有待审查员对其进行继续审查。

最高人民法院（2011）行提字第13号：权利要求书撰写错误

权利要求中的撰写错误并不必然导致其得不到说明书支持；如果权利要求存在明显错误，本领域普通技术人员根据说明书和附图的相应记载能够确定其唯一的正确理解的，应根据修正后的理解确定权利要求所保护的技术方案，在此基础上再对该权利要求是否得到说明书的支持进行判断。

根据撰写缺陷的性质和程度不同，权利要求书中的撰写错误可以分为明显错误和非明显错误。所谓明显错误，是指对于本领域技术人员来说，根据所具有的普通技术知识在阅读权利要求后能够立即发现某一技术特征存在错误，同时该技术人员结合其具有的普通技术知识，阅读说明书及说明书附图的相关内容后能够立即确定其唯一的正确答案。对于权利要求中存在的明显错误，由于该错误的存在对本领域技术人员而言是如此“明显”，在阅读权利要求时能够立即发现其存在错误，同时更正该错误的答案也是如此“确定”，结合其普通技术知识和说明书能够立即得出其唯一的正确答案，所以本领域技术人员必然以该唯一的正确解释为基准理解技术方案，明显错误的存在并不会导致权利要求的边界模糊不清。无论是判断权利要求是否符合§26.4的规定，还是判断权利要求中是否存在明显错误，判断主体都是本领域技术人员，而非一般的公众。如果对明显错误进行更正性理解后的权利要求所保护的技术方案，能够从说明书充分公开的内容得到或者概括得出，没有超出说明书公开的范围，则应当认定权利要求能得到说明书的支持，符合§26.4的规定。

最高人民法院（2010）知行字第53号：原说明书和权利要求书记载的范围

“原说明书和权利要求书记载的范围”应该从所属领域普通技术人员角度出发，依据原说明书和权利要求书所“公开”的技术内容来确定，而不是依据原申请文件“记载”的具体文字来确定。

不允许主动将记载于原说明书中的另一技术方案补入权利要求书中作为与权利要求1并列的独立权利要求。

GL - B - VIII 5.2.2.2 对说明书及其摘要的修改

修改不可以超出原说明书和权利要求书记载的范围。

允许的说明书及其摘要的修改：

（1）修改发明名称。如果独立权利要求的类型包括产品、方法和用途，则这些请求保护的主题都应当在发明名称中反映出来。发明名称一般不得超过25个字，特殊情况下，例如，化学领域，可以允许最多到40个字。

（2）修改发明所属技术领域。

〈一般应与专利分类表中最低分类位置涉及的领域对应。〉

（3）修改背景技术部分。

（4）修改发明所解决的技术问题有关的内容，即反映该发明的技术方案相对于最接近的现有技术所解决的技术问题。修改后的内容不应超出原说明书和权利要求书记载的范围。

（5）修改发明内容部分中与该发明技术方案有关的内容。如果独立权利要求进行了修改，则允许该部分作相应的修改；如果独立权利要求未作修改，则允许在不改变原技术方案的基础上，对该部分进行理顺文字、改正不规范用词、统一技术术语等修改。

（6）修改内容部分中与该发明的有益效果有关的内容。只有在技术特征在原始申请文件中已被清楚地记载，而其有益效果没有被清楚地提及，但所属技术领域的技术人员可以直接地、毫无疑义地从原始申请文件中推断出这种效果。

（7）修改或补充附图说明。附图说明不清楚的，允许根据上下文作出合适的修改。

（8）修改最佳实施方式或者实施例。一般限于补入原实施方式或实施例中具体内容的出处及已记载的反映发明的有益效果数据的标准测量方法（包括使用的标准设备、器具）。

（9）修改附图。删除附图中不必要的词语和注释，可将其补入说明书文字部分之中；在文字说明清楚的情况下，允许增加局部放大图（R19）。

（10）修改摘要。更换摘要附图（R24）。

（11）修改由所属技术领域的技术人员能够识别出的明显错误，即语法错误、文字错误和打印错误。对这些错误的修改必须是能从说明书的整体及上下文看出的唯一的正确答案。

◎消除申请文件中的明显错误：

一旦本领域技术人员看到，就能立即发现其错误并能立即知道如何改正错误，例如语法的错误、文字的错误、打印的错误以及某些相互矛盾之处。

“立即发现其错误”，需要本领域技术人员根据原申请文件和公知常识进行客观判断。

“立即知道如何改正”，要求该修改是本领域技术人员从原申请文件中可以直接地、毫无疑义地确定的内容。而通过对上述规定可以看到，其关于“明显错误”的修改从“唯一性”进一步拓展到“本领域技术人员从原申请文件中是否可以直接地、毫无疑义地确定”。

在判断“明显错误”修改是否超范围时，虽然字面上可能不是唯一的修改，但是考虑了技术领域后确定其修改方向是唯一的或者是最可能的，也是可以接受的。但如果考虑了技术领域后仍然认为其修改方式不唯一，则不能接受。

GL－B－VIII 5.2.3 不允许的修改

作为一个原则，凡是对说明书（及其附图）和权利要求书作出不符合§33的修改，均是不允许的。

具体地说，如果申请的内容通过增加、改变和/或删除其中的一部分，致使所属技术领域的技术人员看到的信息与原申请记载的信息不同，而且又不能从原申请记载的信息中直接地、毫无疑义地确定，那么，这种修改就是不允许的。

这里所说的申请内容，是指原说明书（及其附图）和权利要求书记载的内容，不包括任何优先权文件的内容。

GL－B－VIII 5.2.3.1 不允许的增加

（1）将某些不能从原说明书（包括附图）和/或权利要求书中直接明确认定的技术特征写入权利要求和/或说明书。

（2）为使公开的发明清楚或者使权利要求完整而补入不能从原说明书（包括附图）和/或权利要求书中直接地、毫无疑义地确定的信息。

（3）增加的内容是通过测量附图得出的尺寸参数技术特征。

（4）引入原申请文件中未提及的附加组分，导致出现原申请没有的特殊效果。

（5）补入所属技术领域的技术人员不能直接从原始申请中导出的有益效果。

（6）补入实验数据以说明发明的有益效果，和/或补入实施方式和实施例以说明在权利要求请求保护的范围内发明能够实施。

（7）增补原说明书中未提及的附图，一般是不允许的；如果增补背景技术的附图，或者将原附图中的公知技术附图更换为最接近现有技术的附图，则应当允许。

最高人民法院（2009）民申字第1622号：说明书和附图解释权利要求的适用原则

说明书和附图可以用于解释权利要求，并在对权利要求进行解释时，适用以下原则来确定专利的保护范围：

（1）权利要求中的术语在说明书未作特别解释的情况下应采用通常理解；

（2）不同权利要求中采用的相关技术术语应当解释为具有相同的含义；

（3）专利权人在专利授权和无效宣告程序中为保证获得专利权或者维持专利权有效而对专利权保护范围作出的限制，在后续的专利侵权纠纷中不得再主张相应的权利。

复审请求第 17364 号：说明书附图在修改超范围判断中的作用

对申请文件所进行的修改，可以根据原说明书文字记载的内容以及说明书附图直接、毫无疑义地确定，没有超出原说明书和权利要求书记载的范围。

◎关于现有技术和基于引证文件的修改：

根据 GL－B－VIII5. 2. 2. 2（3），在说明书的背景技术部分增加对现有技术（包括公知常识）的描述是允许的。如果增加的内容是现有技术，但涉及了发明本身，即对发明的技术问题、技术方案或技术效果产生了影响，则这种修改是不允许的。

如果申请中引证文件的内容对于实现发明是必不可少的，只有在申请人对于引证文件中的内容指引得非常明确，例如清楚写明了具体的引证文件及其具体段落等信息，且所补入的引证文件内容与本发明的相关内容具有唯一确定的关系，才可以允许申请人补入引证文件中的具体内容。

◎针对不具备创造性缺陷补交的实验数据：

审查员对于申请人提供的证明请求保护的主题具有预料不到的用途或者使用效果的证据，应作如下考虑：

（1）该证据应当是对比试验证据或者其他类型证据，例如，申请人利用现有技术证据（如本领域的普通技术知识）证明请求保护的主题的用途或效果是预料不到的。

（2）该证据必须与请求保护的范围相对应。

（3）对比试验效果证据必须针对在原申请文件中明确记载且给出了相应实验数据的技术效果。如果原说明书中没有效果实验证明发明某个方面或某种程度的技术效果，则即使说明书中对该技术效果给出了结论性或断言性的描述，也不应当接受申请人在申请日后或答复审查意见时提供的实验数据或效果实施例以证明上述技术效果。

（4）对比试验应该在请求保护的发明与最接近的现有技术之间进行。

最高人民法院（2012）知行字第 41 号：补交实验数据的条件

创造性判断中，当专利申请人或专利权人在申请日后补充对比试验数据以证明专利技术方案产生了意料不到的技术效果时，接受该实验数据的前提是其用以证明的技术效果在原申请文件中有明确记载。

申请日后补交的实验数据不属于专利原始申请文件记载和公开的内容，公众看不到这些信息，如果这些实验数据也不是本申请的现有技术内容，在专利申请日之前并不能被所属领域技术人员所获知，则以这些实验数据为依据认定技术方案能够达到所述技术效果，有违专利先申请制原则。当专利申请人或专利权人欲通过提交对比试验数据证明其要求保护的技术方案相对于现有技术具备创造性时，接受该数据的前提必须是针对在原申请文件中明确记载的技术效果。

京（2009）高行终字第 1192 号：公知常识应当举证证明

申请人对其专利申请文件进行了修改，如果申请当事人主张修改的内容对于所属领域技术人员属于公知常识，应当举证证明。

GL－B－VIII 5.2.3.2 不允许的改变

（1）改变权利要求中的技术特征，超出了原权利要求书和说明书记载的范围。

（2）由不明确的内容改成明确具体的内容而引入原申请文件中没有的新的内容。

（3）将原申请文件中的几个分离的特征，改变成一种新的组合，而原申请文件没有明确提及这些分离的特征彼此间的关联。

（4）改变说明书中的某些特征，使得改变后反映的技术内容不同于原申请文件记载的内容，超出了原说明书和权利要求书记载的范围。

GL－B－VIII 5.2.3.3 不允许的删除

（1）从独立权利要求中删除在原申请中明确认定为发明的必要技术特征的那些技术特征，即删除在原说明书中始终作为发明的必要技术特征加以描述的那些技术特征；或者从权利要求中删除一个与说明书记载的技术方案有关的技术术语；或者从权利要求中删除在说明书中明确认定的关于具体应用范围的技术特征。

（2）从说明书中删除某些内容而导致修改后的说明书超出了原说明书和权利要求书记载的范围。

（3）如果在原说明书和权利要求书中没有记载某特征的原数值范围的其他中间数值，而鉴于对比文件公开的内容影响发明的新颖性和创造性，或者鉴于当该特征取原数值范围的某部分时发明不可能实施，申请人采用具体"放弃"的方式，从上述原数值范围中排除该部分，使得要求保护的技术方案中的数值范围从整体上看来明显不包括该部分，由于这样的修改超出了原说明书和权利要求书记载的范围，因此除非申请人能够根据申请原始记载的内容证明该特征取被"放弃"的数值时，本发明不可能实施，或者该特征取经"放弃"后的数值时，本发明具有新颖性和创造性，否则这样的修改不能被允许。

◎具体"放弃"：

（1）允许从权利要求中排除不授予专利权的主题；

（2）允许排除抵触申请的相关内容以使权利要求具备新颖性；

（3）允许排除下述情况的现有技术而使权利要求具备新颖性：所述现有技术是其所属技术领域与发明的技术领域相差很远，解决完全不同的技术问题，发明构思完全不同，所述现有技术对于发明的完成没有任何教导或启示。

但若权利要求中所排除的现有技术可以评价本申请的创造性，那么可直接认定根据该现有技术所作的具体"放弃"修改不符合§33的规定。

不允许通过具体"放弃"的修改方式来克服原说明书没有充分公开的缺陷。

◎数值范围：

（1）当组合物以各组分所占百分含量来限定，而几个组分的含量范围不符合GL－B－X 4.2.2（4）中规定的条件时，若在权利要求和说明书中补入特征"各组分含量之和为100%"，且权利要求中各组分的含量中有符合上述条件的数值范围的，则不视为修改超范围。

（2）对于用实施例中特定数值作为修改后端点值的新数值范围，如果本领域技术人员从发明实施方案的整体效果出发，认定具体实施例中的特定数值与该实施例中其他具体技术特征（权利要求中与之对应的是该具体特征的上位概念）之间的对应关系并非紧密联系、一一对应，则该修改是允许的。

最高人民法院（2011）知行字第17号：权利要求中的比例

对于比值关系的权利要求而言，说明书中的具体实施例只能记载具体数值，而无法公开一个抽象的比值关系；对于本领域技术人员，1mg/kg和30mg/kg表明的是两种成分的比值而非一个固定的剂量，故应认定1∶30的比值关系没有超出原申请文件的记载范围。

如果修改并没有给专利权人带来不当利益，也未影响权利要求的公示作用，仅以不符合修改方式的要求而不允许修改，使之纯粹成为对权利要求撰写不当的惩罚，缺乏合理性。

〈最高人民法院实质上是通过确认1∶30这一剂量比被隐含公开，从而认可了本案重新概括的正当性。〉

京（2009）高行终字第122号：修改后的数值范围在原数值范围之内且两个端值有确实记载申请人对其申请文件中含有数值范围技术特征的权利要求中数值范围的修改，只有在修改后数值范围的两个端值在原说明书和/或权利要求书中已确实记载且修改后的数值范围在原数值范围之内的前提下，才是允许的。

无效宣告请求第7372号：修改后的数值范围没有明确记载

对于含有数值范围技术特征的权利要求中数值范围的修改，如果修改后数值范围的端值在原说明书和/或权利要求书中没有明确的记载，则认为这种修改超出了原说明书和权利要求书记载的范围。

◎上位概念和下位概念作为并列选择项：

上位概念与其下位概念作为并列选择项时，对于发明所要解决的技术问题以及产生的技术效果是不等效的，不能相互替换，因而导致权利要求不清楚。

也不允许用一个含义具体的技术特征（下位概念）来代替原说明书和权利要求中含义较宽的一般表述（上位概念）。

◎技术特征的删除：

技术特征之间的关系有三种：协同关系、叠加关系以及选择关系。

（1）协同关系

如果删除的特征与其他特征之间具有协同作用、相互联系或相互支持，那么删除该特征将产生原说明书和权利要求书中没有记载的各技术特征之间新的组合，因此该修改超出了原说明书和权利要求书记载的范围，是不允许的。

（2）叠加关系

当删除的技术特征与其他技术特征彼此之间没有联系或支持，仅仅是一种简单的叠加关系时：

①如果删除的特征与其他特征之间没有相互联系，彼此独立，但根据原申请的记载，该特征是发明的必要技术特征，那么删除该特征的修改超出了原说明书和权利要求书记载的范围，是不允许的。

②如果删除的特征与其他特征之间没有相互联系，彼此独立，而且原申请中明确指出、审查员也能够确认该特征不是发明的必要技术特征，那么删除该特征的修改没有超出原说明书和权利要求书记载的范围，是允许的。

（3）选择关系

所删除的特征与其他特征之间具有“选择关系”，是指删除的特征是多个可选择替换的特征中的一个。

将具有选择关系的技术特征中的一个或多个删除，一般并不超出原说明书和权利要求书记载的范围，是允许的。但对于马库什通式化合物而言，若通过删除部分并列取代基的方式将其修改为数个具体化合物，而这些化合物中有的在原说明书和权利要求书中没有明确记载，那么这种修改超出了原说明书和权利要求书记载的范围，是不允许的。

是否为必要技术特征？

一个技术特征，只有同时满足以下三个条件，才能视为非必要技术特征：

（1）原申请中没有明示该技术特征是必要技术特征；

（2）根据发明所要解决的技术问题，该特征并非是达到发明效果所必不可少的；

（3）将该特征删除后不必改进其他特征进行弥补，以实现未删除该特征时发明获得的技术效果。

只要上述条件有一个没有被满足，则该技术特征就是发明的必要技术特征。

◎涉及计算机程序的发明专利申请：

（1）增加功能模块或功能模块构架产品权利要求

申请人以计算机程序流程为依据，按照与说明书和/或附图中计算机程序流程的各步骤完全对应一致的方式，或者按照与反映该计算机程序流程的方法权利要求完全对应一致的方式，增加了原申请文件没有记载的功能模块构架的产品权利要求，或者在原功能模块构架形式的产品权利要求中增加了与流程或步骤对应的、原申请文件中没有记载的功能模块，由于这种功能模块不应理解为通过硬件方式实现的实体装置，所以只要本领域技术人员能够从原申请文件记载的计算机程序流程步骤直接地、毫无疑义地确定实现所述步骤所必须建立的各个功能模块，则这种增加是允许的，符合§33的规定。

（2）合并或拆分功能模块

申请人将原申请文件中记载的多个功能模块合并为一个功能模块，或者将原申请文件中记载的一个功能模块依据其功能拆分为多个子功能模块，此时不仅需要判断合并后的功能模块的功能或者拆分后的多个子功能模块的功能之和相对于修改前是否发生变化，而且还要判断执行各功能的时序是否发生变化。如果其中之一发生了变化，且这种变化又不是本领域技术人员能够从原申请文件记载的信息中直接地、毫无疑义地确定的，则这种修改是不允许的，不符合§33的规定。

◎马库什权利要求的修改：

（1）删除某项权利要求或者将其修改为说明书中明确记载的某个范围，因为在原申请文件中明确记载了所述范围，所以这种修改通常是允许的，符合§33的规定。

（2）删除权利要求中通式化合物各取代基定义中的一个或多个选项，为克服审查员提出的马库什化合物权利要求不能得到说明书支持等缺陷，申请人可能会删除通式化合物各取代基定义中一个或多个选项。这种删除实质上是在原申请文件记载的多个并列选择的技术方案中删除某些技术方案，一般不会导入原申请文件中未曾记载的新的内容，原则上应当允许。但是，如果这种删除的修改方式使得权利要求请求保护的通式化合物相当于数个具体化合物，而这些化合物中有的是原申请文件中并未明确记载的，则不能允许。例如：

①修改后的通式化合物中只有一个变量，且该变量的可选项均是具体取代基，即该通式化合物相当于从所述可选项中选择每个具体取代基而得到的数个具体化合物；

②修改后的通式化合物中只有两个变量，每个变量仅有两个可选项，且可选项均是具体取代基，即该通式化合物相当于上述取代基排列组合得到的四个具体化合物，此时，如果这些具体化合物中有的是原申请文件中未明确记载的，则这种修改方式不被允许。

（3）具体放弃式修改

此处“具体放弃”是指根据现有技术从马库什化合物权利要求请求保护的范围中放弃在原申请文件中没有记载的具体化合物或者小范围的一类化合物。常见的情形为：

①针对抵触申请时，或者作为现有技术的对比文件公开的化合物与发明所属技术领域相差很远且二者解决的技术问题完全不同时，可以允许申请人通过修改“具体放弃”该抵触申请或该对比文件中公开的化合物。

如果上述对比文件还可以用来评价请求保护的化合物的创造性，此时采用“具体放弃”式修改是不允许的，不符合§33的规定。

②放弃权利要求中存在的明显不可能实施的化合物。

GL-B-VIII 5.2.3.3（3）规定：鉴于当发明的技术特征取原数值范围的某部分时发明不可能实施，允许申请人采用具体放弃的方式进行修改。对于马库什化合物中的取代基，也可以采用此种方式进行修改，以排除明显不能实施的化合物。

（4）根据实施例中公开的各基团的具体选项进行重新组合

如果申请人在修改时对实施例中某个（些）取代基选项进行重新组合，而这样得到的化合物范围是本领域技术人员无法由原申请记载的内容直接地、毫无疑义地确定的，则这种修改超出原申请记载的范围，是不允许的。

◎现有技术中没有记载的药材名称：

对于在现有技术中从未记载过的药材名称，如果本领域技术人员根据说明书所公开的内容和现有技术能够直接地、毫无疑义地判断出该名称属于能够识别的明显错误，并能够确定其对应的唯一的正确药材名称是什么，则允许将其修改为正确的药材名称。否则，该修改超出原说明书和权利要求书记载的范围，是不允许的。

◎不一致的药材名称：

申请文件中出现前后不一致的药材名称时，如果本领域技术人员可以明确判断出其中一种不可能解决所述技术问题，从而可以推定另一种为正确的药材名称，则允许将不一致的药材名称修改为其中的正确药材名称。

◎分案进行的修改：

对分案进行的任何修改，都不能超出原申请文件所记载的范围。

◎主动修改：

只能在对分案发明专利申请提出实质审查时，以及在收到 SIPO 进入实质审查阶段的通知书之日起的 3 个月内，对其说明书、权利要求书以及说明书附图进行主动修改。

在母案是实用新型或者外观设计专利申请的情况下，可以在提交分案申请之日起的 2 个月内，对其申请文件进行主动修改。

◎被动修改：

在其他情况下，申请人只能对其申请文件进行被动修改。

◎辅助申请（auxiliary request）：

在欧洲，经常会出现辅助申请的情况，即专利申请人为了节省审查时间，争取更大的授权机会，往往在答复审查意见书时，会坚持原来的权利要求，或者仅对权利要求进行尽可能少的修改，作为申请文件的正式权利要求，同时另外申请一个或者多个辅助的权利要求组合（2005 年欧洲专利公报第 357 页）。审查员必须先审查正式的权利要求组合。如果正式的权利要求不具备授权条件，审查员将依次审查其他的辅助权利要求组合（A113（2）EPC；RiLi－C－IV1，E－IX3）。只有当所有的正式和辅助的权利要求都不具备授权条件时，申请才会被驳回（RiLi－E－IX5.3）。

为了防止恶意辅助申请，EPA 也规定不能无限制地随意提出辅助申请（RiLi－E－II8.6；T1105/96）。

中国专利法没有相关的规定，审查指南也没有类似的说明。因此，在中国，原则上申请人不能对权利要求作出如此修改，并提出辅助申请。如果申请人出于前述原因，想要递交辅助申请，可以尝试与审查员预先联系，说明情况，取得一致。

R52 修改专利申请的方式

发明或者实用新型专利申请的说明书或者权利要求书的修改部分，除个别文字修改或者增删外，应当按照规定格式提交替换页。外观设计专利申请的图片或者照片的修改，应当按照规定提交替换页。

GL－B－Ⅷ 5.2.4.1 提交替换页

根据 R52，说明书或权利要求书的修改部分，应当按照规定格式提交替换页。

GL－B－Ⅷ 5.2.1.3 答复审查意见通知书时的修改方式

在答复审查意见通知书时，如果修改的方式不是依据 R51.3 针对通知书指出的缺陷进行的，这样的修改文本一般不予接受。

对于虽然修改的方式不符合 R51.3 的规定，但其内容与范围满足§33 要求的修改，只要经修改的文件消除了原申请文件存在的缺陷，并且具有被授权的前景，这种修改就可以被视为针对通知书指出的缺陷进行的修改，因而经此修改的申请文件可以接受。但是，当出现下列情况时，即使修改的内容没有超出原说明书和权利要求书记载的范围，也不能被视为针对通知书指出的缺陷进行的修改，因而不予接受。

（1）主动删除独立权利要求中的技术特征，扩大了该权利要求请求保护的范围。

（2）主动改变独立权利要求中的技术特征，导致扩大了请求保护的范围。

（3）主动将仅在说明书中记载的与原来要求保护的主题缺乏单一性的技术内容作为修改后权利要求的主题。

（4）主动增加新的独立权利要求，该独立权利要求限定的技术方案在原权利要求书中未出现过。

〈不包括将原权利要求书中属于不授权主题的权利要求修改为可授权主题的权利要求等类似情形。〉

（5）主动增加新的从属权利要求，该从属权利要求限定的技术方案在原权利要求书中未出现过。

如果申请人答复审查意见通知书时提交的修改文本不是针对通知书指出的缺陷作出的，而是属于上述不予接受的情况，审查员应当发出审查意见通知书，说明不接受该修改文本的理由，要求申请人在指定期限内提交符合 R51.3 规定的修改文本。同时指出，到指定期限届满日为止，提交的修改文本如果仍然不符合 R51.3 或者出现其他不符合 R51.3 规定的内容，审查员将针对修改前的文本继续审查，如作出授权或驳回决定。

修改不符合规定的后果：驳回（R44.2、R53〈3〉）。

R106 在国际阶段做过修改的申请文件的译文

国际申请在国际阶段作过修改，申请人要求以经修改的申请文件为基础进行审查的，应当自进入日起2个月内提交修改部分的中文译文。在该期间内未提交中文译文的，对申请人在国际阶段提出的修改，国务院专利行政部门不予考虑。

A46 PCT〈国际申请的不正确译文〉

如果由于国际申请的不正确译文，致使根据该申请授予的专利的范围超出了使用原来语言的国际申请的范围，有关缔约国的主管当局可以相应地限制该专利的范围，并且对该专利超出使用原来语言的国际申请范围的部分宣告无效。这种限制和无效宣告有追溯既往的效力。

以A19、A34PCT修改文件作为审查基础的，应该自进入日起2个月内提交修改部分的中文译文。

R113 国家申请的不正确译文

申请人发现提交的说明书、权利要求书或者附图中的文字的中文译文存在错误的，可以在下列规定期限内依照原始国际申请文本提出改正：

（一）在国务院专利行政部门作好公布发明专利申请或者公告实用新型专利权的准备工作之前；

（二）在收到国务院专利行政部门发出的发明专利申请进入实质审查阶段通知书之日起3个月内。

申请人改正译文错误的，应当提出书面请求并缴纳规定的译文改正费。

申请人按照国务院专利行政部门的通知书的要求改正译文的，应当在指定期限内办理本条第二款规定的手续；期满未办理规定手续的，该申请视为撤回。

◎译文错误的概念：

译文错误是指中文译文与原文相比，个别术语、个别句子或者个别段落遗漏或者不准确，而中文译文与原文明显不符的情况不属于译文错误，不允许以改正译文错误的形式进行更正。只有属于译文错误的情况，才允许以改正译文错误的形式进行改正。

常见的“中文译文与原文明显不符”的情况有：

（1）译文的内容明显与原文不相关，例如译文中记载的是机械装置的技术方案，而原文是关于生物制药的；

（2）译文的篇幅明显与原文不同；

（3）译文与原文内容虽然涉及近似的技术方案，并且篇幅基本相当，但译文全文或者其中大部分（如说明书全文）与原文不同。

GL－C－I 5.8 改正译文错误

由IB传送给DO/EO的国际申请是具有法律效力的文本。以该文本为依据发现进入国家阶段时提交的译文存在错误的，在满足R11的条件下，允许改正译文中的错误。

译文错误是指译文文本与IB传送的原文文本相比个别术语、个别句子或者个别段落遗漏或者不准确的情况。译文文本与IB传送的原文文本明显不符的情况不允许以改正译文错误的形式进行更正。

申请人可以在专利局作好公布发明专利申请或者公告实用新型专利权的准备工作之前办

理改正译文错误手续。

申请人改正译文错误，除提交改正页外，还应当提交书面改正译文错误请求，并且缴纳规定的改正译文错误手续费。不符合规定的，审查员应当发出视为未提出通知书。

如果不符之处是非文字部分，如数学式、化学式等，不作为译文错误处理，仅要求申请人作出补正。

◎提出改正 PCT 申请的译文错误：

申请人发现提交的说明书、权利要求书或附图中文字的中文译文存在译文错误，可以在 SIPO 做好国家公布的准备工作之前（一般不早于自该 PCT 申请进入国家阶段之日起 2 个月）（R113.1〈2〉），或在收到 SIPO 发出的发明专利申请进入实质审查阶段通知书之日起 3 个月内提出改正请求，（R113.1〈2〉）。在实审过程中一般不允许申请人主动提出改正译文错误，但是如果审查员认为申请人提出的改正译文错误有利于审查，则也可以接受其改正译文错误的请求并进行相应的审查。

◎改正 PCT 申请的译文错误：

根据 R113 的规定，申请人发现提交的说明书、权利要求书或者附图的文字的中文译文存在错误的，在作好公告专利权的准备工作之前，可以提出改正请求，提交译文改正页，并缴纳相关费用。

PCT 申请在实用新型初审阶段，申请人可以请求改正译文错误，但应满足两项条件：

（1）改正译文请求提交时间

改正译文错误的请求应当在作好公告专利权的准备工作之前提出。专利局已发出授予专利权通知书和办理登记手续的通知书，且申请人已缴纳了相关费用并办理登记手续的，即视为已作好公告专利权的准备工作。

（2）费用

申请人在提交改正译文的书面请求时应缴纳相关费用。

对不满足任何一项条件的改正译文请求不予接受，对费用不予使用，并发出视为未提出通知书。

◎CN－PCT 申请改正译文错误的时间：

实用新型	发明
作好公告实用新型专利权的准备工作之前	作好公布发明专利申请的准备工作之前 收到进入实审通知书之日起 3 个月内

◎按照审查意见修改：

译文错误造成的某些缺陷在原申请文本或国际阶段作出修改的原文中不存在，而在译文中存在，则发审查意见通知书指出缺陷，要求申请人澄清或者办理请求改正译文错误手续。如果修改文本超出原中文译文记载的范围，但未办理请求改正译文错误手续

(《改正译文错误通知书》，或者申请人未在规定期限内办理改正译文错误手续，则申请被视为撤回。

◎分案申请中的译文错误：

条件：原申请译文错误导致申请存在译文错误；

操作：办理改正译文错误手续，根据原申请的国际申请文本改正译文错误。

R112 进入中国国家阶段后对国际申请的修改

要求获得实用新型专利权的国际申请，申请人可以自进入日起2个月内对专利申请文件主动提出修改。

要求获得发明专利权的国际申请，适用本细则第五十一条第一款的规定。

R51.1：在提出实质审查请求时，或者收到进入实质审查阶段通知书之日起3个月内。

A26PCT（向DO提出改正的机会）

在任何DO在按照本国法所规定的对国家申请在相同或类似情况下允许改正的范围和程序，给予申请人以改正国际申请的机会之前，不得以不符合本条约和细则的要求为理由驳回国际申请。

A28PCT（向DO提出对权利要求书、说明书和附图的修改）

(1) 申请人应有机会在规定的期限内，向每个DO提出对权利要求书、说明书和附图的修改。除经申请人明确同意外，任何DO，在该项期限届满前，不应授予专利权，也不应拒绝授予专利权。

(2) 修改不应超出国际申请提出时对发明公开的范围，除非指定国的本国法允许修改超出该范围。

(3) 在本条约和细则所没有规定的一切方面，修改应遵照指定国的本国法。

(4) 如果DO要求国际申请的译本，修改应使用该译本的语言。

PCT申请在国际阶段进行过说明书、权利要求书和说明书附图的修改并且在进入中国国家阶段时要求以经过修改的说明书、权利要求书和说明书附图作为基础进行审查的，应当在进入中国国家阶段之日起的2个月内提交修改部分的中文译文。

要求在中国获得发明专利权的PCT申请，申请人在进入中国国家阶段后提出实质审查时，以及在收到SIPO进入实质审查阶段的通知书之日起的3个月内，对其发明专利申请的说明书、权利要求书和说明书附图进行主动修改。

要求在中国获得实用新型专利权的PCT申请，申请人自进入中国国家阶段之日起2个月内可以对专利申请进行主动修改。

申请人发现向SIPO提交的说明书、权利要求书或者附图中存在译文错误时，可以在SIPO作好公布的准备工作之前，或在收到发明专利申请进入实质审查阶段通知书之日起的3个月内对译文错误提出改正。

需要注意的是，无论是在以上哪种情况下，对说明书、权利要求书以及说明书附图所作的修改，都不能超出原始 PCT 申请文件所记载的范围。

GL－C－I 5.7 进入国家阶段后对申请文件的修改

R112 规定，申请人可以在办理进入国家阶段手续之后，在规定的期限内提出对专利申请文件的修改，此种修改称为国家阶段的修改。

要求获得实用新型专利权的国际申请，申请人可以自进入日起 2 个月内对专利申请文件主动提出修改。

要求获得发明专利权的国际申请，可以按照 R51.1 对申请文件主动提出修改。

当国际申请进入国家阶段时，申请人明确要求以按照 A28 或 A41 作出的修改为审查基础的，可以在提交原始申请译文的同时提交修改文件，该修改视为按照 R112 主动提出的修改。

申请人提交修改文件时应当附有详细的修改说明。修改说明可以是修改前后内容的对照表，也可以是在原文件复制件上的修改标注。修改是在进入国家阶段时提出的，在修改说明上方应当注明“按照专利合作条约第 28 条（或第 41 条）作出修改”的字样。

修改的内容应当以替换页的形式提交，替换页与被替换页的内容应当相互对应，与被替换页的前、后页内容相互连接。

◎PCT 申请主动修改的时机：

<table>
<tr><th>修改时机</th><th>法条</th><th colspan="2">提交时间</th><th>修改内容</th></tr>
<tr><td rowspan="2">国际阶段</td><td>A19 PCT</td><td colspan="2">自 ISR 向申请人和 IB 传送之日起 2 个月，或者自优先权日起 16 个月，以最后届满的期限为准</td><td rowspan="2">权利要求</td></tr>
<tr><td>A34 PCT</td><td colspan="2">申请人提交国际初审请求时或至 IPER 制定之前</td></tr>
<tr><td rowspan="2">进入国家阶段时</td><td rowspan="2">A28、A41 PCT</td><td>发明</td><td>实用新型</td><td rowspan="3">权利要求、说明书、附图</td></tr>
<tr><td colspan="2">进入国家阶段时</td></tr>
<tr><td rowspan="4">进入国家阶段后</td><td>R44</td><td colspan="2">应初审审查员的要求进行补正</td></tr>
<tr><td>R104</td><td colspan="2">应初审审查员的要求进行补正</td><td>摘要和摘要附图</td></tr>
<tr><td rowspan="2">R51.1
R112.2</td><td>发明</td><td>实用新型</td><td rowspan="2">权利要求、说明书、附图、摘要、摘要附图</td></tr>
<tr><td>申请人提出实审请求时或收到实审通知书 3 个月内</td><td>自进入日起 2 个月内</td></tr>
</table>

＊表格中的“说明书”也包括核苷酸和氨基酸序列表。

根据 R51.1 的修改，以最后提交的符合要求的修改文本作为审查基础，并替代审查基础声明中指明的作为审查基础的相应内容。

◎PCT 申请文件的形式缺陷：

（1）审查员不得以不符合 R23.2 关于摘要字数的规定为理由要求申请人修改或自行

删改。

（2）审查员不得以不符合 R17.1 和 R17.2 关于说明书的撰写方式、顺序和小标题的规定为理由要求申请人修改或自行修改。

◎确认审查文本时需注意：

（1）对于国际阶段的修改文本，进入国家阶段时未在国际申请进入中国国家阶段声明（发明）表中指明作为审查基础文本的，或者虽指明但未按规定提交其中文译文的，将不作为实审的基础。

（2）如果申请人在 PCT 申请进入国家阶段之后多次提交了修改文本，则以申请人最后提交的符合要求的修改文本作为审查基础，并用该部分内容替代审查基础文本声明中指明的作为审查基础的相应内容。对于申请人提交的不符合 R51.1 的修改文本，可根据实际情况进行处理。

（3）对于申请语言为中文的 PCT 申请，进入国家阶段时，申请人只需提交原始 PCT 申请文本中的摘要和摘要附图（有摘要附图时）的副本，无须提交说明书、权利要求书和附图的副本。

（4）确定审查文本应当遵循请求原则，申请人请求审查的修改超范围的文本也应作为审查文本。

（5）申请人请求进行实审的文本中包括了 IPRP 附件中某些修改部分的中文译文，并且在替换页的首页写明是按 A34PCT 提交的修改文本时，当初审审查员无法确定其是否为按 A34PCT 提交的修改文本时，会发出未收到 IPRP，告知申请人该修改被视为按 A41PCT 提交的修改。此时，如果审查员能够获得 IPRP，应当进行核实。如果该修改文本确为 IPRP 附件中修改部分的中文译文，则应当按照其为按 A34PCT 提交的修改文本进行处理，否则按照其为按 A41PCT 提交的修改文本进行处理。

（6）如果申请人在《国际申请进入中国国家阶段声明（发明）表》中指明的审查文本与同时提交的按 A28 或 A41PCT 的修改文本存在不一致时，应当以实际提交的文本为准来确定审查文本。

GL－C－Ⅱ 3.3 原始提交的国际申请文件的法律效力

对于以外文公布的国际申请，针对其中文译文进行实质审查，一般不需核对原文；但是原始提交的国际申请文件具有法律效力，作为申请文件修改的依据。

对于国际申请，§33 所说的原说明书和权利要求书是指原始提交的国际申请的权利要求书、说明书及其附图。

根据 GL－C－Ⅱ 3.3 的规定，对于申请语言为中文以外的其他语言的 PCT 申请，应当针对其中文译文进行审查，一般不需核对原文。需要核对原文的情况是指：

（1）如果发现审查文本中存在的某些缺陷可能是翻译造成的，如说明书中前后两段内容明显不连贯，怀疑可能是中间遗漏了一些内容，则需要核对原文以确定是否要求申请人改正译文错误；

（2）如果修改文本超出了中文译文记载的范围，则需要进一步依据原始提交的外文PCT申请文本来判断修改是否超范围。

●援引加入

R4.18 PCT援引加入的说明：

如果一件国际申请，在RO首次收到涉及A11（1）（iii）PCT中一个或者多个项目之日，要求了在先申请的优先权，那么请求书中应当包含这样的说明，如果A11（1）（iii）（d）或（e）PCT规定的国际申请的某一项目，或者R20.5（a）PCT规定的说明书，权利要求书或附图的某一部分不包含在本国际申请中，但是全部包含在一个在先申请中，并且在RO首次收到A11（1）（iii）PCT规定的一个或多个项目之日要求了该在先申请的优先权，则该项目或该部分可以根据R20.6PCT确认，为R20.6PCT的目的援引加入该国际申请中。这样的一个说明如果在这一日没有包含在请求书中，可以允许增加到请求书中，仅限于这一说明包含在当日提交的国际申请中或者随国际申请一起提交的文件中。

R20.6 PCT确认援引加入的项目和部分：

（a）申请人可以在根据R20.7PCT适用的期限内向RO提交一份书面意见，确认根据R4.18PCT援引加入国际申请的项目或者部分。

（b）如果RO发现满足R4.18PCT和本条（a）的要求，并且本条（a）所述的项目或者部分完全包含在所涉及的在先申请中，则应认为在RO首次收到A11（1）（iii）PCT所述的一个或者多个项目之日，该项目或者部分已经包含在据称的国际申请中。

（c）如果RO发现不满足R4.18PCT和本条（a）的要求，或者本条（a）所述的项目或者部分没有完全包含在所涉及的在先申请中，受理局应根据情况，根据R20.3（b）（i），R20.5（b）或R20.5（c）PCT的规定处理。

GL-C-I 5.3 援引加入

根据R20.6PCT，申请人在递交国际申请时遗漏了某些项目或部分，可以通过援引在先申请中相应部分的方式加入遗漏项目或部分，而保留原国际申请日。其中的“项目”是指全部说明书或者全部权利要求，“部分”是指部分说明书、部分权利要求或者全部或部分附图。

因中国对R20.6PCT的规定作出保留，国际申请在进入国家阶段时，对于通过援引在先申请的方式加入遗漏项目或部分而保留原国际申请日的，专利局将不予认可。

对于申请文件中含有援引加入项目或部分的，如果申请人在办理进入国家阶段手续时在进入声明中予以指明并请求修改相对于中国的申请日，则允许申请文件中保留援引加入项目或部分。

对于申请文件中含有援引加入项目或部分的，如果申请人在办理进入国家阶段手续时未予以指明或者未请求修改相对于中国的申请日，则不允许申请文件中保留援引加入项目或部分。审查员应当发出补正通知书，通知申请人删除援引加入项目或部分，期满未补正的，视为撤回。

申请人在后续程序中不能再通过请求修改相对于中国的申请日的方式保留援引加入项目或部分。

依照 SIPO《关于对 PCT 实施细则有关条款不予适用的公告》（第 125 号公告）的说明，SIPO 作为受理局，接受 R20.3（a）（ii）、R20.3（b）（ii）、R20.5（a）（ii）、R20.5（d）以及 R20.6 PCT 的规定。SIPO 将及时确认援引加入的项目和部分，如果发现 R4.18 和 R20.6（a）PCT 的要求被履行，并且 R20.6（a）PCT 所提及的项目或部分完全被包含在所涉及的在先申请中，那么该项目或部分应被认为在受理局首次收到涉及 A11（1）（iii）PCT 一个或者多个项目之日包含在据称国际申请的文件中，R20.6（b）PCT；受理局发现 R4.18 和 R20.6（a）PCT 的要求没有被履行，或者 R20.6（a）PCT 所提及的项目或者部分没有完全被包含在所涉及的在先申请中，在这种情况下，受理局应根据 R20.3（b）（i），R20.5（b）和 R20.5（c）PCT 处理（即根据情况更改申请日）。

但 SIPO 作为指定局时，对上述 PCT 条款予以保留，即不予适用这些条款。PCT 申请在国际阶段通过援引在先申请的方式加入的项目或部分，进入中国国家阶段时，SIPO 不予认可，并根据情况修改国际申请日，R20.8（c）PCT。

如果申请人坚持保留其援引加入的内容，只能以其援引加入的日期作为其申请日。

PCT 申请进入中国国家阶段的声明（PCT/CN/501 表的第 10 栏，要求申请人在请求书中指明在国际阶段通过援引方式加入的内容以及时间。未在进入声明中予以指明或者未请求修改相对于中国的申请日的，SIPO 通知申请人删除援引加入的项目或部分。

◎进入国家阶段时的两种选择：

（1）保留原国际申请日

①应当在进入声明中予以指明；

②删除援引加入的项目或部分，提交的申请文件译文中不能含有援引加入的项目或部分。

（2）保留援引加入的项目或部分

①在进入声明中指明并请求修改（相对于中国申请日）；

②提交完整的申请文件译文。

注意：申请人必须在办理进入国家阶段手续时作出选择，在后续程序中申请人没有选择机会。

◎专利申请及专利文件的修改：

<table>
<tr><th colspan="3"></th><th colspan="1">主动修改</th><th colspan="3">被动修改</th></tr>
<tr><th colspan="3"></th><th></th><th>实质审查</th><th>复审</th><th>无效宣告</th></tr>
<tr><td rowspan="5">时间</td><td colspan="2">发明</td><td>提出实审请求时（自申请日起3年内，§35.1）或收到实审通知书起3个月内（R51.1、GL－B－VIII5.2）</td><td>在收到审查意见通知书后（R51.3）</td><td rowspan="5">在提出复审请求或者在对复审通知书作出答复（包括复审请求口头理通知书）或者参加口头审理时（R61.1、GL－D－II 4.2）</td><td rowspan="5">在无效宣告请求的审查过程中（R69.1）</td></tr>
<tr><td colspan="2">实用新型</td><td rowspan="2">自申请日起2个月内，R51.2</td><td rowspan="2"></td></tr>
<tr><td colspan="2">外观设计</td></tr>
<tr><td rowspan="2">CN－PCT</td><td>发明</td><td>提出实审请求时（§35.1）或收到实审通知书起3个月内（R51.1、R112.2）</td><td>在收到审查意见通知书后，R51.3</td></tr>
<tr><td>实用新型</td><td>在办理进入国家阶段手续时或进入国家阶段后2个月内（R112.1）</td><td></td></tr>
<tr><td>方式</td><td colspan="4">修改替换页一式两份（GL－A－I 3.4）</td><td>修改的专利申请文件应当提交一式两份（R61.2）</td><td></td></tr>
<tr><td rowspan="4">范围</td><td colspan="4">SIPO可以自行修改专利申请文件中文字和符号的明显错误（R51.4）</td><td></td><td></td></tr>
<tr><td rowspan="2">发明实用新型</td><td colspan="4">修改不得超出原说明书和权利要求书记载的范围（§33）</td><td rowspan="2">只允许修改其权利要求书，但修改不得扩大原专利的保护范围。不得修改说明书和附图（R69）</td></tr>
<tr><td colspan="2"></td><td>在答复审查意见通知书时，不得进行主动修改，只能按照通知书的审查意见进行修改，以克服说明书、权利要求书或说明书附图中存在的缺陷（R51.3、GL－B－VIII 5.2.1.2）</td><td>仅限于消除驳回决定或者复审通知书中指出的缺陷，可以对说明书、权利要求书和说明书附图进行修改（R61.1）</td></tr>
<tr><td>外观设计</td><td colspan="3">修改不得超出原图片或者照片所表示的范围（§33）</td><td colspan="2">不得修改图片、照片和简要说明（R69.2）
专利权人不得修改其专利文件（GL－D－III 4.6.1）</td></tr>
</table>

续表

		主动修改	被动修改
		权力要求书允许的修改（GL－B－VIII 5.2.2.1）： （1）在独立权利要求中增加技术特征； （2）变更独立权利要求中的技术特征； （3）变更独立权利要求的类型、主题名称及相应的技术特征； （4）删除一项或多项权利要求； （5）将独立权利要求相对于最接近的现有技术正确划界； （6）修改从属权利要求的引用部分，改正引用关系上的错误； （7）修改从属权利要求的限定部分，清楚地限定该从属权利要求的保护范围，使其准确地反映原说明书中所记载的实施方式或实施例	GL－D－III 4.6.2：修改权利要求书的具体方式一般限于权利要求的删除、合并和技术方案的删除。 在独立权利要求未作修改的情况下，不允许对其从属权利要求进行合并式修改。 GL－D－III 4.6.3：在复审委员会作出审查决定之前，专利权人可以删除权利要求或者权利要求中包括的技术方案。 仅在下列三种情形的答复期限内，专利权人可以以合并的方式修改权利要求书： （1）针对无效宣告请求书。 （2）针对请求人增加的无效宣告理由或者补充的证据。 （3）针对复审委员会引入的请求人未提及的无效宣告理由或证据
要求	发明实用新型	说明书及其摘要允许的修改（GL－B－VIII 5.2.2.2）： （1）发明名称； （2）发明所属技术领域； （3）背景技术部分； （4）发明内容部分中与该发明所解决的技术问题有关的内容； （5）发明内容部分中与该发明技术方案有关的内容； （6）发明内容部分中与该发明的有益效果有关的内容； （7）附图（9）和附图说明：如果增补背景技术的附图，或者将原附图中的公知技术附图更换为最接近现有技术的附图，则应当允许； （8）最佳实施方式或者实施例； （10）摘要； （11）修改由所属技术领域的技术人员能识别出的明显错误（语法错误、文字错误和打印错误）	只允许修改其权利要求书，不得修改说明书和附图（R69）
		不允许的改变（不满足§33）（GL－B－VIII 5.2.3.2）： （1）改变权利要求中的技术特征，超出了原权利要求书和说明书记载的范围； （2）由不明确的内容改成明确具体的内容而引入原申请文件中没有的新的内容； （3）将原申请中的几个分离的特征，改变成一种新的组合，而原申请没有明确提及这些分离的特征彼此间的关联； （4）改变说明书中的某些特征，使得改变后反映的技术内容不同于原申请记载的内容，超出了原说明书和权利要求书记载的范围	

续表

<table>
<tr><th></th><th colspan="2">主动修改</th><th colspan="2">被动修改</th></tr>
<tr><td rowspan="3">要求</td><td rowspan="3">发明实用新型</td><td colspan="2">下列情况，即使满足§33，也不能被接受（GL－B－VIII 5.2.1.3）。
(1) 删除独立权利要求中的技术特征，扩大了该权利要求请求保护的范围；即使修改的内容没有超出原说明书和权利要求书记载的范围，只要修改导致权利要求保护的范围扩大，则这种修改不能被允许。
(2) 改变独立权利要求中的技术特征，导致扩大了请求保护的范围。
(3) 将仅在说明书中记载的与原权利要求主题缺乏单一性的技术内容作为修改后权利要求的主题。
(4) 增加了新的未在原权利要求书中出现的独立权利要求。
(5) 主动增加新的从属权利要求，该从属权利要求限定的技术方案在原权利要求书中未出现过</td><td rowspan="2">GL－D－III 4.6.1：
(1) 不得改变原权利要求的主题名称；
(2) 与授权的权利要求相比，不得扩大原专利的保护范围；
(3) 不得超出原说明书和权利要求书记载的范围；
(4) 一般不得增加未包含在授权的权利要求书中的技术特征</td></tr>
<tr><td></td><td>GL－D－II 4.2：下列情形通常不符合R61.1的规定：
(1) 修改后的权利要求相对于驳回决定针对的权利要求扩大了保护范围；
(2) 将与驳回决定针对的权利要求所限定的技术方案缺乏单一性的技术方案作为修改后的权利要求；
(3) 改变权利要求的类型或者增加权利要求；
(4) 针对驳回决定指出的缺陷未涉及的权利要求或者说明书进行修改；但修改明显文字错误，或者修改与驳回决定所指出缺陷性质相同的缺陷的情形除外</td></tr>
<tr><td colspan="2">不允许的删除（不满足§33）（GL－B－VIII 5.2.3.3）：
(1) 从独立权利要求中删除在原申请中明确认定为发明的必要技术特征的那些技术特征，即删除在原说明书中始终作为发明的必要技术特征加以描述的那些技术特征；或者从权利要求中删除一个与说明书记载的技术方案有关的技术术语；或者从权利要求中删除在说明书中明确认定的关于具体应用范围的技术特征。
(2) 从说明书中删除某些内容而导致修改后的说明书超出了原说明书和权利要求书记载的范围。
(3) 在较宽的范围内放弃影响该较宽范围新颖性的中间部分，即“扣掉中间值”，除非能够根据申请原始记载的内容证明该特征取被“放弃”的数值时，本发明不可能实施，或者该特征取经“放弃”后的数值时，本发明具有新颖性和创造性，否则这样的修改不能被允许</td><td></td></tr>
</table>

续表

<table>
<tr><th></th><th colspan="2">主动修改</th><th colspan="2">被动修改</th></tr>
<tr><td>要求</td><td>发明实用新型</td><td colspan="2">不允许的增加（GL－B－VIII 5.2.3.1）：
（1）将某些不能从原说明书（包括附图）和/或权利要求书中直接明确认定的技术特征写入权利要求和/或说明书；
（2）为使公开的发明清楚或者使权利要求完整而补入不能从原说明书（包括附图）和/或权利要求书中直接地、毫无疑义地确定的信息；
（3）增加的内容是通过测量附图得出的尺寸参数技术特征；
（4）引入原申请文件中未提及的附加组分，导致出现原申请没有的特殊效果；
（5）补入了所属技术领域的技术人员不能直接从原始申请中导出的有益效果；
（6）补入实验数据以说明发明的有益效果，和/或补入实施方式和实施例以说明在权利要求请求保护的范围内发明能够实施；
（7）一般不允许增补原说明书中未提及的附图，如果增补背景技术的附图，或者将原附图中的公知技术附图更换为最接近现有技术的附图，则允许</td><td>修改不得扩大原专利的保护范围。不得修改说明书和附图（R69）</td></tr>
<tr><td colspan="2">修改不符合规定的后果</td><td>R44.2、R53：驳回</td><td>提交的申请文件不符合 R61.1 的，合议组一般不予接受，并对之前可接受的文本进行审查（GL－D－II 4.2）。
维持原驳回决定（R63.1）</td><td>R65：宣告无效</td></tr>
</table>

第四章　专利申请的审查和批准

§34 发明专利申请的公布

国务院专利行政部门收到发明专利申请后，经初步审查认为符合本法要求的，自申请日起满18个月，即行公布。国务院专利行政部门可以根据申请人的请求早日公布其申请。

GL－E－VIII 1.2.1.1 发明专利申请公布

发明专利申请公布发明专利申请经初步审查合格后，自申请日（或优先权日）起满15个月进行公布准备，并于18个月期满时公布。

〈*发明专利申请必须经初步审查合格后才能予以公布。*〉

自申请日（或优先权日）起满15个月，因各种原因初步审查尚未合格的发明专利申请将延迟公布。在初步审查程序中被驳回、被视为撤回以及在公布准备之前申请人主动撤回或确定保密的发明专利申请不予公布。

发明专利申请公布的内容包括：著录事项、摘要和摘要附图，但说明书没有附图的，可以没有摘要附图。著录事项主要包括：国际专利分类号、申请号、公布号（出版号）、公布日、申请日、优先权事项、申请人事项、发明人事项、专利代理事项、发明名称等。

〈*发明专利申请公布后的驳回、撤回和视为撤回在专利公报上予以公告，而发明专利申请只有在初步审查合格后，才能予以公布。*〉

◎专利说明书组成部分：

专利单行本，统称为专利说明书，包括：扉页、权利要求书、说明书及可能的附图。有些工业产权局出版的专利单行本还附有检索报告，如EPO、WIPO、英国专利局、法国工业产权局等。

R44 初步审查

专利法第三十四条和第四十条所称初步审查，是指审查专利申请是否具备专利法第二十六条或者二十七条规定的文件和其他必要的文件，这些文件是否符合规定的格式，并审查下列各项：

（一）发明专利申请是否明显属于专利法第五条、第二十五条规定的情形，是否不符合专利法第十八条、第十九条第一款、第二十条第一款或者本细则第十六条、第二十六条第二款的规定，是否明显不符合专利法第二条第二款、第二十六条第五款、第三十一条第一款、第三十三条或者本细则第十七条至第二十一条的规定；

（二）实用新型专利申请是否明显属于专利法第五条、第二十五条规定的情形，是否不符合专利法第十八条、第十九条第一款、第二十条第一款或者本细则第十六条至第十九条、第二十一条至第二十三条的规定，是否明显不符合专利法第二条第三款、第二十二条第二款、第二十二条第四款、第二十六条第三款、第二十六条第四款、第三十一条第一款、第三十三条或者本细则第二十条、第四十三条第一款的规定，是否依照专利法第九条规定不能取得专利权；

（三）外观设计专利申请是否明显属于专利法第五条、第二十五条第一款（6）规定的情形，是否不符合专利法第十八条、第十九条第一款或者本细则第十六条、第二十七条、第二十八条的规定，是否明显不符合专利法第二条第四款、第二十三条第一款、第二十七条第二款、第三十一条第二款、第三十三条或者本细则第四十三条第一款的规定，是否依照专利法第九条规定不能取得专利权；

（四）申请文件是否符合本细则第二条、第三条第一款的规定。

国务院专利行政部门应当将审查意见通知申请人，要求其在指定期限内陈述意见或者补正；申请人期满未答复的，其申请视为撤回。申请人陈述意见或者补正后，国务院专利行政部门仍然认为不符合前款所列各项规定的，应当予以驳回。

对被驳回、被撤回、视为撤回或者视为放弃的实用新型、外观设计申请，SIPO 不予以公告，因为这些专利申请原本就未曾公布。

◎实用新型初步审查程序包括：

申请文件的补正，明显实质性缺陷的处理，通知书的答复，申请的驳回，前置审查和复审后的处理，授予专利权通知（R44.1〈2〉）。

R46 发明专利申请的早日公布

申请人请求早日公布其发明专利申请的，应当向国务院专利行政部门声明。国务院专利行政部门对该申请进行初步审查后，除予以驳回的外，应当立即将申请予以公布。

GL－E－VIII 1.2.1.1 发明专利申请公布

申请人在初步审查合格前，要求提前公布其专利申请的，自初步审查合格之日起进行公布准备；在初步审查合格后，要求提前公布其专利申请的，自提前公布请求合格之日起进行公布准备，并及时予以公布。

GL－A－I 6.5 提前公布声明

提前公布声明只适用于发明专利申请。

申请人提出提前公布声明不能附有任何条件。

提前公布声明不符合规定的，视为未提出。符合规定的，在专利申请初步审查合格后立即进人公布准备。进人公布准备后，申请人要求撤销提前公布声明的，该要求视为未提出，申请文件照常公布。

申请人提出提前公布声明不能附有任何条件。提前公布声明不符合规定的，视为未提出；符合规定的，在专利申请初步审查合格后立即进入公布准备。

R48 对发明专利申请的意见

自发明专利申请公布之日起至公告授予专利权之日止，任何人均可以对不符合专利法规定的专利申请向国务院专利行政部门提出意见，并说明理由。

GL－B－VIII 4.9 对公众意见的处理

任何人对不符合专利法规定的发明专利申请向专利局提出的意见，应当存入该申请文档中供审查员在实质审查时考虑。如果公众的意见是在审查员发出授予专利权的通知之后收到的，就不必考虑。专利局对公众意见的处理情况，不必通知提出意见的公众。

如果审查员在发出授予专利权的通知之前，收到公众提交的现有技术或相关审查资料，需要给予考虑。

R103 国际申请进入中国国家阶段的期限

国际申请的申请人应当在专利合作条约第三条所称的优先权日（本章简称优先权日）起30个月内，向国务院专利行政部门办理进入中国国家阶段的手续；申请人未在该期限内办理该手续的，在缴纳宽限费后，可以在自优先权日起32个月内办理进入中国国家阶段的手续。

A22 PCT 向指定局提供副本、译本和缴纳费用

（1）申请人应在不迟于自优先权日起30个月届满之日，向每个指定局提供国际申请的副本（除非已按A20 PCT的规定送达）及其译本（按照规定）各一份，并缴纳国家费用（如果有这种费用）。如果指定国的本国法要求写明发明人的姓名和其他规定的事项，但准许在提出国家申请之后提供这些说明的，除请求书中已包括这些说明外，申请人应在不迟于自优先权日起的30个月届满之日，向该国或代表该国的国家局提供上述说明。

（2）如果ISA按照A17（2）（a）PCT的规定，宣布不作出ISR，则完成（1）所述各项行为的期限与（1）所规定的期限相同。

（3）为完成本条（1）或（2）所述的行为，任何缔约国的本国法可以另行规定期限，该期限可以在前两款规定的期限之后届满。

如果在优先权日起30个月内撤回优先权要求，那么从原优先权日起算并且尚未届满的任何期限自国际申请日起重新计算；如有其他优先权要求，撤回最早的优先权要求导致自新的优先权日起算期限（R90－2.3〈d〉PCT)。因此国际申请进入国家阶段的期限也相应地延长。

如果在优先权日起30个月之前，虽然撤回了优先权要求，但国际申请已经进入DO/EO的国家阶段，那么撤回优先权要求对某些已经开始该申请的处理或审查的那些DO/EO没有效力。(R90－2.6〈a〉PCT)

◎进入中国国家阶段的期限：

（1）自最早优先权日或申请日起算；

（2）自原最早优先权日起算。

进入时提出撤回优先权要求的，因中国对PCT有关规定作出保留，而使国际申请的优先权在国家阶段不成立的，办理进入国家阶段手续的期限仍按照原最早优先权日起算。

GL－C－I 2.2.2 延误办理进入国家阶段的手续

申请人未在R103规定的期限内办理进入国家阶段手续，或者虽然办理进入国家阶段手续，但是不符合R104.1（1）至（3）的规定，根据R105.1（2）和（3）的规定，该国际申请在中国的效力终止，审查员应当发出国际申请不能进入中国国家阶段通知书，通知申请人该国际申请进入国家阶段的手续不予接受。

申请人在R103规定期限内办理的进入国家阶段手续不符合规定的，审查员应当通知申请人进入国家阶段的手续存在缺陷而不予接受。申请人在规定期限届满之前再次办理进入国家阶段手续，并且克服了上述缺陷的，该国际申请在中国仍然具有效力。

由于耽误了R103规定的期限造成国际申请在中国的效力终止，申请人按照R6.2提出恢复权利请求的，审查员应当通知申请人，根据R105.2，该请求不予接受。如果申请人提出耽误上述期限是由于不可抗拒的事由造成的，审查员应当参照R6.1的规定处理。

申请人在规定的30个月期限内未办理进入中国国家阶段手续的，还有2个月的宽限期。申请人可以在自优先权日起32个月的相应期限届满前办理进入中国国家阶段的手续，并缴纳宽限费（R103)。使用2个月的宽限期的，不需要在30个月届满前作出声明。

◎进入国家阶段的书面申请：

GL－C－I 3.1.5.1 申请人信息的确定

进入声明中填写的申请人，除在国际阶段由IB记录过变更的情况外，应当是国际申请请求书中写明的申请人。国际申请有多个申请人的，根据PCT规定，对不同的指定国可以写明不同的申请人。进入声明中要求填写的是对中国的申请人。不符合规定的，发出补正通知书，通知申请人补正。期满未补正的，发出视为撤回通知书。

在国际阶段曾经由IB传送过“记录变更通知书”（PCT/IB/306表），通报申请人变更或者申请人的姓名或名称、地址变更的，应当认为已向专利局申报，在进入声明中直接填写变更以后的信息。不符合规定的，发出补正通知书，通知申请人补正。期满未补正的，视为撤回。

经 IB 登记已死亡的申请人，进入国家阶段时，不应写入进入声明中，已死亡申请人的继承人尚未确定的除外。

PCT 规定，申请人的国籍、居所是否如其所声称，应当由 RO 根据其本国法审查并决定。审查员一般不得再提出疑问。

GL－C－I 3.1.5.2 申请人的资格

国际申请是由一个申请人提出的，该申请人通常是 PCT 缔约国的国民或居民，至少是 PC 成员国的国民或居民，所以申请人未发生变化的，必亦符合 §18。国际申请中有两个或两个以上申请人的，PCT 规定只要其中至少有一人是 PCT 缔约国的国民或居民即可。因此，国际申请提出时对中国的申请人就有可能是非 PCT 缔约国的国民或居民。PCT 只对提出国际申请时的申请人的所属国加以限定，而当申请人发生变更时，对于受让人的所属国没有任何规定。

进入国家阶段时，申请人或部分申请人所属国有可能是非 PCT 缔约国的，参照 GL－A－I 4.1.3.2。所有申请人都不符合 §18，应当驳回该申请。部分申请人不符合 §18，则通知申请人删除没有资格的申请人。如果申请人拒绝删除，应当驳回该申请。

R104 国际申请进入中国国家阶段的条件

申请人依照本细则第一百零三条的规定办理进入中国国家阶段的手续的，应当符合下列要求：

（一）以中文提交进入中国国家阶段的书面声明，写明国际申请号和要求获得的专利权类型；

（二）缴纳本细则第九十三条第一款规定的申请费、公布印刷费，必要时缴纳本细则第一百零三条规定的宽限费；

（三）国际申请以外文提出的，提交原始国际申请的说明书和权利要求书的中文译文；

（四）在进入中国国家阶段的书面声明中写明发明创造的名称，申请人姓名或者名称、地址和发明人的姓名，上述内容应当与世界知识产权组织国际局（以下简称国际局）的记录一致；国际申请中未写明发明人的，在上述声明中写明发明人的姓名；

（五）国际申请以外文提出的，提交摘要的中文译文，有附图和摘要附图的，提交附图副本和摘要附图副本，附图中有文字的，将其替换为对应的中文文字；国际申请以中文提出的，提交国际公布文件中的摘要和摘要附图副本；

（六）在国际阶段向国际局已办理申请人变更手续的，提供变更后的申请人享有申请权的证明材料；

（七）必要时缴纳本细则第九十三条第一款规定的申请附加费。

符合本条第一款（一）至（三）项要求的，国务院专利行政部门应当给予申请号，明确国际申请进入中国国家阶段的日期（以下简称进入日），并通知申请人其国际申请已进入中国国家阶段。

> 国际申请已进入中国国家阶段，但不符合本条第一款（四）至（七）项要求的，国务院专利行政部门应当通知申请人在指定期限内补正；期满未补正的，其申请视为撤回。

GL－C－I 2.3 进入国家阶段的处理

进入日是指向专利局办理并满足 R104.1（1）至（3）规定的进入国家阶段手续之日。上述满足要求的进入国家阶段手续是在同一日办理的，该日即为进入日。上述满足要求的进入国家阶段手续是在不同日办理的，以进入国家阶段手续最后办理之日为进入日。

GL－C－I 7.1 申请费、公布印刷费、申请附加费及宽限费

申请费、公布印刷费及宽限费应当在 R103 规定的期限内缴纳。

申请人在办理进入国家阶段手续时未缴纳或未缴足申请附加费的，审查员应当通知申请人在指定期限内缴纳，期满未缴纳或未补足的，该申请被视为撤回。

进入日：进入国家阶段的手续满足最低要求之日，以文件递交日和费用缴纳日两者后到日为准。

◎国际申请进入中国国家阶段（CN－PCT）的最低要求（R103、R104）：

（1）在规定的期限内办理各项手续（30 个月）

（2）应提交的文件

◎对于以外文提出的 PCT 申请：

（1）进入声明（PCT/CN/501 表）：国际申请号，保护类型

（2）说明书、权利要求书译文

◎对于以中文提出的 PCT 申请：

（1）进入声明（PCT/CN/501 表）：国际申请号，保护类型

（2）须缴纳的费用

①SIPO 作为受理局：

发明：公布印刷费、可能的宽限费

实用新型：可能的宽限费

②SIPO 不作为受理局：

发明：申请费、可能的申请附加费、公布印刷费、可能的宽限费

实用新型：申请费、可能的申请附加费、可能的宽限费

◎进入中国国家阶段的书面声明（PCT/CN/501 表）中需要填写的信息：

（1）国际申请号和保护类型

申请人必须决定，是继续申请发明专利，还是实用新型

（2）国际申请日

PCT 申请在国际阶段包含援引加入的项目或部分，专利局可能重新确定相对于中国的申请日

（3）发明名称

与最新国际公布文本相符，不限字数；

与说明书中的一致；

发明名称的修改以修改文件的形式提出。

（4）发明人

自然人；

与最新国际公布文本中的一致（针对中国的发明人）；

在国际阶段变更过发明人的，填写变更后的发明人；

发明人译名的改正：依照补正、著录项目变更；

发明人死亡的，仍作为发明人填写在进入声明中；

国际公布文本中无发明人信息，在进入声明中补充填写发明人请求不公布发明人的姓名，在相应发明人后标注“（不公布姓名）”；

在专利局作好公布发明专利申请或公告实用新型专利权的准备工作之前，可以通过主动补正的方式提出。之后的，通过办理著录项目变更提出。

（5）申请人；

与最新国际公布文本中记载的一致（针对中国的申请人）；

外国申请人应当符合 §18 的规定；

在国际阶段变更过申请人信息，填写变更后的信息，必要时还需提供相应的证明材料；

经世界知识产权组织（WIPO：World Intellectual Property Organization）登记已经死亡的申请人，不再写入进入声明，除非继承人尚未确定；

在专利局作好公布发明专利申请或公告实用新型专利权的准备工作之前，可以通过主动补正的方式提出。之后的，通过办理著录项目变更提出。

◎国际申请进入中国国家阶段时需要提交的专利申请文件（R104.1〈5〉）：

（1）说明书和权利要求书的译文

（2）附图

图中有文字的，应该译成中文。

（3）摘要

国际公布文本中无摘要的，也应提交。

（4）摘要附图

图中有文字的，应该译成中文。

（5）国际公布为中文的国际申请，仅需提交摘要及可能的摘要附图

◎国际申请进入中国国家阶段可以采用下列方式递交申请文件：

（1）电子申请方式，GL－E－I 2；《关于电子专利申请的规定》第3.2条

（2）面交或邮寄纸件方式（§28、R101.2）

GL－E－V 3.1.5.1 申请人信息的确定

进入声明中填写的申请人，除在国际阶段由IB记录过变更的情况外，应当是国际申请请求书中写明的申请人。国际申请有多个申请人的，根据PCT的规定，对不同的指定国可以写明不同的申请人。进入声明中要求填写的是对中国的申请人。国际公布使用外文的，应当准确地将申请人的姓名或名称、地址译成中文；申请人是企业或者其他组织的，其名称应当使用中文正式译文的全称。不符合规定的，审查员应当发出补正通知书。期满未补正的，发出视为撤回通知书。

在国际阶段曾经由IB传送过“记录变更通知书”（PCT/IB/306表），通报申请人变更或者申请人的姓名或名称、地址变更的，应当认为已向SIPO申报，在进入声明中直接填写变更以后的信息。审查员应当根据IB的通知，将进入声明中写明的有关内容与国际公布文本及通知书中记载的信息进行核对。不符合规定的，发出补正通知书。期满未补正的，发出视为撤回通知书。

经IB登记已经死亡的申请人，进入国家阶段时，不应写入进入声明中，已死亡申请人的继承人尚未确定的除外。

PCT规定，申请人的国籍、居所是否如其所声称，应当由RO根据其本国法审查并决定。经过RO审查过的信息记载在IB出版的国际公布文本扉页上，审查员一般不得再提出疑问。

发明人经IB登记已经死亡的，在进入国家阶段时，仍应作为发明人填写在进入声明中。

R105 国际申请在中国终止效力的情形

国际申请有下列情形之一的，其在中国的效力终止：

（一）在国际阶段，国际申请被撤回或者被视为撤回，或者国际申请对中国的指定被撤回的；

（二）申请人未在优先权日起32个月内按照本细则第一百零三条规定办理进入中国国家阶段手续的；

（三）申请人办理进入中国国家阶段的手续，但自优先权日起32个月期限届满仍不符合本细则第一百零四条（一）至（三）项要求的。

依照前款第（一）项的规定，国际申请在中国的效力终止的，不适用本细则第六条的规定；依照前款（二）、（三）项的规定，国际申请在中国的效力终止的，不适用本细则第六条第二款的规定。

A24 PCT 在指定国的效力可能丧失

有下列情况之一的，除在下列（ii）的情况下A25 PCT另有规定外，A11（3）PCT规定的

国际申请的效力，在任何指定国家中应即终止，其后果和该国的任何国家申请的撤回相同：

（i）如果申请人撤回其国际申请或撤回对该国的指定；

（ii）如果根据 A12（3）、A14（1）（b）、A14（3）（a）或 A14（4）PCT，国际申请被视为撤回，或者如果根据 A14（3）（b）PCT，对该国的指定被视为撤回；

（iii）如果申请人没有在适用的期限内履行 A22 PCT 所述的行为。

国际申请的申请人在 R103 规定的 30 个月期限届满时没有办理进入国家阶段手续的，或者虽然办理了进入手续，但是存在 R105.1 所述缺陷的，或者虽然在 R103 规定的 32 个月宽限期内完成进入手续，但是在宽限期届满时没有缴纳宽限费的，该国际申请在中国的效力终止（R105.1〈2〉）。审查员应当通知申请人，由于效力终止，因此进入国际申请进入国家阶段的手续不予接受。在这种情况下，作为救济手段，仅适用 R6.1（不可抗拒的事由）规定的权利恢复，而 R6.2（因其他正当理由）规定的权利恢复不适用，R105.2。但是，可能在其他国家适用权利恢复（A25〈2〉〈a〉，A48〈2〉〈a〉，R82－2 PCT）。

申请人在 30 个月期限届满之前办理了部分进入手续的，或者在 30 个月期限届满后、32 个月宽限期届满前完成了进入手续，但是没有缴纳宽限费，并且在审查员审查时，上述期限尚未届满的，审查员应当通知申请人进入国家阶段的手续存在缺陷而不予接受，但是国际申请在中国的效力不终止。申请人在规定期限届满之前再次办理进入手续，并且克服了缺陷的，则该国际申请在中国仍然有效。

GL－C－I 2.1 在中国没有效力

声称进入国家阶段的国际申请，其国际公布文本中没有指定中国的记载的，该国际申请在中国没有效力，审查员应当发出国际申请不能进入中国国家阶段通知书，通知申请人该国际申请进入国家阶段的手续不予接受。

GL－C－I 2.2.1 IB 通知效力丧失

对于声称进入国家阶段的国际申请，在国际阶段中，国际局曾经向专利局传送了“撤回国际申请”（PCT/IB/307）或“国际申请被认为撤回”（PCT/IB/325）通知的，或者传送了该国际申请对中国“撤回指定”（PCT/IB/307）的，根据 R105.1（1）的规定，该国际申请在中国的效力终止，审查员应当发出国际申请不能进入中国国家阶段通知书，通知申请人该国际申请进入国家阶段的手续不予接受。

R111 请求提前处理和审查国际申请的手续

在优先权日起 30 个月期满前要求国务院专利行政部门提前处理和审查国际申请的，申请人除应当办理进入中国国家阶段手续外，还应当依照专利合作条约第二十三条第二款规定提出请求。国际局尚未向国务院专利行政部门传送国际申请的，申请人应当提交经确认的国际申请副本。

IB 尚未向 SIPO 传送国际申请的，申请人应当：

（1）提交经确认的国际申请副本；

（2）要求 IB 向 SIPO 传送国际申请副本；或者

（3）向 SIPO 提出请求，由 SIPO 要求 IB 传送国际申请副本。

A23 PCT 国家程序的推迟

（1）在按照 A22PCT 适用的期限届满以前，任何 DO 不应处理或审查国际申请。

（2）尽管有本条（1）的规定，DO 根据申请人的明确的请求，可以在任何时候处理或审查国际申请。

GL－C－I 3.4 期限届满前的处理

A23（1）PCT 规定，在按照 A22PCT 适用的期限届满以前，任何 DO 不应处理或审查国际申请。适用的期限是指自优先权日起 30 个月。但在 A23（2）PCT 又规定，DO 根据申请人的明确的请求，可以在任何时候处理或审查国际申请。

GL－C－I 3.4.1 提前处理

要求专利局在优先权日起 30 个月期限届满前处理和审查国际申请的，根据 R111，申请人除应当办理 R103 和 R104 所述的进入国家阶段手续外，还应当办理下述手续：

（1）按照 A23（2）PCT，提出明确的请求。

（2）IB 尚未向专利局传送国际申请的，申请人应当提交经确认的国际申请副本。

（3）申请人也可以要求 IB 按照 R47.4PCT 的规定向专利局传送国际申请副本，或者向专利局提出请求，由专利局要求 IB 传送国际申请副本。

GL－C－I 3.4.2 暂时不作处理

对于在优先权日起 30 个月期限届满前办理了进入国家阶段手续，但是没有办理 R111 所述手续的国际申请，按照 PCT 的规定暂时不作处理。

R114 国际申请的国家公布程序

对要求获得发明专利权的国际申请，国务院专利行政部门经初步审查认为符合专利法和本细则有关规定的，应当在专利公报上予以公布；国际申请以中文以外的文字提出的，应当公布申请文件的中文译文。

要求获得发明专利权的国际申请，由国际局以中文进行国际公布的，自国际公布日起适用专利法第十三条的规定；由国际局以中文以外的文字进行国际公布的，自国务院专利行政部门公布之日起适用专利法第十三条的规定。

对国际申请，专利法第二十一条和第二十二条中所称的公布是指本细则第一百十四条第一款所规定的公布。

适用的申请：指定中国发明专利的国际申请。

公布时间：初审合格后及时公布。

公布的形式与内容：

（1）国际公布为外文的：专利申请单行本、专利公报

（2）国际公布为中文的：专利公报

公布语言：中文（R114.1）。

公布效力：使用外文进行国际公布的申请自国家公布之日起在中国具有临时保护的效力（R114.2）。

京高院《专利侵权判定指南》

第88条：专利申请日时申请人请求保护的范围与专利公告授权时的专利权保护范围不一致，被诉侵权技术方案均落入上述两个保护范围的，应当认定被诉侵权人在临时保护期内实施了该发明。被诉侵权技术方案仅落入其中一个保护范围的，应当认定被诉侵权人在临时保护期内未实施该发明。

A29 PCT（国际公布的效力）

（1）就申请人在指定国的任何权利的保护而言，国际申请的国际公布在该国的效力，除（2）至（4）另有规定外，应与指定国本国法对未经审查的本国申请所规定的强制国家公布的效力相同。

（2）如果国际公布所使用的语言和在指定国按本国法公布所使用的语言不同，该本国法可以规定（1）规定的效力仅从下列时间起才能产生：

（i）使用后一种语言的译本已经按本国法的规定予以公布；或者

（ii）使用后一种语言的译本已经按本国法的规定通过公开展示而向公众提供；或者

（iii）使用后一种语言的译本已经由申请人送达实际的或未来的未经授权而使用国际申请中请求保护的发明的人；或者

（iv）上列（i）和（iii）所述的行为，或（ii）和（iii）所述的行为已经发生。

（3）如果根据申请人的要求，在自优先权日起的18个月期限届满以前国际申请已经予以国际公布，任何指定国的本国法可以规定，本条（1）规定的效力只有自优先权日起18个月期限届满后才能产生。

（4）任何指定国的本国法可以规定，（1）规定的效力，只有自按A21PCT公布的国际申请的副本已为该国的或代表该国的国家局收到之日起才能产生。该局应将收到副本的日期尽快在其公报中予以公布。

GL－C－I 5.12.1 改正国际单位错误的声明

由于国际单位在事务处理上的疏忽而造成发出错误的通知书、在国际公布文本上出现了错误的记载、国际公布文本错误或者造成漏发通知书、遗漏记载，由此导致进入国家阶段后审查员作出“国际申请在中国的效力终止”、“补正”、“优先权视为未要求”等处理的，申请人可以自审查员发出相应的通知书之日起6个月之内要求改正国际单位错误，该要求可以以“意见陈述书”的形式提出。

GL－C－I 5.12.3 改正后的处理

经审查或者经与IB联系，证明确实是国际单位的错误，并且已经由IB作出改正，专利局应当承认改正后的结论。由于国际单位错误而作出“国际申请在中国的效力终止”结论的，专利局应当重新接受译文和费用，并以第一次办理并满足R104.1（1）～（3）规定的进入国家阶段手续之日为进入日。在等待国际单位改正错误期间，办理某种手续的期限已经届满，由于错误尚未改正而无法按期办理的，申请人还应当在提交要求改正国际单位错误的意见陈述书的同时，完成各种耽误的手续。审查员对此应当认为是在规定期限内完成的。

由于国际单位错误而作出的其他导致申请人权利丧失的结论，经IB通知改正错误后，应当恢复其相应的权利。

GL－C－I 6 国家公布

国际申请是以中文以外文字提出的，还应当公布申请文件的中文译文。

国际申请在进入国家阶段之前多数已由IB自优先权日起满18月完成国际公布，如果国际公布使用的语言和在指定国按本国法公布所使用的语言不同，指定国可以规定，就权利的保护而言，公布的效力仅从使用后一种语言的译文按照本国法的规定予以公布后才产生。R114.2规定对于以中文以外文字提出的国际申请§13规定的要求临时保护的权利是在完成国家公布之后产生。

GL－C－I 6.1 何时公布

专利局完成国家公布准备工作的时间一般不早于自该国际申请进入国家阶段之日起2个月。

◎PCT申请进入中国国家阶段时提交的申请文件（R104）：

文件	内容	文件要求	不符合要求的后果
进入声明	写明国际申请号	以中文提交进入中国国家阶段的书面声明（R104.1〈1〉）	国际申请无法进入中国国家阶段的日期（R104.2）
	要求获得的专利权类型		
	发明名称	与IB的记录相符（R104.1〈4〉） 与说明书的一致	SIPO通知申请人在指定期限内补正；期满未补正的，申请视为撤回（R104.3）
		发明名称的修改以修改文件的形式提出	
	发明人	与IB的记录一致（R104.1〈4〉）	
		发明人译名的改正：补正、著录项目变更	
		特殊情形： 发明人死亡； 国际公布文本中无发明人信息：在进入声明中应写明发明人的姓名，（R104.1〈4〉）； 请求不公布发明人姓名	
	申请人	与IB的记录一致（R104.1〈4〉） 符合§18的规定	
		申请人译名的改正	
		特殊情形：经IB登记已经死亡的申请人，不应再写入进入声明，除非继承人尚未确定	
		国际阶段已办理申请人变更手续的，提供变更后的申请人享有申请权的证明材料（R104.1〈6〉）	

续表

<table>
<tr><th colspan="2">文件</th><th>内容</th><th>文件要求</th><th>不符合要求的后果</th></tr>
<tr><td rowspan="5">国际公布是外文</td><td colspan="2">说明书和权利要求书的译文（R104.1〈3〉）</td><td>与国际公布文本的内容相符；
不得含有明显违反道德或公共秩序的内容或其他贬低性的陈述；
满足国家公布要求；
分别单独连续编页</td><td>国际申请无法进入中国国家阶段的日期（R104.2）</td></tr>
<tr><td>修改译文</td><td colspan="2">如果国际阶段有根据 A19 或 A34PCT 的修改，还需要提交修改的相应译文</td><td></td></tr>
<tr><td>附图</td><td rowspan="3">提交摘要的中文译文和附图副本（R104.1〈5〉）</td><td>与国际公布文本一致；
附图中有文字的，应译成中文；
不得含有明显违反道德或公共秩序的内容或其他贬低性的陈述；
满足中国国家公布的要求；
分别单独连续编页</td><td rowspan="3">SIPO 通知申请人在指定期限内补正；期满未补正的，申请视为撤回（R104.3）</td></tr>
<tr><td>摘要译文</td><td>与国际公布文本（A2、A3）一致
国际公布文本中无摘要的，也应提交</td></tr>
<tr><td>摘要附图</td><td>与国际公布文本一致
有文字的，应译成中文</td></tr>
<tr><td rowspan="3">国际公布是中文</td><td>附图</td><td rowspan="3">提交国际公布文件中的摘要和摘要附图副本（R104.1〈5〉）</td><td>与国际公布文本一致；
不得含有明显违反道德或公共秩序的内容或其他贬低性的陈述；
满足国家公布的要求；
分别单独连续编页</td><td rowspan="3">IPO 通知申请人在指定期限内补正；期满未补正的，申请视为撤回（R104.3）</td></tr>
<tr><td>摘要译文</td><td>与国际公布文本（A2、A3）一致
国际公布文本中无摘要的，也应提交</td></tr>
<tr><td>摘要附图</td><td>与国际公布文本一致</td></tr>
<tr><td colspan="2" rowspan="2">SIPO = RO</td><td>发明</td><td>公布印刷费、可能的宽限费（R104.1〈2〉）</td><td rowspan="2">国际申请无法进入中国国家阶段的日期（R104.2）</td></tr>
<tr><td>实用新型</td><td>可能的宽限费（R104.1〈2〉）</td></tr>
<tr><td colspan="2" rowspan="4">SIPO≠RO</td><td rowspan="2">发明</td><td>申请费、公布印刷费、可能的宽限费（R104.1〈2〉）</td><td>国际申请无法进入中国国家阶段的日期（R104.2）</td></tr>
<tr><td>可能的申请附加费，（R104.1〈7〉）</td><td>SIPO 通知申请人在指定期限内补正；期满未补正的，申请视为撤回（R104.3）</td></tr>
<tr><td rowspan="2">实用新型</td><td>申请费、可能的宽限费和申请附加费（R104.1〈2〉）</td><td>国际申请无法进入中国国家阶段的日期（R104.2）</td></tr>
<tr><td>可能的申请附加费（R104.1〈7〉）</td><td>SIPO 通知申请人在指定期限内补正；期满未补正的，申请视为撤回（R104.3）</td></tr>
</table>

◎初步审查：

<table>
<tr><th></th><th>发明申请
（GL－A－I 1）</th><th>实用新型
（GL－A－II 1）</th><th>外观设计
（GL－A－III 1）</th></tr>
<tr><td>申请文件形式审查</td><td>申请是否包含§26规定的申请文件，以及这些文件格式上是否明显不符合R16－R19、R23，是否符合R2、R3、R26.2、R119、R121</td><td>申请是否包含§26规定的申请文件，以及这些文件是否符合R2、R3、R16－R23、R40、R42、R43.2和3、R51、R52、R119、R121</td><td>申请是否具备§27.1规定的申请文件，以及这些文件是否符合R2、R3.1、R16、R27、R28、R29、R35.3、R51、R52、R119、R121</td></tr>
<tr><td rowspan="5">申请文件形式审查包括下列各项</td><td colspan="3">请求书是否符合R16；
申请文件是否符合R2，即是否采用书面形式或SIPO规定的其他形式提交；
申请文件是否符合R3.1，即是否采用中文以及规范词；
申请人提出分案申请的，是否符合R42、R43；
申请文件是否符合R119，即是否经申请人签字或盖章；委托专利代理机构的，是否由专利代理机构盖章；请求变更发明人姓名、申请人姓名或者名称、国籍、地址、专利代理机构的，是否办理著录事项变更手续并附具变更理由的证明材料；
申请文件的撰写以及说明书附图的绘制是否符合R121，各种申请文件是否采用阿拉伯数字顺序编号；
申请文件文字部分是否横向书写，纸张是否单面使用</td></tr>
<tr><td colspan="2">说明书是否符合R17；
说明书附图是否符合R18；
申请文件是否包含说明书摘要，和说明书摘要是否符合R23</td><td rowspan="2">申请文件是否包括§27规定的文件，即是否包括请求书、外观设计的图片或照片以及简要说明；
外观设计的图片或照片是否符合R27；
简要说明是否符合R28；
申请人提交外观设计产品样品或模型的，是否符合R29</td></tr>
<tr><td>申请文件是否包括§26规定的文件，即是否包括请求书、说明书和权利要求书，以及如果说明书写明有附图，是否包含说明书附图；
权利要求书是否符合R19</td><td>申请文件是否包括§26规定的文件，即是否包括请求书、说明书、说明书附图和权利要求书；
权利要求书是否符合R19～R22</td></tr>
<tr><td>GL－A－I 3.5</td><td>GL－A－II 3.5.1</td><td>GL－A－III 3.5</td></tr>
<tr><td colspan="3">申请文件存在形式缺陷，针对该缺陷已发出过两次补正通知书，经申请人陈述意见或者补正后仍然没有消除的，驳回申请</td></tr>
<tr><td>其他文件形式审查</td><td>手续和文件是否符合§10、§24、§29、§30，以及R2、R3、R6、R7、R15.3和4、R24、R30、R31.1－3、R32、R33、R36、R40、R42、R43、R45、R46、R86、R87、R100</td><td>手续和文件是否符合§10.2、§24、§29、§30，以及R2、R3、R6条、R15、R30、R31.1－3、R32、R33、R36、R45、R86、R100、R119</td><td>手续和文件是否符合§24、§29.1、§30，以及R6、R15.3和4、R30、R31、R32.1、R33、R36、R42、R43.2和3、R45、R86、R100</td></tr>
</table>

续表

<table>
<tr><th></th><th>发明申请
（GL－A－I 1）</th><th>实用新型
（GL－A－II 1）</th><th>外观设计
（GL－A－III 1）</th></tr>
<tr><td rowspan="3">其他文件形式审查包括下列各项</td><td colspan="3">申请人要求享受§24关于新颖性宽限期的，是否按照R30在提出申请时予以声明，并自申请日起2个月内提交有关国际展览会或学术会议、技术会议的组织单位出具的有关证明文件；
申请人要求享受§29规定的优先权的，是否按照§30在提出专利申请的同时提出书面声明，是否按照R31.1提交在先申请文件副本；优先权书面声明存在错误的，是否按照R31.2予以补正；转让优先权的，是否按照R31.3提交了优先权转让证明文件；
申请办理各种手续的方式是否符合R2，即是否以书面方式或SIPO规定的其他方式办理；
提交的其他文件是否符合R3.1，即是否采用中文和规范词；
申请人请求恢复权利或者延长SIPO指定的期限是否符合R6；
申请人委托专利代理机构的，是否按照R15.3提交了写明委托权限的委托书；
申请人撤回专利申请的，是否符合R36；
当事人请求SIPO中止有关程序的，是否符合R86；
法院裁定对专利申请采取保全措施，要求SIPO中止有关程序的，是否符合R87</td></tr>
<tr><td colspan="2">申请是否符合§10，即中国单位或个人向外国人、外国企业或者其他外国组织转让专利申请权的，是否依照有关法律、法规办理手续；
申请人要求本国优先权的，是否符合R32.2；
申请是否需要依据R7移交国防专利机构进行审查或者按照保密专利申请进行处理；
生物材料的保藏是否符合R24</td><td rowspan="2">申请人要求本国优先权的，是否符合R32.1</td></tr>
<tr><td colspan="2">申请人请求早日公布申请的，是否符合R46</td></tr>
<tr><td>费用审查</td><td>是否按照R93、R95、R96、R99缴纳了费用</td><td colspan="2">是否按照R93、R95、R99缴纳了费用</td></tr>
<tr><td>明显实质性缺陷审查</td><td>申请是否明显属于§5、§25规定的情形，是否不符合§18、§19.1、§20.1，是否明显不符合§2.2、§26.5、§31.1、§33或R17、R19</td><td>申请是否明显属于§5、§25规定的情形，是否不符合§18、§19.1、§20.1，是否明显不符合§2.3、§22.2或§22.4、§26.3或§26.4、§31.1、§33或R17－R22、R43.1，是否依照§9不能取得专利权</td><td>申请是否明显属于§5.1、§25.1（6）规定的情形，或者不符合§18、§19.1，或者明显不符合§2.4、§23.1、§27.2、§31.2、§33，以及R43.1，或者依照§9不能取得专利权</td></tr>
<tr><td>明显实质性缺陷审查包括下列各项</td><td colspan="3">申请的主题是否明显不符合§2.2对发明的定义，即是否明显不属于对产品、方法或者其结合所提出的新的技术方案；
申请的内容是否明显存在§5.1规定的情形，即是否违反国家法律、社会公德或者妨碍公共利益；
发明是否属于§5.2规定的情形，即是否依赖违法获取的遗传资源而完成的，该遗传资源的获取或利用是否明显违反中国法律或法规；
申请人是否符合§18，即是否有权在中国申请获得专利权；
申请人是否符合§19.1，即申请人系在中国没有经常居所或者营业所的外国人、外国企业或外国其他组织，是否委托了中国依法设立的专利代理机构办理其专利申请和其他专利事务</td></tr>
</table>

续表

<table>
<tr><td></td><td>发明申请
（GL－A－Ⅰ1）</td><td>实用新型
（GL－A－Ⅱ1）</td><td>外观设计
（GL－A－Ⅲ1）</td></tr>
<tr><td rowspan="3">明显实质性缺陷审查包括下列各项</td><td colspan="2">申请是否违反§20.1，即申请专利的发明系在中国完成，是否事先未进行保密审查就擅自向外国申请专利；
申请的主题是否属于§25规定的不授予专利权的客体；
申请是否明显不符合§31.1，即申请是否要求保护不属于一个总的发明构思的两项以上的发明；
申请人对其专利申请文件的修改是否明显不符合§33，即修改是否明显超出原说明书和权利要求书记载的范围；
说明书是否明显不符合R17，即是否含有与技术无关的词语、商业性宣传用语或者贬低或者诽谤他人或他人产品的词语；
权利要求书是否明显不符合R19，即是否包含于技术方案的内容无关的词语、商业性宣传用语或者贬低他人或他人产品的词语</td><td rowspan="2">申请的主题是否明显属于§25.1（6）规定的不授予专利权的客体；
外观设计是否明显不符合§23.1，即明显不具备新颖性；
申请是否明显不符合§27.2，即外观设计图片或照片明显未能清楚地显示要求保护的产品的外观设计；
申请是否明显不符合§31.2，即申请是否要求保护两项以上外观设计；
申请人对其专利申请文件的修改是否符合§33，即修改是否明显超出原图片或照片表示的范围</td></tr>
<tr><td rowspan="2">对于依赖遗传资源完成的发明，申请人是否按照§26.5、R26.2，通过在请求书中予以说明并填写SIPO制定的有关表格，说明该遗传资源的直接来源和原始来源</td><td>申请是否明显违反§20.1，即申请专利的发明系在中国完成，是否事先未进行保密审查就擅自向外国申请专利；
实用新型是否明显不符合§20.2和§20.4，即明显不具备新颖性和实用性；
申请是否明显不符合§26.3，即说明书是否明显不清楚、不完整，不能使所述领域的技术人员实施该实用新型；申请是否明显不符合R26.4，即权利要求书是否明显未以说明书为依据，未清楚简明地限定要求专利保护的范围</td></tr>
<tr><td colspan="2">申请依照§9关于同样的发明创造只能授予一项专利权的规定，是否不能获得专利权</td></tr>
<tr><td rowspan="3">明显实质性缺陷的处理</td><td>GL－A－Ⅰ3.3</td><td>GL－A－Ⅱ3.3</td><td>GL－A－Ⅲ3.3</td></tr>
<tr><td colspan="3">对于申请文件存在不可能通过补正方式克服的明显实质性缺陷的专利申请，应当发出审查意见通知书，指明存在的实质性缺陷，说明理由，并指定答复期限</td></tr>
<tr><td>对于申请文件中存在的实质性缺陷，只有其明显存在并影响公布时，才需指出和处理</td><td colspan="2"></td></tr>
</table>

续表

<table>
<tr><th></th><th>发明申请
（GL－A－Ⅰ1）</th><th>实用新型
（GL－A－Ⅱ1）</th><th>外观设计
（GL－A－Ⅲ1）</th></tr>
<tr><td rowspan="2">明显实质性缺陷的处理</td><td>GL－A－Ⅰ3.5</td><td>GL－A－Ⅱ3.5.1</td><td>GL－A－Ⅲ3.5</td></tr>
<tr><td>在发出审查意见通知书后，经申请人陈述意见或者修改后仍然没有消除的，驳回申请</td><td>申请文件存在不可能通过补正方式克服的明显实质性缺陷，发出审查意见通知书后，在指定的期限内，申请人未提出有说服力的意见陈述或证据，未针对通知书指出的缺陷进行修改，驳回申请。如果是针对通知书指出的缺陷进行了修改，即使所指出的缺陷仍然存在，也应当给申请人再次陈述和/或修改文件的机会。对于此后再次修改涉及同类缺陷的，如果修改后的申请文件仍然存在已通知过申请人的缺陷，驳回申请。
申请文件存在可以通过补正方式克服的缺陷，针对该缺陷已发出过两次补正通知书，并且在指定的期限内经申请人陈述意见或者补正后仍然没有消除的，驳回申请</td><td>在发出审查意见通知书后，经申请人陈述意见或者修改后仍然没有消除的，驳回申请</td></tr>
<tr><td rowspan="3">申请文件补正</td><td>GL－A－Ⅰ3.2</td><td>GL－A－Ⅱ3.2</td><td>GL－A－Ⅲ3.2</td></tr>
<tr><td colspan="3">初步审查中，对于申请文件存在可以通过补正克服的缺陷的专利申请，审查员应当进行全面审查，并发出补正通知书。
经申请人补正后，申请文件仍然存在缺陷的，审查员应当再次发出补正通知书</td></tr>
<tr><td colspan="2">与申请有关的其他文件存在缺陷的，专利局并非都发出补正通知书，也会发出未要求优先权通知书、视为未提交保藏通知书等</td><td></td></tr>
<tr><td rowspan="3">通知书答复</td><td>GL－A－Ⅰ3.4</td><td>GL－A－Ⅱ3.4</td><td>GL－A－Ⅲ3.4</td></tr>
<tr><td colspan="3">申请人在收到补正通知书或者审查意见通知书后，应当在指定的期限内补正或者陈述意见。申请人对专利申请进行补正的，应当提交补正书和相应修改文件替换页。申请文件的修改替换页应当一式两份，其他文件只需提交一份。对申请文件的修改，应当针对通知书指出的缺陷进行。申请人期满未答复的，审查员应当根据情况发出视为撤回通知书或者其他通知书。申请人因正当理由难以在指定的期限内作出答复的，可以提出延长期限请求。有关延长期限请求的处理，适用GL－E－Ⅶ4的规定。
对于因不可抗拒事由或者因其他正当理由耽误期限而导致专利申请被视为撤回的，申请人可以在规定的期限内向专利局提出恢复权利的请求。有关恢复权利请求的处理，适用GL－E－Ⅶ6的规定</td></tr>
<tr><td colspan="2">修改的内容不得超出申请日提交的说明书和权利要求书记载的范围</td><td>修改的内容不得超出
申请日提交的图片或者照片表示的范围</td></tr>
<tr><td rowspan="2">初步审查合格</td><td>GL－A－Ⅰ3.1</td><td>GL－A－Ⅱ3.1</td><td>GL－A－Ⅲ3.1</td></tr>
<tr><td>发出初步审查合格通知书，指明公布所依据的申请文本，之后进入公布程序</td><td>作出授予实用新型专利权通知</td><td>作出授予外观设计专利权通知</td></tr>
</table>

§35 实质审查

发明专利申请自申请日起3年内，国务院专利行政部门可以根据申请人随时提出的请求，对其申请进行实质审查；申请人无正当理由逾期不请求实质审查的，该申请即被视为撤回。

国务院专利行政部门认为必要的时候，可以自行对发明专利申请进行实质审查。

◎申请人是否可以要求SIPO加快审查程序：

专利法和SIPO均未提供任何官方途径用以要求SIPO加快专利申请的审查。

◎发明专利审查程序：

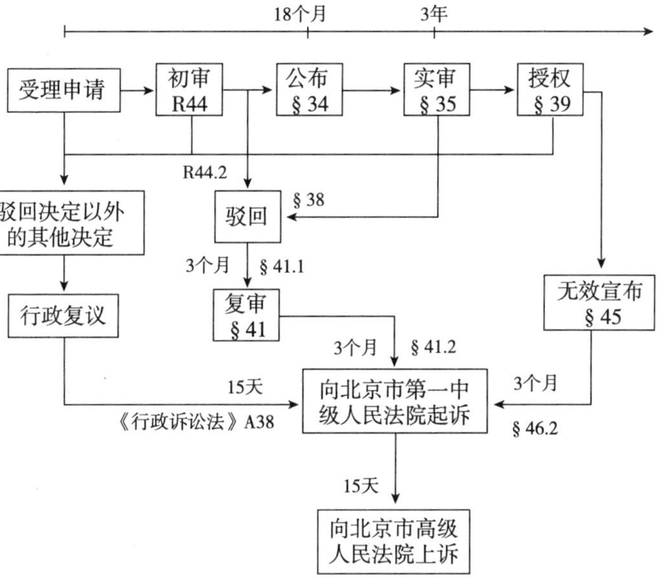

GL-A-I 6.4.1 实质审查请求的相关要求

实质审查请求应当在自申请日（或优先权日）起3年内提出，并在此期限内缴纳实质审查费，还应当提交在申请日（或优先权日）前与其发明有关的参考资料。

GL-C-I 5.9 实质审查请求（CN-PCT）

进入国家阶段的国际申请，如果指定了中国的发明专利，自优先权日起3年内应当提出实质审查请求，并缴纳实质审查费。

GL-A-I 6.4.2 实质审查请求的审查及处理

（1）在实质审查请求的提出期限届满前3个月时，申请人尚未提出实质审查请求的，审查员发出期限届满前通知书。

（2）申请人已在规定期限内提交了实质审查请求书并缴纳了实质审查费，但实质审查请求书的形式仍不符合规定的，视为未提出；如果期限届满前通知书已经发出，则发出办理手续补正通知书，通知申请人在规定期限内补正；期满未补正或者补正后仍不符合规定的，视为未提出请求。

(3) 申请人未在规定的期限内提交实质审查请求书，或者未在规定的期限内缴纳或者缴足实质审查费的，视为撤回。

〈但是根据R96：期满未缴纳或者未缴足实质审查费的，视为未提出请求。而（3）指的撤回应该是专利申请的撤回——当然连带着实质审查申请。因此不矛盾。〉

(4) 实质审查请求符合规定的，在进入实质审查程序时，审查员发出专利申请进入实质审查阶段通知书。

GL－B－Ⅷ 2.2 实质审查程序中的基本原则

(1) 请求原则

除专利法及其实施细则另有规定外，实质审查程序只有在申请人提出实质审查请求的前提下才能启动。审查员只能根据申请人依法正式呈请审查（包括提出申请时、依法提出修改时或者答复审查意见通知书时）的申请文件进行审查。

(2) 听证原则

在实质审查过程中，在作出驳回决定之前，应当给申请人提供至少一次针对驳回所依据的事实、理由和证据陈述意见和/或修改申请文件的机会，即作出驳回决定时，驳回所依据的事实、理由和证据应当在之前的审查意见通知书中已经告知过申请人。

(3) 程序节约原则

对发明专利申请进行实质审查时，审查员应当尽可能地缩短审查过程。除非确认申请根本没有被授权的前景，审查员应在第一次审查意见通知书中，将申请中不符合专利法及其实施细则规定的所有问题通知申请人，要求其在指定期限内对所有问题给予答复，尽量减少与申请人通信的次数，以节约程序。但是，不得以节约程序为理由而违反请求原则和听证原则。

GL－C－Ⅱ 5.11.3 实质审查的基本原则

对于进入国家阶段的国际申请，应当根据以下原则进行审查：

(1) 申请的形式或内容，适用专利法和审查指南的规定，但上述规定与PCT及其实施细则的规定不同的，以PCT及其实施细则的规定为准。

(2) 授予专利权的实质条件，适用专利法和审查指南的规定。

◎实质审查的内容主要包括：

(1) 申请的主题是否不符合§2.2对发明的定义，即是否明显不属于对产品、方法或者其结合所提出的新的技术方案；

(2) 申请的内容是否存在§5.1规定的情形，即是否违反国家法律、社会公德或者妨碍公共利益；

(3) 发明是否属于§5.2规定的情形，即是否是依赖违法获取的遗传资源而完成的发明创造，该遗传资源的获取或利用是否明显违反中国法律或法规；

（4）申请是否违反§20.1的规定，即申请专利的发明系在中国完成，申请人是否事先未进行保密审查就擅自向外国申请专利；

（5）申请的主题是否属于§25规定的不授予专利权的客体；

（6）发明是否符合§22的规定，即是否具有新颖性、创造性和实用性；

（7）申请的说明书是否符合§26.3的规定，即是否对发明作出清楚、完整的说明，使所属领域的技术人员能够实现；

（8）对于依赖遗传资源完成的发明创造，申请文件中是否说明了该遗传资源的直接来源和原始来源。为说明来源的，是否陈述了理由（§26.5）；

（9）权利要求书是否符合§26.4的规定，即是否以说明书为依据，清楚、简要地要求专利保护的范围；权利要求书是否符合R19～R22的规定。

（10）申请是否符合§31.1的规定，即申请是否要求保护不属于一个总的发明构思的两项以上的发明；

（11）申请人对其专利申请文件的修改是否符合§33的规定，即修改是否超出原说明书和权利要求书记载的范围，申请人对其专利申请文件进行主动修改和被动修改的，是否符合R51.1和R51.3的规定；

（12）申请人提出分案申请的，是否符合R43的规定。

◎可作为审查基础的文本：

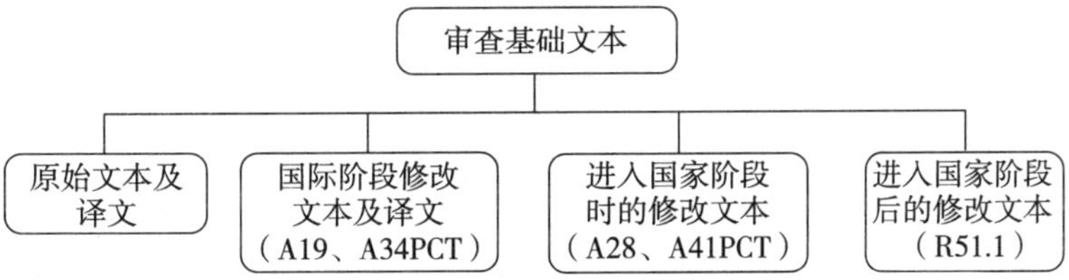

◎在实质审查阶段，可能作为实质审查所依据的文本：

（1）申请人按照专利法和实施细则的规定，提交的原始申请文件或者应SIPO初步审查部门要求补正后的文件。

（2）在R51.1规定的主动修改时机提交的修改文本，即申请人在提出实质审查请求时，或者在收到SIPO发出的发明专利申请进入实质审查阶段通知书之日起的3个月内，对发明专利申请进行主动修改所提交的修改文本。申请人在上述规定期间内多次对申请文件进行了主动修改的，以最后一次提交的申请文件为审查文本。

（3）申请人在R51.1规定的允许进行主动修改期间之外提交的修改文本，一般不会被接受，也不会作为审查文本。在这种情况下，以此之前能够接受的文本作为审查文本。但是如果审查员在阅读该经修改的文件后，认为其消除了原申请文件存在的应当消除的缺陷又符合§33的规定且在该修改文本的基础上进行审查将有利于节约审查程序，也有可能接受该经修改的申请文件作为审查的文本。

（4）针对申请人在答复审查意见通知书时提交的专利申请修改文本，如果提交的修改文本所作修改是针对通知书指出的缺陷进行的，则以此修改文本作为继续审查的文本；如果提交的修改文本不是针对通知书指出的缺陷作出的，专利局发出审查意见通知书，说明不接受该修改文本的理由，要求申请人在指定期限内提交符合 R51.3 规定的修改文本。同时指出，到指定期限届满日为止，如果申请人所提交的修改文本仍然不符合 R51.3 规定或者出现其他不符合 R51.3 规定的内容，专利局将以修改前的可接受文本继续审查。

复审请求第 38883 号：不明显缺乏单一性的专利申请

在实质审查过程中，对于主题之间不明显缺乏单一性的专利申请，应当允许申请人为克服单一性的缺陷而选择某一组权利要求作为后续审查的基础。

◎可作为 CN－PCT 申请实质审查基础的文本：

（1）原始提交的 PCT 申请文本

（2）国际阶段的修改

国际阶段的修改文件及修改文件的译文经形式审查合格后，进入实用新型初步审查，审查员针对译文审查即可。

①根据 A19 PCT 向 IB 提交的修改文本

申请人在收到 ISR 后，在规定的期限内可以对权利要求书提出修改。

②根据 A34 PCT 向 IPEA 提交的修改文本（作为专利性国际初步报告〈IPRP〉的附件）

国际初步审查过程中，IPER 作出之前，申请人可以在规定的期限内修改权利要求书、说明书和附图。

（3）国家阶段的修改

①按照 A28PCT 和 R51.1 或 R112 对 DO 提交的修改文本

对于要求获得发明专利的国际申请，申请人自申请日（优先权日）起 3 年内（§35.1）或在 SIPO 发出进入实质审查阶段通知书之日起的 3 个月内，对发明专利申请作出提出的修改（R51.1、R112.2）；对于要求获得实用新型专利的国际申请，申请人在办理进入国家阶段手续时以及进入国家阶段后 2 个月内可以提出对权利要求书、说明书和附图的修改（R112.1）。

②按照 A41PCT 和 R51.1 或 R112 对 EO 提交的修改文本

按照 R104 和/或 R44 提交的补正文本；在进入国家阶段的进入手续审查中，根据 R44 和/或 R104，申请人提交的补正文本；根据 R44，申请人对权利要求书、说明书、附图和摘要进行的修改；根据 R104，申请人对说明书摘要和摘要附图进行的修改。

以上各种可能作为实审基础的文本均是指中文文本或外文文本的中文译文。

◎继续审查的文本：

审查员应当在申请人针对审查意见通知书作出的答复的基础上确定继续审查的文本。

对于经过复审程序之后返回实审的申请，继续审查的文本为复审决定所确定的文本。

GL－C－I 3.1.6 审查基础文本声明

在国际阶段，申请人在收到 ISR 之后，可以根据 A19PCT 对权利要求书作出修改，修改应当在规定的期限内向 IB 提出。在国际初步审查过程中，申请人还可以按照 A34PCT 对说明书、附图和权利要求书作出修改，修改应当向 IPEA 提出。此外，国际申请进入国家阶段时，申请人也可能按照 A28，A41PCT 提出修改。

国际阶段或者进入国家阶段时作出过修改并在审查基础文本声明中加以指明的，审查使用的文本应当是以修改后的文本。国际阶段作出过修改但在审查基础文本声明中没有指明的，应当认为该修改已经放弃，专利局对该修改不予考虑。

审查基础文本声明中提及的国际阶段按照 A19PCT 的修改，应当在国际公布文本中有相应内容；按照 A34PCT 的修改，应当在 IPRP 之后附有相应内容。

审查基础文本声明中提及国际阶段的修改的，应当自进入日起 2 个月内提交该修改文件的译文。期限届满时仍未提交的，对声明中提及的修改将不予考虑，发出修改不予考虑通知书。

R50 国务院专利行政部门的自行审查

国务院专利行政部门依照专利法第三十五条第二款的规定对专利申请自行进行审查时，应当通知申请人。

GL－B－VIII 3.2.1 查对启动程序的依据

专利局决定自行对发明专利申请进行实质审查的，申请文档中应有经局长签署的通知书和已经通知申请人的记录。

GL－B－VIII 3.2.5 申请文档存在缺陷时的处理

审查员如果发现申请文档中缺少本章 3.2.1 至 3.2.3 中任何一项所述的依据、文件或资料，或者某些文件不符合专利法及其实施细则的规定，应当将申请案返回流程管理部门并且说明理由。审查员如果发现申请文档中缺少 3.2.4 所述的资料，而且确信申请人已获得这样的资料，可以填写提交资料通知书，要求申请人在指定的 2 个月期限内提交有关资料；申请人无正当理由逾期不提交的，该申请被视为撤回。

此外，在实质审查前，审查员最好查看是否需要申请人提交有关的参考资料，如果需要，可填写提交资料通知书，通知申请人在指定的 2 个月期限内提交。

GL－E－VIII 1.2.1.4 发明专利事务

发明专利事务公布专利局对发明专利申请和发明专利作出的决定和通知。包括：专利局对专利申请自行进行实质审查的决定。

GL－E－VIII 1.3.2.1 实质审查请求的生效、专利局对发明专利申请自行进行实质审查的决定

本事务仅适用于发明专利申请。公布的项目包括：主分类号、专利申请号、申请日。

GL－B－Ⅷ 3.4.2 特殊处理

（1）对国家利益或者公共利益具有重大意义的申请，由申请人或者其主管部门提出请求，经专利局局长批准后，可以优先审查，并在随后的审查过程中予以优先处理。

（2）对于专利局自行启动实质审查的专利申请，可以优先处理。

（3）保留原申请日的分案申请，可以与原申请一起审查。

●实质审查程序的终止、中止和恢复

GL－B－Ⅷ 7.1 程序的终止

发明专利申请的实质审查程序，因审查员作出驳回决定且决定生效，或者发出授予专利权的通知书，或者因申请人主动撤回申请，或者因申请被视为撤回而终止。

GL－B－Ⅷ 7.2 程序的中止

实质审查程序可能因专利申请权归属纠纷的当事人根据 R86.1 提出请求而中止或因财产保全而中止。一旦审查员接到程序中止调回案卷的通知，应当在规定的期限内将案卷返还流程管理部门。

GL－E－Ⅶ 7.2 程序的中止中止的范围

R88 中止的范围是指：

（1）暂停专利申请的初步审查、实质审查、复审、授予专利权和专利权无效宣告程序；

（2）暂停视为撤回专利申请、视为放弃取得专利权、未缴年费终止专利权等程序；

（3）暂停办理撤回专利申请、放弃专利权、变更申请人（或专利权人）的姓名或者名称、转移专利申请权（或专利权）、专利权质押登记等手续。

中止请求批准前已进入公布或者公告准备的，该程序不受中止的影响。

〈暂停专利权无效宣告程序中不包括无效宣告请求的受理。原因在于，当提出该无效宣告请求的当事人同时也是涉及侵权诉讼纠纷的当事人时，如果因为该专利已被中止而不受理对其提出的无效宣告请求，将使当事人无法通过提出无效宣告的途径来中止当前的侵权诉讼，这将影响该当事人的合法权益。〉

GL－B－Ⅷ 7.3 程序的恢复

专利申请因不可抗拒的事由或正当理由耽误专利法或其实施细则规定的期限或者SIPO指定的期限造成被视为撤回而导致程序终止的，根据 R6.1 和 R6.2，申请人可以向SIPO请求恢复被终止的实质审查程序，权利被恢复的，SIPO 恢复实质审查程序。

对于因专利申请权归属纠纷当事人的请求而中止的实质审查程序，在 SIPO 收到发生法律效力的调解书或判决书后，凡不涉及权利人变动的，应及时予以恢复；涉及权利人变动的，在办理相应的著录项目变更手续后予以恢复。若自上述请求中止之日起 1 年内，专利申请权归属纠纷未能结案，请求人又未请求延长中止的，SIPO 将自行恢复被中止的实质审查程序。

审查员在接到流程管理部门送达的有关恢复审查程序的书面通知和专利申请案卷后，应当重新启动实质审查程序。

GL－E－Ⅶ 7.4.1 权属纠纷的当事人请求中止的期限

对于专利申请权（或专利权）权属纠纷的当事人提出的中止请求，中止期限一般不得超过1年，即自中止请求之日起满1年的，该中止程序结束。

有关专利申请权（或专利权）权属纠纷在中止期限1年内未能结案，需要继续中止程序的，请求人应当在中止期满前请求延长中止期限，并提交权属纠纷受理部门出具的说明尚未结案原因的证明文件。中止程序可以延长一次，延长的期限不得超过6个月。

GL－E－VII 7.4.2 因协助执行财产保全而中止的期限

对于人民法院要求专利局协助执行财产保全而执行中止程序的，中止期限一般为6个月。自收到民事裁定书之日起满6个月的，该中止程序结束。

人民法院要求继续采取财产保全措施的，应当在中止期限届满前将继续保全的协助执行通知书送达专利局，经审核符合本章7.3.2.1规定的，中止程序续展6个月。对于同一法院对同一案件在执行程序中作出的保全裁定，专利局中止的期限不超过12个月，在审判程序中作出的保全裁定，专利局中止的期限可以适当延长。

◎专利的授权条件、权利和申请流程：

<table>
<tr><td rowspan="13">专利申请</td><td rowspan="7">授权条件</td><td rowspan="2">授权</td><td>发明、实用新型的三性</td><td>§5</td></tr>
<tr><td>外观专利的二性</td><td>§23</td></tr>
<tr><td rowspan="2">不授权</td><td>三种情况</td><td>§5</td></tr>
<tr><td>五种情况</td><td>§25</td></tr>
<tr><td rowspan="3">其他</td><td>新颖性例外</td><td>§24</td></tr>
<tr><td>优先权（国内优先权、国外优先权）</td><td>§29、§30</td></tr>
<tr><td colspan="2">单一；保密；格式；代理（§31，§4，R8，R25，R26）</td></tr>
<tr><td rowspan="3">权利</td><td>发明
十种排他权利</td><td>产品：制造、使用、许诺销售、销售、进口；
方法：使用；
方法延伸的产品：使用、许诺销售、销售、进口</td><td rowspan="2">§11.1</td></tr>
<tr><td>实用新型
五种权利</td><td>产品：制造、使用、许诺销售、销售、进口</td></tr>
<tr><td>外观设计
四种权利</td><td>产品：制造、许诺销售、销售、进口</td><td>§11.2</td></tr>
<tr><td rowspan="3">审查流程</td><td colspan="3">实用新型/外观设计：申请→初审→（复审）→授权→（无效）</td></tr>
<tr><td colspan="3">发明：申请→初审→（复审）→公开→实审→（复审）→授权→（无效）</td></tr>
<tr><td colspan="3">PCT：国际申请→国际形审→国际检索→国际公开→国际初审→国家阶段</td></tr>
</table>

§36 提交实质审查材料

发明专利的申请人请求实质审查的时候，应当提交在申请日前与其发明有关的参考资料。

发明专利已经在外国提出过申请的，国务院专利行政部门可以要求申请人在指定期限内提交该国为审查其申请进行检索的资料或者审查结果的资料；无正当理由逾期不提交的，该申请即被视为撤回。

GL－B－VIII 2.1 实质审查程序概要

在发明专利申请的实质审查程序中可能发生的行为如下：

(4) 申请人无正当理由对审查意见通知书、分案通知书或者提交资料通知书等逾期不答复的，审查员应当发出申请被视为撤回通知书。

R49 检索资料和审查结果资料的补交

发明专利申请人因有正当理由无法提交§36规定的检索资料或者审查结果资料的，应当向国务院专利行政部门声明，并在得到有关资料后补交。

发明专利已经在外国提出过申请的，申请人请求实质审查的时候，应该提交一至两个主要国家专利局审查其申请所作的检索报告或审查结果。实际工作中，只限于提交检索报告和审查结果，而不需提交检索报告和审查结果中引用的文献，除非专利局要求提交。如果申请人在请求实质审查时不能提交所需资料，应当作出相关声明，并在随后尽快补交。

GL－B－VII 12 检索报告

X：单独影响权利要求的新颖性或创造性的文件；

〈仅考虑该文献，权利要求所记载的发明不能被认为具有新颖性或创造性。〉

Y：与检索报告中其他Y类文件组合后影响权利要求的创造性的文件；

〈当该文献与另一篇此类文献结合，并且这种结合对于本领域技术人员是显而易见时，权利要求所记载的发明不能认为具有创造性。〉

A：背景技术文件，即反映权利要求的部分技术特征或者有关的现有技术的文件；

〈一般现有技术文献，无特别相关性。〉

R：任何单位或个人在申请日向专利局提交的、属于同样的发明创造的专利或专利申请文件；

P：中间文件，其公开日在申请的申请日与所要求的优先权日之间的文件，或者会导致需要核实该申请优先权的文件；

E：单独影响权利要求新颖性的抵触申请文件。

〈R33.1 (c) PCT 中确定的在先专利文献，但是在国际申请日当天或之后公布的。〉

符号 X、Y 和 A 表示对比文件与申请的权利要求在内容上的相关程度；

符号 R 和 E 同时表示对比文件与申请在时间上的关系和在内容上的相关程度；

符号 P 表示对比文件与申请在时间上的关系，其后应附带标明文件内容相关程度的符号 X、Y、E 或 A，它属于在未核实优先权的情况下所作的标记。

D：由申请人在申请中引证的文献，该文献是在检索过程中要参考的，“D”始终与一个表示引证文献相关性的类型相随。

◎专利文献种类国际标准：

发明：

A：发明专利申请公布说明书

B：发明专利说明书

C1 - C7：发明专利权部分无效宣告的公告

实用新型：

U：实用新型专利说明书

Y1 - Y7：实用新型专利权部分无效宣告的公告

外观设计：

S：外观设计专利授权公告

S1 - S7：外观设计专利权部分无效宣告的公告

2004 年 7 月开始新的标准专利文献号：

前四位代表申请的年代，第 5 位表示要求保护的专利申请类型：1——发明，2——实用新型，3——外观，8——CN - PCT 发明专利申请，9——CN - PCT 实用新型申请。

◎常用专利检索系统免费网站：

中国	www. soopat. com
	search. cnipr. com
	www. sipo. gov. cn/zljs
	www. pss - system. gov. cn
美国	patft. uspto. gov
	www. google. com/patents
欧洲	worldwide. espacenet. com/advancedSearch
日本	www. ipdl. inpit. go. jp/homepg_ e. ipdl

§37 实质审查不合格

国务院专利行政部门对发明专利申请进行实质审查后，认为不符合本法规定的，应当通知申请人，要求其在指定的期限内陈述意见，或者对其申请进行修改；无正当理由逾期不答复的，该申请即被视为撤回。

GL－B－VIII 2.1 实质审查程序概要

在发明专利申请的实质审查程序中可能发生的行为如下：

(1) 对发明专利申请进行实质审查后，审查员认为该申请不符合专利法及其实施细则的有关规定的，应当通知申请人，要求其在指定的期限内陈述意见或者对其申请进行修改；审查员发出通知书（审查意见通知书、分案通知书或提交资料通知书等）和申请人的答复可能反复多次，直到申请被授予专利权、被驳回、被撤回或者被视为撤回；

(4) 申请人无正当理由对审查意见通知书、分案通知书或者提交资料通知书等逾期不答复的，审查员应当发出申请被视为撤回通知书。

此外，根据需要，审查员还可以在实质审查程序中采用会晤、电话讨论和现场调查等辅助手段。

GL－B－VIII 4.3 不必检索即可发出审查意见通知书的情况

专利申请的全部主题明显属于GL－B－VII 10情形的，审查员不必检索即可发出第一次审查意见通知书。

如果申请中只有部分主题属于上述情形，而其他主题不属于上述情形，则应当对不属于上述情形的其他主题进行检索后再发出第一次审查意见通知书。

GL－B－VII 10 不必检索的情况

(5) 属于§5或者§25规定的不授予专利权的情形；

(6) 不符合§2.2的规定；

(7) 不具备实用性（§22.4）；

(8) 说明书和权利要求书未对该申请的主题作出清楚、完整的说明，以至于所属技术领域的技术人员不能实现（§26.3）。

〈但是，如果仅部分主题属于上述情形，而其他主题不属于上述情形，则通常会对不属于上述情形的其他主题进行检索后再发出第一次审查意见通知书。

此外，如果确定的审查文本为修改文本或者审查的是分案申请，如果修改文本不符合§33（即超出原说明书和权利要求书记载的范围）或者分案申请不符合R43.1（即超出原申请记载的范围），则审查员也可以不进行检索而先指出修改文本或者分案申请存在着不符合上述规定的缺陷。〉

GL－B－VIII 4.4 对缺乏单一性申请的处理

(1) 先通知申请人修改

立即能判断出申请的主题之间明显缺乏单一性的，可以暂缓进行检索（参见 GL－B－VII 9.2.1〈1〉），先向申请人发出分案通知书，通知申请人在指定的2个月期限内对其申请进行修改。

（2）检索后再通知申请人修改

检索后才能确定申请的主题之间缺乏单一性的，审查员可以视情况决定是暂缓进一步检索和审查还是继续进一步检索和审查（参见 GL－B－VII 9.2.2）：

如果经检索和审查后认为第一独立权利要求或者其从属权利要求具有被授权的前景，而其他独立权利要求与该有授权前景的权利要求之间缺乏单一性，则审查员可以暂缓对其他独立权利要求的检索和审查，并且在第一次审查意见通知书中只针对第一独立权利要求或者其从属权利要求提出审查意见，同时要求申请人删除或者修改缺乏单一性的其他权利要求，以克服申请缺乏单一性的缺陷。

如果经检索和审查后确认第一独立权利要求和其从属权利要求没有授权前景，而其他的独立权利要求之间缺乏单一性，审查员可以暂缓对其他独立权利要求的检索和审查，在第一次审查意见通知书中指出第一独立权利要求和其从属权利要求没有授权前景的同时，指出该专利申请缺乏单一性的缺陷；也可以继续检索和审查其他独立权利要求，尤其是当检索领域非常接近或者在很大程度上重叠时，并在第一次审查意见通知书中，同时指出单一性缺陷和其他缺陷（参见 GL－B－VII 9.2.2〈1〉〈2〉）。

如果申请人按照第一次审查意见通知书的要求，对申请进行了符合本章5.2规定的修改，且权利要求书已不存在缺乏单一性的缺陷，审查员应当对该权利要求书继续进行审查。

对于因独立权利要求不具备新颖性或创造性而导致其相互并列的从属权利要求之间缺乏单一性的情况，参照上述（1）或（2）的方式处理。

有时申请的主题之间虽然缺乏单一性，特别是因独立权利要求不具备新颖性或创造性而导致其相互并列的从属权利要求之间缺乏单一性，但是它们所对应的检索领域非常接近，或者在很大程度上是重叠的，审查员可以一并检索和审查这些权利要求，在审查意见通知书中指出这些权利要求不符合专利法及其实施细则的其他规定的缺陷，同时指出申请缺乏单一性的缺陷（参见 GL－B－VII 9.2.1〈2〉）。

无论申请属于上述（1）、（2）中的哪一种情形，申请人都应当在指定的期限内，对其申请进行修改。申请人期满不答复的，该申请被视为撤回。

申请人在答复中对审查员关于申请缺乏单一性的论点提出了反对意见，审查员认为反对意见成立，或者申请人修改了权利要求书并克服了单一性缺陷的，申请的审查程序应当继续进行；反对意见不成立，或者未消除单一性缺陷的，审查员可以根据§38驳回该申请。

GL－A－III 3.4 通知书的答复

申请人在收到补正通知书或者审查意见通知书后，应当在指定的期限内补正或者陈述意见。修改的内容不得超出申请日提交的图片或照片表示的范围。

申请人期满未答复的，审查员应当根据情况发出视为撤回通知书或者其他通知书。申请人因正当理由难以在指定的期限内作出答复的，可以提出延长期限请求。

对于因不可抗拒事由或者因其他正当理由耽误期限而导致专利申请被视为撤回的，申请人可以在规定的期限内向 SIPO 提出恢复权利的请求。

GL－B－Ⅷ 5.1 答复

对专利局发出的审查意见通知书，申请人应当在通知书指定的期限内作出答复。

申请人可以请求专利局延长指定的答复期限。但是，延长期限的请求应当在期限届满前提出。

《最高人民法院关于当前经济形势下知识产权审判服务大局若干问题的意见》

第 4 条：对于权利人在专利授权确权程序中所做的实质性的放弃或者限制，在侵权诉讼中应当禁止反悔，不能将有关技术内容再纳入保护范围。

《最高人民法院关于审理侵犯专利权纠纷案件应用法律若干问题的解释》

第 6 条：专利申请人、专利权人在专利授权或者无效宣告程序中，通过对权利要求、说明书的修改或者意见陈述而放弃的技术方案，权利人在侵犯专利权纠纷案件中又将其纳入专利权保护范围的，人民法院不予支持。

申请人针对其专利申请作出的修改和针对专利局审查通知作出的有限制性解释的意见陈述会成为专利侵权诉讼中确定专利权保护范围的依据，从而有可能会对其专利权保护范围产生一定的限制作用。这种限制作用体现在禁止专利权人将其在审批过程中通过修改或者意见陈述所表明的不属于其专利权保护范围之内的内容重新囊括到其专利权保护范围之中。

GL－B－Ⅷ 5.1.1 答复的方式

对于审查意见通知书，申请人应当采用专利局规定的意见陈述书或补正书的方式在指定的期限内作出答复。申请人提交的无具体答复内容的意见陈述书或补正书，也是申请人的正式答复，对此审查员可理解为申请人未对审查意见通知书中的审查意见提出具体反对意见，也未克服审查意见通知书所指出的申请文件中存在的缺陷。

申请人的答复应当提交给专利局受理部门。直接提交给审查员的答复文件或征询意见的信件不视为正式答复，不具备法律效力。

〈专利代理人或申请人有时会通过电话或者直接与审查员交往的信件、电子邮件来征询审查员的意见，这些都不能视为正式答复。〉

GL－B－Ⅷ 5.1.2 答复的签署

申请人未委托专利代理机构的，其提交的意见陈述书或者补正书，应当有申请人的签字或者盖章；申请人是单位的，应当加盖公章；申请人有两个以上的，可以由其代表人签字或者盖章。

申请人委托了专利代理机构的，其答复应当由其所委托的专利代理机构盖章，并由委托书中指定的专利代理人签字或者盖章。专利代理人变更之后，由变更后的专利代理人签字或者盖章。

申请人未委托专利代理机构的，如果其答复没有申请人的签字或者盖章（当申请人有两个以上时，应当有全部申请人的签字或盖章，或者至少有其代表人的签字或盖章），审查员应当将该答复退回初步审查部门处理。

申请人委托了专利代理机构的，如果其答复没有专利代理机构盖章，或者由申请人本人作出了答复，审查员应当将该答复退回初步审查部门处理。

如果申请人或者委托的专利代理人发生变更，且案卷中没有该通知单的，审查员应当将答复退回初步审查部门处理。

R119.1：向SIPO提交申请文件或者办理各种手续，应当由申请人、专利权人、其他利害关系人或者其代表人签字或者盖章；委托专利代理机构的，由专利代理机构盖章。

《意见陈述书》表格：（注意事项）

表格中应填写的申请人或专利权人为第一署名申请人或专利权人。如果该申请或者专利办理过著录项目变更手续，应当按照SIPO批准变更后的内容填写。

GL-E-VII 5.2 处分决定

因耽误期限作出的处分决定主要包括：视为撤回专利申请权、视为放弃取得专利权的权利、专利权终止、不予受理、视为未提出请求和视为未要求优先权等。

处分决定自期限届满日起满1个月后作出。

GL-E-VII 5.3 作出处分决定后的处理

处分决定不影响专利申请权（或专利权）的，原程序继续进行。

处分决定作出后，专利申请权（或专利权）丧失的，应当按照规定给予2个月（自该处分决定的推定收到日起算）的恢复权利请求期限，期满未提出恢复权利请求或者恢复权利请求不符合规定的，自处分通知书发出之日起4个月（涉及复审或者无效宣告程序的为6个月）后分别按照以下情形处理：

经复核确定处分决定无误的，将专利申请进行失效处理，将专利申请（或专利）进行失效处理。

作出丧失专利申请权（或专利权）的处分决定后又收到有关文件表明相关手续已在规定的期限内完成的，流程部门应及时撤销有关处分决定，发出修改更正通知书，处分决定已公告的还应当作出公告更正。

R51.3：申请人在收到SIPO发出的审查意见通知书后对专利申请文件进行修改的，应当针对通知书指出的缺陷进行修改。

R51.4：SIPO可以自行修改专利申请文件中文字和符号的明显错误。SIPO自行修改的，应当通知申请人。

GL-B-VIII 4.10.3 答复期限

答复第一次审查意见通知书的期限为4个月。

GL-B-VIII 4.11 继续审查

在申请人答复第一次审查意见通知书之后，审查员应当对申请继续进行审查，考虑申请人陈述的意见和/或对申请文件作出的修改。

GL-B-VIII 4.11.3.1 再次发出审查意见通知书的情况

（1）审查员发现与申请的主题更加相关的对比文件，需要对权利要求进行重新评价；

（2）在前一阶段的审查中，审查员未对某项或某几项权利要求提出审查意见，经继续审查后，发现其中有不符合专利法及其实施细则规定的情况；

（3）经申请人陈述意见和/或进行修改之后，审查员认为有必要提出新的审查意见；

（4）修改后的申请有可能被授予专利权，但仍存在不符合专利法及其实施细则规定的缺陷，这些缺陷可能是修改后出现的新缺陷、审查员新发现的缺陷以及已经通知过申请人但仍未完全消除的缺陷；

（5）审查员拟驳回申请，但在此前的审查意见通知书中未向申请人明确指出驳回所依据的事实、理由或证据。

GL－B－Ⅷ 4.12.1 举行会晤的条件

（1）审查员已发出第一次审查意见通知书；并且

（2）申请人在答复审查意见通知书的同时或者之后提出了会晤要求，或者审查员根据案情的需要向申请人发出了约请。

会晤都应当预先约定。可采用会晤通知书或通过电话来约定，会晤通知书的副本和约定会晤的电话记录应当写明会晤内容、时间和地点，并存放在申请案卷中。如果审查员或者申请人准备在会晤中提出新的文件，应当事先提交给对方。

会晤日期确定后一般不得变动；必须变动时，应当提前通知对方。申请人无正当理由不参加会晤的，审查员可不再安排会晤，而通过书面方式继续审查。

初步审查程序中，原则上不进行会晤。但并未规定初步审查中一律不许进行会晤。

GL－B－Ⅷ 4.12.2 会晤地点和参加人

会晤应当在专利局指定的地点进行，审查员不得在其他地点同申请人就有关申请的问题进行会晤。

会晤由负责审查该申请的审查员主持。必要时，可以邀请有经验的其他审查员协助。

申请人委托了专利代理机构的，会晤必须有代理人参加。参加会晤的代理人应当出示代理人执业证。申请人更换代理人的，应当办理著录项目变更手续，并在著录项目变更手续合格后由变更后的代理人参加会晤。在委托代理机构的情况下，申请人可以与代理人一起参加会晤。

申请人没有委托专利代理机构的，申请人应当参加会晤；申请人是单位的，由该单位指定的人员参加，该参加会晤的人员应当出示证明其身份的证件和单位出具的介绍信。

上述规定也适用于共同申请人。除非另有声明或者委托了代理机构，共有专利申请的单位或者个人都应当参加会晤。

必要时，发明人受申请人的指定或委托，可以同代理人一起参加会晤，或者在申请人未委托代理机构的情况下受申请人的委托代表申请人参加会晤。

参加会晤的申请人或代理人等的总数，一般不得超过两名；两个以上单位或者个人共有一项专利申请，又未委托代理机构的，可以按共同申请的单位或个人的数目确定参加会晤的人数。

GL－B－Ⅷ 4.12.3 会晤记录

会晤结束后，审查员应填写会晤记录。会晤记录采用专利局统一制定的标准表格，一式两份，经审查员和参加会晤的申请人（或者代理人）签字或盖章后，一份交申请人，一份留在申请案卷中。

会晤记录不能代替申请人的正式书面答复或者修改。即使在会晤中，双方就如何修改申请达成了一致的意见，申请人也必须重新提交正式的修改文件，审查员不能代为修改。

如果在会晤中，对申请文件的修改没有取得一致意见，审查工作将通过书面方式继续进行。

会晤后，需要申请人重新提交修改文件或者作出书面意见陈述的，如果对原定答复期限的监视还继续存在，则该答复期限可以不因会晤而改变，或者视情况延长1个月；如果对原定答复期限的监视已不再存在，则审查员应当在会晤记录中另行指定提交修改文件或意见陈述书的期限。此提交的修改文件或意见陈述书视为对审查意见通知书的答复，申请人未按期答复的，该申请将被视为撤回。

如果会晤时，申请人提出了新的文件，而会晤前审查员没有收到这些文件，审查员可以决定中止会晤。

京（2009）高行终字第1192号：会晤记录

在实质审查阶段，审查员出具的《会晤记录》记载了审查员与申请人进行沟通的内容，但修改申请文件的权利系申请人所享有，其法律后果也由申请人承担。

GL－B－VIII 4.13 电话讨论

审查员可以与申请人就申请文件中存在的问题进行电话讨论，但电话讨论仅适用于解决次要的且不会引起误解的形式方面的缺陷所涉及的问题。审查员应当记录电话讨论的内容，并将其存入申请案卷。对于电话讨论中审查员同意的修改内容，通常申请人应当正式提交经过该修改的书面文件，审查员应当根据该书面修改文件作出审查结论。

电话讨论一般应当在审查员发出一通后进行。没有申请人（没有代理人的情况下）或代理人（有代理人的情况下）签字或签章的电话讨论的内容和记录，不能作为驳回的依据。

申请人通过电话讨论或者在会晤时提出的口头声明不具有法律效力。

GL－B－VIII 4.14 取证和现场调查

一般说来，在实质审查程序中审查员不必要求申请人提供证据。如果申请人不同意审查员的意见，那么，由申请人决定是否提供证据来支持其主张。如果申请人决定提供证据，审查员应当给予申请人一个适当的机会，使其能提供任何可能有关的证据，除非审查员确信提供证据也达不到有益的目的。

申请人提供的证据可以是书面文件或者实物模型。

如果某些申请中的问题，需要审查员到现场调查方能得到解决，则应当由申请人提出要求，经负责审查该申请的实质审查部的部长批准后，审查员方可去现场调查。调查所需的费用由专利局承担。

最高人民法院（2008）民申字第458号：

专利权人通过专利授权程序中对权力要求所进行的修改，放弃了包含“葡萄糖酸钙”

技术特征的技术方案。被诉侵权产品的相应技术特征为“葡萄糖酸钙”属于专利权人在专利授权程序中放弃的技术方案，不应当认为其与权利要求中记载的“活性钙”技术特征等同而将其纳入专利权的保护范围。

GL－B－II 3.2.1 以说明书为依据

当要求保护的技术方案的部分或全部内容在原始申请的权利要求书中已经记载而在说明书中没有记载时，允许申请人将其补入说明书。

GL－B－VIII 5.2.3.1 不允许的增加

（7）增补原说明书中未提及的附图，一般是不允许的；如果增补背景技术的附图，或者将原附图中的公知技术附图更换为最接近现有技术的附图，则应当允许。

R5 期限的计算

专利法和本细则规定的各种期限的第一日不计算在期限内。期限以年或者月计算的，以其最后一月的相应日为期限届满日；该月无相应日的，以该月最后一日为期限届满日；期限届满日是法定休假日的，以休假日后的第一个工作日为期限届满日。

休假日：节日、假日、调休日。

法定节日：元旦、春节、清明节、国际劳动节、端午节、中秋节、国庆节。

法定假日：每周的周六和周日。

调休日：国家公告移用假日，以国务院办公厅的公告为准。

R6 权利的恢复和期限的延长

当事人因不可抗拒的事由而延误专利法或者本细则规定的期限或者国务院专利行政部门指定的期限，导致其权利丧失的，自障碍消除之日起2个月内，最迟自期限届满之日起2年内，可以向国务院专利行政部门请求恢复权利。

除前款规定的情形外，当事人因其他正当理由延误专利法或者本细则规定的期限或者国务院专利行政部门指定的期限，导致其权利丧失的，可以自收到国务院专利行政部门的通知之日起2个月内向国务院专利行政部门请求恢复权利。

当事人依照本细则第六条第一款或者第二款的规定请求恢复权利的，应当提交恢复权利请求书，说明理由，必要时附具有关证明文件，并办理权利丧失前应当办理的相应手续；依照本条第二款的规定请求恢复权利的，还应当缴纳恢复权利请求费（1000元）。

当事人请求延长国务院专利行政部门指定的期限的，应当在期限届满前，向国务院专利行政部门说明理由并办理有关手续。

本细则第六条第一款和第二款的规定不适用专利法第二十四条、第二十九条、第四十二条、第六十八规定的期限。

◎允许延长的期限种类（R6.4）：

（1）仅限于指定期限（GL－E－VII 1.2）

例外：在无效宣告请求审查程序中，复审委员会指定的期限不得延长，R71。

（2）中止期限（R86）

中止期限是指当地方知识产权管理部门或者人民法院受理了专利申请权（或专利权）权属纠纷时，SIPO 根据权属纠纷的当事人的请求中止有关程序的期限。该中止期限自请求中止之日起不超过 1 年，若在中止期限 1 年内权利归属的纠纷未能结案，需要继续中止有关程序的，请求人应当在期限届满前提出延长请求（R86.3、《延长期限请求书》表格（注意事项））。

申请人应当在指定期限届满前提出延长请求。对同一通知书中指定的期限，一次延长一般不超过 2 个月。

延长期限请求费：第一次请求延长每月 300 元；第二次请求延长每月 2000 元。第一次延长和再次延长，是指同一通知或者决定而言。对于不同的通知或决定，其延长次数单独计算。

GL－E－VII 1.2 指定期限

指定期限是指审查员在根据专利法及其实施细则作出的各种通知中，规定申请人（或专利权人）、其他当事人作出答复或者进行某种行为的期限。〈*法定期限是指专利法和实施细则规定的各种期限。*〉

指定期限一般为 2 个月。发明专利申请的实质审查程序中，申请人答复第一次审查意见通知书的期限为 4 个月。对于较为简单的行为，也可以给予 1 个月或更短的期限。上述指定期限自推定当事人收到通知之日起计算。

GL－E－VII 2.1 期限的起算日

（1）自申请日、优先权日、授权公告日等固定日期起计算大部分法定期限是自申请日、优先权日、授权公告日等固定日期起计算的。〈*R11*〉

（2）自通知和决定的推定收到日起计算全部指定期限和部分法定期限自通知和决定的推定收到日起计算。

推定收到日为自专利局发出文件之日（该日期记载在通知和决定上）起满 15 日。例如，7 月 4 日发出，其推定收到日为 7 月 19 日。〈*R4.2*〉

GL－E－VII 2.2 期限的届满日

期限起算日加上法定或者指定的期限即为期限的届满日。相应的行为应当在期限届满日之前、最迟在届满日当天完成。

GL－E－VII 2.2 期限的计算

期限的第一日（起算日）不计算在期限内。期限以年或者月计算的，以其最后一月的相应日（与起算日相对应的日期）为期限届满日；该月无相应日的，以该月最后一日为期限届满日。例如，申请日为 1998 年 6 月 1 日，其实质审查请求期限的届满日应当是 2001 年 6 月 1

日。又如，SIPO 于 6 月 6 日发出审查意见通知书，指定期限 2 个月，其推定收到日是 6 月 21 日（遇休假日不顺延），则期限届满日应当是 8 月 21 日。再如，SIPO 于 1999 年 12 月 16 日发出的通知书，其推定收到日是 1999 年 12 月 31 日，如果指定期限为 2 个月，则期限届满日应当是 2000 年 2 月 29 日。

期限届满日是法定休假日或移用周休息日的，以法定休假日或移用周休息日后的第一个工作日为期限届满日，该第一个工作日为周休息日的，期限届满日顺延至周一。

GL－E－Ⅶ 3.3 期限届满的通知

（1）实质审查请求期限届满前 3 个月，对尚未提出实质审查请求或者尚未缴纳实质审查费的，发出发明专利申请实质审查请求期限届满前通知书，通知申请人办理有关手续。

（2）专利年费缴纳期限届满后 1 个月，对尚未缴纳相关费用的专利发出缴费通知书，通知专利权人在 R98 规定的滞纳期内缴纳相关费用及滞纳金。

（3）其他期限届满前不发出通知书提示。

GL－E－Ⅶ 4.1 延长期限请求

当事人因正当理由不能在期限内进行或者完成某一行为或者程序时，可以请求延长期限。可以请求延长的期限仅限于指定期限。但在无效宣告程序中，专利复审委员会指定的期限不得延长。

请求延长期限的，应当在期限届满前提交延长期限请求书，说明理由，并缴纳延长期限请求费。延长期限请求费以月计算。

◎申请延长期限的手续：

<table>
<tr><th>期限</th><th>文件</th><th colspan="2">费用</th><th>延长的期限</th></tr>
<tr><td rowspan="2">R6.4</td><td rowspan="2">期限届满日之前</td><td>提交延长期限请求书，并说明理由</td><td>缴纳延长期限请求费</td><td rowspan="2">·延长不足 1 个月的，以 1 个月计算
·延长的期限不能超过两个月
·同一通知/决定中指定的期限一般只允许延长一次（GL－E－Ⅶ 4.2）</td></tr>
<tr><td colspan="2">GL－E－Ⅶ 4.1</td></tr>
<tr><td>R86.3</td><td>原中止期限届满日之前</td><td>提交延长期限请求书，并说明理由（R6.4、GL－E－Ⅶ 4.1）
权属纠纷受理部门出具的说明尚未结案原因的证明（GL－E－Ⅶ 7.4.1）</td><td>无</td><td>·只可延长一次
·延长的期限不得超过 6 个月（GL－E－Ⅶ 7.4.1）</td></tr>
</table>

GL－E－Ⅶ 4.2 延长期限请求的批准

延长期限请求由作出相应通知和决定的部门或者流程管理部门进行审批。

延长的期限不足 1 个月的，以 1 个月计算。延长的期限不得超过 2 个月。对同一通知或者决定中指定的期限一般只允许延长一次。

延长期限请求不符合规定的，审查员应当发出延长期限审批通知书，并说明不予延长期限的理由；符合规定的，审查员应当发出延长期限审批通知书。

●权利的恢复

GL－E－VII 6.1 适用范围

R6.5 规定，不丧失新颖性的宽限期、优先权期限、专利权期限和侵权诉讼时效这四种期限被耽误而造成的权利丧失，不能请求恢复权利。

◎不适用恢复权利程序的期限（R6.5）：

（1）新颖性宽限期，6 个月（§24）

（2）优先权期限，6 或 12 个月（§29）

（3）专利权保护期限，10 或 20 年（§42）

（4）侵权诉讼时效，2 年（§68）

（5）PCT 申请进入中国国家阶段的期限：30 个月（R103）

（6）要求恢复权利的期限，2 个月或 2 年（R6）

GL－E－VII 6.2 手续

根据 R6.2 规定请求恢复权利的〈正当理由〉，应当自收到专利局或者专利复审委员会的处分决定之日起 2 个月内提交恢复权利请求书，说明理由，并同时缴纳恢复权利请求费；根据 R6.1 规定请求恢复权利的〈不可抗拒是由〉，应当自障碍消除之日起 2 个月内，最迟自期限届满之日起 2 年内提交恢复权利请求书，说明理由，必要时还应当附具有关证明文件。

当事人在请求恢复权利的同时，应当办理权利丧失前应当办理的相应手续，消除造成权利丧失的原因。例如，申请人因未缴纳申请费，其专利申请被视为撤回后，在请求恢复其申请权的同时，还应当补缴规定的申请费。

GL－E－VII 6.3 审批

（1）恢复权利的请求符合规定的，应当准予恢复权利，并发出恢复权利请求审批通知书。申请人提交信函表明请求恢复权利的意愿，只要写明申请号（或专利号）并且签字或者盖章符合要求的，可视为合格的恢复权利请求书。

（2）已在规定期限内提交了书面请求或缴足恢复权利请求费，但仍不符合规定的，审查员应当发出办理恢复权利手续补正通知书，要求当事人在指定期限之内补正或者补办有关手续，补正或者补办的手续符合规定的，应当准予恢复权利，并发出恢复权利请求审批通知书。期满未补正或者经补正仍不符合规定的，不予恢复，发出恢复权利请求审批通知书，并说明不予恢复的理由。

经专利局同意恢复专利申请权（或专利权）的，继续专利审批程序。对于已公告过处分决定的，还应当在专利公报上公告恢复权利的决定。

GL－B－VIII 7.1 程序的终止

发明专利申请的实质审查程序，因审查员作出驳回决定且决定生效，或者发出授予专利权的通知书，或者因申请人主动撤回申请，或者因申请被视为撤回而终止。

一旦专利申请视为撤回，无论造成此结果是由专利代理人或申请人的原因，还是SIPO的原因，或是第三方的原因，都应当在收到视为撤回通知书之日起2个月内提出权利恢复请求，并在此期限内缴纳恢复权利请求费，必要时应当消除导致发出上述通知书的原因（R6）。对于SIPO的原因造成的视为撤回，可以在批准恢复权利后再要求SIPO退回该恢复权利请求费。对于SIPO的原因造成的视为撤回的情况，也可直接提出行政复议请求。

如果没有准予恢复权利，还可以申请行政复议（《国家知识产权局行政复议规程》第4条）。反之，先选择行政复议，如果未获得支持，通常已超过恢复权利的请求期限，丧失了恢复权利的机会，只能自收到决定之日起15日内提起诉讼至北京市第一中级法院。

附：答复审查意见示例

国家知识产权局：

申请人仔细地研究了贵局发出的审查意见通知书，针对该审查意见通知书中指出的问题，申请人对申请文件作出了修改，并陈述意见如下。

修改说明

（简要说明针对通知书指出缺陷所进行的修改，并指出这些修改的依据，即在原权利要求书中的出处），例如：

1. 修改了独立权利要求1，划分了前序部分和特征部分，将原权利要求1的全部技术特征写入前序部分，在其特征部分加入了以下技术特征：……，以使该独立权利要求1具有新颖性和创造性。该修改的依据来自于说明书……，以及图X。

2. 修改了从属权利要求2的主题名称，使其与所引用权利要求的主题名称相一致。

上述修改没有超出原说明书和权利要求书记载的范围，且是针对审查意见通知书指出的缺陷或者本申请存在的缺陷进行的修改，因而符合专利法第三十三条和专利法实施细则第五十一条第三款的规定。

新颖性

审查意见通知书中指出，权利要求1相对于对比文件X（DX）不具备新颖性。针对上述审查意见：

1. 申请人通过在权利要求1中增加对比文件中均没有公开过的技术特征……，使修改后的独立权利要求1及其从属权利要求都具备§22.2规定的新颖性。

2. D1公开了……。与权利要求1……相比，不论是在D1的文字还是附图中均未披露权利要求1特征部分的内容，即未公开……（具体技术特征），（可以进一步说明具体理由。对于有附图的，应提到文字部分和附图均未披露）因此，权利要求1的技术方案相对于 D1 具有 §22.2 规定的新颖性。

权利要求 1 与 D2 公开的……相比，D2……。不论是在 D2 的文字还是附图中也均未披露权利要求 1 特征部分的内容，因此，权利要求 1 的技术方案相对于 D2 具有 §22.2 规定的新颖性。

创造性

申请人不同意审查意见通知书中的权利要求 1 相对于 D1 和 D2 不具备 §22.3 规定的创造性的观点，陈述意见如下。

由于 D1 与本申请的技术领域相同，所解决的技术问题相近，技术效果或用途最接近，且公开本权利要求的技术特征最多，因此可以认为 D1 是权利要求 1 最接近的现有技术。

权利要求 1 与 D1 的区别在于：A（独立权利要求 1 相对于 D1 的区别技术特征）。达到的技术效果是……。

由此可知，权利要求 1 相对于 D1 实际解决的技术问题是：B（根据区别技术特征在本发明中所起的作用而确定的该独立权利要求 1 相对于 D1 实际解决的技术问题）。

1. D1：

（如果 D1 中除了给出最接近的现有技术方案外，还包含有其他技术方案，则还需判断其他技术方案是否给出结合启示。）

D1 未公开上述区别技术特征，没有给出任何相应的技术启示……，同时应用该区别技术特征解决上述技术问题也不是本领域技术人员解决该技术问题的公知常用手段，对本领域的技术人员来说是非显而易见的，具有（突出的）实质性特点。

2. D1 + D2：

（1）D2 披露了该区别技术特征：

①D2 记载了区别技术手段，并且作用相同，则 D2 中存在克服最接近现有技术的技术缺陷的技术手段，使本领域技术人员会对最接近现有技术进行改进而获得要求保护的发明。

②虽然 D2 中披露了 A，但由 D2 的说明书（页、行）可知，A 在 D2 的技术方案中所起的作用是：C（根据 D2 中的上述记载内容所确定的 A 的作用），而由本专利申请说明书（页、行）可知，A 在权利要求 1 中为解决 B 这一技术问题所起的作用为 D（根据本专利申请说明书中的上述记载内容所确定的 A 的作用），由此可知，A 在 D2 中所起的作用与其在本发明中所起的作用是不一样也不类似的，当本领域技术人员看到 D2 时，由于 A 在 D2 中所起的作用与本发明完全不同，因而不可能很容易地想到利用 A 这一技术手段来解决最接近现有技术所存在的技术问题 B，即 D2 未给出应用其所披露的 A 来解决本发明技术问题的启示，而且该技术特征也不是本领域技术人员解决上述技术问题的惯用手段，不属于公知常识。由此可知，权利要求 1 的技术方案对本领域的技术人员来说是非显而易见的，具有（突出的）实质性特点。

（2）D2 未披露该区别技术特征：

D2 记载了与区别特征不同的技术手段，但该技术手段在 D2 整体技术方案中所起的作用与区别特征在本发明中所起的作用相同。

如果本领域技术人员可以利用其所具有的本领域普通技术知识和合乎逻辑的分析推理以及有限的实验，对 D2 中相对应的技术手段进行改造来获得该区别特征。那么 D2 中就存在克服本发明技术问题的技术启示；反之，则不存在。

权利要求 1 的技术方案能够……，获得了……的有益的技术效果，因而权利要求 1 相对于 D1 或者 D1 结合 D2 具有（显著）的进步性。

因此，权利要求 1 相对于 D1、D2 以及本领域公知常识具有 §22.3 规定的创造性。

权利要求 2 ~4 是对独立权利要求 1 的从属权利要求，因此也具备 §22.2 规定的新颖性和 §22.3 规定的创造性。

独立权利要求 5 所述技术方案由于包含了权利要求 1 所述的……，因此也具备 §22.2 规定的新颖性和 §22.3 规定的创造性。

综上所述，修改后的权利要求书完全克服了审查意见通知书中指出的缺陷，符合专利法、专利法实施细则和审查指南的有关规定。如果审查员在继续审查过程中认为本申请还存在其他缺陷，敬请联系本代理人，专利代理人和申请人将尽力配合审查员的工作。如果仍不同意上述修改和陈述的内容，恳请审查员再给与一次修改文件或陈述意见的机会，在此申请人一并提出会晤请求。

随此意见陈述书附上修改的权利要求书全文和说明书的替换页，以及表明修改处的参考页。

对于其他独立权利要求的新颖性和创造性的论述可以适当简化。如新颖性可直接指出 D 未披露该权利要求的哪些技术特征，创造性指出 D 公开的内容在 D 中所起的作用与在本发明中的作用不同，未给出结合的启示，因而具有（突出的）实质性特点，然后说明具有显著进步。

注意：

不得主动增加新的、原权利要求书中未出现过的权利要求。但是说明书中或者权利要求书中的形式缺陷，在修改时，应一并予以改正。

对于可以分案的申请，至少写明独立权利要求，从属权利要求可以简短地写。

§38 驳回发明专利申请

发明专利申请经申请人陈述意见或者进行修改后，国务院专利行政部门仍然认为不符合本法规定的，应当予以驳回。

GL－B－VIII 7.1 程序的终止

发明专利申请的实质审查程序，因审查员作出驳回决定且决定生效，或者发出授予专利权的通知书，或者因申请人主动撤回申请，或者因申请被视为撤回而终止。

GL－B－VIII 2.1 实质审查程序概要

（3）专利申请经申请人陈述意见或者修改后，仍然存在通知书中指出过的属于R53所列情形的缺陷的，审查员应当予以驳回。

GL－B－VIII 6 驳回决定和授予专利权的通知

通常，在发出一次或者两次审查意见通知书后，审查员就可以作出驳回决定或者发出授予专利权的通知书。决定或者通知书一经发出，申请人的任何呈文、答复和修改均不再予以考虑。

R53 驳回发明专利申请的理由

依照§38的规定，发明专利申请经实质审查应当予以驳回的情形是指：

（1）申请属于§5、§25规定的情形，或者依照§9规定不能取得专利权的；

（2）申请不符合§2.2、§20.1、§22、§26.3、§26.4、§26.5、§31.1或者R20.2规定的；

（3）申请的修改不符合§33规定，或者分案的申请不符合R43.1的规定的。

◎实质审查可驳回情形（R53）：

（1）违反国家法律、社会公德，或妨害公共利益（§5）；

（2）发明属于不授予专利权的主题（§25）；

（3）不符合禁止重复授权原则（§9.1）；

（4）属于不能获得专利权的在后申请（§9.2）；

（5）不属于发明保护的对象（§2.2）；

（6）发明系在中国完成，申请人事先未请求进行保密审查或已请求但未获许可，即擅自向外国申请专利（§20.1）；

（7）不具备新颖性、创造性和实用性（§22）；

（8）说明书没有充分公开发明内容（§26.3）；

（9）权利要求书不清楚、完整，没有得到说明书支持（§26.4）；

（10）对依赖遗传资源完成的发明创造为说明该遗传资源的直接来源和原始来源，或者声明无法说明该遗传资源的来源，却未陈述理由（§26.5）；

（11）多个权利要求之间不具有单一性（§31.1）；

（12）发明专利申请的独立权利要求没有从整体上反映发明的技术方案，记载解决发明所要解决的技术问题的必要技术特征（R20.2）；

（13）修改超出原权利要求书和说明书记载的范围（§33）；

（14）分案申请超出原申请文件的范围（R43.1）。

初步审查中的驳回理由不等于实质审查中的驳回理由。实质审查的驳回理由只限制在 R53 所列举条款中；而初步审查的驳回理由属于 R44 所列举条款的范围内。

GL－A－I 3.5〈初步审查〉申请的驳回

申请文件存在明显实质性缺陷，在审查员发出审查意见通知书后，经申请人陈述意见或者修改后仍然没有消除的，或者申请文件存在形式缺陷，审查员针对该缺陷已发出过两次补正通知书，经申请人陈述意见或者补正后仍然没有消除的，审查员可以作出驳回决定。

GL－A－I 3.6 前置审查与复审后的处理

申请人对驳回决定不服的，可以在规定的期限内向专利复审委员会提出复审请求。对复审请求的前置审查及复审后的处理，参照 GL－B－VIII 8 的规定。

GL－B－VIII 6.1.1 驳回申请的条件

审查员在作出驳回决定之前，应当将其经实质审查认定申请属于 R53 规定的应予驳回情形的事实、理由和证据通知申请人，并给申请人至少一次陈述意见和/或修改申请文件的机会。

驳回决定一般应当在第二次审查意见通知书之后才能作出。但是，如果申请人在第一次审查意见通知书指定的期限内未针对通知书指出的可驳回缺陷提出有说服力的意见陈述和/或证据，也未针对该缺陷对申请文件进行修改，审查员可以直接作出驳回决定。

如果申请人对申请文件进行了修改，即使修改后的申请文件仍然存在用已通知过申请人的理由和证据予以驳回的缺陷，但只要驳回所针对的事实改变，就应当给申请人再一次陈述意见和/或修改申请文件的机会。但对于此后再次修改涉及同类缺陷的，如果修改后的申请文件仍然存在足以用已通知过申请人的理由和证据予以驳回的缺陷，则审查员可以直接作出驳回决定，无须再次发出审查意见通知书，以兼顾听证原则与程序节约原则。

◎一通后可以驳回的情形：

（1）申请人在一通指定的期限内未提出有说服力的意见陈述和/或证据，也未对申请文件进行实质性的修改。

（2）分案申请中存在与原申请相同的实质性缺陷（这些缺陷可以是申请人在申请日提出的原申请文件中就存在的缺陷，也可以是经申请人修改后出现的缺陷）。审查员就此分案申请发出一通，一通中使用与原申请审查意见通知书中相同的事实、理由和证据指出分案申请存在的缺陷，但申请人未作实质性修改，此时可以针对该分案申请作出驳回决定。

（3）一通评述全部权利要求的实质性缺陷后，还在通知书中针对申请人并未请求保护的、审查员假定的技术方案进行了评述，申请人在答复时将在一通中评述过的假定技术方案修改为权利要求请求保护的技术方案。如果审查员已经在一通中就该假定的技术方案不符合专利法或专利法实施细则有关规定的具体事实、理由和证据明确告知过申请人，且申请人在指定期限内的答复也没有提出有说服力的意见陈述和/或证据。

（4）一通评述权利要求的创造性时，审查员认定某技术特征属于公知常识，申请人未修改权利要求，陈述意见时仅对该技术特征属于公知常识提出质疑。在发明不具备授权前景时，如果无须举证即能够证明该技术特征属于公知常识时，审查员可以直接作出驳回决定。

GL－B－Ⅷ 6.1.2 驳回的种类

R53 规定的驳回发明专利申请的情形如下：

（1）专利申请的主题违反法律、社会公德或妨害公共利益，或者申请的主题是违反法律、行政法规的规定获取或者利用遗传资源，并依赖该遗传资源完成的，或者申请主题属于§25规定的不授予发明专利权的客体；

（2）专利申请不是对产品、方法或者其改进所提出的新的技术方案；

（3）专利申请所涉及的发明在中国完成，且向外国申请专利前未报经专利局进行保密审查的；

（4）专利申请的发明不具备新颖性、创造性或实用性；

（5）专利申请没有充分公开请求保护的主题，或者权利要求未以说明书为依据，或者权利要求未清楚、简要地限定要求专利保护的范围；

（6）专利申请是依赖遗传资源完成的发明创造，申请人在专利申请文件中没有说明该遗传资源的直接来源和原始来源；对无法说明原始来源的，也没有陈述理由；

（7）专利申请不符合发明专利申请单一性的规定；

（8）专利申请的发明是依照§9规定不能取得专利权的；

（9）独立权利要求缺少解决技术问题的必要技术特征；

（10）申请的修改或者分案的申请超出原说明书和权利要求书记载的范围。

复审请求第4479号：给予申请人针对驳回陈述意见的机会

如果在审查程序中没有给予申请人针对驳回决定所采用的理由、证据或者认定的事实陈述意见的机会，其审查违反法定程序。

《国家知识产权局行政复议规程》

第4条：除本规程第5条另有规定外，有下列情形之一的，可以依法申请行政复议：

（一）对SIPO作出的有关专利申请、专利权的具体行政行为不服的。

第5条：对下列情形之一，不能申请行政复议：

（一）专利申请人对驳回专利申请的决定不服的。

〈*也不能直接向法院起诉（§41），而是应该先向SIPO提出复审请求，如果对复审决定不服的，再向法院起诉（§41.1）。*〉

§39 授予发明专利权

发明专利申请经实质审查没有发现驳回理由的，由国务院专利行政部门作出授予发明专利权的决定，发给发明专利证书，同时予以登记和公告。发明专利权自公告之日起生效。

§10：专利申请权或者专利权的转让自登记之日起生效。

◎专利权生效日的含义：

授权公告日即专利登记日、专利证书颁发日、公告日。对专利权人而言，从该日起拥有专利权，可以行使权利权，请求处理权。对于公众而言，在专利权生效日之前使用专利不构成侵权。

GL－B－VIII 2.1 实质审查程序概要

（2）对经实质审查没有发现驳回理由，或者经申请人陈述意见或修改后消除了原有缺陷的专利申请，审查员应当发出授予发明专利权的通知书。

GL－E－VIII 1.2.1.2 发明专利权授予

发明专利申请人办理登记手续，按时缴纳专利登记费、授予专利权当年的年费和其他有关费用后，该专利申请进入授权公告准备，并予以公告。

发明专利权授予公告的内容包括：著录事项、摘要和摘要附图，但说明书没有附图的，可以没有摘要附图。著录事项主要包括：国际专利分类号、专利号、授权公告号（出版号）、申请日、授权公告日、优先权事项、专利权人事项、发明人事项、专利代理事项、发明名称等。

申请人不得请求对发明或实用新型专利申请的国际分类号进行变更。国际分类号的确定和变更一般由审查员依职权决定。

GL－E－IX 1.1.1 授予专利权通知

发明专利申请经实质审查没有发现驳回理由的，专利局应当作出授予专利权的决定，颁发专利证书，并同时在专利登记簿和专利公报上予以登记和公告。专利权自公告之日起生效。

GL－E－IX 1.1.5 视为放弃取得专利权的权利

申请人未在规定期限内办理登记手续的，视为放弃取得专利权。该通知书应当在办理登记手续期满1个月后作出。自该通知书发出之日起4个月期满，未办理恢复手续的，或者专利局作出不予恢复权利决定的，将专利申请进行失效处理。对于发明专利申请，视为放弃取得专利权的，还应当在专利公报上予以公告。

R54 专利权登记

国务院专利行政部门发出授予专利权的通知后，申请人应当自收到通知之日起2个月内办理登记手续。申请人按期办理登记手续的，国务院专利行政部门应当授予专利权，颁发专利证书，并予以公告。

期满未办理登记手续的，视为放弃取得专利权的权利。

专利证书只反映颁布专利证书之日的法律状态，而专利登记簿反映专利权授予之后该专利的法律状态。

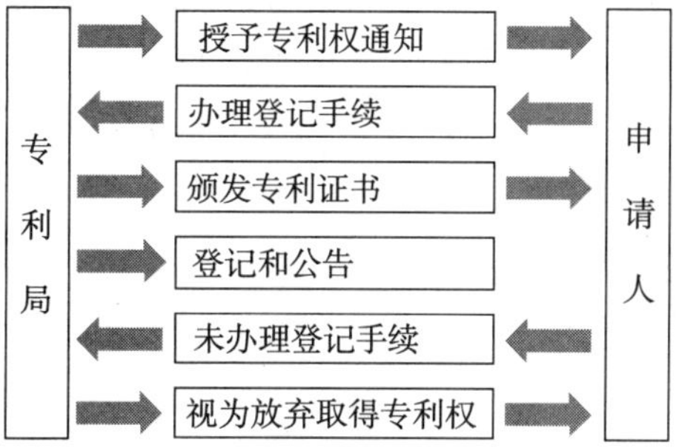

授予专利权通知：在作出授予专利权的决定之前，专利局发出授予专利权的通知给申请人（GL－E－IX 1.1.1）。

办理登记手续：申请人应当在收到该通知之日起2个月内办理登记手续（R97、R54.1）。

申请人在办理登记手续时，应当缴纳专利登记费、授权当年的年费以及公告印刷费和专利证书印花税（GL－E－IX 1.1.3）。

颁发专利证书、登记和公告授予专利权：申请人在规定期限之内办理登记手续的，专利局应当颁发专利证书（含授予专利权决定），并同时予以登记和公告，专利权自公告之日起生效（§39、R54.1）。

GL－E－IX 1.2.1 专利证书的构成

专利证书由证书首页和专利单行本构成。

GL－E－IX 1.2.2 专利证书副本

一件专利有两名以上专利权人的，根据共同权利人的请求，专利局可以颁发专利证书副本。对同一专利权颁发的专利证书副本数目不能超过共同权利人的总数。专利权终止后，专利局不再颁发专利证书副本。

颁发专利证书后，因专利权转移发生专利权人变更的，专利局不再向新专利权人或者新增专利权人颁发专利证书副本。

GL－E－IX 1.2.3 专利证书的更换

专利权权属纠纷经地方知识产权管理部门调解或者法院调解或者判决后，专利权归还请求人的，在该调解或者判决发生法律效力后，当事人可以在办理变更专利权人手续合格后，请求专利局更换专利证书。专利证书损坏的，专利权人可以请求更换专利证书。专利权终止后，专利局不再更换专利证书。因专利权的转移、专利权人更名发生专利权人姓名或者名称变更的，均不予更换专利证书。

请求更换专利证书应交回原专利证书，并缴纳手续费。

GL-E-IX 1.2.4 专利证书打印错误的更正

专利证书中存在打印错误时，专利权人可以退回该证书，请求专利局更正。

专利证书遗失的，除专利局的原因造成的以外，不予补发。

GL-E-IX 1.3.2 专利登记簿的效力

授予专利权时，专利登记簿与专利证书上记载的内容是一致的，在法律上具有同等效力；专利权授予之后，专利的法律状态的变更仅在专利登记簿上记载，由此导致专利登记簿与专利证书上记载的内容不一致的，以专利登记簿上记载的法律状态为准。

GL-E-VIII 1.1 专利公报的种类

SIPO编辑出版的专利公报有发明专利公报、实用新型专利公报和外观设计专利公报。专利公报以期刊形式发行，同时以电子公报形式在SIPO网站上公布，或者以SIPO规定的其他形式公布。

R55 授予保密专利

保密专利申请经审查没有发现驳回理由的，国务院专利行政部门应当作出授予保密专利权的决定，颁发保密专利证书，登记保密专利权的有关事项。

对保密专利申请，授权公告仅公布专利分类号、专利号、专利申请日和颁证日。已经授权的保密专利，作出解密决定之后，公告该专利的内容。

GL-E-VIII 1.2.1.3 保密发明专利和国防发明专利

保密发明专利和国防发明专利只公告专利权的授予和解密，公告的著录事项包括：专利号、申请日、授权公告日等。解密后，在专利公报的解密栏中予以公告，出版单行本。

R58 国务院专利行政部门对错误的更正

国务院专利行政部门对专利公告、专利单行本中出现的错误，一经发现，应当及时更正，并对所作更正予以公告。

GL-E-VIII 2.3 更正

专利局对发明专利申请单行本、发明专利单行本、实用新型专利单行本及外观设计专利单行本的错误，一经发现，应当及时更正，重新出版更正的专利申请或专利单行本，并在其扉页上作出标记。

GL-E-VIII 2.2.2 发明专利单行本

发明专利单行本的文献种类代码为“B”。包括：扉页、权利要求书、说明书（说明书有附图的，包含说明书附图）。

权利要求书、说明书及其附图应当以授予专利权通知书中指明的文本为准。

发明专利权授予之后，在无效宣告程序中权利要求书需要修改后才能维持专利权的，应当再次出版该修改后的权利要求书，其文献种类代码依次为“C1－C7”，并标明修改后的权利要求书的公告日。

R90 专利公报内容

国务院专利行政部门定期出版专利公报，公布或者公告下列内容：

（一）发明专利申请的著录事项和说明书摘要；

（二）发明专利申请的实质审查请求和国务院专利行政部门对发明专利申请自行进行实质审查的决定；

（三）发明专利申请公布后的驳回、撤回、视为撤回、视为放弃、恢复和转移；

（四）专利权的授予以及专利权的著录事项；

（五）发明或者实用新型专利的说明书摘要，外观设计专利的一幅图片或者照片；

（六）国防专利、保密专利的解密；

（七）专利权的无效宣告；

（八）专利权的终止、恢复；

（九）专利权的转移；

（十）专利实施许可合同的备案；

（十一）专利权的质押、保全及其解除；

（十二）专利实施的强制许可的给予；

（十三）专利权人的姓名或者名称、地址的变更；

（十四）文件的公告送达；

（十五）国务院专利行政部门作出的更正；

（十六）其他有关事项。

公布：自申请日起满18个月，发明专利申请公布（§34）。

公告：发明专利公告（§39）；实用新型和外观设计专利授权公告（§40）。

公报：SIPO定期出版专利公报（R90）。

GL－E－VIII 1.1 专利公报的种类

SIPO编辑出版的专利公报有发明专利公报、实用新型专利公报和外观设计专利公报。专利公报以期刊形式发行，同时以电子公报形式在SIPO网站上公布，或者以SIPO规定的其他形式公布。

发明专利公报：包括发明专利申请公布、国际专利申请公布、发明专利权授予、保密发明专利、发明专利事务、索引（申请公布索引、授权公告索引）（GL－E－VIII 1.2.1）。

实用新型专利公报：包括实用新型专利权授予、保密实用新型专利、实用新型专利事务和授权公告索引（GL－E－VIII 1. 2. 2）。

外观设计专利公报：包括外观设计专利权的授予、外观设计专利事务和授权公告索引（GL－E－VIII 1. 2. 3）。

R91 免费查阅专利公报

国务院专利行政部门应当提供专利公报、发明专利申请单行本以及发明专利、实用新型专利、外观设计专利单行本，供公众免费查阅。

GL－E－III 6 查询

SIPO 受理处设置收文登记簿。当事人除能提供 SIPO 或者 SIPO 代办处的收文回执或者受理通知书外，以收文登记簿的记载为准。

查询时效为 1 年，自提交该文件之日起算。

GL－E－IV 6. 1〈案卷〉保存期限

未授权结案的案卷的保存期限不少于 2 年，一般为 3 年；授权后结案的案卷的保存期限不少于 3 年，一般为 5 年。保存期限自结案日起算。

有分案申请的原申请的案卷的保存期从最后结案的分案的结案日起算。

作出不受理决定的专利申请文件保存期限为 1 年。保存期限自不受理通知书发出之日起算。

重要的专利申请案卷经主管局长批准后可不定期延长保存期限。

R97 办理登记需缴纳的费用

申请人办理登记手续时，应当缴纳专利登记费、公告印刷费和授予专利权当年的年费；期满未缴纳或者未缴足的，视为未办理登记手续。

注意：

R97 规定的是公告印刷费，不是公布印刷费。

“视为未办理登记手续”即视为放弃取得专利权的权利（R54. 2）。

GL－E－IX 1. 1. 3 登记手续

申请人在办理登记手续时，应当按照办理登记手续通知书中写明的费用金额缴纳专利登记费、授权当年（办理登记手续通知书中指明的年度）的年费、公告印刷费，同时还应当缴纳专利证书印花税。

〈申请人已缴纳上述费用但未缴纳专利证书印花税的，不发给专利证书，但专利权授予的登记和公告程序照常进行，待申请人补缴专利证书印花税后补发专利证书。〉

R89 专利登记事项

国务院专利行政部门设置专利登记簿，登记下列与专利申请和专利权有关的事项：

（一）专利权的授予；

（二）专利申请权、专利权的转移（§10）；

（三）专利权的质押、保全及其解除（R14.3）；

（四）专利实施许可合同的备案（R14.2）；

（五）专利权的无效宣告（§47）；

（六）专利权的终止（§44）；

（七）专利权的恢复；

（八）专利实施的强制许可（§55）；

（九）专利权人的姓名或者名称、国籍和地址的变更。

实用新型专利申请被视为撤回的处分决定以及被视为撤回后的权利的恢复决定均不会在专利公报上公布。

权利恢复时，只有在处分决定涉及已公布的发明专利申请或者已公告的专利的，才会在专利公报上公告（GL－E－VII 5.3、6.3）。

GL－E－IX 1.3.2 专利登记簿的效力

授予专利权时，专利登记簿与专利证书上记载的内容是一致的，在法律上具有同等效力；专利权授予之后，专利的法律状态的变更仅在专利登记簿上记载，由此导致专利登记簿与专利证书上记载的内容不一致的，以专利登记簿上记载的法律状态为准。

GL－E－IX 1.3.3 专利登记簿副本

专利权授予公告之后，任何人都可以向专利局请求出具专利登记簿副本，并应缴纳相关费用。

◎专利证书和专利登记副本的区别：

	专利证书	专利登记簿
建立、发放	授权时（§39）	授权时（GL－E－IX 1.3.1）
样式	由证书首页和专利单行本构成（GL－E－IX 1.2.1）	电子形式记载于数据库中
法律效力	记载授权日专利的法律状态	授权时，与证书具有同等效力；授权后，以登记簿为准（GL－E－IX 1.3.2）
副本的制作	共同权利人可请求制作，权利终止后不再发放（GL－E－IX 1.2.2）	任何人均可请求出具，权利终止后认可出具（GL－E－IX 1.3.3）

R118 案卷及登记簿的查阅、复制和保存

经国务院专利行政部门同意，任何人均可以查阅或者复制已经公布或者公告的专利申请的案卷和专利登记簿，并可以请求国务院专利行政部门出具专利登记簿副本。

已视为撤回、驳回和主动撤回的专利申请的案卷，自该专利申请失效之日起满2年后不予保存。

已放弃、宣告全部无效和终止的专利权的案卷，自该专利权失效之日起满3年后不予保存。

◎允许查阅和复制的内容：

（1）对于公布前的发明专利申请和授权前的实用新型和外观专利申请，申请人或代理人可以查阅和复制申请案卷中的有关内容。

（2）对于已经公布但尚未公告授予专利权的发明专利申请案卷，任何人均可以查阅和复制该专利申请案卷中直到公布日为止的有关内容，即：申请文件，与申请直接有关的手续文件，公布文件，以及在初步审查阶段专利局向申请人发出的通知书和决定书、申请人对通知书的答复意见正文。

（3）对于已经公告授予专利权的专利申请案卷，任何人均可以查阅和复制的内容包括：申请文件，与申请直接有关的手续文件，发明专利申请公布文件，授权公告文件，包括：以及专利单行本，专利登记簿以及各已审结程序中的相关文件，以及在各已审结的审查程序（包括初步审查、实质审查、复审等）中专利局向申请人或有关当事人发出的通知书和决定书的正文、申请人或有关当事人对通知书的答复意见正文。

（4）对于处在复审程序、无效宣告审查程序之中尚未结案的专利申请案卷，因特殊情况需要查阅和复制的，经有关方面同意后，该案当事人可以依照（2）、（3）的规定查阅和复制专利申请案卷中进入当前审查程序以前的内容。

（5）对于已经审结的复审、无效宣告的案卷，任何人均可以查阅和复制已审结的复审和无效程序中的相关文件。

（6）除上述内容之外，其他文件不得查阅。

§40 授予实用新型和外观设计专利权

实用新型和外观设计专利申请经初步审查没有发现驳回理由的，由国务院专利行政部门作出授予实用新型专利权或者外观设计专利权的决定，发给相应的专利证书，同时予以登记和公告。实用新型专利权和外观设计专利权自公告之日起生效。

由于实用新型申请没有经过实质审查，所以被授权的实用新型专利的权利要求只可能在之后的无效宣告程序中修改。修改方式参见 GL－D－Ⅲ 4.6。

GL－A－Ⅲ 3.1 授予专利权通知

实用新型专利申请经初步审查没有发现驳回理由的，应当作出授予实用新型专利权通知。能够授予专利权的实用新型专利申请包括不需要补正就符合初步审查要求的专利申请，以及经过补正符合初步审查要求的专利申请。

授予专利权通知书除收件人信息、著录项目外，还应指明授权所依据的文本和实用新型名称。审查员依职权修改的，还应当写明依职权修改的内容。

GL－E－Ⅸ 1.1.1 授予专利权通知

实用新型和外观设计专利申请经初步审查，没有发现驳回理由的，专利局应当作出授予专利权的决定，颁发专利证书，并同时在专利登记簿和专利公报上予以登记和公告。专利权自公告之日起生效。

GL－E－Ⅷ 1.2.2.1 实用新型专利权授予

实用新型专利申请人办理登记手续，按时缴纳专利登记费、授予专利权当年的年费和其他有关费用后，该专利申请进入授权公告准备，并予以公告。

实用新型专利权授予公告的内容包括：著录事项、摘要和摘要附图。著录事项主要包括：国际专利分类号、专利号、授权公告号（出版号）、申请日、授权公告日、优先权事项、专利权人事项、发明人事项、专利代理事项、实用新型名称。

申请人在申请时对同样的发明创造已申请发明专利作出说明的，应予以公告。

《实用新型专利检索报告请求书》表格

注意事项3：实用新型检索报告请求应当由专利权人提出，有多个专利权人的，应当由所有的专利权人提出。

注意事项6：每项请求只限一项实用新型专利。

GL－E－Ⅷ 1.2.3.1 外观设计专利权授予

外观设计专利申请人办理登记手续，按时缴纳专利登记费、授予专利权当年的年费和其他有关费用后，该专利申请进入授权公告准备，并予以公告。

外观设计专利权授予公告的内容包括：著录事项、外观设计专利的一幅图片或者照片。著录事项主要包括：分类号、专利号、授权公告号（出版号）、申请日、授权公告日、优先权事项、专利权人事项、设计人事项、专利代理事项、使用该外观设计的产品名称等。

GL－A－Ⅲ 12 外观设计分类

专利局采用国际外观设计分类法（即洛迦诺分类法）对外观设计专利申请进行分类，以最新公布的《国际外观设计分类表》中文译本为工作文本。

〈《国际外观设计分类表》共32 个大类、219 个小类。〉

GL－A－Ⅲ 12.1 分类的依据

外观设计分类以外观设计的产品名称、图片或者照片以及简要说明中记载的产品用途为依据。

GL－A－Ⅲ 12.2 分类的方法

外观设计分类一般应遵循用途原则，不考虑制造该产品的材料。

确定产品的类别，应当按照先大类再小类的顺序进行。一件外观设计产品的类别应属于包含其产品用途的大类和该大类下的小类，如果该大类下未列出包含其产品用途的小类，则分入该大类下的99 小类，即其他杂项类。

对于产品的零部件，有专属类别的，应当将该零部件分入其专属的类别；没有专属类别的，且通常不应用于其他产品的，应当将该零部件分入其上位产品所属的类别。确定产品的零部件是否具有专属的类别，并不限于与分类表中的具体产品项一一对应。

对于因时代的发展衍生出新用途的产品，一般仍应当保持其传统用途的所属类别。

●外观设计分类号的确定

GL－A－Ⅲ 12.3.1 单一用途产品的分类

（1）外观设计专利申请中仅包含一件产品的外观设计，且用途单一的，应当给出一个分类号。

（2）外观设计专利申请中包含同一产品的多项外观设计，且用途单一的，应当给出一个分类号。

（3）外观设计专利申请中包含多件产品的外观设计，且用途相同、单一的，应当给出一个分类号。

GL－A－Ⅲ 12.3.2 多用途产品的分类

（1）外观设计专利申请中仅包含一件产品的外观设计，且该产品为两个或两个以上不同用途的产品的组合体，应当给出与其用途对应的多个分类号，但家具组合体除外。

（2）外观设计专利申请中包含同一产品的多项外观设计，且该产品为两个或两个以上不同用途的产品的组合体，应当给出与其用途对应的多个分类号。

（3）外观设计专利申请中包含多件产品的外观设计，且各单件产品具有不同的用途，应当给出与其用途对应的多个分类号。

GL－A－Ⅲ 12.3.3 分类过程中的补正

根据 R28，简要说明中应当写明外观设计产品的用途。

外观设计分类过程中出现以下情形的，应当发出补正通知书：

(1) 外观设计的产品名称、图片或者照片不能确定产品的用途，且简要说明中未写明产品用途或所写的产品用途不确切；

(2) 外观设计的产品名称、图片或者照片所确定的产品用途与简要说明中记载的产品用途明显不一致。

申请人应当在收到补正通知书后2个月内答复，提交外观设计简要说明的替换页。期满未答复的，该申请将视为撤回。

R44 初步审查

专利法第三十四条和第四十条所称初步审查，是指审查专利申请是否具备专利法第二十六条或者第二十七条规定的文件和其他必要的文件，这些文件是否符合规定的格式，并审查下列各项：

（一）发明专利申请是否明显属于专利法第五条、第二十五条规定的情形，是否不符合专利法第十八条、第十九条第一款、第二十条第一款或者本细则第十六条、第二十六条第二款的规定，是否明显不符合专利法第二条第二款、第二十六条第五款、第三十一条第一款、第三十三条或者本细则第十七条至第二十一条的规定；

（二）实用新型专利申请是否明显属于专利法第五条、第二十五条规定的情形，是否不符合专利法第十八条、第十九条第一款、第二十条第一款或者本细则第十六条至第十九条、第二十一条至第二十三条的规定，是否明显不符合专利法第二条第三款、第二十二条第二款、第四款、第二十六条第三款、第四款、第三十一条第一款、第三十三条或者本细则第二十条、第四十三条第一款的规定，是否依照专利法第九条规定不能取得专利权；

（三）外观设计专利申请是否明显属于专利法第五条、第二十五条第一款第（六）项规定的情形，是否不符合专利法第十八条、第十九条第一款或者本细则第十六条、第二十七条、第二十八条的规定，是否明显不符合专利法第二条第四款、第二十三条第一款、第二十七条第二款、第三十一条第二款、第三十三条或者本细则第四十三条第一款的规定，是否依照专利法第九条规定不能取得专利权；

（四）申请文件是否符合本细则第二条、第三条第一款的规定。

国务院专利行政部门应当将审查意见通知申请人，要求其在指定期限内陈述意见或者补正；申请人期满未答复的，其申请视为撤回。申请人陈述意见或者补正后，国务院专利行政部门仍然认为不符合前款所列各项规定的，应当予以驳回。

GL-A-II 3.2 申请文件的补正

初步审查中，对于申请文件存在可以通过补正克服的缺陷的专利申请，审查员应当进行全面审查，并发出补正通知书。

经申请人补正后，申请文件仍然存在缺陷的，审查员应当再次发出补正通知书。

GL－A－II 3.3 明显实质性缺陷的处理

初步审查中，如果审查员认为申请文件存在不可能通过补正方式克服的明显实质性缺陷，应当发出审查意见通知书。

GL－A－II 3.4 通知书的答复

申请人在收到补正通知书或者审查意见通知书后，应当在指定的期限内补正或者陈述意见。申请人对专利申请进行补正的，应当提交补正书和相应修改文件替换页。申请文件的修改替换页应当一式两份，其他文件只需提交一份。对申请文件的修改，应当针对通知书指出的缺陷进行修改。修改的内容不得超出申请日提交的说明书和权利要求书记载的范围。

申请人期满未答复的，审查员应当根据情况发出视为撤回通知书或者其他通知书。申请人因正当理由难以在指定的期限内作出答复的，可以提出延长期限请求。有关延长期限请求的处理，适用 GL－E－VII 4 的规定。

对于因不可抗拒事由或者因其他正当理由耽误期限而导致专利申请被视为撤回的，申请人可以在规定的期限内向专利局提出恢复权利的请求。有关恢复权利请求的处理，适用 GL－E－VII 6 的规定。

GL－A－II 3.5.1 驳回条件

申请文件存在明显实质性缺陷，在审查员发出审查意见通知书后，经申请人陈述意见或者修改后仍然没有消除的，或者申请文件存在形式缺陷，审查员针对该缺陷已发出过两次补正通知书，经申请人陈述意见或者补正后仍然没有消除的，审查员可以作出驳回决定。

对被驳回、被撤回、视为撤回或者视为放弃的实用新型、外观设计申请，SIPO 不予以公告，因为为这些专利申请原本就未曾公布。

GL－A－II 3.6 前置审查和复审后的处理

因不符合专利法及其实施细则的规定，专利申请被驳回，申请人对驳回决定不服的，可以在规定的期限内向专利复审委员会提出复审请求。对复审请求的前置审查及复审后的处理，参照 GL－B－VIII 8。

◎一次审查意见通知书后可以驳回的情形：

申请人在审查意见通知书指定的期限内未提出有说服力的意见陈述和/或证据，也未针对通知书指出的缺陷进行实质性的修改，审查员在审查意见通知书中已将驳回所针对的缺陷的事实、证据和理由告知过申请人，在此种情况下，可以在一次审查意见通知书之后驳回。

未进行实质性的修改是指申请人在答复时未作修改或者仅修改了原文件的错别字或者改变了表述方式。

◎一次审查意见通知书后不能驳回的情形：

申请人在审查意见通知书指定的期限内对申请文件进行了修改，虽然未克服原缺陷，但仍应当给予申请人再次修改的机会。

◎两次审查意见通知书后可以驳回的情形：

两次审查意见通知书后，在满足听证原则的条件下，只要原通知书指出的缺陷仍未消除的，审查员可以作出驳回决定。

◎两次审查意见通知书后不能驳回的情形：

两次审查意见通知书后，原缺陷已消除但又出现新的明显实质性缺陷，而该新缺陷未在之前的通知书中指出过，此时审查员不能作出驳回决定，而是应再次发出审查意见通知书，以满足听证原则。

◎实用新型、外观设计申请的初步审查程序：

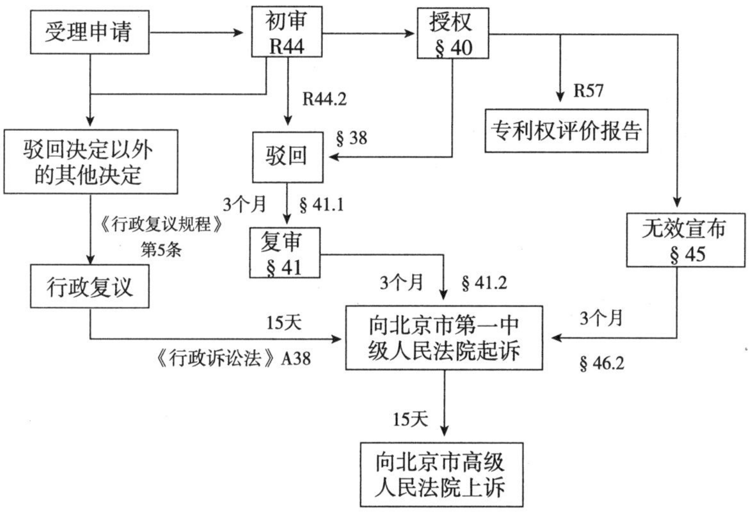

R58 国务院专利行政部门对错误的更正

国务院专利行政部门对专利公告、专利单行本中出现的错误，一经发现，应当及时更正，并对所作更正予以公告。

GL－E－VIII 2.2.3 实用新型专利单行本

实用新型专利单行本的文献种类代码为“U”。包括：扉页、权利要求书、说明书和说明书附图。

权利要求书、说明书及其附图，应当以授予专利权通知书中指明的文本为准。

实用新型专利权授予之后，在无效宣告程序中权利要求书需要修改后才能维持专利权的，应当再次出版该修改后的权利要求书，其文献种类代码依次为“Y1－Y7”，并标明修改后的权利要求书的公告日。

GL－E－VIII 2.2.4 外观设计专利单行本

外观设计专利单行本的文献种类代码为“S”。包括：扉页、彩色外观设计图片或者照片以及简要说明。

彩色图片或者照片以及简要说明应当以审查员作出的授予专利权通知书中指明的图片或者照片以及简要说明为准。

外观设计专利权授予之后，在无效宣告程序中图片或者照片需要修改后才能维持专利权的，应当再次出版该修改后的图片或者照片，其文献种类代码依次为“S1－S7”，并标明修改后的图片或者照片的公告日。

§41 复审

国务院专利行政部门设立专利复审委员会。专利申请人对国务院专利行政部门驳回申请的决定不服的，可以自收到通知之日起3个月内，向专利复审委员会请求复审。专利复审委员会复审后，作出决定，并通知专利申请人。

专利申请人对专利复审委员会的复审决定不服的，可以自收到通知之日起3个月内向人民法院起诉。

GL－D－I 1 引言

复审请求案件包括对初步审查和实质审查程序中驳回专利申请的决定不服而请求复审的案件。

当事人对专利复审委员会的决定不服，依法向人民法院起诉的，专利复审委员会可出庭应诉。

〈*对专利复审委员会决定不服向法院起诉的，被告应为复审委员会，不是专利局。*〉

《国家知识产权局行政复议规程》

第5条：对下列情形之一，不能申请行政复议：

（二）复审请求人对复审请求审查决定不服的

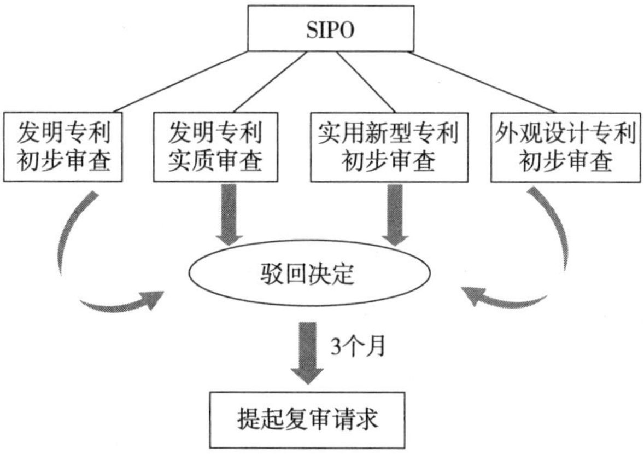

GL－D－II 2.1 复审请求客体

针对专利局作出的驳回决定不服。对其他决定或通知不服的复审请求，不予受理。

复审请求人不是被驳回申请的申请人的，其复审请求不予受理。

〈*专利局审查过程中作出的“中止程序”决定和“视为撤回”决定不可以请求进行复审。*〉

GL－D－II 2.2 复审请求人资格

复审请求人不是被驳回申请的申请人的，其复审请求不予受理。

被驳回申请的申请人属于共同申请人的，如果复审请求人不是全部申请人，专利复审委员会应当通知复审请求人在指定期限内补正；期满未补正的，其复审请求视为未提出。〈*不是直接视为未提出。*〉

复审请求不符合§19.1，即申请人是在中国没有经常居所或营业所的外国人、外国企业或者外国其他组织而未委托我国依法设立的专利代理机构予以代理的，专利复审委员会不予受理。

GL－D－I 2.3 请求原则

复审程序和无效宣告程序均应当基于当事人的请求启动〈§41.1、§45〉。

请求人在专利复审委员会作出复审请求或者无效宣告请求审查决定前撤回其请求的，其启动的审查程序终止；但对于无效宣告请求，专利复审委员会认为根据已进行的审查工作能够作出宣告专利权无效或者部分无效的决定的除外。

请求人在审查决定的结论已宣布或者书面决定已经发出之后撤回请求的，不影响审查决定的有效性。

GL－D－I 2.4 依职权审查原则

专利复审委员会可以对所审查的案件依职权进行审查，而不受当事人请求的范围和提出的理由、证据的限制。

无效宣告请求第57号：复审委员会不调查销售行为是否合法

销售行为是否合法与销售是否已使其产品处于公知公用状态是不同性质的问题，二者并无必然联系。至于是否有违法经营的行为，这已超出了专利复审委员会的职权范围。

无效宣告请求第94号：不正当竞争

A10－2 PC所禁止的不正当竞争行为的问题，不属于专利法所规定的专利复审委员会的职权范围，有关这一问题的纠纷应由适当的行政管理部门或司法部门予以处理。

GL－D－I 2.5 听证原则

在作出审查决定之前，应当给予审查决定对其不利的当事人针对审查决定所依据的理由、证据和认定的事实陈述意见的机会，即审查决定对其不利的当事人已经通过通知书、转送文件或者口头审理被告知过审查决定所依据的理由、证据和认定的事实，并且具有陈述意见的机会。

在作出审查决定之前，在已经根据人民法院或者地方知识产权管理部门作出的生效的判决或者调解决定变更专利申请人或者专利权人的情况下，应当给予变更后的当事人陈述意见的机会。

GL－D－II 4.1 理由和证据的审查

在复审程序中，合议组一般仅针对驳回决定所依据的理由和证据进行审查。

除驳回决定所依据的理由和证据外，合议组发现审查文本中存在下列缺陷的，可以对与之相关的理由及其证据进行审查，并且应当依据该理由及其证据作出维持驳回决定的：

（1）足以用在驳回决定作出前已告知过申请人的其他理由及其证据予以驳回的缺陷。

（2）驳回决定未指出的明显实质性缺陷或者与驳回决定所指出缺陷性质相同的缺陷。

合议组可以引入所属技术领域的公知常识，或者补充相应的技术词典、技术手册、教科书等所属技术领域中的公知常识性证据。

◎举证责任：

民事诉讼法中证据责任分配的基本原则是“谁主张谁举证”，对一件事实，应首先由主张该事实的一方举证。如果对方当事人对该事实无异议则无须举证。如果对方当事人对该事实有异议，则需要举证证明其异议的事实，此时举证责任就转移到了对方当事人身上。当事人不履行法定的举证责任，将有可能承担败诉的不利后果。

在复审请求审查程序中，审查员提出审查意见，尤其是拟提出驳回专利申请的意见时，审查员负有初步举证责任，给出明确的驳回理由和所依据的证据（现有技术）。

在审查员完成了初步举证责任后，如果复审请求人不同意审查员驳回专利申请的意见，则复审请求人负有证明其主张成立的举证责任，需要提出足够的证据来证明所述的技术效果的存在。否则，该申请将被驳回。

最高人民法院（2010）知行字第28号：原告提交的新证据

在行政诉讼程序中，法院对于原告提交的新证据一般不予采纳，并非一概不予采纳，且不予采纳的前提条件是原告依法应当提供而拒不提供。

京（2009）高行终字第652号：违反听证原则

专利复审委员会在作出专利无效宣告的决定之前，没有给予专利权人就该公知常识的认定陈述意见的机会。在专利权人未对引入的公知常识进行意见陈述，专利复审委员会也为举证证明本专利技术手段属于公知常识的情况下，专利复审委员会作出的专利无效宣告的决定违反了无效审查程序中的听证原则。

复审请求第162号：陈述意见中需举证证明的情况

审查员举出的证据中不仅提出了与本申请相同的发明目的，而且披露了与本申请基本相同的技术措施。因此，审查员已经达到了初步举证的基本要求。

对上述目的可能产生影响的对比文件的其他附加特征并不必然导致上述目的不可实现，其影响程度取决于具体参数的选择。尽管对比文件没有给出具体参数，但是从对比文件提出的主观目的的明确性以及常规设计选择范围的广泛性看，选择恰好不能实现其目的的参数是最不合理的推测。在情况下，申请人应当对这种不合乎常理的推断予以证实。

在对比文件中既公开了与申请相同的技术构思又公开了相应的结构的前提下，请求人仍坚持认为上述结构不能实现上述技术构思，则需要以具体的事实证明，在常规的参数选择范围内，不可能使对比文件所公开的结构达到所述的效果。请求人拒绝举证，则其有关上述结构的效果的主张不能得到事实的支持。

对于无视常规设计常识，又缺乏事实说明的观点，合议组不予支持。

R60 复审请求

依照专利法第四十一条的规定向专利复审委员会请求复审的，应当提交复审请求书，说明理由，必要时还应当附具有关证据。

复审请求不符合专利法第十九条第一款或者专利法第四十一条第一款规定的，专利复审委员会不予受理，书面通知复审请求人并说明理由。

复审请求书不符合规定格式的，复审请求人应当在专利复审委员会指定的期限内补正；期满未补正的，该复审请求视为未提出。

两次补正后仍存在同样缺陷的，复审请求视为未提出。

§19.1：在中国没有经常居所或者营业所的外国人、外国企业或者外国其他组织在中国申请专利和办理其他专利事务的，应当委托依法设立的专利代理机构办理。

R41.2 中规定的专利申请人对“复审决定不服”，可以是对“维持驳回决定不服”，也可以是对“撤销原驳回决定不服”，这都属于专利申请人诉权范围。

GL－D－II 2.3 期限

提出复审请求的期限不符合规定的，复审请求不予受理（§41.1）。

提出复审请求的期限不符合规定但复审请求人又提出恢复权利请求的，如果请求符合 R6 和 R99.1 有关规定，则允许恢复，且复审请求应当予以受理；不符合该有关规定的，不予恢复。〈两请求合并处理〉。

提交复审请求超过了法定期限（§41.1），可以有 2 个月的权利恢复期限（R6）。在恢复期内提出复审请求时，可以提交复审请求书，同时提交恢复请求书，一并缴纳复审费和恢复费。如果超过了恢复期，提出的复审请求也不会被受理。

GL－D－II 2.4 文件形式

（1）复审请求人应当提交复审请求书〈即复审请求应以书面形式提出〉，说明理由，必要时还还应当附具有关证据。

（2）复审请求书应当符合规定的格式，不符合规定格式的，专利复审委员会通知复审请求人在指定期限内补正；期满未补正或者在指定期限内补正但经两次补正后仍存在同样缺陷的，复审请求视为未提出。

《复审请求书》表格（注意事项8）：

委托专利代理机构的，应当由专利代理机构加盖公章〈并不需要当事人签字或盖章〉，未委托专利代理机构的，复审请求人为个人的应由本人签字或盖章；复审请求人是单位的，应加盖单位公章。有多个复审请求人的，应当由全体复审请求人签字或盖章。

GL－A－I 6.1.2 委托书

申请人委托专利代理机构向专利局申请专利和办理其他专利事务的，应当提交委托书。委托书应当使用专利局制定的标准表格，写明委托权限、发明创造名称、专利代理机构名称、专利代理人姓名。在专利申请确定申请号后提交委托书的，还应当注明专利申请号。

申请人是个人的，委托书应当由申请人签字或者盖章；申请人是单位的，应当加盖单位公章，同时也可以附有其法定代表人的签字或者盖章；申请人有两个以上的，应当由全体申请人签字或者盖章。此外，委托书还应当由专利代理机构加盖公章。

申请人委托专利代理机构的，可以向专利局交存总委托书；已交存总委托书的，在提出专利申请时可以不再提交专利代理委托书原件，而提交总委托书复印件，同时写明发明创造名称、专利代理机构名称、专利代理人姓名和专利局给出的总委托书编号，并加盖专利代理机构公章。

委托书不符合规定的，发出补正通知书，通知专利代理机构在指定期限内补正。

第一署名申请人是中国内地单位或者个人的，期满未答复或者补正后仍不符合规定的，向双方当事人发出视为未委托专利代理机构通知书。

第一署名申请人为外国人、外国企业或者外国其他组织的，期满未答复的，发出视为撤回通知书；补正后仍不符合规定的，该专利申请应当被驳回。

第一署名申请人是港、澳或台地区的个人、企业或者其他组织的，期满未答复的，发出视为撤回通知书；补正后仍不符合规定的，该专利申请应当被驳回。

复审请求书和授权委托书不符合规定的，应当发出补正通知书要求其在指定期限内补正。

◎需要补正的情形通常包括：

（1）未使用SIPO统一制定的标准表格。

（2）复审请求人名称、地址与申请专利时或经合法变更后的名称、地址不一致。

（3）专利申请号填写有误。

（4）发明创造名称与申请专利时或经合法变更后的名称不一致。

（5）复审程序中未重新委托专利代理机构，但专利代理机构的名称、代码、代理人的姓名与申请专利时或经合法变更后的不一致。

（6）未委托专利代理机构且没有全体复审请求人的签章。

（7）委托了专利代理机构，但缺少代理机构签章。

（8）复审请求人或专利代理机构的签章不是原迹。

（9）复审请求书中的专利代理机构签章与授权委托书中的受托人签章不一致。

（10）专利代理机构的名称与签章不一致。

（11）实际提交的文件名称、页数和份数与其附件清单所列的内容不一致。

（12）授权委托书不符合下列规定：

①委托书应当使用专利行政部门统一制定的标准表格；

②委托书应当指定代理人并写明委托权限仅限于办理复审程序中有关事务；

③专利申请号、案件编号、发明创造名称、复审请求人名称等信息应当与案件的相应信息一致；

④委托人应当签章，并与复审请求人的名称一致；

⑤受托人应当签章，并与专利代理机构的名称一致；

⑥当事人和代理机构的签章应为原迹。

GL－D－II 2.6 委托手续

（1）复审请求人委托专利代理机构请求复审或者解除、辞去委托的，参照A－I6.1在专利局办理手续。但是，复审请求人在复审程序中委托专利代理机构，且委托书中写明其委托权限仅限于办理复审程序有关事务的，其委托手续或者解除、辞去委托的手续应当在专利复审委员会办理，无须办理著录项目变更手续。复审请求人在专利复审委员会办理委托手续，但提交的委托书中未写明委托权限仅限于办理复审程序有关事务的，应当在指定期限内补正；期满未补正的，视为未委托。

（2）复审请求人与多个专利代理机构同时存在委托关系的，应当以书面方式指定其中一个专利代理机构作为收件人；未指定的，专利复审委员会将在复审程序中最先委托的专利代理机构视为收件人；最先委托的专利代理机构有多个的，专利复审委员会将署名在先的视为收件人；署名无先后（同日分别委托）的，专利复审委员会应当通知复审请求人在指定期限内指定；未在指定期限内指定的，视为未委托。

〈和申请程序不同（GL－A－I 6.1.1），复审程序中同一当事人可以与多个专利代理机构同时存在委托关系。〉

（3）对于根据§19.1规定应当委托专利代理机构的复审请求人，未按规定委托的，其复审请求不予受理。

R59 专利复审委员会

专利复审委员会由国务院专利行政部门指定的技术专家和法律专家组成，主任委员由国务院专利行政部门负责人兼任。

◎专利复审委员会的任务（主要职能）：

（1）审理复审请求案件（§41.1）；

（2）审理无效请求案件（§45、§46.1）

（3）出庭应诉（§41.2、§46.2）。

专利复审委员会合议审查的案件，应当由三或五人组成的合议组负责审查，包括组长一人、主审员一人、参审员一或三人。

GL－D－I 3.1 合议组的组成

专利复审委员会作出维持专利权有效或者宣告专利权部分无效的审查决定以后，同一请求人针对该审查决定涉及的专利权以不同理由或者证据提出新的无效宣告请求的，作出原审查决定的主审员不再参加该无效宣告案件的审查工作。

对于审查决定被人民法院的判决撤销后重新审查的案件，一般应当重新成立合议组。

GL－D－I 3.2 关于组成五人合议组的规定

对下列案件，应当组成五人合议组：

（1）在国内或者国外有重大影响的案件。

（2）涉及重要疑难法律问题的案件。

（3）涉及重大经济利益的案件。

需要组成五人合议组的，由主任委员或者副主任委员决定，或者由有关处室负责人或者合议组成员提出后按照规定的程序报主任委员或者副主任委员审批。

由五人组成合议组审查的案件，在组成五人合议组之前没有进行过口头审理的，应当进行口头审理。

GL－D－I 4 独任审查

对于简单的案件，可以由一人独任审查。

R37 审查人员的回避

在初步审查、实质审查、复审和无效宣告程序中，实施审查和审理的人员有下列情形之一的，应当自行回避，当事人或者其他利害关系人可以要求其回避：

（一）是当事人或者其代理人的近亲属的；

（二）与专利申请或者专利权有利害关系的；

（三）与当事人或者其代理人有其他关系，可能影响公正审查和审理的；

（四）专利复审委员会成员曾参与原申请的审查的。

专利复审委员会作出维持专利权有效或者宣告专利权部分无效的审查决定后，同一请求人针对该审查决定涉及的专利权以不同理由或证据提出新的无效宣告请求的，作出原审查决定的主审员不再参加该无效案件的审查工作。

GL－D－I 5 回避制度与从业禁止

复审或者无效宣告案件合议组成员有R37规定情形之一的，应当自行回避；合议组成员应当自行回避而没有回避的，当事人有权请求其回避。

专利复审委员会主任委员或者副主任委员任职期间，其近亲属不得代理复审或者无效宣告案件；处室负责人任职期间，其近亲属不得代理该处室负责审理的复审或者无效宣告案件。其中近亲属包括配偶、父母、子女、兄弟姐妹、祖父母、外祖父母、孙子女、外孙子女和其他具有扶养、赡养关系的亲属。

专利复审委员会主任委员或者副主任委员离职后3年内，其他人员离职后2年内，不得代理复审或者无效宣告案件。

当事人请求合议组成员回避的或者认为代理人不符合上述规定的，应当以书面方式提出，并且说明理由，必要时附具有关证据。专利复审委员会应当以书面方式作出决定，并通知当事人。

〈合议组成员自行回避的，不必作出书面决定和通知当事人。〉

R62 前置审查

专利复审委员会应当将受理的复审请求书转交国务院专利行政部门原审查部门进行审查。原审查部门根据复审请求人的请求，同意撤销原决定的，专利复审委员会应当据此作出复审决定，并通知复审请求人。

GL－B－VIII 8 前置审查与复审后的继续审查

专利复审委员会作出撤销专利局的驳回决定的复审决定后，审查员应当对专利申请进行继续审查。在继续审查过程中，审查员不得以同一事实、理由和证据作出与该复审决定意见相反的驳回决定。

〈原审查部门可以在继续审查的过程中，可以对申请再进行补充检索（GL－B－VII 11）。〉

GL－D－Ⅱ3.1 前置审查的程序

根据 R62，审查员〈原审查部门〉应当对专利复审委员会转送的复审请求书进行前置审查，并在收到转交的案卷之日起1个月内作出前置审查意见书，该前置审查意见书随案卷转送专利复审委员会，由专利复审委员会作出复审决定。

专利复审委员会作出撤销驳回决定的复审决定后，审查员应当对专利申请进行继续审查。在继续审查过程中，审查员不得以同一事实、理由和证据作出与该复审决定意见相反的驳回决定（参见 GL－D－Ⅱ7）。

◎复审程序的形式审查流程：

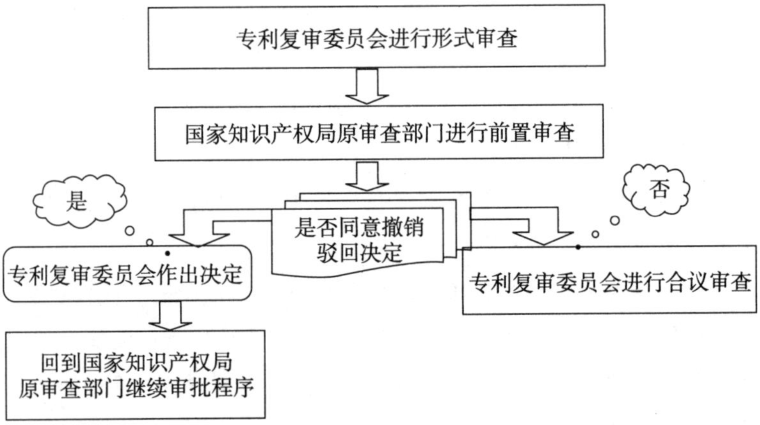

◎复审中的形式审查（GL－D－Ⅱ2）：

不予受理的情形	复审请求不是针对专利局作出的驳回决定
	复审请求人不是被驳回申请的申请人
	超过提出复审请求的期限，即自收到驳回决定之日起3个月
	应当委托专利代理机构的复审请求人，未按规定委托
	发出不予受理通知书，通知请求人
可以补正的情形（在收到通知书之日起15日内补正）	被驳回申请的申请人属于共同申请人的，如果复审请求人不是全部申请人
	复审请求书不符合规定的格式
	复审请求人在专利复审委员会办理委托手续，但提交的委托书中未写明委托权限仅限于办理复审程序有关事务的，应当在指定期限内补正
	发出视为未提出请求通知书，通知请求人
视为未提出的情形	复审请求人不是全部请求人，期满未补正
	复审请求书不符合规定格式的，期满未补正或者在指定期限内补正，但经两次补正后仍存在同样缺陷
	在规定的期限内，未缴纳或未缴纳足复审费
合格的	发出受理通知书

GL－D－Ⅱ 3.3 前置审查意见

原审查部门在前置审查意见中不得补充驳回理由和证据，但下列情形除外：

对驳回决定和前置审查意见中主张的公知常识补充相应的技术词典、技术手册、教科书等所属技术领域中的公知常识性证据；

认为审查文本中存在驳回决定未指出，但足以用已告知过申请人的事实、理由和证据予以驳回的缺陷的，应当在前置审查意见中指出该缺陷。

认为驳回决定指出的缺陷仍然存在的，如果发现审查文本中存在其他明显实质性缺陷或者与驳回决定所指出缺陷性质相同的缺陷，可以一并指出。

R61 复审中对专利申请文件的修改

请求人在提出复审请求或者在对专利复审委员会的复审通知书作出答复时，可以修改专利申请文件；但是，修改应当仅限于消除驳回决定或者复审通知书指出的缺陷。

修改的专利申请文件应当提交一式两份。

§33 只规定了专利申请人对专利申请文件可以修改，没有规定专利权人对已授权专利是否可以进行修改。而 R61.1 规定，请求人在提出复审请求或者在对专利复审委员会的复审通知书作出答复时，可以修改专利申请文件。但是，修改应当仅限于消除驳回决定或者复审通知书指出的缺陷。

《复审请求书》表格（注意事项 10.2）：

复审请求人对专利申请文件进行修改的，应当符合§33、R61 的规定及 GL－D－Ⅱ 4.2 有关修改文本的审查的规定。

GL－D－Ⅱ 4.2 修改文本的审查

在提出复审请求、答复复审通知书（包括复审请求口头理通知书）或者参加口头审理时，复审请求人可以对申请文件进行修改。但所作修改应符合§33 和 R61.1 的规定。下列情形通常不符合 R61.1 的规定：

（1）修改后的权利要求相对于驳回决定针对的权利要求扩大了保护范围。

（2）将与驳回决定针对的权利要求所限定的技术方案缺乏单一性的技术方案作为修改后的权利要求。

（3）改变权利要求的类型或者增加权利要求。

〈如果复审请求人为克服驳回决定或者复审通知书所指出的缺陷，增加权利要求数目；或者不得不改变权利要求的类型或主题名称，但是，修改后的权利要求的实质内容并未发生变化，那么不应认为这种修改不符合 R61.1 的规定。〉

（4）针对驳回决定指出的缺陷未涉及的权利要求或者说明书进行修改。但修改明显文字错误，或者修改与驳回决定所指出缺陷性质相同的缺陷的情形除外。

在复审程序中，复审请求人提交的申请文件不符合 R61.1 的，合议组一般不予接受〈但不能驳回〉，并在复审通知书中说明该修改文本不能被接受的理由，同时对之前可接受的文本进行审查。如果修改文本中的部分内容符合 R61.1 的规定，合议组可以对该部分内容提出审查意见，并告知复审请求人应当对该文本中不符合 R61.1 规定的部分进行修改，并提交符合规定的文本，否则合议组将以之前可接受的文本为基础进行审查。

复审请求第 24920 号：复审程序中判断单一性的基础

权利要求 1 包括多个并列的技术方案，复审请求人删除其中的一个技术方案是为了克服驳回决定所指出的新颖性缺陷。而判断是否具有“单一性”是将复审程序中修改的权利要求与相应的被驳回的权利要求进行对比，不是判断修改后的权利要求之间是否具有单一性。

R63 对复审请求审查

专利复审委员会进行复审后，认为复审请求不符合专利法和本细则有关规定的，应当通知复审请求人，要求其在指定期限内陈述意见。期满未答复的，该复审请求视为撤回；经陈述意见或者进行修改后，专利复审委员会认为仍不符合专利法和本细则有关规定的，应当作出维持原驳回决定的复审决定。

专利复审委员会进行复审后，认为原驳回决定不符合专利法和本细则有关规定的，或者认为经过修改的专利申请文件消除了原驳回决定指出的缺陷的，应当撤销原驳回决定，由原审查部门继续进行审查程序。

GL－D－Ⅱ1 引言

复审程序是因申请人对驳回决定不服而启动的救济程序，同时也是专利审批程序的延续。因此，专利复审委员会一般仅针对驳回决定所依据的理由和证据进行审查，不承担对专利申请全面审查的义务；但是专利复审委员会可以依职权对驳回决定未提及的明显实质性缺陷进行审查。

京（2012）高行终字第 1486 号：创造性不属于明显实质性缺陷

专利申请是否具有创造性不属于“明显实质性缺陷”。如果 SIPO 未审查专利申请是否具有创造性，专利复审委员会不得以该专利申请不具有创造性为由驳回其申请。

专利复审委员会已经明确表示先前的驳回理由已经被克服，但又以创造性为由维持驳回决定，该理由并非专利复审委员会在审查驳回决定时所必然涉及的事由，也不属于本领域技术人员无须深入调查证实即可得出的事由。因此，复审委员会直接引入的创造性问题不属于“明显实质性缺陷”的范畴。

◎撤销驳回决定的适用情形（GL－D－Ⅱ5）：

（1）驳回决定适用法律错误；

（2）驳回理由缺少必要的证据支持；

（3）审查违反法定程序，例如，驳回决定以申请人放弃的申请文本或者不要求保护的技术方案为依据；在审查程序中没有给予申请人针对驳回决定所依据的事实、理由和证据陈述意见的机会；驳回决定没有评价申请人提交的与驳回理由有关的证据，以至可能影响公正审理；

（4）驳回理由不成立的其他情形。

GL－D－Ⅰ8 关于审查决定被法院生效判决撤销后的审查程序

（1）复审请求或无效宣告请求审查决定被法院的生效判决撤销后，专利复审委员会应重新作出审查决定。

（2）因主要证据不足或者法律适用错误导致审查决定被撤销的，不得以相同的理由和证据作出与原决定相同的决定。

（3）因违反法定程序导致审查决定被撤销的，根据法院的判决，在纠正程序错误的基础上，重新作出审查决定。

GL－D－Ⅱ7 复审决定对原审查部门的约束力

复审决定撤销原审查部门作出的决定的，原审查部门继续审批程序。

〈原审查部门应当执行专利复审委员会的决定，不得以同样的事实、理由和证据作出与该复审决定意见相反的决定。〉

◎复审程序的审查流程：

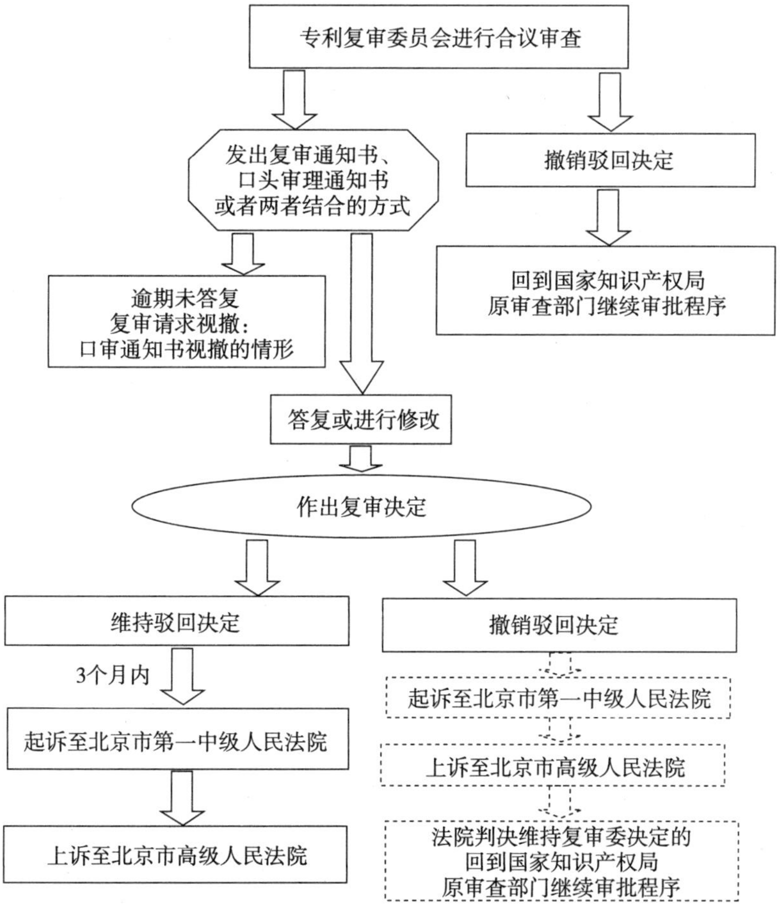

GL－D－Ⅱ4.3 审查方式

针对一项复审请求，可以采取书面审理、口头审理或者书面审理与口头审理相结合的方式进行审查。

根据R63.1，有下列情形之一的，合议组应当发出复审通知书（包括复审请求口头审理通知书）或者进行口头审理：

（1）复审决定将维持驳回决定。

（2）需要复审请求人依照专利法及其实施细则和审查指南有关规定修改申请文件，才有可能撤销驳回决定。

（3）需要复审请求人进一步提供证据或者对有关问题予以说明。

（4）需要引入驳回决定未提出的理由或者证据。

〈如果复审请求理由成立，撤回原驳回决定，则合议组不发出复审通知书。〉

针对合议组发出的复审通知书，复审请求人应当在收到该通知书之日起1个月内书面答复；期满未进行书面答复的，其复审请求视为撤回。复审请求人提交无具体答复内容的意见陈述书的，视为对复审通知书中的审查意见无反对意见。

针对合议组发出的复审请求口头审理通知书，复审请求人应当参加口头审理或者在收到该通知书之日起1个月内书面答复；如果该通知书已指出申请不符合专利法及其实施细则和审查指南有关规定的事实、理由和证据，复审请求人未参加口头审理且期满未进行书面答复的，其复审请求视为撤回。

GL－D－Ⅳ2 口头审理的确定

在复审程序中，复审请求人可以向专利复审委员会以书面方式提出口头审理的请求，并说明理由。

复审请求人可依据下列理由请求进行口头审理：

（1）需要当面向合议组说明事实或者陈述理由。

（2）需要实物演示。

审请求人提出口头审理请求的，合议组根据案件的具体情况决定是否进行口头审理。

在无效宣告程序或者复审程序中，合议组可以根据案情需要自行决定进行口头审理。针对同一案件已经进行过口头审理的，必要时可以再次进行口头审理。

经主任委员或副主任委员批准，专利复审委员会可以进行巡回口头审理，就地审理办案，并承担所需费用。〈异地巡回口头审理。〉

◎无效宣告请求口头审理的理由（GL－D－Ⅳ2）：

（1）当事人一方要求同对方当面质证和辩论；

（2）需要当面向合议组说明事实；

（3）需要实物演示；

（4）需要请出具过证言的证人出庭作证。

GL－D－IV 3 口头审理的通知

合议组应当在口头审理通知书中告知复审请求人，可以选择参加口头审理进行口头答辩，或者在指定的期限内进行书面意见陈述。〈*指定期限即GL－D－II 4.3 中规定的1 个月。*〉

复审请求人应当在收到口头审理通知书之日起7 日内向专利复审委员会提交口头审理通知书回执，并在回执中明确表示是否参加口头审理；逾期未提交回执的，视为不参加口头审理。

口头审理通知书中已经告知该专利申请不符合专利法及其实施细则和审查指南有关规定的具体事实、理由和证据的，如果复审请求人既未出席口头审理，也未在指定的期限内进行书面意见陈述，其复审请求视为撤回。

口头审理通知书回执中应当有当事人的签名或者盖章。

参加口头审理的每方当事人及其代理人的数量不得超过四人。回执中写明的参加口头审理人员不足四人的，可以在口头审理开始前指定其他人参加口头审理。一方有多人参加口头审理的，应当指定其中之一作为第一发言人进行主要发言。

当事人不能在指定日期参加口头审理的，可以委托其专利代理人或者其他人代表出庭。

◎电话讨论：

电话讨论是复审程序中的一种辅助审查手段。一般来说，在合议组认为可能撤销驳回决定时可以采用该手段与复审请求人进行沟通。

◎电话讨论的内容：

电话讨论涉及的内容仅适用于案件中次要的且不会引起误解的缺陷所涉及的问题。电话讨论的内容不具有法律效力，有关陈述内容以其提交的书面意见为准。

◎电话讨论的记录：

复审请求人同意进行修改的，主审员应当要求其以书面的方式提交。电话讨论的内容不得作为对复审请求人不利的直接证据。

◎复审请求口头审理事宜的电话通知：

必要时，合议组可以电话通知复审请求人口头审理的相关事宜。

GL－D－IV 5 口头审理的进行

口头审理应当公开进行，但根据国家法律、法规等规定需要保密的除外。

●对当事人或其代理人身份和资格的审查

当事人或代理人不能提供有效身份证明的，或代理人不具有代理资格的，合议组一般不允许其参加口头审理。

代理人或法定代表人能够提供有效身份证明，但不能提供有效委托书或法定代表资格证明的，如果代理人或法定代表人表示口头审理后予以补正或补交的，合议组可以允许其参加口头审理，并指定庭后补正或补交的期限，同时告知不能按期补正或补交将视为未出席口头审理。

◎有关外国人出庭作证翻译的规定：

外国人出庭作证的证言，一般以其委托的翻译人员翻译的中文为准。

GL－D－Ⅳ 8 当事人的缺席

有当事人未出席口头审理的，只要一方当事人的出庭符合规定，合议组按照规定的程序进行口头审理。

GL－D－Ⅳ 8 当事人中途退庭

在复审程序的口头审理过程中，未经合议组许可，当事人不得中途退庭。当事人未经合议组许可而中途退庭的，或者因妨碍口头审理进行而被合议组责令退庭的，合议组可以缺席审理。但是，应当就该当事人已经陈述的内容及其中途退庭或者被责令退庭的事实进行记录，并由当事人或者合议组签字确认。

GL－D－Ⅳ 11 记录

在口头审理中，由书记员或者合议组组长指定的合议组成员进行记录。担任记录的人员应当将重要的审理事项记入口头审理笔录。除笔录外，合议组还可以使用录音、录像设备进行记录。

笔录应当交当事人阅读。对笔录的差错，当事人有权请求记录人更正。笔录核实无误后，应当由当事人签字并存入案卷。当事人拒绝签字的，由合议组组长在口头审理笔录中注明。

上述重要的审理事项包括：

（3）在复审程序的口头审理中，合议组当庭告知复审请求人其专利申请不符合专利法及其实施细则和审查指南有关规定的具体事实、理由和证据以及复审请求人陈述的主要内容。

（4）其他需要记录的重要事项

◎口头审理需要记录的内容：

GL－D－Ⅳ 11 中规定的其他需要记录的重要事项一般包括：

（1）出席口头审理的合议组成员、书记员、当事人、证人；

（2）当事人对合议组成员有无回避请求、对证人和对方出庭人员的身份或资格有无异议；

（3）专利权人对专利文件的修改情况；

（4）请求人明确的无效宣告请求的范围、理由、证据及其使用方式；

（5）当事人当庭提交文件的情况、补充的证据和理由；

（6）合议组当庭转送文件的情况、依职权引入的范围、理由和证据；

（7）质证的相关情况；

（8）当事人对相关事项的主要意见、合议组对重要事项的认定意见及结论；

（9）当事人明确要求记录的内容；

（10）合议组当庭告知当事人的后续事项及指定期限，如补交委托书、提交书面意见、不再接受当事人提交的补充证据或意见陈述等。

GL－D－Ⅳ 12 旁听

在口头审理中允许旁听，旁听者无发言权；未经批准，不得拍照、录音和录像，也不得向参加口头审理的当事人传递有关信息。

必要时，专利复审委员会可以要求旁听者办理旁听手续。

GL－D－Ⅳ 13 当事人的权利和义务

（1）当事人的权利

当事人有权请求审案人员回避；有权在口头审理中请出具过证言的证人就其证言出庭作证和请求演示物证；有权进行辩论。专利权人有权放弃部分权利要求及其提交的有关证据。复审请求人有权撤回复审请求；有权提交修改文件。

（2）当事人的义务

当事人应当遵守口头审理规则，维护口头审理的秩序；发言时应当征得合议组组长同意，任何一方当事人不得打断另一方当事人的发言；辩论中应当摆事实、讲道理；发言和辩论仅限于合议组指定的与审理案件有关的范围；当事人对自己提出的主张有举证责任，反驳对方主张的，应当说明理由；口头审理期间，未经合议组许可不得中途退庭。

◎回避请求的处理：

口头审理过程中当事人申请合议组成员或书记员回避的，合议组一般要宣布中止审理或暂时休庭，对回避申请进行初步审查。

申请理由不属于 R37 规定情形的、缺乏证据支持或说理不充分的，合议组可以当庭以口头形式说明不支持当事人请求的理由。当事人对合议组意见无异议并表示撤回请求的，口头审理继续；当事人对合议组意见仍有异议的，则口头审理继续中止或休庭。

回避请求的处理决定应送交当事人。

GL－D－Ⅰ 2.6 公开原则

除了根据国家法律、法规等规定需要保密的案件（包括专利申请人不服初审驳回提出复审请求的案件）以外，其他各种案件的口头审理应当公开举行，审查决定应当公开出版发行。

〈对应当公开的审查决定，当事人对审查决定不服向法院起诉并已被受理的，在法院判决生效后，审查决定与判决书一起公开。〉

GL－D－Ⅰ 6.3 审查决定的出版

专利复审委员会对其所作的复审和无效宣告请求审查决定的正文，除所针对的专利申请未公开的情况以外，应当全部公开出版。对于应当公开出版的审查决定，当事人对审查决定不服向法院起诉并已被受理的，在人民法院判决生效后，审查决定与判决书一起公开。

〈对于发明专利申请在初步审查程序中被驳回作出的复审决定，由于该申请尚未公开，所以其复审决定也不必公开出版。〉

◎口头审理公告：

公开举行口头审理的，专利复审委员会应当在口头审理前将口头审理的有关信息向社会公众发布。口头审理公告主要通过《中国知识产权报》、政府网站、电子公告牌等方式发布。公告内容包括专利号、发明创造名称、专利权人、请求人、合议组成员、时间和地点。必要时，例如巡回口头审理，合议组应当于口头审理前张贴口头审理公告。

R64 复审请求的撤回

复审请求人在专利复审委员会作出决定前，可以撤回其复审请求。

复审请求人在专利复审委员会作出决定前撤回其复审请的，复审程序终止。

GL－D－Ⅱ9 复审程序的终止

复审程序终止，如果复审请求因期满未答复而被视为撤回，在作出复审决定前，复审请求人撤回复审请求（R64），已受理的复审请求因不符合受理条件而被驳回请求，复审决定作出后复审请求人不服该决定的，可以根据§41.2，在收到复审决定之日起3个月内向法院起诉；在规定的期限内未起诉或者法院的生效判决维持该复审决定的，复审程序终止。

◎复审程序的中止适用（GL－E－Ⅶ7）：

中止程序请求应向专利局流程部门提交，不要向专利复审委员会提交。

◎恢复权利、行政复议和复审的比较：

	恢复权力（R6）	行政复议	复审
启动理由	不可抗拒事由，R6.1；正当理由（R6.2）	公民、法人和其他组织认为SIPO作出的具体行政行为侵犯其合法权益，不服SIPO作出的行政决定	对驳回决定不服（§41.1）
适用情形	申请人因耽误期限造成的权利丧失。某些期限不能适用恢复权利（R6.5）	《行政复议规程》第5条：除驳回决定等不能申请行政复议的情形之外，其他各种与专利相关的行政决定均适用行政复议。包括与不能适用权利恢复的期限相关的决定。 不限于耽误期限造成的权利丧失	申请人对SIPO的驳回决定不服
程序地位	当事人可以另行选择行政复议救济途径	当事人可以另行选择行政诉讼救济途径	申请被驳回的必经救济途径。申请人只能先向专利复审委员会提出复审请求
费用	恢复权利请求费（GL－E－Ⅶ6.2）	免费（行政复议法A39）	复审费
手续	提出申请，并消除造成权利丧失的障碍（GL－E－Ⅶ6.2）	提出申请	当事人请求（GL－D－Ⅰ2.3）
请求期限	正当理由：自当事人收到专利局确认权利丧失通知之日起2个月内（GL－E－Ⅱ1）。即：发文日＋15日＋2个月； 不可抗拒是由：障碍消除后的2个月内提出，但最迟不得超过被耽误的期限届满日起2年	自知道具体行政行为之日起60日内，提出申请（《行政复议规程》第8条）	自收到驳回决定之日起3个月内（§41.1）

续表

	恢复权力（R6）	行政复议	复审
审查期限	无规定	自受理申请之日起60日内作出行政复议决定。最多延长30日（《行政复议规程》第27条）	无法定期限
诉讼期限	如果没有被准予恢复权利，可以申请行政复议。反之，先选择行政复议，如果未获得支持，通常已超过恢复权利的请求期限，丧失了恢复权利的机会。只能自收到决定之日起15日内提起诉讼至北京市第一中级法院	自收到决定之日起15日内起诉，（诉讼法A38.2）	自收到决定之日起3个月内起诉（§41.2）

第五章　专利权的期限、终止和无效

§42 专利权的期限

发明专利权的期限为20年，实用新型专利权和外观设计专利权的期限为10年，均自申请日起计算。

A26.3 TRIPS

工业品外观设计可享有的保护期应不少于10年。

A33 TRIPS

专利可享有的保护期，应不少于自提交申请之日起的第20年年终。对于无原始批准制度的成员，保护期应自原始批准制度的提交申请之日起算。

最高人民法院（2010）民提字第16号：外观设计专利权终止后的其他权利保护

外观设计的终止并不必然导致其他权利的终止，在符合条件时，还可以依据《反不正当竞争法》关于知名商品特有包装、装潢的规定而得到保护。主张该设计受到这种保护的，应提供充分的证据来证明该设计仍应受到法律保护。

沪（2012）高民三（知）终字第102号：外观设计专利权的保护期

外观设计专利权专利权保护期限的起算时间和外观设计专利权的生效时间是两个不同的概念。外观设计专利权自公告日起生效，即从公告日起，外观设计专利权人取得专利权（R54.1）。而外观设计专利权的保护期限自申请日起算（§42），这并不意味着外观设计专利自申请日起就可以获得实际的保护。虽然外观设计专利权自公告之日起生效，但真正的保护也要等到授权公告之日才开始。外观设计专利权人在授权公告日前无权禁止他人实施其专利，只能对授权公告日之后的相关行为主张权力（§40）。也就是说，授权公告日之前的行为不构成侵权，行为人无需承担侵权责任。

浙（2013）嘉知终字第5号：实施失效的外观设计不侵犯著作权

授予图案作品的外观设计专利权，其保护范围是与其附着的产品紧密相连的，只限于与外观设计专利产品在相同或相近类别的产品上使用相同或相似的图案。在外观设计的保护范围以外，图案作品仍然可以受到著作权的保护。但被诉产品构成了在相同类别产品上实质性相同的使用，是对已失效的外观设计的利用，因此并未落入图案著作权的保护范围内。

〈外观设计专利权终止后，其外观设计图片的著作权不会自动消失。但实施已失效的外观设计，并不必然侵犯外观设计图片的著作权。即便该专利图片享有著作权，且该著作权尚在保护期内，其亦不得以此为由阻碍他人对已经进入公有领域的自由技术的实施。〉

对于 CN－PCT，其国际申请日视为在中国的实际申请日（R102）。

专利权有效期限届满后，专利权人不得就该专利与他人订立专利实施许可合同。

GL－E－Ⅸ 2.1 专利权期满终止

一件实用新型专利的申请日是1999年9月6日，该专利的期限为1999年9月6日至2009年9月5日，专利权期满终止日为2009年9月6日（遇节假日不顺延）。

专利权期满时应当及时在专利登记簿和专利公报上分别予以登记和公告，并进行失效处理。

R11 申请日的意义

除专利法第二十八条和第四十二条规定的情形外，专利法所称申请日，有优先权的，指优先权日。

本细则所称申请日，除另有规定的外，是指专利法第二十八条规定的申请日。

§43 年费

专利权人应当自被授予专利权的当年开始缴纳年费。

R93.1（3）：向国家知识产权局申请专利和办理其他手续时，应当缴纳专利登记费、公告印刷费、年费。

GL－C－I 7.2.3 年费的减缓

国际申请的申请人缴纳年费确有困难的，可以根据专利费用减缓办法向专利局提出费用减缓的请求。

GL－E－II 3.1 可以减缓的费用种类

（4）年费（自授予专利权当年起3年的年费）。

R98 年费的缴纳期限及宽限期

授予专利权当年以后的年费应当在上一年度期满前缴纳。专利权人未缴纳或者未缴足的，国务院专利行政部门应当通知专利权人自应当缴纳年费期满之日起6个月内补缴，同时缴纳滞纳金；滞纳金的金额按照每超过规定的缴费时间1个月，加收当年全额年费的5%计算；期满未缴纳的，专利权自应当缴纳年费期满之日起终止。

A5－2 PC（缴纳权利维持费的宽限期）：

（1）关于规定的工业产权维持费的缴纳，应给予不少于6个月的宽限期，但是如果本国法律有规定，应缴纳附加费。

（2）本联盟各国对因未缴费而终止的专利有权规定予以恢复。

GL－E－II 1 费用缴纳的期限

（6）专利登记费、授权当年的年费以及公告印刷费的缴纳期限是自申请人收到专利局作出的授予专利权通知书和办理登记手续通知书之日起2个月内。

（7）年费及其滞纳金的缴纳期限参照E－IX 2.2.1的规定。

（8）著录事项变更费、专利权评价报告请求费、无效宣告请求费的缴纳期限是自提出相应请求之日起1个月内。

GL－E－IX 2.2.1 年费

授予专利权当年的年费应当在办理登记手续的同时缴纳，以后的年费应当在上一年度期满前缴纳。缴费期限届满日是申请日在该年的相应日（R97）。

GL－E－IX 2.2.1.1 年度

专利年度从申请日起算，与优先权日、授权日无关。例如，一件专利申请的申请日是1999年6月1日，该专利申请的第一年度是1999年6月1日至2000年5月31日，第二年度是2000年6月1日至2001年5月31日，以此类推。

●缴纳专利年费的逾期

GL－E－IX 2.2.1.3 滞纳金（R98）

专利权人未按时缴纳年费（不包括授予专利权当年的年费）或者缴纳的数额不足的，可以在年费期满之日起6个月内补缴，补缴时间超过规定期限但不足1个月时，不缴纳滞纳金。补缴时间超过规定时间1个月或以上的，缴纳按照下述方法算出的相应数额的滞纳金：

(1) 超过规定期限1个月（不含一整月）至2个月（含2个整月）的，缴纳数额为全额年费的5%。

(2) 超过规定期限2个月至3个月（含3个整月）的，缴纳数额为全额年费的10%。

(3) 超过规定期限3个月至4个月（含4个整月）的，缴纳数额为全额年费的15%。

(4) 超过规定期限4个月至5个月（含5个整月）的，缴纳数额为全额年费的20%。

(5) 超过规定期限5个月至6个月的，缴纳数额为全额年费的25%。

凡在6个月的滞纳期内补缴年费或者滞纳金不足需要再次补缴的，应当依照再次补缴年费或者滞纳金时所在滞纳金时段内的滞纳金标准，补足应当缴纳的全部年费和滞纳金。例如，年费滞纳金5%的缴纳时段为5月10日至6月10日，滞纳金为45元，但缴费人仅交了25元。缴费人在6月15日补缴滞纳金时，应当依照再次缴费日所对应的滞纳期时段的标准10%缴纳。该时段滞纳金金额为90元，还应当补缴65元。

〈第一次缴纳不足，再次补缴时，其滞纳金应缴纳数额为再次补缴时所处超出规定期限月份相应的百分比的全额年费。〉

凡因年费和/或滞纳金缴纳逾期或者不足而造成专利权终止的，在恢复程序中，除补缴年费之外，还应当缴纳或者补足全额年费25%的滞纳金。

GL－E－IX 2.2.2 终止

专利年费滞纳期满仍未缴纳或者缴足专利年费或者滞纳金的，自滞纳期满之日起2个月后，发出专利权终止通知书。专利权人未启动恢复程序或者恢复权利请求未被批准的，专利局应当在终止通知书发出4个月后，进行失效处理，并在专利公报上公告。

专利权自应当缴纳年费期满之日起终止。

<table>
<tr><th>申请类型</th><th>年费</th><th>收费标准（元）</th><th>缴纳期限</th></tr>
<tr><td rowspan="7">发明</td><td>1～3年</td><td>900</td><td rowspan="6">在上一年度期满前缴纳（预缴），R98</td></tr>
<tr><td>4～6年</td><td>1200</td></tr>
<tr><td>7～9年</td><td>2000</td></tr>
<tr><td>10～12年</td><td>4000</td></tr>
<tr><td>13～15年</td><td>6000</td></tr>
<tr><td>16～20年</td><td>8000</td></tr>
<tr><td>授予专利权当年的年费</td><td>可减缓 GL－E－II 3.1</td><td>在办理登记手续的同时缴纳，R97；GL－E－I 2 (6)，E－IX 2.2.1</td></tr>
</table>

续表

申请类型	年费	收费标准（元）	缴纳期限
实用新型	1－3年	600	第1～3年
	4－5年	900	第4～5年
	6－8年	1200	第6～8年
	9－10年	2000	第9～10年
外观设计	1－3年	600	第1～3年
	4－5年	900	第4～5年
	6－8年	1200	第6～8年
	9－10年	2000	第9～10年
滞纳金		（6个月以内）逐月追加，R98；GL－E－IX 2.2.1.3	

CN－PCT申请可以请求减缓自授予专利权当年起（含当年）三年内的年费。(《费用减缓请求书》表格)

在中国没有经常居所或者营业所的外国申请人需通过专利代理机构缴纳年费。但是外国专利权人在得到专利授权后无需再通过代理机构缴纳年费。

§44 专利权提前终止

有下列情形之一的，专利权在期限届满前终止：

（一）没有按照规定缴纳年费的；

（二）专利权人以书面声明放弃其专利权的。

专利权在期限届满前终止的，由国务院专利行政部门登记和公告。

“专利权终止日”不是专利局登记或公告“专利权终止”之日。

专利权终止日后，原专利权人仍然可以行使权利。例如，追究专利权终止日前他人侵犯专利权的行为。

GL－E－IX 2.2.1.3 终止

专利年费滞纳期满仍未缴纳或者缴足专利年费或者滞纳金的，自滞纳期满之日起2个月后，审查员应当发出专利权终止通知书。专利权人未启动恢复程序或者恢复权利请求未被批准的，专利局应当在终止通知书发出4个月后，进行失效处理，并在专利公报上公告。

专利权自应当缴纳年费期满之日起终止。

例子：

发明专利申请日为2000年8月6日，授权公告日为2003年5月15日，因专利权人未缴纳第4年度专利年费及滞纳金。SIPO于2003年12月2日发出专利权终止通知书。其专利权应自2003年8月6日起终止，即自申请日第3年度期满之日起终止。

GL－E－IX 2.3 专利人放弃专利权

授予专利权后，专利权人随时可以主动要求放弃专利权，专利权人放弃专利权的，应当提交放弃专利权声明，并附具全体专利权人签字或者盖章同意放弃专利权的证明材料，或者仅提交由全体专利权人签字或者盖章的放弃专利权声明。委托专利代理机构的，放弃专利权的手续应当由专利代理机构办理，并附具全体申请人签字或者盖章的同意放弃专利权声明。主动放弃专利权的声明不得附有任何条件。放弃专利权只能放弃一件专利的全部，放弃部分专利权的声明视为未提出。

放弃专利权声明经审查，不符合规定的，审查员应当发出视为未提出通知书；符合规定的，审查员应当发出手续合格通知书，并将有关事项分别在专利登记簿和专利公报上登记和公告。放弃专利权声明的生效日为手续合格通知书的发文日，放弃的专利权自该日起终止。专利权人无正当理由不得要求撤销放弃专利权的声明。除非在专利权非真正拥有人恶意要求放弃专利权后，专利权真正拥有人（应当提供生效的法律文书来证明）可要求撤销放弃专利权声明。

申请人依据§9.1和R41.4声明放弃实用新型专利权的，专利局在公告授予发明专利权时对放弃实用新型专利权的声明予以登记和公告。在无效宣告程序中声明放弃实用新型专利权的，专利局及时登记和公告该声明。放弃实用新型专利权声明的生效日为发明专利权的授权公告日，放弃的实用新型专利权自该日起终止。

注意：

专利权主动放弃：专利权自手续合格通知书发文日起放弃。

避免重复授权的专利权放弃：自申请日起放弃。

专利权无效：专利权自始不存在。

◎放弃专利权导致专利权终止的有两种情况：

（1）如果专利权是根据§44放弃的，那么放弃专利权的生效日为手续合格通知书的发文日；

（2）如果专利权是根据§9.1放弃的，那么该实用新型专利权自公告授予发明专利权之日起终止；

部分权利人放弃专利权应当办理著录事项变更手续，将权利变更给剩余的专利权人。

§45 专利权的无效宣告请求

自国务院专利行政部门公告授予专利权之日起，任何单位或者个人认为该专利权的授予不符合本法有关规定的，可以请求专利复审委员会宣告该专利权无效。

只有复审委员会可以宣告专利权无效，法院不可以。

§45 指的“任何单位或者个人”也包括在中国没有经常居所或营业场所的外国人或外国企业，但是必须通过委托专利代理机构请求一项专利权无效。

GL－D－Ⅲ 1 引言

无效宣告程序是专利公告授权后依当事人请求而启动的、通常为双方当事人参加的程序。〈专利权人针对自己的专利权提出无效宣告请求的，为只有一方当事人的程序。〉

GL－D－Ⅰ 2.3 请求原则

无效宣告程序均应当基于当事人的请求启动。

请求人在专利复审委员会作出复审请求或者无效宣告请求审查决定前撤回其请求的，其启动的审查程序终止；但对于无效宣告请求，复审委员会认为根据已进行的审查工作能够作出宣告专利权无效或者部分无效的决定的除外。

请求人在审查决定的结论已宣布或者书面决定已经发出之后撤回请求的，不影响审查决定的有效性。

GL－D－Ⅲ 2.3 保密原则

在审查决定作出之前，合议组成员不得私自将自己、合议组其他成员、审批人员对该案件的观点明示或者暗示给任何一方当事人。

合议组成员原则上不得与一方当事人会晤。

GL－D－Ⅲ 3.1 无效宣告请求客体〈R66.2〉

无效宣告请求的客体应当是已经公告授权的专利，包括已经终止或者放弃（自申请日起放弃的除外）的专利。无效宣告请求不是针对已经公告授权的专利的，不予受理。

〈如果申请人不是针对§9 作出放弃专利权的，其专利权并非自始无效，依然可以对其提出无效宣告。〉

〈对于已被生效的无效宣告请求审查决定宣告专利权全部无效，或者专利权人自始放弃专利权的，则不必再对其提出无效宣告请求。〉

专利复审委员会作出宣告专利权全部或者部分无效的审查决定后，当事人未在收到该审查决定之日起3个月内向法院起诉或者法院生效判决维持该审查决定的，针对已被该决定宣告无效的专利权提出的无效宣告请求不予受理。

GL－D－Ⅲ 3.2 无效宣告请求人资格

请求人属于下列情形之一的，其无效宣告请求不予受理：

（1）请求人不具备民事诉讼主体资格的〈如外国公司驻华代表处〉。

（2）以授予专利权的外观设计与他人在申请日以前已经取得的合法权利相冲突为理由请

求宣告外观设计专利权无效，但请求人不能证明是在先权利人或者利害关系人的。其中，利害关系人是指有权根据相关法律规定就侵犯在先权利的纠纷向法院起诉或者请求相关行政管理部门处理的人。

（3）专利权人针对其专利权提出无效宣告请求且请求宣告专利权全部无效、所提交的证据不是公开出版物或者请求人不是共有专利权的所有专利权人的。〈不是专利权人的发明人可以提出宣告专利权全部无效的请求。〉

〈公开出版物：GL－BIII 2.1.2.1。〉

（4）多个请求人共同提出一件无效宣告请求的，但属于所有专利权人针对其共有的专利权提出的（宣告专利权部分无效）除外。

〈亦见《专利权无效宣告请求书》表格：（注意事项3）。〉

〈多个请求人可以分别对同一专利权提出无效宣告请求，然后请求合并审理。〉

◎专利权人请求宣告自己的专利权无效必须满足下列条件：

（1）只能请求宣告专利权部分无效；

（2）提交的证据应当是公开出版物；

（3）请求人应当包括所有专利权人。

当事人变更：在无效宣告程序中，无效宣告请求人提出主体变更的，合议组不予接受。

《民事诉讼法》

A49：公民、法人和其他组织可以作为民事诉讼的当事人。

法人由其法定代表人进行诉讼。其他组织由其主要负责人进行诉讼。

京高院《专利侵权判定指南》

第112条：在侵犯专利权诉讼中，被诉侵权人以专利权人的专利权不符合专利授权条件、应当被宣告无效进行抗辩的，其无效宣告请求应当向专利复审委员会提出。

GL－D－III 3.6 委托手续

（1）请求人/专利权人在无效宣告程序中委托专利代理机构的，应当提交无效宣告程序授权委托书，且专利权人应当在委托书中写明委托权限仅限于办理无效宣告程序有关事务。即使专利权人此前已就其专利委托了在专利权有效期内的全程代理并继续委托该全程代理的机构的，也应当提交无效宣告程序授权委托书。

（2）在无效宣告程序中，请求人委托专利代理机构的，或者专利权人委托专利代理机构且委托书中写明其委托权限仅限于办理无效宣告程序有关事务的，其委托手续或者解除、辞去委托的手续应当在复审委员会办理，无需办理著录项目变更手续。

请求人/专利权人未提交委托书或者委托书中未写明委托权限的，专利权人未在委托书中写明其委托权限仅限于办理无效宣告程序有关事务的，复审委员会通知请求人/专利权人在指定期限内补正；期满未补正的，视为未委托。

（3）请求人和专利权人委托了相同的专利代理机构的，复审委员会通知双方当事人在指定期限内变更委托；未在指定期限内变更委托的，后委托的视为未委托；同一日委托的，视为双方均未委托。

（4）对于根据§19.1应当委托专利代理机构的请求人，未按规定委托的，其无效宣告请求不予受理。

（5）同一当事人与多个专利代理机构同时存在委托关系的，当事人应当以书面方式指定其中一个专利代理机构作为收件人；未指定的，复审委员会将在无效宣告程序中最先委托的专利代理机构视为收件人；最先委托的代理机构有多个的，复审委员会将署名在先的专利代理机构视为收件人；署名无先后（同日分别委托）的，复审委员会应当通知当事人在指定期限内指定；未在指定期限内指定的，视为未委托。

〈与申请程序不同（GL－A－I 6.1.1），无效宣告程序中同一当事人可以与多个专利代理机构同时存在委托关系。〉

（6）当事人委托公民代理的，参照有关委托专利代理机构的规定办理。公民代理的权限仅限于在口头审理中陈述意见和接收当庭转送的文件。

〈可以委托不具有专利代理人资格的律师作为公民代理。〉

（7）对于下列事项，代理人需要具有特别授权的委托书：

（i）专利权人的代理人代为承认请求人的无效宣告请求；

（ii）专利权人的代理人代为修改权利要求书；

〈放弃部分权利要求也算是修改。〉

（iii）代理人代为和解；

（iv）请求人的代理人代为撤回无效宣告请求。

（8）上述规定未涵盖事宜参照GL－A－I6.1的规定办理。

《专利代理条例》

第10条：专利代理机构接受委托后，不得就同一内容的专利事务接受有利害关系的其他委托人的委托。

〈已经为专利权人在专利申请阶段做过代理人的，不可以在无效宣告程序中为请求人代理，否则便违反了本条。〉

◎撰写委托书应当注意：

（1）委托书应当使用专利行政部门统一制定的标准表格；

（2）委托书应当指定代理人并写明委托权限仅限于办理无效宣告程序中有关事务；

（3）专利号、案件编号、发明创造名称、专利权人名称等信息应当与案件的相应信息一致；

（4）委托人应当签章，并与当事人的名称一致；

（5）受托人应当签章，并与专利代理机构的名称一致；

（6）当事人和专利代理机构的签章应为原迹。

◎委托手续：

专利权人在专利申请阶段与专利代理机构签署授权委托书的，该代理机构在无效宣告程序中有权利和义务接收并转送专利复审委员会与专利权人之间的通知书或文件，但并不当然具有代表专利权人在无效宣告程序中陈述意见的权利。

在无效宣告程序中，专利权人提交了本人签署的中间文件的，无论专利权人是否与其在申请阶段委托的代理机构签署无效宣告程序授权委托书，合议组均应当接受该中间文件，但专利权人属于§19.1规定情形的除外；此时合议组应当以该代理机构作为收件人，专利权人解除与该代理机构的委托关系或以书面方式重新指定收件人的除外；该代理机构未提交无效宣告程序授权委托书但代表专利权人陈述意见或出席口头审理的，合议组应当要求其在指定期限内补交无效宣告程序授权委托书。

在合议审查中，当事人委托代理或者变更委托代理，并在指定期限内补交了合格授权委托书的，代理人的代理权限视为得到追认，该代理人以前提交的意见陈述书或口头审理中陈述的意见应当予以考虑；反之，代理人视为无权代理，该代理人代为提交的意见陈述书或口头审理中陈述的意见不予考虑。

◎无效宣告形式审查：

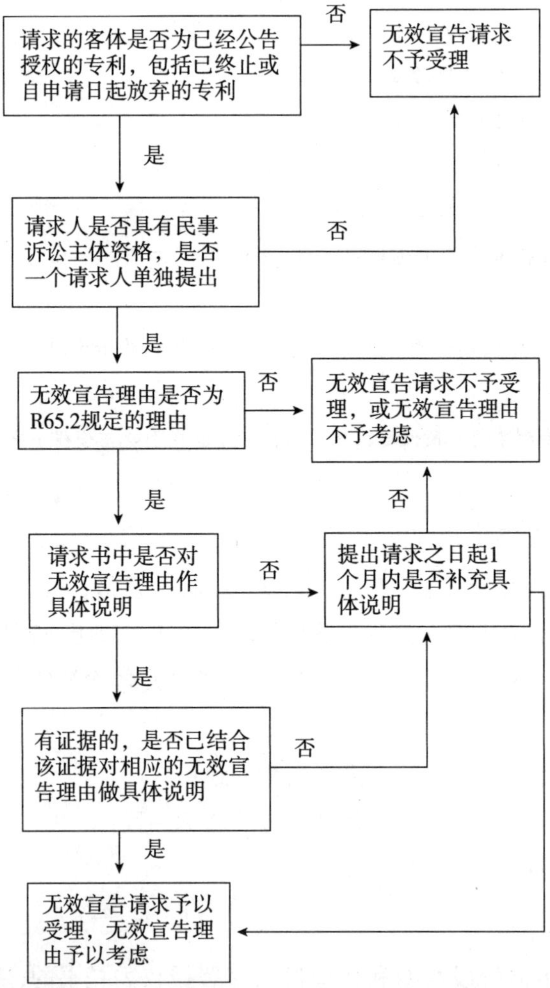

GL－D－Ⅲ 3.7 形式审查通知书

(1) 无效宣告请求需要补正的，专利复审委员会发出补正通知书，要求请求人在收到通知书之日起15日内补正。

(2) 无效宣告请求视为未提出或者不予受理的，专利复审委员会发出无效宣告请求视为未提出通知书或者无效宣告请求不予受理通知书，通知请求人。

(3) 无效宣告请求得到受理的，复审委员会向请求人和专利权人发出无效宣告请求受理通知书，并将无效宣告请求书和有关文件副本转送专利权人，要求其在收到该通知书之日起1个月内答复。专利权人就其专利委托了在专利权有效期内的全程代理的，所述无效宣告请求书和有关文件副本转送该全程代理的机构（R68.1）。

(4) 受理的无效宣告请求需等待在先作出的专利权无效或部分无效的审查决定生效而暂时无法审查的，复审委员会发出通知书通知请求人和专利权人；在先审查决定生效或者被法院生效判决予以撤销后，专利复审委员会应当及时恢复审查。

(5) 受理的无效宣告请求涉及专利侵权案件的，复审委员会可以应人民法院、地方知识产权管理部门或者当事人的请求，向处理该专利侵权案件的法院或者地方知识产权管理部门发出无效宣告请求案件审查状态通知书。

GL－D－Ⅲ 5 无效宣告请求审查决定的类型

无效宣告请求审查决定分为下列三种类型：

(1) 宣告专利权全部无效。

(2) 宣告专利权部分无效。

(3) 维持专利权有效。

宣告专利权无效包括宣告专利权全部无效和部分无效两种情形。根据§47，宣告无效的专利权视为自始即不存在。

一项专利被宣告部分无效后，被宣告无效的部分应视为自始即不存在。但是被维持的部分（包括修改后的权利要求）也同时应视为自始即存在。

◎请求期限：

在实用新型专利侵权诉讼中，被告可以在专利局公告授予原告实用新型专利之日起的任何时候以适当的理由提请专利复审委员会宣告该专利权无效而不受时间限制。

在诉讼过程中，被告若有法定理由需要请求法院中止诉讼的，则应在答辩期间对原告的专利权提出宣告无效的请求。

R66 不予受理的无效请求；无效宣告请求书的补正

专利权无效宣告请求不符合专利法第十九条第一款或者本细则第六十五条规定的，专利复审委员会不予受理。

在专利复审委员会就无效宣告请求作出决定之后，又以同样的理由和证据请求无效宣告的，专利复审委员会不予受理。〈但同一理由和同一事实，应当受理。〉

以不符合专利法第二十三条第三款的规定为理由请求宣告外观设计专利权无效，但是未提交证明权利冲突的证据的，专利复审委员会不予受理。

专利权无效宣告请求书不符合规定格式的，无效宣告请求人应当在专利复审委员会指定的期限内补正；期满未补正的，该无效宣告请求视为未提出。

GL－D－I 2.1 一事不再理原则〈R66.2〉

对已作出审查决定的无效宣告案件涉及的专利权，以同样的理由和证据再次提出无效宣告请求的，不予受理和审理。

〈涉及未考虑过的理由或者证据的，应当予以受理；必要时，经原合议组确认后决定是否受理。〉

如果再次提出的无效宣告理由或者证据因时限等原因未被在先的无效宣告请求审查决定所考虑，则该请求不属于上述不予受理和审理的情形。

◎比较 R66.2，下列情况专利复审委员会应当受理：

（1）对尚未审结的无效宣告案件涉及的专利权，在后的无效宣告请求不属于“一事不再理”的情况，他人以同样的理由和证据再次提出无效宣告请求；

（2）对于有专利权归属纠纷的当事人请求中止并且已经执行中止的专利权提出的无效宣告请求。

《民事诉讼法》

A111（5）：人民法院对符合本法 A108 的起诉，必须受理；对下列起诉，分别情形，予以处理：

（五）对判决、裁定已经发生法律效力的案件，当事人又起诉的，告知原告按照申诉处理，但人民法院准许撤诉的裁定除外。

民事诉讼中的“一事不再理”意思是禁止“一事再诉”；无效宣告中的“一事不再理”的受理范围要宽于民事诉讼中的“一事不再理”。

民事诉讼中只要就同一诉讼内容已经作出生效判决的就不再受理，即使提出了新的证据，也只能通过申诉走再审程序。而无效宣告中对于已经作出过生效决定的同一专利权，只要求不同的证据，就符合受理的条件，对于尚未作出决定的，也可以受理。

GL－D－III 3.5 费用

请求人自提出无效宣告请求之日起 1 个月内未缴纳或者未缴足无效宣告请求费的，其无效宣告请求视为未提出（R99.3）。

R65 无效宣告的请求和无效宣告的理由

依照专利法第四十五条的规定，请求宣告专利权无效或者部分无效的，应当向专利复审委员会提交专利权无效宣告请求书和必要的证据一式两份。无效宣告请求书应当结合提交的所有证据，具体说明无效宣告请求的理由，并指明每项理由所依据的证据。前款所称无效宣告请求的理由，是指被授予专利的发明创造不符合专利法第二条、第二十条第一款、第二十二条、第二十三条、第二十六条第三款、第四款、第二十七条第二款、第三十三条或者本细则第二十条第二款、第四十三条第一款的规定，或者属于专利法第五条、第二十五条的规定，或者依照专利法第九条规定不能取得专利权。

GL－D－Ⅲ 3.3 无效宣告请求范围以及理由和证据

（1）无效宣告请求书中应当明确无效宣告请求范围，未明确的，专利复审委员会应当通知请求人在指定期限内补正；期满未补正的，视为未提出。

（2）无效宣告理由仅限于 R65.2 规定的理由，并且应当以专利法及其实施细则中有关的条、款、项作为独立的理由提出。

（3）在复审委员会就一项专利权已作出无效宣告请求审查决定后，又以同样的理由和证据提出无效宣告请求的，不予受理。但所述理由或者证据因时限等原因未被所述决定考虑的情形除外。〈*R65.2：一事不再理原则。*〉

（4）以授予专利权的外观设计与他人在申请日以前已经取得的合法权利相冲突为理由请求宣告外观设计专利权无效，但是未提交证明权利冲突的证据的，不予受理。

（5）请求人应当具体说明无效宣告理由，提交有证据的，应当结合提交的所有证据具体说明。

请求人未具体说明无效宣告理由的，或者提交有证据但未结合提交的所有证据具体说明无效宣告理由的，或者未指明每项理由所依据的证据的，其无效宣告请求不予受理。

◎无效宣告请求的理由：

（1）专利的主题不符合发明、实用新型或外观设计的定义（§2）；

（2）违反保密审查规定。向外国申请专利的，应当事先进行保密审查（§20.1）；

（3）发明、实用新型专利的主题不具备新颖性、创造性和实用性（§22）；

（4）外观设计专利主题不具备新颖性（属于现有设计或同样的外观设计，或者与现有设计或现有设计特征的组合相比没有明显区别）或者与他人在先取得的合法权利相冲突（§23）；

（5）说明书没有充分公开发明或者实用新型（§26.3）；

（6）授权专利的权利要求书没有以说明书为依据（§26.4），保护范围不清楚；

权利要求没有以说明书为依据（A26.4，支持问题）；

权利要求无引用基础（A26.4，清楚问题）；

（7）外观设计专利的图片或者照片未清楚地显示要求专利保护的产品的外观设计（§27.2）；

（8）修改超出原申请记载的范围（§33）。

（9）授权专利的权利要求书不清楚，不简明或者缺少解决其技术问题的必要技术特征（R19.1）。

〈对于文字表述不清、文字表达错误等，只要不影响确定权利要求保护范围，就不作为无效宣告理由。〉

（10）专利的独立权利要求缺少必要技术特征（R20.2）；

〈如果权利要求中由于缺乏某些技术特征而导致技术方案不完整，则对于独立权利要求，既可认为其缺乏必要技术特征，以其不符合 R20.2 作为无效理由，也可以以其不符合§26.4 作为无效理由。但是由于缺乏必要技术特征仅针对独立权利要求，因而对于从属权利要求，在这种情形下，只能以其不符合§26.4 作为无效理由。〉

（11）分案申请超出原申请文件的范围（R43.1）；

（12）专利的主题违反国家法律、社会公德或者妨害公共利益（§5）（§5 所称违反法律的，不包括仅其实施为法律所禁止的发明创造〈§10〉）；

（13）专利的主题不属于能够授予专利权的范围（§25）；

（14）属于重复授权（§9）可根据§22 进行审查（GL－D－Ⅶ 1）。

对理由未提供具体说明的，或者对证据未具体说明理由的，复审委员会不予考虑（R65.1）。

《施行修改后的专利法实施细则的过渡办法》

第3条：2010年2月1日以后以不符合§23.3 的规定为理由提出无效宣告请求的，对该无效宣告请求的审查适用修改后的 R66.3 的规定。

无效宣告请求理由不属于 R65.2 规定的理由，申请不予受理（R66.1）。例如：

（1）单一性（§31.1）（属于驳回理由）

（2）专利权归属（§6、§8）

（3）完成发明的先后、独立权利要求没有清楚的前序和特征部分（R21.1）

（4）答复审查意见书时，修改未针对其指出的缺陷（R51.3）

（5）从属权利要求的引用（R22）

（以上列举的都是不属于无效理由的常见情况。）

虽然从属权利要求的引用（R22）不是无效宣告理由，但是有可能以从属权利要求中的技术特征在被引用的权利要求中没有记载，缺乏引用基础，从而导致从属权利要求的保护范围不清楚，不符合§26.4 的规定，属于无效宣告的理由（R65）。

（6）关于遗传资源来源说明（§26.5）

（7）不能享有优先权（§29）

不能享有优先权不能单独作为无效宣告的理由。对于专利以不能享有优先权而不符合§22 的要求为理由提出无效宣告请求的，可以在指出该专利不符合§22 规定的同时，指出其亦不符合§29 的规定，不能享有优先权。例如，该发明专利不应当享有优先权，且在其申请日与优先权日之间公开的对比文件损害该专利的新颖性、创造性。

权利要求书和说明书对技术方案的某部分组成的作用有没有进行描述，不是法定的无效理由。

GL－D－Ⅲ 4.1 审查范围

在无效宣告程序中，专利复审委员会通常仅针对当事人提出的无效宣告请求的范围、理由和提交的证据进行审查，不承担全面审查专利有效性的义务（当事人处置原则）。

专利复审委员会作出宣告专利权部分无效的审查决定后，当事人未在收到该审查决定之日起3个月内向法院起诉或者法院生效判决维持该审查决定的，针对该专利权的其他无效宣告请求的审查以维持有效的专利权为基础。

请求人在提出无效宣告请求时没有具体说明的无效宣告理由以及没有用于具体说明相关无效宣告理由的证据，且在提出无效宣告请求之日起1个月内也未补充具体说明的，专利复审委员会不予考虑。

请求人增加无效宣告理由不符合本章4.2或者补充证据不符合本章4.3规定的，专利权人提交或者补充证据不符合本章4.3规定的，专利复审委员会不予考虑。

复审委员会在下列情形可以依职权进行审查：

（1）请求人提出的无效宣告理由明显与其提交的证据不相对应的，专利复审委员会可以告知其有关法律规定的含义，允许其变更或者依职权变更为相对应的无效宣告理由。

（2）专利权存在请求人未提及的明显不属于专利保护客体的缺陷，专利复审委员会可以引入相关的无效宣告理由进行审查。

（3）专利权存在请求人未提及的缺陷而导致无法针对请求人提出的无效宣告理由进行审查的，专利复审委员会可以依职权针对专利权的上述缺陷引入相关无效宣告理由并进行审查。

（4）请求人请求宣告权利要求之间存在引用关系的某些权利要求无效，而未以同样的理由请求宣告其他权利要求无效，不引入该无效宣告理由将会得出不合理的审查结论的，专利复审委员会可以依职权引入该无效宣告理由对其他权利要求进行审查。

（5）请求人以权利要求之间存在引用关系的某些权利要求存在缺陷为由请求宣告其无效，而未指出其他权利要求也存在相同性质的缺陷，专利复审委员会可以引入与该缺陷相对应的无效宣告理由对其他权利要求进行审查。

（6）请求人以不符合§33或R43.1的规定为由请求宣告专利权无效，且对修改超出原申请文件记载范围的事实进行了具体的分析和说明，但未提交原申请文件的，复审委员会可以引入该专利的原申请文件作为证据。

（7）专利复审委员会可以依职权认定技术手段是否为公知常识，并可以引入技术词典、技术手册、教科书等所属技术领域中的公知常识性证据。

专利确权和侵权咨询案件的审查范围一般限于委托书中载明的委托事项及相关证据材料。

◎R65的审查与适用：

请求宣告专利权无效或者部分无效的无效宣告请求一经受理，请求人一般仅能缩小无效宣告请求的范围。无效宣告请求的范围是指被请求宣告无效的权利要求。例如：

（1）请求人在提出无效宣告请求时仅请求宣告权利要求 1 无效，在无效宣告请求被受理后，请求人补充请求宣告权利要求 2 无效，则合议组对于宣告权利要求 2 无效的请求不予接受；

（2）授权公告的权利要求书包括权利要求 1 ~ 3，请求人在提出无效宣告请求时仅请求宣告权利要求 1 无效，在无效宣告请求被受理后，请求人将针对权利要求 1 的无效宣告请求变更为请求宣告权利要求 2 无效，则合议组对上述变更不予接受。

对于已经受理的无效宣告请求，请求人提出的所有无效宣告理由明显不符合 R65.1 的规定，或者不属于 R65.2 规定的理由的，无效宣告请求将被驳回。

对于已经受理的无效宣告请求，请求人提出的部分无效宣告理由明显不符合 R65.1 的规定，或者不属于 R65.2 规定的理由的，合议组审查时对该部分理由不予考虑。

无效宣告请求第 94 号：不考虑对比文件是否有效

在审查针对争议实用新型专利权的无效宣告请求的过程中，合议组将不考虑请求人引用的作为对比文件的发明专利是否有效的问题。根据 §45 和 R65，如果专利权人认为对比文件不符合专利法的有关规定，因而应该宣告其无效，则必须向专利复审委员会正式提出无效宣告请求，另行成立合议组进行审查。

《专利权无效宣告请求书》表格（注意事项 6）

根据 R65，应当结合提交的所有证据具体说明无效宣告请求的理由，并指明每项理由所依据的证据。请求人提交多篇对比文件的，应指明与请求宣告无效的专利最接近的对比文件以及单独对比还是结合对比的对比方式，具体描述涉案专利和对比文件的技术方案，并进行比较分析。如果是结合对比，存在两种或者两种以上结合方式的，应当指明具体结合方式。对于不同的独立权利要求，可以分别指明最接近的对比文件。

《关于行政诉讼证据若干问题的规定》

第 16 条：当事人向人民法院提供的证据系在中华人民共和国领域外形成的，该证据应当经所在国公证机关予以证明，并经中华人民共和国驻该国使领馆予以认证，或者履行中华人民共和国与该所在国订立的有关条约中规定的证明手续。

当事人向人民法院提供的证据是在香港、澳门、台湾地区形成的，应当履行相关的证明手续。

《专利权无效宣告请求书》

表格（注意事项 11）：当事人提交外文证据的，应当提交中文译文，未在举证期限内提交中文译文的，该外文证据视为未提交。当事人应当以书面方式提交中文译文，未以书面方式提交中文译文的，该中文译文视为未提交。当事人可以仅提交外文证据的部分中文译文。该外文证据中没有提交中文译文的部分，不作为证据使用。但当事人应专利复审委员会的要求补充提交该外文证据其他部分的中文译文的除外。对方当事人对中文译文内容有异议的，应当在指定的期限内对有异议的部分提交中文译文。没有提交中文译文的，视为无异议。对中文译文出现异议时，双方当事人就异议部分达成一致意见的，以双方最终认可的中文译文为准。双方当事人未能就异议部分达成一致意见的，必要时，专利复审委员会可以委托翻译。双方当事人就委托翻译达成协议的，专利复审委员会可以委托双方当事人认可的翻译单位进行全文、所使用部分或者有异议部分的翻译。双方当事人就委托翻译达不成协议的，专利复审委员会可以自行委托专业翻译单位进行翻译。委托翻译所需翻译费用由双方当事人各承担50%；拒绝支付翻译费用的，视为其承认对方当事人提交的中文译文正确。〈*GL-D-IV2.2.1*〉

专利权人不是就同一发明创造最先提出专利申请的人，并且在先申请已获得专利权或已经公布的，可以以“存在在先申请”为理由请求无效宣告（R65.2、§22.2、§9）。

注意：

以“存在在先申请”为理由请求无效宣告的，其所依据的在先申请必须已经获得专利权或已公布。仅凭“专利权不是最先提出专利申请的人”为理由提起无效宣告，还不够充分。

R67 增加理由或补充证据的期限

在专利复审委员会受理无效宣告请求后，请求人可以在提出无效宣告请求之日起1个月内增加理由或者补充证据。逾期增加理由或者补充证据的，专利复审委员会可以不予考虑。

我国审理专利侵权的法院并不在侵权案件中审查专利权的有效性。

宣告专利权无效的决定在随后的行政诉讼中被判决撤销的，专利权人可以在判决生效后重新起诉。

《专利权无效宣告请求书》

表格（注意事项14）：如需要对几件专利权提出无效宣告请求的，应当分别提出并缴纳有关的费用。

GL-D-III 4.2 无效宣告理由的增加

（1）请求人在提出无效宣告请求之日起1个月内增加无效宣告理由的，应当在该期限内对所增加的无效宣告理由具体说明；否则，专利复审委员会不予考虑。

（2）请求人在提出无效宣告请求之日起1个月后增加无效宣告理由的，复审委员会一般不予考虑。下列情形除外：

（i）针对专利权人以合并方式修改的权利要求，在专利复审委员会指定期限内增加无效宣告理由，并在该期限内对所增加的无效宣告理由具体说明的；

（ii）对明显与提交的证据不相对应的无效宣告理由进行变更的。

权利要求包含并列的技术方案A、B、C，修改后为A、B，删除了C，那么请求人就不能针对该修改后的权利要求增加无效理由，而且复审委员会不考虑这样增加的无效理由。具体参见下图。

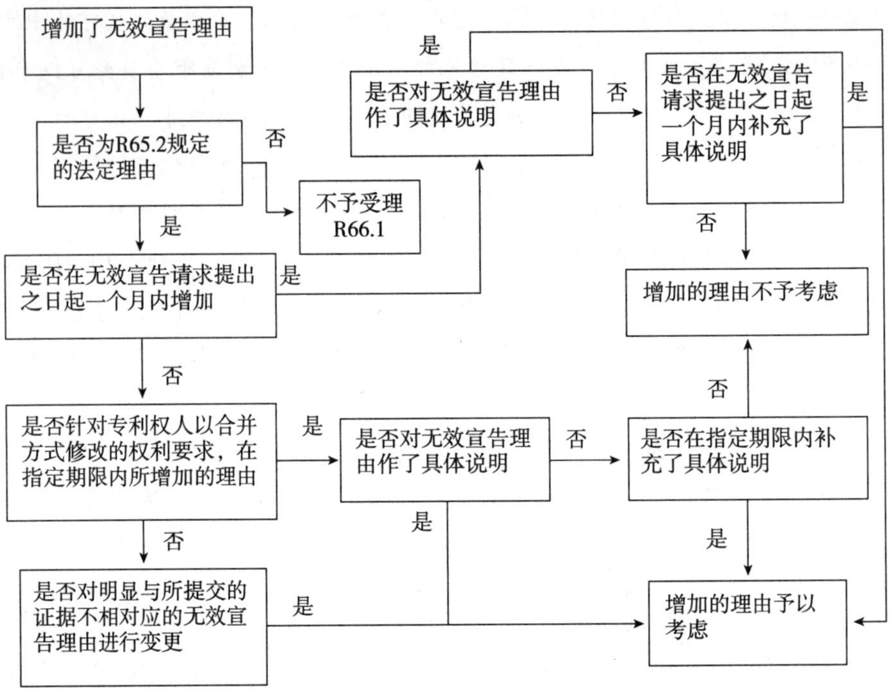

GL－D－Ⅲ 4.3.1 请求人举证〈R67〉

（1）请求人在提出无效宣告请求之日起1个月内补充证据的，应当在该期限内结合该证据具体说明相关的无效宣告理由，否则，专利复审委员会不予考虑。

（2）请求人在提出无效宣告请求之日起1个月后补充证据的，专利复审委员会一般不予考虑，下列情形除外：

（i）针对专利权人以合并方式修改的权利要求或者提交的反证，请求人在专利复审委员会指定的期限内补充证据，并在该期限内结合该证据具体说明相关无效宣告理由的；

（ii）在口头审理辩论终结前提交所属技术领域中的公知常识性证据或者用于完善证据法定形式的公证文书、原件等证据，并在该期限内结合该证据具体说明相关无效宣告理由的。

（3）请求人提交的证据是外文的，提交其中文译文的期限适用该证据的举证期限。

对于请求人逾期提供的新证据，专利复审委员会可以不予考虑。对于某些特殊情况下，当事人逾期提交的证据是否可以考虑，法律赋予了合议组自由裁量的权利。按照审查指南的规定，对请求人提交的用于证明在提出无效宣告请求之日起1个月内未举证主张的具体事实的新证据，合议组不予考虑。由此可知，对于在1个月内已经举证主张的具体事实的补充证据，即与证明该具体事实的1个月之内提交的证据相关联的新证据，不受举证时限的限制。

如果客户针对一项专利权提出了无效宣告请求，同时提交了证据A，但是在提出请求1个月之后，又找到了涉及新事实、更具说服力的证据B，那么作为代理人可以建议客户：

（1）如果证据A的证明力足够，并且当事人也没有相关联系的侵权诉讼案件需要中止，或者也没有其他情况急需宣告专利权无效的，可建议申请人等待复审委员会作出第一次无效宣告的决定后，再根据该决定采取行动，这样申请人花费的费用和精力将是最少的；

（2）如果证据A的证明力还不够，或者当事人具有相关联的侵权诉讼案件需要中止，或者有其他情况急需宣告该专利权无效的，代理人可以建议申请人将证据A和B组合后再次提交一个新的无效宣告请求（并请求合并口头审理〈GL－D－Ⅲ 4.5〉），这样申请人将更有可能及时地宣告该专利权无效。具体参见下图。

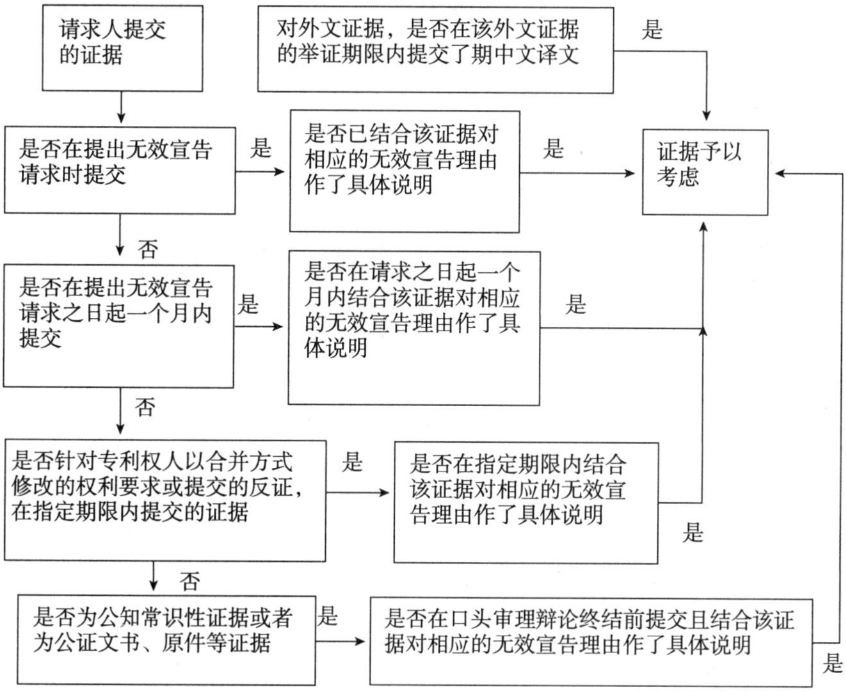

无效宣告请求第4153号：迟交的新证据不予考虑

根据审查指南公报第18号的规定，“对无效宣告请求人自提出请求之日起1个月以后主动提交的新证据，合议组不予考虑”，审查指南公报第18号自2000年1月1日起施行。因此，对于证人出庭作证的证词，合议组也不予考虑。

GL－D－Ⅲ 4.3.2 专利权人举证

专利权人应当在专利复审委员会指定的答复期限内提交证据，但对于所属技术领域中的公知常识性证据或者用于完善证据法定形式的公证文书、原件等证据，可以在口头审理辩论终结前补充。

专利权人提交或者补充证据的，应当在上述期限内对提交或者补充的证据具体说明。

专利权人提交的证据是外文的，提交其中文译文的期限适用该证据的举证期限。

专利权人提交或者补充证据不符合上述期限规定或者未在上述期限内对所提交或者补充

的证据具体说明的，专利复审委员会不予考虑。

当事人未提交证据全文的处理

无效宣告程序中，当事人仅提及作为证据的专利文件的专利号、公开号、公告号或发明创造名称，或者仅提及其他出版物类证据的名称，在举证期限内未提交相应证据的具体内容的，该证据视为未提交。

当事人仅提交证据的一部分，如仅提交专利文献的扉页、出版物的相关页等，一般应当以当事人提交的部分作为证据使用。对于当事人在提出无效宣告请求1个月后补交的相应证据的其他部分，专利复审委员会一般不予考虑；但在口头审理辩论终结前，当事人提交专利文件著录项目页或者书证版权页的，不视为新证据，专利复审委员会应当予以考虑。

GL－D－Ⅲ 4.3.3 延期举证

对于有证据表明因无法克服的困难在本章4.3.1和4.3.2所述期限内不能提交的证据，当事人可以在所述期限内书面请求延期提交。不允许延期提交明显不公平的，专利复审委员会应当允许延期提交。

GL－D－Ⅷ 2.2.1 外文证据的提交

当事人提交外文证据的，应当提交中文译文，未在举证期限内提交中文译文的，该外文证据视为未提交。当事人可以仅提交外文证据的部分中文译文。没有提交中文译文的部分，不作为证据使用。但当事人应专利复审委员会的要求补充提交该外文证据其他部分的中文译文的除外。

当事人应当以书面方式提交中文译文，未以书面方式提交中文译文的，该中文译文视为未提交。

对方当事人对中文译文内容有异议的，应当在指定的期限内对有异议的部分提交中文译文。没有提交中文译文的，视为无异议。

对中文译文出现异议时，双方当事人未能就异议部分达成一致意见的，必要时，专利复审委员会可以委托翻译。双方当事人就委托翻译达成协议的，专利复审委员会可以委托双方当事人认可的翻译单位进行全文、所使用部分或者有异议部分的翻译。双方当事人就委托翻译达不成协议的，复审委员会可以自行委托专业翻译单位进行翻译。翻译费用由双方当事人各承担50%；拒绝支付翻译费用的，视为其承认对方当事人提交的中文译文正确。

◎外文证据译文的处理：

无效宣告程序中，当事人未单独提交正式的译文而在请求书或意见陈述书等文件中明确提及或明确表明相关部分的译文的，应当视为当事人已提交该相关部分的译文。专利复审委员会可以要求当事人在指定的期限内补交该相关部分的正式译文。

GL－D－Ⅷ 2.2.2 域外证据及港、澳、台地区形成的证据的证明手续

域外证据是指在中国领域外形成的证据，该证据应当经所在国公证机关予以证明，并经中国驻该国使领馆予以认证，或者履行中国与该所在国订立的有关条约中规定的证明手续。

向专利复审委员会提供的证据是在港、澳、台地区形成的，也应当履行相关的证明手续。

在以下三种情况下，当事人可以在无效宣告程序中不办理相关的证明手续：

（1）该证据是能够从除港、澳、台地区外的国内公共渠道获得的。

（2）有其他证据足以证明该证据真实性的。

（3）对方当事人认可该证据的真实性的。

我国香港地区形成的证据需要公证的，公证文书应当加盖“中华人民共和国司法部委托香港律师办理内地使用公证文书转递专用章”。

我国澳门地区出具的民事登记类文书作为证据的，无须公证、认证；经澳门地区公证机关公证的其他证据，无须认证。

我国台湾地区形成的证据需要公证的，公证文书应当经过中国公证员协会或省、自治区、直辖市公证员协会（或公证员协会筹备组）的查证。公证文书上加盖有“中华民国”字样印章或钢印的，应当不予采信。

《最高法关于全面加强知识产权审判工作为建设创新型国家提供司法保障的意见》

第15条：对于域外形成的公开出版物等可以直接初步确认其真实性的证据材料，除非对方当事人对其真实性能够提出有效质疑而举证方又不能有效反驳，无需办理公证认证等证明手续。

GL－D－VIII 2.2.3 物证的提交

当事人应当在GL－D－III 4.3规定的举证期限内向专利复审委员会提交物证。

当事人确有正当理由不能在举证期限内提交物证的，应当在举证期限内书面请求延期提交，但仍应当在上述期限内提交足以反映该物证客观情况的照片和文字说明，具体说明依据该物证所要证明的事实。当事人最迟在口头审理辩论终结前提交该物证。

对于经公证机关公证封存的物证，当事人在举证期限内可以仅提交公证文书而不提交该物证，但最迟在口头审理辩论终结前提交该物证。

GL－D－VIII 5.4 当事人提交的样品等不作为证据的物品的处理

在无效宣告程序中，当事人在提交样品等不作为证据的物品时，有权以书面方式请求在其案件审结后取走该物品。合议组决定何时允许取走。专利复审委员会应当通知提交该物品的当事人，当事人应当在收到该通知之日起3个月内取走该物品。期满未取走的，或者在提交物品时未提出取走请求的，复审委员会有权处置该物品。

当事人在无效宣告请求审查决定作出之后以书面方式请求取回证据原件、实物证据或样品的，由合议组签署意见决定是否准许取回。准许取回的，合议组或者立案及流程管理处应当以书面方式通知当事人在收到该通知之日起3个月内取回，逾期未取回的，专利复审委员会有权予以处置。

GL－D－VIII 3 专利复审委员会对证据的调查收集

专利复审委员会一般不主动调查收集审查案件需要的证据。对当事人及其代理人确因客观原因不能自行收集的证据，应当事人在举证期限内提出的申请，专利复审委员会认为确有必要时，可以调查收集。所需费用由提出申请的当事人或者专利复审委员会承担。专利复审委员会自行决定调查收集证据的，所需费用由专利复审委员会承担。

◎关于当事人确因“客观原因”不能自行收集证据的情况：

（1）证据是由国家有关部门保存并须由专利复审委员会依职权调取的档案材料；

（2）证据是由于正在使用或不宜搬运、拆卸等物理原因而导致无法直接提供的实物；

（3）当事人及其代理人确因客观原因不能自行收集的其他证据材料。

GL－D－VIII 4.1 证据的质证

证据应当由当事人质证，未经质证的证据，不能作为认定案件事实的依据。

GL－D－VIII 4.3 证据的认定

对于一方当事人提出的证据，另一方当事人认可或者提出的相反证据不足以反驳的，专利复审委员会可以确认其证明力。

双方当事人对同一事实分别举出相反的证据，但都没有足够的依据否定对方证据的，专利复审委员会应当结合案件情况，判断一方提供证据的证明力是否明显大于另一方提供证据的证明力，并对证明力较大的证据予以确认。

因证据的证明力无法判断导致争议事实难以认定的，专利复审委员会应当依据举证责任分配的规则作出判定。

民事诉讼法 A63 规定了 7 种法定证据，即书证、物证、视听资料、证人证言、当事人的陈述、鉴定结论和勘验笔录。

GL－D－VIII 4.3.1 证人证言

证人根据其经历所作的判断、推测或者评论，不能作为认定案件事实的依据。

证人应当出席口头审理作证，接受质询。未能出席口头审理作证的证人所出具的书面证言不能单独作为认定案件事实的依据，但证人确有困难不能出席口头审理作证的除外，这时，复审委员会对其书面证言进行认定。

GL－D－VIII 4.3.2 认可和承认

在无效宣告程序中，一方当事人明确认可的另外一方当事人提交的证据，专利复审委员会应当予以确认。但其与事实明显不符，或者有损国家利益、社会公共利益，或者当事人反悔并有相反证据足以推翻的除外。一方当事人既未承认也未否认，经合议组充分说明并询问后，其仍不明确表示肯定或者否定的，视为对该项事实的承认。

〈当事人或其代理人在作出对自己不利的陈述后反悔的，应当提供充足的证据。在没有证据的情况下，仅仅反悔是不够的，其对自己不利的陈述仍可认定为案件事实。〉

当事人委托代理人参加无效宣告程序的，代理人的承认视为当事人的承认。但是，未经特别授权的代理人对事实的承认直接导致承认对方无效宣告请求的除外。当事人在场但对其代理人的承认不作否认表示的，视为当事人的承认。

进行口头审理的案件当事人在口头辩论终结前，没有进行口头审理的案件当事人在无效宣告决定作出前撤回承认并经对方当事人同意，或者有充分证据证明其承认行为是在受胁迫或者重大误解情况下作出且与事实不符的，专利复审委员会不予确认该承认的法律效力。

在无效宣告程序中，当事人为达成调解协议或者和解的目的作出妥协所涉及的对案件事实的认可，不得在其后的无效宣告程序中作为对其不利的证据。

专利复审委员会合并审理案件时，案件证据不可以共享。合并审理不等于可以违背请求原则而共享证据。

当事人认可和承认的内容既包括当事人及其代理人在请求书、意见陈述书等文件和口头审理过程中记述或陈述的案件事实，又包括其认可的证据，但不包括对案件事实的法律观点或者法律适用意见。

《最高人民法院关于民事诉讼证据的若干规定》

A74：诉讼过程中，当事人在起诉状、答辩状、陈述及其委托代理人的代理词中承认的对己方不利的事实和认可的证据，人民法院应当予以确认，但当事人反悔并有相反证据足以推翻的除外。

GL－D－Ⅷ 4.3.4 公证文书

一方当事人将公证文书作为证据提交时，有效公证文书所证明的事实，应当作为认定事实的依据，但有相反证据足以推翻公证证明的除外。

形式上存在严重缺陷的公证文书不能作为认定案件事实的依据。

公证文书的结论明显缺乏依据或者公证文书的内容存在自相矛盾之处，则相应部分的内容不能作为认定案件事实的依据。

〈*公证书是具有较高证明效力的法律文书，属于最高人民法院《关于行政诉讼证据若干问题的规定》A68（四）规定的"已经依法证明的事实"，一般情况下，可以直接认定为案件事实。*〉

◎公开日的确定：

根据请求人提交的证据，合议组无法确定上述产品介绍的具体的公开时间。在此情况下，合议组通常会将当事人提交的证据与商业惯例、公理等结合起来，按照常态对于相关证据的公开时间进行推定。在没有相反证据证明这一推定与事实不符的情况下，应当认为在该推定的时间之前所述产品介绍已经公开。

GL－D－Ⅷ 4.3.3 公知常识

主张某技术手段是本领域公知常识的当事人，对其主张承担举证责任。该当事人未能举证证明或者未能充分说明该技术手段是本领域公知常识，并且对方当事人不予认可的，合议组对该技术手段是本领域公知常识的主张不予支持。

当事人可以通过教科书或者技术词典、技术手册等工具书记载的技术内容来证明某项技术手段是本领域的公知常识。

京（2010）高行终字第285号：主张公知常识应有证据支持

专利复审委员会所主张的某个专业技术领域内的公知常识，如果没有证据支持，法院应当不予支持。

京（2005）一中行初字第373号：依据公知常识的行政决定应有证据支持

专利复审委员会依据公知常识作出行政决定，应当对此提交证据。

京（2010）一中知行初字第1851号：未合并审理的无效宣告请求中的证据不能通用

专利复审委员会就第一次和第二次专利无效宣告请求分别举行了口头审理，并没有就第一次和第二次无效宣告请求进行合并审理。专利复审委员会在对第一次无效宣告请求审查中，不能依据无效宣告请求人在第二次无效宣告请求审查案件中提交的证据进行审查。

京（2005）高行终字第121号：不能借用其他无效宣告请求中文件的译文

对一项专利权，一无效宣告请求人提交了一份对比文件的部分译文；另一无效宣告请求人提交了此对比文件的全部译文。在专利权人没有认可的情况下，复审委员会不能在审查仅提供部分译文的无效宣告请求时，使用另一无效宣告请求人提供的全部译文。

GL－D－Ⅲ 2.2 当事人处置原则

请求人可以放弃全部或者部分无效宣告请求的范围、理由及证据。对于请求人放弃的无效宣告请求的范围、理由和证据，专利复审委员会通常不再审查。

在无效宣告程序中，当事人有权自行与对方和解。对于请求人和专利权人均向专利复审委员会表示有和解愿望的，专利复审委员会可以给予双方当事人一定的期限进行和解，并暂缓作出审查决定，直至任何一方当事人要求专利复审委员会作出审查决定，或者专利复审委员会指定的期限已届满。

在无效宣告程序中，专利权人针对请求人提出的无效宣告请求主动缩小专利权保护范围且相应的修改文本已被专利复审委员会接受的，视为专利权人承认大于该保护范围的权利要求自始不符合专利法及其实施细则的有关规定，并且承认请求人对该权利要求的无效宣告请求，从而免去请求人对宣告该权利要求无效这一主张的举证责任。

在无效宣告程序中，专利权人声明放弃部分权利要求或者多项外观设计中的部分项的，视为专利权人承认该项权利要求或者外观设计自始不符合专利法及其实施细则的有关规定，并且承认请求人对该项权利要求或者外观设计的无效宣告请求，从而免去请求人对宣告该项权利要求或者外观设计无效这一主张的举证责任。

〈专利权人主动提出缩小专利权保护范围的，无效宣告审理仅限定在专利权人为缩小专利权保护范围而提交的权利要求范围内进行。〉

只有针对专利权人以合并方式（GL－D－Ⅲ4.6.2）修改的权利要求，专利复审委员会才会给予请求人针对修改后的权利要求提出新的无效宣告理由、证据和意见的机会。

用于完善证据法定形式的公证书及其译文，最迟可在口头审理辩论终结前提交。

◎举证责任：

与复审请求审查程序中“谁主张谁举证”的原则一致。但是，与复审程序中只有一方当事人（复审请求人）不同，无效宣告请求审查程序是一种双方当事人的程序，复审委员会处于居中裁判的地位。无效宣告请求人负有提交证据并证明其主张的事实成立的责任，当其完成了举证责任，事实能够被确认后，若专利权人对此提出异议，则举证责任转移，其应当提出足以否定该事实的证据，否则就要承担请求人的主张成立、专利权被宣告无效的法律后果。

《民事诉讼法》A64

当事人对自己提出的主张，有责任提供证据。

《最高人民法院关于民事诉讼证据的若干规定》

第2条：当事人对自己提出的诉讼请求所依据的事实或者反驳对方诉讼请求所依据的事实有责任提供证据加以证明。

没有证据或者证据不足以证明当事人的事实主张的，由负有举证责任的当事人承担不利后果。

第72条：一方当事人提出的证据，另一方当事人认可或者提出的相反证据不足以反驳的，人民法院可以确认其证明力。

一方当事人提出的证据，另一方当事人有异议并提出反驳证据，对方当事人对反驳证据认可的，可以确认反驳证据的证明力。

GL－D－Ⅷ 2.1 举证责任的分配

当事人对自己提出或反驳的无效宣告请求有责任提供证据加以证明。〈谁主张谁举证〉

在依据前述规定无法确定举证责任承担时，专利复审委员会可以根据公平原则和诚实信用原则，综合当事人的举证能力以及待证事实发生的盖然性等因素确定举证责任的承担。

没有证据或者证据不足以证明当事人的事实主张的，由负有举证责任的当事人承担不利后果。

京（2009）高行终字第643号：证据的采用

未出庭的证人出具的证言不能作为证据证明案件事实。

一方当事人自行印制、发行的材料，应当提交其他证据辅助证明该材料印制及发行的时间，仅凭材料上载明的时间认定公开时间则证明力不足。

关于互联网上发布的消息，负责为他人提供信息发布空间服务的网站虽然载明信息由企业自行发布，但网站上载明的发布该信息的时间在通常情况下由计算机服务器自动生成，信息发布人难以对该发布时间进行更改。在没有证据证明该发布时间系由发布信息的企业随意选取以及发布信息的企业容易对该网站上载的发布时间进行修改的情况下，被告以在实际生活中对网络数据实施变动的可操作性很强，网络信息资源处于极不稳定的状态为由，主张仅凭公证书不足以确定本专利申请日以前的真实的网络信息资源状态缺乏事实依据。

京（2009）高行终字第665号：专利复审委对其作出的具体行政行为的合法性负有举证责任

行政诉讼是对行政机关的具体行政行为合法性进行司法审查的过程。无效宣告请求审查决定是专利复审委员会作为行政机关作出的行政决定，专利复审委对其作出的具体行政行为的合法性负有举证责任，其应当提供作出该具体行政行为的证据和所依据的规范性文件。

京（2009）高民终字第931号：经公证的民事法律行为、有法律意义的事实和文书应作为证据

经公证的民事法律行为、有法律意义的事实和文书，应当作为认定事实的根据，但有相反证据足以推翻该项公证的除外。

复审请求第14848号：认可履行了证明责任

如果一方当事人提供的多份证据共同指向同一事实，且上述证据在证明某一事实存在与否的盖然性方面，肯定事实的盖然性远大于否定事实的盖然性，则该当事人已完成其证明责任，应该对所述多份证据及其所证明的案件事实予以确认。

◎当事人在口头审理时提交证据、增加或变更理由予以考虑：

当事人在口头审理时提交此前没有提交过的证据、增加或变更理由，合议组对上述证据、理由予以考虑的，应当告知首次收到所述证据或者首次得知所述理由的对方当事人有选择当庭口头答辩和/或庭后在合议组指定的期限内进行书面答辩的权利。

◎涉及§33或R43.1的证据的提交：

请求人以§33条或R43.1为由请求宣告专利权无效的，对其在口头审理辩论终结前提交的关于被请求宣告无效专利的原始申请文本或发明专利申请公开说明书，合议组应当予以接受。

◎涉及§5的证据的提交：

请求人以§5为由请求宣告专利权无效的，对其在口头审理辩论终结前提供的相应法律依据，合议组应当予以接受。

◎提交专利公开文本作为证据的处理：

请求人在提出无效宣告请求时提交了专利授权公告文本作为证据，在口头审理辩论终结前又补充提交了该专利的公开文本，对于该公开文本，如果请求人所使用的具体内容与授权公告文本中涉及的内容实质上相同，则合议组应当接受该公开文本；反之不予接受。

无效宣告请求第3572号：无效宣告程序中的证据提交

判断一项实用新型专利是否具备创造性，应当以该专利权利要求书记载的内容为准。请求宣告实用新型专利权无效的请求人如果以该专利不具备创造性为理由，请求宣告该专利权无效的，应当提交该专利不具备创造性的证据，专利权人应当提交证明自己的专利具备创造性的证据。专利权人、无效宣告请求人应当在无效宣告请求审查程序中提交

证据。无效宣告请求人在无效宣告请求审查程序终结之后的诉讼程序中，不能再向人民法院提交任何新证据。专利权人在无效宣告请求审查程序终结后的诉讼程序中提交的有可能导致案件处理结果改变的新证据，人民法院应当接受。如果以记载已有技术的公开出版物作为判断一项实用新型专利是否具备创造性的证据，该出版物应当在该专利申请日之前已经公开。专利权人和无效宣告请求人提交的公开出版物记载的应当是与被请求宣告无效的实用新型专利相同或相近的技术领域的已有技术。

无效宣告请求第5137号：境外证据

请求人提交的在境外形成的证据经过公证、认证程序，可以证明该证据材料的合法来源。虽然被请求人在意见陈述书中对证明文件提出了质疑，但并未提交相反证据证明上述证明文件不具有法律效力。因此，合议组认为请求人提交的经过合法公证、认证的境外证据是可以采信的。

无效宣告请求书的撰写示例

专利复审委员会：

请求人根据专利法第四十五条、专利法实施细则第六十五条的规定，请求专利号为×××、名称为“×××”的发明（实用新型）（部分）无效。该专利的申请日为×年×月×日，优先权日为×年×月×日。

请求人提供如下的证据：

证据1（D1）：×××；

证据2（D2）：×××。

上述两份对比文件的公开日均早于该专利的申请日（优先权日），故根据专利法第二十二条第二款和第三款，构成该专利的现有技术，可以用于评价该专利的新颖性和创造性。

（证据如何使用）D1评价权利要求1，D2、D3评价权利要求2。

请求人请求宣告该专利无效的具体理由如下（R65.2）。

1. 权利要求未以说明书为依据

上位概念概括：

发明利用了该特性来解决技术问题，而该上位概念概括所包含的所有方式不都具有该特性，因而权利要求1中所采用的上位概括包含了不能解决发明所要解决的技术问题或者不能得到相同技术效果的范围。

功能性限定：

权利要求中所限定的功能是以说明书实施方式或实施例记载的特定方式完成的，本领域技术人员不能明了此功能还可以采用说明书中未提到的其他替代方式来完成，或者有理由怀疑该功能性限定所包含的一种或几种特定方式不能解决发明要解决的技术问题并达到相同的技术效果。

因此，权利要求实质上未得到说明书的支持，不符合 § 26.4 的规定。

2. 缺乏必要技术特征

不同于判断创造性的“三步法”，此处要解决的技术问题是说明书中明确记载或者能直接、毫无疑义地得出的所要解决的技术问题，并不是根据最接近现有技术而重新确定的实际解决的技术问题，不是本领域技术人员重新认定的技术问题，也不是技术方案客观解决而说明书未明确记载的技术问题。

3. 保护范围不清楚（§ 26.4）

4. 新颖性

权利要求 1 的技术方案是…，（D1：说明书正文第 X 行，图 1）。（专利所解决的技术问题和效果，D1 的发明目的和技术效果）。权利要求 1 所保护的技术方案与 D1 中所公开的技术内容实质上相同，属于相同的技术领域，所解决的技术问题和预期的效果实质上相同，因此权利要求 1 相对于 D1 所公开的…不具备专利法第二十二条第二款规定的新颖性，当然也不符合专利法第二十二条第三款规定的创造性。

同理，权利要求 1 相对于 D2 所公开的…不具备专利法第二十二条第二款规定的新颖性，也不符合专利法第二十二条第三款规定的创造性。

下位概念使上位概念的新颖性丧失。

如果要求保护的技术方案与对比文件的区别仅仅是所属技术领域惯用手段的直接置换，则该发明或实用新型不具备新颖性。

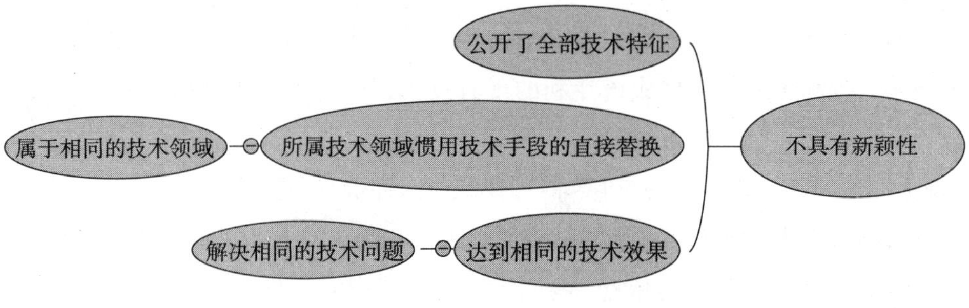

从属权利要求 2 对权利要求 1 进一步限定的技术特征为…。D1 的说明书第 X 页第 Y 段以及附图 Z 可知，…。由此可知，D1 披露了权利要求 X 限定部分的技术特征，因此当权利要求 X 相对于 D1 不具备专利法第二十二条第二款规定的新颖性，也不具备专利法第二十二条第三款规定的创造性。

5. 创造性

从属权利要求3进一步限定的附加技术特征为…。这些技术特征在D1中被披露（页，行），并且其作用相同，或者是公知的（或显而易见的，或是本领域的技术人员很容易直接想到的），属于本领域解决相同技术问题的惯用手段（公知常识）。

“选择”并未带来任何技术效果，可以认为“选择”为常规选择，且没有获得任何预料不到的技术效果，所以不具备创造性。

D1 + D2：

D1、D2与该专利属于相同的技术领域…，在D2的启示下，本领域技术人员容易想到采用D2公开的…，从而得到权利要求1的技术方案。

所以，该权利要求相对于D1和D2以及本领域的公知常识不具有（突出的）实质性特点和（显著的）进步，因此不具备专利法第二十二条第三款规定的创造性。

（如果权利要求不具有〈突出的〉实质特点，通常可以直接得出其不符合专利法第二十二条第三款的结论，不需要再进一步论述该权利要求不具有〈显著的〉进步）

综上所述，本专利的所有权利要求（或者权利要求X－Y）不符合专利法第×条和专利法实施细则第×条的规定，因此请求专利复审委员会宣告该专利权全部/部分（或者权利要求X－Y）无效。

注意：

必要时，向客户建议补充有关证据或检索，并在提出无效宣告请求之日起1个月内向复审委员会补交。

审查优先权：

权利要求1的技术方案已经记载在Dx中，两者技术领域、所解决的技术问题、技术方案和预期效果均相同，属于相同主题的发明/实用新型，且该优先权要求在Dx的优先权期限内，因此权利要求1可以享有Dx的优先权。

抵触申请（§22.2）：

阅读顺序：

1. 先读权利要求；

2. 现有技术（对比文件）；

3. 比较时，再读说明书。

答复无效宣告请求的撰写示例

专利复审委员会：

专利权人收到请求人于×年×月×日提出的无效宣告请求书及所附证据副本（以及于×年×月×日补充提交的意见陈述书及其附件）。针对请求人提出的无效宣告理由和证据，专利权人对公告的权利要求书进行了修改，并作出如下答辩：

修改说明：

（对权利要求无需针对最接近现有技术重新划界）

（简要说明针对通知书指出缺陷所进行的修改，并指出这些修改的依据，即在原说明书和权利要求书中的出处），例如：

1. 删去原独立权利要求 1，并将原从属权利要求 2 和 3 合并，形成新独立权利要求 1。

2. 修改了独立权利要求 1，在其特征部分加入了以下技术特征：…，以使该独立权利要求 1 符合专利法第二十二条第二款和第三款的规定。该修改的依据来自于说明书…，以及图 3。

3. 修改了从属权利要求 4 的主题名称，使其与所引用权利要求的主题名称相一致。

此外，相应地修改了权利要求的编号和引用关系。

上述修改符合无效宣告程序中权利要求修改方式的规定，修改后的权利要求书未超出原说明书和权利要求书记载范围，符合专利法第三十三条的规定，而且没有扩大原专利的保护范围，符合专利法实施细则第六十九条的规定。

新独立权利要求 1 的新颖性：

权利要求 1 与对比文件 1（D1）公开的…相比，D1 没有公开权利要求 1 中特征部分的内容，即未公开“…（具体技术特征）…”，因此，权利要求 1 的技术方案相对于 D1 来说具有专利法第二十二条第二款规定的新颖性。

…，所以权利要求 1 相对于 D2，具有专利法第二十二条第二款规定的新颖性。

新独立权利要求 1 的创造性：

无效宣告请求书中指出，权利要求 1 相对于 D1 和 D2 不具备专利法第二十二条第三款规定的创造性，专利权人不同意这一观点。

由于 D1 与本权利要求的技术领域相同，所解决的技术问题相近，且公开本权利要求的技术特征最多，因此可以认为 D1 是权利要求 1 最接近的现有技术。

权利要求 1 与 D1 的区别在于：A（独立权利要求 1 相对于 D1 的区别技术特征）。

由此可知，权利要求 1 相对于 D1 实际解决的技术问题是：B（根据区别技术特征在本专利中所起的作用而确定的该独立权利要求 1 相对于 D1 实际解决的技术问题）

1. D1 中没有给出任何相关教导或启示，而且区别技术特征也不是本领域解决上述问题的惯用手段，因此采用这些区别技术特征解决上述技术问题，对本领域技术人员并非容易想到的。

2. 虽然 D2 中披露了 A，但由对比文件 2 的说明书（页、行）可知，A 在 D2 的技术方案中所起的作用是：C（根据 D2 中的上述记载内容所确定的 A 的作用），而由本专利说明书（页、行）可知，A 在本专利独立权利要求 1 中为解决 B 这一技术问题所起的作用为 E（根据本专利说明书中的上述记载内容所确定的 A 的作用），由此可知，A 在对比文件2中所起的作用与其在本发明中所起的作用是不一样的，因此当本领域技术人员看到D2时，由于A在D2中所起的作用与本发明完全不同，也不属于公知常识，因而不容易想到利用A这一技术手段来解决最接近现有技术所存在的技术问题B，即D2未给出应用其所披露的A来解决本发明技术问题的启示，因而由D1、D2得到权利要求1的技术方案对本领域的技术人员是非显而易见的，具有（突出的）实质性特点。

此外，权利要求1的技术方案能够…（其相对于D1、D2所带来的技术效果）…，这并非是本领域技术人员容易想到的，因而权利要求1相对于D1、D2具有（显著）的进步。

因此，权利要求1相对于D1、D2具有专利法第二十二条第三款规定的创造性。

涉及单一性的无效宣告理由：

鉴于单一性不属于专利法实施细则第六十五条第二款规定的无效宣告理由，因此请求专利复审委员会对请求人在无效宣告请求书中指出权利要求X不符合专利法第三十一条第一款规定的无效宣告理由不予考虑。

请求人未结合具体的证据和理由说明无效宣告理由：

请求人在无效宣告请求书中笼统地提出了……的无效宣告理由，没有对此无效宣告理由进行具体说明，根据专利法实施细则第六十五条第一款以及审查指南第四部分第三章3.3的规定，属于不予受理的情形。而且请求人在提出无效宣告请求时没有具体说明，也未根据专利法实施细则第六十七条的规定，在无效宣告请求之日起的1个月内补充具体说明。因此请求专利复审委员会对该无效宣告理由不予考虑。

如果有补充提交的意见陈述书中涉及的理由和证据，请求人在提出无效宣告请求之日起1个月之后，于×年×月×日提交了补充意见陈述书，其中涉及的D3，并不是技术词典、技术手册、教科书等所属技术领域中的公知常识证据，也不是用于完善证据法定形式的公证文书、原件等证据，由此可知，所补交的证据和补充的无效理由均超过了专利法实施细则第六十七条规定的允许增加理由和补交证据的期限，不符合审查指南第四部分第三章4.3.1的有关规定，故请求专利复审委员会对上述证据和理由不予接受。

综上所述，请求人的无效宣告理由不成立。专利权人请求专利复审委员会驳回上述请求人所提出的无效宣告请求，（在随本意见陈述书所附修改后的权利要求书的基础上）维持本专利有效。

注意：

1. 了解专利的申请日（优先权日）以确定该专利的无效程序是旧专利法还是新的。

2. 分析无效宣告请求时所提供的证据是否应当采信及适用范围，尤其是判断对比文件是否为抵触申请。如证据中未包含优先权副本，因此请求人提供的证据不足以证明对比文件能享受优先权。

修改权利要求书的方式仅限于权利要求的删除、合并和技术方案的删除。

在独立权利要求未作修改的情况下，不允许对其从属权利要求进行合并式修改。

在无效程序中修改权利要求时，只能在原权利要求书的基础上进行修改，不得将仅记载在说明书中的技术特征补入权利要求中。

在复审委员会作出审查决定之前，专利权人可以删除权利要求或者权利要求中包括的技术方案。

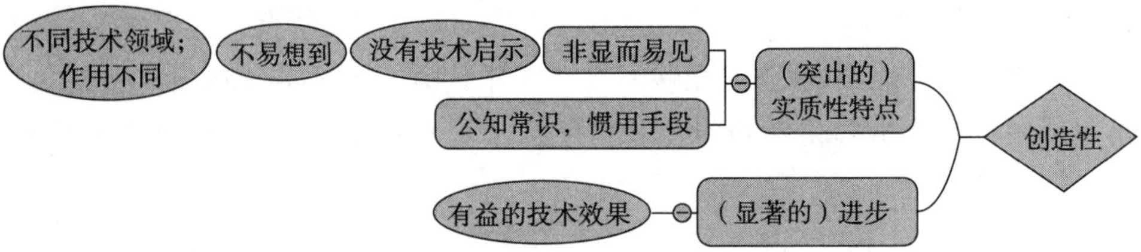

§46 无效宣告请求的审查和决定

专利复审委员会对宣告专利权无效的请求应当及时审查和作出决定，并通知请求人和专利权人。宣告专利权无效的决定，由国务院专利行政部门登记和公告。

对专利复审委员会宣告专利权无效或者维持专利权的决定不服的，可以自收到通知之日起3个月内向人民法院起诉。人民法院应当通知无效宣告请求程序的对方当事人作为第三人参加诉讼。

A32 TRIPS 撤销与无效：

撤销专利或宣布专利无效的任何决定，均应提供机会给予司法审查。

《审查指南公报》第18号（1995年9月28日）：

对无效宣告请求人自提出请求之日起1个月以后主动提交的新证据，合议组不予考虑，本公报自2000年1月1日起施行。

不服无效宣告请求决定的，可以以新的理由或者证据重新提出无效宣告请求。

如不服的，只能是无效宣告请求人或专利权人可以向人民法院提起诉讼。

无效请求人对专利复审委员会决定不服的，专利权人作为第三人参加诉讼。

专利权人对专利复审委员会决定不服的，无效宣告请求人作为第三人参加诉讼。

应当以专利复审委员会为被告，向北京市第一中级人民法院起诉。对一审判决不服的，应当向北京市高级人民法院上诉。

专利复审委员会作出的无效宣告请求审查决定不属于行政处罚决定。因此，北京市第一中级人民法院和北京市高级人民法院不可以直接对专利复审委员会的决定予以改判。根据行政诉讼法A54，只有当行政决定为行政处罚决定的，法院才有权判决变更。

即使专利复审委员会的决定错误，法院也不能直接予以变更，只能判决撤销或者一并要求重作决定。

《国家知识产权局行政复议规程》

第5条：对下列情形之一，不能申请行政复议：

（三）专利权人或者无效宣告请求人对无效宣告请求审查决定不服的。

专利复审委员会作出维持专利权有效或者宣告专利权部分无效的审查决定后，同一请求人针对该审查决定涉及的专利权以不同理由或证据提出新的无效宣告请求的，作出原审查决定的主审员不再参加该无效案件的审查工作。

对于审查决定被法院的判决撤销后重新审查的案件，一般应重新成立合议组。

GL－D－I 3.1 合议组的组成

专利复审委员会作出维持专利权有效或者宣告专利权部分无效的审查决定以后，同一请求人针对该审查决定涉及的专利权以不同理由或者证据提出新的无效宣告请求的，作出原审查决定的主审员不再参加该无效宣告案件的审查工作。

对于审查决定被人民法院的判决撤销后重新审查的案件，一般应当重新成立合议组。

◎无需重新成立合议组的情形：

对于重新审查的案件，一般应当重新成立合议组，但下列情形除外：

（1）因请求人不具备主体资格导致审查决定被撤销，可以直接驳回无效宣告请求的；

（2）因审查决定的送达有误，导致审查决定被撤销的；

（3）其他经主任委员或副主任委员批准可以由原合议组重新作出审查决定的案件。

R37 审查人员的回避

在初步审查、实质审查、复审和无效宣告程序中，实施审查和审理的人员有下列情形之一的，应当自行回避，当事人或者其他利害关系人可以要求其回避：

（一）是当事人或者其代理人的近亲属的；

（二）与专利申请或者专利权有利害关系的；

（三）与当事人或者其代理人有其他关系，可能影响公正审查和审理的；

（四）专利复审委员会成员曾参与原申请的审查的。

GL－D－I 5 回避制度与从业禁止

复审或者无效宣告案件合议组成员有 R37 规定情形之一的，应当自行回避；合议组成员应当自行回避而没有回避的，当事人有权请求其回避。

专利复审委员会主任委员或者副主任委员任职期间，其近亲属不得代理复审或者无效宣告案件；处室负责人任职期间，其近亲属不得代理该处室负责审理的复审或者无效宣告案件。其中近亲属包括配偶、父母、子女、兄弟姐妹、祖父母、外祖父母、孙子女、外孙子女和其他具有扶养、赡养关系的亲属。

专利复审委员会主任委员或者副主任委员离职后 3 年内，其他人员离职后 2 年内，不得代理复审或者无效宣告案件。

当事人请求合议组成员回避的或者认为代理人不符合上述规定的，应当以书面方式提出，并且说明理由，必要时附具有关证据。专利复审委员会以书面方式作出决定，并通知当事人。

〈合议组成员自行回避的，不必作出书面决定和通知当事人。〉

R68 专利权人陈述意见

专利复审委员会应当将专利权无效宣告请求书和有关文件的副本送交专利权人，要求其在指定的期限内陈述意见。

专利权人和无效宣告请求人应当在指定期限内答复专利复审委员会发出的转送文件通知书或者无效宣告请求审查通知书；期满未答复的，不影响专利复审委员会审理。

无论专利权人是否答复，专利复审委员会将进行后续审理，详见 GL－D－Ⅲ 4.4.4。

GL－D－I 2.4 依职权审查原则

专利复审委员会可以对所审查的案件依职权进行审查，而不受当事人请求的范围和提出的理由、证据的限制。

无效宣告程序中，专利复审委员会遵循请求原则，除依据职权审查的情形外，不会主动审查请求人未提及的无效理由。因此，请求人在提出申请时，应该尽量提出所有可能的无效理由。例如，当权利要求不具备新颖性的情况下，如有可能，应同时指明权利要求亦不具备创造性，以防止复审委员会一旦确认其具备新颖性后，不再继续审查其创造性而作出维持专利权有效的决定。

对于专利复审委员会依职权引入的无效理由和证据，即使双方当事人均发表了意见，在专利权人不同意引入该无效理由和证据的情况下，不能简单地认为满足听证原则即为程序合法。

京（2010）高行终字第283号：复审委员会不能擅自引入新的无效理由

在无效宣告请求人未提出专利相对于一现有技术不具备新颖性和创造性的无效理由的情况下，复审委员会依职权引入新的无效理由的行为违反了请求原则，亦不属于复审委员会可以依职权审查的具体情形。因此，复审委员会引入上述无效理由属于超越职权的行政行为。

GL－D－Ⅲ 7 无效宣告程序的终止

请求人在专利复审委员会对无效宣告请求作出审查决定之前，撤回其无效宣告请求的，无效宣告程序终止，但专利复审委员会认为根据已进行的审查工作能够作出宣告专利权无效或者部分无效的决定的除外。

〈复审委员会可以自行决定是否继续进行审查。〉

◎无效宣告程序的审查流程：

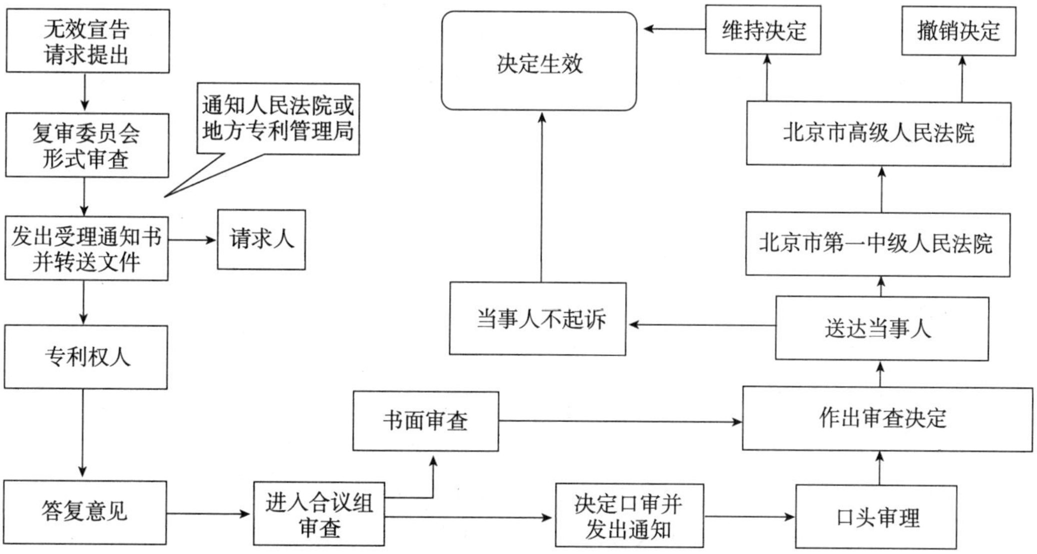

GL－D－Ⅲ 4.4.1 文件的转送

专利复审委员会根据案件审查需要将有关文件转送有关当事人。需要指定答复期限的，指定答复期限为1个月。当事人期满未答复的，视为当事人已得知转送文件中所涉及的事实、理由和证据，并且未提出反对意见。

GL－D－Ⅲ 4.4.3 无效宣告请求审查通知书

审查通知书的内容所针对的有关当事人应当在收到该通知书之日起1个月内答复。期满未答复的，视为当事人已得知通知书中所涉及的事实、理由和证据，并且未提出反对意见。

无效宣告请求第47号：新颖性审查不能作为具有新颖性的证据

新颖性的审查是把申请的技术或专利技术，与申请日之前已客观存在的技术方案相对比。申请专利之前请代理机构代查新颖性和代办申请手续，并不能保证申请的内容具有新颖性，更不能拒绝在无效宣告请求的审查程序中，根据请求人所提的证据重新审查专利的新颖性。即使是发明专利申请通过专利局的实质审查以后的审定公告，也仅仅表明专利局在对该申请进行有限检索的基础上未发现破坏新颖性的证据。所以专利权人不能以审查过新颖性作为专利具有新颖性的证据。

R69 无效审查中对专利申请文件的修改

在无效宣告请求的审查过程中，发明或者实用新型专利的专利权人可以修改其权利要求书，但是不得扩大原专利的保护范围。

发明或者实用新型专利的专利权人不得修改专利说明书和附图，外观设计专利的专利权人不得修改图片、照片和简要说明。

§33：申请人可以对其专利申请文件进行修改，但是，对发明和实用新型专利申请文件的修改不得超出原说明书和权利要求书记载的范围，对外观设计专利申请文件的修改不得超出原图片或者照片表示的范围。

无效宣告程序宣告的是权利要求有效或无效。因此，如果说明书的修改对权利要求的技术方案没有影响，则无论说明书的修改是否超出，都不会导致专利权无效；如果说明书的修改超范围、且对权利要求的技术方案产生了影响，则应当宣告受到影响的权利要求无效。

●无效宣告程序中专利文件的修改

GL－D－Ⅲ 4.6.1 修改原则

发明或者实用新型专利文件的修改仅限于权利要求书，原则是：

(4) 不得改变原权利要求的主题名称。

(5) 与授权的权利要求相比，不得扩大原专利的保护范围（R69.1）。

(6) 不得超出原说明书和权利要求书记载的范围（A33）。

(7) 一般不得增加未包含在授权的权利要求书中的技术特征。

外观设计专利的专利权人不得修改其专利文件（A69.2）。

GL－D－III 4.6.2 修改方式

修改权利要求书的具体方式一般限于权利要求的删除、合并和技术方案的删除。

权利要求的合并：两项或两项以上相互无从属关系但在授权公告文本中从属于同一独立权利要求的权利要求的合并。并且，所合并的从属权利要求的技术特征组合在一起形成新的权利要求。该新的权利要求应当包含被合并的从属权利要求中的全部技术特征。在独立权利要求未作修改的情况下，不允许对其从属权利要求进行合并式修改。

〈修改后的权利要求无须针对最接近现有技术重新划界，因为未正确划界为形式缺陷，不属于R65.2规定的实质性缺陷。〉

〈不允许对权利要求书中各权利要求的技术特征进行重新组合。〉

技术方案的删除：从同一权利要求中并列的两种以上技术方案中删除一种或者一种以上技术方案。

最高人民法院（2011）知行字第17号：无效程序对权利要求的修改

（1）专利权人在专利无效程序对权利要求进行修改，须符合GL的修改原则，对权利要求书的修改不得超出原说明书和权利要求记载的范围；

（2）《实施细则》及《专利审查指南》（GL－D－III 4.6.2）对无效过程中权利要求的修改进行限制，其原因一方面在于维护专利保护范围的稳定性，保证专利权利要求的公示作用；另一方面在于防止专利权人通过事后修改的方式把申请日时尚未发现、至少从说明书中无法体现的技术方案纳入到权利请求中，从而为在后申请抢占一个在先的申请日；

（3）专利无效宣告程序中，权利要求书的修改在满足修改原则的前提下，其修改方式一般情况下限于权利要求的删除、合并和技术方案的删除三种方式，并未绝对排除“其他修改方式”。

如果修改并没有给专利权人带来不当利益，也未影响权利要求的公示作用，仅以不符合修改方式的要求而不允许修改，使之纯粹成为对权利要求撰写不当的惩罚，缺乏合理性。

专利复审委员会可以根据GL的修改原则和修改方式，决定是否接受专利权人修改后的权利要求，即可以放弃“当事人处置原则”，承担全面审查修改后权利要求效力的职责。

修改后的比值是专利权人在原说明书中明确推荐的最佳值，将权利要求修改为最佳值既未超出原说明书和权利要求书记载的范围，更未扩大原专利的保护范围。如果按照专利复审委员会的观点，仅以不符合修改方式的要求而不允许此种修改，使得在本案中对修改的限制纯粹成为对专利权人权利要求撰写不当的惩罚，缺乏合理性。《专利审查指南》规定在满足相关修改原则的前提下，无效宣告程序中的修改方式一般情况下限于前述三种，但并未绝对排除其他修改方式。

◎合并审理时对修改文本的处理：

针对同一专利权的多个无效宣告请求合并审理时，专利权人先后多次对权利要求书进行修改的，以专利权人最后一次提交的修改文本作为审查基础。如果该修改文本不能被接受，合议组要求其选定一个可以接受的文本作为审查基础，专利权人拒不选定的，视为专利权人未提出任何修改。

专利权人同时提交多个修改文本的，合议组应要求专利权人选定一个可以接受的文本作为审查基础，专利权人拒不选定的，视为专利权人未提出任何修改。

合议组接受了专利权人提交的修改文本后，应当将该修改文本转送所有无效宣告请求人。

例如：

（1）针对同一专利权，请求人提出了两个无效宣告请求。针对其中一个无效宣告请求，专利权人修改了权利要求书；针对另一个无效宣告请求，专利权人未修改权利要求书。在对上述两个请求进行合并审理时，应以修改的权利要求书作为审查基础。

（2）针对同一专利权，请求人提出了两个无效宣告请求。针对上述两个无效宣告请求，专利权人先后提交了两个修改文本。对上述两个请求进行合并审理时，应以后提交的文本作为审查基础。

（3）针对同一专利权，请求人提出了两个无效宣告请求。专利权人在同一天提交了多个不同的修改文本。在对上述两个请求进行合并审理时，应以无效宣告请求审查通知书或口头审理等方式要求专利权人选定一个文本作为审查基础，专利权人拒不选定的，视为专利权人未提出任何修改。

◎已被宣告部分无效的专利的权利要求书的修改：

对于已被生效决定宣告部分无效的专利，在其后的无效宣告程序中，权利要求的修改基础应为被维持有效的部分，而非授权公告的权利要求；但是，在以合并方式对权利要求进行修改时，对于权利要求是否从属于同一独立权利要求应当以授权公告的权利要求书作为判断依据。

◎无效宣告程序中权利要求的修改：

<table>
<tr><td>公告</td><td>权利要求
1</td><td>权利要求
2 + 1</td><td>权利要求
3 + 1</td><td>权利要求
4 + 1</td><td>GL – D – III
4. 6. 2</td></tr>
<tr><td>无效决定</td><td>×</td><td>√</td><td>×</td><td>√</td><td>—</td></tr>
<tr><td>再次无效请求</td><td>—</td><td>请求无效</td><td>—</td><td>请求无效</td><td>—</td></tr>
<tr><td rowspan="2">无效程序中的修改</td><td>—</td><td colspan="2">权利要求 2 + 1 与权利要求 3 + 1 合并</td><td>—</td><td>不能合并，因为权利要求 3 + 1 已经无效了</td></tr>
<tr><td>—</td><td>权利要求
2 + 1</td><td>与</td><td>权利要求
4 + 1 合并</td><td>可以合并</td></tr>
</table>

◎以合并方式修改权利要求书的时机的审查：

无效宣告请求人在举证期限内提交了外文证据，并在上述期限内提交该证据的中文译文的，该中文译文视为在举证期限内补充提交的新证据，专利权人针对该中文译文在指定的答复期限内以合并方式修改权利要求书的，合议组应当予以接受。

例1：

1. 一种装置X，其特征在于：A、B、C
2. 根据权利要求1所述的装置X，其特征在于：D
3. 根据权利要求2所述的装置X，其特征在于：E
4. 根据权利要求3所述的装置X，其特征在于：F

例2：

1. 一种装置X，其特征在于：A、B、C
2. 根据权利要求1所述的装置X，其特征在于：D
3. 根据权利要求1所述的装置X，其特征在于：E
4. 根据权利要求1所述的装置X，其特征在于：F

例3：

1. 一种装置X，其特征在于：A、B、C
2. 根据权利要求1所述的装置X，其特征在于：D
3. 根据权利要求2所述的装置X，其特征在于：E
4. 根据权利要求1所述的装置X，其特征在于：F

上述三例修改后的权利要求书可以为：

1. 一种装置X，其特征在于：A、B、C、D、E
2. 根据权利要求1所述的装置X，其特征在于：F

GL－D－Ⅲ 4.6.3 修改方式的限制

在专利复审委员会作出审查决定之前，专利权人可以删除权利要求或者权利要求中包括的技术方案。

仅在下列三种情形的答复期限内，专利权人可以以合并的方式修改权利要求书：

（1）针对无效宣告请求书。

（2）针对请求人增加的无效宣告理由或者补充的证据。

（3）针对复审委员会引入的请求人未提及的无效宣告理由或者证据。

〈期限届满后只能以删除的方式修改权利要求。〉

在北京市第一中级人民法院和北京市高级人民法院的一审和二审过程中，专利权人不可以对其权利要求书进行修改。因为R69.1规定，仅在专利复审委员会的审查过程中可以修改权利要求书。

R70 口头审理

专利复审委员会根据当事人的请求或者案情需要，可以决定对无效宣告请求进行口头审理。

专利复审委员会决定对无效宣告请求进行口头审理的，应当向当事人发出口头审理通知书，告知举行口头审理的日期和地点。当事人应当在通知书指定的期限内作出答复。

无效宣告请求人对专利复审委员会发出的口头审理通知书在指定的期限内未作答复，并且不参加口头审理的，其无效宣告请求视为撤回；专利权人不参加口头审理的，可以缺席审理。

◎复审请求口头审理的理由（GL－D－Ⅳ 2）：

（1）需要当面向合议组说明事实或者陈述理由；

（2）需要事务演示。

GL－D－Ⅲ 4.4.4 审查方式的选择

专利复审委员会已将无效宣告请求文件转送专利权人，并且指定答复期限届满后，无论专利权人是否答复：

（1）专利权人未要求进行口头审理，专利复审委员会认为请求人提交的证据充分，其请求宣告专利权全部无效的理由成立的，可以直接作出宣告专利权全部无效的审查决定；在这种情况下，请求人请求宣告无效的范围是宣告专利权部分无效的，专利复审委员会也可以针对该范围直接作出宣告专利权部分无效的决定。专利权人提交答复意见的，将答复意见随直接作出的审查决定一并送达请求人。

（2）专利复审委员会认为请求人请求宣告无效的范围部分成立，可能会作出宣告专利权部分无效的决定的，专利复审委员会发出口头审理通知书，通过口头审理结案。专利权人提交答复意见的，将答复意见随口头审理通知书一并送达请求人。

专利复审委员会已将无效宣告请求文件转送专利权人：

（3）在指定答复期限内专利权人已经答复，且提交的意见陈述理由充分，将会作出维持专利权的决定的，专利复审委员会根据案情，选择发出转送文件通知书或者无效宣告请求审查通知书进行书面审查，或者发出口头审理通知书随附转送文件通知书，通过口头审理结案。

（4）在指定答复期限内专利权人没有答复，但请求人提交的证据不充分，其请求宣告专利权无效的理由不成立，将作出维持专利权的决定的，专利复审委员会应当根据案情，选择发出无效宣告请求审查通知书进行书面审查，或者发出口头审理通知书，通过口头审理结案。

在发出口头审理通知书后，由于当事人原因未按期举行口头审理的，专利复审委员会可以直接作出审查决定。

GL－D－Ⅲ 4.5 案件的合并审理

合并审理的情形通常包括：

（1）针对一项专利权的多个无效宣告案件，尽可能合并口头审理。

（2）针对不同专利权的无效宣告案件，部分或者全部当事人相同且案件事实相互关联的，专利复审委员会可以依据当事人书面请求或者自行决定合并口头审理。

合并审理的各无效宣告案件的证据不得相互组合使用。

〈口头审理可以合并，但各案仍然分开审查。〉

GL－D－Ⅳ 2〈无效宣告〉口头审理的确定

在无效宣告程序中，有关当事人可以向专利复审委员会提出进行口头审理的请求，并且说明理由。请求应当以书面方式提出。

无效宣告程序的当事人可以依据下列理由请求进行口头审理：

（1）当事人一方要求同对方当面质证和辩论。

（2）需要当面向合议组说明事实。

（3）需要实物演示。

（4）需要请出具过证言的证人出庭作证。

在无效宣告程序或者复审程序中，合议组可以根据案情需要自行决定进行口头审理。针对同一案件已经进行过口头审理的，必要时可以再次进行口头审理。

经主任委员或副主任委员批准，专利复审委员会可以进行巡回口头审理，就地审理办案，并承担所需费用。

〈异地巡回口头审理。〉

GL－D－Ⅳ 3 口头审理的通知

口头审理的日期和地点一经确定一般不再改动，遇特殊情况需要改动的，需经双方当事人同意或者经主任委员或者副主任委员批准。

〈口头审理预先排定后，合议组可以取消口头审理或变更口头审理的时间和地点。〉

〈一定要提交口头审理回执，否则无效宣告请求视为撤回。在提交口头审理回执表示不参加的情况下，如果口头审理时出现新的事实或证据，将会有一次陈述意见的机会。〉

当事人应当在收到口头审理通知之日起7日内向专利复审委员会提交口头审理通知书回执。无效宣告请求人期满未提交回执，也不参加口头审理的，其无效宣告请求视为撤回，无效宣告请求审查程序终止。但专利复审委员会认为根据已进行的审查工作能够作出宣告专利权无效或者部分无效的决定的除外（R70.3、R72.2）。

专利权人不参加口头审理的，可以缺席审理。

口头审理通知书回执中应当有当事人的签名或者盖章。

参加口头审理的每方当事人及其代理人的数量不得超过四人。回执中写明的参加口头审理人员不足四人的，可以在口头审理开始前指定其他人参加口头审理。一方有多人参加口头审理的，应当指定其中之一作为第一发言人进行主要发言。

当事人不能在指定日期参加口头审理的，可以委托其专利代理人或者其他人代表出庭。

〈当事人依照§19委托专利代理机构代理的，该机构应当指派代理人参加口头审理。〉

GL－D－Ⅲ 3.6 委托手续

（6）当事人委托公民代理的，参照有关委托专利代理机构的规定办理。公民代理的权限仅限于在口头审理中陈述意见和接收当庭转送的文件。

GL－D－Ⅳ 5 口头审理的进行

口头审理应当公开进行，但根据国家法律、法规等规定需要保密的除外。

◎对当事人或其代理人身份和资格的审查：

当事人或代理人不能提供有效身份证明的，或代理人不具有代理资格的，合议组一般不允许其参加口头审理。

代理人或法定代表人能够提供有效身份证明，但不能提供有效委托书或法定代表资格证明的，如果代理人或法定代表人表示口头审理后予以补正或补交的，合议组可以允许其参加口头审理，并指定庭后补正或补交的期限，同时告知不能按期补正或补交将视为未出席口头审理。

GL－D－Ⅲ 3.6 委托手续

（6）当事人委托公民代理的，参照有关委托专利代理机构的规定办理。公民代理的权限仅限于在口头审理中陈述意见和接收当庭转送的文件。

〈可以委托不具有专利代理人资格的律师作为公民代理。〉

公民代理：应当核实其是否提交委托书（和委托权限）和身份证。如果有委托书，其公民代理权限仅限于在口头审理中陈述意见和接受当庭转送的文件；如果没有委托书，则其不具备口头审理的出庭资格。

专利代理：出席口头审理时，应当由复审委员会核实专利代理人的身份证、代理人执业证、委托书。没有委托书，则其不具备出庭资格。

◎有关外国人出庭作证翻译的规定：

外国人出庭作证的证言，一般以其委托的翻译人员翻译的中文为准。

GL－D－Ⅳ 8 当事人的缺席

有当事人未出席口头审理的，只要一方当事人的出庭符合规定，合议组按照规定的程序进行口头审理。

〈在口头审理中，如果出现不利于当事人的新事实、理由和证据，即使当事人缺席，复审委员会也会提供一次陈述意见的机会。〉

◎当事人不参加口头审理的法律后果：

（1）无效宣告请求人期满未提交回执，也不参加口头审理的，其无效宣告请求视为撤回，无效宣告请求审查程序终止（R70.3、R72.2）；

（2）专利权人不参加口头审理的，可以缺席审理；

（3）口头审理通知书已告知过专利申请不符合专利法及实施细则规定的具体事实、理由和证据的，如果请求人既为出席口头审理，也未在指定期限内进行书面意见陈述，其请求视为撤回。

GL－D－Ⅳ 8 当事人中途退庭

应当就该当事人已经陈述的内容及其中途退庭或者被责令退庭的事实进行记录，并由当事人或者合议组签字确认。

〈无效宣告请求人中途退席（缺席）是可以视为撤回的，但是专利复审委员会认为根据已进行的审查工作能够作出宣告专利权无效或者部分无效的决定的除外，专利复审委员会仍可以在当事人缺席情况下继续审理。〉

GL－D－Ⅳ 11 记录

在口头审理中，由书记员或者合议组组长指定的合议组成员进行记录。担任记录的人员应当将重要的审理事项记入口头审理笔录。除笔录外，合议组还可以使用录音、录像设备进行记录。

笔录应当交当事人阅读。对笔录的差错，当事人有权请求记录人更正。笔录核实无误后，应当由当事人签字并存入案卷。当事人拒绝签字的，由合议组组长在口头审理笔录中注明。

上述重要的审理事项包括：

（1）在无效宣告程序的口头审理中，当事人声明放弃的权利要求、无效宣告请求的范围、理由或者证据。

（2）在无效宣告程序的口头审理中，双方当事人均认定的重要事实。

（4）其他需要记录的重要事项。

◎口头审理需要记录的内容：

GL－D－Ⅳ 11 中规定的其他需要记录的重要事项一般包括：

（1）出席口头审理的合议组成员、书记员、当事人、证人；

（2）当事人对合议组成员有无回避请求、对证人和对方出庭人员的身份或资格有无异议；

（3）专利权人对专利文件的修改情况；

（4）请求人明确的无效宣告请求的范围、理由、证据及其使用方式；

（5）当事人当庭提交文件的情况、补充的证据和理由；

（6）合议组当庭转送文件的情况、依职权引入的范围、理由和证据；

（7）质证的相关情况；

（8）当事人对相关事项的主要意见、合议组对重要事项的认定意见及结论；

（9）当事人明确要求记录的内容；

（10）合议组当庭告知当事人的后续事项及指定期限，如补交委托书、提交书面意见、不再接受当事人提交的补充证据或意见陈述等。

GL－D－IV 12 旁听

在口头审理中允许旁听，旁听者无发言权；未经批准，不得拍照、录音和录像，也不得向参加口头审理的当事人传递有关信息。

必要时，专利复审委员会可以要求旁听者办理旁听手续。

GL－D－IV 13 当事人的权利和义务

（1）当事人的权利

当事人有权请求审案人员回避；有权在口头审理中请出具过证言的证人就其证言出庭作证和请求演示物证；有权进行辩论。专利权人有权放弃部分权利要求及其提交的有关证据。复审请求人有权撤回复审请求；有权提交修改文件。

（2）当事人的义务

当事人应当遵守口头审理规则，维护口头审理的秩序；发言时应当征得合议组组长同意，任何一方当事人不得打断另一方当事人的发言；辩论中应当摆事实、讲道理；发言和辩论仅限于合议组指定的与审理案件有关的范围；当事人对自己提出的主张有举证责任，反驳对方主张的，应当说明理由；口头审理期间，未经合议组许可不得中途退庭。

◎回避请求的处理：

口头审理过程中当事人申请合议组成员或书记员回避的，合议组一般要宣布中止审理或暂时休庭，对回避申请进行初步审查。

申请理由不属于R37规定情形的、缺乏证据支持或说理不充分的，合议组可以当庭以口头形式说明不支持当事人请求的理由。当事人对合议组意见无异议并表示撤回请求的，口头审理继续；当事人对合议组意见仍有异议的，则口头审理继续中止或休庭。

回避请求的处理决定应送交当事人。

●举证责任

◎在专利授权程序中：

在经过专利复审委员会的复审程序后，如果专利申请人仍然不服提起行政诉讼，则复审委员会承担结果意义上的举证责任，应当对其作出决定的合法性提供充分的证据。

◎在专利确权案件中：

首先应当由无效宣告请求人提交证据，证明专利不符合授权条件。专利权人可以在复审委员会转送相关证据后，根据对方的证据提交反证。双方的证据都提交到专利复审委员会。因此无效宣告请求人承担结果意义上的举证责任。但在复审委员会根据无效宣告请求作出决定后，如果行政相对人（专利权人或无效宣告请求人）提起行政诉讼，则由复审委员会承担结果意义上的举证责任，应当对其作出的决定的合法性提供充分的证据。

专利确权行政诉讼案件适用“优势证据原则”，即只要行政机关（比如复审委员会）能够证明其作出的决定所依据的证据相对于原告的证据有比较优势，法院就应当认为行政机关认定的事实清楚。

GL－D－VIII 3 专利复审委员会对证据的调查收集

专利复审委员会一般不主动调查收集审查案件需要的证据。对当事人及其代理人确因客观原因不能自行收集的证据应当事人在举证期限内提出的申请，专利复审委员会认为确有必要时，可以调查收集。

专利复审委员会可以实地调查收集有关证据，也可以委托地方知识产权管理部门或者其他有关职能部门调查收集有关证据。

应当事人的申请对证据进行调查收集的，所需费用由提出申请的当事人或者专利复审委员会承担。专利复审委员会自行决定调查收集证据的，所需费用由专利复审委员会承担。

GL－D－I 2.6 公开原则

除了根据国家法律、法规等规定需要保密的案件（包括专利申请人不服初审驳回提出复审请求的案件）以外，其他各种案件的口头审理应当公开举行，审查决定应当公开出版发行。

〈对应当公开的审查决定，当事人对审查决定不服向法院起诉并已被受理的，在法院判决生效后，审查决定与判决书一起公开。〉

GL－D－I 6.3 审查决定的出版

专利复审委员会对其所作的复审和无效宣告请求审查决定的正文，除所针对的专利申请未公开的情况以外，应当全部公开出版。对于应当公开出版的审查决定，当事人对审查决定不服向法院起诉并已被受理的，在人民法院判决生效后，审查决定与判决书一起公开。

〈对于发明专利申请在初步审查程序中被驳回作出的复审决定，由于该申请尚未公开，所以其复审决定也不必公开出版。〉

◎口头审理公告：

公开举行口头审理的，专利复审委员会应当在口头审理前将口头审理的有关信息向社会公众发布。口头审理公告主要通过《中国知识产权报》、政府网站、电子公告牌等方式发布。公告内容包括专利号、发明创造名称、专利权人、请求人、合议组成员、时间和地点。必要时，例如巡回口头审理，合议组应当于口头审理前张贴口头审理公告。

R71 不得延长指定期限

在无效宣告请求审查程序中，专利复审委员会指定的期限不得延长。

GL－E－Ⅶ 4.1 延长期限请求

可以请求延长的期限仅限于指定期限。但在无效宣告程序中，专利复审委员会指定的期限不得延长。

〈但在复审程序中，可以请求延长复审委员会指定的期限。〉

GL－E－Ⅶ 7.2 中止的范围

（1）暂停专利申请的初步审查、实质审查、复审、授予专利权和专利权无效宣告程序。

GL－E－Ⅶ 7.4.3 涉及无效宣告程序的中止期限

对涉及无效宣告程序中的专利，应权属纠纷当事人请求的中止或者应法院要求协助执行财产保全的中止，中止期限不超过1年，中止期限届满SIPO将自行恢复有关程序。

在专利权无效审查过程中，如果存在专利权属民事纠纷，当事人可以请求专利复审委员会中止无效审查程序。

R72 撤回无效宣告请求

专利复审委员会对无效宣告的请求作出决定前，无效宣告请求人可以撤回其请求。

专利复审委员会作出决定之前，无效宣告请求人撤回其请求或者其无效宣告请求被视为撤回的，无效宣告请求审查程序终止。但是，专利复审委员会认为根据已进行的审查工作能够作出宣告专利权无效或者部分无效的决定的，不终止审查程序。

GL－D－Ⅲ 7 无效宣告程序的终止

请求人在专利复审委员会对无效宣告请求作出审查决定之前，撤回其无效宣告请求的；请求人未在指定的期限内答复口头审理通知书，也不参加口头审理，其无效宣告请求被视为撤回的，无效宣告程序终止，但专利复审委员会认为根据已进行的审查工作能够作出宣告专利权无效或者部分无效的决定的除外（R70.3）。

〈专利权人主动放弃专利权并不能终止无效宣告程序。〉

已受理的无效宣告请求因不符合受理条件而被驳回请求的，无效宣告程序终止。请求人在审查决定的结论已宣布或者书面决定已经发出之后撤回请求的，不影响审查决定的有效性。

在专利复审委员会对无效宣告请求作出审查决定之后，当事人未在收到该审查决定之日起3个月内向法院起诉，或者法院生效判决维持该审查决定的，无效宣告程序终止。

在专利复审委员会作出宣告专利权全部无效的审查决定后，当事人未在收到该审查决定之日起3个月内向法院起诉，或者法院生效判决维持该审查决定的，针对该专利权的所有其他无效宣告程序终止。

《施行修改后的专利法实施细则的过渡办法》

第4条：2010年2月1日以后提出无效宣告请求的，对该无效宣告请求的审查适用修改后的R72.2的规定。

2010年2月1日之前提出的无效宣告请求，仍适用于旧细则R71.2的规定，只要请求人撤回无效宣告请求，专利复审委员会不再继续审查，无效宣告程序终止。

◎无效宣告程序中的形式审查：

不予受理的情形	无效宣告请求不是针对公告授权的专利
	复审委员会作出宣告专利权全部或部分无效的审查决定后，当事人未在收到该审查决定之日起3个月内向法院起诉或者法院生效判决维持该审查决定的，针对已被该决定宣告无效的专利权提出的无效宣告请求不予受理（GL－D－III 3.1）
	无效请求的理由不属于规定的理由
	应当委托专利代理机构的复审请求人，未按规定委托
	在专利复审委员会就无效宣告请求作出决定之后，又以同样的理由和证据请求无效宣告
	以与他人在先取得的合法权利相冲突为理由请求宣告外观设计专利权无效，但是未提交证明权利冲突的证据
	请求人属于下列情形之一的（GL－D－III 3.2）： （1）请求人不具备民事诉讼主体资格。 （2）以授予专利权的外观设计与他人在申请日以前已取得的合法权利相冲突为理由，请求宣告外观设计专利权无效，但请求人不能证明是在先权利人或利害关系人。利害关系人是指有权根据相关法律规定就侵犯在先权利的纠纷向法院起诉或者请求相关行政管理部门处理的人。 （3）专利权人针对其专利权提出无效宣告请求且请求宣告专利权全部无效、所提交的证据不是公开出版物或者请求人不是共有专利权的所有专利权人。 （4）多个请求人共同提出一件无效宣告请求的，但属于所有专利权人针对其共有的专利权提出的除外。
	请求人未具体说明无效宣告理由，或者提交有证据但未结合提交的所有证据具体说明无效宣告理由，或者未指明每项理由所依据的证据
可以补正的情形（在收到通知书之日起15日补正）	无效宣告请求书中应当指明无效宣告请求范围，未明确的，专利复审委员会通知请求人在指定期限内补正
	无效宣告请求书及其附件应一式两份，并符合规定的格式。不符合的，专利复审委员会通知请求人在指定期限内补正
	请求人或专利权人委托专利代理机构而未向专利复审委员会提交委托书或者委托书中未写明委托权限的，专利权人为在委托书中写明其委托权限仅限于办理无效宣告程序有关事务的，专利复审委员会通知请求人或专利权人在指定期限内补正
视为未提出的情形	无效宣告请求书中应明确无效宣告请求范围，未明确的，专利复审委员会通知请求人在指定期限内补正；期满未补正的
	专利权无效宣告请求不符合规定格式的，请求人应当在专利复审委员会指定的期限内补正；期满未补正或者在指定期限内补正，但经两次补正后仍存在同样缺陷的
	请求人自提出无效宣告请求之日起1个月内未缴纳或未缴纳足无效宣告请求费

◎授权文本的修改：

<table>
<tr><th></th><th>复审程序</th><th colspan="2">无效宣告程序</th></tr>
<tr><td rowspan="3">原则</td><td rowspan="3">符合§33和R61.1规定的修改（GL－D－Ⅱ4.2）</td><td>发明</td><td rowspan="2">只允许修改权利要求书，但不得扩大原专利的保护范围（R69.1）</td></tr>
<tr><td>实用新型</td></tr>
<tr><td>外观专利</td><td>不得修改图片、照片和简要说明（R69.2）</td></tr>
<tr><td>不允许的修改</td><td>GL－D－Ⅱ4.2
（1）修改后的权利要求相对于驳回决定针对的权利要求扩大了保护范围；
（2）将与驳回决定针对的权利要求所限定的技术方案缺乏单一性的技术方案作为修改后的权利要求；
（3）改变权利要求的类型；
（4）增加权利要求；
（5）针对驳回决定指出的缺陷未涉及的权利要求或者说明书进行修改，但修改明显文字错误，或者修改与驳回决定所指出缺陷性质相同的缺陷的情形除外</td><td colspan="2">GL－D－Ⅲ4.6
1. 修改仅限于权利要求书（R69.1）
（1）不得改变原权利要求的主题名称；
（2）与授权的权利要求相比，不得扩大原专利的保护范围；
（3）不得超出原说明书和权利要求书记载的范围；
（4）一般不得增加未包含在授权的权利要求书中的技术特征。
2. 不得修改专利说明书和附图（R69.2）</td></tr>
<tr><td>允许的修改</td><td>§33：对发明和实用新型专利申请文件的修改不得超出原说明书和权利要求书记载的范围，对外观设计专利申请文件的修改不得超出原图片或者照片表示的范围。
R61.1：修改仅限于消除驳回决定或者复审通知书指出的缺陷</td><td colspan="2">修改权利要求书一般限于权利要求项的删除、合并和技术方案的删除。
（1）权利要求的删除是指从权利要求书中去掉某项或者某些项权利要求。
（2）权利要求的合并是指两项或者两项以上相互无从属关系但在授权公告文本中从属于同一独立权利要求的权利要求的合并。在此情况下，所合并的从属权利要求的技术特征组合在一起形成新的权利要求。该新的权利要求应当包含被合并的从属权利要求中的全部技术特征。在独立权利要求未作修改的情况下，不允许对其从属权利要求进行合并式修改。
（3）技术方案的删除是指从同一权利要求中并列的两种以上技术方案中删除一种或者一种以上技术方案</td></tr>
<tr><td>有限制的修改</td><td>在提出复审请求、答复复审通知书（包括复审请求口头审理通知书）或者参加口头审理时，复审请求人可以对申请文件进行修改。但所作修改应符合§33和R61.1的规定（GL－D－Ⅱ4.2）</td><td colspan="2">在作出审查决定之前，专利权人可以删除权利要求或权利要求中包括的技术方案。
仅在下列三种情形的答复期限内，可以以合并的方式修改权利要求书：
（1）针对无效宣告请求书；
（2）针对请求人增加的无效宣告理由或者补充的证据；
（3）针对专利复审委员会引入的请求人未提及的无效宣告理由或者证据</td></tr>
</table>

§47 无效宣告决定的法律效力

宣告无效的专利权视为自始即不存在。

宣告专利权无效的决定，对在宣告专利权无效前人民法院作出并已执行的专利侵权的判决、调解书，已经履行或者强制执行的专利侵权纠纷处理决定，以及已经履行的专利实施许可合同和专利权转让合同，不具有追溯力。但是因专利权人的恶意给他人造成的损失，应当给予赔偿。

依照前款规定不返还专利侵权赔偿金、专利使用费、专利权转让费，明显违反公平原则的，应当全部或者部分返还。

《最高人民法院关于对诉前停止侵犯专利权行为适用法律问题的若干规定》

第1条：专利权人或者利害关系人可以向人民法院提出诉前责令被申请人停止侵犯专利权行为的申请。

第6条：申请人提出申请时应当提供担保。

第13条：申请人不起诉或者申请错误造成被申请人损失，被申请人可以请求申请人赔偿。

第14条：停止侵犯专利权行为裁定的效力，一般应维持到终审法律文书生效时止。

第16条：人民法院执行诉前停止侵犯专利权行为的措施时，可以根据当事人的申请，可同时进行证据保全和财产保全。

GL－D－Ⅲ 5 无效宣告请求审查决定的类型

无效宣告请求审查决定分为下列三种类型：

（1）宣告专利权全部无效。

（2）宣告专利权部分无效。

（3）维持专利权有效。

宣告专利权无效包括宣告专利权全部无效和部分无效两种情形。根据§47，宣告无效的专利权视为自始即不存在。

在无效宣告程序中，如果请求人针对一件发明或实用新型专利的部分权利要求的无效宣告理由成立，针对其余权利要求（包括以合并方式修改后的权利要求）的无效宣告理由不成立，则无效宣告请求审查决定应当宣告上述无效宣告理由成立的部分权利要求无效，并且维持其余的权利要求有效。对于包含有若干个具有独立使用价值的产品的外观设计专利，如果请求人针对其中一部分产品的外观设计专利的无效宣告理由成立，针对其余产品的外观设计专利的无效宣告理由不成立，则无效宣告请求审查决定应当宣告无效宣告理由成立的该部分产品外观设计专利无效，并且维持其余产品的外观设计专利有效。

一项专利被宣告部分无效后，被宣告无效的部分应视为自始即不存在。但是被维持的部分（包括修改后的权利要求）也同时应视为自始即存在。

〈宣告无效的专利权视为自始即不存在，§47.1。专利权自授权之日起生效，§39，也应自授权之日起失去效力。而该专利申请本身作为其他分案申请的原案，其他申请的优先权基础的权利依然应该有效。〉

〈不具有追溯原则的两个例外：专利权人恶意的；显失公平的。〉

无效宣告请求审查决定对专利权被宣告后尚未执行或履行完毕的专利侵权判决具有追溯力，对于已经执行完毕的专利侵权判决，则没有追溯力。

京高院《专利侵权判定指南》

第114条：恶意取得专利权，是指将明知不应当获得专利保护的发明创造，故意采取规避法律或者不正当手段获得了专利权，其目的在于获得不正当利益或制止他人的正当实施行为。

以下情形可以认定为恶意：

（1）将申请日前已有的国家标准、行业标准等技术标准申请专利并取得专利权的；

（2）将明知为某一地区广为制造或使用的产品申请专利并取得专利权的。（公知技术）

《国家赔偿法》

A5：属于下列情形之一的，国家不承担赔偿责任：

（二）因公民、法人和其他组织自己的行为致使损害发生的。

只要SIPO是依法授予的专利权，就不必为以后被无效宣告的专利权承担任何责任。

《国家知识产权局行政复议规程》

第5条：对下列情形之一，不能申请行政复议：

（4）专利权人或者无效宣告请求人对无效宣告请求审查决定不服的。

GL－D－Ⅲ 6.2 决定的登记和公告

根据§46.1，专利复审委员会作出宣告专利权无效（包括全部无效和部分无效）的审查决定后，当事人未在收到该审查决定之日起3个月内向法院起诉或者法院生效判决维持该审查决定的，由专利局予以登记和公告。

〈作出的维持专利权有效的审查决定，不进行登记和公告。〉

当事人在规定期限内向法院起诉的，在法院作出宣告专利权无效或者部分无效的判决生效后，再由SIPO进行登记和公告。

GL－D－Ⅰ 6.3 审查决定的出版

专利复审委员会对其所作的复审和无效宣告请求审查决定的正文，除所针对的专利申请未公开的情况以外，应当全部公开出版。对于应当公开出版的审查决定，当事人对审查决定不服向法院起诉并已被受理的，在人民法院判决生效后，审查决定与判决书一起公开。

〈对于发明专利申请在初步审查程序中被驳回作出的复审决定，由于该申请尚未公开，所以其复审决定也不必公开出版。〉

〈对无效宣告决定以公告的形式发布，对说明书不再另行出版。〉

最高人民法院（2012）民提字第110号：无效宣告的生效时间

§47.2中专利权被宣告无效的时间点应以无效宣告请求审查决定书载明的决定日为准。

〈*决定日是无效宣告审查决定作出的时间。专利权无效的时间点应以无效请求审查决定的决定日（作出日）为准。注意：无效宣告决定的溯及力以决定日划界，对决定日前已经执行完毕的法院判决无溯及力。*〉

专利无效宣告请求审查决定对专利权被宣告后尚未执行或履行完毕的专利侵权判决有追溯力；但对于已经执行完毕的专利侵权判决，专利无效宣告审查决定没有追溯力。

最高人民法院（2008）民申字第762号：§47.2中的“判决”

§47.2中的“判决”是指涉及专利侵权的判决，即法院经过审理作出的认定专利侵权成立的生效并已执行判决，不包括裁判认定不构成专利侵权所涉及的有关规定。

最高人民法院（2009）民三他字第13号：被认定的受侵害的专利权已被依法宣告无效

在认定专利侵权成立的裁判文书虽未被撤销，但该文书所认定的受侵害的专利权已被依法宣告无效的情况下，可以对民事诉讼法规定的终结执行作出适当解释，以便执行法院在当事人以专利权已经全部无效为由申请终结执行时，直接裁定终结执行，不需等待原执行依据的撤销；同时，终结执行不影响原侵权判决的被告另行通过审判监督程序申请撤销原侵权判决。

最高人民法院（2009）民申字第1573号：宣告无效的决定未最终确定

§47.2中“宣告无效的专利权”是指专利复审委员会作出的效力最终确定的无效宣告请求审查决定所宣告无效的专利权；在该无效决定效力最终确定之前，在民事侵权案件中不宜一律以之为依据直接裁判驳回权利人的诉讼请求。

对于专利复审委员会作出的宣告专利权无效的决定，如果当事人自收到决定之日起3个月期满仍未向法院起诉的，该决定的效力即最终确定；如果当事人依法提起了行政诉讼，该决定的效力只有依据生效的行政判决结果才能最终确定。

本案涉案专利虽然被专利复审委员会宣告全部无效，但专利权人已经针对该决定在法定期限内提起行政诉讼，北京市第一中级人民法院对此已经立案受理，该决定的效力显然未最终确定。在此情况下，当事人向二审法院申请中止审理，二审法院以涉案专利已经被无效宣告请求审查决定宣告全部无效为由直接判决驳回专利权人的全部诉讼请求，属于适用法律错误。

最高人民法院（2010）民申字第184号：“宣告专利权无效前”和“已执行的专利侵权的判决、裁定”

§47.2中的“宣告专利权无效前“是指专利复审委员会宣告专利权无效的决定日前，不包括该决定日，而非无效决定效力最终确定日前。“已执行的专利侵权的判决、裁定”是指专利侵权判决、裁定确定的被起诉侵权人应承担的全部给付法律责任均履行完毕，即全部的专利侵权赔偿金已经由申请执行人实际收到。

京（2009）高民终字第4014号：基于不同的事实和证据提起诉讼不属于重复起诉

原告依据涉案专利独立权利要求保护范围起诉，在诉讼期间其专利独立权利要求被宣告人无效，诉讼请求因而被驳回后，原告依据涉案专利从属权利要求另行起诉的，其基于不同的事实和证据提起诉讼符合民事诉讼法的规定，不属于重复起诉，法院应当受理。

《最高人民法院关于审理专利纠纷案件若干问题的解答》

三、关于专利侵权诉讼因侵权人请求宣告专利权无效而中止审理的问题

在人民法院审理专利侵权案件中，经常发生侵权人利用请求宣告专利权无效故意拖延诉令，继续实施侵权行为。为了有效地依法保护专利权人的合法权益，避免侵权损害的扩大，特规定如下：

（一）人民法院受理实用新型或外观设计专利侵权案件后，在向被告送达起诉状副本时，应当通知被告如欲请求宣告该项专利权无效，须在答辩期间内向专利复审委员会提出。

被告在答辩期间内请求宣告该项专利无效的，人民法院应当中止诉讼。专利权人提出财产保全申请并提供担保的，人民法院认为必要时，在裁定中止诉讼的同时责令被告停止侵权行为或者采取其他制止侵权损害继续扩大的措施。

被告在答辩期间内未请求宣告该项专利权无效，而在其后的审理过程中提出无效请求的，人民法院可以不中止诉讼。

（二）人民法院受理的发明专利侵权案件或者经专利复审委员会审查维持专利权的实用新型专利侵权案件，被告在答辩期间请求宣告该项专利无效的，人民法院可以不中止诉讼。

专利侵权诉讼中涉及复审委员会对专利权效力的审查时，人民法院在一定条件下可以中止诉讼，在一定条件下可以不中止诉讼。若不中止诉讼，并在专利复审委员会作出专利权无效决定之前，作出专利侵权诉讼判决并已执行，即使专利复审委员会作出专利权无效的决定，其决定不具有追溯力。

在民事程序中，如果该专利权存在明显的无效理由，或者该专利权明显不符合授权条件，法院可以直接裁决不予支持。作出裁决，实际上是对问题专利权不予保护，并非根本否定其专利效力，撤销该专利权仍需经过无效宣告程序。专利侵权民事程序不能替代专利无效行政程序。

最高人民法院（2007）行提字第3号：法院不能判决专利权的效力

在现行的行政诉讼法律框架下，法院在判决主文中直接对涉案专利权的效力作出宣告判决，缺乏充分的法律依据。

第六章　专利实施的强制许可

§48 强制许可的情形

有下列情形之一的，国务院专利行政部门根据具备实施条件的单位或者个人的申请，可以给予实施发明专利或者实用新型专利的强制许可：

（1）专利权人自专利权被授予之日起满3年，且自提出专利申请之日起满4年，无正当理由未实施或者未充分实施其专利的；

（2）专利权人行使专利权的行为被依法认定为垄断行为，为消除或者减少该行为对竞争产生的不利影响的。

根据§14的推广应用只针对发明，而§48的强制许可针对发明和实用新型专利，但是不包括外观设计。

§14

国有企业事业单位的发明专利，对国家利益或者公共利益具有重大意义的，国务院有关主管部门和省、自治区、直辖市人民政府报经国务院批准，可以决定在批准的范围内推广应用，允许指定的单位实施，由实施单位按照国家规定向专利权人支付使用费。

批准发明专利推广应用的是“国务院”，而负责给予实施发明专利或者实用新型专利的强制许可的是“国务院专利行政部门”，即SIPO。

强制许可的申请人应当是具有制造资格的生产型企业或者是具有进口资格的外贸企业，而不能仅仅是普通的销售公司。

A8 TRIPS

（1）成员可在其国内法律及条例的制定或修订中，采取必要措施以保护公众的健康与发展，以增加对其社会经济与技术发展至关紧要之领域中的公益，只要该措施与本协议的规定一致。

（2）可采取适当措施防止权利持有人滥用知识产权，防止借助国际技术转让中的不合理限制贸易行为或消极影响的行为，只要该措施与本协议的规定一致。

A31 TRIPS 〈未经权利持有人许可的其他使用〉

如果成员的法律允许未经权利持有人许可而就专利的内容进行其他使用（“其他使用”，系指除A30允许之外的使用），包括政府使用或政府授权的第三方使用，则应遵守下列规定：

（a）此类使用的授权应根据专利本身的条件来考虑。

〈这种使用的许可应当根据个案情况予以考虑。〉

（b）只有在拟议中的使用者在此类使用前已作出以合理的商业条件获得权利人授权的努力，而该项努力在一段合理时间内又未获成功时，方可允许此类使用。在发生全国性紧急状态或其他极端紧急状态或为公共的非商业性目的而使用的情况下，成员方可放弃上述要求。即使是在发生全国性紧急状态或其他极端紧急状态的情况下，仍应合理地尽早通报权利人。公共的非商业性使用，若政府或订约人在未检索专利状况的情况下得知或有根据得知，一项有效的专利正在或将要被政府使用或为政府而使用，则应及时通知权利人。

（c）此类使用的范围和期限应限制在被授权的意图之内；至于半导体技术，只应用于公共的非商业性目的，或用于抵消在司法或行政程序后被确定的反竞争的做法。

（d）此类使用应是非独占性的。

（e）此类使用应是不可转让的，除非是同享有此类使用的那部分企业或商誉一道转让。

（f）任何此类使用之授权，均应主要是为授权此类使用的成员方国内市场供应之目的。

（g）在被授权人的合法利益受到充分保护的条件下，当导致此类使用授权的情况不复存在和可能不再产生时，有义务将其终止；应有动机的请求，主管当局应有权对上述情况的继续存在进行检查。

……

（k）若是为抵消在司法或行政程序后被确定为反竞争做法而允许此类使用，则成员方没有义务适用上述（b）和（f）规定的条件；在决定此种情况中补偿金的数额时，可以考虑纠正反竞争做法的需要；若导致此项授权的条件可能重新出现，则主管当局应有权拒绝终止授权。

（l）若此类使用被授权允许利用一项不侵犯另一项专利（第一项专利）就不能加以利用的专利（第二项专利），则下列附加条件应适用：

①第二项专利中要求予以承认的发明，应包括比第一项专利中要求予以承认的发明经济意义更大的重要的技术进步；

②第一项专利的所有者应有权以合理的条件享有使用第二项专利中要求予以承认之发明的相互特许权；

③除非同第二项专利一道转让，否则第一项专利所授权的使用应是不可转让的。

A40.2 TRIPS〈协议许可证中对限制竞争行为的控制〉

本协议的规定，不应阻止成员在其国内立法中具体说明在特定场合可能构成对知识产权的滥用，从而在有关市场对竞争有消极影响的许可证贸易活动或条件。如上文所规定，成员可在与本协议的其他规定一致的前提下，顾及该成员的有关法律及条例，采取适当措施防止或控制这类活动。这类活动包括诸如独占性返授条件、禁止对有关知识产权的有效性提出异议的条件和强迫性的一揽子许可证。

《国家知识产权局行政复议规程》

第5条：对下列情形之一，不能申请行政复议：

（4）专利权人或者专利实施强制许可的被许可人对强制许可使用费的裁决不服的。

◎强制实施许可的四种情形：

（1）不实施的（§48）；

（2）国家紧急状态、非常情况的（§49）；

（3）为公共利益目的的（§49）；

（4）从属权利的（§51）。

以上问题注意和§14的区别。

R73 对未能获得专利权人许可的和保障公共健康的强制许可规定

§48（1）所称未充分实施其专利，是指专利权人及其被许可人实施其专利的方式或者规模不能满足国内对专利产品或者专利方法的需求。

§50所称取得专利权的药品，是指解决公共健康问题所需的医药领域中的任何专利产品或者依照专利方法直接获得的产品，包括取得专利权的制造该产品所需的活性成分以及使用该产品所需的诊断用品。

A5. APC〈物品的进口；不实施或不充分实施；强制许可〉

（1）专利权人将在本联盟任何国家内制造的物品输入对该物品授予专利的国家的，不应导致该项专利的取消。

（2）本联盟各国都有权采取立法措施规定授予强制许可，以防止由于行使专利所赋予的专有权而可能产生的滥用，例如：不实施。

（3）除强制许可的授予不足以防止上述滥用外，不应规定专利的取消。自授予第一个强制许可之日起2年届满前不得提起取消或撤销专利的诉讼。

（4）自提出专利申请之日起4年届满以前，或自授予专利之日起3年届满以前，以后满期的期间为准，不得以不实施或不充分实施为理由申请强制许可；如果专利权人的不作为有正当理由，应拒绝强制许可。这种强制许可不是独占性的，而且除与利用该许可的部分企业或商誉一起转让外，不得转让，包括授予分许可证的形式在内。

（5）上述各项规定准用于实用新型。

成员国可以自由规定“不实施”的含义。通常理解“实施”一项专利的含义是指在工业上实施专利，就是制造专利产品或者在工业上使用专利方法。进口或者销售专利产品，进口或者使用依照专利方法直接获得的产品，通常不认为是“实施”专利。

《专利实施强制许可办法》

第11条：根据§48（1）或者§51的规定请求给予强制许可的，请求人应当提供证据，证明其以合理的条件请求专利权人许可其实施专利，但未能在合理的时间内获得许可。

根据§48（2）的规定请求给予强制许可的，请求人应当提交已经生效的司法机关或者反垄断执法机构依法将专利权人行使专利权的行为认定为垄断行为的判决或者决定。

《反垄断法》

A55：经营者依照有关知识产权的法律、行政法规规定行使知识产权的行为，不适用本法；但是，经营者滥用知识产权、排除、限制竞争的行为，适用本法。

《对外贸易法》

A30：知识产权权利人有阻止被许可人对许可合同中的知识产权的有效性提出质疑、进行强制性一揽子许可、在许可合同中规定排他性返授条件等行为之一，并危害对外贸易公平竞争秩序的，国务院对外贸易主管部门可以采取必要的措施消除危害。

R74 强制许可的请求；专利权人陈述意见；给予强制许可的决定

请求给予强制许可的，应当向国务院专利行政部门提交强制许可请求书，说明理由并附具有关证明文件。

国务院专利行政部门应当将强制许可请求书的副本送交专利权人，专利权人应当在国务院专利行政部门指定的期限内陈述意见；期满未答复的，不影响国务院专利行政部门作出决定。

国务院专利行政部门在作出驳回强制许可请求的决定或者给予强制许可的决定前，应当通知请求人和专利权人拟作出的决定及其理由。

国务院专利行政部门依照§50的规定作出给予强制许可的决定，应当同时符合中国缔结或者参加的有关国际条约关于为了解决公共健康问题而给予强制许可的规定，但中国作出保留的除外。

《专利实施强制许可办法》

第16条：SIPO受理强制许可请求的，应当及时将请求书副本送交专利权人。除另有指定的外，专利权人应当自收到通知之日起15日内陈述意见；期满未答复的，不影响SIPO作出决定。

第20条：经审查认为强制许可请求有下列情形之一的，SIPO应当作出驳回强制许可请求的决定：

（一）请求人不符合本办法第4条、第5条、第7条或者第8条的规定；

（二）请求给予强制许可的理由不符合§48、§50或者§51的规定；

（三）强制许可请求涉及的发明创造是半导体技术的，其理由不符合§52的规定；

（四）强制许可请求不符合本办法第11条或者第13条的规定；

（五）请求人陈述的理由、提供的信息或者提交的有关证明文件不充分或者不真实。

SIPO在作出驳回强制许可请求的决定前，应当通知请求人拟作出的决定及其理由。除另有指定的外，请求人可以自收到通知之日起15日内陈述意见。

第21条：经审查认为请求给予强制许可的理由成立的，SIPO应当作出给予强制许可的决定。在作出给予强制许可的决定前，应当通知请求人和专利权人拟作出的决定及其理由。除另有指定的外，双方当事人可以自收到通知之日起15日内陈述意见。

SIPO根据§49作出给予强制许可的决定前，应当通知专利权人拟作出的决定及其理由。

《国家标准涉及专利的管理规定（暂行）》

第9条：国家标准在制修订过程中涉及专利的，全国专业标准化技术委员会或者归口单位应当及时要求专利权人或者专利申请人作出专利实施许可声明。该声明应当由专利权人或者专利申请人在以下三项内容中选择一项：

（1）专利权人或者专利申请人同意在公平、合理、无歧视基础上，免费许可任何组织或者个人在实施该国家标准时实施其专利；

（2）专利权人或者专利申请人同意在公平、合理、无歧视基础上，收费许可任何组织或者个人在实施该国家标准时实施其专利。

第15条：强制性国家标准确有必要涉及专利，且专利权人或者专利申请人拒绝作出第9.1条或者第9.2条规定的专利实施许可声明的，应当由国家标准化管理委员会、SIPO及相关部门和专利权人或者专利申请人协商专利处置办法。

§ 49 强制许可的非常情形

在国家出现紧急状态或者非常情况时，或者为了公共利益的目的，国务院专利行政部门可以给予实施发明专利或者实用新型专利的强制许可。

《专利实施强制许可办法》

第 6 条：在国家出现紧急状态或者非常情况时，或者为了公共利益的目的，国务院有关主管部门可以根据 § 49 的规定，建议 SIPO 给予其指定的具备实施条件的单位强制许可。

第 12 条：国务院有关主管部门根据 § 49 建议给予强制许可的，应当指明下列各项：

（一）国家出现紧急状态或者非常情况，或者为了公共利益目的需要给予强制许可；

（二）建议给予强制许可的发明专利或者实用新型专利的名称、专利号、申请日、授权公告日，以及专利权人的姓名或者名称；

（三）建议给予强制许可的期限；

（四）指定的具备实施条件的单位名称、地址、邮政编码、联系人及电话；

（五）其他需要注明的事项。

在国务院有关主管部门启动强制许可程序的情况下，如果 SIPO 决定给予强制许可，被许可人可以是国务院有关主管部门，也可以是其指定的企业。

◎根据 § 49 授予的强制许可可分为以下几种情况：

（1）制造专利产品或者使用专利方法的强制许可

在相关专利是产品专利或者制造产品的方法专利，而且中国具有制造该产品的能力的情况下，强制许可可以是允许被许可人制造专利产品或者使用专利方法。产品制造出来后，交由启动强制许可程序的国务院有关主管部门统一进行调配。

（2）进口专利产品或者依照专利方法获得的产品的强制许可

当相关专利是产品专利或者制造产品的方法专利，但中国不具有制造该产品的能力的情况下，国际市场上除专利权人或者其被许可人投放市场的专利产品外，一些国家的市场上还有价格低廉的合法仿制品存在，比如因为专利权人未在这些国家获得专利权，则可以根据本条给予强制许可，允许被许可人进口这些合法的仿制品。当然，如果国际市场上只有专利权人或者其被许可人投放市场的产品，则可直接依照 § 69 关于允许平行进口行为的规定，予以进口而无须给予强制许可。

（3）特殊机制下进口专利药品的强制许可

在相关产品是专利药品，而且在中国不具有制造该药品的能力或者能力不足的情况下，即使我国给予允许制造该专利药品的强制许可，也无法真正解决现实中存在的公共健康问题。因此，只能通过给予允许进口该专利药品的强制许可，才能使我国获得所需的专利药品。如果该药品在出口国不享有专利权，则没有任何法律障碍；但是，如果专利权人在所有具有制造该专利药品的能力的国家都享有专利权，则由于在这些国家制造该专利药品均需获得专利权人的同意，即使中国给予进口该药品的强制许可，也无法获得价格低廉的仿制药。在此情况下，中国需要利用《关于实施 TRIPS 与公共健康宣言第六段的决议》（简称《总理事会决议》）或者《关于修改 TRIPS 的议定书》确定的特殊机制，给予由具有制造该专利药品的能力的 WTO 成员按照该机制在该成员国内给予制造并专向我国出口该专利药品的强制许可，同时由中国给予从该成员国进口其专为我国制造并出口的专利药品。

《专利实施强制许可办法》

第 18 条：根据§49 或者§50 的规定建议或者请求给予强制许可的，不适用听证程序。

第 21 条：经审查认为请求给予强制许可的理由成立的，SIPO 应当作出给予强制许可的决定。在作出给予强制许可的决定前，应当通知请求人和专利权人拟作出的决定及其理由。除另有指定的外，双方当事人可以自收到通知之日起 15 日内陈述意见。

SIPO 根据§49 作出给予强制许可的决定前，应当通知专利权人拟作出的决定及其理由。

§50 保障公共健康的强制许可

为了公共健康目的，对取得专利权的药品，国务院专利行政部门可以给予制造并将其出口到符合中华人民共和国参加的有关国际条约规定的国家或者地区的强制许可。

A31 TRIPS〈未经权利持有人许可的其他使用〉

如果成员的法律允许未经权利持有人许可而就专利的内容进行其他使用（“其他使用”，系指除 A30 允许之外的使用），包括政府使用或政府授权的第三方使用，则应遵守下列规定：

（f）任何此类使用之授权，均应主要是为授权此类使用的成员方国内市场供应之目的。

〈利用专利强制许可制度生产的药品只能主要供应成员的国内市场。〉

《专利实施强制许可办法》

第 7 条：为了公共健康目的，具备实施条件的单位可以根据 §50 的规定，请求给予制造取得专利权的药品并将其出口到下列国家或者地区的强制许可：

（一）最不发达国家或者地区；

（二）依照有关国际条约通知世界贸易组织表明希望作为进口方的该组织的发达成员或者发展中成员。

第 13 条：根据 §50 的规定请求给予强制许可的，请求人应当提供进口方及其所需药品和给予强制许可的有关信息。

《涉及公共健康问题的专利实施强制许可办法》

第 3 条：在我国预防或者控制传染病的出现、流行，以及治疗传染病，属于 §50 所述为了公共利益目的的行为。

传染病在我国的出现、流行导致公共健康危机的，属于 §50 所述国家紧急状态。

第 4 条：治疗某种传染病的药品在我国被授予专利权，我国具有该药品的生产能力，国务院有关主管部门可以依据 §50 的规定，请求 SIPO 授予实施该专利的强制许可。

第 12 条：依照本办法第 4 条请求实施该专利的强制许可的，除本办法有专门规定的以外，适用《专利实施强制许可办法》的规定。

R73 对未能获得专利权人许可的和保障公共健康的强制许可规定

专利法第四十八条第（一）项所称未充分实施其专利，是指专利权人及其被许可人实施其专利的方式或者规模不能满足国内对专利产品或者专利方法的需求。

专利法第五十条所称取得专利权的药品，是指解决公共健康问题所需的医药领域中的任何专利产品或者依照专利方法直接获得的产品，包括取得专利权的制造该产品所需的活性成分以及使用该产品所需的诊断用品。

《药品管理法》

A102：药品，是指用于预防、治疗、诊断人的疾病，有目的地调节人的生理机能并规定有适应症或者功能主治、用法和用量的物质，包括中药材、中药饮片、中成药、化学原料药及其制剂、抗生素、生化药品、放射性药品、血清、疫苗、血液制品和诊断药品等。

◎没有药品制造能力或者能力不足的主张可以通过以下方式之一予以确认：

（1）该成员已被确认在制药领域没有制造能力；

（2）该成员在制药领域虽有一定制造能力，但除了专利权人拥有和控制的制造能力之外，其他公司的制造能力还不足以满足其需求；

（3）无论是否为 WTO 成员，最不发达国家或者地区被视为当然没有药品制造能力或者能力不足。

◎对专利药品进口方的要求

申请给予这种强制许可的前提条件是必须有一个合格的进口方。

需要进口专利药品的进口方必须首先向 TRIPS 理事会通报为解决公共健康问题需要进口专利药品。如果进口方是 WTO 成员，还必须向 TRIPS 理事会通报其所需专利药品的名称和数量。如果不是 WTO 成员，则必须通过外交渠道或者其他方式向制造出口专利药品的国家说明其所需药品的名称和数量。

如果药品既在出口方又在进口方被授予专利权，在此情况下，仅仅由出口方给予制造并出口专利药品的强制许可，只是克服了出口方的障碍，并不能消除进口方的法律障碍。而且在允许平行进口的国家，平行进口也仅仅是针对专利权人或其被许可人投放外国市场的药品，不适用于外国通过强制许可投放市场的专利产品。因此，进口方必须在向 WTO 通报中确认其已经给予或者打算给予进口专利药品的强制许可。注意，进口方在通报中只需说明打算给予强制许可即可，并不一定需要已经给予强制许可。

◎对专利药品出口方的要求：

申请制造专利药品并将其出口的强制许可的申请人没有必要在提出申请前与专利权人协商（§54）。

◎对被许可人的要求：

（1）SIPO 在给予强制许可的决定中，应当明确规定被许可人应当遵守的条件。

①依据强制许可制造的药品数量不得超过进口方所需的数量，并且必须全部出口到该进口方；

②依据强制许可制造的药品应当采用特定的标签或标记明确标明该药品是依赖强制许可而制造的，在可能的情况下，还应当对药品本身采用特殊的颜色或形状，或者对药品采用特殊的包装；

③药品运装前，取得强制许可的单位应当在其网站或 WTO 的有关网站上发布运往进

口方的药品数量以及前述药品识别特征的信息。

（2）出口方给予强制许可后，应当将有关信息通报TRIPS理事会。

信息包括：

①取得强制许可的单位名称和地址；

②出口药品的名称和数量；

③进口方；

④强制许可期限；

⑤发布药品数量前述药品识别特征等信息的网站地址。

（3）向专利权人支付必要的使用费。

R74 强制许可的请求；专利权人陈述意见；给予强制许可的决定

请求给予强制许可的，应当向国务院专利行政部门提交强制许可请求书，说明理由并附具有关证明文件。

国务院专利行政部门应当将强制许可请求书的副本送交专利权人，专利权人应当在国务院专利行政部门指定的期限内陈述意见；期满未答复的，不影响国务院专利行政部门作出决定。

国务院专利行政部门在作出驳回强制许可请求的决定或者给予强制许可的决定前，应当通知请求人和专利权人拟作出的决定及其理由。

国务院专利行政部门依照专利法第五十条的规定作出给予强制许可的决定，应当同时符合中国缔结或者参加的有关国际条约关于为了解决公共健康问题而给予强制许可的规定，但中国作出保留的除外。

A31 TRIPS

如果成员的法律允许未经权利持有人许可而就专利的内容进行其他使用（“其他使用”，系指除A30 TRIPS允许之外的使用），包括政府使用或政府授权的第三方使用，则应遵守下列规定：

（h）考虑到授权的经济价值，应视具体情况向权利人支付充分的补偿金。

《专利实施强制许可办法》

第18条：根据§49或者§50的规定建议或者请求给予强制许可的，不适用听证程序。

第21条：经审查认为请求给予强制许可的理由成立的，SIPO应当作出给予强制许可的决定。在作出给予强制许可的决定前，应当通知请求人和专利权人拟作出的决定及其理由。除另有指定的外，双方当事人可以自收到通知之日起15日内陈述意见。

第23条：SIPO根据§50作出给予强制许可的决定的，还应当在该决定中明确下列要求：

（一）依据强制许可制造的药品数量不得超过进口方所需的数量，并且必须全部出口到该进口方；

（二）依据强制许可制造的药品应当采用特定的标签或者标记明确注明该药品是依据强制

许可而制造的；在可行并且不会对药品价格产生显著影响的情况下，应当对药品本身采用特殊的颜色或者形状，或者对药品采用特殊的包装；

（三）药品装运前，取得强制许可的单位应当在其网站或者世界贸易组织的有关网站上发布运往进口方的药品数量以及本条第二项所述的药品识别特征等信息。

第24条：SIPO根据§50作出给予强制许可的决定的，由国务院有关主管部门将下列信息通报世界贸易组织：

（一）取得强制许可的单位的名称和地址；

（二）出口药品的名称和数量；

（三）进口方；

（四）强制许可的期限；

（五）本办法第23条（三）所述网址。

出口方向专利权人支付使用费的具体数额应当参照该强制许可给进口方带来的经济价值。但是专利权人就同一药品在进口方也享有专利权的，在进口方也给予强制许可的情况下，如果出口方的被许可人已经向专利权人支付了使用费，则进口方不必再支付使用费。

◎自由贸易区的例外：

根据《总理事会决议》和《关于修改TRIPS的议定书》的有关规定，当我国与一些WTO成员方签署自由贸易协议时，如果根据协议形成的区域性自由贸易区中有一半以上的成员是联合国认定的最不发达国家和地区，那么根据我国为解决公共健康问题给予的强制许可而制造的专利药品，可以在该自由贸易区内面临同样公共健康问题的国家或地区内自由流动。

§51 从属专利的强制许可

一项取得专利权的发明或者实用新型比前已经取得专利权的发明或者实用新型具有显著经济意义的重大技术进步，其实施又有赖于前一发明或者实用新型的实施的，国务院专利行政部门根据后一专利权人的申请，可以给予实施前一发明或者实用新型的强制许可。

在依照前款规定给予实施强制许可的情形下，国务院专利行政部门根据前一专利权人的申请，也可以给予实施后一发明或者实用新型的强制许可。

所谓“从属专利”，是指在后申请的发明或者实用新型是对在先发明或者实用新型的改进，在后专利的某项权利要求除了记载了在先专利的某项权利要求中记载的全部技术特征以外，还记载了另外的技术特性。也就是说，在后专利的保护范围完全落入另一项在先申请的发明或者实用新型专利的保护范围之内。例如，在先专利的独立权利要求包括A、B、C三个技术特征，在后专利的独立权利要求包括A、B、C、D四个技术特征。从属专利是对在先专利的一种改进，在采用在先专利的技术方案的同时，又增加了新的技术内容。但是两个专利权却相互排斥。在后专利权人不能实施A+B+C和A+B+C+D；在先专利的专利权人也不能实施A+B+C+D，无法利用D的优点。

在此情况下，通常的做法是两个专利权人订立交叉许可合同。如果无法通过协商订立许可合同，专利权人可以依据§51请求批准实施在先专利的强制许可。而第三人希望实施在后专利A+B+C+D时，就需要同时获得两个专利权人的许可，手续上比较麻烦。因此，订立专利实施许可合同时，一个必不可少的重要事项就是约定如果随后发现合同涉及的专利是另一项专利的从属专利，许可方有义务设法取得该项专利的专利权人的许可，并明确由此而需要支付的许可使用费的分摊方式。或者声明，凡触及第三方权利的后果，概由专利权人承担，被许可人一律免责。

《专利实施强制许可办法》

第11条：根据§48（1）或者§51的规定请求给予强制许可的，请求人应当提供证据，证明其以合理的条件请求专利权人许可其实施专利，但未能在合理的时间内获得许可。

根据§48（2）的规定请求给予强制许可的，请求人应当提交已经生效的司法机关或者反垄断执法机构依法将专利权人行使专利权的行为认定为垄断行为的判决或者决定。

如果从属专利的专利权人提出强制许可申请，根据§51.2的规定，在先专利的专利权人也可以获得实施从属专利的强制许可，但只能在在后专利权人已经获得了实施在先专利的强制许可的情况下。

如果从属专利的专利权人没有提出强制许可的申请，在先专利权人只能以§48（1）

的规定为依据，即在后专利的专利权人自在后专利权被授予之日起满3年，且自提出在后专利申请之日起满4年，无正当理由未实施或者未充分实施在后专利，提出强制许可申请。

◎有关强制许可的规定：

法条	强制许可请求人	证据提交（《专利实施强制许可办法》第11条）	听证（《专利实施强制许可办法》第18条）
§48	具备实施条件的单位或个人	证明请求人曾以合理条件请求许可，但未能在合理时间内获得许可（§48〈1〉）。 已经生效的司法机关或反垄断执法机构依法认定的专利权人垄断行为的判决或决定（§48〈2〉）	适用听证
§49	国务院有关主管部门	应当由SIPO说明理由并附具有关证明文件（R74.1）	发明、实用新型； 不适用听证
§50	具备实施条件的单位	请求人应当提供进口方及其所需药品和给予强制许可的有关信息（《专利实施强制许可办法》第13条）	不适用听证
§51	从属专利的专利权人	证明请求人曾以合理条件请求许可，但未能在合理时间内获得许可	适用听证

§ 52 半导体技术的强制许可

强制许可涉及的发明创造为半导体技术的，其实施限于公共利益的目的和专利法第四十八条第（二）项规定的情形。

A31 TRIPS（未经权利持有人许可的其他使用）：

如果成员的法律允许未经权利持有人许可而就专利的内容进行其他使用（“其他使用”，系指除 A30 TRIPS 允许之外的使用），包括政府使用或政府授权的第三方使用，则应遵守下列规定：

（c）使用范围及期限均应局限于原先允许使用时的目的之内；如果所使用的是半导体技术，则仅仅应进行公共的非商业性使用，或经司法或行政程序已确定为反竞争行为而给予救济的使用。

《专利实施强制许可办法》

第 20 条：经审查认为强制许可请求有下列情形之一的，SIPO 应当作出驳回强制许可请求的决定：

（三）强制许可请求涉及的发明创造是半导体技术的，其理由不符合 § 52 的规定；

（五）请求人陈述的理由、提供的信息或者提交的有关证明文件不充分或者不真实。

SIPO 在作出驳回强制许可请求的决定前，应当通知请求人拟作出的决定及其理由。除另有指定的外，请求人可以自收到通知之日起 15 日内陈述意见。

§53 供应国内市场的强制许可

除依照专利法第四十八条第（二）项、第五十条规定给予的强制许可外，强制许可的实施应当主要为了供应国内市场。

A31 TRIPS〈未经权利持有人许可的其他使用〉

如果成员的法律允许未经权利持有人许可而就专利的内容进行其他使用（“其他使用”，系指除A30 TRIPS允许之外的使用），包括政府使用或政府授权的第三方使用，则应遵守下列规定：

（f）任何这类使用的授权，均应主要为供应授权之成员域内市场之需。

（k）若是为抵消在司法或行政程序后被确定为反竞争做法而允许此类使用，则成员方没有义务适用上述第（2）和第（6）子款规定的条件；在决定此种情况中补偿金的数额时，可以考虑纠正反竞争做法的需要；若导致此项授权的条件可能重新出现，则主管当局应有权拒绝终止授权。

§ 54 申请强制许可的证据提交

依照第四十八条第（一）项、第五十一条规定申请强制许可的单位或者个人应当提供证据，证明其以合理的条件请求专利权人许可其实施专利，但未能在合理的时间内获得许可。

A31 TRIPS（未经权利持有人许可的其他使用）：

如果成员的法律允许未经权利持有人许可而就专利的内容进行其他使用（“其他使用”，系指除 A30 TRIPS 允许之外的使用），包括政府使用或政府授权的第三方使用，则应遵守下列规定：

（b）只有在使用前，意图使用之人已经努力向权利持有人要求依合理的商业条款及条件获得许可，但在合理期限内未获成功，方可允许这类使用。一旦某成员进入国家紧急状态，或在其他特别紧急情况下，或在公共的非商业性场合，则可以不受上述要求约束。但在国家紧急状态或其他特别紧急状态下，应合理可行地尽快通知权利持有人。在公共的非商业使用场合，如果政府或政府授权之合同人未经专利检索而知或有明显理由应知政府将使用或将为政府而使用某有效专利，则应立即通知权利持有人。

（k）若是为抵消在司法或行政程序后被确定为反竞争做法而允许此类使用，则成员方没有义务适用上述（b）和（f）规定的条件。

§55 强制许可通知、登记、公告及终止

国务院专利行政部门作出的给予实施强制许可的决定，应当及时通知专利权人，并予以登记和公告。

给予实施强制许可的决定，应当根据强制许可的理由规定实施的范围和时间。强制许可的理由消除并不再发生时，国务院专利行政部门应当根据专利权人的请求，经审查后作出终止实施强制许可的决定。

一般专利权实施的许可合同不必到 SIPO 办理登记，只有强制许可才有必要办理登记。

◎强制许可请求有下列情形之一的，SIPO 不予受理，并通知请求人：

（1）被请求人强制许可的发明专利或者实用新型专利的专利号不明确或者难以确定；

（2）请求文件未使用中文；

（3）明显不具备请求强制许可的理由。

请求人对驳回强制许可请求的决定不服的，或者专利权人对给予强制许可的决定不服的，可以自收到决定之日起 3 个月内向法院起诉。

在强制许可规定的期限内，专利权人可以向 SIPO 请求终止强制许可。SIPO 审查同意后，即可终止强制许可的实施。

强制许可期限届满，强制许可自动终止，SIPO 应当在专利登记簿上登记并在专利公报、SIPO 网站和中国知识产权报上予以公告。

如果在强制许可期限内，专利权人认为强制许可理由已经消除并且不再发生，可以根据 §5.2，向 SIPO 请求提前终止强制许可。

§56 实施强制许可不享有独占权

取得实施强制许可的单位或者个人不享有独占的实施权，并且无权允许他人实施。

A31 TRIPS：

如果成员的法律允许未经权利持有人许可而就专利的内容进行其他使用（“其他使用”，系指除A30允许之外的使用），包括政府使用或政府授权的第三方使用，则应遵守下列规定：

（e）这类使用不得转让，除非与从事使用的那部分企业或商誉一并转让。

如果是从属专利的强制许可，实施权只能与后一个专利以及实施该专利的那部分企业一起转让。

§57 强制许可使用费

取得实施强制许可的单位或者个人应当付给专利权人合理的使用费，或者依照中华人民共和国参加的有关国际条约的规定处理使用费问题。付给使用费的，其数额由双方协商；双方不能达成协议的，由国务院专利行政部门裁决。

专利权人对实施强制许可不服的，可以向SIPO申请行政复议，再不服的，可以15日内向法院起诉（《行政诉讼法》A38），或者向国务院申请裁决（《行政复议法》A14）。

A31 TRIPS

如果成员的法律允许未经权利持有人许可而就专利的内容进行“其他使用”，是指除A30 TRIPS允许之外的使用，包括政府使用或政府授权的第三方使用，则应遵守下列规定：

（h）在顾及有关授权使用的经济价值的前提下，上述各种场合均应支付权利持有人使用费。

《国家知识产权局行政复议规程》

第5条：对下列情形之一，不能申请行政复议：

（4）专利权人或者专利实施强制许可的被许可人对强制许可使用费的裁决不服的。

《总理事会决议》和《关于修改TRIPS的议定书》规定，在授予强制许可的出口方已经向专利权人支付使用费的情况下，进口方无须支付使用费。

强制许可使用费的数额应当由专利权人和强制许可的被许可人双方商量确定，其标准可以参照普通实施许可的使用费。如果双方就使用费数额达不成协议，则应当由国务院专利行政部门裁决，即由SIPO裁决。

但是，因强制许可使用费数额产生的纠纷不可以直接向人民法院起诉。

R75 使用费的裁决

依照专利法第五十七条的规定，请求国务院专利行政部门裁决使用费数额的，当事人应当提出裁决请求书，并附具双方不能达成协议的证明文件。国务院专利行政部门应当自收到请求书之日起3个月内作出裁决，并通知当事人。

《国家标准涉及专利的管理规定（暂行）》

第17条：国家标准中所涉及专利的实施许可及许可使用费问题，由标准使用人与专利权人或者专利申请人依据专利权人或者专利申请人作出的专利实施许可声明协商处理。

《专利实施强制许可办法》

第29条：SIPO应当自收到请求书之日起3个月内作出强制许可使用费的裁决决定。

§58 起诉强制许可

专利权人对国务院专利行政部门关于实施强制许可的决定不服的，专利权人和取得实施强制许可的单位或者个人对国务院专利行政部门关于实施强制许可的使用费的裁决不服的，可以自收到通知之日起3个月内向人民法院起诉。

这里的起诉性质为行政诉讼。

A31 TRIPS

如果成员的法律允许未经权利持有人许可而就专利的内容进行其他使用（“其他使用”，系指除 A30 TRIPS 允许之外的使用），包括政府使用或政府授权的第三方使用，则应遵守下列规定：

(i) 任何与此类使用之授权有关的决定，其法律效力应接受该成员方境内更高当局的司法审查或其他独立审查。

(j) 任何与为此类使用而提供的补偿金有关的决定，应接受成员方境内更高当局的司法审查或其他独立审查。

第七章　专利权的保护

§59 保护范围

发明或者实用新型专利权的保护范围以其权利要求的内容为准，说明书及附图可以用于解释权利要求的内容。

外观设计专利权的保护范围以表示在图片或者照片中的该产品的外观设计为准，简要说明可以用于解释图片或者照片所表示的该产品的外观设计。

发明、实用新型

发明专利权的保护范围依据的是 SIPO 公告的发明专利申请说明书公布文本（包括权利要求书）（§39）。

《专利行政执法办法》

第 16 条：§59.1 所称的“发明或者实用新型专利权的保护范围以其权利要求的内容为准”，是指专利权的保护范围应当以其权利要求记载的技术特征所确定的范围为准，也包括与记载的技术特征相等同的特征所确定的范围。等同特征是指与记载的技术特征以基本相同的手段，实现基本相同的功能，达到基本相同的效果，并且所属领域的普通技术人员无需经过创造性劳动就能够联想到的特征。

《最高人民法院关于审理专利纠纷案件适用法律问题的若干规定》

第 17 条：§59.1 所称的“发明或者实用新型专利权的保护范围以其权利要求的内容为准，说明书及附图可以用于解释权利要求”，是指专利权的保护范围应当以权利要求书中明确记载的必要技术特征所确定的范围为准，也包括与该必要技术特征相等同的特征所确定的范围。

相对于专利授权公开文本，专利申请公开文本对权力要求解释的法律效力只具有第二位的补充性作用。因为专利审查档案不是确定权利要求内容应当考虑的，而只是根据个案具体情况，是“可以”考虑的，而且其优先权是可以考虑的文件中最末一种。

《最高人民法院关于审理侵犯专利权纠纷案件应用法律若干问题的解释》

第 1 条：人民法院应当根据权利人主张的权利要求，依据 §59.1 的规定确定专利权的保护范围。权利人在一审法庭辩论终结前变更其主张的权利要求的，人民法院应当准许。

权利人主张以从属权利要求确定专利权保护范围的，人民法院应当以该从属权利要求记载的附加技术特征及其引用的权利要求记载的技术特征，确定专利权的保护范围。

第 2 条：人民法院应当根据权利要求的记载，结合本领域普通技术人员阅读说明书及附图后对权利要求的理解，确定 §59.1 规定的权利要求的内容。

第 3 条：人民法院对于权利要求，可以运用说明书及附图、权利要求书中的相关权利要求、专利审查档案进行解释。说明书对权利要求用语有特别界定的，从其特别界定。

以上述方法仍不能明确权利要求含义的，可以结合工具书、教科书等公知文献以及本领域普通技术人员的通常理解进行解释。

●权利要求保护范围的含义

§26.4：权利要求书应当以说明书为依据，清楚、简要地限定要求专利保护的范围。

侵权时，权利要求保护的范围是文义范围和等同范围（§59）。授权阶段，权利要求保护的范围是文义范围（GL－BII 3.2.1）。

最高人民法院（2013）民申字第 790 号：主题名称对保护范围的限定

在确定权利要求保护范围时，应当考虑权利要求记载的主题名称；该主题名称对权利要求保护的实际限定作用取决于其对权利要求所要保护的主题本身产生何种影响。

GL－B－II 3.3.1 独立权利要求的撰写规定

将权利要求中记载的全部技术特征所表达的技术内容作为一个整体技术方案对待，记载在前序部分的技术特征和记载在特征部分的技术特征，对于限定保护范围具有相同作用。

◎折中原则：

折中原则，也称主题内容限定原则（§59.1），发明或者实用新型专利权的保护范围以其权利要求的内容为准，说明书及附图可以用于解释权利要求的内容。

京高院《专利侵权判定指南》

第 7 条：解释权利要求时，应当以权利要求记载的技术内容为准，根据说明书及附图、现有技术、专利对现有技术所做的贡献等因素合理确定专利权保护范围；既不能将专利权保护范围拘泥于权利要求书的字面含义，也不能将专利权保护范围扩展到所属技术领域的普通技术人员在专利申请日前通过阅读说明书及附图后需要经过创造性劳动才能联想到的内容。

最高人民法院（2013）民申字第 790 号：并列独立权利要求对保护范围的限定

在确定引用在前独立权利要求的并列独立权利要求的保护范围时，虽然被引用的在前独立权利要求的特征应当予以考虑，但其对该并列独立权利要求并不必然具有限定作用，其实际限定作用应当根据其对该并列独立权利要求的技术方案或保护主题是否有实质性影响来确定。

京高院《专利侵权判定指南》

第 12 条：专利说明书及附图可以用以对权利要求字面所限定的技术方案的保护范围作出合理的解释，即把与权利要求书记载的技术特征等同的特征解释进专利权保护范围，或者依据专利说明书及附图对某些技术特征作出界定。

最高人民法院（2011）民提字第64号：说明书和附图的示例对权利要求的解释

运用说明书及附图解释权利要求时，不应当以说明书及附图的例示性描述限制专利权的保护范围。

权利要求的作用在于界定专利权的权利边界，说明书及附图主要用于清楚、完整地描述专利技术方案，使本领域技术人员能够理解和实施该专利。但实施例只是发明的示例，专利法不要求，也不可能要求说明书列举实施发明的所有具体方式。因此，运用说明书及附图解释权利要求时，不应当以说明书及附图的例示性描述限制专利权的保护范围。

最高人民法院（2011）民申字第1318号：不能通过测量附图限定权利要求的保护范围

发明或者实用新型专利权的保护范围以其权利要求书的内容为准，说明书是权利要求书的依据，而权利要求是在说明书的基础上，用构成发明或者实用新型技术方案的技术特征来表明要求专利保护的范围。只有记载在权利要求书中的技术特征才会对该权利要求的保护范围产生限定作用，在说明书中予以描述而没有在权利要求书中予以记载的技术特征，一般不能用来限定权利要求的保护范围。

最高人民法院（2010）民申字第871号：说明书和附图解释权利要求

根据§59.1，如果对权利要求的表述内容产生不同理解，导致对权利要求保护范围产生争议，说明书及其附图可以用于解释权利要求。

最高人民法院（2009）民申字第1622号：说明书和附图解释权利要求的适用原则

说明书和附图在对权利要求进行解释时，适用以下原则来确定专利的保护范围：

（1）权利要求中的术语在说明书未作特别解释的情况下应采用通常理解；

（2）不同权利要求中采用的相关技术术语应当解释为具有相同的含义；

（3）专利权人在专利授权和无效宣告程序中为保证获得专利权或者维持专利权有效而对专利权保护范围作出的限制，在后续的专利侵权纠纷中不得再主张相应的权利。

沪（2010）高民三（知）终字第83号：界定专利的保护范围

根据专利说明书中所记载的发明目的、附图以及专利权人在专利授权审查过程中所作的陈述等内容，合理解释专利权利要求的含义，准确界定专利的保护范围。

京（2002）一中民初字第3258号：合理的扩大或者缩小的解释

说明书及其附图可以对专利权利要求字面所限定的技术方案的保护范围作出合理的扩大或者缩小的解释，即可以把必要技术特征等同的特征解释到专利权的保护范围，可以结合独立权利要求中的技术特征解释到专利权的保护范围，可以结合独立权利要求中的技术特征解释其含混不清之处。

京高院《专利侵权判定指南》

第18条：方法专利权利要求对步骤顺序有明确限定的，步骤本身以及步骤之间的顺序均应对专利权保护范围起到限定作用；方法专利权利要求对步骤顺序没有明确限定的，不应以此为由，不考虑步骤顺序对权利要求的限定作用，而应当结合说明书和附图、权利要求记载的整体技术方案、各个步骤之间的逻辑关系以及专利审查档案，从所属技术领域的普通技术人员的角度出发，确定各步骤是否应当按照特定的顺序实施。

第19条：以方法特征限定的产品权利要求，方法特征对于专利权保护范围具有限定作用。

第21条：产品发明或者实用新型专利权利要求未限定应用领域、用途的，应用领域、用途一般对专利权保护范围不起限定作用。

产品发明或者实用新型专利权利要求限定应用领域、用途的，应用领域、用途应当作为对权利要求的保护范围具有限定作用的技术特征。但是，如果该特征对所要求保护的结构和/或组成本身没有带来影响，也未对该技术方案获得授权产生实质性作用，只是对产品或设备的用途或使用方式进行描述的，则对专利权保护范围不起限定作用。

最高人民法院（2008）民申字第980号：对方法专利权利要求中步骤顺序的解释

在方法专利侵权案件中适用等同原则判定侵权时，可以结合专利说明书和附图、审查档案、权利要求记载的整体技术方案以及各个步骤之间的逻辑关系，确定各步骤是否应当按照特定的顺序实施；步骤本身和步骤之间的实施顺序均应对方法专利权的保护范围起到限定作用。

由于专利授权、确权行政程序……采取不同的确定标准。差异主要体现在当事人意见陈述的作用上。在授权、确权过程中，申请人的意见陈述原则上只能作为理解说明书和权利要求书含义的参考，而不是决定的依据。

审理侵权民事案件的法院原则上不审查专利权的效力问题。如果被告在专利民事侵权案件中提出原告的专利权效力存在问题，法院一概不予接受此类抗辩，推定原告的专利权有效。只有当被告在答辩期内启动无效宣告程序的情况下，法院才根据具体情况中止审理。

在专利侵权纠纷案件审理中，如果不能确定专利保护范围，法院通常会告知被诉侵权人通过专利无效宣告程序解决这一问题，并在被诉侵权人启动无效宣告程序后，中止案件的审理。

最高人民法院（2008）民申字第1562号：专利权人在诉讼程序中对技术特征的解释

专利权人在侵权诉讼程序中对其技术特征所做的解释如果未超出其权利要求书的记载范围，也与其专利说明书及附图相吻合时，可以按照其解释限定该技术特征。

京（2009）高民终字第4011号：依据法律文书

在对专利权的保护范围进行解释时，已有人民法院或国务院专利行政部门作出的生效法律文书对相关技术特征作出明确解释的，应当依照该解释确定专利保护范围。

京高院《专利侵权判定指南》

第24条：说明书对技术术语的解释与该技术术语通用含义不同的，以说明书的解释为准。

被诉侵权行为发生时，技术术语已经产生其他含义的，应当采用专利申请日时的含义解释该技术术语。

第88条：专利申请日时申请人请求保护的范围与专利公告授权时的专利权保护范围不一致，被诉侵权技术方案均落入上述两个保护范围的，应当认定被诉侵权人在临时保护期内实施了该发明。被诉侵权技术方案仅落入其中一个保护范围的，应当认定被诉侵权人在临时保护期内未实施该发明。

最高人民法院（2012）民申字第1544号：权利要求用语与说明书不一致

准确界定专利权的保护范围，是认定被诉侵权技术方案是否构成侵权的前提条件。如果结合本案专利说明书、本领域的公知常识以及相关现有技术等，仍然不能确定权利要求中技术术语的具体含义，无法准确确定专利权的保护范围，则无法将被诉侵权技术方案与之进行有意义的侵权对比。因此，对于保护范围明显不清楚的专利权，不应认定被诉侵权技术方案构成侵权。

当本领域普通技术人员对权利要求相关表述的含义可以清楚确定，且说明书又未对权利要求的术语含义作特别界定时，应当以本领域普通技术人员对权利要求自身内容的理解为准，而不应当以说明书记载的内容否定权利要求的记载；但权利要求特定用语存在明显错误，本领域普通技术人员能够根据说明书和附图的相应记载发现该错误，并能够获得唯一正确答案修正该错误的，应根据修正后的含义进行解释。

最高人民法院（2011）民提字第248号：说明书对权利要求的用语的解释

在说明书对权利要求的用语无特别界定时，一般应根据本领域普通技术人员理解的通常含义进行解释，不能简单地将该用语的含义限缩为说明书给出的某一具体实施方式体现的内容。

如果权利要求中的用语在表面上具有较宽的含义，但说明书中没有对该用语的全部含义加以披露，法院会根据说明书对权利要求的含义作出限制解释，以使得权利要求书得到说明书的支持。

最高人民法院（2010）民申字第979号：说明书定义技术术语

对于当事人存在争议的专利权利要求的技术术语，虽然该术语在相关行业领域并没有明确的定义，但涉案专利说明书中的记载指明了其具有的特定的含义，并且该界定明确了涉案专利权利要求的保护范围，所以应当以说明书的界定理解权利要求用语的含义。

京（2011）高行终字第751号：权利要求定义技术术语

发明或者实用新型专利权的保护范围以其权利要求的内容为准，如果权利要求对某个技术术语有明确的定义，在确定专利技术方案时则不宜作出与该定义不同的解释。

沪（2012）高民三（知）终字第44号：文字存在明显撰写错误

通常而言，专利权利要求文字存在错误会因其得不到说明书的支持而导致专利无效，但有的时候权利要求文字撰写的明显错误，却并不一定导致其权利保护边界不清。这是因为对权利要求所描述的技术方案的解读主体，是该技术领域的技术人员，而非一般普通公众。

如果当该领域的普通技术人员在阅读权利要求和说明书后，能够立即发现某一技术特征存在明显错误，同时能得出正确答案，而该答案又能从说明书中得到支持，那么此时该专利的保护范围仍是明确清晰的，并不会因权利要求的文字存在明显错误而使其保护范围的外延扩大。如果对于该领域的普通技术人员而言，权利要求中的技术特征是确定的，则专利权人的私权利和社会公众的公有领域之间的边界就是清晰的。

无效宣告请求第 15385 号：仅在说明书中记载的内容

说明书可以用于解释权利要求，但一般在权利要求的技术特征的含义清楚无疑义的情况下，不应当将说明书记载的未在权利要求中限定的技术内容纳入权利要求中，并以此确定权利要求的保护范围。

●功能性限定

通常，对产品权利要求来说，应当尽量避免使用功能或者效果特征来限定发明。

对于权利要求中的功能性技术特征，应当理解为覆盖了所有能够实现所述功能的实施方式。

在专利侵权纠纷中，各地法院统一适用“具体加等同”的解释方式。而专利局和复审委员会在授权、确权审查阶段通常适用“覆盖所有”的解释。

对于含有功能性限定的特征的权利要求，应当审查该功能性限定是否得到说明书的支持。如果权利要求中限定的功能是以说明书实施例中记载的特定方式完成的，并且所属技术领域的技术人员不能明了此功能还可以采用说明书中未提到的其他替代方式来完成，或者所属技术领域的技术人员有理由怀疑该功能性限定所包含的一种或几种方式不能解决发明或者实用新型所要解决的技术问题，并达到相同的技术效果，则权利要求中不得采用覆盖了上述其他替代方式或者不能解决发明或实用新型技术问题的方式的功能性限定。

◎解释规则：

权利要求中的用词一般应当理解为相关技术领域通常具有的含义，除非说明书中指明了某词具有特定的含义，并且使用了该词的权利要求的保护范围由于说明书中对该词的说明而被限定得足够清楚。

解释只能依据说明书及附图，专利权人在专利实质审查时的意见陈述书中所记载的内容不能作为解释的依据。

只有当权利要求中模糊不清的术语依据说明书解读到的是唯一正确和合理的意思时，才能将其解释到权利要求中。

京高院《专利侵权判定指南》

第 27 条：专利权的保护范围不应受说明书中公开的具体实施方式的限制，但下列情况除外：

（1）权利要求实质上即是实施方式所记载的技术方案的；

（2）权利要求包括功能性技术特征的。

◎功能性技术特征：

功能性技术特征是相对于结构特征而提出的概念，是指专利权利要求中的对产品的部件或部件之间的配合关系或者对方法的步骤采用其在发明创造中所起的作用、功能或者产生的效果来限定的技术特征。

功能性技术特征应当仅仅使用功能而非结构进行限定。功能性限定应当理解为覆盖能够实现所述功能的全部实施方式，与实现所述功能的具体方式相比，具体方式是下位概念，功能性限定是上位概念。

判断一项权利要求的技术特征是否为功能性限定，通常要看该技术特征是否仅以所要解决的技术问题或要实现的技术效果来限定，常见的限定方式包括："能……的设备"、"使……的方式"、"形成……的条件"等，但不仅仅包括这些方式。因此，在判断是否为功能性限定时不能仅以其表述方式为准，而应当以其限定的实质内容来确定。

功能性限定的权利要求与对比文件相比，有时表述的具体方式有差异，不能以技术特征是否以相同的描述方式在对比文件中公开来判断，而应当以其实质性技术内容为准，如果功能限定的权利要求的技术内容在对比文件中已被实质性地公开，则应当认为已被公开。

◎功能性特征的两种解释标准：

（1）在专利行政审查程序中采用"实现功能所有方式"的标准。

GL－B－II 3.2.1 以说明书为依据

对于权利要求中所包含的功能性限定的技术特征，应当理解为覆盖了所有能够实现所述功能的实施方式。对于含有功能性限定的特征的权利要求，应当审查该功能性限定是否得到说明书的支持。

在专利授权和确权阶段，权利要求保护的范围是文义范围。

（2）在专利授权审查中采用"结合实施方式"的标准。

《最高人民法院关于审理侵犯专利权纠纷案件应用法律若干问题的解释》

第4条：对于权利要求中以功能或者效果表述的技术特征，人民法院应当结合说明书和附图描述的该功能或者效果的具体实施方式及其等同的实施方式，确定该技术特征的内容。

京（2006）高民终字第367号：功能性限定技术特征

功能性限定技术特征是指在专利的权利要求中不是采用结构性特征或者方法步骤特征来限定发明或者实用新型，而是采用零部件或者步骤在发明或者实用新型中起到的作用、功能或者所产生的效果来限定发明或者实用新型。

对于采用功能性限定特征的权利要求，不应当按照其字面含义解释为涵盖了能够实现该功能的所有方式，而是应当受到专利说明书中记载的实现该功能的具体方式的限制。

在侵权判断中应当对功能性限定特征解释为仅仅涵盖了说明书中记载的具体实现方式及其等同方式。

沪（2013）高民三（知）终字第96号：功能性限定特征未以说明书为依据

虽然权利要求中采用的方法步骤特征对装置的限定属于功能性限定特征，但是说明书中并没有与之对应的具体实施例。因为权利要求的保护范围不能确定，所以被告侵权不成立。

因为审理专利侵权的法院并不在侵权案件中审查专利权的有效性，对于含功能性特征的权利要求，如果说明书没有描述所述功能的具体实施方式，从而使权利要求不符合§26.3、§26.4的要求，法院虽然不能直接认定专利权无效，但是可以直接认定权利要求的保护范围不能确定，进而直接判定侵权指控不能成立。因为目前没有任何法律规定可以使法院以保护范围无法确定为由直接宣告权利要求无效。因此，在这种情况下，法院直接判定，由于无法确定保护范围而无法确定侵权的方式结案。

说明书中描述的发明目的对权利要求解释的作用仅仅在于，权利要求的解释应当符合说明书对发明目的的描述。权利要求的保护范围由权利要求记载的技术特征来界定，并非由说明书描述的发明目的来界定。

京高院《专利侵权判定指南》

第16条：下列情形一般不宜认定为功能性技术特征：

（1）以功能或效果性语言表述且已经成为所属技术领域的普通技术人员普遍知晓的技术名词一类的技术特征，如导体、散热装置、黏结剂、放大器、变速器、滤波器等；

（2）使用功能性或效果性语言表述，但同时也用相应的结构、材料、步骤等特征进行描述的技术特征。

第17条：在确定功能性技术特征的内容时，应当将功能性技术特征限定为说明书中所对应的为实现所述功能、效果所必需的结构、步骤特征。

沪（2006）高民三（知）终字第48号：根据实现该功能的具体方式及其等同方式限定功能性特征

权利要求书中记载的功能性特征，应当根据说明书中记载的实现该功能的具体方式及其等同方式进行限定。

京（2010）高民终字第2469号：功能技术特征不必涵盖所有实现该功能的方式

对于权利要求中以功能或者效果表述的技术特征，不应当按照其字面含义解释为涵盖了能够实现该功能的所有方式，而应当结合说明书和附图描述的该功能或者效果的具体实施方式及其等同的实施方式确定该技术特征的内容。

京（2009）高民终字第2224号：功能性限定特征应覆盖所有能实现该功能的实施方式

如果在一项产品权利要求中不是采用结构或者组合的技术特征来限定该产品，而是采用产品的零部件或者方法的步骤在技术方案中所起的作用、功能或者产生的效果来限定，则称为“功能性限定特征”。

对于权利要求中所包含的功能性限定的特征，应当理解为覆盖了所有能够实现所述功能的实施方式，但是应当结合说明书和附图描述的该功能或者效果的具体实施方式及其等同的实施方式，确定该技术特征的内容。

被控侵权的产品不具有原告专利功能性技术特征记载的功能或者效果时，将不构成侵权。

沪（2010）高民三（知）终字第89号：未记载实现功能的技术手段

说明书描述了技术特征功能，但权利要求与说明书均未记载或描述采取什么具体技术手段达到相应的功能。权利要求中的产品部件，只是描述了该部件所要实现的功能，但并未记载实现该功能的具体技术手段。也没有证据显示，在所属技术领域中已经存在实现该功能的已知技术手段。故该产品部件仅是一项功能性技术特征。

如果被诉侵权产品在结构上完全可以实现涉案权利要求中限定的功能，但产品未实际实现该功能，则不认为具有相同结构的被诉侵权方案落入涉案权利要求的保护范围。

京（2009）高民终字第4011号：缺少的技术特征系通用部件

被诉侵权技术方案与涉案专利权利要求相比，虽然缺少某一必要技术特征，但该技术特征系通用部件的，则被告构成侵权。

沪（2009）高民三（知）终字第13号：仅以功能表达的技术特征

权利要求仅从功能上对接口模块作了界定。对于仅以功能表达的技术特征，应根据说明书及附图的记载，合理确定专利权的保护范围。

京（2006）高行终字第179号：功能性限定特征的解释具体实施方式的限制

对于权利要求中功能性限定特征的解释应当受专利说明书记载的实现该功能的具体方式的限制，不应当理解为覆盖了能够实现该功能的任何方式。

京（2006）二中民初字第8543号：权利要求采用结构特征描述功能限定

对于含有功能性限定技术特征的权利要求，应当判断该功能性限定是否得到说明书的支持。虽然权利要求中包括功能限定的内容，但其并未使用功能特征来限定发明专利的保护范围，而是采用了相应的结构特征予以描述，因此不应将说明书中的相关内容纳入专利保护范围。即使技术特征中记载有技术效果，但如果该技术特征同时还包含了结构限定，则也不能将其视为使用功能特征进行限定的技术特征，因此并未采用功能性技术特征的解释方式。

●使用环境特征

京高院《专利侵权判定指南》

第22条：写入权利要求的使用环境特征属于必要技术特征，对专利权保护范围具有限定作用。

使用环境特征是指权利要求中用来描述发明所使用的背景或者条件的技术特征。

最高人民法院（2012）民提字第1号：使用环境特征

已经写入权利要求的使用环境特征属于必要技术特征，对于权利要求的保护范围具有限定作用；使用环境特征对于权利要求保护范围的限定程度需要根据个案情况具体确定，一般情况下应该理解为要求被保护的主题对象可以用于该使用环境即可，而不是必须用于该使用环境，但是本领域普通技术人员在阅读专利权利要求书、说明书以及专利审查档案后可以明确而合理地得知被保护对象必须用于该使用环境的除外。

使用环境特征是指权利要求中用来描述发明所使用的背景或者条件的技术特征。首先，关于使用环境特征对于专利保护范围的限定作用。已经写入权利要求的使用环境特征属于权利要求的必要技术特征，对于权利要求的保护范围具有限定作用。其次，关于使用环境特征对于保护范围的限定程度。限定程度是指使用环境特征对权利要求的限定作用的大小，具体地说是指该使用环境特征限定的被保护的主题对象必须用于该使用环境还是可以用于该使用环境即可。使用环境特征对于保护范围的限定程度需要根据个案情况具体确定。一般情况下，使用环境特征应该理解为要求被保护的主题对象可以用于该使用环境即可，不要求被保护的主题对象必须用于该使用环境。但是，如果本领域普通技术人员在阅读专利权利要求书、说明书以及专利审查档案后可以明确而合理地得知被保护对象必须用于该使用环境，那么该使用环境特征应被理解为要求被保护对象必须用于该特定环境。

●专利侵权判定的对比方式

应当以权利要求记载的全部必要技术特征与被控侵权物的相应技术特征进行对比，不得以权利人制造的专利产品或者使用的专利方法以及依照专利方法直接获得的产品与被控侵权物进行技术特征对比。

京高院《专利侵权判定指南》

第 34 条：对产品发明或者实用新型进行专利侵权判定比对，一般不考虑被诉侵权技术方案与专利技术是否为相同技术领域。

●专利侵权判定原则

专利侵权判定一般适用全面覆盖原则和等同原则。因为，专利权保护范围等于“字面范围”加上“等同范围”。所以，适用全面覆盖原则判定被控侵权物（产品或方法）不构成侵犯专利权的，还应当再运用等同原则进行侵权判定。

在适用全面覆盖原则或者等同原则时，还应当根据实际情况，按照捐献原则和禁止反悔原则对专利保护范围加以限制。

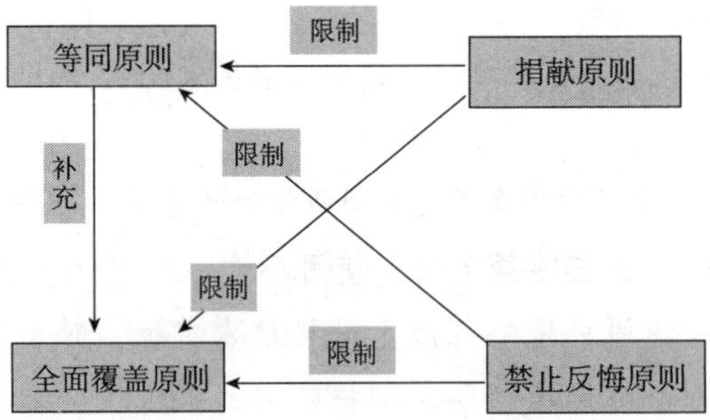

◎全面覆盖原则：

如果被控侵权物（产品或方法）所具有的技术特征包含了专利权利要求记载的全部必要技术特征，则被控侵权物落入专利权保护范围，从而构成侵权。

此外，专利权利要求中记载的必要技术特征采用上位概念，而被控侵权物的技术特征采用相应的下位概念的，则被控侵权物落入专利权的保护范围。

在通常情况下，被控侵权物除全面覆盖了专利技术特征外，一般还增加了其他的技术特征。因此，被控侵权物全面覆盖了专利技术特征，不等于被控侵权物与专利权保护的产品或方法完全相同。但是，被控侵权物仍落入专利权的保护范围。例如：

专利权技术特征：A+B+C

侵权技术特征：A+B+C或A+B+C+D

《最高人民法院关于审理侵犯专利权纠纷案件应用法律若干问题的解释》

第7条：人民法院判定被诉侵权技术方案是否落入专利权的保护范围，应当审查权利人主张的权利要求所记载的全部技术特征。

被诉侵权技术方案包含与权利要求记载的全部技术特征相同或者等同的技术特征的，人民法院应当认定其落入专利权的保护范围；被诉侵权技术方案的技术特征与权利要求记载的全部技术特征相比，缺少权利要求记载的一个以上的技术特征，或者有一个以上技术特征不相同也不等同的，人民法院应当认定其没有落入专利权的保护范围。

最高人民法院（2009）民监字第567号：人工操作与机械运作

根据专利侵权判定的有关全面覆盖原则，被控侵权产品未全面覆盖涉案专利权利要求中记载的全部必要技术特征。因此，两份专利不相同。至于被控侵权产品中缺少涉案专利权利要求中相应的技术特征，仅在实际操作中使用人工操作工艺。是否达到等同替换的目的，综观鉴定专家作出的鉴定报告及补充鉴定意见书，可以确认，机械运作与人工操作不存在比较是否等同的基础条件，由于人工操作与涉案专利所要求的装置是两个不同的概念，且没有足够证据证明使用人工操作的手法构成了对其专利权利要求中所必须的两个装置的技术变劣或者替换。因此，被控侵权产品与涉案专利采用的是不同技术手段，不能认定其构成等同。

涉嫌侵权的设备虽然与涉案专利的装置用途一样，但由于与人工操作对应的装置是涉案专利独立权利必须具备的技术特征，鉴于此，被控侵权产品未落入涉案专利的权利要求保护范围，不构成专利的侵犯。

最高人民法院（2008）民提字第83号：对比全部技术特征

判断被控侵权技术方案是否落入专利权保护范围时，应当将被控侵权技术方案的技术特征与专利权利要求记载的全部技术特征进行对比；若被控侵权技术方案缺少专利权利要求记载的一个或者一个以上的技术特征，或者被控侵权技术方案有一个或者一个以上的技术特征与权利要求记载的相应技术特征不相同也不等同，应认定被控侵权技术方案未落入专利权的保护范围。被控侵权技术方案是否因缺少某专利技术特征而导致技术效果变劣，不是专利侵权判定时应当考虑的因素。

京（2012）海民初字第3613号：全面覆盖原则在专利侵权判断中的适用

判断所售产品使用涉案专利的行为是否构成侵权：

一、进行侵权判定应以专利权利要求中记载的技术方案的全部必要技术特征与被控侵权物（包括产品或方法）的全部技术特征逐一进行对应比较，一般不以专利产品与侵权物品直接进行侵权对比；

二、当双方当事人均有专利时，一般不能用双方专利产品或者双方专利的权利要求进行侵权对比；

三、必要技术特征的界定，即发明或者实用新型为解决其技术问题所不可缺少的技术特征，其总和足以构成发明或实用新型的技术方案，使之区别于背景技术中所描述的其他技术方案并且产生了新颖性和创造性，一般记载于专利独立权利要求中。

销售商所售产品使用本案所涉及专利的行为是否承担赔偿责任。

沪（2010）高民三（知）终字第89号：全面对比全部技术特征

确认被诉侵权技术方案是否落入专利权的保护范围，应当按照全面覆盖原则将被诉方案的技术特征与权利要求记载的全部技术特征对比。

京（2009）高民终字第4279号：以实用性对比全部技术特征

在专利侵权对比中，需要具体就专利权利要求的每一个技术特征与被控侵权物进行对比，在对比中注意以本领域普通技术人员的视角根据工程上的实用性去考虑被控侵权物是否落入特定技术特征的范围。

专利侵权判定中适用全面覆盖原则的例外：

（1）封闭式权利要求。

（2）中药制剂专利。

① 因增加原料组分而导致药物配伍关系发生本质改变的，不应按全面覆盖原则认定为侵权；

② 在缺少一项或多项原料组分时也不应一律按全面覆盖原则认定为不侵权。

◎等同原则（特征等同而非整体等同）：

等同原则是指被控侵权产品或方法通过采用“等同特征”替换专利技术方案中的一个或几个必要技术特征，或者省略其中的实质的非必要技术特征，以至于该被控侵权产品或方法即使在表面上并未全面覆盖专利技术特征，但仍然落入了专利权的保护范围。例如：

专利权技术特征：A + B + C

侵权技术特征：A + B + C’ 或 A’ + B’ + C’

在运用等同原则判断相关发明对所属领域技术人员是否“显而易见”时，判断对象也应该是技术特征，而不是整个技术方案。但是，倘若技术方案产生了预料不到的技术效果，通常可以认定是不同的技术方案，不具有等同特征。

《最高人民法院关于审理专利纠纷案件适用法律问题的若干规定》

第17条：等同特征是指与所记载的技术特征以基本相同的手段，实现基本相同的功能，达到基本相同的效果，并且本领域的普通技术人员无须经过创造性劳动就能够联想到的特征。

注意：

（1）具体的技术特征的等同，而非技术方案或整体产品的等同。

①等同物应当是指侵权产品中替代专利权利要求中的技术特征，并非指整个侵权产品将专利技术方案全部替换；

②等同方式指的是与说明书具体实施方式的特征相等同。等同方式仅在解释功能性技术特征的范围时适用，将功能性技术特征解释为限于说明书具体方式的特征，以及与具体实施方式等同的特征。

（2）判断主体：本领域普通技术人员。

（3）判断时间点：侵权行为发生时，而非专利申请日或公开日。

（4）特征等同应当同时满足以下两个条件。

①被控侵权物（产品或方法）中的技术特征与专利权利要求中的相应技术特征相比，以基本相同的手段，实现基本相同的功能，产生了基本相同的效果；

②对该专利所属领域技术人员来说，通过阅读专利权利要求书和说明书，无须经过创造性劳动就能够想到。

（5）适用等同原则的主体仅有法院，而解释功能性技术特征时，专利局、专利复审委员会、受理专利权侵权民事诉讼的法院在各个阶段均有权作出解释。

最高人民法院（2010）民申字第17号：非整体方案的等同

专利侵权诉讼中的等同是指具体的技术特征的等同，而不是发明创造的整体等同，因此，进行侵权判定时，应当仅就被诉侵权方法的技术特征与权利要求记载的相应的技术特征是否等同进行判定，而不是对技术方案整体是否等同进行判定。

最高人民法院（2008）民申字第458号：被放弃的技术方案不适用等同原则

被诉侵权产品的某一技术特征为属于专利权人在专利授权程序中放弃的技术方案，不应当认为其与权利要求中记载的相应的技术特征等同而将其纳入专利权的保护范围。

京（2009）高民终字第4721号：字面不同但实质等同

被诉侵权技术方案中的技术特征与专利权利要求中记载的技术特征相比，从字面上看不相同，但经过分析可以认定两者是相等同的技术特征。

京（2008）高民终字第1号：等同技术特征

相对于权利要求的特征，被控侵权产品的特征系以基本相同的手段，实现基本相同的功能，达到基本相同的效果，并且本领域的普通技术人员无须经过创造性劳动技能够联想到的特征，二者构成等同技术特征。

◎捐献原则：

专利权人虽然在专利说明书中公开了某些内容，比如某个实施方案，但在专利申请的审批过程中没有将其纳入或试图将其纳入权利要求的保护范围，则该实施方案被视为捐献出来给了公众。那么，当专利申请得到授权后，专利权人在主张专利权时不得试图通过等同原则等将其重新纳入权利要求的保护范围。也就是说，捐献规则实质上是对等同原则的一种限制。

《最高人民法院关于审理侵犯专利权纠纷案件应用法律若干问题的解释》

第5条：对于仅在说明书或者附图中描述而在权利要求中未记载的技术方案，权利人在侵犯专利权纠纷案件中将其纳入专利权保护范围的，人民法院不予支持。

最高人民法院（2010）民申字第672号：未写入权利要求的技术方案

不能将未写入权利要求中的技术方案纳入专利权保护范围。

◎禁止反悔原则：

所谓禁止反悔原则，是指在专利授权或无效程序中，专利权人为确保其专利具有新颖性和创造性，通过书面声明或修改专利文件的方式，对专利权利要求的保护范围作了限制承诺或者部分地放弃了保护。在专利侵权诉讼中，在确定专利权的保护范围时，应当禁止将已被限制、排除或者已经放弃的内容重新纳入专利保护范围。

适用禁止反悔原则应符合下列条件：

（1）专利权人对有关技术特征所作出的限制承诺或者放弃必须是明示的，而且已经被记录在专利文献中；

（2）限制承诺或者放弃保护的内容，必须对专利权的授予或维持有效产生了实质性作用；

（3）禁止反悔原则的适用应当以被告提出请求为前提，并由被告提供原告反悔的有关证据。

注意：

相同侵权成立时，一般无须考虑禁止反悔原则。只有当相同侵权不成立时，进而依据等同原则来判断等同侵权时，才需要考虑适用禁止反悔原则的问题。但是，当等同原则与禁止反悔原则在适用上发生冲突时，禁止反悔原则优先于等同原则。

《最高人民法院关于审理侵犯专利权纠纷案件应用法律若干问题的解释》

第6条：专利申请人、专利权人在专利授权或者无效宣告程序中，通过对权利要求、说明书的修改或者意见陈述而放弃的技术方案，权利人在侵犯专利权纠纷案件中又将其纳入专利权保护范围的，人民法院不予支持。〈已放弃的内容，不能再纳入专利权的保护范围。〉

京高院《专利侵权判定指南》

第57条：对被诉侵权技术方案中的技术特征与权利要求中的技术特征是否等同进行判断时，被诉侵权人可以专利权人对该等同特征已经放弃、应当禁止其反悔为由进行抗辩。

禁止反悔，是指在专利授权或者无效程序中，专利申请人或专利权人通过对权利要求、说明书的修改或者意见陈述的方式，对权利要求的保护范围作了限制或者部分放弃，而在侵犯专利权诉讼中，在确定是否构成等同侵权时，应当禁止专利申请人或专利权人将已放弃的内容重新纳入专利权保护范围。

第 59 条：专利权人对权利要求保护范围所作的部分放弃必须是明示的，而且已经被记录在书面陈述、专利审查档案、生效的法律文书中。

第 60 条：禁止反悔的适用以被诉侵权人提出请求为前提，并由被诉侵权人提供专利申请人或专利权人反悔的相应证据。

最高人民法院（2010）民提字第 20 号：技术特征是被放弃的技术方案

从涉案专利审批文档中可以看出，专利申请人进行的修改是针对 SIPO 认为专利申请公开文本权利要求保护范围过宽，在实质上得不到说明书支持的审查意见而进行的；被诉侵权产品的相应技术特征属于专利权人在专利授权程序中放弃的技术方案，不应当认为其与权利要求中的技术特征等同而将其纳入专利权的保护范围。

最高人民法院（2010）民提字第 158 号：专利权人的意见陈述

专利权人在涉案专利授权和确权程序中，比如无效宣告程序作出的意见陈述，可适用禁止反悔原则。

最高人民法院（2011）民提字第 306 号：隐性放弃、部分权利要求无效情形下禁止反悔原则

只有当权利人修改权利要求、说明书或提出意见陈述，才可能放弃技术方案，进而适用禁止反悔原则。

本案中，独立权利要求被宣告无效而在其从属权利要求的基础上维持专利权有效，该从属权利要求的保护范围并没有因为原独立权利要求被宣告无效而改变。如果该从属权利要求中的附加技术特征未被该独立权利要求所概括，则因该附加技术特征没有原始的参照，故不能推定该附加技术特征之外的技术方案一被全部放弃。而且专利权人未曾作自我放弃，则不宜仅因此即对该从属权利要求适用禁止反悔原则并限制等同侵权原则的适用。

最高人民法院（2010）民申字第 870 号：无效程序中放弃的技术方案

专权利人在无效宣告程序中已经放弃了的技术方案，不得在侵权诉讼中再度纳入专利保护范围。

最高人民法院（2009）民申字第 239 号：法院主动适用禁止反悔原则

禁止反悔原则是对认定等同侵权的限制。现行法律以及司法解释对人民法院是否可以主动适用等同原则未作规定，为了维持专利权人与被控侵权人以及社会公众之间的利益平衡，亦不应对人民法院主动适用禁止反悔原则予以限制。因此，在认定是否构成等同侵权时，即使被控侵权人没有主张适用禁止反悔原则，人民法院也可以根据业已查明的事实，通过适用禁止反悔原则对等同范围予以必要的限制，以合理地确定专利权的保护范围。

皖（2013）民三终字第84号；

皖（2013）合民三初字第89号：授权程序中通过修改放弃的技术方案

使用者所采用的技术方案是专利权人在专利申请过程中通过修改而放弃的技术方案，适用“禁止反悔原则”。因此，被控侵权产品不构成专利权侵权。

●相同侵权和等同侵权

京高院《专利侵权判定指南》

第41条：在专利侵权判定中，在相同侵权不成立的情况下，应当判断是否构成等同侵权。

◎相同侵权的表现：

专利权技术特征：A + B + C

侵权技术特征：A + B + C

京高院《专利侵权判定指南》

第35条：相同侵权，即文字含义上的侵权，是指被诉侵权技术方案包含了与专利权利要求记载的全部技术特征相同的对应技术特征。（包括等同特征），即为字面侵权或相同侵权。

·落入权利要求记载的字面保护范围。

·如果被控侵权产品或者方法含有权利要求记载的全部技术特征，则构成相同侵权。即使被控侵权产品或者方法的技术特征多于独立权利要求的必要技术特征，无论其技术效果如何，也构成相同侵权。如果被控侵权物的技术特征少于独立权利要求记载的必要技术特征，则不构成侵权。

第36条：当权利要求中记载的技术特征采用上位概念特征，而被诉侵权技术方案的相应技术特征采用的是相应的下位概念特征时，则被诉侵权技术方案落入专利权保护范围。

第37条：被诉侵权技术方案在包含了权利要求中的全部技术特征的基础上，又增加了新的技术特征的，仍然落入专利权保护范围。

但是，如果权利要求中的文字表述已将增加的新的技术特征排除在外，则不应当认为被诉侵权技术方案落入该权利要求的保护范围。

第38条：对于组合物的封闭式专利权利要求，被诉侵权技术方案在包含权利要求中的全部技术特征的基础上，又增加了新的技术特征的，则不落入专利权保护范围。但是，被诉侵权技术方案中新增加的技术特征对组合物的性质和技术效果未产生实质性影响或该特征属于不可避免的常规数量杂质的情况除外。

第39条：对于包含功能性特征的权利要求，如果被诉侵权技术方案不但实现了与该特征相同的功能，而且实现该功能的结构、步骤与专利说明书中记载的具体实施方式所确定的结构、步骤相同的，则被诉侵权技术方案落入专利权保护范围。

第40条：在后获得专利权的发明或实用新型是对在先发明或实用新型专利的改进，在后专利的某项权利要求记载了在先专利某项权利要求中记载的全部技术特征，又增加了另外的技术特征的，在后专利属于从属专利。实施从属专利落入在先专利的保护范围。

下列情形属于从属专利：

（1）在后产品专利权利要求在包含了在先产品专利权利要求的全部技术特征的基础上，增加了新的技术特征；

（2）在原有产品专利权利要求的基础上，发现了原来未曾发现的新的用途；

（3）在原有方法专利权利要求的基础上，增加了新的技术特征。

判断相同侵权可以借用新颖性的概念，即以被控侵权产品或方法为现有技术，如果专利权利要求具备新颖性，则相同侵权不成立；如果不具备新颖性，则构成相同侵权（具体见下表）。

权利要求	对比文件	被控行为	新颖性	相同侵权
A、B、C	A、B、C		-	+
A、B、C、D	A、B、C		+	-
A、B、C	A、B、C、D		-	+
A、B、C、D	a、b、c、d		-	+
a、b、c、d	A、B、C、D		+	-
A、B、C	A、B、C’		-	-

注：A、B、C、D：上位概念；

a、b、c、d：分别为相应的下位概念；

C’：惯用手段的直接替换或者这种替换属于公知常识。一般来说，C→C’ 最好用等同原则来进行判断。

●等同侵权

京高院《专利侵权判定指南》

第 42 条：等同侵权，是指被诉侵权技术方案有一个或者一个以上技术特征与专利权利要求中的相应技术特征从字面上看不相同，但是属于等同特征，应当认定被诉侵权技术方案落入专利权保护范围。

第 43 条：等同特征，是指与权利要求所记载的技术特征以基本相同的手段，实现基本相同的功能，达到基本相同的效果，并且所属技术领域的普通技术人员无需经过创造性劳动就能够想到的技术特征。

第 50 条：等同特征，可以是权利要求中的若干技术特征对应于被诉侵权技术方案中的一个技术特征，也可以是权利要求中的一个技术特征对应于被诉侵权技术方案中的若干技术特征的组合。

◎等同特征的认定条件：

（1）对比获得区别技术特征

判断是否构成专利侵权，一般是将被诉侵权技术方案的技术特征与权利要求记载的全部技术特征相比，如果被诉侵权技术方案包含与权利要求记载的全部技术特征相同技术特征的，则依据全面覆盖原则，法院应当认定其落入专利权的保护范围，构成相同侵权（或字面侵权）；如果经对比发现包含一项或多项不同于权利要求记载的技术特征，这些技术特征被称为区别技术特征。

（2）判断三个“基本相同”

获得区别技术特征后，将区别技术特征和权利要求对应的技术特征相对比，分析判断是否属于“以基本相同的手段，实现基本相同的功能，产生了基本相同的效果”。在判断时要注意，技术手段的判断是最基本的，功能和手段是判断所必要的考虑因素，也就是说，如果技术手段基本相同的情况下，可以进一步验证其实现的功能和达到的效果是否相同；而如果技术手段不一致或不构成“基本相同”，则一般无需进一步考虑功能和效果是否基本相同。

京高院《专利侵权判定指南》

第44条：基本相同的手段，一般是指在被诉侵权行为发生日前专利所属技术领域惯常替换的技术特征以及工作原理基本相同的技术特征。

申请日后出现的、工作原理与专利技术特征不同的技术特征，属于被诉侵权行为发生日所属技术领域普通技术人员容易想到的替换特征，可以认定为基本相同的手段。

第45条：基本相同的功能，是指被诉侵权技术方案中的替换手段所起的作用与权利要求对应技术特征在专利技术方案中所起的作用基本上是相同的。

第46条：基本相同的效果，一般是指被诉侵权技术方案中的替换手段所达到的效果与权利要求对应技术特征的技术效果无实质性差异。

被诉侵权技术方案中的替换手段相对于专利权利要求对应技术特征在技术效果上不属于明显提高或者降低的，应当认为属于无实质性差异。

（3）判断先而意见性

如果发明创造所属技术领域的普通技术人员无需经过创造性劳动就能够轻易完成这种替换，则应属显而易见，进而构成等同替换；反之，则为非显而易见的替换。

例如，对专利产品部件的位置或方法步骤的顺序进行简单变换，或者对独立权利要求的技术特征进行分解或合并，但侵权产品或侵权方法与专利相比，在作用、功能、效果上相同或基本相同，没有本质区别。

最高人民法院（2010）民申字第181号：简单变换

在判断被诉侵权产品的技术特征与专利技术特征是否等同时，不仅要考虑被诉侵权产品的技术特征是否属于本领域的普通技术人员无须经过创造性劳动就能够联想到的技术特征，还要考虑被诉侵权产品的技术特征与专利技术特征相比，是否属于基本相同的技术手段，实现基本相同的功能，达到基本相同的效果，只有以上两个方面的条件同时具备，才能够认定二者属于等同的技术特征。

◎等同特征的替换：

京高院《专利侵权判定指南》

第47条：无须经过创造性劳动就能够想到，即对所属技术领域的普通技术人员而言，被诉侵权技术方案中替换手段与权利要求对应技术特征相互替换是显而易见的。

第49条：等同特征的替换应当是具体的、对应的技术特征之间的替换，而不是完整技术方案之间的替换。

第51条：等同特征替换，既包括对权利要求中区别技术特征的替换，也包括对权利要求前序部分中的技术特征的替换。

最高人民法院（2001）民三提字第1号：等同替代借助本领域专业技术人员的判断

等同替代应属技术事实问题，法院在认定二者是否属于等同物替换时，有时需要借助本领域专业技术人员的判断，可以通过技术鉴定来解决。

最高人民法院（2013）民申字第1201号：封闭式权利要求的侵权判定

对于封闭式权利要求，如果被诉侵权产品或者方法除具备权利要求明确记载的技术特征之外，还具备其他特征的，应当认定其未落入权利要求保护范围。

最高人民法院（2012）民提字第10号：封闭式权利要求侵权的等同原则

专利权人选择封闭式权利要求表明其明确将其他未被限定的结构组成部分或者方法步骤排除在专利权保护范围之外，不宜再通过适用等同原则将其重新纳入保护范围。

所谓等同，是指被诉侵权技术方案中的技术特征与专利权利要求中记载的对应技术特征之间的等同，而不是指被诉侵权技术方案与专利权利要求所要保护的技术方案之间的整体等同。

“封闭式”解释方式仅适用于组合物和化合物。当权利要求记载一种组合物由A+B+C组成时，其保护范围仅仅覆盖A、B、C三种组分的组合，不能多一种，也不能少一种组分。而对于一般的机械产品或者电子产品等产品权利要求，即使权利要求采用了“封闭式”的表达方式，也不能适用“封闭式”的解释方式。

京高院《专利侵权判定指南》

第52条：判定被诉侵权技术方案的技术特征与权利要求的技术特征是否等同的时间点，应当以被诉侵权行为发生日为界限。

第54条：对于包含功能性特征的权利要求，如果被诉侵权技术方案相应技术特征不但实现了相同的功能，而且实现该功能的结构、步骤与专利说明书中记载的具体实施方式所确定的结构、步骤等同的，应当认定构成等同特征。

上述等同的判断时间点应当为专利申请日。

最高人民法院（2013）民提字第225号：改变方法专利的步骤顺序

方法专利的步骤顺序是否对专利权的保护范围起到限定作用，从而导致发生步骤顺序改变时，限制等同原则的适用，关键在于所涉步骤是否必须以特定的顺序实施以及这种顺序改变是否会带来技术功能或者技术效果的实质性差异。

◎不构成等同侵权：

京高院《专利侵权判定指南》

第53条：权利要求与被诉侵权技术方案存在多个等同特征的，如果该多个等同特征的叠加导致被诉侵权技术方案形成了与权利要求技术构思不同的技术方案，或者被诉侵权技术方案取得了预料不到的技术效果的，则一般不宜认定构成等同侵权。

第55条：对于包含有数值范围的专利技术方案，如果被诉侵权技术方案所使用的数值与专利权利要求记载的相应数值不同的，不应认定构成等同。

但专利权人能够证明被诉侵权技术方案所使用的数值，在技术效果上与专利权利要求中记载的数值无实质差异的，应当认定构成等同。

第56条：对于仅在说明书或者附图中描述而在专利权利要求中未概括的技术方案，应视为专利权人放弃了该技术方案。专利权人以等同侵权为由主张专利权保护范围包括该技术方案的，不予支持。

被诉侵权技术方案属于说明书中明确排除的技术方案，专利权人主张构成等同侵权的，不予支持。

外观设计

GL－D－V 5.2.4.2 确定涉案〈外观设计〉专利

在确定涉案专利时，应当以外观设计专利授权文本中的图片或者照片表示的外观设计为准。简要说明可以用于解释图片或者照片所表示的该产品的外观设计。

外观设计专利确权标准：相似。

外观设计专利侵权标准：相同或近似。

外观设计专利权保护范围：外观设计专利权保护的是产品的外观，而不是该产品本身。

参考图（如使用状态参考图）通常用于理解对比设计的所属领域、使用方法、使用场所或者用途，以便于确定产品类别，但并非是确定对比设计的依据，使用状态参考图不能用来确定外观设计的专利保护范围。

京高院《专利侵权判定指南》

64：在确定外观设计专利权保护范围时，应当区分使用状态参考图与变化状态产品的使用状态视图。

使用状态参考图不能用于确定外观设计的保护范围，但是可以作为确定产品类别的因素。

变化状态产品的使用状态视图，应当作为确定该产品外观设计保护范围的依据。

注意：与外观设计申请程序中的审查标准不同。

GL－D－V 5 根据§23.1的审查

对比设计所公告的专利文件含有使用状态参考图，即使该使用状态参考图中包含有不要求保护的外观设计，也可以将其与涉案专利进行比较，判断是否为相同或者实质相同的外观设计。

虽然根据§59.2的规定，外观设计专利权的保护范围以表示在图片或者照片中的该外观设计专利产品为准，但是由于§59.2并没有明确所有的外观设计专利中所有的视图都在保护范围之内，而且使用状态参考图的作用通常是为了对外观设计对应产品的使用予以说明，而不是为了表示外观设计产品本身，所以其表示的内容通常并未全部涵盖在外观设计专利产品之中。

无效宣告请求第8896号：使用状态参考图的法律地位

对于一项外观设计专利权而言，确定其保护范围的依据应当是该专利授权文本中标注有主视图、后视图、左视图、右视图、俯视图和/或仰视图的视图；对于具有变化状态的产品，如果申请人欲保护该产品的各种变化状态，应当提交表示该产品的各种变化状态的主视图、后视图、左视图、右视图、俯视图和/或仰视图，并以阿拉伯数字对各视图名称进行编号。因此，对于具有变化状态的产品的外观设计权的保护范围的确定，应当以该专利中所有标注有主视图、后视图、左视图、右视图、俯视图和/或仰视图的视图为依据。

在无效宣告审查程序中，使用状态参考图通常仅用于理解被比设计的使用方法或者用途以确定产品类别，不应当作为判断是否与在先设计相同或相近似的依据。

《最高人民法院关于审理侵犯专利权纠纷案件应用法律若干问题的解释》

第8条：在与外观设计专利产品相同或者相近种类产品上，采用与授权外观设计相同或者近似的外观设计的，人民法院应当认定被诉侵权设计落入§59.2规定的外观设计专利权的保护范围。

〈*产品名称、分类号、简要说明以及产品的样品或模型都能构成对产品视图的解释和说明，对保护范围产生影响。*〉

第9条：人民法院应当根据外观设计产品的用途，认定产品种类是否相同或者相近。确定产品的用途，可以参考外观设计的简要说明、国际外观设计分类表、产品的功能以及产品销售、实际使用的情况等因素。

第10条：人民法院应当以外观设计专利产品的一般消费者的知识水平和认知能力，判断外观设计是否相同或者近似。

第11条：人民法院认定外观设计是否相同或者近似时，应当根据授权外观设计、被诉侵权设计的设计特征，以外观设计的整体视觉效果进行综合判断；对于主要由技术功能决定的设计特征以及对整体视觉效果不产生影响的产品的材料、内部结构等特征，应当不予考虑。

下列情形，通常对外观设计的整体视觉效果更具有影响：

（一）产品正常使用时容易被直接观察到的部位相对于其他部位；

（二）授权外观设计区别于现有设计的设计特征相对于授权外观设计的其他设计特征。

被诉侵权设计与授权外观设计在整体视觉效果上无差异的，人民法院应当认定两者相同；在整体视觉效果上无实质性差异的，应当认定两者近似。

第12条：将侵犯外观设计专利权的产品作为零部件，制造另一产品并销售的，人民法院应当认定属于§11规定的销售行为，但侵犯外观设计专利权的产品在该另一产品中仅具有技术功能的除外。

对于前款规定的情形，被诉侵权人之间存在分工合作的，人民法院应当认定为共同侵权。

〈采用外观设计产品作为零部件来制造另一产品的，该制造行为本身不构成侵犯专利权的行为。〉

京高院《专利侵权判定指南》

第61条：外观设计专利权保护范围以表示在图片或者照片中的该专利产品的外观设计为准，外观设计的简要说明及其设计要点、专利权人在无效程序及其诉讼程序中的意见陈述、应国务院专利行政部门的要求在专利申请程序中提交的样品或者模型等，可以用于解释外观设计专利权保护范围。

第62条：外观设计专利公告授权文本中没有设计要点的，专利权人可以提交书面材料，说明外观设计的独创部位及其设计内容。

第63条：当事人提交的用以证明专利产品外观设计发展变化的相关证据，可以在确定保护范围时予以考虑。

第65条：外观设计专利权请求保护色彩的，应当将请求保护的色彩作为确定该外观设计专利权保护范围的要素之一，即在侵权判定中，应当将其所包含的形状、图案、色彩及其组合与被诉侵权产品相应的形状、图案、色彩及其组合进行综合对比。

〈根据R28.1，请求保护色彩的，应当在简要说明中写明。因此，简要说明中未明确请求保护色彩的，不应以图片、照片中的色彩限定外观设计专利权的保护范围，在与现有设计对比时不予考虑。〉

第66条：外观设计专利权请求保护色彩的，专利权人应当提交由SIPO出具或认可的相关证据，用以确定外观设计的保护范围。必要时，应当与SIPO专利审查档案中的色彩进行核对。

第67条：对整体视觉效果不产生影响的产品的大小、材料、内部结构，应当排除在外观设计专利权保护范围之外。

第68条：相似外观设计专利权的保护范围由各个独立的外观设计分别确定。基本设计与其他相似设计均可以作为确定外观设计专利权保护范围的依据。

相似外观设计，是指对同一产品的多项相似外观设计提出一件外观设计专利申请并获得授权的外观设计专利。在多项相似外观设计中，应当指定一项作为基本设计。相似基本设计与某一相似外观设计之间具有相同或者相似的设计特征，并且二者之间的区别点在于局部细微变化、该类产品的惯常设计、设计单元重复排列或者仅色彩要素的变化等情形。

京（2008）高民终字第307号：个体及个体的连接组合

座椅的主视图对于整个外观的美感具有决定性的意义。但鉴于涉案专利系以两个座位为一组的连排座椅整体的设计，在确定该专利的保护范围及进行专利侵权比对时，除了单个座位的设计外，两个座位的连接或组合部分，也对整个专利设计的美感起到了重要的作用。因此，尽管涉座椅在扶手及扶手壳、座椅靠背后部两个部分的外观与专利所保护的相应要部设计是相近似的，但从整体观察上看，涉案座椅的外观与专利设计不相近似。

京（2008）高行终字第519号：不能对该图片测量来确定保护范围

外观设计专利权的保护范围以表示在图片或照片中的该外观设计专利产品为准，但图片或照片仅是表示范围的方式，并非产品的外观本身，不能简单地仅以对该图片或照片的测量结果确定所谓夹角的度数。

●外观设计专利权的侵权判定

京高院《专利侵权判定指南》

第70条：在与外观设计产品相同或者相近种类产品上，采用与授权外观设计相同或者相近似外观设计的，应当认定被诉侵权外观设计落入外观设计专利的保护范围。

第71条：进行外观设计侵权判定，应当用授权公告中表示该外观设计的图片或者照片与被诉侵权外观设计或者体现被诉侵权外观设计的图片或者照片进行比较，而不应以专利权人提交的外观设计专利产品实物与被诉侵权外观设计进行比较。但是，该专利产品实物与表示在专利公告文件的图片或照片中的外观设计产品完全一致，或者与专利权人应国务院专利行政部门在专利申请程序中为更清楚地了解图片或照片中的内容而要求提交的样品或者模型完全一致，并且各方当事人均无异议的除外。

第72条：进行外观设计侵权判定，应当通过一般消费者的视觉进行直接观察对比，不应通过放大镜、显微镜等其他工具进行比较。但是，如果表示在图片或者照片中的产品外观设计在申请专利时是经过放大的，则在侵权比对时也应将被控侵权产品进行相应放大进行比对。

第73条：进行外观设计侵权判定，应当首先审查被诉侵权产品与外观设计产品是否属于相同或者相近种类产品。

第74条：应当根据外观设计产品的用途（使用目的、使用状态），认定产品种类是否相同或者相近。

确定产品的用途时，可以按照下列顺序参考相关因素综合确定：外观设计的简要说明、国际外观设计分类表、产品的功能以及产品销售、实际使用的情况等因素。

如果外观设计产品与被诉侵权外观设计产品的用途（使用目的、使用状态）没有共同性，则外观设计产品与被诉侵权产品不属于相同或者相近种类产品。

第75条：判定是否侵犯外观设计专利权，应当以是否相同或者相近似为标准，而不以是否构成一般消费者混淆、误认为标准。

第76条：应当以外观设计专利产品的一般消费者的知识水平和认知能力，判断外观设计是否相同或者近似，而不应以该外观设计专利所属技术领域的普通设计人员的观察能力为标准。

第77条：一般消费者，是一种假设的“人”，对其应当从知识水平和认知能力两方面进行界定。

一般消费者的知识水平是指，他通常对外观设计专利申请日之前相同种类或者相近种类产品的外观设计及其常用设计手法具有常识性的了解。

一般消费者的认知能力是指，他通常对外观设计产品之间在形状、图案以及色彩上的区别具有一定的分辨力，但不会注意到产品的形状、图案以及色彩的微小变化。

对外观设计产品的一般消费者的知识水平和认知能力作出具体界定时，应当针对具体的外观设计产品，并考虑申请日前该外观设计产品的设计发展过程。

第 80 条：被诉侵权设计与授权外观设计在整体视觉效果上无差异的，应当认定两者相同；在整体视觉效果上无实质性差异的，应当认定两者构成相近似。具体而言：

（1）如果两者的形状、图案、色彩等整体上的视觉效果无差异，则应当认为两者构成相同；

（2）如果两者的形状、图案、色彩等整体上的视觉效果不完全相同，但是没有明显差异的，则应当认为两者相近似；

（3）如果两者的形状、图案、色彩等整体上的视觉效果不同，且有明显差异的，则应当认为两者不相同且不相近似。

形状、色彩、图案是构成外观设计的基本设计要素。在确定外观设计专利权的保护范围时，应该以这三项基本要素为依据。另外，色彩变化本身也可以形成图案，明暗、深浅变化也可以形成图案，它们都应该视为图案设计要素。

最高人民法院（2013）民申字第 29 号：附加新的图案和色彩

被诉侵权产品在采用与对比设计相同或相近似的外观设计之余，在产品上还附加有其他图案、色彩等设计要素，如果这些附加的设计要素属于额外增加的，则它们对侵权行为的判断不具有实质性的影响。也就是说，被诉侵权产品与对比设计不存在实质性的差异。

最高人民法院（2013）民申字第 1658 号：相同或相近种类产品的认定

在外观设计专利侵权判定中，确定产品种类是否相同或相近的依据是产品是否具有相同或相近似的用途。产品销售、实际使用的情况可以作为认定用途的参考因素。

最高人民法院（2011）民申字第 1406 号：区别设计特征对外观设计整体视觉效果的影响

外观设计专利区别于现有设计的设计特征对于外观设计的整体视觉效果更具有显著影响；在被诉侵权设计采用了涉案外观设计专利的设计特征的前提下，如果区别设计特征只是一种简单替换，而这种简单替换所导致的差异对于整体视觉效果的影响是局部的，细微的，以一般消费者的知识水平和认知能力来判断，该差异不足以将被诉侵权设计与本案专利设计区分开来，对于判断被诉侵权设计和本案专利设计在整体视觉效果上构成近似无实质性的影响。因此，装饰图案的简单替换不会影响两者整体视觉效果的近似。

京（2005）高行终字第 442 号：局部细微差别对属于同类产品整体视觉效果没有显著的影响

本案专利与对比设计相比，属于同一种类的产品。二者在外观设计整体形状接近的情况下，局部存在一些细微差别，对二者的整体视觉效果不具有显著的影响，一般消费者在施以一般注意力的情况下，不易将二者区分开来。另外，虽然本案专利带有连接件，而对比设计没有显示出连接件的形状，但由于该连接件相对于路灯产品的整体小得多，其对外观设计的整体视觉效果影响很小，一般消费者通过整体观察、综合判断仍然容易将本案专利与对比设计相混淆。因此本案专利属于与现有设计相近似的外观设计，不符合 § 23 的规定。

京高院《专利侵权判定指南》

第81条：在判断相同或相近似时，由产品功能、技术效果决定的设计特征不予考虑。

由产品功能、技术效果决定的设计特征，是指实现产品功能、技术效果的有限或者唯一的设计。

第82条：对于立体产品的外观设计，通常形状对整体视觉效果更具有影响，在进行相同相近似判断时，应以形状为重点；但如果其形状属于惯常设计，则图案、色彩对整体视觉效果更具有影响。

惯常设计，是指现有设计中一般消费者所熟知的、只要提到产品名称就能想到的相应设计。

第83条：对于平面产品的外观设计，通常图案、色彩对整体视觉效果更具有影响，在进行相同相近似判断时，应以图案、色彩为重点。

第84条：对要求保护色彩的外观设计，应当先确定该外观设计是否属于惯常设计，如果是惯常设计，则应当仅对其图案、色彩作出判定；如果形状、图案、色彩均为新设计，则应当对形状、图案、色彩三者的结合作出判定。

第85条：将不透明材料替换为透明材料，或者将透明材料替换为不透明材料，且仅属于材料特征的变换，未导致产品外观设计发生明显变化的，在判断外观设计的相同相近似时，应不予考虑。但是，如果透明材料致该产品外观设计的美感发生了变化，导致一般消费者对该产品的整体视觉发生变化的，则应当予以考虑。

被诉侵权产品系将不透明材料替换为透明材料，通过透明材料可以观察到产品内部结构，则内部结构应当视为该产品的外观设计的一部分。

第86条：专利权人、被诉侵权人的外观设计专利申请均已被授权，且专利权人的外观设计专利的申请日早于被诉侵权人的外观设计专利的申请日的，如果被诉侵权人的外观设计与专利权人的外观设计构成相同或相近似，则可以认定被诉侵权人实施其外观设计专利的行为，侵犯了在先的外观设计专利权。

R117 译文不正确对保护范围的影响

基于国际申请授予的专利权，由于译文错误，致使依照§59规定确定的保护范围超出国际申请的原文所表达的范围的，以依据原文限制后的保护范围为准；致使保护范围小于国际申请的原文所表达的范围的，以授权时的保护范围为准。

对于CN－PCT申请，一般仍遵循§59的规定；但是如果译文存在错误，则依照R117处理。

GL－C－Ⅱ 5.7 改正译文错误

如果审查员在实质审查过程中发现由于译文错误而造成的某些缺陷在原始提交的国际申请文本或者国际阶段作出修改的原文中不存在，而在译文中存在，则应当在审查意见通知书中指出存在的缺陷，若申请人在答复时提交的修改文本超出了原中文译文记载的范围，但未办理请求改正译文错误手续，则审查员应当发出《改正译文错误通知书》；若申请人未在规定的期限内办理改正译文错误手续，则申请被视为撤回。

§60 侵权纠纷

未经专利权人许可，实施其专利，即侵犯其专利权，引起纠纷的，由当事人协商解决；不愿协商或者协商不成的，专利权人或者利害关系人可以向人民法院起诉，也可以请求管理专利工作的部门处理。管理专利工作的部门处理时，认定侵权行为成立的，可以责令侵权人立即停止侵权行为，当事人不服的，可以自收到处理通知之日起15日内依照《中华人民共和国行政诉讼法》向人民法院起诉；侵权人期满不起诉又不停止侵权行为的，管理专利工作的部门可以申请人民法院强制执行。进行处理的管理专利工作的部门应当事人的请求，可以就侵犯专利权的赔偿数额进行调解；调解不成的，当事人可以依照《中华人民共和国民事诉讼法》向人民法院起诉。

SIPO没有处理侵犯专利权纠纷的职能，只有管理专利工作的部门或人民法院具有该职能（§3）。

就同一专利权而言，侵权纠纷案件和确权纠纷案件是彼此独立的案件，不能并案审理。

《施行修改后的专利法的过渡办法》

第4条：管理专利工作的部门对发生在2009年10月1日以后的涉嫌侵犯专利权行为进行处理的，适用修改后的§11、§62、§69、§70的规定。

从法律依据上看，侵权纠纷中对权利要求内容的解释与无效宣告程序中对权力要求的解释规则存在不同。

无效宣告程序归入专利的确权纠纷，专利复审委员会对无效案件的审查属于行政审查，其适用的依据包括专利法、专利法实施细则，以及审查指南等。而法院处理的专利侵权纠纷是民事司法的审查，适用专利法、专利法实施细则，以及相关的司法解释。审查指南等行政规章只能起参照作用，不能作为案件审理的直接依据。

《行政诉讼法》

A39：公民、法人或者其他组织直接向人民法院提起诉讼的，应当在知道作出具体行政行为之日起3个月内提出。法律另有规定的除外。〈例如：《最高人民法院关于审理专利纠纷案件适用法律问题的若干规定》。〉

《最高人民法院关于审理专利纠纷案件适用法律问题的若干规定》

第23条：侵犯专利权的诉讼时效为二年，自专利权人或者利害关系人知道或者应当知道侵权行为之日起计算。权利人超过二年起诉的，如果侵权行为在起诉时仍在继续，在该项专利权有效期内，人民法院应当判决被告停止侵权行为，侵权损害赔偿数额应当自权利人向人民法院起诉之日起向前推算二年计算。

〈如果侵权行为终结之日已超过二年，权利人才提起诉讼，则法院不予受理。〉

专利权人是指依法在我国享有专利权的自然人、法人或者其他民事主体，可以是通过申请专利而获得专利权的人，也可以是通过转让、继承等方式获得专利权的人。

◎共有专利权的情况下请求救济的主体：

对侵权行为起诉属于对专利权的行使，因此根据§15，在共有人之间没有事先约定的情况下，共有人之一不能单独对侵权行为起诉；如果共有人之间对单独起诉的权利、单独起诉成本和风险的承担、获得的赔偿的分享等有约定，应当依照约定执行；如果共有人之间仅仅约定共有人单独起诉的权利，但对成本和风险的承担、获得的赔偿的分享没有约定，共有人之一在未与其他共有人协商的条件下单独起诉的，起诉成本和风险应当由其单独承担，获得的赔偿也由其单独享有。

《最高人民法院关于审理侵犯专利权纠纷案件应用法律若干问题的解释》

第18条：权利人向他人发出侵犯专利权的警告，被警告人或者利害关系人经书面催告权利人行使诉权，自权利人收到该书面催告之日起1个月内或者自书面催告发出之日起2个月内，权利人不撤回警告也不提起诉讼，被警告人或者利害关系人向人民法院提起请求确认其行为不侵犯专利权的诉讼的，人民法院应当受理。

当事人提起确认不侵权之诉，除符合第18条规定外，还需符合《民事诉讼法》A119规定的起诉条件。

《民事诉讼法》

A119条：起诉必须符合下列条件：

（一）原告是与本案有直接利害关系的公民、法人和其他组织；

（二）有明确的被告；

（三）有具体的诉讼请求和事实、理由；

（四）属于人民法院受理民事诉讼的范围和受诉人民法院管辖。

◎“不侵权之诉”有两个前提条件：

（1）专利权人明确发出了警告。这种警告可以是书面警告，也可以是口头警告。但在口头警告的情况下，起诉人要承担举证责任。

（2）被警告人向专利权人发出敦促其行使诉权的书面催告函，专利权人自收到书面催告函之日起2个月内仍不起诉。

①催告函必须采用书面形式；

②“行使诉权”和“提起诉讼”应当包括专利权人依照《最高人民法院关于审理侵犯专利权纠纷案件应用法律若干问题的解释》第18条规定就侵犯专利权行为请求管理专利工作的部门进行处理；

③“利害关系人”是指被警告人的利害关系人，而不是上述第18条所说的专利权人的利害关系人。

最高人民法院（2011）民提字第48号：确认不侵犯知识产权诉讼的受理条件

确认不侵犯专利权之外的其他确认不侵犯知识产权诉讼是否具备法定条件，应参照

《最高人民法院关于审理侵犯专利权纠纷案件应用法律若干问题的解释》第18条的规定进行审查，即法院受理当事人提起的确认不侵权之诉，应以利害关系人受到警告，而权利人未在合理期限内依法启动纠纷解决程序为前提。

◎发生专利申请权或者专利权归属纠纷的，当事人可以：

（1）请求管理专利工作的部门调解（R85.1）；

（2）直接向法院起诉（§60）；

（3）对于专利申请权归属纠纷，当事人可以在专利授权前后提出调解请求或者起诉（R85.1）；

（4）对于专利权归属纠纷，当事人应当在专利授权之后提出调解请求或者起诉（R85.2）。

《关于办理侵犯知识产权刑事案件具体应用法律若干问题的解释（二）》

第5条：被害人有证据证明的侵犯知识产权刑事案件，直接向人民法院起诉的，人民法院应当依法受理；严重危害社会秩序和国家利益的侵犯知识产权刑事案件，由人民检察院依法提起公诉。

《最高人民法院关于审理专利纠纷案件适用法律问题的若干规定》

第20条：人民法院依照§60的规定追究侵权人的赔偿责任时，可以根据权利人的请求，按照权利人因被侵权所受到的损失或者侵权人因侵权所获得的利益确定赔偿数额。

权利人因被侵权所受到的损失可以根据专利权人的专利产品因侵权所造成销售量减少的总数乘以每件专利产品的合理利润所得之积计算。权利人销售量减少的总数难以确定的，侵权产品在市场上销售的总数乘以每件专利产品的合理利润所得之积可以视为权利人因被侵权所受到的损失。

侵权人因侵权所获得的利益可以根据该侵权产品在市场上销售的总数乘以每件侵权产品的合理利润所得之积计算。侵权人因侵权所获得的利益一般按照侵权人的营业利润计算，对于完全以侵权为业的侵权人，可以按照销售利润计算。

《专利行政执法办法》

第8条：请求管理专利工作的部门处理专利侵权纠纷的，应当符合下列条件：

（1）请求人是专利权人或者利害关系人；

（2）有明确的被请求人；

（3）有明确的请求事项和具体事实、理由；

（4）属于受案管理专利工作的部门的受案和管辖范围；

（5）当事人没有就该专利侵权纠纷向法院起诉。

（1）所称利害关系人包括专利实施许可合同的被许可人、专利权人的合法继承人。专利实施许可合同的被许可人中，独占实施许可合同的被许可人可以单独提出请求；排他实施许可合同的被许可人在专利权人不请求的情况下，可以单独提出请求；除合同另有约定外，普通实施许可合同的被许可人不能单独提出请求。

第11条：请求符合本办法第8条规定条件的，管理专利工作的部门应当在收到请求书之日起5个工作日内立案并通知请求人，同时指定3名或者3名以上单数承办人员处理该专利侵权纠纷；请求不符合本办法第8条规定条件的，管理专利工作的部门应当在收到请求书之日起5个工作日内通知请求人不予受理，并说明理由。

对一审法院判决不服，国内当事人应当自判决书送达日起15日内上诉；涉外当事人应当自判决书送达日起30日内提出上诉。

被起诉人在收到起诉状副本后15日内提出答辩状（正、副本各一份）。如不按时提出答辩状，不影响本案的审理。

在开庭前递交自然人身份证明书。如需委托代理人代为诉讼，还应递交由委托人签名或者盖章的授权委托书。授权委托书须记明委托事项和权限。

需要对“侵权产品制造者”提起诉讼的，原告既可以向侵权行为地人民法院（需同时起诉销售者），也可以向被告住所地人民法院起诉。各省、自治区、直辖市人民政府所在地的中级人民法院，以及最高人民法院指定的中级人民法院对专利一审案件拥有管辖权。

最高人民法院（2007）民三终字第4号：重复诉讼

判断是否属于重复诉讼，关键要看是否是同一当事人基于同一法律关系、同一法律事实提出的同一诉讼请求；对于已为在先生效裁判确认其合法性的行为，在生效裁判之后的继续实施，仍属于生效裁判的既判力范围，应当受到法律的保护而不能够再次被诉。

最高人民法院（2007）民三他字第6号：进行实质性变更

法院生效裁判确认特定产品或者方法构成侵犯他人专利权后，行为人实质性变更了该产品或者方法中涉及侵权的相应技术或者设计内容的，有关实施变更后的技术或者设计的行为，不属于原生效裁判的执行标的；行为人实施变更后的技术或者设计的行为是否仍构成对该专利权的侵犯，应当通过另行提起诉讼的方式予以认定；行为人拒不履行法院生效裁判确定的停止侵害的义务，继续其原侵权行为的，权利人除可以依法请求有关机关追究其拒不执行判决、裁定的法律责任外，也可以另行起诉追究其继续侵权行为的民事责任。

最高人民法院（2005）民三提字第1号：赔礼道歉

赔礼道歉，主要是针对人参利益和商业信誉受到损害的一种责任承担方式。而专利权主要是一种财产利益，故专利侵权纠纷案件一般不适用赔礼道歉。

R81 管理专利工作的部门关于专利纠纷的管辖

当事人请求处理专利侵权纠纷或者调解专利纠纷的，由被请求人所在地或者侵权行为地的管理专利工作的部门管辖。

两个以上管理专利工作的部门都有管辖权的专利纠纷，当事人可以向其中一个管理专利工作的部门提出请求；当事人向两个以上有管辖权的管理专利工作的部门提出请求的，由最先受理的管理专利工作的部门管辖。

管理专利工作的部门对管辖权发生争议的，由其共同的上级人民政府管理专利工作的部门指定管辖；无共同上级人民政府管理专利工作的部门的，由国务院专利行政部门指定管辖。

●专利民事案件管辖

《民事诉讼法》

A28：因侵权行为提起的诉讼，由侵权行为地或者被告住所地人民法院管辖。

A35：两个以上人民法院都有管辖权的诉讼，原告可以向其中一个人民法院起诉；原告向两个以上有管辖权的人民法院起诉的，由最先立案的人民法院管辖。

A37：有管辖权的人民法院由于特殊原因，不能行使管辖权的，由上级人民法院指定管辖。

《〈民事诉讼法〉司法解释》

第28条：《行政诉讼法》A29规定的侵权行为地，包括侵权行为实施地、侵权结果发生地。

《最高人民法院关于适用〈中华人民共和国民事诉讼法〉若干问题的意见》

第2.1条：专利纠纷案件由最高人民法院确定的中级人民法院管辖。

《最高人民法院关于审理专利纠纷案件适用法律问题的若干规定》

第5条：因侵犯专利权行为提起的诉讼，由侵权行为地或者被告住所地人民法院管辖。

侵权行为地包括：被控侵犯发明、实用新型专利权的产品的制造、使用、许诺销售、销售、进口等行为的实施地；专利方法使用行为的实施地，依照该专利方法直接获得的产品的使用、许诺销售、销售、进口等行为的实施地；外观设计专利产品的制造、销售、进口等行为的实施地；假冒他人专利的行为实施地。上述侵权行为的侵权结果发生地。〈外观设计没有许诺销售实施地。〉

第6条：原告仅对侵权产品制造者提起诉讼，未起诉销售者，侵权产品的制造地与销售地不一致的，制造地人民法院有管辖权；以制造者与销售者为共同被告起诉的，销售地人民法院有管辖权。

销售者是制造者分支机构的，原告在销售地起诉侵权产品制造者制造、销售行为的，销售地人民法院有管辖权。

◎根据侵权行为发生地确定管辖法院：

（1）被控侵犯发明、实用新型专利产品的制造、使用、许诺销售、销售、进口等行为的实施地。

（2）被控侵犯专利方法使用行为的实施地，依照该专利方法直接获得的产品的使用、许诺销售、销售、进口等行为的实施地。

方法专利主要是指发明专利，产品专利主要是指实用新型和发明专利，外观设计，虽然也是产品，但对外观设计的使用行为是不侵权的，一般的专利产品包括发明或者实用新型，包括制造、使用、许诺销售、销售、进口这五种行为都是侵权。而使用外观设计的行为不构成侵权。

（3）被控侵犯外观设计专利产品的制造、销售、许诺销售、进口等行为的实施地。

（4）假冒专利的行为实施地。

（5）上述行为的行为结果发生地。

在销售地可以起诉制造行为，但必须将销售者作为共同被告，才能在销售地的法院管辖。

对于在商店橱窗中陈列、在展销会上展出等方式进行许诺销售的专利侵权纠纷案件，以该商店所在地、展销会举办地为侵权行为地确定地域管辖。如果许诺销售的广告刊登在报纸上，则由该报社工商注册地的人民法院管辖；如果许诺销售的广告是通过互联网发布的，则应当由发布该广告的网站的服务器所在地的人民法院管辖；不能查清服务器所在地时，则由被告住所地人民法院管辖。

针对同一专利实施的相同侵权行为（同为制造、使用或销售），应当分案起诉，相同的行为人不能作为共同被告。

针对同一专利实施的不同侵权行为，可以将不同行为人视作共同被告，作为一个案件起诉。

针对不同专利实施的相同侵权行为或者不同侵权行为，应当分案起诉。

专利侵权诉讼中，可以追加新的被告。

最高人民法院（2013）民提字第16号：侵权结果地

侵权结果地应该理解为侵权行为直接产生的结果发生地，不能简单地以原告受到损害就认定原告住所地是侵权结果发生地。

●专利行政案件管辖

起诉SIPO和专利复审委员会的，由北京市第一中级法院管辖。起诉地方管理机关的，与专利民事案件的管辖相同。

《最高人民法院关于审理专利纠纷案件适用法律问题的若干规定》

第2条：专利纠纷第一审案件，由各省、自治区、直辖市人民政府所在地的中级人民法院和最高人民法院指定的中级人民法院管辖。

〈根据最高人民法院法释〔2013〕9号增加：〉 自2013年4月15日起：最高人民法院根据实际情况，可以指定基层人民法院管辖第一审专利纠纷案件。*〈级别管辖〉*

〈目前可以被指定的基层法院为：浙江省义乌市人民法院、江苏省昆山市人民法院、北京市海淀区人民法院。〉

《行政诉讼法》

A13：基层人民法院管辖第一审行政案件。

A14.1：中级人民法院管辖下列第一审行政案件：

（一）确认发明专利权的案件、海关处理的案件；

（二）对国务院各部门或者省、自治区、直辖市人民政府所作的具体行政行为提起诉讼的案件。

A17：行政案件由最初作出具体行政行为的行政机关所在地人民法院管辖。经复议的案件，复议机关改变原具体行政行为的，也可以由复议机关所在地人民法院管辖。

以 SIPO、专利复审委员会为被告的案件，一审行政诉讼案归北京市第一中级人民法院管辖。再不服而提出的上诉案件，二审归北京市高级人民法院管辖。

如果侵权行为发生在数省，原告可以选择其中一省省会所在地的中级人民法院起诉。

审理外观专利权纠纷案件的法院无权涉及专利权是否有效的问题。

●诉讼标的

《最高人民法院关于调整地方各级人民法院管辖第一审知识产权民事案件标准的通知》（法发〔2010〕5号）

第1条：高级人民法院管辖诉讼标的额在2亿元以上的第一审知识产权民事案件，以及诉讼标的额在1亿元以上且当事人一方住所地不在其辖区或者涉外、涉港澳台的第一审知识产权民事案件。

第2条：对于本通知第一项标准以下的第一审知识产权民事案件，除应当由经最高人民法院指定具有一般知识产权民事案件管辖权的基层人民法院管辖的以外，均由中级人民法院管辖。

第3条：经最高人民法院指定具有一般知识产权民事案件管辖权的基层人民法院，可以管辖诉讼标的额在500万元以下的第一审一般知识产权民事案件，以及诉讼标的额在500万元以上1000万元以下且当事人住所地均在其所属高级或中级人民法院辖区的第一审一般知识产权民事案件，具体标准由有关高级人民法院自行确定并报最高人民法院批准。

《最高人民法院关于审理专利纠纷案件适用法律问题的若干规定》

第5条：因侵犯专利权行为提起的诉讼，由侵权行为地或者被告住所地人民法院管辖。〈地域管辖〉

侵权行为地包括：被控侵犯发明、实用新型专利权的产品的制造、使用、许诺销售、销售、进口等行为的实施地；专利方法使用行为的实施地，依照该专利方法直接获得的产品的使用、许诺销售、销售、进口等行为的实施地；外观设计专利产品的制造、销售、进口等行为的实施地；假冒他人专利的行为实施地。上述侵权行为的侵权结果发生地。〈外观设计没有许诺销售实施地。〉

第6条：原告仅对侵权产品制造者提起诉讼，未起诉销售者，侵权产品的制造地与销售

地不一致的，制造地人民法院有管辖权；以制造者与销售者为共同被告起诉的，销售地人民法院有管辖权。〈地域管辖〉

销售者是制造者分支机构的，原告在销售地起诉侵权产品制造者制造、销售行为的，销售地人民法院有管辖权。

《最高人民法院〈关于专利侵权案件中如何确定地域管辖的请示〉的复函》

未经专利权人许可，以生产经营为目的的生产制造和经营销售专利产品的行为，是经常发生的两种专利侵权行为。根据民事诉讼法关于侵权行为提起诉讼人民法院管辖的有关规定，专利权人或者利害关系人就销售行为提起的专利侵权诉讼案件，销售地人民法院有管辖权。

R85 管理专利工作的部门调解的专利纠纷

除专利法第六十条规定的外，管理专利工作的部门应当事人请求，可以对下列专利纠纷进行调解：

（一）专利申请权和专利权归属纠纷；

（二）发明人、设计人资格纠纷；

（三）职务发明创造的发明人、设计人的奖励和报酬纠纷；

（四）在发明专利申请公布后专利权授予前使用发明而未支付适当费用的纠纷；

（五）其他专利纠纷。

对于前款第（四）项所列的纠纷，当事人请求管理专利工作的部门调解的，应当在专利权被授予之后提出。

《专利行政执法办法》

第13条：管理专利工作的部门处理专利侵权纠纷案件时，可以根据当事人的意愿进行调解。双方当事人达成一致的，由管理专利工作的部门制作调解协议书，加盖其公章，并由双方当事人签名或者盖章。调解不成的，应当及时作出处理决定。

《最高人民法院关于审理专利纠纷案件适用法律问题的若干规定》

第25条：因专利申请权或者专利权的归属纠纷请求调解的，当事人可以持管理专利工作的部门的受理通知书请求SIPO中止该专利申请或者专利权的有关程序。

经调解达成协议的，当事人应当持调解协议书向SIPO办理恢复手续；达不成协议的，当事人应当持管理专利工作的部门出具的撤销案件通知书向SIPO办理恢复手续。自请求中止之日起满1年未请求延长中止的，SIPO自行恢复有关程序。

专利权权属纠纷案件，是指在发明创造被授予专利权之后，公民之间、法人之间、以及公民与法人之间就谁应当是真正的专利权人所发生的确权纠纷案件，这类案件法院应当依法受理；由各省、自治区、直辖市人民政府所在地的中级法院、经济特区的中级法院、经济特区的中级法院和经最高人民法院同意的开放城市的中级法院作为第一审法院，各省、自治区、直辖市高级法院作为第二审法院。

请求中止

	权属纠纷	财产保全
请求人	权属纠纷的当事人（R86.1、GL－E－VII 7.1）	对申请权（或专利权）采取财产保全措施的法院（R87、GL－E－VII 7.1）
受理条件	权属纠纷已被地方知识产权管理部门或者法院受理（R86.1、GL－E－VII 7.1）	应当已作出财产保全的民事裁定（R87）
法律状态	尚未执行中止程序； 尚未丧失专利申请（或专利）权，涉及无效宣告程序的除外	对已执行财产保全的不得重复进行保全； 专利申请（或专利）处于有效期内
文件	中止程序请求书，地方知识产权管理部门或法院出具的受理通知书的正本或副本（R86.2）	民事裁定书及协助执行通知书（R87）
受理部门	专利局受理处	专利局指定的接收部门（法律事务处）
中止期限	自中止请求之日起，1年（GL－E－VII 7.4.1）	自收到民事裁定书之日起，6个月（GL－E－VII 7.5.2）
中止延长	可以延长1次，延长的期限不得超过6个月（GL－E－VII 7.4.1）	可续展6个月，同一法院同一案件在执行程序中的保全期限不超过12个月，审判程序中可适当延长（GL－E－VII 7.4.2）。执行中止后，其他法院又要求协助执行财产保全的，可以轮候保全
无效宣告	中止期限不超过1年（GL－E－VII 7.4.3 ）	
中止期满	专利局自行恢复有关程序，（R86.3、GL－E－VII 7.5.1）	专利局自行恢复有关程序（GL－E－VII 7.5.2）
期满前结束	收到地方知识产权管理部门的决定或者法院的生效的判决书（涉及权利人变更的，在办理著录项目变更手续之后）（GL－E－VII 7.5.1）	收到法院的解除保全通知书
审批	向双方当事人发出中止程序结束通知书（GL－E－VII 7.5.1）	向双方当事人发出中止程序结束通知书（GL－E－VII 7.5.2）

R82 专利侵权纠纷处理的中止

在处理专利侵权纠纷过程中，被请求人提出无效宣告请求并被专利复审委员会受理的，可以请求管理专利工作的部门中止处理。

管理专利工作的部门认为被请求人提出的中止理由明显不能成立的，可以不中止处理。

在专利权无效审查过程中，如果存在专利权属民事纠纷，当事人可以请求专利复审委员会中止无效审查程序，但中止期限不超过1年。

在无效宣告程序中专利复审委员会指定的期限不得延长（R71）。

《最高人民法院关于审理专利纠纷案件适用法律问题的若干规定》

第8.2条：侵犯实用新型、外观设计专利权纠纷案件的被告请求中止诉讼的，应当在答辩期内对原告的专利权提出宣告无效的请求。

第9条：人民法院受理的侵犯实用新型、外观设计专利权纠纷案件，被告在答辩期间内请求宣告该项专利权无效的，人民法院应当中止诉讼，但具备下列情形之一的，可以不中止诉讼：

（一）原告出具的检索报告未发现导致实用新型专利丧失新颖性、创造性的技术文献的；

（二）被告提供的证据足以证明其使用的技术已经公知的；

（三）被告请求宣告该项专利权无效所提供的证据或者依据的理由明显不充分的；

（四）人民法院认为不应当中止诉讼的其他情形。

第10条：人民法院受理的侵犯实用新型、外观设计专利权纠纷案件，被告在答辩期间届满后请求宣告该项专利权无效的，人民法院不应当中止诉讼，但经审查认为有必要中止诉讼的除外。

第11条：人民法院受理的侵犯发明专利权纠纷案件或者经专利复审委员会审查维持专利权的侵犯实用新型、外观设计专利权纠纷案件，被告在答辩期间内请求宣告该项专利权无效的，人民法院可以不中止诉讼。

《最高人民法院关于审理技术合同纠纷案件适用法律若干问题的解释》

第45.2条：专利实施许可合同诉讼中，受让人或者第三人向专利复审委员会请求宣告专利权无效的，人民法院可以不中止诉讼。在案件审理过程中专利权被宣告无效的，按照§47.2和§47.3的规定处理。

GL－E－Ⅶ 7.3.1.1 权属纠纷的当事人请求中止的手续

专利申请权（或专利权）权属纠纷的当事人请求SIPO中止有关程序的，应当符合下列规定：

（1）提交中止程序请求书；

〈请求书应向专利局提交，不要向专利复审委员会提交。〉

（2）附具证明文件，即地方知识产权管理部门或法院的写明专利申请号（或专利号）的有关受理文件正本或者副本。

GL – E – Ⅶ 7. 3. 1. 2 权属纠纷的当事人请求中止的审批及处理

如中止程序请求书不符合格式要求或者提交的证明文件不是正本或者副本的，审查员应发出办理手续补正通知书，通知中止程序请求人在1个月的期限内补正其缺陷。补正期限内，暂停有关程序。期满未补正的或者补正后仍未能消除缺陷的，应当向中止程序请求人发出视为未提出通知书，恢复有关程序。

(3) 请求是由有关证明文件中所记载的权属纠纷当事人提出。

GL – E – Ⅶ 7. 4. 1 权属纠纷的当事人请求中止的期限

对于专利申请权（或专利权）权属纠纷的当事人提出的中止请求，中止期限一般不得超过1年，即自中止请求之日起满1年的，该中止程序结束。纠纷在中止期限1年内未能结案，请求人可以在中止期满前请求延长中止期限，并提交权属纠纷受理部门出具的说明尚未结案原因的证明文件。中止程序可以延长一次，延长的期限不得超过6个月。

R86 国务院专利行政部门中止有关程序

当事人因专利申请权或者专利权的归属发生纠纷，已请求管理专利工作的部门调解或者向人民法院起诉的，可以请求国务院专利行政部门中止有关程序。

依照前款规定请求中止有关程序的，应当向国务院专利行政部门提交请求书，并附具管理专利工作的部门或者人民法院的写明申请号或者专利号的有关受理文件副本。

管理专利工作的部门作出的调解书或者人民法院作出的判决生效后，当事人应当向国务院专利行政部门办理恢复有关程序的手续。自请求中止之日起1年内，有关专利申请权或者专利权归属的纠纷未能结案，需要继续中止有关程序的，请求人应当在该期限内请求延长中止。期满未请求延长的，国务院专利行政部门自行恢复有关程序。

GL – E – Ⅶ 7 中止程序

中止，是指当地方知识产权管理部门或者人民法院受理了专利申请权（或专利权）权属纠纷，或者人民法院裁定对专利申请权（或专利权）采取财产保全措施时，专利局根据权属纠纷的当事人的请求或者法院的要求中止有关程序的行为。

GL – E – Ⅶ 7. 5. 1 权属纠纷的当事人提出的中止程序的结束

中止期限届满，SIPO自行恢复有关程序，并向权属纠纷的双方当事人发出中止程序结束通知书。

对于尚在中止期限内的专利申请（或专利），地方知识产权管理部门作出的处理决定或者法院作出的判决产生法律效力之后（涉及权利人变更的，在办理著录项目变更手续之后），SIPO结束中止程序。

SIPO收到当事人、利害关系人、地方知识产权管理部门或法院送交的调解书、裁定书或判决书等文件后，但文件不符合规定的，审查员应当向请求人发出视为未提出通知书，继续中止程序。

文件符合规定，但涉及权利人变更的，审查员应当发出办理手续补正通知书，通知取得权利一方的当事人在收到通知书之日起3个月内办理著录项目变更手续，并补办在中止程序中应办而未办的其他手续。手续齐全后，审查员发出中止程序结束通知书，恢复有关程序。期满未办理有关手续的，视为放弃取得专利申请权（或专利权）的权利，期满未办理恢复手续的，中止程序结束，发出中止程序结束通知书，恢复有关程序。未涉及权利人变更的，审查员发出中止程序结束通知书，恢复有关程序。

《最高人民法院关于审理专利纠纷案件适用法律问题的若干规定》

第25条：因专利申请权或者专利权的归属纠纷请求调解的，当事人可以持管理专利工作的部门的受理通知书请求SIPO中止该专利申请或者专利权的有关程序。

经调解达成协议的，当事人应当持调解协议书向SIPO办理恢复手续；达不成协议的，当事人应当持管理专利工作的部门出具的撤销案件通知书向SIPO办理恢复手续。自请求中止之日起满1年未请求延长中止的，SIPO自行恢复有关程序。

中止期限自请求中止之日起不超过1年，若在1年内权利归属的纠纷未能结案，需要继续中止有关程序的，请求人应当在期限届满前提出延长请求（《延长期限请求》〈注意事项〉）。

◎中止程序：

中止程序的启动即期限（GL－E－Ⅶ 7.4）	申请人启动	权利归属纠纷；中止期限为1年
	法院启动	诉前保全和诉中保全；中止期限为诉讼期
		协助法院执行财产保全措施；中止期限为半年，可续展 GL－E－Ⅶ 7.4.2
中止程序生效时间	中止程序自当事人向专利局提出中止程序请求书之日起开始计算	

GL－B－Ⅷ 7.3 程序的恢复

对于因专利申请权归属纠纷当事人的请求而中止的实质审查程序，在专利局收到发生法律效力的调解书或判决书后，凡不涉及权利人变动的，应及时予以恢复；涉及权利人变动的，在办理相应的著录项目变更手续后予以恢复。若自上述请求中止之日起1年内，专利申请权归属纠纷未能结案，请求人又未请求延长中止的，专利局将自行恢复被中止的实质审查程序。

R87 国务院专利行政部门协助执行临时措施

人民法院在审理民事案件中裁定对专利申请权或者专利权采取保全措施的，国务院专利行政部门应当在收到写明申请号或者专利号的裁定书和协助执行通知书之日中止被保全的专利申请权或者专利权的有关程序。保全期限届满，人民法院没有裁定继续采取保全措施的，国务院专利行政部门自行恢复有关程序。

《最高人民法院关于审理专利纠纷案件适用法律问题的若干规定》

第13条：人民法院对专利权进行财产保全，应当向SIPO发出协助执行通知书，载明要求协助执行的事项，以及对专利权保全的期限，并附人民法院作出的裁定书。

对专利权保全的期限一次不得超过6个月，自SIPO收到协助执行通知书之日起计算。如果仍然需要对该专利权继续采取保全措施的，人民法院应当在保全期限届满前向SIPO另行送达继续保全的协助执行通知书。保全期限届满前未送达的，视为自动解除对该专利权的财产保全。

人民法院对出质的专利权可以采取财产保全措施，质权人的优先受偿权不受保全措施的影响；专利权人与被许可人已经签订的独占实施许可合同，不影响人民法院对该专利权进行财产保全。

人民法院对已经进行保全的专利权，不得重复进行保全。

法院要求SIPO协助执行专利权保全措施的，应提供法院作出的对专利权进行财产保全的裁定书和法院发出的对专利权进行财产保全的协助执行通知书。

GL－E－VII 7.3.2.1 因协助执行财产保全而中止的手续

因人民法院要求协助执行财产保全措施需要中止有关程序的，应当符合下列规定：

（1）法院应当将对专利申请权（或专利权）进行财产保全的民事裁定书及协助执行通知书送达专利局指定的接收部门。

（3）要求协助执行财产保全的专利申请（或专利）处于有效期内。

GL－E－VII 7.4.2 因协助执行财产保全而中止的期限

对于法院要求SIPO协助执行财产保全而执行中止程序的，中止期限一般为6个月。自收到民事裁定书之日起满6个月的，该中止程序结束。

法院要求继续采取财产保全措施的，应当在中止期限届满前将继续保全的协助执行通知书送达SIPO，经审核符合本章7.3.2.1的，中止程序续展6个月。对于同一法院对同一案件在执行程序中作出的保全裁定，SIPO中止的期限不超过12个月，在审判程序中作出的保全裁定，SIPO中止的期限可以适当延长。

GL－E－VII 7.4.3 涉及无效宣告程序的中止期限

对涉及无效宣告程序中的专利，应权属纠纷当事人请求的中止或者应法院要求协助执行财产保全的中止，中止期限不超过1年，中止期限届满SIPO将自行恢复有关程序。

GL－E－VII 7.5.2 因人民法院要求协助执行财产保全的中止程序的结束

中止期限届满，法院没有要求继续采取财产保全措施的，审查员发出中止程序结束通知书，通知法院和申请人（或专利权人），恢复有关程序，并对专利权保全解除予以公告。有轮候保全登记的，对轮候登记在先的，自前一保全结束之日起轮候保全开始，中止期限为6个月。

要求协助执行财产保全的法院送达解除保全通知书后，经审核符合规定的，审查员向法院和申请人（或专利权人）发出中止程序结束通知书，恢复有关程序，并对专利权的保全解除予以公告。

R88 可以中止的程序

国务院专利行政部门根据本细则第八十六条和第八十七条规定中止有关程序，是指暂停专利申请的初步审查、实质审查、复审程序，授予专利权程序和专利权无效宣告程序；暂停办理放弃、变更、转移专利权或者专利申请权手续，专利权质押手续以及专利权期限届满前的终止手续等。

根据专利法第六十条规定，只有专利权人或者利害关系人才可以提起侵权诉讼。这里所说的利害关系人，主要是指独占实施许可和排他实施许可的被许可人。

GL－E－Ⅶ 7.1 请求中止的条件

请求 SIPO 中止有关程序应当符合下列条件：

（1）当事人请求中止的，专利申请权（或专利权）权属纠纷已被地方知识产权管理部门或者法院受理；法院要求协助执行对专利申请权（或专利权）采取财产保全措施的，应当已作出财产保全的民事裁定。

〈*因要求协助执行专利权保全而采取的中止，应由作出裁定的人民法院提出。*〉

〈*附具的受理文件副本要写明申请号或专利号。*〉

（2）中止的请求人是权属纠纷的当事人〈*即以请求管理专利工作的部门处理或者向人民法院起诉的纠纷当事人*〉或者对专利申请权（或专利权）采取财产保全措施的人民法院。

GL－E－Ⅶ 7.2 中止的范围

（1）暂停专利申请的初步审查、实质审查、复审、授予专利权和专利权无效宣告程序；

（2）暂停视为撤回专利申请、视为放弃取得专利权、未缴年费终止专利权等程序；

（3）暂停办理撤回专利申请、放弃专利权、变更申请人（或专利权人）的姓名或者名称、转移专利申请权（或专利权）、专利权质押登记等手续。

中止请求批准前已进入公布或者公告准备的，该程序不受中止的影响。

◎专利诉讼的中止：

应当中止诉讼的情形	法院受理的侵犯实用新型、外观设计专利权纠纷案件，被告在答辩期间请求宣告该项专利权无效，但下列情形除外： ·实用新型检索报告未发现破坏新颖性、创造性的文献； ·被告提供的证据足以证明被告使用的技术在申请日前已是公知的技术； ·被告请求宣告无效的证据或者理由明显不充分的； ·法院认为不应当中止的其他情形

续表

可以不中止诉讼的情形	原告出具的专利权评价报告未发现导致实用新型丧失新颖性、创造性的技术文献
	被告提供的证据足以证明其使用的技术已经公知的
	被告请求宣告该项专利权无效所提供的证据或者依据的理由明显不充分
	法院认为不应当中止诉讼的其他情形
	法院受理的侵犯发明专利权纠纷案件或者经专利复审委员会审查维持专利权的侵犯实用新型、外观设计专利权纠纷案件，被告在答辩期间内请求宣告该项专利权无效的
	被告在答辩期间届满后，请求宣告实用新型和外观专利无效的，除非法院认为有必要终止
不应当中止诉讼的情形	法院受理的侵犯实用新型、外观设计专利权纠纷案件，被告在答辩期间届满后请求宣告该项专利权无效的，法院不应当中止程序，但经审查认为与必要中止诉讼的除外

§61 专利侵权证据提交

专利侵权纠纷涉及新产品制造方法的发明专利的，制造同样产品的单位或者个人应当提供其产品制造方法不同于专利方法的证明。

专利侵权纠纷涉及实用新型专利或者外观设计专利的，人民法院或者管理专利工作的部门可以要求专利权人或者利害关系人出具由国务院专利行政部门对相关实用新型或者外观设计进行检索、分析和评价后作出的专利权评价报告，作为审理、处理专利侵权纠纷的证据。

●证据提交

《民事诉讼法》

A64：当事人对自己提出的主张，有责任提供证据。

当事人及其诉讼代理人因客观原因不能自行收集的证据，或者人民法院认为审理案件需要的证据，人民法院应当调查收集。

《专利行政执法办法》

第35条：在专利侵权纠纷处理过程中，当事人因客观原因不能自行收集部分证据的，可以书面请求管理专利工作的部门调查取证。管理专利工作的部门根据情况决定是否调查收集有关证据。

在处理专利侵权纠纷、查处假冒专利行为过程中，管理专利工作的部门可以根据需要依职权调查收集有关证据。

执法人员调查收集有关证据时，应当向当事人或者有关人员出示其行政执法证件。当事人和有关人员应当协助、配合，如实反应情况，不得拒绝、阻挠。

第38条：在证据可能灭失或者以后难以取得，又无法进行抽样取证的情况下，管理专利工作的部门可以进行登记保存，并在7日内作出决定。

经登记保存的证据，被调查的单位或者个人不得销毁或者转移。

皖（2013）民三终字第84号：不侵权诉讼的证据提交

确认不侵犯专利权的诉讼，本质上属于民事侵权类诉讼，依法应由原告向人民法院提交涉案产品的样品，由法院对该样品是否落入涉案专利保护范围进行对比。

《最高人民法院关于民事诉讼证据的若干规定》

第11条：当事人向人民法院提供的证据系在中华人民共和国领域外形成的，该证据应当经所在国公证机关予以证明，并经中华人民共和国驻该国使领馆予以认证，或者履行中华人民共和国与该所在国订立的有关条约中规定的证明手续。

当事人向人民法院提供的证据是在香港、澳门、台湾地区形成的，应当履行相关的证明手续。

第 16 条：当事人向人民法院提供的在中国领域外形成的证据，因当说明来源，经所在国公证机关证明并经中国驻该国领事馆的认证，或者履行中国与证据所在国订立的有关条约中规定的证明手续。

当事人提供的在中华人民共和国香港特别行政区、澳门特别行政区和台湾地区内形成的证据，应当具有按照有关规定办理的证明手续。

第 17 条：当事人向人民法院提供外文书证或者外语视听资料的，应当附有由具有翻译资质的机构翻译的或者其他翻译准确的中文译本，由翻译机构盖章或者翻译人员签名。

GL－D－VIII 2.2.2 域外证据及港、澳、台地区形成的证据的证明手续

公证认证手续的豁免

（1）该证据是能够从除港、澳、台地区外的国内公共渠道获得的，如从专利局获得的国外专利文件，或者从公共图书馆获得的国外文献资料。

（2）有其他证据足以证明该证据真实性的。

（3）对方当事人认可该证据的真实性的。

《最高人民法院（2007）关于全面加强知识产权审判工作为建设创新型国家提供司法保障的意见》

对于域外形成的公开出版物等可以直接初步确认其真实性的证据材料，除非对方当事人对其真实性能够提出有效质疑而举证方又不能有效反驳，无须办理公证认证等证明手续。

《最高人民法院关于民事诉讼证据的若干规定》

第 68 条：以侵害他人合法权益或者违反法律禁止性规定的方法取得的证据，不能作为认定案件事实的依据。

津（2013）二中民三知初字第 134 号：“陷阱”取证

专利权人通过设立陷阱的方式进行取证的，如果未对他人的合法权益造成侵害，也不属于法律规定禁止的情况，那么取得的证据可以当作民事诉讼的证据被采纳，用来作为认定案情的依据。

《侵权责任法》

A6.2：根据法律规定推定行为人有过错，行为人不能证明自己没有过错的，应当承担侵权责任。

新产品和方法专利

◎举证责任倒置（§61.1）：

专利侵权诉讼遵守“谁主张，谁举证”的一般证据原则，方法专利侵权纠纷中则可倒置举证责任，即由被告举证证明自己是采用不同于专利方法的制造加工方法制造了同样产品。涉及新产品制造方法发明专利侵权纠纷的，实行举证倒置；如果方法发明专利侵权纠纷不涉及新产品制造方法的，则不发生举证责任倒置。

A34 TRIPS

1. 就 A28. 1（b）TRIPS 所述的侵犯所有人权利的民事诉讼而言，如果一项专利的客体是获得一种产品的方法，司法当局应有权令被告证明他获得相同产品的方法与已获专利的方法不同。因此，各成员应规定至少在下列情况下，任何未经专利所有人同意而生产的相同产品，若无相反证明，应被视为使用该已获专利而获得的：

（a）如果用该已获专利方法获得的产品是新颖的；

（b）如果该相同产品很可能是由该方法生产的，而专利所有人经过合理的努力仍未能确定事实上所使用的方法。

2. 只有当满足（a）项或（b）项所述的条件时，任何成员才有权规定第 1 款所指的举证责任由被指控的侵权人承担。

3. 在引用相反证据时；应考虑被告在保护其制造秘密和商业秘密方面的合法利益。

《最高人民法院关于民事诉讼证据的若干规定》

第 4 条：下列侵权诉讼，按照以下规定承担举证责任：

（一）因新产品制造方法发明专利引起的专利侵权诉讼，由制造同样产品的单位或者个人对其产品制造方法不同于专利方法承担举证责任。

◎举证责任倒置适用条件：

（1）专利权人必须首先证明两点

①依照专利方法制造的产品属于新产品

②被诉侵权人制造的产品与依照专利方法制造的产品属于同样的产品。

（2）专利权人对被诉侵权人使用了其专利方法的举证必须尽到了合理的努力。

（3）侵权指控成立的可能性较大。

（4）应当保证被诉侵权人的商业秘密不被侵犯。

《最高人民法院关于充分发挥知识产权审判职能作用推动社会主义文化大发展大繁荣和促进经济自主协调发展若干问题的意见》

在适当考虑方法专利权利人维权的实际困难的同时，兼顾被诉侵权人保护其商业秘密的合法权益。依法适用新产品制造方法专利的举证责任倒置规则，使用专利方法获得的产品以及制造该产品的技术方案在专利申请日前不为公众所知的，制造相同产品的被诉侵权人应当承担其产品制造方法不同于专利方法的举证责任。使用专利方法获得的产品不属于新产品，专利权人能够证明被诉侵权人制造了同样产品，经合理努力仍无法证明被诉侵权人确实使用了该专利方法，但根据案件具体情况，结合已知事实以及日常生活经验，能够认定该同样产品经由专利方法制造的可能性很大的，可以根据民事诉讼证据司法解释有关规定，不再要求专利权人提供进一步的证据，而由被诉侵权人提供其制造方法不同于专利方法的证据。要针对方法专利侵权举证困难的实际，依法采取证据保全措施，适当减轻方法专利权利人的举证负担。要注意保护被申请人的利益，防止当事人滥用证据保全制度非法获取他人商业秘密。被诉侵权人提供了其制造方法不同于专利方法的证据，涉及商业秘密的，在审查判断时应注意采取措施予以保护。

因为举证责任倒置的适用应当保证被诉侵权人的商业秘密不被侵犯。所以，被诉侵权人只需提供符合《最高人民法院关于审理侵犯专利权纠纷案件应用法律若干问题的解释》第7条中规定的部分生产步骤或工艺参数。但是，如果被诉侵权人的举证没有达到上述最低的举证要求，根据《最高人民法院关于民事诉讼证据的若干规定》第2条，应承担不利后果。

《最高人民法院关于民事诉讼证据的若干规定》

第2.2条：没有证据或者证据不足以证明当事人的事实主张的，由负有举证责任的当事人承担不利后果。

京（2009）高民终字第4011号：未实际造成损失的，不承担赔偿损失

原告主张被告构成许诺销售应当赔偿经济损失，但原告没有证据足以证明被告行为给原告实际造成损失的，一般不需判令被告承担赔偿损失的民事责任。

《最高人民法院关于民事诉讼证据的若干规定》

第7条：在法律没有具体规定，依本规定及其他司法解释无法确定举证责任承担时，人民法院可以根据公平原则和诚实信用原则，综合当事人举证能力等因素确定举证责任的承担。

在方法专利侵权纠纷中，专利权涉及新产品制造方法的，被诉侵权人（被告）承担举证责任，提供其产品制造方法不同于专利方法的证明，即举证责任倒置（§61.1）。专利权涉及已知产品或非新产品制造方法的，对举证责任没有具体规定，一般应当由指控侵权的原告提供被告产品制造方法相同于专利方法的证明。即使原告不能证明“新产品”“和被告生产“同样产品”，法院仍可以按照具体案情，在综合考虑原告行使权利的需要和被告生产和商业秘密的正当利益的情况下，公平合理地分配举证责任。

◎被告应对措施：

（1）提供其方法不同于专利方法的证明

（2）证明该方法制造的产品是已知产品而非新产品，进而免除自己的举证责任

（3）证明其制造的产品与依照专利方法获得的产品不同

（4）宣告该专利权无效

●“新产品”的解释及举证

《最高人民法院关于审理侵犯专利权纠纷案件应用法律若干问题的解释》：

第17条：产品或者制造产品的技术方案在专利申请日以前为国内外公众所知的，人民法院应当认定该产品不属于§61. 1规定的新产品。

京高院《专利侵权判定指南》

第102条：§61规定的“新产品”，是指在国内外第一次生产出的产品，该产品与专利申请日之前已有的同类产品相比，在产品的组份、结构或者其质量、性能、功能方面有明显区别。

产品或者制造产品的技术方案在专利申请日以前为国内外公众所知的，应当认定该产品不属于专利法规定的新产品。

是否属于新产品，应由专利权人举证证明。专利权人提交证据初步证明该产品属于专利法规定的新产品的，视其尽到举证责任。

〈《京高院关于执行〈专利侵权若干问题的意见（试行）〉的通知》第122条：是否属于新产品，应由原告举证证明。〉

第103条：同样产品，是指被诉侵权产品与实施新产品制造方法直接得到的原始产品的形状、结构或成分等无实质性差异。

是否属于同样产品，应由权利人举证证明。

最高人民法院（2013）民申字第309号：非新产品制造方法专利侵权的举证责任分配

非新产品制造方法专利侵权纠纷中，在确保被诉侵权人的商业秘密不被泄露的情况下，可以有条件地适用举证责任倒置规则，判令被诉侵权人提供其制造方法不同于专利方法的证据。

如果专利权人能够证明被诉侵权人制造了同样的产品，经合理努力仍无法证明被诉侵权人确实使用了该专利方法，但结合事实及日常经验，能够认定该同样的产品由专利方法制造的可能性很大的情况下，被诉侵权人拒不配合法院调查收集证据或者保全证据的，可以推定被诉侵权人使用了该专利方法。

因产品制造方法发明专利引起的专利侵权诉讼，制造同样产品的单位或个人不需要承担其产品制造方法不同于专利方法的举证责任。

最高人民法院（2009）民提字第84号：新产品制造方法专利纠纷中的举证责任

在新产品制造方法专利侵权纠纷中，由被诉侵权人承担证明其产品制造方法不同于专利方法的举证责任，需满足一定的前提条件，即权利人能够证明依照专利方法制造的产品属于新产品，并且被诉侵权人制造的产品与依照专利方法制造的产品属于同样的产品；在认定一项方法专利是否属于新产品制造方法专利时，应当以依照该专利方法直接获得的产品为依据；所谓“依照专利方法直接获得的产品”，是指使用专利方法获得的原始产品，而不包括对该原始产品作进一步处理后获得的后续产品。

京（2008）高民终字第164号：非新产品侵权纠纷中的举证责任

专利权纠纷涉及新产品制造方法的发明专利的，原告（专利权人）指控被告生产、销售的涉案产品使用了涉案专利方法，由于涉案专利涉及的产品不是新产品，所以不发生举证责任倒置，故原告因对此承担举证责任。被告应当提供其产品制造方法不同于专利方法的证明，但专利权人应当先举证证明按照涉案专利方法生产的产品为新产品。

京（2012）海民初字第3613号：专利侵权诉讼证据的运用

司法实践中，有大量的专利侵权行为是通过销售渠道被专利权人发现的，但是专利权人很难对侵权人的产品样本、产品数量、侵权获利等做进一步查清，而这些又都是进行诉讼追究侵权人法律责任的必要证据。根据《民事诉讼法》A64规定的“谁主张谁举证”原则。除§60.2规定的“发明是一项新产品的制造方法”的情况以外，专利权人对其主张的他人侵权其专利权的行为负有证据责任。

有关控制程序，操作流程的专利一般很难被证明是否侵权，但有时可以通过产品说明书得到验证。

虽然没有直接使用专利方法，但在销售产品的同时通过明示或暗示的方式（广告、说明书）促使购买者使用该专利方法，该行为属于典型的侵犯用途专利权的行为。

◎不适用举证责任倒置：

原告没有提供证据证明被告在制造新产品时也制造了同样的“中间产物”，即依照专利方法直接获得的产品，所以也就没有证明被告制造“同样产品”。被告对原始产品进一步加工、处理而获得后续产品的行为是使用依照专利方法直接获得的产品，而非原始产品行为。

最高人民法院（2009）民三终字第6号：推定查明技术内容

在查明相关技术事实的情况下，认定被诉侵权产品制备方法的相关技术内容应由专利权人承担举证责任。只有在涉及新产品制造方法发明专利的侵权纠纷中，才由被诉侵权人承担证明其产品制造方法不同于专利方法的举证责任。

在药品监督管理部门备案的被诉侵权药品生产工艺材料中有关技术内容记载不具体的情况下，根据化学理论基本知识、结合专利说明书、被诉侵权人提交的补充确证实验结论以及杂志发表论文披露的技术内容等证据，认定鉴定结论关于被诉侵权技术方案中相关技术内容的推定具有事实基础。只要有充分的事实基础，并不排斥通过推定查明被控侵权技术方案中的相关技术内容。

最高人民法院（2011）民申字第259号：鉴定结论

鉴定结论只有经过审查判断才能作为认定事实的依据。对于鉴定程序合法，当事人没有异议的鉴定结论，一般可以作为法院认定相关案件事实的依据。对于外国鉴定机构出具的鉴定结论，在当事人提出质疑时，能否采信，应当按照中国的相关法律进行审查。

对技术鉴定结论的采信与否，应当通过庭审质证，全面审查鉴定程序和鉴定结论所依据的事实与理由，结合案件其他证据，综合分析，作出评判。对有缺陷的鉴定结论，可以通过补充鉴定、重新质证或者补充质证等方法解决；符合法定情形的，可以重新鉴定。必要时，也可就有关专业技术问题进行专家咨询。

实用新型和外观设计

专利侵权纠纷涉及实用新型专利或者外观设计专利的，由国务院专利行政部门出具的专利权评价报告可以作为审理、处理专利侵权纠纷的证据（§61.2）。

《最高人民法院关于审理专利纠纷案件适用法律问题的若干规定》

第8.1条：提起侵犯实用新型专利权诉讼的原告，应当在起诉时出具由SIPO作出的检索报告。

〈该司法解释主要是针对在专利侵权诉讼中因被告提出宣告专利权无效导致中止诉讼问题而采取的措施。因此，检索报告只是作为实用新型专利权有效性的初步证据，此处所称的“应当”，并非是提起实用新型专利侵权诉讼的条件。凡符合《民事诉讼法》A108 规定的起诉条件的案件，人民法院均应当立案受理。〉

R56 专利权评价报告的请求

授予实用新型或者外观设计专利权的决定公告后，专利法第六十条规定的专利权人或者利害关系人可以请求国务院专利行政部门作出专利权评价报告。

请求作出专利权评价报告的，应当提交专利权评价报告请求书，写明专利号。每项请求应当限于一项专利权。

专利权评价报告请求书不符合规定的，国务院专利行政部门应当通知请求人在指定期限内补正；请求人期满未补正的，视为未提出请求。

GL－E－X 1 引言

专利权评价报告是法院或者管理专利工作的部门审理、处理专利侵权纠纷的证据，主要用于法院或者管理专利工作的部门确定是否需要中止相关程序。专利权评价报告不是行政决定，因此专利权人或者利害关系人不能就此提起行政复议和行政诉讼。〈《专利权评价报告请求书》表格（注意事项8）。〉

◎专利权评价报告在专利侵权诉讼中的作用：

（1）在诉讼程序中，专利权评价报告可以对抗被告的中止审理请求，加快审理过程。

按照《最高人民法院关于审理专利纠纷案件适用法律问题的若干规定》第 8.2 条，被告一旦按期提出无效宣告请求，法院原则上会中止审理专利侵权纠纷。原告往往不愿意看到这种拖延。依据该规定第 9.1（1）条，如果原告出具的检索报告未发现导致实用新型专利丧失新颖性、创造性的技术文献，可以不中止诉讼。因此原告在这种时候，可以提交相应的检索报告并请求法院驳回被告的中止诉讼的请求，尽快审理，避免损失的进一步扩大。

（2）在案件实体审理过程中，专利权评价报告可以有效地排除被告的不侵权抗辩。

（3）专利权评价报告可以使得双方当事人对案件的结果有着更为明晰的预测，促进案件的顺利、尽快解决。

SIPO 出具的评价报告只是涉案实用新型专利初步证据，法院只能以此作为审理、处理专利侵权纠纷的证据，不能据此认定实用新型专利（部分）无效。法院只能根据专利复审委员会生效的无效复审决定来认定事实进行判决。但法院可以根据评价报告及其检索资料来判定该事实是否构成现有技术。

GL－E－X 2.1 专利权评价报告请求的客体

专利权评价报告请求的客体应当是已经授权公告（包括已经终止或放弃）的实用新型专利或者外观设计专利。

下列情形提出的专利权评价报告请求视为未提出：

（1）未授权公告的实用新型申请或者外观设计申请；

（2）已被专利复审委员会宣告全部无效的实用新型专利或者外观设计专利；

（3）SIPO 已作出专利权评价报告的实用新型专利或者外观设计专利。

《关于施行修改后专利法有关事项的通知》

第 5 条：SIPO 仅对申请日（有优先权的，指优先权日）在 2009 年 10 月 1 日之后（含该日）的实用新型专利或者外观设计专利作出专利权评价报告；对申请日（有优先权的，指优先权日）在 2009 年 10 月 1 日之前的实用新型专利，只作出实用新型专利检索报告。〈没有外观设计专利检索报告。〉

台湾地区自 2004 年 7 月 1 日后，引入了技术评价报告的概念。按照《台湾专利法》A103：申请新型专利经公告后，任何人均可就新颖性、进步性规定有关的方面，向专利负责机关申请新型专利技术报告。

《关于施行修改后专利法有关事项的通知》

第 6 条：对于涉及上述第 1 条、第 2 条、第 3 条内容的新申请以及申请日之后提交的专利权评价报告请求书、向外国申请专利保密审查请求书和遗传资源来源披露登记表，申请人应当直接向 SIPO 受理处以纸件形式递交或寄交，各专利代办处和 SIPO 电子申请系统暂不受理和接收上述专利申请和专利文件。

《最高人民法院关于诉前停止侵犯专利权行为适用法律问题的若干规定》

第 4 条：申请人提出申请时，应当提交下列证据：

（一）专利权人应当提交证明其专利权真实有效的文件，包括专利证书、权利要求书、说明书、专利年费交纳凭证。提出的申请涉及实用新型专利的，申请人应当提交 SIPO 出具的检索报告。

GL－E－X 2.2 请求人资格

根据 R56.1，专利权人或利害关系人可以请求 SIPO 作出专利权评价报告。〈如独占专利实施许可的被许可人、专利权转让手续变更合格后的受让人。〉利害关系人是指有权根据 § 60 就专利侵权纠纷向法院起诉或者请求管理专利工作的部门处理的人，如专利实施独占许可合同的被许可人和由专利权人授予起诉权的专利实施普通许可合同的被许可人。请求人不是专利权人或者利害关系人的，其专利权评价报告请求视为未提出。实用新型或者外观设计专利权属于多个专利权人共有的，请求人可以是部分专利权人。

《专利权评价报告请求书》表格（注意事项 6）：

根据 § 61 及其 R56 的规定，授予实用新型或外观设计专利权的决定公告后，专利权人或者利害关系人可以请求 SIPO 作出专利权评价报告。每项请求只限一件实用新型或者外观设计专利。

侵权诉讼中只有法院有权要求专利权人出具 SIPO 作出的专利权评价报告。

实用新型专利权人向人民法院起诉他人专利侵权的，应当出具 SIPO 作出的专利权评价报告。

GL－E－X 2.4 费用

请求人自提出专利权评价报告请求之日起 1 个月内未缴纳或者未缴足专利权评价报告请

求费的，专利权评价报告请求视为未提出。

《专利权评价报告请求书》表格

注意事项6：根据R93.1（5）的规定，办理专利权评价报告手续的应当缴纳专利权评价报告请求费。

注意事项9：专利费用可以通过网上缴费、邮局或银行汇款缴纳，也可以到SIPO面缴。

GL－E－X 2.5 委托手续

专利权评价报告请求的相关事务可以由请求人或者其委托的专利代理机构办理。对于根据§19.1应当委托专利代理机构的请求人，未按规定委托的，SIPO应当通知请求人在指定期限内补正。

《专利代理委托书》表格（注意事项8）

作出实用新型专利检索报告的请求可以由专利权人或者其委托的专利代理机构办理。已委托专利代理机构作全程代理，请求作出检索报告时另行委托专利代理机构办理相关手续的，应当另行提交专利代理委托书，并在专利代理委托书中写明其委托权限仅限于办理实用新型专利检索报告事务。

《专利代理委托书》表格（注意事项9）

《专利权评价报告请求书》表格（注意事项7）

作出专利权评价报告的请求可以由专利权人、利害关系人或者其委托的专利代理机构办理。已委托专利代理机构作全程代理，请求作出专利权评价报告时另行委托专利代理机构办理相关手续的，应当另行提交专利代理委托书，并在专利代理委托书中写明其委托权限仅限于办理专利权评价报告事务。

GL－E－X 2.6 形式审查后的处理

（1）专利权评价报告请求经形式审查不符合规定需要补正的，请求人应在收到SIPO通知书之日起15日内补正；期满未补正或者在指定期限内补正但经两次补正后仍存在同样缺陷的，其请求视为未提出。

（2）专利权评价报告请求视为未提出的，SIPO应当发出视为未提出通知书，通知请求人。

（3）专利权评价报告请求经形式审查合格的，应当及时转送给指定的作出专利权评价报告的部门。

根据R57作出专利权评价报告前，多个请求人分别请求对同一件实用新型专利或者外观设计专利作出专利权评价报告的，SIPO均予以受理，但仅作出一份专利权评价报告。

京（2008）高民终字第1394号：产品包装上的信息作为证据

如果原告提交了公证购买的被控侵权产品，该产品包装上所载明的企业字号和大陆营销中心的地址、电话号码、传真号码与被告在公司网站上对外公开的信息相同，被告否认被控侵权产品由其制造、销售，并主张有人冒用其名义和地址、电话的可能性，但未提供证据加以证明，应当承担败诉的法律后果。

京（2009）高民终字第931号：经公证的证据

经公证的民事法律行为、有法律意义的事实和文书，应当作为认定事实的根据，但有相反证据足以推翻该项公证的除外。

R57 出具专利权评价报告

国务院专利行政部门应当自收到专利权评价报告请求书后2个月内作出专利权评价报告。对同一项实用新型或者外观设计专利权，有多个请求人请求作出专利权评价报告的，国务院专利行政部门仅作出一份专利权评价报告。任何单位或者个人可以查阅或者复制该专利权评价报告。

实用新型专利权评价的内容不包括§20.1关于向外申请保密审查的评价。

外观设计专利权评价的内容不包括§23.3关于权利冲突的评价。

●专利权评价范围

实用新型专利权：SIPO将对除保密审查（§20）以外的其他所有无效理由（R65.2）进行审查和评价；

外观设计专利权：SIPO将对除与他人合法权利冲突（§23）以外的其他所有无效理由（R65. 2）进行审查和评价。

GL－E－X 4 专利权评价报告

SIPO应当自收到合格的专利权评价报告请求书和请求费后2个月内作出专利权评价报告。

专利权评价报告仅出具一份（R57）。SIPO在已经作出一份专利权评价报告后，仍有请求专利权评价报告的，视为该请求未提出。

在评价报告作出之后再提出请求的，SIPO将不再重复作出评价报告。

GL－E－X 5 专利权评价报告的查阅与复制

根据R57，SIPO在作出专利权评价报告后，任何单位或者个人可以查阅或者复制。

◎对专利权评价报告有异议：

因为专利权评价不被认为是具体行政行为，请求人无法针对专利权评价报告提起行政复议和行政诉讼，所以缺少必要的救济措施（GL－E－X 1）。

专利权评价报告中明显的错误可以更正，可更正的内容包括“法律适用明显错误”以及“结论所依据的事实认定明显错误”。

GL－E－X 6 专利权评价报告的更正

作出专利权评价报告的部门在发现专利权评价报告中存在错误后，可以自行更正。

请求人认为专利权评价报告存在需要更正的错误的，可以请求更正。〈收到评价报告后2个月内。〉

更正后的专利权评价报告应当及时发送给请求人。〈代替原先作出的检索报告。〉

GL－E－X 6.1 可更正的内容

（1）著录项目信息或文字错误；

（2）作出专利权评价报告的程序错误；

（3）法律适用明显错误；

（4）结论所依据的事实认定明显错误；

(5) 其他应当更正的错误。

GL-E-X 6.2 更正程序的启动

(1) 作出专利权评价报告的部门自行启动

作出专利权评价报告的部门在发现专利权评价报告中存在需要更正的错误后，可以自行启动更正程序。

(2) 请求人请求启动

请求人认为作出的专利权评价报告存在需要更正的错误的，可以在收到专利权评价报告后2个月内提出更正请求。

〈专利权人可以在收到专利权评价报告后，提出更正请求，但不能要求重新检索。〉

GL-E-X 6.3 更正程序的进行和终止

针对专利权评价报告，一般只允许提出一次更正请求，但对于复核组在补充检索后重新作出的专利权评价报告，请求人可以再次提出更正请求。

●公知常识的举证

最高人民法院（2010）知行字第6号：专利无效行政诉讼程序中法院主动引入公知常识

在专利无效行政诉讼程序中，法院在无效宣告请求人自主决定的对比文件结合方式的基础上，依职权主动引入公知常识以评价专利权的有效性，并未改变无效宣告请求理由，有助于避免专利无效程序的循环往复，并不违反法定程序；法院在依职权主动引入公知常识时，应当在程序上给予当事人就此发表意见的机会。

最高人民法院（2009）高行终字第652号：对未经举证而引入的公知常识不予认定

在专利权人未对引入的公知常识进行意见陈述，专利复审委员会也未对其所认定的公知常识进行举证的情况下，专利复审委员会的认定违反了无效审查程序中的听证原则。法院判决撤销专利复审委员会作出的无效决定。

京（2010）一中知行初字第525号：认定的公知常识应当举证

专利复审委员会不能直接认定某项技术特征为公知常识而不进行举证。

京（2010）一中知行初字第2610号：依职权引入公知常识应符合听证原则

专利复审委员会依职权引入公知常识时给予双方当事人陈述意见的机会，充分保障双方当事人的程序性权利。

●当事人放弃证据鉴定申请后，对证据真实性的审查

最高人民法院（2009）民申字第1325号：不能直接否定未经司法鉴定的证据

在证据未经司法鉴定的情况下，仍然要根据该证据的来源、形成情况、客观状态等，结合案件的其他证据，综合判断其真实性，不能直接以当事人放弃鉴定申请而否定该证据的真实性。

最高人民法院（2011）民申字第1049号：被诉侵权产品的交货地为侵权行为地

通过FOB（Free on Bord）和CIF（Cost, Insurance and Freight）价格条件出口销售被

诉依照本案专利方法直接获得的产品，该产品的装船交货地属于销售行为实施地。

最高人民法院（2011）民申字第10号：无独立请求权的第三人在诉讼程序中有权申请鉴定

根据案件需要，有法律上的利害关系，无独立请求权的第三人可以申请委托对植物新品种的同一性进行司法鉴定。参见《最高人民法院关于民事诉讼证据的若干规定》第25条。

最高人民法院（2011）民申字第10号：鉴定材料取样未通知当事人到场不构成鉴定程序违法

不能基于鉴定检材取样时没有通知当事人到场而当然认定鉴定程序违法。

●电子证据

根据京高院《关于知识产权民事诉讼证据适用若干问题的解答》（京高法法［2007］101号）的解释，凡是表现为电子形式的、能够证明案件事实的证据都是电子证据。经查属实，电子证据可以作为直接证据单独认定案件事实。

因此，无论最终是否认定电子证据中的“发布日”或“上传日”就是互联网信息的实际发布日期，专利复审委员会和法院都会根据电子证据的形成和存储方式、电子证据的来源是否可靠、收集方式和过程是否稳妥等多方面因素来考察电子证据的“发布日”或“上传日”的真实性。在部分案件中，专利复审委员会也会对于虽然没有通过公正程序取得的，但来源于国内知名门户网站的网页信息的真实性予以认可。

京（2010）一中知行初字第1320号：互联网证据

对于互联网证据的真实性认定，需要考虑该证据来源网站的资质。信誉度较高的网站，例如政府类网站、知名非政府组织网站、大型科研院所网站、正规大专院校网站、知名商业网站等，以自己名义发布的信息而不是通过广域网搜索获得的信息，在通过公正、当庭上网演示等方式确认其来源可靠的情形下，一般可以确认其真实性。

京（2010）一中知行初字第927号：网页打印件作为证据

网页打印件，由SIPO网站公布，且已经标明了该外观设计的专利号等相关信息，在原告虽对其真实性有异议但未提出相反证据的情况下，可以认定该证据的真实性。

◎专利权人应对专利侵权纠纷的措施：

（1）静观其变，如果专利权人和侵权嫌疑人分别拥有规模大而广泛的专利布局组合（Patent Portfolio）并且相互间的关系良好。

（2）调查是否有其他可能的侵权人。

（3）查明事实依据。

①查明嫌疑人是否真正侵犯了专利权。

②通过检索调查嫌疑人的相关专利的状况，同时明确己方专利在侵权发生地的保护范围。

③证据保全措施（§67）。

④调查己方专利的法律状况，看是否也可能在其他国家得到授权。

（4）倘若和侵权嫌疑人的交涉无法取得进展，可采取以下法律途径。

①向侵权嫌疑人发出警告，如果仍然没有任何作用，那么专利权人可以在起诉前向法院申请诉前禁令（§66）。

②如果专利申请尚未得到授权，可以要求临时保护（§13、R114）；向 SIPO 申请加快审理；修改权利要求，并且在可能的情况下，分案申请（§31），使得侵权产品尽可能落入权利要求保护范围；实用新型或外观设计专利权人，可以请求 SIPO 作出的专利权评价报告（§61.2）。

③如果专利申请已经得到授权，则按照§11 要求专利保护，尽可能在所有重要的国家使之生效（例如得到欧洲专利授权）；向法院起诉，也可以请求管理专利工作的部门处理（§60）；正式向侵权嫌疑人通函告知，以免§69（2）规定的先用权不视为侵权行为。

（5）使用许可谈判。

◎侵权嫌疑人应对专利侵权纠纷的措施：

（1）准备阶段。

①对可能被侵犯的专利进行检索、评估，并视情况采取相应的措施。比如：规避解决方案，申请使用许可，购买专利和准备无效宣告请求。

②收集证明材料。§69（2）规定的不视为侵权行为的先用权必须予以证明，用于证明的证据材料应该形成于原告涉案专利申请日之前。

③检查己方专利布局组合，确定专利权人是否也侵犯了嫌疑人的专利，或者是否有可能与专利权人达成许可协议。

④查明是否有第三方提出了无效宣告请求。

（2）以静制动。如果和专利权人的关系良好或者专利权人不具有侵略性。

（3）在被警告或被起诉的情况下，检验涉及的专利权是否有效或者具有专利授权条件；考虑是否提出无效宣告请求；被控侵权产品是否 处于有关专利的保护范围内；实用新型或外观设计专利的侵权嫌疑人可以请求法院要求专利权人提供 SIPO 作出的专利权评价报告，§61.2；在法院指定的 15 天答辩期内，向专利复审委员会提出宣告该专利权无效的请求，§45；向法院出示专利无效的受理通知书，法庭一般会中止诉讼程序，等待专利复审委员会对无效请求作出决定，R82；尝试以不提出无效宣告请求为条件，与专利权人达成许可协议。

§62 不构成专利侵权

在专利侵权纠纷中，被控侵权人有证据证明其实施的技术或者设计属于现有技术或者现有设计的，不构成侵犯专利权。

◎法院有权直接判定不侵权：

专利权人发现未经其许可而实施其专利的侵权行为，遂向法院起诉。被起诉者以其实施的技术方案属于现有技术因而该专利权应当无效为由进行抗辩，并提供了充足的证据。法院认定被起诉者实施的技术方案为现有技术的，可以直接判决不侵权。

在涉案专利尚还处于无效宣告程序中，法官可以在涉案专利权没有被宣告无效的情况下，直接作出不侵权的判决。而涉案专利权的无效宣告程序，仍然依照规定继续进行。

《最高人民法院关于审理侵犯专利权纠纷案件应用法律若干问题的解释》

第 14 条：被诉落入专利权保护范围的全部技术特征，与一项现有技术方案中的相应技术特征相同或者无实质性差异的，人民法院应当认定被诉侵权人实施的技术属于 §62 规定的现有技术。

被诉侵权设计与一个现有设计相同或者无实质性差异的，人民法院应当认定被诉侵权人实施的设计属于《专利法》 §62 规定的现有设计。

〈现有技术抗辩成立的标准是，被诉落入专利权保护范围的全部技术特征与一项现有技术方案中的相应技术特征相同或者无实质性差异等同，这些技术特征构成的技术方案相对于现有技术显然没有新颖性；或者该领域普通技术人员认为被诉侵权技术方案是一项现有技术与所属领域公知常识的简单组合。〉

GL－B－3.2 审查基准

判断发明或者实用新型有无新颖性，应当以 §22.2 为基准。

京高院《专利侵权判定指南》

第 125 条：现有技术抗辩，是指被诉落入专利权保护范围的全部技术特征，与一项现有技术方案中的相应技术特征相同或者等同，或者所属技术领域的普通技术人员认为被诉侵权技术方案是一项现有技术与所属领域公知常识的简单组合的，应当认定被诉侵权人实施的技术属于现有技术，被诉侵权人的行为不构成侵犯专利权。

第 128 条：现有设计抗辩，是指被诉侵权产品的外观设计与一项现有设计相同或者相近似，或者被诉侵权产品的外观设计是一项现有外观设计与该产品的惯常设计的简单组合，则被诉侵权产品的外观设计构成现有设计，被诉侵权人的行为不构成侵犯外观设计专利权。

第 127 条：抵触申请不属于现有技术，不能作为现有技术抗辩的理由。但是，被诉侵权人主张其实施的是属于抵触申请的专利的，可以参照本意见第 125 条关于现有技术抗辩的规定予以处理。

第 132 条：被诉侵权人主张其实施的是外观设计专利的抵触申请的，应当将被诉侵权外观设计与抵触申请进行比对。被诉侵权外观设计与抵触申请相同或相近似的，被诉侵权人的行为不构成侵犯外观设计专利权。

在专利侵权诉讼中设立现有技术抗辩制度的根本原因在于，专利权的保护范围不应覆盖现有技术，以及相对于现有技术而言显而易见，构成等同的技术。

用现有技术进行抗辩时，仅适用于等同专利侵权，不适用于相同专利侵权的情况。当专利技术方案、被控侵权物（产品或方法）和被引证的已有技术方案三者明显相同时，被告不得依据已有技术进行抗辩，应当向专利复审委员会请求宣告该专利权无效。

最高人民法院（2012）民申字第18号：现有技术抗辩及其比对方法

现有技术抗辩的审查方式是以专利权利要求为参照，确定被诉侵权技术方案中被指控落入专利权保护范围的技术特征，并判断现有技术中是否公开了相同或者等同的技术特征。现有技术抗辩的成立，并不要求被诉侵权技术方案与现有技术完全相同，毫无区别，对于被诉侵权产品中与专利权保护范围无关的技术特征，在判断现有技术抗辩能否成立时应不予考虑。

无效程序与专利侵权诉讼中的现有技术抗辩制度各自独立，各自发挥其自身作用。二者的审查对象和法律适用均有差异。

在侵权诉讼中，现有技术抗辩的审查对象在于被诉侵权技术方案与现有技术是否相同或等同，而不在于审查现有技术是否公开了专利技术方案。在进行对比时，并不是将被诉侵权的产品或方法中有关的所有技术特征构成的技术方案与现有技术进行比较，而只是将被诉侵权技术方案中被指控落入专利权保护范围的技术特征所构成的技术方案与现有技术进行比较。在确定被诉侵权技术方案时，被诉侵权的产品或方法中与涉案专利权范围保护无关的技术特征不予考虑。

而在无效程序中，是将专利技术方案与现有技术进行对比，审查现有技术是否公开了专利技术方案，即专利技术方案相对于现有技术是否具有新颖性、创造性，而不是将现有技术与专利技术方案进行对比。在两者并非相同的情况下。审查方式则是以专利权利要求为参照，确定被诉侵权技术方案中被指控落入专利权保护范围的技术特征，并判断现有技术是否公开了相同或者等同的技术特征。现有技术抗辩的成立，并不要求被诉侵权技术方案与现有技术完全相同，对于被诉侵权产品中与专利权保护范围无关的技术特征，在判断现有技术抗辩能否成立时应不予考虑。被诉侵权技术方案与专利技术方案是否相同或者等同，与现有技术抗辩能否成立亦无必然关联。因此，即使在被诉侵权技术方案与专利技术方案完全相同，但与现有技术有所差异的情况下，亦有可能认定现有技术抗辩成立。

最高人民法院（2011）民申字第630号：技术方案缺少技术特征的情况下不构成侵权

在被诉侵权技术方案缺少权利要求书中记载的一个以上技术特征的情况下，应当认定被诉侵权的技术方案没有落入专利权的保护范围。

最高人民法院（2009）民提字第84号：实施自有方法的抗辩主张

在鉴定机构依照被诉侵权人主张的自有方法无法制得被诉侵权产品，被诉侵权人主张其实施自有方法存在一定的技巧和诀窍的情况下，最高人民法院根据各方当事人的请求，对被诉侵权人制造相关产品的方法进行了现场试验，由被诉侵权人进行试验验证，试验结果与其他证据相互印证，证明被诉侵权人依照自有方法能够制得被诉侵权产品，故最高人民法院支持了被诉侵权人实施自有方法的抗辩主张。

最高人民法院（2008）民三他字第4号：标准中的专利权的使用许可

鉴于我国标准制定机关目前尚未建立起有关标准中专利的信息公开和使用的制度，专利权人参与了标准的制定或者经其同意，将专利纳入国家、行业或者地方标准的，视为专利权人许可他人在实施标准的同时实施该专利，他人的有关实施行为不属于§11、§60所规定的侵犯专利权的行为；专利权人可以要求实施人支付一定的使用费，但支付的数额应明显低于正常的许可使用费；专利权人承诺放弃专利使用费的，依其承诺处理。

最高人民法院（2007）民三监字第51-1号：公知技术抗辩

公知技术抗辩的适用仅以被控侵权产品中被指控落入专利权保护范围的全部技术特征与已经公开的其他现有技术方案的相应技术特征是否相同或者等同为必要，不能因为被控侵权产品与专利权人的专利相同而排除公知技术抗辩原则的适用。

最高人民法院（2000）知监字第32号：现有技术抗辩适用与相同侵权

被控侵权产品虽然落入了原告专利权的保护范围，构成字面侵权，但其技术方案与已有技术构成等同技术方案，被告正当使用已有技术的行为未侵犯原告专利权。

京（2009）高民终字第3784号：整个产品的使用公开时间

如果现有技术被使用公开的，特别是现有技术涉及某一产品的部件并且该部件易于拆卸的，被告仅仅证明整个产品的使用公开时间并不等于证明部件的使用公开时间。

粤深（2005）中法民三初字第693号：现有技术抗辩适用于相同侵权

被控“科学馆地铁站”与原告专利权的装置独立权利要求相同，落入专利权装置的保护范围；而与原告专利权的方法独立权利要求不同，未落入专利权方法的保护范围。但被控“科学馆地铁站”使用的技术与被告主张的现有技术相同，应当认定被告使用现有技术，不构成对原告专利权侵权。

§63 假冒专利的处罚

假冒专利的，除依法承担民事责任外，由管理专利工作的部门责令改正并予公告，没收违法所得，可以并处违法所得4倍以下的罚款；没有违法所得的，可以处20万元以下的罚款；构成犯罪的，依法追究刑事责任。

《施行修改后的专利法的过渡办法》

第5条：管理专利工作的部门对发生在2009年10月1日以后的涉嫌假冒专利行为进行查处的，适用修改后的§63、§64的规定。

A61 TRIPS

各成员应规定刑事程序和处罚，至少将其适用于具有商业规模的故意假冒商标或抄袭版权案件。可使用的补救手段应包括足以起威慑作用的监禁和/或货币罚金，处罚程度应与适用于同等严重程度的犯罪所受到的处罚程度一致；在适当情况下，可使用的救济手段还应包括剥夺、没收和销毁侵权货物和主要用于侵权活动的任何材料和工具。各成员可规定适用于其他知识产权侵权行为的刑事程序和处罚，尤其是故意并具有商业规模的侵权案件。

◎对于假冒专利的行为，专利权人或者利害关系人可以：

（1）请求管理专利工作的部门进行查处；

（2）直接向法院起诉；

（3）与假冒者协商解决。

与《民法通则》、《侵权责任法》相比，专利法属于下位法，因此侵犯专利权的行为人应当承担的民事责任或者侵权责任应当优先适用专利法的有关规定。

《民法通则》

A118：侵害知识产权的民事责任

公民、法人的专利权、发明权和其他科技成果权受到剽窃、篡改、假冒等侵害的，有权要求停止侵害、消除影响，赔偿损失。

《专利行政执法办法》

第30条：管理专利工作的部门作出行政处罚决定前，应当告知当事人作出处罚决定的事实、理由和依据，并告知当事人依法享有的权利。

管理专利工作的部门作出较大数额罚款的决定之前，应当告知当事人有要求举行听证的权利。当事人提出听证要求的，应当依法组织听证。

第33条：经调查，假冒专利行为成立应当予以处罚的，管理专利工作的部门应当制作处罚决定书，写明以下内容：

（1）当事人的姓名或者名称、地址；

（2）认定假冒专利行为成立的证据、理由和依据；

(3) 处罚的内容以及履行方式;

(4) 不服处罚决定申请行政复议和提起行政诉讼的途径和期限。

处罚决定书应当加盖管理专利工作的部门的公章。

第34条:管理专利工作的部门查处假冒专利案件,应当自立案之日起1个月内结案。案件特别复杂需要延长期限的,应当由管理专利工作的部门负责人批准。经批准延长的期限,最多不超过15日。

案件处理过程中听证、公告等时间不计入前款所述案件办理期限。

第47条:假冒专利行为的行为人应当自收到处罚决定书之日起15日内,到指定的银行缴纳处罚决定书写明的罚款;到期不缴纳的,每日按罚款数额的3%加处罚款。

第43条:管理专利工作的部门认定假冒专利行为成立的,应当责令行为人采取下列改正措施:

(1) 在未被授予专利权的产品或者其包装上标注专利标识、专利权被宣告无效后或者终止后继续在产品或者其包装上标注专利标识或者未经许可在产品或者产品包装上标注他人的专利号的,立即停止标注行为,消除尚未售出的产品或者其包装上的专利标识;产品上的专利标识难以消除的,销毁该产品或者包装;

(2) 销售第(1)项所述产品的,立即停止销售行为;

(3) 在产品说明书等材料中将未被授予专利权的技术或者设计称为专利技术或者专利设计,将专利申请称为专利,或者未经许可使用他人的专利号,使公众将所涉及的技术或者设计误认为是他人的专利技术或者专利设计的,立即停止发放该材料,销毁尚未发出的材料,并消除影响;

(4) 伪造或者变造专利证书、专利文件或者专利申请文件的,立即停止伪造或者变造行为,销毁伪造或者变造的专利证书、专利文件或者专利申请文件,并消除影响;

(5) 其他必要的改正措施。

第44条:管理专利工作的部门认定假冒专利行为成立,作出处罚决定的,应当予以公告。

第45条:管理专利工作的部门认定假冒专利行为成立的,可以按照下列方式确定行为人的违法所得:

(1) 销售假冒专利的产品的,以产品销售价格乘以所销售产品的数量作为其违法所得;

(2) 订立假冒专利的合同的,以收取的费用作为其违法所得。

第46条:管理专利工作的部门作出处罚决定后,当事人申请行政复议或者向人民法院提起行政诉讼的,在行政复议或者诉讼期间不停止决定的执行。

第47条:假冒专利行为的行为人应当自收到处罚决定书之日起15日内,到指定的银行缴纳处罚决定书写明的罚款;到期不缴纳的,每日按罚款数额的3%加处罚款。

《最高人民法院关于审理专利纠纷案件适用法律问题的若干规定》

第19条:假冒他人专利的,人民法院可以依照§65的规定追究其民事责任。管理专利工作的部门未给予行政处罚的,人民法院可以依照《民法通则》A134.3的规定给予民事制裁,适用民事罚款数额可以参照§65的规定确定。

自2010年7月1日起施行的《侵权责任法》A15也有相当于《民法通则》A134（承担民事责任的方式）的规定。

《最高人民法院关于办理侵犯知识产权刑事案件具体应用法律若干问题的解释》

第4条：假冒他人专利，具有下列情形之一的，属于《刑法》A216规定的“情节严重”，应当以假冒专利罪判处3年以下有期徒刑或者拘役，并处或者单处罚金：

（1）非法经营数额在二十万元以上或者违法所得数额在十万元以上的；

（2）给专利权人造成直接经济损失五十万元以上的；

（3）假冒两项以上他人专利，非法经营数额在十万元以上或者违法所得数额在五万元以上的；

（4）其他情节严重的情形。

《关于经济犯罪案件追诉标准的规定》

第64条：假冒专利案〈《刑法》A216〉

假冒他人专利，涉嫌下列情形之一的，应予追诉：

1. 违法所得数额在十万元以上的；

2. 给专利权人造成直接经济损失数额在五十万元以上的；

3. 虽未达到上述数额标准，但因假冒他人专利，受过行政处罚二次以上，又假冒他人专利的；

4. 造成恶劣影响的。

《关于办理侵犯知识产权刑事案件具体应用法律若干问题的解释（二）》

第3条：侵犯知识产权犯罪，符合《刑法》规定的缓刑条件的，依法适用缓刑。有下列情形之一的，一般不适用缓刑：

（1）因侵犯知识产权被刑事处罚或者行政处罚后，再次侵犯知识产权构成犯罪的；

（2）不具有悔罪表现的；

（3）拒不交出违法所得的；

（4）其他不宜适用缓刑的情形。

R84 假冒专利

下列行为属于专利法第六十三条规定的假冒专利的行为：

（一）在未被授予专利权的产品或者其包装上标注专利标识，专利权被宣告无效后或者终止后继续在产品或者其包装上标注专利标识，或者未经许可在产品或者产品包装上标注他人的专利号；

（二）销售第（一）项所述产品；

（三）在产品说明书等材料中将未被授予专利权的技术或者设计称为专利技术或者专利设计，将专利申请称为专利，或者未经许可使用他人的专利号，使公众将所涉及的技术或者设计误认为是专利技术或者专利设计；

（四）伪造或者变造专利证书、专利文件或者专利申请文件；

（五）其他使公众混淆，将未被授予专利权的技术或者设计误认为是专利技术或者专利设计的行为。

专利权终止前依法在专利产品、依照专利方法直接获得的产品或者其包装上标注专利标识，在专利权终止后许诺销售、销售该产品的，不属于假冒专利行为。

销售不知道是假冒专利的产品，并且能够证明该产品合法来源的，由管理专利工作的部门责令停止销售，但免除罚款的处罚。

*新《专利法实施细则》将冒充专利并入 R84 中的假冒专利中。

“假冒他人专利”是指侵权人在自己产品上加上他人的专利标记和专利号，或使其与专利产品相类似，使公众认为该产品是他人的专利产品，以假乱真，侵害他人合法权利的行为。专利侵权，主要是指未经专利权人许可，使用其专利的行为。这种情况下，被标注了他人专利号的产品本身是否落入该专利权的保护范围并不重要。

假冒专利行为不一定同时构成侵犯专利权行为。

侵犯专利权的行为不能同时认定为假冒专利行为。

“专利权人”包括单位和个人，也包括在我国申请专利的国外的个人和单位。“使用其专利”，是指行为人为生产经营目的，将他人专利用于生产、制造产品的行为。

《最高人民法院、最高检察院关于办理侵犯知识产权刑事案件具体应用法律若干问题的解释》

第 10 条：实施下列行为之一的，属于《刑法》A216 规定的“假冒他人专利”的行为：

（1）未经许可，在其制造或者销售的产品、产品的包装上标注他人专利号的；

（2）未经许可，在广告或者其他宣传材料中使用他人的专利号，使人将所涉及的技术误认为是他人专利技术的；

（3）未经许可，在合同中使用他人的专利号，使人将合同涉及的技术误认为是他人专利技术的；

（4）伪造或者变造他人的专利证书、专利文件或者专利申请文件的（《刑法》A280）。

专利权终止后，继续在产品上或者其包装上标注专利标识的行为不同于 R84.2 规定的免责情形，仍然构成假冒专利行为。

《刑法》

A216：假冒专利罪定义、量刑

假冒他人专利，情节严重的，处 3 年以下有期徒刑或者拘役，并处或者单处罚金。

《刑法》中对违反专利法行为的处罚仅此一条。根据无明文规定不为罪的原则（《刑法》A3），其他违反专利法的行为均不得受到刑事处罚。

A280：伪造、变造、买卖国家机关公文、证件、印章罪

伪造、变造、买卖或者盗窃、抢夺、毁灭国家机关的公文、证件、印章的，处3年以下有期徒刑、拘役、管制或者剥夺政治权利；情节严重的，处3年以上10年以下有期徒刑。

皖（2008）民三终字第0042号：承揽人的权利侵权责任

应当区别承揽合同的承揽人的权利侵权责任与销售商的侵权责任。销售商不论有无过错，均必须停止侵权行为，但销售商只有存在一定的过错时，才应承担赔偿责任。而承揽人作为生产者理应负有比销售商更高的注意义务。

专利证书记载的专利权人可以作为判断承揽人是否应当知道定作人无权许可的主要依据。

§64 查处假冒专利

管理专利工作的部门根据已经取得的证据，对涉嫌假冒专利行为进行查处时，可以询问有关当事人，调查与涉嫌违法行为有关的情况；对当事人涉嫌违法行为的场所实施现场检查；查阅、复制与涉嫌违法行为有关的合同、发票、账簿以及其他有关资料；检查与涉嫌违法行为有关的产品，对有证据证明是假冒专利的产品，可以查封或者扣押。

管理专利工作的部门依法行使前款规定的职权时，当事人应当予以协助、配合，不得拒绝、阻挠。

§64 规定的行政执法手段仅适用于对假冒专利行为的查处，管理专利工作的部门（R79）依照 §60 对侵犯专利权的纠纷进行处理的，不能适用 §64 的规定。因此，行政处罚措施只能是 §63 规定的措施。

《专利行政执法办法》

第 12 条：管理专利工作的部门应当在立案之日起 5 个工作日内将请求书及其附件的副本送达被请求人，要求其在收到之日起 15 日内提交答辩书并按照请求人的数量提供答辩书副本。被请求人逾期不提交答辩书的，不影响管理专利工作的部门进行处理。

被请求人提交答辩书的，管理专利工作的部门应当在收到之日起 5 个工作日内将答辩书副本送达请求人。

第 14 条：管理专利工作的部门处理专利侵权纠纷，可以根据案情需要决定是否进行口头审理。管理专利工作的部门决定进行口头审理的，应当至少在口头审理 3 个工作日前将口头审理的时间、地点通知当事人。当事人无正当理由拒不参加的，或者未经允许中途退出的，对请求人按撤回请求处理，对被请求人按缺席处理。

第 18 条：管理专利工作的部门或者人民法院作出认定侵权成立并责令侵权人立即停止侵权行为的处理决定或者判决之后，被请求人就同一专利权再次作出相同类型的侵权行为，专利权人或者利害关系人请求处理的，管理专利工作的部门可以直接作出责令立即停止侵权行为的处理决定。

第 19 条：管理专利工作的部门处理专利侵权纠纷，应当自立案之日起 4 个月内结案。案件特别复杂需要延长期限的，应当由管理专利工作的部门负责人批准。经批准延长的期限，最多不超过 1 个月。

案件处理过程中的公告、鉴定、中止等时间不计入前款所述案件办理期限。

第 39 条：公民、法人或者其他组织直接向人民法院起诉的，应当在知道作出具体行政行为之日起 3 个月内提出。法律另有规定的除外。

第 41 条：管理专利工作的部门认定专利侵权行为成立，作出处理决定，责令侵权人立即停止侵权行为的，应当采取下列制止侵权行为的措施：

（1）侵权人制造专利侵权产品的，责令其立即停止制造行为，销毁制造侵权产品的专用设备、模具，并且不得销售、使用尚未售出的侵权产品或者以任何其他形式将其投放市场；侵权产品难以保存的，责令侵权人销毁该产品。

（2）侵权人未经专利权人许可使用专利方法的，责令侵权人立即停止使用行为，销毁实施专利方法的专用设备、模具，并且不得销售、使用尚未售出的依照专利方法所直接获得的侵权产品或者以任何其他形式将其投放市场；侵权产品难以保存的，责令侵权人销毁该产品。

（3）侵权人销售专利侵权产品或者依照专利方法直接获得的侵权产品的，责令其立即停止销售行为，并且不得使用尚未售出的侵权产品或者以任何其他形式将其投放市场；尚未售出的侵权产品难以保存的，责令侵权人销毁该产品。

（4）侵权人许诺销售专利侵权产品或者依照专利方法直接获得的侵权产品的，责令其立即停止许诺销售行为，消除影响，并且不得进行任何实际销售行为。

（5）侵权人进口专利侵权产品或者依照专利方法直接获得的侵权产品的，责令侵权人立即停止进口行为；侵权产品已经入境的，不得销售、使用该侵权产品或者以任何其他形式将其投放市场；侵权产品难以保存的，责令侵权人销毁该产品；侵权产品尚未入境的，可以将处理决定通知有关海关。

（6）停止侵权行为的其他必要措施。

第42条：管理专利工作的部门作出认定专利侵权行为成立并责令侵权人立即停止侵权行为的处理决定后，被请求人向人民法院提起行政诉讼的，在诉讼期间不停止决定的执行。

侵权人对管理专利工作的部门作出的认定侵权行为成立的处理决定期满不起诉又不停止侵权行为的，管理专利工作的部门可以申请人民法院强制执行。

第48条：拒绝、阻碍管理专利工作的部门依法执行公务的，由公安机关根据《中华人民共和国治安管理处罚法》的规定给予处罚；情节严重构成犯罪的，由司法机关依法追究刑事责任。

并非有证据证明是构成假冒专利行为的产品，就一定要查封或者扣押，只有在有关产品存在转移的可能性，而且当事人对管理专利工作部门的调查取证工作采取拒绝、阻挠态度的情况下，才有必要查封或者扣押。当事人积极配合调查，如实承认涉嫌假冒专利产品的数量、价格和来源，在调查笔录上予以认可，并承诺接受相应处罚的，可以不予查封或者扣押。

R80 国务院专利行政部门的业务指导

国务院专利行政部门应当对管理专利工作的部门处理专利侵权纠纷、查处假冒专利行为、调解专利纠纷进行业务指导。

《专利行政执法办法》

A27：查处假冒专利行为由行为发生地的管理专利工作的部门管辖。

管理专利工作的部门对管辖权发生争议的，由其共同的上级人民政府管理专利工作的部门指定管辖；无共同上级人民政府管理专利工作的部门的，由SIPO指定管辖。

§65 侵犯专利权赔偿数额

侵犯专利权的赔偿数额按照权利人因被侵权所受到的实际损失确定；实际损失难以确定的，可以按照侵权人因侵权所获得的利益确定。权利人的损失或者侵权人获得的利益难以确定的，参照该专利许可使用费的倍数合理确定。赔偿数额还应当包括权利人为制止侵权行为所支付的合理开支。

权利人的损失、侵权人获得的利益和专利许可使用费均难以确定的，人民法院可以根据专利权的类型、侵权行为的性质和情节等因素，确定给予一万元以上一百万元以下的赔偿。

A45 TRIPS〈损害赔偿〉

1. 对已知或有充分理由应知自己从事之活动系侵权的侵权人，司法机关应有权责令其向权利人支付足以弥补因侵犯知识产权而给权利持有人造成之损失的损害赔偿费。

2. 司法机关还应有权责令侵权人向权利持有人支付其他开支，其中可包括适当的律师费。在适当场合即使侵权人不知或无充分理由应知自己从事之活动系侵权，成员仍可以授权司法当局责令其返还所得利润或令其支付法定赔偿额，或二者并处。

◎专利侵权的法律责任：

专利侵权的法律责任是指专利侵权行为人依法应承担的相应法律责任。作为知识产权的侵权法律责任一般包括三种：民事责任、行政责任和刑事责任。对于专利侵权而言，主要是民事责任，个别涉及行政责任和刑事责任。

（1）民事责任

对于一般的专利侵权行为，承担专利侵权的民事责任主要有“停止侵权行为，并赔偿损失”两种方式（60）。§60 中规定的“请求管理专利工作的部门处理”，属于对当事人的一种行政救济，是对民事侵权的一种公力救济，不属于承担行政责任。

（2）行政责任

行政责任包括被责令改正并予公告、没收违法所得和罚款等三种。

对于一般的专利侵权行为，行政责任只有被责令停止侵权一种（§60）。

与假冒专利不同，侵犯他人专利权的，应依法承担民事责任，但不予追究行政责任和刑事责任。

（3）刑事责任

假冒专利的行为，按照§63 处理。另外，《刑法》A216 规定，假冒他人专利，情节严重的，处以 3 年以下有期徒刑或者拘役，并处或者单处罚金。

除了假冒专利以外，其他的侵害他人专利权行为，不构成刑事犯罪，不承担刑事责任。

◎§65.1规定了专利侵权赔偿的三种计算方式：

（1）按照被侵权人因侵权受到的实际损失进行赔偿；

（2）侵权人因侵权获得的收益；

（3）按照专利许可费的倍数确定（一般为1~3倍，《最高人民法院关于审理专利纠纷案件适用法律问题的若干规定》第21条）。

另外，《最高人民法院关于审理专利纠纷案件适用法律问题的若干规定》第21条规定了第四种计算方式——法定赔偿，一般在人民币5千元以上30万元以下，最多不得超过人民币50万元。

上述计算方式是有先后顺序的。

《专利实施许可合同备案管理办法》

第19条：经备案的专利实施许可合同的种类、期限、许可使用费计算方法或者数额等，可以作为管理专利工作的部门对侵权赔偿数额进行调解的参照。

●固定赔偿额

最高人民法院1998年吴县会议确定了固定赔偿的原则，“对于知识产权案件无法查清数额的，可以按从5000元至30万元之间予以赔偿”。

◎固定额赔偿适用条件：

（1）原告的损失确属于难以确定，如：专利产品仅是专利权人众多的产品之一，专利权人尚没有进行专利产品的开发；

（2）被告的获益难以确定，如：不知道被告具体的生产时间、生产数量、平均销售价格和平均的产品成本等；

（3）专利权人尚未就专利权进行转让等，无法计算出具体的损失，亦难以依转让费的倍数确定具体的赔偿款。

●具体赔偿额

◎确定具体赔偿数额时，参考因素应包括：

（1）被侵犯的专利权的创造性，专利权人开发专利的投入等；

（2）被侵权的专利权的经济生命周期、市场价值；

（3）侵权人侵权行为持续的时间长短、涉及的范围、侵权行为的手段、侵权情节的恶劣程度、侵权所造成的损害后果是否严重；

（4）侵权人的侵权获益；

（5）侵权人在侵权行为发生后的态度，侵权人是否采取了相应的补救措施等；

（6）侵权是否给专利权人专利产品的商誉造成损失等；

（7）专利权人在进行侵权诉讼中的合法支出是否合理，合理支出应包括律师费、调查取证费用、制止侵权所支出的差旅费和报酬，查阅收集证据材料支出的费用，必要的鉴定费、咨询费、公证费、证据保全费和证据材料的制作、邮寄费用等。

对于仅仅制造或进口侵权产品而尚未销售该侵权产品的行为，或者仅仅使用侵权产品的行为，或者购买侵权产品后进行许诺销售但尚未实际售出的行为，由于侵权人未进行实际的销售行为，难以确定其非法获利，因此应当参照该专利许可使用费的合理倍数或者以法定赔偿的方式来确定赔偿数额。

以侵权人的非法获利来确定赔偿数额，应当由专利权人向法院提供侵权人非法获利数额的证据。然而，这些证据通常多数都保存在侵权人手中，专利权人很难获得。专利权人可以按照《民事诉讼法》A64，申请法院调查搜集证据。如果在起诉前有证据证明侵权嫌疑人有可能会转移或者销毁有关证据的，可依照 §67 的规定申请法院采取诉前证据保全措施。

权利权人最终得到的赔偿应当是实际损失、侵权人的非法获利或者使用费的合理倍数之一与合理开支之和。如果 §65.1 规定的三种方式均难以采用，法院最终选择法定赔偿的方式，那么就不能在已经确定的法定赔偿之外另行附加“制止侵权行为所支付的合理开支”，因为法定赔偿是法院确定的赔偿总额，其中已经包含了为制止侵权行为所支付的合理开支（主要是调查取证费用、诉讼代理费）。

《关于办理侵犯知识产权刑事案件具体应用法律若干问题的解释（二）》

第 4 条：对于侵犯知识产权犯罪的，人民法院应当综合考虑犯罪的违法所得、非法经营数额、给权利人造成的损失、社会危害性等情节，依法判处罚金。罚金数额一般在违法所得的一以上五倍以下，或者按照非法经营数额的 50% 以上一倍以下确定。

《最高人民法院关于审理侵犯专利权纠纷案件应用法律若干问题的解释》

第 12 条：将侵犯发明或者实用新型专利权的产品作为零部件，制造另一产品的，人民法院应当认定属于 §11 规定的使用行为；销售该另一产品的，人民法院应当认定属于 §11 规定的销售行为。

将侵犯外观设计专利权的产品作为零部件，制造另一产品并销售的，人民法院应当认定属于 §11 规定的销售行为，但侵犯外观设计专利权的产品在该另一产品中仅具有技术功能的除外。

对于前两款规定的情形，被诉侵权人之间存在分工合作的，人民法院应当认定为共同侵权。

第 16 条：人民法院依据 §65.1 确定侵权人因侵权所获得的利益，应当限于侵权人因侵犯专利权行为所获得的利益；因其他权利所产生的利益，应当合理扣除。

侵犯发明、实用新型专利权的产品系另一产品的零部件的，人民法院应当根据该零部件本身的价值及其在实现成品利润中的作用等因素合理确定赔偿数额。

侵犯外观设计专利权的产品为包装物的，人民法院应当按照包装物本身的价值及其在实现被包装产品利润中的作用等因素合理确定赔偿数额。

〈*针对专利侵权产品中存在多个专利权或者既有专利权又有商标权的实际情况，在侵犯其中一个或者部分专利权的诉讼中，不应该根据该产品的全部利润确定侵权人的获利，而应当限于侵权人因侵犯本案专利权所获得的利益。*〉

第20条：人民法院依照§65追究侵权人的赔偿责任时，可以根据权利人的请求，按照权利人因被侵权所受到的损失或者侵权人因侵权所获得的利益确定赔偿数额。

权利人因被侵权所受到的损失可以根据专利权人的专利产品因侵权所造成销售量减少的总数乘以每件专利产品的合理利润所得之积计算。权利人销售量减少的总数难以确定的，侵权产品在市场上销售的总数乘以每件专利产品的合理利润所得之积可以视为权利人因被侵权所受到的损失。

侵权人因侵权所获得的利益可以根据该侵权产品在市场上销售的总数乘以每件侵权产品的合理利润所得之积计算。侵权人因侵权所获得的利益一般按照侵权人的营业利润计算，对于完全以侵权为业的侵权人，可以按照销售利润计算。

第21条：被侵权人的损失或者侵权人获得的利益难以确定，有专利许可使用费可以参照的，人民法院可以根据专利权的类别、侵权人侵权的性质和情节、专利许可使用费的数额、该专利许可的性质、范围、时间等因素，参照该专利许可使用费的1～3倍合理确定赔偿数额；没有专利许可使用费可以参照或者专利许可使用费明显不合理的，人民法院可以根据专利权的类别、侵权人侵权的性质和情节等因素，一般在人民币5000元以上30万元以下确定赔偿数额，最多不得超过人民币50万元。

〈*该条规定了除§65.1中三种计算方式以外的第4种，即前述法定赔偿。*〉

《最高人民法院关于审理专利纠纷案件若干问题的解答》

第4条：关于专利侵权的损害赔偿问题

专利侵权的损害赔偿，应当贯彻公正原则，使专利权人因侵权行为受到的实际损失能够得到合理的赔偿。

专利侵权的损失赔偿额可按照以下方法计算：

（一）以专利权人因侵权行为受到的实际经济损失作为损失赔偿额。

计算方法是：因侵权人的侵权产品（包括使用他人专利方法生产的产品）在市场上销售使专利权人的专利产品的销售量下降，其销售量减少的总数乘以每件专利产品利润所得之积，即为专利权人的实际经济损失。

专利权人减少的销售量×专利权人产品的利润＝赔偿额

（二）以侵权人因侵权行为获得的全部利润作为损失赔偿额。

计算方法是：侵权人从每件侵权产品（包括使用他人专利方法生产的产品）获得的利润乘以在市场上销售的总数所得之积，即为侵权人所得的全部利润。

侵权人销售的总数×侵权产品的利润＝赔偿额

〈*对于暂时无法证明侵权者侵权所得利润的情况，专利权人可以在诉讼时先提供一些粗略的证据，待确定专利侵权后，再请求法院对被告进行查账，来确定其侵权所得的利润。*〉

（三）以不低于专利许可使用费的合理数额作为损失赔偿额。

对于上述三种计算方法，人民法院可以根据案情的不同情况选择适用。

当事人双方商定用其他计算方法计算损失赔偿额的，只要是公平合理的，人民法院可予准许。

京（2012）海民初字第3613号：法定赔偿额

根据《最高人民法院关于审理专利纠纷案件若干问题的解答》第4条：专利侵权的损失赔偿数额可以专利权人的实际损失、侵权人因侵权行为获得的全部利润和不低于专利许可使用费的合理数额作为损失赔偿额。根据《最高人民法院在关于全国部分法院知识产权审判工作座谈会纪要》，审判实践中出现损害赔偿额难以直接引用现有的司法解释所列举的三种方法计算的，对于已经查明被告构成侵权并造成原告损害，但原告损失额与被告获利额等均不能确认的案件，可以采用定额赔偿的办法来确定损害赔偿额。定额的幅度，可掌握在5000元至30万元之间，具体数额，由法院根据被侵害的知识产权的类型、评估价值、侵权持续时间及权利人因侵权所受到的商誉损害等因素在定额赔偿幅度内确定。

《最高人民法院关于审理专利纠纷案件适用法律问题的若干规定》

第22条：人民法院根据权利人的请求以及具体案情，可以将权利人因调查、制止侵权所支付的合理费用计算在赔偿数额范围之内。

〈相关费用主要包括调查取证费用和诉讼代理费。能够纳入赔偿范围的诉讼代理费并不是权利人实际支付的全部代理费用，而是应当以符合司法行政部门、律师协会或者专利代理人协会制订的指导性标准的代理费为标准，而且一般只是其中的一部分，不是全部。〉

第23条：侵犯专利权的诉讼时效为二年，自专利权人或者利害关系人知道或者应当知道侵权行为之日起计算。权利人超过二年起诉的，如果侵权行为在起诉时仍在继续，在该项专利权有效期内，人民法院应当判决被告停止侵权行为，侵权损害赔偿数额应当自权利人向人民法院起诉之日起向前推算二年计算。

〈侵权行为已持续多年的，只能就最近2年遭受的损害获得赔偿。〉

◎变通计算方法：

在最高人民法院规定的三种计算方法无法适用的情况下的变通计算方法。

（1）针对减少的销售量不仅由于侵权行为的存在而下降的情况

（专利权人减少的销售量×n%）×专利权人产品的利润＝赔偿额

（2）针对侵权产品的利润无法查清的情况

侵权人销售的总数×专利权人产品的利润＝赔偿额

（3）针对侵权产品的利润无法查清和专利权人未生产的情况

侵权人销售的总数×相关产品的行业利润＝赔偿额

（4）针对侵权产品的利润较专利权人产品高的情况

（专利权人减少的销售量×n%）×侵权产品的利润＝赔偿额

（5）针对侵权产品中只有部分零部件侵权的情况

侵权人销售的总数×（侵权产品的利润×n%）＝赔偿额

（6）针对侵权人只进行了较短时间侵权生产的情况

专利许可使用费×（侵权人生产的时间÷专利许可使用时间）＝赔偿额

（7）针对专利权人多次许可的情况

（专利许可使用费1＋专利许可使用费2＋……＋专利许可使用费n）÷n＝赔偿额

最高人民法院（2013）民提字第116号：事先约定

侵权人与权利人就再次侵权的赔偿数额作出约定后再次侵犯的，可以直接适用该约定确定侵权损害赔偿数额。

最高人民法院（2007）民三终字第3号：确定侵权损害赔偿额和受理费的分担

在侵权产品销售数量可以确定的情况下，根据专利产品或者侵权产品的利润率，即可以计算出被侵权人的损失或者侵权人获得的利益，并以此来确定赔偿额；在有关产品的利润率难以准确计算时，法院可以酌定一个合理的利润率来计算；在确定知识产权侵权损害赔偿额时，可以考虑当事人的主观过错程度确定相应的赔偿责任，尤其是在需要酌定具体计算标准的情况下，应当考虑当事人的主观过错程度。

权利人为调查、制止侵权行为所支付的各种开支，只要是合理的，都可以纳入赔偿范围；这种合理开支并非必须要有票据一一予以证实，法院可以根据案件具体情况，在有票据证明的合理开支数额的基础上，考虑其他确实可能发生的支出因素，在原告主张的合理开支赔偿数额内，综合确定合理开支赔偿额。

在侵权案件中，案件受理费的分担不仅要考虑原告的诉讼请求额得到支持的比例，更要考虑原告主张的侵权行为本身是否成立，同时还可以考虑原告的其他诉讼请求得到支持的程度以及当事人各自行使诉权的具体情况如有无明显过错等因素，不能仅按照原告请求额与判决支持额之间的比例确定。

京（2008）高民终字第941号：部分宣告无效的专利权的侵权赔偿数额

在侵犯专利权的诉讼中，原审法院判定侵权后，如果原告专利权被部分宣告无效，是否影响原审法院确定的赔偿数额应根据其是否影响侵权判定结论及其确定赔偿数额的方法等因素来确定。侵权赔偿数额并不应因被控侵权产品所侵犯的专利权的要求的数量不同而有所不同，尤其是在原审法院酌定赔偿的数额和因素并无不当时。

《最高人民法院关于审理专利纠纷案件若干问题的解答》

第8条关于专利管理机关作出的处理决定申请强制执行问题

依照《行政诉讼法》A66和§65的规定，专利管理机关作出的处理决定，当事人期满不起诉又不履行的，专利管理机关可以向被执行人所在地或者被执行人财产所在地的对专利案件有管辖权的中级人民法院请求执行。

§66 诉前停止侵权

专利权人或者利害关系人有证据证明他人正在实施或者即将实施侵犯专利权的行为，如不及时制止将会使其合法权益受到难以弥补的损害的，可以在起诉前向人民法院申请采取责令停止有关行为的措施。

申请人提出申请时，应当提供担保；不提供担保的，驳回申请。〈担保不是必需的。〉

人民法院应当自接受申请之时起48小时作内作出裁定；有特殊情况需要延长的，可以延长48小时。裁定责令停止有关行为的，应当立即执行。当事人对裁定不服的，可以申请复议一次；复议期间不停止裁定的执行。

申请人自人民法院采取责令停止有关行为的措施之日起15日内不起诉的，人民法院应当解除该措施。

申请有错误的，申请人应当赔偿被申请人因停止有关行为所遭受的损失。

专利侵权纠纷涉及实用新型或外观设计专利的，专利权评价报告是申请诉前禁令可以提供的证据，并非必须提交的证据（§61.2）。

A50 TRIPS〈临时措施〉

1. 司法当局有权命令采取迅速有效的临时措施以：

（a）阻止任何侵犯知识产权行为发生，尤其是阻止有关货物进入其管辖下的商业渠道，包括刚结关的货物。

4. 如果已经采取临时措施。则至迟应在执行该措施后即毫不迟延地通知受影响的各方。应被告的请求，应对这些措施进行审议，包括被告的陈述权，以在有关措施被告知各方后一段合理的期限内，决定这些措施是否应予以修正，撤销或确认。

5. 在执行临时措施的司法当局辨认相关的货物时，可要求申请人提供其他必要资料。

A51 TRIPS〈海关当局的暂停放行〉

各成员应按下述规定制定有关程序，使权利持有人在有正当理由怀疑假冒商标或盗版货物有可能被进口时，能够向行政或司法主管当局提出书面申请，要求海关当局暂停放行这些货物进入自由流通。只要符合本节的要求，各成员可允许针对涉及其他知识产权侵权行为的货物提出这种申请。关于海关当局暂停放行从其境内出口的侵权货物问题；各成员也可调定相应程序。

A52 TRIPS

任何援用A51TRIPS程序的权利持有人应按要求提供充分的证据以使主管当局相信，根据进口国法律，权利持有人的知识产权。

A53 TRIPS〈保证金或其他等效保证〉

1. 主管当局应有权要求申请人提供足以保护被告和主管当局并防止滥用的保证金或其他

等效保证。这种保证金或其他等效保证不应不合理地妨碍诉诸这些程序。

2. 如按本节提出的申请，海关当局根据非司法或其他非独立当局的决定对涉及工业设计、专利、集成电路外观设计或未公开信息的货物暂停放行其进入自由流通，而A55TRIPS规定的期限在享有正式授权的当局未给予临时救济的情况下已经到期，而且有关进口的所有其他条件已得到满足，则货物的所有人——进口商或收货人有权在为任何侵权交纳一笔足以保护权利持有人的保证金后要求放行该货物。保证金的支付不应妨碍给权利持有人的任何其他救济，而且如果权利持有人在一合理期限内未行使行动权则该保证金应予发还。

A54 TRIPS〈暂停放行的通知〉

进口商和申请人应被及时告知根据A51TRIPS暂停对货物的放行。

A55 TRIPS〈暂停放行的时限〉

如果在申请人被告知暂停放行后不超过10个工作日的时间内，海关当局未被告知除被告以外的一当事方已开始行使诉讼程序以就该案作出裁决，或者未被告知享有正式授权的当局已采取临时措施、延长货物暂停放行的期限，则该货物应予放行，只要有关进口或出口的其他所有条件都已得到满足；在适当情况下，这一时限可以再延长10个工作日。如果已开始有关诉讼程序以就该案作出裁决，则应被告请求，应进行审议，包括被告的陈述权，以在合理期限内决定这些措施是否应予以修正、撤销或确认。尽管有上述规定，在根据临时司法措施暂停或继续暂停放行货物时，A50.6 TRIPS的规定应适用。

A56 TRIPS〈对进口商和货物所有人的赔偿〉

有关当局应有权责令申请人向因被错误地扣押货物或因扣押按A55 TRIPS予以放行的货物而遭受损失的进口商、收货人和货物所有人支付适当的赔偿金。

《最高人民法院关于对诉前停止侵犯专利权行为适用法律问题的若干规定》

第1条：根据专§66的规定，专利权人或者利害关系人可以向人民法院提出诉前责令被申请人停止侵犯专利权行为的申请。

提出申请的利害关系人，包括专利实施许可合同的被许可人、专利财产权利的合法继承人等。专利实施许可合同被许可人中，独占实施许可合同的被许可人可以单独向人民法院提出申请；排他实施许可合同的被许可人在专利权人不申请的情况下，可以提出申请。

〈作为利害关系人，普通专利实施许可合同的被许可人一般不可以提出诉前临时禁令，除非有其他约定。——参见《专利行政执法办法》第8条。〉

第4条：申请人提出申请时，应当提交下列证据：

（1）专利权人应当提交证明其专利权真实有效的文件，包括专利证书、权利要求书、说明书、专利年费交纳凭证。提出的申请涉及实用新型专利的，申请人应当提交SIPO出具的检索报告。

（2）利害关系人应当提供有关专利实施许可合同及其在SIPO备案的证明材料，未经备案的应当提交专利权人的证明，或者证明其享有权利的其他证据。

排他实施许可合同的被许可人单独提出申请的，应当提交专利权人放弃申请的证明材料。

专利财产权利的继承人应当提交已经继承或者正在继承的证据材料。

（三）提交证明被申请人正在实施或者即将实施侵犯其专利权的行为的证据，包括被控侵权产品以及专利技术与被控侵权产品技术特征对比材料等。

第 6 条：申请人提出申请时应当提供担保，申请人不提供担保的，驳回申请。

当事人提供保证、抵押等形式的担保合理、有效的，人民法院应当准予。

〈在执行停止有关行为的裁定的过程中，有事实表明被申请人可能因采取该项措施而遭受到更大的损失的，法院可以责令申请人追加担保；申请人不追加担保的，法院应当解除有关停止措施。〉

第 8 条：停止侵犯专利权行为裁定所采取的措施，不因被申请人提出反担保而解除。〈笔者认为此条与《民事诉讼法》A104 相矛盾。〉

《民事诉讼法》

A104：财产纠纷案件，被申请人提供担保的，人民法院应当裁定解除保全。

《最高人民法院关于对诉前停止侵犯专利权行为适用法律问题的若干规定》

第 10 条：当事人对裁定不服的，可以在收到裁定之日起 10 日内申请复议一次。复议期间不停止裁定的执行（《民事诉讼法》A108）。

第 13 条：申请人不起诉或者申请错误造成被申请人损失，被申请人可以向有管辖权的人民法院起诉请求申请人赔偿，也可以在专利权人或者利害关系人提起的专利权侵权诉讼中提出损害赔偿的请求，人民法院可以一并处理（《民事诉讼法》A105）。

第 14 条：停止侵犯专利权行为裁定的效力，一般应维持到终审法律文书生效时止。人民法院也可以根据案情，确定具体期限；期限届满时，根据当事人的请求仍可作出继续停止有关行为的裁定。

〈在侵权案件的审理过程中，根据当事人的请求，法院经审查认为采取停止有关行为的措施已不必要时，有权解除裁定。〉

第 17 条：专利权人或者利害关系人向人民法院提起专利侵权诉讼时，同时提出先行停止侵犯专利权行为请求的，人民法院可以先行作出裁定。

《最高人民法院批复“沪高法［2003］293 号“关于诉前责令停止侵犯专利权、商标权、著作权行为案件编号和收取案件受理费问题》法［2004］17 号

关于诉前责令停止侵犯专利权、商标权、著作权行为案件的受理费问题，由于这类案件没有争议金额，应当根据《最高人民法院〈法院诉讼收费办法〉补充规定》A3（5）之规定，按每件交纳人民币 500 元至 1000 元案件受理费收取。

最高人民法院（2011）民提字第 64 号：对原审诉讼期间仍在持续的侵权行为的处理

当事人以侵权行为在原审诉讼期间仍在持续为由提出增加损害赔偿数额，属于对一审诉讼请求的增加，原告可就该行为另行起诉；原告为调查此期间的侵权行为而支出的费用，不在本案处理之列。

最高人民法院（2010）民申字第 1180 号：违约金属于经济损失

知识产权权利人错误申请海关扣留他人出口货物，他人实际交货时间因此违反合同约定，他人根据合同应支付的延迟交货违约金属于其依据 §66.5 所指的经济损失。

最高人民法院（2003）民三他字第9号：相同侵权不采取临时措施

在专利侵权案件中，如果被申请人的行为不构成字面侵权，其行为还需要经进一步审理进行比较复杂的技术对比才能作出判定时，不宜裁定采取有关措施。

〈对于无法认定构成字面侵权或者相同侵权的，一般不宜裁定采取临时措施。〉

沪（2004）二中民五（知）初字第89号：确定侵权获利的因素

在确定赔偿数额时，根据涉案专利的类别，技术含量，市场价值，对整个产品的贡献度等因素，考虑了涉案专利在整个产品中的价值比重，并以此来确定公司的侵权获利。

温（2006）民三初字第125号：侵权产品营业利润大于赔偿请求额

由于被告公司没有提供成本账，无法直接确定其销售侵权产品的营业利润率，因此法院将审计报告所揭示的被告公司销售全部产品的平均营业利润率认定为侵权产品的营业利润率，并乘以侵权产品的销售额。该数额大于原告公司的损害赔偿请求额。最终法院全额支持原告公司的赔偿请求额。

财产保全申请书样本

财产保全申请书

申请人：甲公司

被申请人：丙公司

根据《中华人民共和国民事诉讼法》的有关规定，申请人为尽快解决纠纷和保证案件胜诉后能够使判决得到执行，特对被申请人在×××银行（账号：×××，户名：×××）和/或位于下述地点的价值×××元人民币的财产申请诉讼保全：

（1）×××省（市）×××路×××号×××房间；和/或

（2）位于×××省（市）×××路×××号；和/或

（3）位于×××省（市）×××公司内。

同时，为了查明被申请人的侵权数量，申请人同时申请对被申请人2010年度、2011年度两年的账目进行保全、审计。

申请人提供担保，请人民法院审查，裁定准许。

此致

北京市第一中级人民法院

申请人：甲公司

2013年7月10日

申请财产保全担保书样本

担保书

担保人：甲公司

被担保人：（本案原告）乙公司

根据《中华人民共和国民事诉讼法》的有关规定，被担保人（原告）诉被告——丙公司侵权纠纷已申请诉讼保全，担保人愿以本公司的注册资金和全部财产为被担保人提供担保。如果被担保人错误申请了诉讼保全，给被告造成损失，担保人愿意承担赔偿责任。担保人保证诉讼期间，不撤销本担保。

此致

北京市第一中级人民法院

担保人：甲公司

2013 年 7 月 10 日

§67 诉前证据保全

为了制止专利侵权行为，在证据可能灭失或者以后难以取得的情况下，专利权人或者利害关系人可以在起诉前向人民法院申请保全证据。

人民法院采取保全措施，可以责令申请人提供担保；申请人不提供担保的，驳回申请。

人民法院应当自接受申请之时起48小时内作出裁定；裁定采取保全措施的，应当立即执行。

申请人自人民法院采取保全措施之日起15日内不起诉的，人民法院应当解除该措施。

与§66.3中的48小时期限（可延长48小时）不同，§67.3规定的48小时期限不能延长。

A50 TRIPS〈临时措施〉

1. 司法当局有权命令采取迅速有效的临时措施以：

（b）保护与被指控侵权相关的有关证据。

2. 在适当的时候，司法当局应有权采取适当的临时措施，尤其当任何迟延很可能对权利持有人造成难以弥补的损害时而或当有证据正被毁灭的明显风险时。

3. 司法当局应有权要求申请人提供任何可合理获得的证据以使司法当局足以肯定该申请人是权利持有人并且该申请人的权利正受到侵犯或这种侵权已迫在眉睫，并有权责令申请人提供足以保护被告和防止滥用的保证金或其他等效的保护。

4. 如果已经采取临时措施。则至迟应在执行该措施后即毫不迟延地通知受影响的各方。应被告的请求，应对这些措施进行审议，包括被告的陈述权，以在有关措施被告知各方后一段合理的期限内，决定这些措施是否应予以修正，撤销或确认。

6. 在不违反第4款的前提下，如在一成员的法律允许采取该措施的司法当局确定的一段合理期限内，或者如司法当局未确定时限则不超过20个工作日或31个公历日，（以长者为准）仍未能开始有关该案件的决定的审理，则依第1款和第2款采取的临时措施，应被告请求应予以撤销或以其他方式终止生效。

7. 如果临时措施被撤销或由于申请人的任何作为或不作为而失效，或如果随后发现本存在知识产权侵权或侵权的威胁，则应被告请求司法当局应有权责令申请人向被告因这些措施遭受的任何损失提供适当的补偿。

8. 如果行使行政程序的结果是命令采取任何临时措施，则这种程序应在实质上符合与本节规定相当的原则。

R87 国务院专利行政部门协助执行临时措施

人民法院在审理民事案件中裁定对专利申请权或者专利权采取保全措施的，国务院专利行政部门应当在收到写明申请号或者专利号的裁定书和协助执行通知书之日中止被保全的专利申请权或者专利权的有关程序。保全期限届满，人民法院没有裁定继续采取保全措施的，国务院专利行政部门自行恢复有关程序。

《民事诉讼法》

A74：在证据可能灭失或者以后难以取得的情况下，诉讼参加人可以向人民法院申请保全证据，人民法院也可以主动采取保全措施。

当事人依据《民事诉讼法》A74 的规定向法院申请保全证据，不得迟于举证期限届满前7 日。

最高人民法院（2010）民提字第 158 号：不予推定侵权产品生产工艺

根据现有证据，能够查明被诉侵权产品的完整生产工艺，无须根据《最高人民法院关于民事诉讼证据规则的若干规定》第 75 条的规定，以生产工艺不完整为由推定被诉侵权产品的生产工艺与专利等同；即使认为被诉侵权人没有按照现有证据载明的生产工艺生产被诉侵权产品，也应当依法进行证据保全，譬如现场勘验、查封扣押生产记录等，而不是简单地进行推定。

诉前证据保全申请书样本

诉前证据保全申请书

申请人：甲公司

被申请人：乙公司

诉前保全请求：

依法查封被申请人非法制造的侵权产品，包括×××制品、装有侵权产品的设备。

事实及理由：

申请人系 2009 年 5 月在×××市注册成立的外商独资高科技企业，成立后投入大量的资金和人力开发了具有自主专利权的×××技术。同时，申请人投入大量资金和人力在市场推广应用上述技术的产品，成为同行业最有影响的产品。经过前期的市场努力，发展了很多客户和潜在客户，即将给社会和企业带来经济效益。

被申请人的法定代表人等人原系申请人的员工，属于核心技术人员和销售主管，他们利用在申请人工作并能够接触和掌握申请人的核心技术的机会，将×××资料盗窃后，与 2010 年 5、6 月间集体离开申请人后，注册成立了乙公司。

2011 年 4 月，申请人发现被申请人将×××技术改头换面后以自己的名义在市场上推广、销售，实施了盗窃、非法修改、复制和非法销售侵权技术的侵权行为。上述事实有（2011）沪证内字第100号《公证书》为证。

申请人拟对被申请人的侵权行为提起诉讼。为了防止被申请人恶意转移财产，使申请人的合法权益受到难以弥补的损害，为了防止侵权证据可能灭失或者以后难以取得，根据《中华人民共和国民事诉讼法》第74条和《中华人民共和国专利法》第67条，申请人特向贵院申请对被申请人采取诉前证据保全措施，请求贵院依法作出裁定：依法查封被申请人非法制造的侵权产品，包括×××制品、装有侵权产品的设备。

申请人按照《中华人民共和国民事诉讼法》的有关规定提供了相应的财产保全。

申请人提出的请求合理、合法，相信人民法院会查明事实，作出保全裁定，满足申请人的请求。

此致

北京市第一中级人民法院

申请人：甲公司

2013年7月10日

附：证据线索（略）

§68 诉讼时效

侵犯专利权的诉讼时效为2年，自专利权人或者利害关系人得知或者应当得知侵权行为之日起计算。

发明专利申请公布后至专利权授予前使用该发明未支付适当使用费的，专利权人要求支付使用费的诉讼时效为2年，自专利权人得知或者应当得知他人使用其发明之日起计算，但是，专利权人于专利权授予之日前即已得知或者应当得知的，自专利权授予之日起计算。

《民法通则》

A135：向人民法院请求保护民事权利的诉讼时效期间为2年，法律另有规定的除外。

A137：诉讼时效期间从知道或者应当知道权利被侵害时起计算。但是，从权利被侵害之日起超过20年的，人民法院不予保护。有特殊情况的，人民法院可以延长诉讼时效期间。

《最高人民法院关于审理专利纠纷案件适用法律问题的若干规定》

第23条：侵犯专利权的诉讼时效为二年，自专利权人或者利害关系人知道或者应当知道侵权行为之日起计算。权利人超过二年起诉的，如果侵权行为在起诉时仍在继续，在该项专利权有效期内，人民法院应当判决被告停止侵权行为，侵权损害赔偿数额应当自权利人向人民法院起诉之日起向前推算二年计算。

《最高人民法院关于审理民事案件适用诉讼时效制度若干问题的规定》

第3条：当事人未提出诉讼时效抗辩，人民法院不应对诉讼时效问题进行释明及主动适用诉讼时效的规定进行裁判。

在专利侵权诉讼中，被告以超过诉讼时效为由进行抗辩，如果抗辩成立，专利权人将丧失胜诉权，被告即可免除承担侵害赔偿的责任，但不能免除停止侵权的义务。

《民法通则》

A138：超过诉讼时效期间，当事人自愿履行的，不受诉讼时效限制。

A139：在诉讼时效期间的最后6个月内，因不可抗力或者其他障碍不能行使请求权的，诉讼时效中止。从中止时效的原因消除之日起，诉讼时效期间继续计算。

《最高人民法院关于审理民事案件适用诉讼时效制度若干问题的规定》

第20条：有下列情形之一的，应当认定为《民法通则》A139规定的“其他障碍”，诉讼时效中止：

（1）权利被侵害的无民事行为能力人、限制民事行为能力人没有法定代理人，或者法定代理人死亡、丧失代理权、丧失行为能力；

（2）继承开始后未确定继承人或者遗产管理人；

（3）权利人被义务人或者其他人控制无法主张权利；

（4）其他导致权利人不能主张权利的客观情形。

《民法通则》

A140：诉讼时效因提起诉讼、当事人一方提出要求或者同意履行义务而中断。从中断时起，诉讼时效期间重新计算。

§68的期限逾期，不适用权利恢复（R6.5）。

§69 不视为侵权的行为

有下列情形之一的，不视为侵犯专利权：

（一）专利产品或者依照专利方法直接获得的产品，由专利权人或者经其许可的单位、个人售出后，使用、许诺销售、销售、进口该产品的；

（二）在专利申请日前已经制造相同产品、使用相同方法或者已经作好制造、使用的必要准备，并且仅在原有范围内继续制造、使用的；

（三）临时通过中国领陆、领水、领空的外国运输工具，依照其所属国同中国签订的协议或者共同参加的国际条约，或者依照互惠原则，为运输工具自身需要而在其装置和设备中使用有关专利的；

（四）专为科学研究和实验而使用有关专利的；

（五）为提供行政审批所需要的信息，制造、使用、进口专利药品或者专利医疗器械的，以及专门为其制造、进口专利药品或者专利医疗器械的。

§69（1）中提到的几种行为的地域范围是不同的，“售出”可能是发生在中国内地的行为，也可能是发生在中国境外的行为。当“售出”行为发生在中国境外时，进口行为本身不视为侵权行为，产品进口后在中国境内使用、许诺销售、销售行为，无论由进口者自己还是由他人进行，都不视为侵权行为。

“使用、许诺销售、销售”仅指发生在我国境内的行为。

《最高人民法院关于审理专利纠纷案件适用法律问题的若干规定》

第24条：§11、§69、§70所称的许诺销售，是指以做广告、在商店橱窗中陈列或者在展销会上展出等方式作出销售商品的意思表示。

§69（2）中的“使用”应理解为包括“非公开的使用”。

§69（2）中“原有的范围”包括原有产量、设备等原始规模，不得扩大或者转让此权利。先用权人不可以将先用权单独转让。但是，可以将其先用权与原有企业一并转让。先用权的移转（包括转让、继承等）是受到限制的。它只能随同制造相同产品、使用相同方法的企业或者企业中制造相同产品、使用相同方法的一部分，或者随同原先准备制造、使用的企业或者企业的一部分一起移转。即先用权只能整体一次性转让，不能多次转让，也不能许可他人实施。

●权利用尽（§69〈1〉）

（1）专利权的国内用尽

对于在中国获得的专利权，专利权人或者其被许可人在中国境内售出其专利产品或者依照专利方法直接获得的产品后，购买者在中国境内使用、许诺销售、销售该产品的，不视为侵犯专利权的行为。

（2）专利权的国际用尽

对于在中国获得的专利权，专利权人或者其被许可人在中国境外售出其专利产品或者依照专利方法直接获得的产品后，购买者将该产品进口到中国境内，随后在中国境内使用、许诺销售、销售该产品的，不视为侵犯专利权的行为。

专利产品的合法拥有者有权以任何方式使用、处置该专利产品。这里也包括维护、修理该产品，更换零部件。但是这种行为不能构成重新制造或者重新组装专利产品。

京高院《专利侵权判定指南》

第 118 条：任何单位或个人非生产经营目的制造、使用、进口专利产品的，不构成侵犯专利权。

第 119 条：专利产品或者依照专利方法直接获得的产品，由专利权人或者经其许可的单位、个人售出后，使用、许诺销售、销售、进口该产品的，不视为侵犯专利权，包括：

（1）专利权人或者其被许可人在中国境内售出其专利产品或者依照专利方法直接获得的产品后，购买者在中国境内使用、许诺销售、销售该产品；

（2）专利权人或者其被许可人在中国境外售出其专利产品或者依照专利方法直接获得的产品后，购买者将该产品进口到中国境内以及随后在中国境内使用、许诺销售、销售该产品；

（3）专利权人或者其被许可人售出其专利产品的专用部件后，使用、许诺销售、销售该部件或将其组装制造专利产品；

（4）方法专利的专利权人或者其被许可人售出专门用于实施其专利方法的设备后，使用该设备实施该方法专利。

§69（1）也给出了共同侵权的情况。在授予专利权之后，当制造、销售和使用行为分别由不同的个人或单位进行，而且均未得到专利权人的许可时，三者都要承担侵犯专利权的责任。所不同的是：制造者的侵权责任从制造之日起计算，而销售者和使用者的一部分侵权责任（赔偿损失）从得知之日起计算。

未经权利人许可的任何使用，绝不会导致权利用尽或权利穷竭。支付临时保护期使用费仅仅是对过去作出的行为的清算。

●许诺销售

许诺销售既可以面向特定对象，也可以面向不特定的公众。它是一种意思表示，不一定发生实际销售行为；既可以是一种要约，也可以是一种要约邀请。

因为本条没有规定专利产品的出口构成侵犯专利权的行为，所以如果在专利期限届满前，有他人明确表示在专利权届满之后才在国外销售、提供该产品的，不属于 §11 和 §69 规定的许诺销售。

许诺销售行为的行为人应当承担的民事侵权责任主要是停止侵权行为和消除影响。

销售者或者使用者要想免除赔偿损失的侵权责任，应当证明其“不知道”产品是未经专利权人许可而制造并售出的，并证明其产品具有合法来源。证明“不知道”常常只是一种断言，一般要由专利权人提供反证，证明被告实际上知道，才能否定其断言；而证明产品有合法来源的，并不等于能够证明行为人“不知道”。“合法来源”是指销售或者使用的专利产品是通过正当、合法的渠道而获得的，并不意味该专利产品的制造、进口也合法。况且本条针对的是制造、进口行为本身是违反专利法的行为，因此该产品本身就是“违法产品”。

京高院《专利侵权判定指南》

第133条：为生产经营目的，使用、许诺销售或者销售不知道是未经专利权人许可而制造并售出的专利产品或者依照专利方法直接获得的产品的行为，属于侵犯专利权的行为。

使用者或者销售者能证明其产品合法来源的，不承担赔偿责任，但是应当承担停止侵害的法律责任。

合法来源是指使用者或者销售者从合法的进货渠道，以合理的价格购买了被诉侵权产品，并提供相关票据。

京（2009）高民终字第3023号：证明销售产品的合法来源

为生产经营目的使用不知道是未经专利权人许可而制造并售出的专利产品，只有证明其产品有合法来源，才不承担赔偿责任。而要证明产品的合法来源，使用者至少应证明涉案专利产品是通过合法的渠道，经过连贯的过程流转到自己手里。

●平行进口（§69〈1〉）

同一专利权人就同一项发明创造在两个国家获得了专利权，专利权人或者专利权被许可人在其中一个国家制造的专利产品售出后，购买者将其购买的专利产品进口到另一个国家。如果专利权人在其中一个国家自己销售或者许可他人销售其专利产品，并且没有附加任何限制条件，就意味着购买者将其合法购买的专利产品进口到另一个国家的行为也获得了专利权人的许可，即“平行进口”行为不违背§11的规定。

§11禁止未经许可的进口行为，但根据§69（1），允许平行进口行为。

以商标权为例，该进口商品是国内商标权人或其利害关系人生产制造的。比如，该商品在国外的生产者是国内商标权人的母、子公司或关联企业等。

平行进口的前提条件必须是，进口的产品必须是专利权人自己或者被其许可制造并销售的。如果一件专利产品首次投放市场时，没有获得专利权人的同意，则该行为本身以及随后对该产品的任何后续使用、许诺销售、销售和进口行为都构成侵犯专利权的行为；即进口的专利产品是未经专利权人许可制造并售出的，那么，该行为就不属于平行进口。不仅进口行为本身构成侵权行为，而且对进口的产品随后进行的销售、许诺销售和使用行为都将构成侵犯专利权的行为，这与该制造销售行为在行为发生地所在国是否构成侵犯专利权人在该国的专利权无关。

进口专利产品的零件，而不是完整的专利产品，一般不构成侵权，因为零件本身是不受专利权保护的。但是，如果该零部件只能用于制造某专利产品，则也可能构成共同或间接侵权。不过要是该专用零部件是经过专利权人在国外许可制造、销售的，则该进口行为属于“平行进口”，不构成侵权。

●先用权抗辩（§69〈2〉）

先用权抗辩是指相同技术方案的先发明人、设计人如果在他人的专利申请日前（也指在优先权期限内）已经制造相同产品、使用相同方法或者已经做好制造、使用的必要准备，那么，相同技术方案的先发明人、设计人就有权在原有范围内继续制造相同的产品或使用相同的方法，而不会侵犯他人的专利权。而依据§62，在专利侵权纠纷中，被控侵权人有证据证明其实施的技术或者设计属于现有技术或者现有设计的，也不构成侵犯专利权。

专利侵权案的被告在运用§69（2）的豁免条款时，必须注意以下几个问题：

（1）必须能够证明自己在原告涉案专利申请日前已经制造相同产品、使用相同方法或者至少是已经做好制造、使用的必要准备；

（2）必须能够证明原告涉案专利申请日前后，自己制造、使用涉案专利产品的范围没有扩大，也即仅在原有范围内继续制造、使用的；

（3）被告用于证明的证据材料应该形成于原告涉案专利申请日之前。

在专利申请日与公开日之间，他人制造与专利申请相同的产品不属于侵权，专利申请人不具有专利权人的属性，所以无权禁止他人生产与其专利申请相同的产品，也无权对他人的行为提出侵权诉讼。在该专利申请公开（公告）之前，他人生产了相同的产品不负有任何侵权责任。在专利授权后，销售者或使用者继续销售或使用在专利申请日至公开日期间内生产的专利产品，亦不属于侵犯专利权的行为，销售者或使用者不承担停止侵权和赔偿损失的责任。但是，不可以再继续制造、实施该专利产品。

京高院《专利侵权判定指南》

第120条：在专利申请日前已经制造相同产品、使用相同方法或者已经做好制造、使用的必要准备，并且仅在原有范围内继续制造、使用的，不视为侵犯专利权。

使用、许诺销售、销售上述情形下制造的专利产品或者依照专利方法直接获得的产品的，也不视为侵犯专利权。

第121条：享有先用权的条件是：

（1）做好了制造、使用的必要准备。即已经完成实施发明创造所必需的主要技术图纸或者工艺文件，或者已经制造或者购买实施发明创造所必需的主要设备或者原材料。

（2）仅在原有范围内继续制造、使用。“原有范围”包括：专利申请日前已有的生产规模以及利用已有的生产设备或者根据已有的生产准备可以达到的生产规模。超出原有范围的制造、使用行为，构成侵犯专利权。

(3) 在先制造产品或者在先使用的方法或设计，应是先用权人自己独立研究完成或者以合法手段从专利权人或其他独立研究完成者处取得的，而不是在专利申请日前抄袭、窃取或者以其他不正当手段获取的。被诉侵权人以非法获得的技术或者设计主张先用权抗辩的，不应予以支持。

(4) 先用权人对于自己在先实施的技术不能转让，除非连同所属企业一并转让。即先用权人在专利申请日后将其已经实施或作好实施必要准备的技术或设计转让或者许可他人实施，被诉侵权人主张该实施行为属于在原有范围内继续实施的，不应予以支持，但该技术或设计与原有企业一并转让或者承继的除外。〈"先用权"不具有许可他人使用的权利。〉

《最高人民法院关于审理侵犯专利权纠纷案件应用法律若干问题的解释》

第15条：被诉侵权人以非法获得的技术或者设计主张先用权抗辩的，人民法院不予支持。

有下列情形之一的，人民法院应当认定属于§69 (2) 规定的已经作好制造、使用的必要准备：

(1) 已经完成实施发明创造所必需的主要技术图纸或者工艺文件；(或者)

(2) 已经制造或者购买实施发明创造所必需的主要设备或者原材料。

§69 (2) 规定的原有范围，包括专利申请日前已有的生产规模以及利用已有的生产设备或者根据已有的生产准备可以达到的生产规模。

先用权人在专利申请日后将其已经实施或作好实施必要准备的技术或设计转让或者许可他人实施，被诉侵权人主张该实施行为属于在原有范围内继续实施的，人民法院不予支持，但该技术或设计与原有企业一并转让或者承继的除外。

最高人民法院（2011）民申字第1490号：先用权抗辩

根据《最高人民法院关于审理侵犯专利权纠纷案件应用法律若干问题的解释》第15.2条，先用权是否成立的关键在于被诉侵权人在专利申请日前是否已经实施专利或者为实施专利作好了技术或者物质上的必要准备；药品生产批件是药品监管的行政审批事项，是否取得药品生产批件对先用权抗辩是否成立不产生影响。

京高院《专利侵权判定指南》

第88条：专利申请日时申请人请求保护的范围与专利公告授权时的专利权保护范围不一致，被诉侵权技术方案均落入上述两个保护范围的，应当认定被诉侵权人在临时保护期内实施了该发明。被诉侵权技术方案仅落入其中一个保护范围的，应当认定被诉侵权人在临时保护期内未实施该发明。

无效宣告请求第4972号：提出无效请求的在先使用的证据

当请求人以在先公开销售使用导致其丧失新颖性和创造性为由请求宣告一项实用新型专利权无效时，请求人必须提供相应的证据证明：(1) 至少有一项国内公开销售行为存在；(2) 该销售行为发生在该专利申请日之前；(3) 销售客体的技术方案与该专利所要求保护的技术方案相同，或者是后者较之前者不具有实质性特点和进步。如果请求人提供的证据不能证明上述三个要件同时存在，则其关于该实用新型专利因在先公开销售使用丧失新颖性和创造性的主张不能成立。

●临时过境（§69〈3〉）

§69（3）仅适于外国运输工具，不适用于中国的运输工具。运输工具属于中国的还是外国的，应当以注册地为准。

京高院《专利侵权判定指南》

第122条：但是临时过境不包括用交通运输工具对专利产品的“转运”，即从一个交通运输工具转到另一个交通运输工具的行为。

A5-3 PC

构成船舶、飞机或陆上车辆一部分的专利器件在本联盟任何国家内，下列情况不应认为是侵犯专利权人的权利：

1. 本联盟其他国家的船舶暂时或偶然地进入上述国家的领水时，在该船的船身、机器、滑车装置、传动装置及其他附件上使用构成专利主题的装置设备，但以专为该船的需要而使用这些装置设备为限；

2. 本联盟其他国家的飞机或陆上车辆暂时或偶然地进入上述国家时，在该飞机或陆地上车辆的构造或操纵中，或者在该飞机或陆上车辆附件的构造或操纵中使用构成专利主题的装置设备。

〈《巴黎公约》成员国有权利解释船舶、飞机、路上车辆的含义。〉

●科学研究（§69（4））

只有直接针对专利技术内容本身进行的科学研究或实验才不视为侵犯专利权的行为，而不是指利用专利技术作为手段，在另外的项目中进行科学研究和实验。为上述科研活动提供帮助的行为也不构成侵犯专利权。但是，利用专利产品或方法作为实验工具或手段的科研活动不适用§69（4）的规定，构成侵犯专利权的行为。

京高院《专利侵权判定指南》

第123条：专为科学研究和实验，是指专门针对专利技术方案本身进行的科学研究和实验。

应当区别对专利技术方案本身进行科学研究、实验和在科学研究、实验中使用专利技术方案：

（1）对专利技术方案本身进行科学研究实验，其目的是研究、验证、改进他人专利技术，在已有专利技术的基础上产生新的技术成果。

（2）在科学研究、实验过程中使用专利技术方案，其目的不是研究、改进他人专利技术，而是利用专利技术方案作为手段进行其他技术的研究实验，或者是研究实施专利技术方案的商业前景等，其结果与专利技术没有直接关系的行为。该种行为构成侵犯专利权。

本条第一款中的使用有关专利的行为，包括该研究实验者自行制造、使用、进口有关专利产品或使用专利方法的行为，也包括他人为该研究试验者制造、进口有关专利产品的行为。

●Bolar 例外（§69〈5〉）

§69（5）的情形，称为 Bolar 例外（Bolar exception），也称为 Bolar 豁免（Bolar exemption）。

京高院《专利侵权判定指南》

第124条：行政审批所需要的信息，是指《药品管理法》、《药品管理法实施条例》以及《药品注册管理办法》等相关药品管理法律法规、部门规章等规定的实验资料、研究报告、科技文献等相关材料。

京（2006）二中民初字第4134号：不以销售为目的的药品制造

虽然被告为进行临床试验和申请生产许可的目的使用涉案专利方法制造了涉案药品，但其制造行为是为了满足国家相关部门对于药品注册行政审批的需要，以检验其生产的涉案药品的安全性和有效性。鉴于被告制造涉案药品的行为并非直接以销售为目的，不属于专利法§11规定的为生产经营目的实施专利的行为，故法院认定被告的涉案行为不构成对涉案专利权的侵犯。

◎§69（2）规定的不视为侵权的行为：

申请日之前	申请日至公开日	公开日至授权日	授权日后
行为人在该期间内使用的技术，根据该技术是否公开，或属于已有技术，或符合先用权条件。 如果符合先用权条件，专利授权后，行为人可以在原范围继续生产专利产品，或者销售和使用在原范围内生产的专利产品，均不构成侵权。 如果属于已有技术，不应授予专利申请人专利权	行为人在该期间可以实施专利技术	行为人在该期间可以实施专利技术。需支付使用费。 在提供了合法来源的情况下，销售者、使用者不承担支付适当费用的责任	行为人不得实施专利技术，否则构成专利侵权行为，应承担停止侵权，赔偿损失的法律责任

§70 免除赔偿责任

为生产经营目的使用、许诺销售或者销售不知道是未经专利权人许可而制造并售出的专利侵权产品，能证明该产品合法来源的，不承担赔偿责任。

§70 规定的行为仅限于为生产经营目的许诺销售、销售或者使用专利产品或者依照方法直接获得的产品的行为，不包括制造或者进口有关产品的行为，也不包括使用产品产品制造方法的行为。

《最高人民法院关于审理专利纠纷案件适用法律问题的若干规定》

第 24 条：§11、§69、§70 所称的许诺销售，是指以做广告、在商店橱窗中陈列或者在展销会上展出等方式作出销售商品的意思表示。

京高院《专利侵权判定指南》

第 133 条：为生产经营目的，使用、许诺销售或者销售不知道是未经专利权人许可而制造并售出的专利产品或者依照专利方法直接获得的产品的行为，属于侵犯专利权行为。

使用者或者销售者能证明其产品合法来源的，不承担赔偿责任，但是应当承担停止侵害的法律责任。

合法来源是指使用者或者销售者从合法的进货渠道，以合理的价格购买了被诉侵权产品，并提供相关票据。

●关于免除赔偿责任的条件：

非故意的使用销售行为免责：对于所使用、许诺销售或者销售的产品是他人未经专利权人许可而制造并售出的这一事实不知情；至于是否知晓该产品属于专利产品或者依照专利方法直接获得的产品不予考虑。

“证明合法来源”是指向执法机关及时和如实地披露产品制造者的所有相关信息。

在得知或者被告知使用或销售侵权产品后继续使用或销售的，属于故意侵权行为，不适用本条规定。

未经专利权人许可而许诺销售、销售、使用侵权产品的行为仍然属于侵犯专利权的行为，在使用 §70 的情况下，行为人仅仅是不承担侵权赔偿的民事责任，但是侵权责任还是成立的，应当承担其他的民事责任（《侵权责任法》A7），如立即停止许诺销售、销售或者使用侵权产品的行为。

销售者和使用者的行为仍然是侵犯专利权的行为，能够免除的仅仅是其赔偿责任。根据《民法通则》A118，发明权受到剽窃、假冒等侵害的，有权要求停止侵害、消除影响、赔偿损失。所以，专利权人可以要求销售者和使用者承担除赔偿损失之外的其他民事侵权责任。

在许诺销售、销售或者使用侵权产品而引起的专利侵权纠纷中，原告即专利权人应当首先证明所涉及的产品是专利产品或者专利方法直接获得的产品，并证明该产品是未经其许可制造并销售的。而被告要想免除赔偿损失的民事责任，则应当证明其“不知道”自己许诺销售、销售或者使用的产品是未经专利权人许可而制造售出的，并证明其产品具有合法来源。而证明“不知道”通常需要由专利权人提供反证，证明被告人实际上知道。

京（2012）海民初字第3613号：销售商销售侵权产品是否承担赔偿责任

对于未经许可而实施专利，即使行为人对侵犯专利权不是故意或者有过失，行为人也不得以不知道为由免除停止侵权的责任。根据§11，未经专利权人许可，实施其专利，即侵犯其专利权。这就是说，无论是否存在侵犯专利权的故意或者过失，销售商都不得免除停止侵权的责任。因此，销售商一经确定未经专利权人许可，为生产经营为目的销售了专利侵权产品，除非存在法律规定的免责情形外，应承担停止侵权的责任。但是停止侵权并不必然表明应承担赔偿责任，即是否承担赔偿责任适用过错原则。

京（2008）高民终字第307号：销售行为和使用行为

按照实践的一般标准，制造行为是一种实施专利的行为，即在制造产品或进行零部件组装的过程中使用了专利中的方法，或者使用了专利的技术方案的行为。本案中，车辆座位公司指控金龙公司实施了制造、销售侵犯其专利权的车辆座椅的行为，但根据现有证据不能证明金龙公司实施了制造涉案车辆座椅，或实施了组装涉案座椅零部件的行为。因此，不能够认定金龙公司的行为是制造侵犯专利权的产品的行为。

区分销售行为和使用行为的标准在于被控侵权行为人是否是直接实现侵权产品的使用价值的主体。鉴于金龙公司并非涉案系列座椅的实际使用者，而是将座椅作为客车的一部分随客车整体予以销售，因此，针对涉案系列座椅而言，金龙公司的行为实质上是以销售客车的形式，继续销售该座椅的行为。在此情况下，购买客车的消费者才是直接实现座椅产品的使用价值的主体，即是该座椅产品的实际使用者。因此，金龙公司涉案行为是《专利法》规定的销售行为。同理，鉴于宝龙公司实施了销售带有涉案座椅的客车的行为，宝龙公司的涉案行为亦是《专利法》规定的销售行为。但因为涉案车辆座椅未侵犯车辆座位公司的外观设计专利权，因此，金龙公司、宝龙公司的行为也不构成侵权。

由于§11.2对于外观设计专利的禁止权的范围进行了明确的限定，而该范围并不包括“使用”侵犯外观设计专利权的产品的行为，因此，该种行为不适用§70的规定，使用侵犯外观设计专利权的产品的行为不构成侵权。

如果只是使用了第三方未经许可制造并提供的外观设计产品作为自己产品的一个部件，没有直接制造、销售或许诺销售该外观设计产品，那么不构成侵权行为，即采用外观设计产品作为零部件来制造另一产品的，该制造行为本身不构成侵犯专利权的行为。

§71 对违反§20规定的处罚

违反专利法第二十条规定向外国申请专利，泄露国家秘密的，由所在单位或者上级主管机关给予行政处分；构成犯罪的，依法追究刑事责任。

违反§20规定，擅自向外国申请专利，必须构成泄露国家重要机密的，才由所在单位或者上级主管机关给予行政处分；情节严重的，依法追究刑事责任。至于一般机密，或不属于国家机密的情况，未作明确规定。

《刑法》A398：国家机关工作人员违反保守国家秘密法的规定，故意或者过失泄露国家秘密，情节严重的，处三年以下有期徒刑或者拘役；情节特别严重的，处三年以上七年以下有期徒刑。

非国家机关工作人员犯前款罪的，依照前款的规定酌情处罚。

§72 对侵夺发明人或设计人权益的行政处分

侵夺发明人或者设计人的非职务发明创造专利申请权和本法规定的其他权益的，由所在单位或者上级主管机关给予行政处分。

◎ §72 所述的侵夺行为包括：

（1）发明创造为非职务发明的，发明人或设计人所在单位未经与发明人、设计人协商将其作为职务发明创造，由单位作为申请人提出专利申请，或者单位自己不申请专利，也不允许发明人或者设计人申请专利（§6、§7）；

（2）发明创造为职务发明创造的，单位在申请专利时没有如实写明该发明创造的发明人或者设计人（§17）；

（3）发明创造为职务发明创造的，单位获得专利权后不给予发明人或者设计人奖励和报酬（§16）。

§73 管理专利部门不得从事经营活动

管理专利工作的部门不得参与向社会推荐专利产品等经营活动。

管理专利工作的部门违反前款规定的，由其上级机关或者监察机关责令改正，消除影响，有违法收入的予以没收；情节严重的，对直接负责的主管人员和其他直接责任人员依法给予行政处分。

§74 对渎职人员的处理

从事专利管理工作的国家机关工作人员以及其他有关国家机关工作人员玩忽职守、滥用职权、徇私舞弊，构成犯罪的，依法追究刑事责任；尚不构成犯罪的，依法给予行政处分。

《刑法》A397：国家机关工作人员滥用职权或者玩忽职守，致使公共财产、国家和人民利益遭受重大损失的，处三年以下有期徒刑或者拘役；情节特别严重的，处三年以上七年以下有期徒刑。本法另有规定的，依照规定。

国家机关工作人员徇私舞弊，犯前款罪的，处五年以下有期徒刑或者拘役；情节特别严重的，处五年以上十年以下有期徒刑。本法另有规定的，依照规定。

第八章　附则

§75 费用

向国务院专利行政部门申请专利和办理其他手续，应当按照规定缴纳费用。

在中国没有经常居所或者营业所的外国申请人需通过专利代理机构缴纳费用（§19.1）。但是外国专利权人在得到专利授权后无须再通过代理机构缴纳费用。

GL－E－Ⅱ5 费用查询

当事人需要查询费用缴纳情况的，应当提供银行汇单复印件或者邮局汇款凭证复印件（未收到 SIPO 收费收据的）或者提供收据复印件（已收到 SIPO 收费收据的）。查询时效为 1 年，自汇出费用之日起算。

缴费人可以通过电话进行个案缴费信息的查询，也可以通过电子邮件进行个案及批量缴费信息的查询。查询时应提供申请号、收据号及汇款相关信息等。

对于已经成功缴纳的费用，SIPO 网站提供“收费信息检索”服务。目前提供网上查询的缴费信息，是起始于 2005 年 8 月 1 日之后进行正式会计记账的数据（与缴费日期之间没有绝对的对应关系）。缴费信息的查询以申请号为查询条件（必须输入完全的申请号），可以得到相应的缴费信息，包括：申请号、缴费日期、费用种类、金额、发文日期以及挂号等。

GL－E－Ⅱ6 费用种类的转换

对于同一专利申请（或专利）缴纳费用时，费用种类填写错误的，缴款人可以在转换后费用的缴纳期限内提出转换费用种类请求并附具相应证明，经 SIPO 确认后可以对费用种类进行转换。但不同申请号（或专利号）之间的费用不能转换。

缴纳的费用种类明显错误，审查员可以依职权对费用种类进行转换。

费用种类转换的，缴费日不变。

GL－E－Ⅱ7 缴费信息的补充

费用通过邮局或者银行汇付时遗漏必要缴费信息的，可以在汇款当日通过传真或者电子邮件的方式补充。补充完整缴费信息的，以汇款日为缴费日。当日补充不完整而再次补充的，以 SIPO 收到完整缴费信息之日为缴费日。

R93 费用种类

向国务院专利行政部门申请专利和办理其他手续时，应当缴纳下列费用：

（一）申请费、申请附加费、公布印刷费、优先权要求费；

（二）发明专利申请实质审查费、复审费；

（三）专利登记费、公告印刷费、年费；

（四）恢复权利请求费、延长期限请求费；

（五）著录事项变更费、专利权评价报告请求费、无效宣告请求费。

前款所列各种费用的缴纳标准，由国务院价格管理部门、财政部门会同国务院专利行政部门规定。

R97 办理登记需缴纳的费用

申请人办理登记手续时，应当缴纳专利登记费、公告印刷费和授予专利权当年的年费；期满未缴纳或者未缴足的，视为未办理登记手续。

GL－C－I 7.3 其他特殊费用

在国际申请国家阶段流程中除 GL－E－Ⅲ1 提到的几种费用以及本章 7.1 提到的宽限费外，还有以下几种特殊费用：

（1）改正译文错误手续费（即译文改正费），应当在提出改正译文错误请求的同时缴纳。

（2）单一性恢复费，应当在审查员发出的缴纳单一性恢复费通知规定的期限内缴纳（有关单一性恢复费，详见 GL－C－Ⅱ5.5）。

（3）说明书中包含纸页在400页以上的核苷酸和/或氨基酸序列表，且进入国家阶段时仅提交了计算机可读形式序列表的，该序列表的说明书附加费按照400页收取。

R94 费用的缴纳方法

专利法和本细则规定的各种费用，可以直接向国务院专利行政部门缴纳，也可以通过邮局或者银行汇付，或者以国务院专利行政部门规定的其他方式缴纳。

通过邮局或者银行汇付的，应当在送交国务院专利行政部门的汇单上写明正确的申请号或者专利号以及缴纳的费用名称。不符合本款规定的，视为未办理缴费手续。

直接向国务院专利行政部门缴纳费用的，以缴纳当日为缴费日；以邮局汇付方式缴纳费用的，以邮局汇出的邮戳日为缴费日；以银行汇付方式缴纳费用的，以银行实际汇出日为缴费日。

多缴、重缴、错缴专利费用的，当事人可以自缴费日起3年内，向国务院专利行政部门提出退款请求，国务院专利行政部门应当予以退还。

◎缴费日的确定：

（1）直接缴纳：申请人缴纳当日为缴费日；

（2）以邮局汇付方式缴纳：邮局汇出邮戳日为缴费日；

（3）以银行汇付方式缴纳：银行实际汇出日。

◎特殊情况的缴费日（GL－E－Ⅱ4.1）：

（1）由于缴款人的原因导致所缴费用暂存的，以出暂存之日为缴费日；

（2）由于邮局或银行的原因导致所缴费用暂存或被退款的。

①暂存的，提供证据，以原汇出日为缴费日；

②被退款的，提供证据，并已重新缴纳已被退回的款项的，以原缴费日为重新缴纳该款项的缴费日。

GL－E－Ⅱ4.1 暂存

由于费用汇单字迹不清或者缺少必要事项造成既不能开出收据又不能退款的，应当将该款项暂存在SIPO账户上。对于能够查清内容的，应当及时开出收据或者予以退款。开出收据的，以出暂存之日为缴费日。对于自收到SIPO关于权利丧失的通知之日起2个月内向SIPO提交了证据，表明是由于银行或者邮局原因导致汇款暂存的，应当以原汇出日为缴费日。暂存满3年仍无法查清其内容的，进行清账上缴。

GL－E－Ⅱ2 费用支付和结算方式

费用可以直接向SIPO［SIPO收费处］（包括SIPO各代办处）缴纳，也可以通过邮局或者银行汇付，或者以规定的其他方式缴纳。SIPO代办处的收费范围另行规定。

费用通过邮局或者银行汇付的，应当在汇单上写明正确的申请号（或专利号）以及缴纳的费用名称［缴纳费用的名称可使用简称］，且不得设置取款密码。不符合规定的，视为未办理缴费手续。

〈费用不得寄到SIPO受理处。〉

〈CN－PCT不接受邮局汇款方式。〉

〈一申请一汇单：将不同申请号（专利号）的费用在同一单据中汇出，造成该笔费用无法分割的，视为未办理缴费手续。〉

同一汇单中包括多个专利申请（或专利），其缴纳费用的总额少于各项专利申请（或专利）费用金额之和的，处理方法如下：

（1）缴费人对申请号（或专利号）标注顺序号的，按照标注的顺序分割费用；

（2）缴费人未对申请号（或专利号）标注顺序号的，按照从左至右，从上至下的顺序分割费用。

造成其中部分专利申请（或专利）费用金额不足或者无费用的，视为未办理缴费手续。

〈使用同一汇单缴纳同一专利申请（或专利）多项费用的，如果缴纳费用总额少于各项费用金额之和，造成该笔费用无法分割的，视为未办理缴费手续。〉

在中国内地没有经常居所或营业所的当事人使用外币向专利局缴纳费用的，应当使用指定的外币，并通过专利代理机构办理，但另有规定的除外。

费用通过邮局汇付，且在汇单上写明申请号（或专利号）以及费用名称的，以邮局取款通知单上的汇出日为缴费日。邮局取款通知单上的汇出日与中国邮政普通汇款收据上收汇邮戳日表明的日期不一致的，以当事人提交的中国邮政普通汇款收据原件或者经公证的收据复印件上表明的收汇邮戳日为缴费日。审查员认为当事人提交的证据有疑义时，可以要求当事人提交汇款邮局出具的加盖部门公章的证明材料。

费用通过银行汇付，且写明申请号（或专利号）以及费用名称的，以银行实际汇出日为缴费日。当事人对缴费日有异议，并提交银行出具的加盖部门公章的证明材料的，以证明材料确认的汇出日重新确定缴费日。

费用通过邮局或者银行汇付，未写明申请号（或专利号）的，费用退回。费用退回的，视为未办理缴费手续。

因缴费人信息填写不完整或者不准确，造成费用不能退回或者退款无人接收的，费用暂存入 SIPO 账户，并视为未办理缴费手续。

各种费用以人民币结算。使用外币支付的费用，按照汇出该费用之日国家规定的汇兑率折合成人民币后结算。

费用通过邮局或银行汇付遗漏必要缴费信息的，可以在汇款当日通过传真或电子邮件的方式补充。超过这个时段所补充的信息，视为无效信息。

通过邮局缴纳专利费用需要补充信息的，应在传真件或电子邮件中提供：汇款日期、所缴费用的申请号（或专利号）及各项费用名称和分项金额、汇票号码、商户客户号、汇款人姓名（名称）、详细地址、邮编等信息。

通过银行缴纳专利费用需要补充信息的，应在传真件或电子邮件中提供：银行的汇款单复印件、汇款日期、所缴费用的申请号（或专利号）及各项费用名称和分项金额、汇款人姓名（名称）、缴费人的详细地址、邮编等信息。

采用传真或电子邮件的形式补充缴费信息的，以专利局收到正确信息之日为缴费日。因逾期补充缴费信息或补充信息不符合规定，造成汇款被退回或入暂存的，视为未缴纳费用。采用传真形式补充缴费信息的，传真后还需再次拨打传真电话确认。

补充完整缴费信息的，以汇款日为缴费日。当日补充不完整而再次补充的，以 SIPO 收到完整缴费信息之日为缴费日。

缴纳专利费用 2 个月后尚未收到 SIPO 开出的费用收据的，应当提供银行汇单或者邮局汇款凭证原件或者经公证的复印件，并递交意见陈述书（关于费用）。

SIPO 寄来的收据与缴款原汇单不符时，申请人应及时（自汇出费用之日起 1 年内）向 SIPO 提交意见陈述书及汇款凭证复印件。

GL－E－II 4.2.1 退款的原则

多缴、重缴、错缴专利费用的，当事人可以自缴费日起 3 年内，提出退款请求。符合规定的，SIPO 应当予以退款。

申请人缴纳了某种程序的费用，但事实上该程序未启动的，也可以请求退款。

办理各种没有期限要求的手续，若手续被视为未提出的，除著录项目变更手续费以外，其他手续费可以要求退还。

对于专利申请或专利被执行中止程序的，在中止之前缴纳的费用也按照 R94.4 和 GL－E－II4.2.1 的规定执行。

GL－E－II 4.2.1.1 当事人可以请求退款的情形

（1）多缴费用的情形：如当事人应当缴纳年费为600元，在规定期限内实际缴纳费用为650元，可以对多缴的50元提出退款请求。

（2）重缴费用的情形：如提出一次著录项目变更请求应当缴纳著录项目变更手续费200元，当事人缴纳200元后，再次缴纳了200元，当事人可以对再次缴纳的200元提出退款请求。

（3）错缴费用的情形：如当事人缴费时写错费用种类、申请号（或专利号）的；或者因缴费不足、逾期缴费导致权利丧失的，或者权利丧失后缴纳专利费用的，当事人可以提出退款请求。

对缴费总额不足的情况，不直接视为全部未办理缴费手续，而是尽可能地按顺序拆分处理。

GL－E－II 4.2.1.2 专利局主动退款的情形

（1）专利申请已被视为撤回或者撤回专利申请的声明已被批准后，并且在SIPO作出发明专利申请进入实质审查阶段通知书之前，已缴纳的实质审查费。

（2）在专利权终止或者宣告专利权全部无效的决定公告后缴纳的年费。

（3）恢复权利请求审批程序启动后，SIPO作出不予恢复权利决定的，当事人已缴纳的恢复权利请求费及相关费用。

由于专利局的原因，误将专利费退回，当事人应将该费用返还。否则将构成不当得利。拒不返还而引起诉讼的，将按照（民事）侵权处理（《民法通则》第49条、《最高人民法院关于〈民法通则〉的若干意见解释》第94条）。

GL－E－II 4.2.1.3 不予退款的情形 R94.4

（1）对多缴、重缴、错缴的费用，当事人在自缴费日起3年后才提出退款请求的。

（2）当事人不能提供错缴费用证据的。

〈注意：不是“重缴”和“多缴”。〉

（3）在费用减缓请求被批准之前已经按照规定缴纳的各种费用，当事人又请求退款的。

〈根据GL－E－II 4.2.2.1 退款请求人应当提供相应证明，但GL－E－II 4.2.1.3 中只是规定，不能提供“错缴”证据的才不予退款。在实践中，对“多缴”、“重缴”费用，但凭证丢失的，通过陈述意见并且专利局能够明确查到该款项的情况下，也可以获得其退款。〉

向专利局缴纳的官费不能退款。但根据 R94.4，多缴、重缴、错缴专利费用的，当事人可以自缴费日起3年内，向专利局提出退款请求，专利局应当予以退还。

因为缴纳申请费不足，申请被视为撤回的，不得要求退还已经缴纳的部分申请费。

GL－E－Ⅱ4.2.2.1 退款请求的提出

退款请求人应当是该款项的缴款人。申请人（或专利权人）、专利代理机构作为非缴款人请求退款的，应当声明是受缴款人委托办理退款手续。

书面提出退款请求、说明理由并附具相应证明。提供邮局或者银行的证明应当是原件，不能提供原件的，应当提供经出具部门加盖公章确认的或经公证的复印件。

退款请求应当注明申请号（或专利号）和要求退款的款项的信息（如票据号、费用金额等）及收款人信息。

GL－E－Ⅱ4.2.3 退款的效力

被退的款项视为自始未缴纳。

R100 费用的减缴和缓缴

申请人或者专利权人缴纳本细则规定的各种费用有困难的，可以按照规定向国务院专利行政部门提出减缴或者缓缴的请求。减缴或者缓缴的办法由国务院财政部门会同国务院价格管理部门、国务院专利行政部门规定。

GL－E－Ⅱ3.1 可以减缓的费用种类

（1）申请费（不包括公布印刷费、申请附加费）；

（2）发明专利申请实质审查费；

（3）复审费；

（4）年费（自授予专利权当年起（含当年）3年的年费）。

GL－C－Ⅰ7.2.1〈*CN－PCT*〉申请费的免缴

由专利局作为受理局受理的国际申请在进入国家阶段时免缴申请费及申请附加费。

GL－C－Ⅰ7.2.2〈*CN－PCT*〉实质审查费的减免

由中国作出国际检索报告及专利性国际初步报告的国际申请，在进入国家阶段并提出实质审查请求时，免缴实质审查费。

由欧洲专利局、日本专利局、瑞典专利局三个国际检索单位作出国际检索报告的国际申请，在进入国家阶段并提出实质审查请求时，只需要缴纳80%的实质审查费。

提出实质审查请求时，专利局未收到国际检索报告的，实质审查费不予减免；但是，在专利局发出发明专利申请进入实质审查阶段通知书之前，申请人主动提交了由欧洲专利局、日本专利局、瑞典专利局三个国际检索单位完成的国际检索报告的，可以请求退回多缴费用。

CN－PCT申请可以请求减缓的费用为复审费和自授予专利权当年起（含当年）3年内的年费。

GL－C－Ⅰ7.2.3 复审费的减缓

国际申请的申请人缴纳复审费确有困难的，可以根据专利费用减缓办法向专利局提出费用减缓的请求。

〈如果在提起复审请求之前，申请人已经获得费用减免的情形下，申请人只需缴纳剩余的部分。〉

申请人或者专利权人为个人的，可以请求减缓缴纳85%的申请费、发明专利申请审查费和年费及80%的复审费。申请人或者专利权人为单位的，可以请求减缓缴纳70%的申请费、发明专利申请审查费和年费及60%的复审费。两个或者两个以上的个人或者个人与单位共同申请专利的，可以请求减缓缴纳70%的申请费、发明专利申请审查费和年费及60%的复审费。两个或者两个以上的单位共同申请专利的，不予减缓费用。

费用减缓请求由SIPO或专利代办处审批。SIPO或者专利代办处将同意减缓的比例通知申请人。未被批准的，申请人应当在专利法及其实施细则规定的期限内按规定数额缴足费用。

费用减缓申请应当由申请人或者专利权人签字或者盖章，申请人或者专利权人为多个的应当由全体申请人或者专利权人签字或者盖章。申请人或专利权人委托专利代理机构办理费用减缓手续并提交声明的，可以由专利代理机构加盖公章。委托专利代理机构办理费用减缓手续的声明可以在专利代理委托书中注明，也可以单独提交。

◎减缓标准（《专利费用减缓办法》第4条）：

<table>
<tr><td>申请人</td><td>申请费、审查费、年费减缓标准</td><td>复审费减缓标准</td></tr>
<tr><td>一个自然人</td><td>85%</td><td>80%</td></tr>
<tr><td>一个单位</td><td rowspan="3">70%</td><td rowspan="3">60%</td></tr>
<tr><td>而个或多个自然人</td></tr>
<tr><td>自然人和一个单位</td></tr>
<tr><td>二个或多个单位</td><td colspan="2">不减缓</td></tr>
</table>

《专利费用减缓办法》

第5条：专利申请人可以在提出专利申请的同时一并请求减缓缴纳费用。在专利局受理专利申请后，申请费不再减缓。申请人或者专利权人只能就尚未到期的费用请求减缓缴纳，并且应当在有关费用缴纳期限届满日的二个半月之前提出费用减缓请求。

GL-E-II 3.2 费用减缓的手续

提出专利申请时和在审批程序中，申请人（或专利权人）可以请求减缓应当缴纳但尚未到期的费用。

请求人应当提交费用减缓请求书，必要时还应当附具证明文件。费用减缓请求书应当由全体申请人（或专利权人）签字或者盖章；申请人（或专利权人）委托专利代理机构办理费用减缓手续并提交声明的，可以由专利代理机构盖章。委托专利代理机构办理费用减缓手续的声明可以在专利代理委托书中注明，也可以单独提交。

费用减缓请求不符合规定的，审查员应发出费用减缓审批通知书，并说明不予减缓的理由。

《费用减缓请求书》（注意事项）：

请求费用减缓的，应当写明请求减缓的理由。个人请求费用减缓的，必须如实填写个人年收入情况，两个以上个人共同申请专利应当填写每个人的年收入情况；单位请求费用减缓的，应当在费用减缓请求书中如实填写经济困难情况，并附具市级以上人民政府管理专利工作的部门出具的证明。填写不符合规定或者未提交有关证明的，不予减缓费用。

《专利费用减缓办法》

第9条：有下列情况之一的，专利费用减缓请求不予批准：

（1）未使用专利局制定的费用减缓请求书的；

（2）全体申请人或者专利权人未在费用减缓请求书中签字或者盖章的；

（3）提出费用减缓请求的单位或者个人未提供符合本办法第七条规定的证明的；

（4）申请人或者专利权人的个人年收入超过二万五千元人民币的；

（5）费用减缓请求书中未注明全体申请人或者专利权人的个人年收入的；

（6）申请人或者专利权人为两个以上单位的；

（7）费用减缓请求书中的申请人或者专利权人名称或者发明创造名称与专利请求书中的相应内容不一致的。

第10条：请求人应当在《专利法》及其《实施细则》规定的期限内，按照全额缴纳有关费用。专利费用减缓请求经专利局批准的，缴纳数额为批准减缓后的剩余部分。

第12条：申请人或者专利权人应当在其发明创造取得经济收益后，补缴所减缓的各项专利费用。

R95 申请费和优先权要求费等的缴纳期限

申请人应当自申请日起2个月内或者在收到受理通知书之日起15日内缴纳申请费、公布印刷费和必要的申请附加费；期满未缴纳或者未缴足的，其申请视为撤回。

申请人要求优先权的，应当在缴纳申请费的同时缴纳优先权要求费；期满未缴纳或者未缴足的，视为未要求优先权。

R96 实质审查费、复审费等的缴纳期限

当事人请求实质审查或者复审的，应当在专利法及本细则规定的相关期限内缴纳费用；期满未缴纳或者未缴足的，视为未提出请求。

◎缴费的特殊规定：

GL－C－I 7.1 申请费、公布印刷费、申请附加费及宽限费

申请费、公布印刷费及宽限费应当在R103规定的期限内缴纳。

申请人在办理进入国家阶段手续时未缴纳或未缴足申请附加费的，审查员应当通知申请人在指定期限内缴纳，期满未缴纳或未补足的，该申请被视为撤回。

GL-A-I 5.1.2 分案申请的期限和费用

分案申请适用的各种法定期限，例如提出实质审查请求的期限，应当从原申请日起算。对于已经届满或者自分案申请递交日起至期限届满日不足2个月的各种期限，申请人可以自分案申请递交日起2个月内或者自收到受理通知书之日起15日内补办各种手续；期满未补办的，发出视为撤回通知书。

R51.3 PCT（缴纳国家费和提供译文的期限）：A25（2）（a）PCT所述的期限，应与R51.1所规定的期限同时届满。

GL-D-II 2.5 费用

（1）复审请求人在收到驳回决定之日起3个月内提出了复审请求，但在此期限内未缴纳或者未缴足复审费的，其复审请求视为未提出。

（2）在专利复审委员会作出视为未提出决定后，复审请求人提出恢复权利请求的，如果恢复权利请求符合R6和R99.1有关规定，则允许恢复，且复审请求应当予以受理；不符合上述规定的，不予恢复。[两请求合并处理。]

（3）在收到驳回决定之日起3个月后才缴足复审费、且在作出视为未提出决定前提出恢复权利请求的，可对上述两请求合并处理。

◎费用的使用：

必要时审查员可以对费的用途进行更改、拆分。例如，复审请求人同时提交恢复权利请求和复审请求的，应当缴纳恢复权利请求费和复审费。请求人误将上述两笔费用并作恢复权利请求费缴纳，审查员可以将复审费从恢复权利请求费中拆分出来，并将其用途更改为复审费。

GL-E-VII 4.1 延长期限请求

当事人因正当理由不能在期限内进行或者完成某一行为或者程序时，可以请求延长期限。可以请求延长的期限仅限于指定期限。但在无效宣告程序中，专利复审委员会指定的期限不得延长。

请求延长期限的，应当在期限届满前提交延长期限请求书，说明理由，并缴纳延长期限请求费。延长期限请求费以月计算。

R98 年费的缴纳期限及宽限期

授予专利权当年以后的年费应当在上一年度期满前缴纳。专利权人未缴纳或者未缴足的，国务院专利行政部门应当通知专利权人自应当缴纳年费期满之日起6个月内补缴，同时缴纳滞纳金；滞纳金的金额按照每超过规定的缴费时间1个月，加收当年全额年费的5%计算；期满未缴纳的，专利权自应当缴纳年费期满之日起终止。

R99 其他费用的缴纳期限

恢复权利请求费应当在本细则规定的相关期限内缴纳；期满未缴纳或者未缴足的，视为未提出请求。

延长期限请求费应当在相应期限届满之日前缴纳；期满未缴纳或者未缴足的，视为未提出请求。

著录事项变更费、专利权评价报告请求费、无效宣告请求费应当自提出请求之日起1个月内缴纳；期满未缴纳或者未缴足的，视为未提出请求。

GL－E－Ⅱ1 费用缴纳的期限

（1）申请费、申请附加费、优先权要求费和发明专利申请的公布印刷费的缴纳期限是自申请日起2个月内，或者自收到受理通知书之日起15日内。

申请附加费是指申请文件的说明书（包括附图、序列表）页数超过30页或者权利要求超过10项时需要缴纳的费用。

未在规定的期限内缴纳或者缴足申请费（含公布印刷费、申请附加费）的，该申请被视为撤回。未在规定的期限内缴纳或者缴足优先权要求费的，视为未要求优先权。

（2）实质审查费的缴纳期限是自申请日（优先权日）起3年内。该项费用仅适用于发明专利申请。

（3）延长期限请求费的缴纳期限是在相应期限届满之日前。该项费用以要求延长的期限长短（以月为单位）计算。

（4）恢复权利请求费的缴纳期限是自当事人收到专利局确认权利丧失通知之日起2个月内。

（5）复审费的缴纳期限是自申请人收到专利局作出的驳回决定之日起3个月内。

（6）专利登记费、授权当年的年费以及公告印刷费的缴纳期限是自申请人收到专利局作出的授予专利权通知书和办理登记手续通知书之日起2个月内。

（7）年费及其滞纳金的缴纳期限参照GL－E－Ⅸ2.2.1。

（8）著录事项变更费、专利权评价报告请求费、无效宣告请求费的缴纳期限是自提出请求之日起1个月内。

§76 本法生效日期

本法自1985年4月1日起施行。

《施行修改后的专利法的过渡办法》

第2条：修改前的《专利法》的规定适用于申请日在2009年10月1日前（不含该日，下同）的专利申请以及根据该专利申请授予的专利权；修改后的《专利法》的规定适用于申请日在2009年10月1日以后（含该日，下同）的专利申请以及根据该专利申请授予的专利权；但本办法以下各条对申请日在2009年10月1日前的专利申请以及根据该申请授予的专利权的特殊规定除外。

《最高人民法院关于审理侵犯专利权纠纷案件应用法律若干问题的解释》

第19条：被诉侵犯专利权行为发生在2009年10月1日以前的，人民法院适用修改前的《专利法》；发生在2009年10月1日以后的，人民法院适用修改后的《专利法》。

被诉侵犯专利权行为发生在2009年10月1日以前且持续到2009年10月1日以后，依据修改前和修改后的《专利法》的规定侵权人均应承担赔偿责任的，人民法院适用修改后的《专利法》确定赔偿数额。

如果被诉侵权行为发生2001年7月1日（《专利法》第二次修改）前或者1993年1月1日（《专利法》第一次修改）前，则应适用当时的专利法。

2009年10月1日以后，请求给予实施专利强制许可的，适用新《专利法》第六章的规定。

管理专利工作的部门对发生在2009年10月1日以后的涉嫌侵犯专利权行为进行处理的，适用新§11、§62、§69、§70。

管理专利工作的部门对发生在2009年10月1日以后的涉嫌假冒专利行为进行查处的，适用新§63、§64。

专利权人在2009年10月1日以后标明专利标识的，适用新§17的规定。

在中国没有经常居所或者营业所的外国人、外国企业或者外国其他组织在2009年10月1日以后委托或者变更专利代理机构的，适用新§19。

R123 本细则的实施日

本细则自2001年7月1日起施行。1992年12月12日国务院批准修订、1992年12月21日中国专利局发布的《中华人民共和国专利法实施细则》同时废止。

《施行修改后的专利法实施细则的过渡办法》

第2条：修改前的《专利法实施细则》的规定适用于申请日在2010年2月1日前（不含该日）的专利申请以及根据该专利申请授予的专利权；修改后的《专利法实施细则》的规定适用于申请日在2010年2月1日以后（含该日，下同）的专利申请以及根据该专利申请授予的专利权；但本办法以下各条对申请日在2010年2月1日前的专利申请以及根据该申请授予的专利权的特殊规定除外。

2010年2月1日以后，以不符合§23.3为理由提出无效宣告请求的，对该无效宣告请求的审查适用新R66.3。

2010年2月1日以后提出无效宣告请求的，对该无效宣告请求的审查适用新R72.2。

专利国际申请的申请人在2010年2月1日以后办理进入中国国家阶段手续的，该国际申请适用新《专利法实施细则》第十章的规定。

在2010年2月1日以后请求SIPO中止有关程序的，适用新R93和新R99的规定，不再缴纳中止程序请求费。

在2010年2月1日以后请求退还多缴、重缴、错缴的专利费用的，适用新R94.4。

在2010年2月1日以后缴纳申请费、公布印刷费和申请附加费的，适用新R95。

在2010年2月1日以后办理授予专利权登记手续的，适用新R93和新R97，不再缴纳申请维持费。

《中国香港特别行政区基本法》

A18：在香港特别行政区实行的法律为本法以及本法A8规定的香港原有法律和香港特别行政区立法机关制定的法律。

全国性法律除列于本法附件三者外，不在香港特别行政区实施。

《中华人民共和国专利法》不在我国香港地区生效。根据香港地区《专利条例》在香港获得的专利权也不在中国大陆生效。

申请人可以将其获得授权的中国、欧洲、英国专利，在中国香港地区登记为标准专利。

中国大陆专利不能自动延伸到中国香港和澳门地区。申请人必须基于其中国大陆专利申请和专利向香港和澳门地区分别提交专利申请并办理相关程序。

英国专利权不能直接在香港生效，但可以通过延伸进入香港，参见2009年欧洲专利公报（EPO Office Journal）第546页。

香港专利制度有三种专利，即标准专利、短期专利和外观设计专利。

（1）标准专利标准专利必须以中国大陆发明专利或者英国专利或者指定英国的欧洲专利为基础，通过二个阶段的手续获得。保护期限为自基础申请日起20年。

第一阶段：在中国申请的发明专利公开后6个月内向香港知识产权署办理备案手续；

第二阶段：在中国申请的发明专利授权后6个月内向香港知识产权署办理登记手续。

（2）短期专利和外观设计专利

香港的短期专利制度是香港独自的制度。短期专利制度是登记制度，和检索报告无关。类似于中国内地的实用新型专利，不同之处在于其保护对象包括方法专利。短期专利由香港知识产权署直接受理，形式审查合格后即予授权。有效保护期限为4年，届满前可续展4年。短期专利制度提供了直接在香港提出专利申请的途径。

外观设计在香港是通过《注册外观设计条例》来保护的。香港知识产权署直接受理外观设计申请，并且不经实质审查即予授权。有效保护期限为5年，但可以连续续展5次，每次5年，最长不超过25年。

《关于香港回归后中国内地和香港专利申请若干问题的说明》

二、关于国际申请在香港特别行政区获得专利保护的问题

（二）CN－PCT：申请人为获得香港标准专利的保护，应当向香港知识产权署办理标准专利的注册手续，即：自该申请由SIPO以中文公布之日起6个月内，或者该申请已由IB以中文公布的、自SIPO国家申请号通知书发文日起6个月内，向香港知识产权署办理记录请求手续；并自该申请由SIPO授予专利权之日起6个月内向香港知识产权署办理注册与批予请求手续。

以上程序适用于公布日或国家申请号通知书发文日是在1997年6月27日或之后的申请。

（三）要求获得中国实用新型专利的国际申请人为使其国际申请也获得香港短期专利的保护，应当在进入中国国家阶段之日起6个月内，或自SIPO国家申请号通知书发文日起6个月内，向香港知识产权署办理短期专利的批予请求手续。

以上程序适用于国家申请号通知书发文日是在1997年7月1日或之后的申请。

三、关于中国发明专利申请在香港特别行政区获得专利保护的问题

向SIPO提出发明专利申请的申请人，为获得香港标准专利的保护，应当向香港知识产权署办理标准专利的注册手续，即：自该申请由SIPO公布之日起6个月内向香港知识产权署办理记录请求手续；并自该申请由SIPO授予专利权之日起6个月内向香港知识产权署办理注册与批予请求手续。

以上程序适用于公布日是在1997年7月1日或之后的申请。

四、关于要求获得香港短期专利或注册外观设计保护的问题

要求获得香港短期专利（除前述通过国际申请途径外）或注册外观设计保护的，应当按照香港《专利条例》或《注册外观设计条例》的规定，向香港知识产权署办理有关手续。

根据香港《专利条例规则》的规定，要求获得香港短期专利保护的，还应提交包括SIPO在内的ISA或香港知识产权署指定的专利当局所作的检索报告。

〈指定的专利局包括中国、欧洲、澳大利亚、奥地利、日本、美国、瑞士、俄罗斯及西班牙的专利局。〉

专利法及其实施细则审查指南中的期限

	期限	逾期后果	补救措施
申请			
职务发明	退休、离职或者劳动、人事关系终止后1年内作出的与原单位工作相关的发明，属职务发明（R12）	专利权属个人或新的用人单位（R12）	
保密审查	自递交保密审查请求之日起4个月内，申请人应收到《保密审查意见通知书》，或者6个月内收到《保密审查决定》（R9）	申请人可自行向外国申请专利（R9）	
PCT保密审查	PCT申请需保密的，审查员自申请日起3个月内发出通知书，终止国际阶段，申请人不得再向外国申请（GL－E－V 6.3.2）		
优先权期限	发明或实用新型：自申请日起12个月内； 外观设计：自申请日起6个月内（§29）	优先权丧失	在中国无（R6.5）； 在外国可能有（R26－2.3、R49－3.1 PCT）
优先权副本	申请人要求优先权的，自申请之日起3个月内提交原申请的副本（§30）	视为未要求优先权（§30）	权利恢复（R6、GL－A－I 6.2.5）
改正优先权书写错误	优先权书写错误，自进入日起2个月提出改正请求（GL－C－I 5.2.1）	视为未提出该改正请求； 进入国家阶段不允许提出新的优先权要求	
优先权转让证明	在后申请与在先申请的申请人完全不一致的，应当在在后申请提出之日起3个月内提交优先权转让证明（GL－A－I 6.2.2.4）	视为未要求优先权（R31.3）	
不丧失新颖性宽限期	申请日前6个月内（§24）	公开内容作为现有技术（R30.5）	不适用权利恢复（R6.5）
不丧失新颖性的证明文件	在申请时声明，并自申请日起2个月内提交证明文件（R30.3）	不享受宽限期（R30.5）	权利恢复（R6）
办理进入中国国家阶段的手续	自优先权之日起30个月内，或在缴纳宽限费后32个月内，办理进入中国国家阶段手续（R103、R105）	国际申请在中国终止效力（R105.1）	不适用权利恢复，R105.2；可能在其他国家适用权利恢复（A25（2）（a）、A48（2）（a）、R82－2 PCT）

续表

	期限	逾期后果	补救措施
提交保藏证明	在申请时或者自申请日起 4 个月内提交保藏证明和存活证明（R24〈1〉）	视为未提交保藏。 不影响初审。但实审时，可能不满足 § 26.5 的要求。SIPO 将通知申请人，要求其在指定期限内陈述意见或者补正；期满未答复的，申请视为撤回。陈述意见或者补正后，仍不符合规定的，予以驳回（R44.2）	有正当理由的，可以请求延长期限。对同一通知或者决定中指定的期限一般只允许延长一次（R6.4、GL－E－VII 4.1）
	申请人自进入日起 4 个月内向国务院专利行政部门提交生物材料样品国际保藏证明和存活证明的，视为在 R24（1）规定的期限内提交（R108.3）		
保藏声明补正	涉及生物材料的申请应在请求书和说明书中写明，未写明的自申请日起 4 个月内补正（R24〈3〉）		
	申请人在原始提交的国际申请的说明书中已记载生物材料样品保藏事项，但是没有在进入中国国家阶段声明中指明的，应当自进入日起 4 个月内补正（R108.2）		
公布	发明专利初审合格后，自申请之日起满 18 个即行公布（§ 34）		
电子发文	自发文日起 15 日内申请人未接收到电子版的通知书或决定的，专利局发出纸件形式的副本（GL－E－XI 6）	电子申请用户未及时接收的，不作公告送达。自发文日起 15 日内申请人未接收电子文件形式的通知书和决定的，专利局可以发出纸件形式的该通知书和决定的副本（GL－E－XI 6）	
外观设计分类的补正	收到补正通知书之日起 2 个月内递交简要说明的替换页（GL－A－III 3.4）； 有正当理由的，可以提出延长期限请求（R6.4、GL－A－III 3.4）	申请视为撤回（GL－A－III 3.4）	恢复权利（R6）
	审查		
实审请求	发明专利自申请日起 3 年内可提出实审请求（§ 35）	视为撤回（§ 35）	权利恢复（R6）
	CN－PCT：自优先权日起 3 年内提出实质审查请求，并缴纳实质审查费（GL－C－I 5.9）		
	国际申请的提前实审，申请人可在自优先权之日起 30 个月届满前请求提前处理和审查（R111）	仍按常规期限提出实审请求（GL－C－I 5.9）	
主动修改	发明专利自收到《实审通知书》之日起 3 个月内，实用新型和外观设计自申请日起 2 个月内，可以主动修改申请文件（R51）	在答复审查意见书时，不得再进行主动修改（GL－B－VIII 4.1）	

续表

	期限	逾期后果	补救措施
国际申请的主动修改	发明专利自提出实审请求或收到《实审通知书》之日起3个月（R112.2）	在答复审查意见书时，不得再进行主动修改（GL－B－VIII 4.1）	
	实用新型自进入日起2个月内（R112.1）	不得再进行修改（GL－B－VIII 4.1）	
国际申请申请文件的修改（提交译文）	国际申请在国际阶段作过修改的，申请人要求以按A34PCT修改过的文本作为审查文本的，自进入日起2个月内提交修改文本的中文译文（R106、R112.1）	作过的修改不予考虑（R106）	
改正译文错误	自收到《实审通知书》起3个月内，提出书面请求并缴纳译文改正费（R113）	申请视为撤回（R113.3）	权利恢复（R6）
要求改正国际单位错误	由于国际单位疏忽造成发出错误通知书的，在发出通知书6个月内要求改正国际单位错误（GL－C－I 5.12.1）	不得再进行修改或者权利终止	对权利终止的情况，可适用权利恢复（R6）
答复第一次审查意见通知书的期限	答复第一次审查意见通知书的期限是4个月（GL－B－VIII 4.10.3、GL－E－VII 1.2）	申请视为撤回（§37）	权利恢复（R6）
再次审查意见通知书的答复期限	再次审查意见通知书指定的答复期限是2个月（GL－E－VII 1.2）； 有正当理由的，可以请求延长期限。对同一通知或者决定中指定的期限一般只允许延长一次（R6.4、GL－E－VII 4.1）。	申请视为撤回（§37）	权利恢复（R6）
起诉复审决定	对复审决定不服的，可以在收到通知之日起3个月内向法院起诉（§41.2）	复审程序终止（GL－D－II 9）	权利恢复（R6）
授权、权利终止			
公告送达日	自公告之日起满1个月，视为已送达（R4）		
授权登记	收到《授权通知书》之日起2个月内办理登记手续（R54）	视为放弃取得的专利权	权利恢复（R6）
申请权结案	已视为撤回、主动撤回、驳回的申请案卷，自失效之日起2年后不予保存（R118）		
专利权结案	已放弃、宣告全部无效、终止的专利权案卷，自失效之日起3年后不再保存（R118）		
专利权期限	发明20年，实用新型和外观设计10年，自申请日起算，但生效日自公告之日起算（§42）	专利权终止	

续表

	期限	逾期后果	补救措施
办理登记手续	收到《办理登记手续通知书》之日起2个月内办理，缴纳相关费用（R54.1）	在期满1个月后发出《视为放弃取得专利权通知书》，通知书发出满4个月申请人未办理恢复手续的，专利申请失效（GL-E-IX 1.1.5）。视为放弃取得专利权的权利（R54.2）。对于发明专利申请，视为放弃取得专利权的，在专利公报上予以公告	权利恢复，R6
案卷保存期限	未授权的不少于2年，一般为3年，授权的5年，不受理的1年（GL-E-IV 6.1）		
专利权终止	年费缴纳期满（超过6个月的补缴期）仍未缴费的，自期满之日起2个月后发出《专利权终止通知书》（GL-E-IX 2.2.2）	专利权自应当缴纳年费期满之日起终止	权利恢复（R6）
	专利权人未恢复的，在《终止通知书》发出之日起4个后进行失效处理，并在专利公报上公告（GL-E-IX 2.2.2）	专利权自应当缴纳年费期满之日起终止	
强制许可	专利权人自授权之日起满3年，且自申请日起满4年，无正当理由未实施或者未充分实施其专利（§48）		
起诉强制许可及其使用费	专利权人对强制许可决定不服的，或者双方对强制许可使用费不服的，自收到通知之日起3个月内向法院起诉（§58）	执行强制许可，接受使用费	权利恢复（R6）
许可备案	专利实施许可合同，自生效之日起3个月内备案（R14.2）	不影响合同生效	
裁决强制许可使用费	SIPO自收到请求书之日起3个月内作出强制许可使用费数额的裁决（R75）		
复审			
复审请求	申请人对驳回决定不服的，可以在收到驳回决定之日起3个月内请求复审（§41.1）	不予受理，（R60.2）。 SIPO作出的有关决定即发生法律效力	权利恢复（R6）
作出前置审查意见的期限	原审查部门收到“复审请求书”和案卷后1个月内完成前置审查，作出《前置审查意见书》（GL-D-II 3.1）		

续表

	期限	逾期后果	补救措施
复审通知书的答复期限	自收到《复审通知书》之日起1个月内针对指出的缺陷进行书面答复》（GL－D－II 4.3）	复审请求视为撤回（GL－D－II 4.3）	权利恢复（R6）
复审请求形式审查补正	复审请求经形式审查不符合规定的，自收到补正通知书起15日内补正（GL－D－II 2.7〈1〉、R60.3）	复审请求视为未提出（R60.3）	权利恢复（R6）
复审请求口头审理通知书	自收到“复审请求书”1个月内针对指出的缺陷进行书面答复，并参加口头审理（GL－D－II 4.3）	复审请求视为撤回（GL－D－II 4.3）	权利恢复（R6）
无效宣告			
无效宣告请求形式审查补正	无效宣告请求经形式审查不符合规定的，自收到补正通知书起15日内补正（GL－D－III 3.7）	无效宣告请求视为未提出（R66.4）	
无效宣告增加理由或者补充证据	复审委员会受理“无效宣告请求”后，请求人可以在提出请求之日起1个月内增加理由或者补充证据并具体说明（R67）	1个月后增加、补充的不予考虑	
专利权人对无效宣告的答复	收到《无效宣告请求受理通知书》（附相关文件副本）起1个月内答复（GL－D－III 3.7）	不影响专利复审委员会审理（R68.2）	
无效宣告请求提供证据	自请求之日起1个月内提供具体证据（GL－D－III 4.1）	未具体说明无效宣告理由的，或者提交有证据但未结合提交的所有证据具体说明无效宣告理由的，或者未指明每项理由所依据的证据的，其无效宣告请求不予受理（GL－D－III 3.3）	权利恢复（R6）
无效宣告的指定答复期限	指定答复期限（R68） 期限为1个月（GL－D－III 4.4.1）	期满未答复的，视为已得知相关内容，且没有提出反对意见（GL－D－III 4.4.1）；不影响专利复审委员会审理（R68.2）	权利恢复（R6）
无效宣告口头审理通知书	当事人应当在《口头审理通知书》指定的期限内作出答复（R70.2）	在指定的期限内未作答复，并且不参加口头审理的，其无效宣告请求视为撤回；专利权人不参加口头审理的，可以缺席审理（R70.3）	权利恢复（R6）

续表

	期限	逾期后果	补救措施
复审或无效宣告口头审理回执	当事人收到《口头审理通知书》之日起7日内向复审委员会提交回执（GL－D－IV3、R70.3）	无效宣告请求人期满未提交回执，也不参加口头审理的，其无效宣告请求视为撤回，无效宣告请求审查程序终止。但复审委员会认为根据已进行的审查工作能够作出宣告专利权无效或者部分无效的决定的除外。专利权人不参加口头审理的，可以缺席审理	权利恢复（R6）
口头审理信息公告	会议组在口头审理2天前公告相关信息（口头审理不公开进行的除外）（GL－D－IV 4）		
取走样品	无效宣告程序中，当事人收到通知之日起3个月内取走不作为证据的样品（GL－D－VIII 5.4）	期满未取走的，或者在提交物品时未提出取走请求的，复审委员会有权处置该物品（GL－D－VIII 5.4）	
起诉无效宣告决定	对无效宣告决定不服的，自收到通知之日起3个月内向法院起诉（§46.2）	无效程序终止（GL－D－III 7）	权利恢复（R6）
	侵权纠纷		
专利权评价报告	SIPO在收到《专利权评价报告请求书》2个月内作出《专利权评价报告》（R57、GL－E－X 4）		
专利权评价报告请求书补正	《专利权评价报告请求书》形式不合格的，自收到补正通知书之日起15日内补正（手续齐备2个月内作出专利权评价报告）（GL－E－X 2.6）	期满未补正或者在指定期限内补正但经两次补正后仍存在同样缺陷的，其请求视为未提出（R56.3、GL－E－X 2.6）	有正当理由的，可以请求延长期限（R6.4、GL－E－VII 4.1）
专利权评价报告的更正	1. 作出专利权评价报告的部门自行启动作出更正程序； 2. 请求人在收到《专利权评价报告》2个月内以《意见陈述书》的形式提出更正请求。 （GL－E－X 6.2）	不能再更正	
起诉地方局的处理	当事人对管理专利的部门作出的停止侵权行为的处理不服的，自收到处理通知书之日起15日内依照《行政诉讼法》向法院起诉（§60）	期满不起诉又不停止侵权行为的，管理专利工作的部门可以申请人民法院强制执行（§60）	
诉前停止侵权	法院自接受诉前停止侵权请求之时起，在48小时内作出裁定（可延长48小时），申请人可自法院采取措施之日起15日内起诉（§66）	申请人未如期起诉的，法院解除措施（§66.4）	

续表

	期限	逾期后果	补救措施
诉前证据保全	法院自接受诉前证据保全请求之时起，在48小时内作出裁定。申请人可自法院采取措施之日起15日内起诉（§67）	申请人未如期起诉的，法院解除措施（§67.4）	
侵权诉讼时效	侵犯专利权的诉讼时效是2年，自专利权人或者利害关系人得知或者应该得知侵权行为之日起（§68.1）	《最高人民法院关于审理专利纠纷案件适用法律问题的若干规定》第23条：权利人超过2年起诉的，如果侵权行为在起诉时仍在继续，在该项专利权有效期内，法院应当判决被告停止侵权行为，侵权损害赔偿数额应当自权利人向法院起诉之日起向前推算2年计算	不适用权利恢复（R6.5）
要求支付使用费的诉讼时效	在发明专利公布之后授权之前使用该发明未支付使用费的，专利权人可以要求支付使用费的诉讼时效是2年，自专利权人得知或者应该得知他人使用专利之日起计算，但授权前得知的，自授权之日起计算（§68.2）		
其他			
邮寄收文日	自文件发出之日起满15日，推定为当事人收文日（R4）	文件查询的结果表明，未送达的责任在SIPO或邮局的，应当按照新的发文日重新发出有关通知和决定；查询结果表明未送达的责任在收件人所在单位收发部门或者收件人本人及其有关人员的，SIPO可以根据当事人的请求重新发出有关通知和决定的复印件，但不得变更发文日（GL－E－VI 3.2）	
邮路查询	自发文之日起10个月（GL－E－VI 3.2）	不可再查询	
文件查询	自提交文件之日起1年内（GL－E－III 6）	不可再查询	
发给发明人资金	被授予专利权的单位自专利权公告之日起3个月内，发给发明人资金3000元或者实用新型、外观设计1000元（R77）		
退款请求	多缴、重缴、错缴费用的，自缴费之日起3年内可以申请退款（R94）	不再退还	
复查请求	国际单位（RO）拒绝给予国际申请号或者宣布视为撤回的，申请人可以在收到通知之日起2个月内向中国申请复查（R116）	申请视为撤回	权利恢复（R6）
费用暂存	自收到权利丧失的通知之日起2月内提交证据，证明是银行或邮局过失导致暂存的，原汇出日为缴费日（GL－E－II 4.1）	权利丧失	权利恢复（R6）
更正申请日	递交申请文件之日起2个月内，或收到《受理通知书》1个月内（GL－E－III 4）	不予更正申请日	权利恢复（R6）

续表

	期限	逾期后果	补救措施
作出处分决定后的处理时限	先给2个月的恢复期（自该处分决定的推定收到日起算），然后在发出《处分通知书》起4个月后再处理，涉及复审或无效宣告的是6个月（GL－E－VII 5.3）		
中止手续的补正	《中止请求书》不符合格式要求或提交的证明不是正本或副本的，在1个月内补正（GL－E－VII 7.3.1）	期满未补正的或者补正后仍未能消除缺陷的，应当向中止程序请求人发出视为未提出通知书，恢复有关程序	
中止的期限	1. 专利申请权（专利权）应当事人请求的，自请求之日起不超过1年（GL－E－VII 7.4.1）； 2. 应法院要求的（财产保全），自专利局收到《民事裁定书》之日起6个月（GL－E－VII 7.4.2）； 3. 涉及无效宣告的，为1年（GL－E－VII 7.4.3）		
中止的延长	当事人请求的，可延长6个月。 法院要求的，可延长6个月，其中同一法院执行程序中不得超过12个月，审判程序中可以超过12个月的期限（GL－E－VII 7.4.1、7.4.2）	专利局可自行恢复程序（GL－B－VIII 7.3）	
延长中止	自请求中止之日起1年内，专利权纠纷还没结案，请求人可以在该期限内请求延长中止（R86）	专利权纠纷1年内未结案，又未申请延长中止的，专利局可自行恢复程序（R86.3、GL－E－VII 7.3）	
中止结束后获权一方办理著录项目变更手续	中止结束后，获权一方在3个月内办理著录项目变更手续（GL－E－VII 7.5.1）	视为放弃取得专利申请权（或专利权）的权利，审查员应当向取得权利的一方当事人发出视为放弃取得专利申请权或专利权的权利通知书，期满未办理恢复手续的，中止程序结束，审查员应当发出中止程序结束通知书，通知权属纠纷的双方当事人，恢复有关程序	
轮候保全中止期限	有轮候保全的，自前一保全结束之日起开始轮候保全，期限6个月（GL－E－VII 7.5.2）		
延长指定的期限	当事人因正当理由不能在期限内进行或者完成某一行为或者程序时，可以请求延长期限。延长的期限不足1个月的，以1个月计算。延长的期限不得超过2个月。对同一通知或者决定中指定的期限一般只允许延长一次。 可以请求延长的期限仅限于指定期限。但在无效宣告程序中，专利复审委员会指定的期限不得延长，R71（GL－E－VII 4.1）	延长期限请求不符合规定的，审查员应当发出延长期限审批通知书，并说明不予延长期限的理由；符合规定的，审查员发出延长期限审批通知书（R6.4、GL－E－VII 4.1）	权利恢复（R6）
恢复权利	自障碍消除之日起2个月内，最迟自期限届满之日起2年内（R6.1、GL－E－VII 6）	丧失权利	不适用权利恢复（R6.5、申请行政复议、《国家知识产权局行政复议规程》第4条）

申请费用：

费用	收费（¥）	缴纳期限	费用减免	费用退回	未缴纳 未缴足	补救措施
申请费		自申请日起2个月内，或自收到受理通知书之日起15日内	可减免，GL-E-II 3.1。 SIPO = RO：国际申请在进入中国国家阶段时免缴申请费及申请附加费。GL-C-I 7.2.1	不退款 GL-E-II 4.2.1	申请视为撤回，R95.1	权利恢复，R6
发明	900					
印刷费	50					
实用新型、外观设计	500					
公布印刷费	50		公布印刷费无减免，GL-E-II 3.1	不退款 GL-E-II 4.2.1	申请视为撤回，R95.1	
实用新型无须缴纳公布印刷费						
分案申请费	按新申请收取各种费用	已届满或自分案申请递交日起至期限届满日不足2个月的费用，可在自分案申请递交日起2个月内或自收到受理通知书之日起15日内补缴，GL-A-I 5.1.2	可减免，GL-E-II 3.1	不退款 GL-E-II 4.2.1		
申请附加费		自申请日起2个月内，或自收到受理通知书之日起15日内	无减免，GL-E-II 3.1	不退款 GL-E-II 4.2.1	申请视为撤回，R95.1	
权利要求附加费从第11项起	150/项					
说明书附加费从第31页起（不包括权利要求书）	50/页					
说明书附加费从第301页起（不包括权利要求书）	100/页					
优先权要求费	80/项	在缴纳申请费的同时缴纳优先权要求费，R95	无减免，GL-E-II 3.1	视为未要求优先权或撤回优先权要求的，已缴纳的优先权要求费不予退回，GL-A-I 6.2.4	视为未要求优先权，R95	无

续表

<table>
<tr><th>费用</th><th>收费（¥）</th><th>缴纳期限</th><th>费用减免</th><th>费用退回</th><th>未缴纳
未缴足</th><th>补救措施</th></tr>
<tr><td rowspan="2">实质审查费</td><td>2500</td><td>自申请日（优先权日）起3年内，§35，R96</td><td>100%：SIPO = ISA = IPEA
20%：EPO，JP，SE = ISA
GL－C－I 7.2.2</td><td>申请已被视为撤回或撤回专利申请的声明已被批准后，并且在专利局作出进入实审通知书之前，已缴纳的审查费将退回，GL－E－II 4.2.1.2</td><td>视为未提出请求，R96；
申请视为撤回，§35.1</td><td>权利恢复，R6</td></tr>
<tr><td colspan="6">2010－2－1前办理进入手续的PCT申请仍适用原GL和SIPO 136号公告的规定</td></tr>
<tr><td rowspan="3">年费</td><td>授权当年年费</td><td>自申请人收到专利局作出的授予专利权通知书和办理登记手续通知书之日起2个月内，R97；GL－E－I 2（6），E－IX 2.2.1</td><td rowspan="2">可减免自授予专利权当年起3年的年费，GL－E－II 3.1</td><td>不退款
GL－E－II 4.2.1.2</td><td>视为未办理登记手续，R97。视为放弃取得专利权的权利，R54</td><td rowspan="4">权利恢复，R6。凡因年费和/或滞纳金缴纳逾期或者不足而造成专利权终止的，在恢复程序中，除补缴年费之外，还应当缴纳或者补足全额年费25%的滞纳金，R98</td></tr>
<tr><td>授权年以后的年费</td><td>在上一年度期满前缴纳（专利年度从申请日起算）。
未缴纳的或缴纳未足的，SIPO通知专利权人自应当缴纳年费期满之日起6个月内补缴，同时缴纳滞纳金，R98</td><td>在专利权终止或宣告专利权全部无效的决定公告后缴纳的年费，GL－E－II 4.2.1.2</td><td>专利权自应当缴纳年费期满之日起终止，§43，R98。
未恢复权利的，在发出《终止通知书》4个月后进行失效处理，GL－E－IX 2.2.1.3</td></tr>
<tr><td colspan="5">在程序中止期间，未缴纳年费的，不会导致专利权终止，GL－E－VII 7.2</td></tr>
<tr><td>滞纳金</td><td colspan="3">补缴时间超过期限但不足1个月的，不缴纳滞纳金。补缴时间逾期1个月或以上的，须缴纳相应数额的滞纳金，
（1）逾期1个月（不含1整月）至2个月（含2个整月）的，缴纳数额为全额年费的5%。
（2）逾期2至3个月（含3个整月）的，缴纳数额为全额年费的10%。
（3）逾期3至4个月（含4个整月）的，缴纳数额为全额年费的15%。
（4）逾期4至5个月（含5个整月）的，缴纳数额为全额年费的20%。
（5）逾期5至6个月的，缴纳数额为全额年费的25%。
凡在6个月的滞纳期内补缴年费或者滞纳金不足需要再次补缴的，应当依照再次补缴年费或者滞纳金时所在滞纳金时段内的滞纳金标准，补足应当缴纳的全部年费和滞纳金，R98；GL－E－IX 2.2.1.3。</td><td>不退款
GL－E－II 4.2.1</td><td>自滞纳期满之日起2个月后，发出专利权终止通知书。专利权自应当缴纳年费期满之日起终止，GL－E－IX 2.2.2</td></tr>
</table>

续表

费用	收费（¥）	缴纳期限	费用减免	费用退回	未缴纳 未缴足	补救措施
复审费		自申请人收到专利局作出的驳回决定之日起 3 个月内，§41.1，R96	可减缓，GL－E－II 3.1。 如果在提起复审请求之前，申请人已经获得费用减免 80% 的情形下，只需缴纳剩余部分	不退款 GL－E－II 4.2.1	视为未提出请求，§41.1，R96	权利恢复，R6
发明专利	1000					
实用新型、外观设计	300					
恢复权利请求费	1000	正当理由：自当事人收到专利局确认权利丧失通知之日起 2 个月内，GL－E－II 1。即：发文日 +15 日 +2 个月 不可抗拒是由：障碍消除后的 2 个月内提出，但最迟不得超过被耽误的期限届满日起 2 年	1. 当事人因不可抗拒的事由延误期限，自障碍消除之日起 2 个月内，最迟自期限届满之日起 2 年内，提出恢复权利请求的，无须缴纳恢复权利请求费，R6.1，R6.3。 2. 申请人或专利权人如果对 SIPO 作出的因逾期缴费或缴费不足导致权利丧失有异议的，建议在陈述意见的同时办理恢复权利手续，以免耽误恢复权利的期限，造成权利丧失。经核实确属 SIPO 的，将退回恢复权利请求费	恢复权利请求审批程序启动后，专利局作出不予恢复权利决定的，当事人已缴纳的恢复权利请求费及相关费用。GL－E－II 4.2.1.2	视为未提出请求，R99.1	无，R6.5
延长期限请求费		在相应期限届满之日前，GL－E－VII 4.1	无减免，GL－E－II 3.1	不退款 GL－E－II 4.2.1	视为未提出请求，R99.2	
第一次	300/月					
再次	2000/月					

续表

费用	收费（¥）	缴纳期限	费用减免	费用退回	未缴纳未缴足	补救措施
专利登记费		自申请人收到专利局作出的授予专利权通知书和办理登记手续通知书之日起2个月内，GL－E－II 2（6）	无减免，GL－E－II 3.1	不退款 GL－E－II 4.2.1		权利恢复，R6
发明专利	255				视为未办理登记手续，R97；即视为放弃取得专利权的权利，R54。在专利公报上予以公告，GL－E－IX 1.1.5	
实用新型、外观设计	205				视为未办理登记手续，R97；即视为放弃取得专利权的权利，R54	
公告印刷费			无减免，GL－E－II 3.1	不退款 GL－E－II 4.2.1		
发明专利	255				视为未办理登记手续，R97；即视为放弃取得专利权的权利，R54。在专利公报上予以公告，GL－E－IX 1.1.5	
实用新型、外观设计	205				视为未办理登记手续，R97；即视为放弃取得专利权的权利，R54	
印花税		自申请人收到专利局作出的授予专利权通知书和办理登记手续通知书之日起2个月内，GL－E－IX 1.1.3 ＋ E－II 2（6）	无减免，GL－E－II 3.1	不退款 GL－E－II 4.2.1	如果只是未缴纳印花税，则依然予以登记和公告。补缴前不发证书，待补缴后补发专利证书，R97	
发明专利	255					
实用新型、外观设计	205					
著录项目变更手续费		自提出相应请求之日起1个月内，R99.3；GL－E－II 2（8）	无减免，GL－E－II 3.1	不退款 GL－E－II 4.2.1	视为未提出请求，R99.3；GL－A－I 6.7.1.2	无
发明人、申请人、专利权人变更，GL－A－I 6.7.1.2	200					
代理机构、代理人委托关系变更，GL－A－I 6.7.1.2	50					

续表

费用	收费（¥）	缴纳期限	费用减免	费用退回	未缴纳 未缴足	补救措施
代表人、联系人、地址、国籍变更	免费					
解除代理						
专利权评价报告请求费	2400	自提出专利权评价报告请求之日起1个月内，R99.3；GL－E－Ⅱ 2（8）；GL－E－X 2.4	无减免，GL－E－Ⅱ 3.1	不退款 GL－E－Ⅱ 4.2.1	视为未提出请求，R99.3；GL－E－X 2.4	无
无效宣告请求费		自提出相应请求之日起1个月内，R99.3	无减免，GL－E－Ⅱ 3.1	不退款 GL－E－Ⅱ 4.2.1	请求视为未提出，R99.3	权利恢复，R6
发明	3000					
实用新型、外观设计	1500					
强制许可请求费		自提出相应请求之日起1个月内	无减免，GL－E－Ⅱ 3.1	若请求被视为未提出的，可以退款	请求视为未提出	无
发明	300					
实用新型	200					
强制许可使用费		自提出相应请求之日起1个月内	无减免，GL－E－Ⅱ 3.1	若请求被视为未提出的，可以退款	请求视为未提出	无
发明	300					
实用新型						
申请维持费	在2010年2月1日以后，办理授予专利权登记手续的，不再缴纳					
中止程序请求费	在2010年2月1日以后，请求SIPO中止有关程序的，不再缴纳					

◎缴费日：

R94.3：直接向国务院专利行政部门缴纳费用的，以缴纳当日为缴费日；以邮局汇付方式缴纳费用的，以邮局汇出的邮戳日为缴费日；以银行汇付方式缴纳费用的，以银行实际汇出日为缴费日。

◎费用暂存（GL－E－Ⅱ 4.1）：

由于费用汇单字迹不清或者缺少必要事项造成既不能开出收据又不能退款的，应当将该款项暂存在SIPO账户上。对于能够查清内容的，应当及时开出收据或者予以退款。开出收据的，以出暂存之日为缴费日。对于自收到SIPO关于权利丧失的通知之日起2个月内向SIPO提交了证据，表明是由于银行或者邮局原因导致汇款暂存的，应当以原汇出日为缴费日。暂存满3年仍无法查清其内容的，进行清账上缴。

各种专利费用可以直接到 SIPO 缴纳，也可以通过邮局或者银行汇付，R94.1。

费用通过邮局或银行汇付遗漏必要缴费信息的，可以在汇款当日通过传真或电子邮件的方式补充。补充完整缴费信息的，以汇款日为缴费日。当日补充不完整而再次补充的，以 SIPO 收到完整缴费信息之日为缴费日。必须写明申请号或专利号、费用名称，否则视为未办理缴纳手续。

汇出日至 SIPO 收到日超过 15 日的，除邮局或者银行出具证明外，以 SIPO 收到日为缴费日。

缴纳专利费用 2 个月后尚未收到 SIPO 开出的费用收据的，应当提供银行汇单或者邮局汇款凭证原件或者经公证的复印件，并递交意见陈述书（关于费用）。

费用缴纳的期限（GL－E－II 1）

可以减缓的费用种类（GL－E－II 3.1）

费用种类的转换（GL－E－II 6）

◎费用查询（GL－E－II 5）：

费用缴纳情况查询时效为 1 年，自汇出之日起算。

请求人以银行汇款方式缴纳费用后，可以通过电话向收费处进行费用查询（010－62088166/5566）。在受到费用后，收费处会提供发票。此外，SIPO 受理窗口可以办理费用的缴纳。

附　录

关于施行修改后专利法有关事项的通知

为施行修改后的专利法，对 2009 年 10 月 1 日以后（含该日）提交专利申请或办理其他专利事务涉及的有关事项，通知如下：

一、同一申请人同日对同样的发明创造既申请实用新型专利又申请发明专利的，应当在申请时分别填写国家知识产权局制定的《同日申请发明专利和实用新型专利的声明》，说明对同样的发明创造已申请了另一专利。

二、任何单位或者个人将在中国完成的发明或者实用新型向外国申请专利的，应当事先请求国家知识产权局进行保密审查，填写国家知识产权局制定的《向外国申请专利保密审查请求书》。

三、申请人就依赖遗传资源完成的发明创造申请专利的，应当填写国家知识产权局制定的《遗传资源来源披露登记表》，说明该遗传资源的直接来源和原始来源，无法说明原始来源的，应当陈述理由。

四、申请外观设计专利的，应当提交对该外观设计的简要说明，不提交外观设计简要说明的不予受理；外观设计简要说明的撰写，参照 2009 年 10 月版《外观设计简要说明》的注意事项。

五、国家知识产权局仅对申请日（有优先权的，指优先权日）在 2009 年 10 月 1 日之后（含该日）的实用新型专利或者外观设计专利作出专利权评价报告；对申请日（有优先权的，指优先权日）在 2009 年 10 月 1 日之前的实用新型专利，只作出实用新型专利检索报告。

六、对于涉及上述第一条、第二条、第三条内容的新申请以及申请日之后提交的专利权评价报告请求书、向外国申请专利保密审查请求书和遗传资源来源披露登记表，申请人应当直接向国家知识产权局专利局受理处以纸件形式递交或寄交，各专利代办处和国家知识产权局电子申请系统暂不受理和接收上述专利申请和专利文件。

国家知识产权局专利局

2009 年 9 月 29 日

施行修改后的专利法的过渡办法

第一条 为了保障2008年12月27日公布的《全国人民代表大会常务委员会关于修改〈中华人民共和国专利法〉的决定》的施行，依照立法法第八十四条的规定，制定本办法。

第二条 修改前的专利法的规定适用于申请日在2009年10月1日前（不含该日，下同）的专利申请以及根据该专利申请授予的专利权；修改后的专利法的规定适用于申请日在2009年10月1日以后（含该日，下同）的专利申请以及根据该专利申请授予的专利权；但本办法以下各条对申请日在2009年10月1日前的专利申请以及根据该申请授予的专利权的特殊规定除外。

前款所述申请日的含义依照专利法实施细则的有关规定理解。

第三条 2009年10月1日以后请求给予实施专利的强制许可的，适用修改后的专利法第六章的规定。

第四条 管理专利工作的部门对发生在2009年10月1日以后的涉嫌侵犯专利权行为进行处理的，适用修改后的专利法第十一条、第六十二条、第六十九条、第七十条的规定。

第五条 管理专利工作的部门对发生在2009年10月1日以后的涉嫌假冒专利行为进行查处的，适用修改后的专利法第六十三条、第六十四条的规定。

第六条 专利权人在2009年10月1日以后标明专利标识的，适用修改后的专利法第十七条的规定。

第七条 在中国没有经常居所或者营业所的外国人、外国企业或者外国其他组织在2009年10月1日以后委托或者变更专利代理机构的，适用修改后的专利法第十九条的规定。

第八条 本办法自2009年10月1日起施行。

关于施行修改后专利法实施细则有关事项的通知

为施行修改后的专利法实施细则，对 2010 年 2 月 1 日以后（含该日）提交专利申请或办理其他专利事务涉及的有关事项，通知如下：

一、为配合修改后专利法实施细则的施行，国家知识产权局专利局对请求类表格进行了修订，并在国家知识产权局政府网站 www. sipo. gov. cn 上对外公布，申请人应当下载并使用规定格式的表格。

二、根据修改后专利法实施细则第四十一条第二款的规定，同一申请人同日对同样的发明创造既申请实用新型专利又申请发明专利的，应当在发明专利请求书第 21 栏和实用新型专利请求书第 18 栏分别填写声明，不再提交《同日申请发明专利和实用新型专利的声明》表格。

上述申请可以通过国家知识产权局专利局受理处、各代办处或国家知识产权局电子申请系统提交。

三、2009 年 10 月 1 日开始使用的《向外国申请专利保密审查请求书》、《遗传资源来源披露登记表》和《专利权评价报告请求书》三张表格继续使用。

四、申请人在提交新申请的同时一并提交《遗传资源来源披露登记表》的，可以通过国家知识产权局专利局受理处、各代办处或国家知识产权局电子申请系统提交。

申请人在提交申请后单独提交该表格的，应当直接向国家知识产权局专利局受理处或通过国家知识产权局电子申请系统提交，各代办处不予接收。

五、根据修改后专利法实施细则第八条的规定，任何单位或者个人将在中国完成的发明或者实用新型向外国申请专利请求保密审查的，按照以下情形办理：

1. 申请人仅提交《向外国申请专利保密审查请求书》和《技术方案说明书》而不提交专利申请的，应当直接向国家知识产权局专利局受理处以纸件形式递交或寄交；

2. 申请人在提交新申请的同时一并提交《向外国申请专利保密审查请求书》的，可以通过国家知识产权局专利局受理处、各代办处或国家知识产权局电子申请系统提交；

申请人在提交申请后单独提交《向外国申请专利保密审查请求书》的，应当直接向国家知识产权局专利局受理处或通过国家知识产权局电子申请系统提交，各代办处不予接收；

3. 申请人提交专利国际申请的，视为同时提交了《向外国申请专利保密审查请求书》。

六、专利权人或利害关系人提交《专利权评价报告请求书》的，可以通过国家知识产权局专利局受理处或国家知识产权局电子申请系统提交。

七、2010 年 2 月 1 日后，国家知识产权局不再收取申请维持费、中止程序请求费、强制许可请求费及强制许可使用费的裁决请求费四项费用。

国家知识产权局专利局

2010 年 1 月 29 日

施行修改后的专利法实施细则的过渡办法

第一条　为了保障2010年1月9日公布的《国务院关于修改〈中华人民共和国专利法实施细则〉的决定》的施行，依照立法法第八十四条的规定，制定本办法。

第二条　修改前的专利法实施细则的规定适用于申请日在2010年2月1日前（不含该日）的专利申请以及根据该专利申请授予的专利权；修改后的专利法实施细则的规定适用于申请日在2010年2月1日以后（含该日，下同）的专利申请以及根据该专利申请授予的专利权；但本办法以下各条对申请日在2010年2月1日前的专利申请以及根据该申请授予的专利权的特殊规定除外。

第三条　2010年2月1日以后以不符合专利法第二十三条第三款的规定为理由提出无效宣告请求的，对该无效宣告请求的审查适用修改后的专利法实施细则第六十六条第三款的规定。

第四条　2010年2月1日以后提出无效宣告请求的，对该无效宣告请求的审查适用修改后的专利法实施细则第七十二条第二款的规定。

第五条　专利国际申请的申请人在2010年2月1日以后办理进入中国国家阶段手续的，该国际申请适用修改后的专利法实施细则第十章的规定。

第六条　在2010年2月1日以后请求国家知识产权局中止有关程序的，适用修改后的专利法实施细则第九十三条和第九十九条的规定，不再缴纳中止程序请求费。

在2010年2月1日以后请求退还多缴、重缴、错缴的专利费用的，适用修改后的专利法实施细则第九十四条第四款的规定。

在2010年2月1日以后缴纳申请费、公布印刷费和申请附加费的，适用修改后的专利法实施细则第九十五条的规定。

在2010年2月1日以后办理授予专利权的登记手续的，适用修改后的专利法实施细则第九十三条和第九十七条的规定，不再缴纳申请维持费。

第七条　本办法自2010年2月1日起施行。